Political Psychology
as
Discipline and Resource

政治心理学

一门学科，一种资源

王丽萍 著

图书在版编目（CIP）数据

政治心理学：一门学科，一种资源 / 王丽萍著 .—北京：北京大学出版社，2022.10
  ISBN 978-7-301-32929-0

Ⅰ. ①政⋯ Ⅱ. ①王⋯ Ⅲ. ①政治心理学 Ⅳ. ①D0

中国版本图书馆 CIP 数据核字（2022）第 046626 号

书　　　名	政治心理学：一门学科，一种资源 ZHENGZHI XINLIXUE: YI MEN XUEKE, YI ZHONG ZIYUAN
著作责任者	王丽萍 著
责 任 编 辑	陈相宜
标 准 书 号	ISBN 978-7-301-32929-0
出 版 发 行	北京大学出版社
地　　　址	北京市海淀区成府路 205 号　100871
网　　　址	http://www.pup.cn
新 浪 微 博	@ 北京大学出版社　@ 未名社科 – 北大图书
微信公众号	北京大学出版社　北大出版社社科图书
电 子 邮 箱	编辑部 ss@pup.cn　总编室 zpup@pup.cn
电　　　话	邮购部 010-62752015　发行部 010-62750672　编辑部 010-62753121
印 刷 者	北京中科印刷有限公司
经 销 者	新华书店
	730 毫米 ×1020 毫米　16 开本　37.25 印张　536 千字 2022 年 10 月第 1 版　2024 年 2 月第 2 次印刷
定　　　价	129.00 元（精装）

未经许可，不得以任何方式复制或抄袭本书之部分或全部内容。
版权所有，侵权必究
举报电话：010-62752024　电子邮箱：fd@pup.cn
图书如有印装质量问题，请与出版部联系，电话：010-62756370

纪念我的父亲

献给我的母亲

并致我刚刚逝去的二十年

序　言

一

几年前，我作为燕京学者在哈佛大学访学，其间常去的燕京学社小楼一楼会议室有一副对联非常醒目："文明新旧能相益，心理东西本自同"。这是中国晚清官员陈宝琛在84岁时题赠燕京学社的。在燕京学社看到用汉字书写的对联本不应感到惊讶，与其内容类似的表达也很早就见于宋人陆九渊所曰"东海有圣人出焉，此心同也，此理同也。西海有圣人出焉，此心同也，此理同也"，后由钱钟书先生概括为"东海西海，心理攸同"，但对联文字所传达的信息却使当时身处异乡的我在看到它的那一刻就深受触动。对联的后一句"心理东西本自同"所蕴含的东西方在人心道理方面存在共同点的令人感动的乐观信念，更是直接击中了我多年来的兴趣点。陈宝琛生活于中国被迫开放门户、中西交流日渐增多的特殊历史时期，又经历了中国从帝制向共和的重要转变。这副对联很大程度上反映了他所经历的那个变动时代带给他的人生启示。

思考人心与人性是社会动荡时期人们尝试理解现实社会与政治问题的重要视角。18世纪后期以来，有很长一段时间，欧洲社会处于政治动荡之中，思考群体问题常常被视为疗愈社会疾病的第一步。进入19世纪，欧洲社会经历了急剧的社会变迁，资本主义发展、工业化、城市化以及民主革命等多重变革打破了传统社会的纽带和束缚，也将人类社会带入了一个新的阶段——人，无论是作为消费者还是公民，可以自由地作出自己的选择。因此，理解和把握人的自然倾向并对其行为进行较为准确的预测，就变得比从前更为必要了。

19世纪中后期欧洲社会所经历的剧烈而令人痛苦的社会动荡，使"群体"成为备受关注的社会现象，群体心理开始得到研究，社会心理学也由此滥觞。政治心理学诸多领域的研究都起源于社会心理学，因而在很大程度上与社会心理学分享了共同的学科渊源，这也使政治心理学获得了对现实世界变化高度敏感的学科特性。

今天，人类社会正经历堪与19世纪相比甚至比19世纪更为剧烈和复杂的社会变革。如何理解社会以及社会中的人，理解社会中人的行为倾向与选择，在人口流动增强、社会日益多元、参与扩大和信息爆炸的时代，变得愈发迫切和重要。这个急剧变动的时代也成为政治心理学展示其应对现实社会问题重要潜力的契机。

二

二十多年前，凭着一股莫名的跨学科热情，我闯入了政治心理学的领地。这种跨学科热情与我1999年秋季学期前往美国加州大学伯克利分校访学和研究的契机相结合，成为激励我开拓新的研究疆域的重要动力。在伯克利的一年时间里，我选修的课程及阅读的文献几乎全部集中于政治心理学领域。

为什么会对政治心理学产生兴趣？在过去的二十多年中，这个问题常会被人问起，但我自己竟然从未想过。今天想来，兴趣的种子可能在大学时代就已经种下了。1988—1989年间，当我还是一名大三学生时，北京大学政治学系与美国密歇根大学开展了一项有关中国地方政府的合作研究项目"四县调查"（"Four-County" Surveys，1990），我作为项目成员参与了其中两个县的调查。调查开始前，项目参与者接受了密集的专业培训。密歇根大学政治学系多位教授亲临课堂，为我们讲授社会调查方法以及这项调查所涉及的具体问题，其中诸多有关民众情感、态度等方面的问题尤其令我印象深刻。在走进我们课堂的教授中，就有美国著名政治学家 M. 肯特·詹宁斯（M. Kent Jennings）。詹宁斯教授因在美国政治、政治心理学研究（尤其是政治社会化研究）领域的杰出贡献而具有广泛的学术影响，1982 年当选美国艺术与科学院院士，后曾任国际政治心理学会（International Society of Political Psychology, ISPP）主席（1989—1990）和美国政治学会（American Political Science Association, APSA）主席（1997—1998）。前几年，在与我的电子邮件通信中，他还回忆起他在北大的这段经历。这或许就是我作为一个门外汉不知深浅地闯入政治心理学领地的渊源。

在攻读博士学位的三年时间里，住着不同专业同学的宿舍楼成为我受益无穷的跨学科交流空间。对门宿舍的心理学系博士生王建平学医出身，入读北大后师从临床心理学家陈仲庚先生，当时正关注和研究住院病人的心理状况与身体康复之间的关系。记得有很长一段时间，她每天都去医院做访谈，常常带回一些令她兴奋的发现与我分享。这样的交流一直持续到我毕业。如今她已是国内有影响的心理学家，也是国内认知行为治疗（CBT）领域的重要先行者。我最早写作的有关人格及政治态度的两篇论文在完成后都曾请她把关，她的肯定给了我很大的信心。与她的讨论也让我更加明确，心理学为理解政治提供了重要的视角，但政治心理学的关切与心理学以及作为其分支的社会心理学有着很大差异。这一点也部分解释了为什么政治心理学虽然在很大程度上与社会心理学分享了共同的学科渊源，但并未像社会心理学那样被视为心理学的一个分支。

结束在伯克利的工作后，我在政治心理学领域的学习和研究一直持续至今。尽管如此，政治心理学于我始终是这样一个领域——这个学科的庞杂远超我的想象和预期，使我至今仍没有足够的信心开设一门政治心理学课程。或许正因如此，我在进行研究时总有一种"玩票"的心态，觉得同"专业研究者"相比还有很大差距。于是，在过去的二十多年中，我的工作任务清单上的其他事项总是可以很容易地把政治心理学研究工作排挤到靠后的位置。结果则是，这项工作竟然持续了二十多年的时间。幸好我算得上是一个执着的"玩家"，终于使这项工作有了一个结果，也给自己刚刚逝去的二十多年一个交代。

三

虽是"玩票"，过去二十多年中我已围绕人格、态度、舆论、情绪、群体心理等主题陆续完成了多篇论文，从 2002 年起这些研究成果先后发表于《北京大学学报》《清华大学学报》《天津社会科学》等学术期刊。其间，这项研究还获得教育部人文社会科学重点研究基地重大项目（12JJD810020）的支持，而我在政治心理学领域的研究也逐渐整合于由项目名称"政治心理学：一门学科和一种资源"所概括的思考框架中。

一项研究竟然会断断续续迁延二十多年，无论在哪种意义上说都是一段不短的时间，而我则在其间经历了有关不同问题的内心冲突甚至产生了自我怀疑。

虽然我从一开始就将自己定位为政治心理学的"业余"研究者，却从未想过放弃，反而在有限的职业生涯中将二十多年时间投入一个完全陌生的领域。这种状况令人感到不可思议，有时也让我不安：是不是偏离了自己的专业领域比较政治学，走得太远了？但看到诸多学术先贤如哈罗德·拉斯韦尔、戴维·伊斯顿、加布里埃尔·A. 阿尔蒙德、鲁西安·派伊、塞缪尔·亨廷顿、西摩·M. 利普塞特、斯坦利·霍夫曼、西德尼·维巴等的研究都曾涉及政治心理学，或其研究就起步于政治心理学，则稍感安心和宽慰了。政治学理论"常常含蓄地建立在有关人们如何思考和感受的基础上"，因而本质上都与心理学相关。那么，有这么多学术先贤涉足政治心理学领域也就丝毫不奇怪了。

很大程度上可以说，心理学对于人们理解和应对现实问题具有天然的亲和性。人类似乎拥有一种天赋，即使很少或没有接受过教育，也能发展出运用心理思维本能预测或解释他人行为与心理状态的能力。许多哲学家和心理学家相信，这种能力源于正常的成年人在成长过程中逐渐形成的某种原始的或"民间的"（folk）心理学思想；另一种观点则认为，人们通过运用自己的思想资源来模拟他人行为的心理原因，从而预测和解释他人的行为。无论是哪一种解释，都涉及通常被称为"民间心理学/大众心理学"（folk psychology）的常识心理学（commonsense psychology），并提示了心理学重要的认识论意义乃至实践功能。

政治心理学一般以某一地域范围内的特定人群为研究对象（无论是在个体层面还是群体层面），其研究结论的普遍性因此常常受到怀疑。近年来，政治心理学研究中出现了基于不同国家或地区的比较研究。其中，一些流行的研究议题（如政治信任），以及一些迫切的现实问题（如不同国家对待外来移民包括难民的态度）等，越来越多地被置于比较框架中加以探讨。政治心理学研究中的这一重要趋向，竟使我产生了一丝喜悦，尽管其中的比较逻辑与比较政治学研究的比较逻辑存在很大差异。

四

"什么是政治心理学"是一个并不容易回答的问题，而"政治心理学研究该如何做"的问题则更为复杂。在二十多年的学习和研究中，我有时会为这样一个问题所困：我是在做政治心理学研究，还是哲学研究？这种感觉在进入宽容、政治信任等主题时尤其强烈。直到读了哈耶克的《感觉的秩序》（*The Sensory Order: An Inquiry into the Foundations of Theoretical Psychology*, 1952），看到他作为经济学家在探索理论心理学时，也遭遇了可能在心理学家看来其研究内容"更像是哲学问题而不是心理学问题"的困扰，我竟然产生了某种"救赎感"。

实际上，政治心理学领域一些有影响的研究者，如常被与权威人格研究联系在一起的阿多诺（Theodor W. Adorno），除了在政治心理学研究领域有独特贡献外，还是影响巨大的哲学家；至今仍活跃于政治心理学研究领域且具有重要影响的乔恩·埃尔斯特（Jon Elster），本来就是政治哲学家。从学科间关系看，心理学与其他诸多现代社会科学学科一样有着深厚的哲学渊源，而政治心理学作为一个跨学科领域，从哲学中受益很多。当然，哲学也在诸多方面受惠于心理学，如思想实验（thought experiment）的方法就被政治哲学家用于发展一些特定概念的规范表述。在较为具体的层面，这一问题还可以从道德判断、价值判断等对人类心理的影响来理解。事实上，关注精神现象本质、心身关系以及心理与其他物质世界关系问题的心灵哲学（也称精神哲学，philosophy of mind）已成为当代哲学中极为活跃的一个分支领域。

在过去二十多年的研究中，我对政治心理学学科本身的理解也发生了重要变化。二十多年前，政治心理学还是国内学术界关注较少的一个学科领域，我最初只是希望通过自己的努力使人们对这一领域有更多的了解和认识。伴随研究的深入，政治心理学作为一种资源的维度日益清晰和突出。基于这样的视角重新审视政治心理学可以发现，源于19世纪动荡的欧洲社会的学科历史本身实际上已提示了学科的现实功能或社会使命。

五

学术前辈与同事的鼓励伴随我走过二十多年的政治心理学探索旅程，已经发表的相关研究成果在学界及社会所引发的一些关注和讨论，于我更是抚慰心灵的珍贵的学术共鸣。承蒙北京大学出版社对本书以及之前两本著作出版的全力支持,我可以专心研究和写作,无须为出版的事分心费神。特别向先后合作过并给予我很多帮助和鼓励的金娟萍编审、刘金海编审、耿协峰编审、徐少燕编审和陈相宜老师致敬!他们专业严谨的工作使我的作品大为增色,更令我确信喧嚣年代笃定坚守的可贵。家人的爱与支持如影随形,让我的世界四季如春。这些都是我的人生幸运,也使我可以毫不冲突地成为一个乐观的现实主义者和一个理性的理想主义者。

在充斥悖论及不确定性的变革时代,期待政治心理学有关人心与人性的探索可导向个体与社会层面平和安适的心理秩序,以及有助于实现良治的政治秩序。

王丽萍
2020 年 9 月 30 日

目录
CONTENTS

导 论   001

第一章 政治心理学学科渊源   017
    第一节 早期政治学研究中的人性与心理   017
    第二节 政治心理学的心理学渊源   019
    第三节 政治心理学的早期发展：心理学与政治学的结合   034
    第四节 作为一门独立学科的政治心理学   043
    小 结   049

第二章 人 格   051
    第一节 多元的人格概念   051
    第二节 影响政治行为的人格维度   060
    第三节 人格类型研究与权威人格   070
    第四节 人格与政治间关系分析中的推论与可能谬误   082
    小 结   088

第三章 人格与政治领袖   091
    第一节 充满矛盾和模糊见解的人格与领袖研究   091
    第二节 心理传记与心理史学研究中的领袖与精英人格   094
    第三节 美国总统研究中的领袖与人格   100
    第四节 领袖与精英人格的一般研究   108
    小 结   116

第四章　群体心理 — 119

第一节　群体与人的群体性存在 — 119

第二节　群体的形成与群体类型 — 126

第三节　群体：乌合之众，抑或完美群体？ — 134

第四节　群体心理研究若干主题 — 142

小　结 — 155

第五章　政治态度 — 159

第一节　从态度到政治态度 — 159

第二节　态度的结构特征与基础 — 167

第三节　态度的改变 — 177

第四节　态度的结果 — 193

第五节　政治态度的测量 — 205

小　结 — 212

第六章　民　意 — 215

第一节　民意：从政治学传统研究主题到独立的研究领域 — 215

第二节　民意：一个难以界定的概念 — 219

第三节　宏观民意与微观民意 — 227

第四节　从众效应与沉默的螺旋理论 — 230

第五节　民意的分布 — 236

小　结 — 247

第七章　政治社会化与民意的来源 — 251

第一节　政治社会化 — 251

第二节　家庭 — 256

第三节　学校教育与校园氛围 — 261

第四节　世代效应与生命周期效应 — 267

第五节　大众传媒 — 272

第六节　媒体民意调查与社交媒体 — 284

小　结 — 293

第八章　情　绪　296
第一节　心理学和社会科学研究中的情绪　296
第二节　社会生活中的情绪　301
第三节　政治分析中的情绪维度　305
第四节　情绪的类型分析　312
第五节　若干重要情绪　324
小　结　341

第九章　政治宽容　344
第一节　宽容与政治宽容　344
第二节　初入实证研究领域的政治宽容　347
第三节　为什么一些人比另一些人更宽容？　352
第四节　人们在什么情况下或什么时候更（不）宽容？　366
第五节　如何变得宽容？　381
小　结　389

第十章　政治信任　392
第一节　政治信任：从现实问题到研究议题　392
第二节　政治信任的概念与特征　395
第三节　政治信任的个体差异：若干变量分析　403
第四节　政治信任的宏观基础　423
小　结　436

第十一章　国际关系中的政治心理学　440
第一节　国际关系中的理性与心理　440
第二节　心理（学）分析进入国际关系研究　445
第三节　错误感知与外交政策分析中的认知范式　452
第四节　前景理论与风险决策　463
第五节　外交政策与公众意见　467
小　结　477

第十二章　政治心理学在非西方世界的发展　　　　480
　　第一节　拉丁美洲的政治心理学　　　　480
　　第二节　亚洲的政治心理学　　　　493
　　第三节　非洲的政治心理学　　　　521
　　小　结　　　　529

结语　不确定时代的心理秩序与学科的未来　　　　533

主要参考文献　　　　543
索　引　　　　575

导 论

现代政治学作为一门独立学科，自 19 世纪末产生以来，在其最初的几十年中似乎忽略了两个基本现象：一是人对政治制度的影响（反之亦然），一是急剧的社会变迁对人与制度的影响。直到 20 世纪 50 年代，政治学与心理学之间的联系以及早期的相关研究才得到承认，而政治心理学则经历了漫长的"前学科"阶段，直至 70 年代才发展为一门独立的学科。在很大程度上，所有政治学理论本质上都是心理学的——因为它们"常常含蓄地建立在有关人们如何思考和感受的基础上"[1]。有关政治和政治学的这种认识，实际上就是政治心理学发展的逻辑起点。人类心理在本质上直接导向或间接暗示了人类行为，对人类心理的研究也是对人类行为的研究。

一、寻求学科身份：政治心理学从一个概念到一门学科

政治心理学由一个概念发展为一门独立学科，经历了长达一个世纪的时间。1860 年，德国民族学家和人类学家阿道夫·巴斯蒂安（Adolf Bastian，1826—1905）在其三卷本著作《历史上的人》（*Man in History*）中第一次使用"political psychology"一词，而政治心理学在大约一百年后才确立了独立的学科地位和比较明确的学科身份。政治心理学长达一个世纪的寻求学科身份的过程，是一个传统学术研究领域发展为现代学科的过程。它一方面从属于政治学寻求学科身份的过

---

[1] David O. Sears, Leonie Huddy and Robert Jervis, eds., *Oxford Handbook of Political Psychology*, New York, NY: Oxford University Press, 2003, p. 11.

程，另一方面也表现出诸多方面的独特性。

科学研究领域应是可以界定的，也是需要界定的。笼统地说，作为一门学科，政治心理学是在政治学和心理学这两个知识领域的边界进行探索。因此，作为一门交叉学科，政治心理学具有一般交叉学科可能有的跨学科优势，同时也可能面临沦为边缘学科的窘境。政治心理学在学科研究的主要问题或问题领域、研究方法、研究路径、学科理论、研究结论等诸多方面的差异性和多样性，使得界定这一学科非常困难。

自20世纪70年代后期政治心理学发展成为一个专门知识领域和独立学科以来，界定这一学科所遭遇的问题，或学者们尝试界定的偶或有之的努力，在很大程度上反映了政治心理学所面临的学科困境。在这种意义上，对学科研究基本原则的明确表述或可理解为对学科本身的一种界定。有学者以政治心理学的五个基本原则回应了"政治心理学是什么"的问题：政治心理学研究的焦点是政治现象与心理现象的相互作用，政治心理学研究应回应和关切社会问题，政治心理学应重视社会环境的影响，过程研究和结果研究同样重要，要接受资料获取方法的多样性。[1]

于是，研究者或将政治心理学界定为对潜在于政治判断和决策的心理过程的研究，或将其界定为有关人们如何思考政治以及这一过程如何影响其政治行为的研究。[2] 即使基于这样的界定，由于心理过程的复杂性，政治心理学学科研究的范畴依旧非常庞杂。

20世纪70年代以来，一些研究者对学科重要问题领域进行了系统的梳理和总结，为尚不成熟的政治心理学确立了基本框架，也绘制了初步的知识地图。其中，1973年由珍妮·克努森（Jeanne N.

---

[1] Margaret G. Hermann, "What Is Political Psychology?", in Margaret G. Hermann, ed., *Political Psychology: Contemporary Problems and Issues*, San Francisco, CA: Jossey-Bass, 1986, pp. 1–10.

[2] James H. Kuklinski, "Introduction: Political Psychology and the Study of Politics", in James H. Kuklinski, ed., *Thinking about Political Psychology*, New York, NY: Cambridge University Press, 2009, pp.1–20; Kristen Renwick Monroe, William Chiu, Adam Martin, et al., "What Is Political Psychology?", *Perspectives on Politics*, Vol. 7, No. 4, 2009, pp. 859–882.

Knutson）主编的《政治心理学手册》(Handbook of Political Psychology)在政治心理学领域具有里程碑意义。这部百科全书性质的著作涉及有关政治现象与心理现象之间内在联系的诸多问题和问题领域，引起了人们对政治心理学的广泛关注。自此，学者们围绕这些问题和问题领域形成了一个国际性的网络。1974年，威廉·斯通（William F. Stone）的《政治心理学》(The Psychology of Politics) 出版。这本书虽然只是围绕政治心理学的若干主题进行讨论，但仍被认为是确立了政治心理学学科地位的重要文献。其后，出版于1986年的由玛格丽特·赫尔曼（Margaret G. Hermann）主编的《政治心理学：当代问题与争论》(Political Psychology: Contemporary Problems and Issues)，也是影响人们对于政治心理学学科本身的理解并为这一学科定位的重要研究集成。[1] 由此，政治心理学不仅已发展为一门独立学科，诸多重要问题领域的研究也日渐丰富。

　　心理分析一直是政治分析的重要组成部分，但相对于政治学诸分支与政治学的关系，政治心理学是一个较为疏离的研究领域，与政治学学科整体的关系似乎并不明确。特别是在课程设置及教学等方面，政治心理学远没有像政治学的其他分支学科那样受到重视。政治心理学已经发展为政治学的一门独立分支学科，或只是从属于政治学的某一分支学科？这似乎仍是一个处于争论中的问题。于是，自政治心理学发展成为一个独立的学科领域以来，这一领域的研究者花费了大量时间为政治心理学作为政治学分支的学科身份辩护。[2] 围绕学科名称"政治心理学"的诸多争论就与这一问题相关。

　　政治心理学既是一个学科名称，也是一个重要的专业术语，在形式上则是一个复合概念。作为一个偏正复合名词，"政治心理学"中

---

[1] Jeanne N. Knutson, ed., *Handbook of Political Psychology*, San Francisco, CA: Jossey-Bass, 1973; William F. Stone, *The Psychology of Politics*, New York, NY: Free Press, 1974; Margaret G. Hermann, ed., *Political Psychology: Contemporary Problems and Issues*, San Francisco, CA: Jossey-Bass, 1986, pp. 1–10.

[2] Deborah J. Schildkraut, "All Politics Is Psychological: A Review of Political Psychology Syllabi", *Perspectives on Politics*, Vol. 2, No. 4, 2004, pp. 807–819.

的"心理学"是被赋予了更为实在的名词地位的中心词,"政治"则是"心理学"一词的修饰语。在这种意义上,政治心理学似乎是心理学的一个分支学科。1985年,斯坦利·霍夫曼(Stanley Hoffmann,1928—2015)在国际政治心理学会(International Society of Political Psychology,ISPP)会议的主席致辞中提出,政治心理学不过是一个赘语(a pleonasm)——并非所有心理(学)都与政治有关,而政治则完全是心理的。① 在1992年国际政治心理学会会议的主席致辞中,詹姆斯·戴维·巴伯(James David Barber)则使用了心理政治(学)(psychological politics)的概念,以强调通过心理(学)视角理解政治和处理现实问题的重要性。② 其后,与政治心理学学科名称相关的"心理政治学"(psychological political science)、"政治心理学"(political psychology)以及"足够政治的政治心理学"(sufficiently political political psychology)等诸多概念常常出现于有关政治心理学学科定位的讨论中,也在很大程度上反映了不同研究者对于学科功能与使命的期待和理解。③

在政治心理学学科发展早期,学科研究虽然有过政治学与心理学各领风骚的时期,但基本没有形成像社会心理学中社会学取向的社会心理学和心理学取向的社会心理学之间那样的对立与竞争。这在很大

---

① Stanley Hoffmann, "On the Political Psychology of Peace and War: A Critique and an Agenda", *Political Psychology*, Vol. 7, No. 1, 1986, pp. 1-21. "政治完全是心理的。"——这一表述被认为过于"大胆",以至于"听起来像是还原论"。参见Robert R. Holt, "Bridging the Rift in Political Psychology: An Open Letter to Stanley Hoffmann", *Political Psychology*, Vol. 7, No. 2, 1986, pp. 235-244. 乔治·马尔库斯(George E. Marcus)的相关表述可能更容易被接受——"每一种政治都至少有某些政治心理维度",因此涉足政治心理学领域是一个重要的挑战。George E. Marcus, "Thinking about Political Psychology" (book review), *Perspectives on Politics*, Vol. 1, No. 2, 2003, pp. 411-412.

② James David Barber, "Today's Relevance of Psychological Politics", *Political Psychology*, Vol. 14, No. 3, 1993, pp. 529-535.

③ Jon A. Krosnick, "Is Political Psychology Sufficiently Psychological? Distinguishing Political Psychology from Psychological Political Science", in Jon A. Kuklinski, ed., *Thinking about Political Psychology*, New York, NY: Cambridge University Press, 2009, pp. 187-216.

程度上与政治心理学要么依附于心理学,要么依附于社会心理学,在很长时间里都未能发展成为一门独立的学科有关。政治心理学家最感兴趣的问题是人性与政治的互动关系,政治心理学将心理学理论运用于政治分析中,同时更关注政治背景。这种研究有助于推进政治学学科研究的目标,即理解政治过程及其内在机制——如何发展以及为什么,等等。政治心理学的母学科究竟是政治学还是心理学,对于理解政治或是政治心理可能并无太大影响,但对于学科的界定及学科发展而言则至关重要。

政治心理学在20世纪70年代发展成为一门独立学科之前的数十年间,其发展过程伴随着政治学研究科学化的重要趋势。将科学心理学(scientific psychology)与政治现象联系起来,是人们对政治心理学的基本学科定位,也符合人们对这一学科的一般期待。实际上,从心理学的视角理解政治行为只是这一学科功能及价值的一个方面。对政治心理学学科特征的完整理解应该是,政治学与心理学的关系是双向的:通过心理学的透镜理解政治,通过政治学的透镜理解政治心理。政治心理学学科的产生本身即已提示了一种跨学科努力,而学科的发展也受惠于这种跨学科努力。

二、跨学科合作与多学科互惠

从学科名称——政治心理学——来看,其本身已经揭示了这一学科的跨学科性质。政治学和心理学的关系,以及政治心理学与其他相关学科的关系,是认识政治心理学这一学科的重要维度。

在很大程度上可以说,政治心理学的产生就是政治学与心理学之间的互惠关系的一个结果。在政治心理学研究中,心理学(特别是社会心理学)的概念、理论和研究方法已经被广泛运用于对政治现象的分析。解释政治行为的心理基础、根源和结果,是有关政治心理学学科定位、研究内容及学科功能的常见表述,而将心理学(特别是社会心理学)的理论与方法运用于对政治现象的解释和分析,则被视为政治心理学的一般研究路径。

　　跨学科合作是政治心理学赖以生存和发展的重要基础，而这种跨学科合作不仅仅是政治学和心理学的合作。政治心理学植根于政治学和心理学，并积极借鉴其他人文社会科学学科（如人类学、社会学、国际关系学、经济学、哲学、历史学、传播学、教育学等）的概念、理论或方法。在确立学科独立地位的过程中，人格与政治、态度的形成与改变、信念、动机、选举与投票、知觉、认知、信息处理与加工、学习策略、政治社会化等成为政治心理学的常见研究领域，诸如领袖角色、公共政策制定、投票态度与行为、民族主义、战争和种族屠杀、群体冲突、政治极端主义等现象和问题则是政治心理学研究集中关注的重要主题。近年来，自然科学如神经科学领域取得的新进展也为政治心理学所吸收，并被用以解释政治生活中的一些重要心理现象（如情绪）。不断扩展的研究主题和不断丰富的研究方法，不仅塑造着政治心理学学科的基本轮廓，也使这一学科处于持续的变化过程中。

　　作为一个交叉学科和跨学科研究领域，政治心理学领域研究者的构成在不同时期也有明显变化。在学科的早期发展阶段，即政治心理学的所谓"前学科"时期，政治心理学领域的研究者主要是政治学家。以哈罗德·拉斯韦尔（Harold D. Lasswell, 1902—1978）为代表的政治学家，将弗洛伊德的精神分析法运用于分析和研究政治现象，从而奠定了现代政治心理学的基础，也带来了政治心理学研究的一个高潮。其后，心理学家取代政治学家，成为政治心理学领域的主要研究者。埃里克·埃里克森（Erik H. Erikson, 1902—1994）、詹姆斯·戴维·巴伯等人的研究，将心理学理论和方法大规模引入对政治现象的分析，构筑了政治心理学早期发展的坚实基础。随着20世纪50年代以来行为主义在美国蔚然成风，政治心理学成为一个吸引政治学家、心理学家和其他学科研究者展开广泛合作的研究领域。这一时期也是政治心理学从其他学科引入理论、方法最为活跃的一段时间。

　　今天，活跃在政治心理学领域的研究者大多数是政治学家，他们对政治现象和政治问题的关注甚于关切为心理学做出普遍性理论贡献。此外，相对于心理学（以及其他相关学科），政治学似乎具有更大的开放性，也表现出更大的跨学科热情。一个明显的例证就是，国外一些大学的政治学系常会聘用心理学专业的研究者，但是很少有心理学系聘用政治学专业的教师。这种状况不仅让政治心理学长期处于一种从其他学科引入概念、理论和方法的入超状态，也使它经常陷于围绕学科名称而产生的学科身份困扰。在这种意义上，关注和挖掘政治心理学的资源潜力和价值，将有助于在政治心理学研究中累积心理学和其他相关领域的知识，并在一定程度上修正有些失衡的跨学科交流状况。

就学科名称主要涉及的政治学和心理学这两个学科而言，虽然有学者认为政治心理学研究根本无需为学科的这种入超状态感到遗憾[①]，但也有学者提出，只有改变两个学科之间单向交流的局面，才能使政治心理学家成为与心理学家平等的合作者，并避免政治心理学可能存在的自卑情结[②]。实际上，从对学科诸多相关概念如政治心理学（political psychology）和"心理政治学"（psychological political science）的辨析中可以看出，政治心理学研究无疑应服务于两个方面的目标：(1)理解政治；(2)建构基础心理学理论。如果这一学科只是服务于第一个目标，那么政治心理学就应该是"心理政治学"了。[③]学科名称之所以是政治心理学而非"心理政治学"，正是因为如此。同时，政治心理学研究似乎从一开始就忽略了学科在后一方面的目标。

政治心理学学科名称与这一领域研究之间某种程度的错位，增加

[①] Wendy M. Rahn, John L. Sullivan and Thomas J. Rudolph, "Political Psychology and Political Science", in Jon A. Kuklinski, ed., *Thinking about Political Psychology*, New York, NY: Cambridge University Press, 2009, pp. 155—186.

[②] Jon A. Krosnick, "Is Political Psychology Sufficiently Psychological? Distinguishing Political Psychology from Psychological Political Science", in Jon A. Kuklinski, ed., *Thinking about Political Psychology*, New York, NY: Cambridge University Press, 2009, pp. 187—216.

[③] G. E. Marcus, "Psychological Political Science versus Political Psychology True to Its Name: A Plea for Balance", in Kristen Renwick Monroe, ed., *Political Psychology*, Mahwah, NJ: Lawrence Erlbaum Associates Publishers, 2002, pp. 79—94.

了界定这一学科的复杂性,甚至可能使学科陷于与之相关的争论。同时,与作为整体的政治学学科一样,政治心理学的学科发展始终是由社会现实引导的,并对其他学科的理论和方法保持高度的敏感性和开放性。不仅如此,基于政治心理学在政治学领域比在心理学和其他学科领域得到了更为普遍的认同和接受,以及政治心理学研究的现实状况,将这一学科理解为"政治的心理方面"(psychological aspects of politics)应该是一个较为公允的表达。① 因此,对政治心理学与其他学科间关系的讨论,应置于学科功能与使命的大背景下,特别是将政治心理学理解为一个多学科互惠的跨学科研究领域。

政治心理学不同发展时期的研究主题、理论和方法的变化,在一定程度上是一个从发展早期对心理学的借重和依赖转向对更多学科进行积极借鉴的过程,实际上还是学科研究重心从心理学向政治学转移的过程。政治心理学与其他相关学科的互惠,也将在其他学科对这一交叉学科的自觉关注以及不同学科的积极互动中实现。

三、问题驱动的学科传统

将科学心理学运用于对政治现象的分析,是人们对政治心理学的一般理解。于是,科学取向似乎成为政治心理学学科最为显著的研究取向,而政治心理学学科所经历的不同发展阶段,则在一定程度上提示了这一学科不同于科学心理学发展的基本路径以及这两个学科间的学术关系。

在政治心理学的早期发展阶段,人格分析、精神分析是探析政治现象的常见路径,学科发展在总体上更依赖哲学和政治理论,学科自身既没有明确的学科界定,也缺乏规范的方法。其后,科学而系统的研究方法被引入对政治现象的分析,学科规范也逐步确立。随着政治

---

① 参见 Shanto Iyengar and Williams J. McGuire, eds., *Explorations in Political Psychology*, Durham, NC: Duke University Press, 1993, p. 1。

心理学作为一个学科知识领域逐渐成熟和巩固，学科研究范围不断扩展，研究方法日趋丰富；与此同时，政治心理学与其他学科的融合也成为一个重要的现象，并在一定程度上使其学科关切与科学心理学日渐疏离，而其作为一个成熟学科的边界则由此变得模糊。

政治心理学的这种变化，与其被理解为作为学科的政治心理学发展的一种倒退，还不如说是其作为一个学科之外的其他维度的特征和功能日趋显现的结果或表现，即除了作为一门学科，政治心理学还应当被理解为一种资源。

政治心理学拥有问题驱动的血统（problem-driven lineage）[1]，其社会取向在很大程度上令研究者的价值取向成为学科研究的一个重要问题。事实上，政治心理学及时回应现实社会与政治问题的学科特征，使其获得了超越学科的关键特性，即关注社会与政治变化，并通过研究或研究的外部性引导和塑造社会变化。

学科内容与研究者的研究取向相关联，其中研究者的研究取向更是在一定程度上影响和界定了学科的研究对象或内容。不同时期突出的时代问题会影响研究者的研究兴趣，甚至成为那一时期的主导性研究议题，从而使政治心理学自产生起就背负了超出学术的社会与政治使命，政治与社会现实也因而成为推动学科发展的重要力量。在政治心理学学科史上，对人类命运产生过重大影响的政治与社会问题在不同时期都发挥过这样的刺激和推动作用。其中，极端右翼问题、冷战、地区冲突与发展中国家和地区的转型问题，以及近年来主要表现为难民潮的人口大规模跨国迁移现象等，都引发了研究者的集中关注与研究，扩展了学科研究范畴，使政治心理学成为"一个持续扩张的领域"[2]。

政治心理学在其发展过程中受到社会心理学的很大影响，也在很长时间里与社会心理学共享学术渊源。在社会心理学领域，常被提及

---

[1] Kristen Renwick Monroe, William Chiu, Adam Martin, et al., "What Is Political Psychology?", *Perspectives on Politics*, Vol. 7, No. 4, 2009, pp. 859-882.

[2] Cristian Tileagă, *Political Psychology: Critical Perspectives*, Cambridge: Cambridge University Press, 2013, p. 6.

的第二次世界大战前后一系列影响人类命运和世界发展进程的相关研究，都是对当时特定现实需要的回应，也为一些国家制定相关政策提供了重要依据。其中，玛格丽特·米德（Margaret Mead）的《枕戈待旦：一个人类学家眼中的美国》（And Keep Your Powder Dry: An Anthropologist Looks at America, 1942）和鲁思·本尼迪克特（Ruth Benedict）的《菊与刀：日本文化模式论》（The Chrysanthemum and the Sword: Patterns of Japanese Culture, 1946），是美国文化人类学家在第二次世界大战期间应美国政府之邀而进行的研究，为美国政府制定相关政策提供了重要的科学依据，也成为文化人类学研究和政治心理学研究的经典。在政治心理学领域，人格研究的重要经典《权威人格》（The Authoritarian Personality, 1950），则始于第二次世界大战即将结束时，在美国犹太人委员会（American Jewish Committee, AJC）的支持下，由阿多诺（Theodor W. Adorno）、弗伦克尔-布伦瑞克（Else Frenkel-Brunswik）、莱文森（Daniel J. Levinson）与桑福德（R. Nevitt Sanford）等学者为探求反犹太主义的心理根源而对其背后的人格因素进行的合作研究。

此外，在一些有影响的政治学研究中，同样可以看到研究者基于社会现实关切而对政治心理相关问题予以关注。二战后，政治学家对发展中国家和地区的密集关注，催生了大量的相关研究。其中，丹尼尔·勒纳（Daniel Lerner, 1917—1980）的《传统社会的消逝：中东的现代化》（The Passing of Traditional Society: Modernizing the Middle East, 1958）和沃尔特·罗斯托（Walt W. Rostow, 1916—2003）的《经济增长的阶段》（The Stages of Economic Growth, 1960）等，就反映了研究者因应二战后新国家大量产生的现实，对政治发展过程中社会-心理诸多方面问题所产生的研究兴趣。

对于一些研究者而言，正是直接投身政治的经历和体验引发了其对政治心理学相关问题的兴趣。早在政治心理学成为一门独立学科之前，格雷厄姆·沃拉斯（Graham Wallas, 1858—1932）利用其从伦敦市政选举中获得的经验，以及作为伦敦教育委员会和伦敦郡议会的活跃成员所获得的洞察力，完成了《政治中的人性》(*Human Nature in Politics*, 1908) 一书。改革开放后，最早被译介到中国的《政治心理学》则是著者威廉·斯通卷入政治的一个直接结果。①

就学科本身而言，一些国家和地区的政治心理学（如拉丁美洲的政治心理学）在整体上常被理解为是回应社会现实需要的产物。② 实际上，学科产生的特定现实背景即已凸显了政治心理学的社会取向与资源意义。

四、政治心理学的资源意义

政治心理学与社会心理学不仅在很长时间里共享学术渊源，社会心理学本身就是政治心理学的重要学科渊源。社会心理学滥觞于群体心理研究，而群体心理研究则始于19世纪中期的德国民族心理学派。19世纪中后期欧洲社会所经历的急剧社会变迁吸引了众多研究者关注和研究群体现象，社会心理学研究也由此萌芽。这一学科渊源提示了被忽视或尚未获得充分重视的政治心理学的资源维度。因此，将政治心理学视为一种资源的认识，其实并不算什么新鲜的见解，而是对政治心理学这一重要认识维度的重新确认或强调。

在最为宽泛的意义上，作为一门学科的政治心理学本身就可理解为，用于解释社会政治现象并将心理与社会政治现象联系起来的一种理论范式和方法论资源。实际上，政治心理学基本理论和命题已成为诸多相关理论的重要基础，或其本身就是相关学科知识积累的一部分，一些特定问题领域的研究还可为政治学理论及其他学科相关研究提供实证验证。

---

① 〔英〕格雷厄姆·沃拉斯：《政治中的人性》，朱曾汶译，商务印书馆1995年版；〔美〕威廉·F. 斯通：《政治心理学》，胡杰译，黑龙江人民出版社1987年版。

② 参见 Maritza Montero, "Political Psychology in Latin America", in Margaret G. Hermann, ed., *Political Psychology: Contemporary Problems and Issues*, San Francisco, CA: Jossey-Bass, 1986, pp. 1–10.

时代问题对于政治心理学学科的现实影响，使政治心理学承载了不同时期特有的社会和政治信息。在历史维度上，不同时期政治生活中得到集中关注和研究的心理现象和问题，大体反映了当时的一般社会心态和社会情绪氛围。正在流行的社会心态和政治心理，同样是不同研究者关注的重要主题。因此，在一定程度上，人们可以从政治心理学的研究主题及其变化，感知不同时期人类精神与心理层面上政治生活的实际状况与变化。这是政治心理学学科因其社会取向而获得的一种社会记录功能或档案文献功能，也可以理解为学科的信息价值。在这个意义上，政治心理学是一种重要的信息资源。

政治心理学还是一种重要的策略资源。通过政治心理学研究，了解并把握流行的政治心理和社会心态，是有效社会沟通与管理的重要基础。在现代社会，由于心理学与人们的日常生活关系密切，这一领域的相关知识日渐成为人们的生活常识。人们可能知之甚少的政治心理学各知识领域日益变成非专业领域，普通个体能够从中学到相关知识或技巧，从而实现自助和掌握个人命运。以心理学和政治心理学相关知识指导社会实践，这一过程也可以理解为政治教育或公民教育的过程，具体而言就是普通个体习得政治沟通和政治参与技巧的过程，因而还是一个获得政治生活策略的过程。同时，这也是人们一般理解的"将政治作为一种教育"的理念的实现过程。

政治心理学对于政治生活中的个体所具有的策略价值，也体现于社会管理过程。对流行的社会心态与社会情绪氛围的及时了解和把握，不仅可以为公共权威制定和执行相关政策提供重要的信息，更为其选择适当的管理和沟通策略以进行有效的社会干预，提供了重要的依据。在日益多元和充满不确定性的现代社会，政治心理学的沟通价值和策略价值弥足珍贵。

现代社会日益表现出风险社会的特征，自然灾害、传染性疾病、恐怖袭击、战争、难民潮等都可能在个体或群体层面给人们造成不同程度的心理创伤。对创伤性事件进行政治心理学视角的分析，将有助于丰富人们对此类事件的跨学科理解,也有助于及时设计和调整相关社会干预措施,以减轻这些事件给人们带来的不幸。更为重要的是,源于政治心理学的一些见解,还可能有利于避免或减少某些创伤性事件的发生及其消极影响。[①] 最近二十多年来,世界范围内的创伤性事件在强度和频度上急剧增加,进一步凸显了政治心理学在这一维度上的潜在价值。

政治心理学的资源价值,还体现于一些特定心理现象本身所具有的资源意义。心理作为一种精神现象,一般可以理解为社会与政治现实在人们意识中的投射。在这种意义上,特定的心理亦即特定现实问题的反映。政治心理学可捕捉人们敏感的政治心理和变化不定的情绪反应,有助于人们洞察现实社会与政治问题,特别是激烈的心理反应所折射出的社会与政治问题。其中,情绪,特别是社会情绪的信息价值、沟通价值和适应价值,已经得到越来越多的关注。

作为一门学科的政治心理学与作为一种资源的政治心理学绝非泾渭分明,也不可能截然分开,更不要说在宽泛意义上,学科本身即意味着它是一种重要的知识、理论和方法论资源。非但如此,作为一种资源的政治心理学,在很大程度上依附于学科规范意义上作为一门学科的政治心理学,以学科意义上的政治心理学作为其基础。资源维度上的政治心理学更强调学科的社会取向,强调学科整体价值(包括社会价值),并为学科意义上的政治心理学的发展提供了现实动力。罗伯特·杰维斯(Robert Jervis)在分析政治心理学学科发展面临的困境时概括了多方面的问题,其中一个就是决策者很少将政治心理学视为公共政策问题相关知识的来源。[②] 很大程度上,这一观点提示了政治心理学在学科维度与资源维度上的相互影响。

具体而言,政治心理学的学科维度突出了这一学科的基本特征及

[①] 参见 Cheryl Koopman, "Political Psychology as a Lens for Viewing Traumatic Events", *Political Psychology*, Vol. 18, No. 4, 1997, pp. 831–847。

[②] Robert Jervis, "Political Psychology: Some Challenges and Opportunities", *Political Psychology*, Vol. 10, No. 3, 1989, pp. 481–493.

其心理学渊源（譬如对政治心理的生物基础的关注），包括基本概念、研究范畴、基本理论和命题等；资源维度更关注心理与社会的关系，强调在由政治心理学基本概念、理论所确立的框架中思考、理解和认识现实问题，并寻求或提示针对现实问题的解释甚至是可能的应对方案。对政治心理学的这种关注和研究还是政治人类学研究范式的重要组成部分。

从心理学角度解释政治现象，是对于政治心理学的一个非常宽泛的界定。这一界定意味着，尽管在普遍意义上发展心理学理论也是政治心理学的重要学科目标，但对大多数政治心理学研究者而言，寻求对政治环境的理解才是其兴趣所在；换言之，增进对政治环境的理解是其首要目标。政治心理学家关注现实问题，努力运用已有的心理学概念来解释政治现象，通过政治行动者不可观察的心理过程来研究政治决策、政治行动和政治态度。因此，政治心理学研究不可能在真空中进行，走出实验室、在真实世界进行的研究则有助于使学科研究相关发现的外部有效性（external validity）最大化[①]，从而实现政治心理学处理社会现实问题的潜力。

五、政治中的人性与理性

早在一百多年前，格雷厄姆·沃拉斯就非常精辟地概括了对政治中的人性进行研究的重要意义和面临的问题——对政治中的人性进行研究，不仅会加深和拓宽我们对政治世界的理解，而且"还会打开一个未被发掘过的政治创造力的宝库"；但是，"在政治中要抵制对感情经历作理智解释的习惯，要比在宗教、道德或教育中不知难多少"[②]。

[①] 参见 Jon A. Krosnick, Tobias H. Stark and I-Chant A. Chiang, "The Two Core Goals of Political Psychology", in Jon A. Krosnick, I-Chant A. Chiang and Tobias H. Stark, eds., *Political Psychology: New Explorations*, New York, NY: Routledge, 2017, pp. 1–11.

[②] 〔英〕格雷厄姆·沃拉斯：《政治中的人性》，朱曾汶译，商务印书馆1995年版，第12页、第45页。

情感是一种重要的人类本能，不观照人类情感与心理世界的政治学研究和社会科学研究都不可能获得对现实世界的真正理解，也难以处理好变革时代不断出现的社会与政治问题。

人性与理性之间充满了张力，也构成了理解政治的重要范畴。过去几十年，源于经济学的理性人假设在政治学研究中大行其道，但相关模型预测却主要以辅助假设（auxiliary assumption）为基础，而并非建立在理性原则的基础上。可以说，如果没有能够证明辅助假设的广泛的经验研究，理性原则几乎没有对政治现象做出预测的能力。① 现实生活中的政治人（Homo politicus），与其说是理性选择理论所假定的经济人（Homo economicus），还不如说是认知心理学中的心理人（Homo psychologicus）。在很大程度上，政治就是心理政治。因此，关注人性，关注人们的态度、情绪及观念从哪里来，关注人们的心理与政治的相互影响，对于理解现实政治并有效地应对现实政治与社会问题至关重要。相对于将人视为理性人的观点，启蒙思想家约翰·洛克（John Locke，1632—1704）认为，个体生来是一张可由训练和经验书写的白纸，即人性可以改变。这样的观点更为务实也更乐观，还使得政治心理研究更有意义。

对理想政治秩序的探索离不开政治心理学研究。在这种意义上，政治心理学研究就是探索理想政治秩序的没有终点的旅程——可能令人沮丧，但更会带来希望。

---

① Herbert A. Simon, "Human Nature in Politics: The Dialogue of Psychology with Political Science", *American Political Science Review*, Vol. 79, No. 2, 1985, pp. 293-304.

第一章 政治心理学学科渊源

在第一次世界大战后的美国，当大多数政治学家在反思公众情绪的转变时，一些专业人士尝试寻求对人们头脑中的内驱力作出解释。20世纪20年代，这些年轻的政治学家冒险进入了在当时人们看来名声不好的心理学领域。幸运的是，他们的队伍在持续扩大。到第二次世界大战结束后特别是20世纪50年代，政治学与心理学之间的联系以及这些先行者的研究得到了承认并被制度化。

第一节 早期政治学研究中的人性与心理

心理是人类的一种基本精神现象。心理也称心理活动，可见于人类生活的各个领域。政治心理就是人类政治生活中一种非常普遍的精神现象。远在政治心理学成为一门独立学科之前，甚至在它成为政治学家有意识的研究领域之前，许多政治学著作即已在很大程度上涉及了与政治心理相关的内容。1908年，格雷厄姆·沃拉斯出版了《政治中的人性》一书，明确提出要理解政治事务的本质而不思考引导这些事务的心理本质是不可能的，他本人则被认为是将心理学与政治结合起来进行分析的重要先驱。

实际上，对于人性的思考是自古以来不同时期政治思想家著述中常见的研究主题，也是其提出特定理论和假设的重要基础。古代雅典民主制度的出现促使人们对选民的权利和责任进行哲学思考，而这些思考大多是在哲学家的人性理论框架中展开的。柏拉图在《理想国》中坚持认为存在三种根本不同的人类本性，并在与各种本性相联系的不同政治态度的基础上证明其"乌托邦"理想。亚里士多德在《政治学》中将许多论断建立在"人在本质上是政治动物"的假设基础上，并引入了两个其他的生物学假设：（1）身为奴隶的人之所以承担被奴役的角色是由其生物本性决定的；（2）妇女在智力上劣于男子，其原因在于他们不同的生物构造。以西塞罗为代表的罗马禁欲主义思想，则认识到了人类生物本质与智力本质的平等。

"政治人"（*Homo politicus*/political man）的观念在中世纪和文艺复兴时期的欧洲得到了进一步发展。马基雅维利（Niccolò Machiavelli，1469—1527）在其《君主论》中证明了佛罗伦萨人既不隐讳也并非谄媚的"天生"人性的概念，他对成功的政治领导者必备素质的探讨则使其名字也成了一种领导风格的同义语。霍布斯（Thomas Hobbes，1588—1679）对于政治人的生活抱持悲观的态度——"肮脏、野蛮和短命"，这种观点远早于弗洛伊德有关人性与社会的认识。霍布斯在其《利维坦》中仍将对政治制度的分析建立在人性理论的基础上。不同于霍布斯，卢梭（Jean-Jacques Rousseau，1712—1778）认为人性本善，如果人类可以生活在自然状态，那么他就会获得内心的和谐，并同他人和自然建立起积极的关系。

约翰·洛克对国家起源的解释建立在与霍布斯相反的人性观念之上。他的观点是一种理性与合作的社会观，即社会事务是由个人与社会之间的社会契约驱动的。在他看来，理性、节制和妥协是处理人际关系的美德。这些观点已成为现代自由民主思想的基础。

早期政治学研究中的心理分析提示人们，政治学需要心理学。实际上，一切政治现象背后都有人的因素，离开对人的思考，一切政治现象都无从理解。

回溯政治心理学的学科渊源，有助于了解这一学科知识与理论的发展脉络及轨迹，包括心理学、社会心理学等相关学科对政治心理学的影响，对于认识和把握这一学科的未来发展趋向也至关重要。①

第二节 政治心理学的心理学渊源

作为政治心理学的重要发展基点，心理学对于政治心理学的发展在历史上曾起过决定性的作用，在今天也仍然具有重要的影响。在当代政治学家的作品中更是随处可见心理学的假设，包括那些自认为并非政治心理学家的人的研究或并非"行为主义信念"拥护者的作品。可以说，对于行为、人格、感知、动机、认知和人际互动等原则的依赖贯穿整个政治学。当然，这些心理学原则往往介于不被言明（unstated）和不被承认（unacknowledged）之间。②

人类心理在本质上直接指导或间接暗示了人类行为。因此，对人类心理的研究也是对人类行为的研究。一般认为，人类的行为是人类有机体与其所处环境相互作用的结果，是二者之间一种特定的函数关系，用公式可表达为：

$$B = f(O, E)$$

其中，B（behavior）代表所有可观察的人类行为，O（organism）是有机体，E（environment）则是人类活动于其中的环境。③人类行

---

① 美国社会学家和政治学家詹姆斯·戴维斯（James Chowning Davies，1918—2012）于20世纪70年代初对到那时为止的政治心理学学科发展历史进行了详尽和系统的分析，从而为理解政治心理学学科发展历史（主要是获得独立学科地位前的学科历史）提供了非常详细的知识图谱和认识路线图。这一研究也是本章相关分析的重要依据。James Chowning Davies, "Where From and Where To?", in Jeanne N. Knutson, ed., *Handbook of Political Psychology*, San Francisco, CA: Jossey-Bass, 1973, pp. 1—27.

② Neil J. Kressel, ed., *Political Psychology: Classic and Contemporary Readings*, New York, NY: Paragon House Publishers, 1993, p. 1.

③ 也有学者将这一公式表达为：$B = f(P, E)$。其中B仍表示行为，P表示个性或人格（personality），E则代表环境特征（environment character）。

为取决于人类生物有机体与环境的相互作用已成为人们的共识,但对于在这一相互作用过程中哪一个因素更重要则有不同的认识。具体而言,分歧在于是将生物有机体作为行为的决定因素,还是将环境作为行为的决定因素。这些不同观点将研究者划分为不同的阵营。①

一、将生物有机体作为行为的决定因素

早在政治学作为一个独立的学科出现以前,人们对生物有机体的社会重要性就产生了较为广泛的兴趣。1859 年,达尔文(Charles Robert Darwin,1809—1882)在其《物种起源》(The Origin of Species,1859)一书中表明了人与其他物种之间的有机连续性。当时,这一观点正如早前关于地球不是宇宙中心的观点一样,对人类自我中心主义者造成了很大冲击。这一观点同时表明,人类行为几乎是由其无法意识到的力量控制的。也就是说,人们用来解释其行为的大多数有意识的理由,是其无意识力量的理性化。②达尔文是在体质上将人类置于生物有机体范畴,弗洛伊德(Sigmund Freud,1856—1939)则致力于在精神上将人类置于生物有机体范畴。弗洛伊德将人的心理过程概念化为一个三重情结:本我、自我和超我。本我(the id)是完全由无意识操纵的原始生物驱力;自我(the ego)是构成知觉和思维的过程,部分由意识操纵,部分由无意识操纵,具有使我们适应现实世界的竞争功能,是本我和超我之间的仲裁者;超我(the superego)是由意识和无意识共同操纵的,其类似于良心,但也部分受到无意识的影响。成人行为常常是本我、自我和超我三者之间相互作用的函数,其总的目的是保存物种。在弗洛伊德的概念体系中,体现本我的力比多(libido)不仅是人们之间性的纽带,还是维系人们社会与政治关

---

① 参见 James Chowning Davies, "Where From and Where To?", in Jeanne N. Knutson, ed., Handbook of Political Psychology, San Francisco, CA: Jossey-Bass, 1973, pp. 1—27.

② 〔英〕达尔文:《物种起源》,舒德干等译,陕西人民出版社 2001 年版。

系的纽带。尽管文明会压抑人们对性的要求而使其产生深刻的焦虑，但也因此具有了必要的抑制功能，使人们对性的欲求转向其他可能的社会和文化活动。文明是一种必要的外部控制源泉。在个体的成长过程中，这种外部控制力量逐渐内化于个体。这种内化是文明确立、维持和进步的必要组成部分，弗洛伊德称之为超我，并将它等同于良心。在连续不断的人际与代际互动过程中，个体与文明都获得了发展并成为永恒。[①]

阿德勒（Alfred Adler，1870—1937）是弗洛伊德较早的弟子，但他却在思想渊源上割断了与弗洛伊德的关系。在他看来，弗洛伊德将全部注意力放在性以及性的驱动力上，而没有关注社会对行为的影响。在出版于1927年的《理解人性》（Understanding Human Nature）一书中，阿德勒指出，性不过是人类意图获得优越性的诸多表现之一，当这一努力受挫时，个体便会产生"自卑情结"。阿德勒认为，个体可以通过培养其"社会情感"（social feeling）来摆脱自卑情结，而社会情感正是个体在与其他人的互动过程中形成的共同体意识。在阿德勒看来，这种社会情感以及与他人的共情认同，是与性冲动并不存在必然联系的内在倾向。移情作用使人们受他人的影响成为可能，特别是在童年期受父母的影响。这种"权威影响"（authoritative influence）可以向个体灌输一种无理由服从的习惯，尤其是对公共权威人物的服从。移情作用、权威以及这种没有理由的服从可以带来种族仇恨（种族中心主义）、死刑和战争。因此，要使社会和谐广泛存在，就必须维持具体的和普遍的移情作用之间谨慎的平衡。[②]

弗洛伊德与阿德勒之间最引人关注的差异在于，他们有关个体内部冲突的截然不同的观点。弗洛伊德将冲突描述为个体内在动力的冲

---

① 参见〔奥〕西格蒙德·弗洛伊德：《精神分析引论》，徐胤译，浙江文艺出版社2016年版；〔奥〕西格蒙德·弗洛伊德：《文明及其不满》，严志军、张沫译，浙江文艺出版社2019年版。

② 参见〔奥〕阿尔弗雷德·阿德勒：《理解人性》，陈太胜、陈文颖译，国际文化出版公司2000年版。

突,即生命本能与死亡本能之间的冲突。阿德勒则认为,内部冲突源于环境安抚个体社会情感的失败。如果个体的这种情感得到适当的安抚,每个人都会"感到自己与他人是联系在一起的",从而将"和谐的幸福"(welfare of harmony)内化为自我的组成部分。

在弗洛伊德所确立的精神分析的基础上,弗洛姆(Erich Fromm, 1900—1980)发展和扩大了对广泛的社会与政治现象的分析。他认为,尽管存在人类共同的某些特定需要,但人的本质、人的激情与焦虑却是文化的产物。也许是同样受到了马克思的影响,弗洛姆关注在整个人类、整个文明中产生了精神危机的社会与文化基质。在他看来,西方文明所面临的主要危机,来自内在于成长中的个体(a developing individual)的两种趋势的相互作用:"自我力量的增强"(growth of self-strength)和"不断增加的孤独感"(growing aloneness)。二者共同作用造成了是独立还是相互依赖的困境。个体头脑中的这一困境在现代世界中因个体严重受挫而不能得到适当的解决,进而倾向产生所谓的权威人格(authoritarian personality)。由于历史与现实的原因,这种人格类型在德国中下层非常普遍,并显露其"无权、焦虑和孤立"的强烈感觉,结果导致了一种施虐受虐狂式的"对权势者的爱"和"对无权者的恨"(a sado-masochistic "love for the powerful" and "hatred for the powerless")。① 弗洛姆将一些非核心特征,如小气(pettiness)、敌视和禁欲主义等,也纳入这一人格类型中。

麦独孤(William McDougall,1871—1938)是与弗洛伊德同时代的英国心理学家,受到了美国早期心理学家威廉·詹姆斯(William James,1842—1910),特别是其于1890年出版的《心理学原理》(*Principles of Psychology*)一书的影响。麦独孤在心理学严格的实验室训练基础上开始了其职业生涯,但其主要贡献却与实验室无直接关

---

① 参见〔美〕埃里希·弗罗姆:《逃避自由》,刘林海译,国际文化出版公司2002年版;James Chowning Davies, "Where From and Where To?", in Jeanne N. Knutson, ed., *Handbook of Political Psychology*, San Francisco, CA: Jossey-Bass, 1973, pp. 1–27。

系,也并未受到维也纳心理学派的影响。他出版于1908年的《社会心理学导论》(*An Introduction to Social Psychology*),在英国和美国都产生了巨大的影响。其中,麦独孤列举并分析了七种基本本能,并将每一种本能与一种情绪联系起来:逃避与恐惧(flight and fear)、反感与厌恶(repulsion and disgust)、好奇与惊讶(curiosity and wonder)、好斗与愤怒(pugnacity and anger)、自卑与消极情绪(self-abasement and negative feeling)、自信与积极情绪(self-assertion and positive feeling)、母性与温和情绪(the parental feeling and the tender emotion)等。之后,他又增加了生殖(性)(reproduction [sex])、求食(eating)、合群(gregariousness)、获得(acquisition)和建造(construction)等几种本能。后来麦独孤放弃了使用本能这一概念,而以"行为倾向"一词取而代之。① 麦独孤将内在倾向或归因于自我保存的本能——以源于达尔文生物学的一种社会达尔文主义为基础,或归因于弗洛伊德所说的作为生命冲动的性本能。

亨利·莫里(Henry A. Murray,1893—1988)在1938年出版的《人格探索》(*Exploration in Personality*)一书中,发展了麦独孤提出的基本需要量表。莫里将需要视作"一种有机体潜质或在特定条件下的反应状态。它是一个有机体的一种蛰伏的属性"。他认为,所有的需要都是以有秩序的方式趋向令人满意或不满意的结果的源于内部的特定"驱力"。与有机体的需要相关的是环境的"压力"(press)——它"或者是有损于有机体的一种威胁,或者是有益于有机体的一个希望"。② 不同于弗洛伊德对基本内驱力的过分简化的分析,莫里的分析则基于对细节的描述。

戴维·麦克莱兰(David McClelland,1917—1998)从研究莫里的

---

① 〔英〕威廉·麦独孤:《社会心理学导论》,俞国良等译,浙江教育出版社1997年版;James Chowning Davies, "Where From and Where To?", in Jeanne N. Knutson, ed., *Handbook of Political Psychology*, San Francisco, CA: Jossey-Bass, 1973, pp. 1–27。

② James Chowning Davies, "Where From and Where To?", in Jeanne N. Knutson, ed., *Handbook of Political Psychology*, San Francisco, CA: Jossey-Bass, 1973, pp. 1–27.

基本需要量表出发，首次向日后被马克斯·韦伯主要从社会学角度在理论上加以分析的问题，发起了心理学意义上的经验性进攻。这个问题就是韦伯所说的新教伦理——努力工作、节俭、趋向物质财富创造的确信未来的倾向等。麦克莱兰认为这些倾向在天主教国家、社会主义国家、西方国家和东方国家同样存在。在他看来，对成就的需要是人类基本的共同需要，而这一需要又与现代化进程联系在一起。麦克莱兰的行为研究表明了制度分析的不充分。他指出，并非资本主义、社会主义或新教自发地激活了成就需要。这一以有机体为基础的需要在前现代社会处于休眠状态，一旦适宜的环境出现，它就变得活跃起来，而不管伴随其发展过程的意识形态和制度结构如何。①

亚伯拉罕·马斯洛（Abraham Maslow，1908—1970）所发展的需要理论介于还原论（或简化论）与演绎论之间，与弗洛伊德过分简约的理论和莫里比较琐碎的列举相比，其理论更适用于政治分析。马斯洛将需要具体化为五种类型或五个层次：物质需要、安全需要、社会友爱的需要、尊重的需要和自我实现的需要。将需要划分为不同层次，对政治与社会分析至关重要。马斯洛认为，个体在较低层次的需要得到满足之前，不会寻求在此之上的需要的满足。需要的优先满足顺序和层次理念，使在别的观点看来可能是非理性的政治行为变得可以解释了。譬如，饥饿中的个体是不会关注政治的，即使参与政治会为他带来食物。又如，一个不为社会所接受和关爱的个体将执着于对社会情感的需要而不会产生对政治的关切。②

其后的学者，如詹姆斯·戴维斯（James C. Davies）、若埃尔·阿罗诺夫（Joel Aronoff）、罗纳德·英格尔哈特（Ronald Inglehart）以及珍妮·克努森等，则在理论方面和经验方面探讨了需要层次理论的

---

① David C. McClelland, *The Achieving Society*, New York, NY: Free Press, 1967.
② 〔美〕马斯洛：《动机与人格》，许金声、程朝翔译，华夏出版社1987年版；James Chowning Davies, "Where From and Where To?", in Jeanne N. Knutson, ed., *Handbook of Political Psychology*, San Francisco, CA: Jossey-Bass, 1973, pp. 1—27。

政治含义。① 同时，马斯洛以后的学者对需要层次理论也提出了很多批评。这些批评主要集中于安全作为需要的一个层次与其他层次不一致，它似乎在作为工具的意义上与其他需要联系在一起：人们在寻求物质、爱、尊重与自我实现等需要的满足时，同样渴望获得安全感。此外，当其他两项工具性需要即知识和权力与安全结合在一起时，需要体系将会更为一致。

在动机心理学家中，从弗洛伊德到莫里和马斯洛等人都十分注重有机体的作用，而阿德勒、弗洛姆除此之外对环境的影响也非常重视。心理分析学家哈里·斯塔克·沙利文（Harry Stack Sullivan, 1892—1949）对环境的作用则更为偏重。他认为个体必须适应环境，因而在其行为研究中更为强调环境的影响。在他看来，罹患精神疾病的人一般是那些在处理人际关系方面失败的人；相反，精神健康的人能够根据他所生活于其中的社会的规范来调整自己的行为。与此相对，"激进的人"只根据其所处群体的规范调整自己的行为，而其所属群体相对于外部世界而言却是偏执和多疑的，其价值规范也只是为激进者的破坏性冲动进行辩护。②

实际上，从弗洛伊德到沙利文都强调了人的中枢神经系统的作用，而环境的影响在其中一些研究者的理论中也得到了不同程度的强调。

---

① James Chowning Davies, *Human Nature in Politics: The Dynamics of Political Behavior*, New York, NY: Wiley, 1963, Ch.1, Ch. 2; Joel Aronoff, *Psychological Needs and Cultural Systems: A Case Study*, Princeton, NJ: Van Nostrand, 1967; Ronald Inglehart, "The Silent Revolution in Europe: Intergenerational Change in Post-Industrial Societies", *American Political Science Review*, Vol. 65, No. 4, 1971, pp. 991-1017; Jeanne N. Knutson, *The Human Basis of the Polity: A Psychological Study of Political Men*, Chicago, IL: Aldine-Atherton, 1972.

② Harry Stack Sullivan, "Conceptions of Modern Psychiatry", *Psychiatry*, Vol. 3, No. 1, 1940, pp. 1-117. 转引自 James Chowning Davies, "Where From and Where To?", In Jeanne N. Knutson, ed., *Handbook of Political Psychology*, San Francisco, CA: Jossey-Bass, 1973, pp. 1-27。

二、将环境作为行为的决定因素

巴甫洛夫（Ivan Petrovich Pavlov，1849—1936）是心理学中环境决定论的鼻祖，与弗洛伊德生活于同一时期。巴甫洛夫认为，本能不过是对内部与外部刺激的反应。在《条件反射》（*Conditioned Reflexes*，1927）一书中，他指出，较高级的脊椎动物都可以通过学习和训练，将信号刺激（条件刺激）与非信号刺激（无条件刺激）联系起来。巴甫洛夫的研究为其后的现代学习理论奠定了基础，也因其相容于当时的主流社会意识形态而受到了新生的苏维埃政权的支持。

美国心理学家华生（John B. Watson，1878—1958）继承了巴甫洛夫的思想，更是将这一理论发挥到了极致。他认为，饥饿是一种胃的收缩，而思想则是一系列肌肉运动。"给我一打健康的婴儿，……不管他们的才能、爱好、倾向、能力、天职以及其先辈的种族如何，我保证将随机挑选出来的婴儿培养成我所选择的任何特定类型的人——医生、律师、艺术家、商界领袖，甚至是乞丐和窃贼。"[1] 这段话也成为环境决定论者批判本能论者的经典表述。

华生与巴甫洛夫生活在截然不同的社会，但他们都是刺激—反应心理学的坚定信仰者。显然，将刺激—反应心理学运用于分析不同意识形态、不同社会与政治体系是可能的。[2]

作为行为主义者，斯金纳（B. F. Skinner, 1904—1990）因袭了巴甫洛夫和华生的传统，但他对行为研究却有着根本不同的看法。斯金纳强调对行为进行细心的观察，并辅之以谨慎的归纳。他反对以生理过程和变化来解释行为，并提出人类行为属于操作性行为，这种行为并非由特定刺激自动而有规律地引起，而是依靠活动的结果来维持。同时，斯金纳坦率地直面刺激—反应心理学的社会与政治含义。他

---

[1] John B. Watson, *Behaviorism*, Chicago, IL: University of Chicago Press, 1964, p. 104.

[2] 参见 James Chowning Davies, "Where From and Where To? ", in Jeanne N. Knutson, ed., *Handbook of Political Psychology*, San Francisco, CA: Jossey-Bass, 1973, pp. 1–27。

于1948年出版的小说《瓦尔登湖第二》(*Walden Two*，也译《桃源二村》)，描绘了用操作性条件作用原理建立乌托邦社会的设想。在这本书中，他认为人们往往不愿自己做出决定，而更希望由那些理解他们的人来管理。于是，管理者必须训练有素，从而能够成功地使人们接受他们希望获得但却不知如何获得的社会和谐与美好生活。①

在1971年出版的《超越自由与尊严》(*Beyond Freedom and Dignity*)一书中，斯金纳在《瓦尔登湖第二》中的极端精英主义立场有所后退，转而强调个体的自我控制，但其基本假设仍然是环境决定并控制着行为。斯金纳认为，人之所以会产生拥有自由或缺乏自由的感觉，是因为某些人受到了虐待和惩罚。他相信，尊严的概念来自一种错误的信念，即我们要对我们的所作所为负责。因此，当某人采取某种适宜行为时，我们不应赞扬他；而当他采取某种错误行为时，我们也不应责备他。赞扬促成了尊严。赞扬、责备和自由转而导致我们错误的自律感。斯金纳期待国家的消亡，但问题是：在国家消亡之前要建立什么样的控制，以及由谁来建立这些控制。斯金纳的研究和著述引发了许多争论与批评，但也为他赢得了极大的声誉。②"斯金纳已经成为一种象征，他已经超出了他本人。在民众的想象中，斯金纳似乎是一个神话般的领袖人物，这一点正在征服更多的人。他扮演了科学健将、普罗米修斯那样的盗火者、杰出的技术专家以及技术专家的训导者之类的角色。"③

行为主义者因其表现出对人道的同情及负责任的关切，有时被与列宁主义者相提并论，而如何评价控制的适当性则是他们共同面对的问题。

---

① 〔美〕B. F. 斯金纳：《瓦尔登湖第二》，王之光、樊凡译，商务印书馆2016年版。
② 参见 James Chowning Davies, "Where From and Where To?", in Jeanne N. Knutson, ed., *Handbook of Political Psychology*, San Francisco, CA: Jossey-Bass, 1973, pp. 1—27.
③ 〔美〕N. 格特曼：《论斯金纳和赫尔：回忆与推测》，《美国心理学家》第32卷(1977年5月)，第322页。转引自〔美〕A. R. 吉尔根：《当代美国心理学》，刘力等译，社会科学文献出版社1992年版，第134页。

还有一类研究者不能完全归入行为主义者，他们是主要由格式塔主义者（gestaltists）构成的情境主义者（situationalists）。情境主义者对行为的分析主要依据行动的现时情境，而不是历史情境。弗洛伊德及其继承者重视患者的人际关系史，行为主义者关注简单信号刺激对行为的影响，情境主义者则考虑社会中那些可称为面对面群体或近群体（proximal group）的小群组对行为所能产生的复杂而强大的影响。

与此相关的最具创意的研究是穆扎费尔·谢里夫（Muzafer Sherif，1906—1988）基于游动效应（autokinetic effect，也译自动效应）完成的。1935年，谢里夫在实验室里运用似动错觉（也称游动错觉）来研究社会规范，并得出了社会参照群体可影响人们的感知的结论。这一研究成为从众研究的重要基础，也赋予游动效应重要的社会维度。其后，1951年的阿希实验进一步研究了一致性压力对意见形成的影响。①

与此相关，美国耶鲁大学几位心理学家的研究则发现，受众的意见会因传播者而发生改变。②不仅如此，个体在其信念或态度出现不一致时也会做出某种改变。费斯廷格（Leon Festinger，1919—1989）在其《认知失调理论》（*A Theory of Cognitive Dissonance*，1957）一书中提出了一种态度改变理论，即每个人都有确立一致信念的不可压抑的需要——不仅要使一个信念和另一个信念保持一致，还要使信念与行动取得和谐。当个体态度与其行为不一致时，就会产生认知不和谐的状态，即出现认知失调，从而导致心理紧张。改变认知、增加新的认知、改变认知的相对重要性以及改变行为等，是个体消除紧张并恢复

---

① Muzafer Sherif, *The Psychology of Social Norms*, New York, NY: Harper Collins, 1936; Solomon E. Asch, "Opinions and Social Pressure", *Scientific American*, Vol. 193, No. 5, 1955, pp. 31–35.

② Carl I. Hovland, Irving L. Janis and Harold H. Kelley, *Communication and Persuasion: Psychological Studies of Opinion Change*, New Haven, CT: Yale University Press, 1953.

认知和谐的不同方式。①

在强调环境作用的理论中，前面讨论涉及的理论甚少关注有机体的作用。不同于这些理论和研究，发展主义心理学强调个体成长过程中有机体与环境的互动。20世纪50年代，哈里·哈洛（Harry Harlow，1905—1981）与同事合作发表了一份研究报告，研究对象是在出生时就被从母亲身边带走的猴子。报告表明，随着这些猴子的成长，它们与那些正常生长且年龄相仿的猴子一起玩耍的能力较差；此外，当它们在生理上发育成熟时却对性没有兴趣。儿童心理学家勒内·斯匹茨（René Spitz，1887—1974）也观察到了类似的现象。他研究了被从母亲身边带走的孩子的成长情况，得出了与哈洛所研究的猴子大致相同的结果。在其所研究的91名婴儿中，有34个在他们的第二个生日之前便夭折了。瑞士心理学家让·皮亚杰（Jean Piaget，1896—1980）通过对在普通环境中成长的正常儿童的观察发现，儿童在六七岁的时候就逐渐发展出关于对与错的准则和判断。②

一些理论家还尝试将个体发展过程中连续的阶段加以整合。埃里克·埃里克森在《童年与社会》（*Childhood and Society*，1950）一书中将从婴儿期到成熟高峰期的八个阶段概念化为：基本信任、自主、主动、勤奋、同一性（认同）、亲密、生殖和自我完善。其中，每一阶段以前一阶段的发展为基础，如果某一阶段发展失败，个人将不能实现下一阶段的正常发展。③在此基础上，劳伦斯·科尔伯格（Lawrence Kohlberg，1927—1987）又进一步发展了人类发展阶段理论。他描述了道德发展过程中的六个阶段，即处于成长过程中的儿童渐次改变其行为基础，从而与如下原则保持一致：（1）规避惩罚；（2）获得奖

---

① 参见〔美〕利昂·费斯汀格：《认知失调理论》，郑全全译，浙江教育出版社1999年版。
② James Chowning Davies, "Where From and Where To?", in Jeanne N. Knutson, ed., *Handbook of Political Psychology*, San Francisco, CA: Jossey-Bass, 1973, pp. 1–27.
③ Erik H. Erikson, *Childhood and Society*, New York, NY: W. W. Norton, 1950.

赏；(3) 避免不赞成；(4) "避免合法权威的惩戒和犯罪"；(5) 保持对依据共同体利益进行判断的公正的旁观者的尊重；(6) "避免自我谴责"。①

三、宏观环境对行为的影响

人际互动以及环境对个体行为的直接作用，都可看作环境影响人类行为的直接原因（近因）。此外，大环境特别是宏大的社会环境对人类行为的影响，同样是研究者关注的问题。譬如，现代化、工业化、移民潮等就常常构成影响个体或群体卷入社会与政治的宏阔社会环境。这类影响可以视为环境对行为的中介影响和末端影响。相关研究一般假定个体的作用不存在差异且相对消极。一些社会学家对可产生中介影响和末端影响的宏观环境进行了深入系统的研究，从而在很大程度上拓展了心理学的研究视野。

马克思在人类心理方面曾是一个发展主义者，但后来他将视野扩展到了决定人类行为的更广阔的社会环境，即宏大社会体系中不同阶级的相互作用：封建地主与反对封建制度的农民之间的对立，资本家与反抗资本主义制度的无产者的对立。其中，后一种反抗推动了无产者的联合，他们最终产生了有关其共同利益的意识。在常识层面上，这种分析具有重要的心理学意义。② 在宏大社会环境对人类行为的影响方面，社会学家对心理学理论的发展做出了重要贡献。

法国社会学家埃米尔·涂尔干（Émile Durkheim，1858—1917）

---

① Lawrence Kohlberg, "Development of Moral Character and Moral Ideology", in Martin L. Hoffman and Lois W. Hoffman, eds., *Review of Child Development Research*, Vol. 1, New York, NY: Russell Sage, 1964. 转引自 James Chowning Davies, "Where From and Where To?", in Jeanne N. Knutson, ed., *Handbook of Political Psychology*, San Francisco, CA: Jossey-Bass, 1973, pp. 1—27。

② 有观点认为，马克思、恩格斯、列宁等马克思主义经典作家对在穷人中发展共同利益意识影响巨大，但这种影响却是基于一种道德认同而非知识的可靠性。James Chowning Davies, "Where From and Where To?", in Jeanne N. Knutson, ed., *Handbook of Political Psychology*, San Francisco, CA: Jossey-Bass, 1973, p. 16。

在《社会分工论》（*The Division of Labor in Society*，1893）一书中，就工业化对个人所产生的影响进行了深入的分析。在这本书中，涂尔干从他的格言"一个原因产生一个结果"出发，论证了两种社会倾向，即人们的社会相似性和社会差异性，以及由此产生的两种类型的社会团结。其中，社会相似性以简单的社会分工（以及社会中个人的相应同质性）为基础，由同一社会中普通市民所共有的信念和情感构成。这种共同的道德意识坚持维护同一性，由此促成的团结是机械的，其中包含对偏离这种同一性的自动的、严厉的惩罚。分工的扩大以及随之而来的社会成员道德意识的个性化，产生了不同于机械团结的另一种类型的团结。它的形成是由于专业化作用所促成的利益异质性得到了缓和、调节和控制，是一种有机团结。基于此，涂尔干强调劳动分工是社会团结的重要源泉。工业化过程中出现的城市、工厂以及工作的专门化，一方面使人们的生活变得疏远和程式化，另一方面又使人们获得了空前的解放，因为那些为贫穷所困的人只可能关心自己的生存和物质需要。因此，生活于原始农业社会的个人从来没有像工业社会中的个人一样感到自由。①

同样作为社会学家，威廉·I. 托马斯（William I. Thomas，1863—1947）花费了数十年时间，对波兰贫苦农民移民芝加哥后所面临的巨大社会适应问题进行了研究，并由此发展出一套非常系统的心理学理论。他与弗洛里安·兹纳涅茨基（Florian Znaniecki）在1918年合作出版了《身处欧美的波兰农民》（*The Polish Peasant in Europe and America*）一书，报告了这一研究的发现，即个体与环境相互影响和制约，个体根据其"愿望"（wishes）与倾向界定和解决问题，并以此来改变环境。在华生提出的有关恐惧、愤怒和爱的"条件反射"的基础上，威廉·I. 托马斯在后来出版的《不适应的少女》（*The Unadjusted*

---

① 参见〔法〕埃米尔·涂尔干：《社会分工论》，渠东译，生活·读书·新知三联书店2013年版；〔美〕尼尔·J. 斯梅尔塞：《社会科学的比较方法》，王宏周、张平平译，社会科学文献出版社1992年版，第90页。

Girl, 1923) 一书中，发展了对"愿望"的全新诠释，即支配个体行为的动力是对新的体验、安全、反应和承认的渴望。①

社会学家罗伯特·林德（Robert S. Lynd, 1892—1970）和海伦·林德（Helen Merrell Lynd, 1896—1982）夫妇通过对城市人群进行访谈，研究城市居民的生活方式与社会（政治）互动方式，尤其是其工作、家庭生活、教育、休闲、参加教会活动以及参与政治的模式。他们的研究表明，大量现象都可经由与普通人的直接接触而得到研究。林德夫妇通过运用文化人类学的一些方法及对问卷调查资料进行量化分析，确立了社会学与政治学基础性研究的新方向。②

20世纪50年代，阿多诺、弗伦克尔-布伦瑞克、莱文森和桑福德等学者合作，发表了《权威人格》一书。在这本脱胎于弗洛姆对（纳粹）权威人格描述的著作中，几位作者分析了产生权威人格的社会基础，以及这种人格类型与法西斯主义、民主等政治现象的关系。这本著作尽管在研究方法方面还有些粗糙，在政治概念的使用方面也不够成熟，但它却是"第二次世界大战后最具影响力的一部著作，也是最早将心理学概念与政治学概念联系起来的一次明确尝试"③。

保罗·拉扎斯菲尔德（Paul Lazarsfeld, 1901—1976）是政治态度研究领域的开拓者。他对影响政治偏好的社会经济地位、宗教等或稳定或变化的社会特征进行了深入研究。其中，他在美国俄亥俄州伊利县进行的针对1940年美国大选期间的民意的研究，早已成为社会心理学和大众传播研究的经典，1944年出版的《人民的选

---

① 〔美〕W. I. 托马斯、〔波兰〕F. 兹纳涅茨基：《身处欧美的波兰农民：一部移民史经典》，张友云译，译林出版社2000年版；〔美〕W. I. 托马斯：《不适应的少女：行为分析的案例和观点》，钱军译，山东人民出版社1988年版。

② Robert Staughton Lynd and Helen Merrell Lynd, *Middletown in Transition: A Study in Cultural Conflicts*, New York, NY: Harcourt Brace Jovanovich, 1965; James Chowning Davies, "Where From and Where To?", in Jeanne N. Knutson, ed., *Handbook of Political Psychology*, San Francisco, CA: Jossey-Bass, 1973, pp. 1–27.

③ James Chowning Davies, "Where From and Where To?", in Jeanne N. Knutson, ed., *Handbook of Political Psychology*, San Francisco, CA: Jossey-Bass, 1973, p. 17.

择》(*The People's Choice: How the Voter Makes Up His Mind in a Presidential Campaign*) 也成为一部里程碑式的作品。①

在民意相关研究领域，美国密歇根大学调查研究中心（University of Michigan Survey Research Center）在 20 世纪 60 年代对稳定政体中民意的形成进行了最集中也是最广泛的研究，在 70 年代又对导致暴乱和政治动荡的公众态度进行了分析，只是还没有涉及对催生政治暴力的个人与社会倾向的研究。

不同于政治态度研究领域的其他学者，丹尼尔·勒纳和沃尔特·罗斯托的研究兴趣不在于稳定的民主政治中的民意，他们关注的是政治发展过程中的社会与心理维度。勒纳通过对若干中东国家的研究，得出了一些可运用于世界其他发展中国家的重要概念和发现。他强调，共同体意识（community sense）和一个公民对其同胞的同理心/移情作用（empathy）是现代化的一个重要先决条件。作为经济史学家，罗斯托通过他所创造的神奇短语"期望不断上升的革命"(the revolution of rising expectations)，揭示了特定条件下促使人们趋向物质发展的"倾向"(propensities)，由此强调了其理论的心理基础。②

心理学是政治心理学发展的基点，心理学家对早期政治心理学的发展做出了最为重要的贡献。在作为独立学科的政治心理学的产生与发展过程中，精神分析学家、社会学家、经济学家等不同学科领域的研究者也产生了积极的影响，这种影响至今仍在持续。

---

① 〔美〕保罗·F. 拉扎斯菲尔德、伯纳德·贝雷尔森、黑兹尔·高德特：《人民的选择——选民如何在总统选战中做决定（第三版）》，唐茜译，中国人民大学出版社 2012 年版。

② 参见 Daniel Lerner, *The Passing of Traditional Society: Modernizing the Middle East*, Glencoe, IL: Free Press, 1958；〔美〕W. W. 罗斯托：《经济增长的阶段》，郭熙保、王松茂译，中国社会科学出版社 2001 年版。

第三节 政治心理学的早期发展：心理学与政治学的结合

政治学以人性概念作为其分析基础由来已久。19世纪初期教条主义政治学家声名扫地，这让现代政治学研究者引以为戒，竭力避免做出任何能使人回忆起他们过去所采用的方法的事情。因此，在20世纪初，差不多所有研究政治的人都分析体制而避免分析人。[①]

一、20世纪早期沃拉斯与拉斯韦尔的研究

20世纪20年代，由查尔斯·梅里亚姆（Charles E. Merriam, 1874—1953）掌舵的美国芝加哥大学政治学系成为政治学领域倡导行为取向和跨学科研究的一个创新中心。梅里亚姆最早提倡建立心理学与政治学之间的联系。他看到了这种联系的可能性，并开启了政治心理学领域大规模研究的序幕。

实际上，在此之前，20世纪早期就出现了一些政治心理学方面的著作和研究。在很大程度上，出于对当时政治学研究状况的不满，格雷厄姆·沃拉斯在其《政治中的人性》一书中，试图结合心理学研究成果来解释民主问题。从这本书的"导言"部分可以看出，沃拉斯在其政治学研究中对心理学方法的运用并不仅仅是将它作为方法而已。他认为，政治学研究在当时处于令人非常不满的境地，原因正在于把政治研究同人性研究割裂开来。在很大程度上，他写作《政治中的人性》就是为了说明，通过将心理学的方法引入政治学研究，"政治学研究中的相应改变是可能的"。可以说，自20世纪早期以来，心理分

[①]〔英〕格雷厄姆·沃拉斯：《政治中的人性》，朱曾汶译，商务印书馆1995年版，内容提要及导言部分。

析与政治分析的结合是许多学术著作的特征。①

拉斯韦尔是梅里亚姆思想上的众多继承者之一,他最早大胆涉足政治上"名声不好"的心理学领域,并提出了许多极具生命力的观点。拉斯韦尔非但本人身体力行,还呼吁更多的学者进入这一领域。拉斯韦尔富有影响的著作《精神病理学与政治》(*Psychopathology and Politics*,1930)以及二十年后他与亚伯拉罕·卡普兰(Abraham Kaplan,1918—1993)合著的《权力与社会》(*Power and Society*),既奠定了其在政治心理学领域的地位,也使政治心理学学科发展史上出现了一个"拉斯韦尔时代"。在这种意义上,拉斯韦尔成为在其之后将这一学科进一步发扬光大的政治心理学家思想上的"教父"或"祖师爷"。②

在《精神病理学与政治》一书中,拉斯韦尔提出,政治人是依据公共利益将私人动机移植于公共目标之上并将其理性化的产物。他在《权力与社会》一书中提出了更具基础性的分析概念——"反应"(response)、"环境"(environment)和"倾向"(predisposition)。就这三个概念而言,反应是环境与倾向的一个函数,可表达为 $R=f(E, P)$。拉斯韦尔认识到了倾向在行为塑造中具有根本性的影响,但却未能正面思考这些"非环境因素"对行为的决定作用。在以"刺激—反应"为基本模式的华生行为主义心理学大行其道的时代,拉斯韦尔对非环境因素即有机体动力的闪烁其词是可以理解的。他先是称这一套基本要素为"金字塔"(pyramids)体系,继而又称之为"价值"(values)。"金字塔"是安全、收入和顺从(deference);"价值"则可划分为两大类,即福利和顺从。拉斯韦尔所考量的这些价值,都

---

① Neil J. Kressel, ed., *Political Psychology: Classic and Contemporary Readings*, New York, NY: Paragon House Publishers, 1993, pp. 2—3.

② James Chowning Davies, "Where From and Where To?", in Jeanne N. Knutson, ed., *Handbook of Political Psychology*, San Francisco, CA: Jossey-Bass, 1973, pp. 1—27;〔美〕哈罗德·D. 拉斯韦尔、亚伯拉罕·卡普兰:《权力与社会——一项政治研究的框架》,王菲易译,上海人民出版社2012年版,第26页。

是人们所追求的在不同程度上可见的目标，并且人们追求这些价值的方式因个人和文化的差异而不同。福利价值包括幸福（健康）、财富、各种技能和教育，顺从价值包括权力、尊重、公正和友爱。这些目标与基本需求之间的关系是很明显的，但拉斯韦尔回避了这一联系。他没有指明是什么非环境特征塑造了人们追求这些价值的倾向，而认为价值本身赋予这些目标以重要性，从而忽略了其公式中的有机体部分。这种回避和忽略使人们很难从其具有跨文化有效性的著述中做出政治性的推论。[1]

"政治学是对权势和权势人物的研究。"[2] 拉斯韦尔对在价值的社会性分配中获益最多的精英阶层有着浓厚的兴趣，有时他认为精英比群众更重要，前者要学会使用符号以使群众服从。拉斯韦尔的另一个研究兴趣在于，每一个人所应获得的价值总量的平等。他强调，权力、尊重和其他价值的分享是民主社会所必需的，同时他假设这样的社会应该出现。

不同于其他研究者，拉斯韦尔更执着于研究对人的政治行为具有决定性作用的无意识力量。他是成功坚持将心理学运用于政治学分析的第一人。[3] 大多数政治学家都忽视或狭隘地认识拉斯韦尔极具广泛意义的研究和理论，就连他的许多学生也将其研究范围局限于政治行为，从而影响了对其学科贡献的理解和评价。

二、二战后政治行为研究的主要方向

第二次世界大战结束以来，政治心理学研究取得了重要进展。其

---

[1] James Chowning Davies, "Where From and Where To?", in Jeanne N. Knutson, ed., *Handbook of Political Psychology*, San Francisco, CA: Jossey-Bass, 1973, p. 19.

[2] 〔美〕哈罗德·D.拉斯韦尔：《政治学：谁得到什么？何时和如何得到？》，杨昌裕译，商务印书馆1992年版，第15页。

[3] James Chowning Davies, "Where From and Where To?", in Jeanne N. Knutson, ed., *Handbook of Political Psychology*, San Francisco, CA: Jossey-Bass, 1973, p. 20.

中，对政治行为的研究在四个方向上实现了不同程度的发展。第一，对稳定的民主国家民众投票行为的研究；第二，对相对稳定的民主政体的跨国比较研究；第三，对行为模式的基因或起源的研究；第四，在心理学方面系统的政治传记研究。其中，第一个方向是占主导地位的研究趋势，第二、第三个方向则在一定程度上改变了稳定条件下行为研究的静止状态。①

（一）对稳定的民主国家民众投票行为的研究

20世纪60年代由美国密歇根大学调查研究中心所做的意见与态度研究，沿袭了社会学家林德夫妇与拉扎斯菲尔德所开创的研究传统，是在上述第一个方向上的研究。在其研究中，投票行为被当作城乡流动、城乡居住、社会经济地位等变量与政党、候选人以及具体问题的取向等社会特征之间关系的一个函数。其中，对政治效能感（political efficacy）的研究最富创见。同时，研究者还将研究范围扩展至美国以外其他相对稳定的民主国家如挪威、英国和法国等国民众的投票行为。

政治参与是二战后较长时期多个不同学科领域的重要议题。莱斯特·米尔布雷思（Lester W. Milbrath, 1925—2007）的政治参与研究②，提出了关于人们"如何和为什么"卷入政治的逻辑序列表述和命题，但在个体需要（身体的和精神的）与政治行为之间关系的探讨方面却存在不足，数据基础也远不充分。罗伯特·莱恩（Robert E. Lane, 1917—2017）的研究《政治生活：人们为什么卷入政治?》（*Political Life: Why People Get Involved in Politics?*, 1959）虽然在命题假设的表述方面不及米尔布雷思简练，但其研究更为深入：不仅涉及广泛的行为关系，还大胆引入一系列人类需要，如经济需要、情感需

---

① James Chowning Davies, "Where From and Where To?", in Jeanne N. Knutson, ed., *Handbook of Political Psychology*, San Francisco, CA: Jossey-Bass, 1973, p. 21.

② Lester W. Milbrath, *Political Participation: How and Why Do People Get Involved in Politics?*, Chicago, IL: Rand McNally, 1965.

要、被理解的需要、解除紧张的需要以及对权力和自尊的需要等,并考察了这些需要的政治性后果。但是,《政治生活》一书表明其演绎推理在心理学意义上仍是松散的。其后,莱恩进行了一项有关政治信念和价值观来源的研究,具体研究对象则是属于可以宽泛地称为工人阶级上层或中产阶级下层的15人。这项研究的成果体现于他在1962年出版的著作《政治意识形态》(*Political Ideology: Why the American Common Man Believes What He Does*)。他对这15个案例的观察也适用于正在经历急剧内部变迁的稳定社会中的公民。[①] 严格说来,《政治意识形态》并不是对意识形态的研究,而是对政治信念体系和政治态度的根源的研究。

(二)对相对稳定的民主政体的跨国比较研究

1963年,加布里埃尔·A.阿尔蒙德(Gabriel A. Almond, 1911—2002)和西德尼·维巴(Sidney Verba, 1932—2019)在《公民文化》(*The Civic Culture: Political Attitudes and Democracy in Five Nations*)一书中,总结和分析了他们就政治态度、政治效能感等问题,对美国、英国、德国、意大利和墨西哥等五国公民所做的一项调查研究。[②] 这是有关政治文化的首次大规模跨国调查和比较研究。研究发现,政治参与的程度和政治效能感从美国(最高)到墨西哥(最低)渐次降低。这项研究的其他一些结论与罗伯特·莱恩的结论相吻合。譬如,社会经济地位较高的人群的政治参与程度和政治自信程度都较高。

(三)政治社会化研究

20世纪50年代后期,政治心理学领域又有了新的进展。这个方

[①] Robert E. Lane, *Political Life: Why People Get Involved in Politics?*, Glencoe, IL: Free Press, 1959; Robert E. Lane, *Political Ideology: Why the American Common Man Believes What He Does*, New York, NY: Free Press of Glencoe, 1962.

[②] 〔美〕加布里埃尔·A.阿尔蒙德、西德尼·维巴:《公民文化——五个国家的政治态度和民主制》,徐湘林等译,东方出版社2008年版。

向的发展开始于 40 年代，但其理论基础却源于埃里克森、弗洛伊德、卢梭甚至柏拉图对青年人训练和培养问题的关切。这一方向的研究仍然关注稳定政体中的公民行为，同时将所有行为的基本动态过程——个体从出生到成为政治上成熟的公民的过程——中政治倾向的起源和发展作为焦点。这也就是后来为人们所熟知的政治社会化（political socialization）研究。

早在 20 世纪 40 年代，美国著名社会心理学家西奥多·纽科姆（Theodore Newcomb, 1903—1984）就对来自保守的中上层社会的女学生进行了考察，探究她们大学期间在自由环境中政治态度的变化。[①] 赫伯特·海曼（Herbert H. Hyman, 1918—1985）出版于 1959 年的《政治社会化》（*Political Socialization: A Study in the Psychology of Political Behavior*），被认为是政治社会化领域的一项开创性研究。在这本书中，海曼梳理和总结了有关政治倾向最初得以确立的理论和研究，对工人阶级家庭和中产阶级家庭的社会化过程进行了比较。他还将对个体政治倾向产生影响的成长阶段回溯至比青春期后期更早的时期，即其研究涵盖了从小学到中年的不同年龄阶段，并将从家庭到学校同龄人群体的各种影响纳入研究范畴。在这一领域的研究中，维巴虽然没有强调在个体成长过程中不同阶段的具体影响，却考虑到了周遭社会环境对确立基本政治倾向的作用。在 1961 年出版的《小群体与政治行为》（*Small Groups and Political Behavior: a Study of Leadership*）中，他整合了当时已有的研究，并在很大程度上涉及了后来产生了重要影响的《公民文化》的研究主题。[②]

1957 年，当弗雷德·格林斯坦（Fred I. Greenstein, 1930—2018）

---

① Theodore M. Newcomb, "Some Patterned Consequences of Membership in a College Community", in Theodore M. Newcomb and Eugene L. Hartley, eds., *Readings in Social Psychology*, New York, NY: Henry Holt, 1947.

② Herbert H. Hyman, *Political Socialization: A Study in the Psychology of Political Behavior*, Glencoe, IL: Free Press, 1959; Sidney Verba, *Small Groups and Political Behavior: A Study of Leadership*, Princeton, NJ: Princeton University Press, 1961.

还是耶鲁大学的学生时，他为准备博士学位论文而对中小学生进行了访谈。在此基础上，他于1960年完成了一篇题为《仁慈的领袖：儿童眼中的政治权威》("The Benevolent Leader: Children's Images of Political Authority")的论文，又在1965年完成了《儿童与政治》(*Children and Politics*)一书。同一时期，芝加哥大学的戴维·伊斯顿（David Easton, 1917—2014）和罗伯特·赫斯（Robert D. Hess, 1920—1993）也开始发表他们有关中小学生的研究报告。[①]

大体在同一时期进行的格林斯坦的研究与伊斯顿和赫斯的研究，虽然资料来源不同，但其结果基本上能相互证实。格林斯坦比较了工人阶级家庭和中产阶级家庭的父母与子女间基本互动的差异，注意到工人阶级家庭中的子女更常表现出无助感、有限的想象力和顺从。他还注意到，工人阶级家庭中的男孩比女孩对政治更感兴趣，工人阶级家庭中的女性对政治的兴趣则不及中产阶级家庭中的女性。总体上看，中产阶级家庭的男孩和女孩对政治的兴趣都大于工人阶级家庭的男孩和女孩。通过进一步研究，格林斯坦还发现，中产阶级家庭比工人阶级家庭更倾向在相互尊重和对决策过程的平等参与方向上使其子女完成社会化。这些发现似乎构成了明显反讽的证据，即中产阶级出身的人比工人阶级出身的人更具有平等主义思想，在这一维度上也更为民主。

伊斯顿和赫斯的研究强调孩童对父亲的态度与对总统的态度之间的关系。研究发现，对低年级的小学生而言，父亲的形象与总统的形象往往格外相像。随着年龄的增长，父亲的形象与总统的形象之间的差异变得明显起来，而且总统比父亲工作更勤奋，知道的也更多。

[①] Fred I. Greenstein, "The Benevolent Leader: Children's Images of Political Authority", *American Political Science Review*, Vol. 54, No. 4, 1960, pp. 934-943; Fred I. Greenstein, *Children and Politics*, New Haven, CT: Yale University Press, 1965; Robert D. Hess and David Easton, "The Child's Changing Image of the President", *Public Opinion Quarterly*, Vol. 24, No. 4, 1960, pp. 632-644; David Easton and Robert D. Hess, "The Child's Political World", *Midwest Journal of Political Science*, Vol. 6, No. 3, 1962, pp. 229-246.

1969年，理查德·道森（Richard E. Dawson）和肯尼思·普雷维特（Kenneth Prewitt）出版了《政治社会化》（*Political Socialization*）一书；肯尼思·P. 兰顿（Kenneth P. Langton）也于同年出版了同名著作。① 这两本著作的出版，表明由赫伯特·海曼开辟的政治社会化研究已成为政治心理学研究的重要领域并且取得了相当的进展。

（四）政治传记研究

政治心理学的另一个发展脉络是心理学基础上的政治传记。最富直觉的心理传记出现于"心理传记"（psychobiography）一词产生之前。查恩伍德勋爵（Lord Charnwood，1864—1945）最初发表于1916年的《亚伯拉罕·林肯》（*Abraham Lincoln*）和埃德加·斯诺（Edgar Snow，1905—1972）于1938年对毛泽东所做的类似的经典研究，是这一方向上的早期研究。其后，埃里克森在《童年与社会》一书的基础上，完成了对马丁·路德的具有里程碑意义的研究，于1958年出版了《青年路德》（*Young Man Luther: A Study in Psychoanalysis and History*）一书，并确立了有关历史人物的一个新的研究类型——圣人（*homo religiosus*）。1969年，埃里克森的《甘地的真理》（*Gandhi's Truth: On the Origin of Militant Nonviolence*）一书出版。尽管心理史学家在对历史上的大人物（great man）进行心理分析时往往会夸大他们的作用，并因此常常遭遇方法论方面的质疑，但埃里克森的研究不仅激发了后来的心理传记研究，还促进了有关政治精英以及正处于发展过程中的国家的相关背景的理论和研究。②

---

① Richard E. Dawson and Kenneth Prewitt, *Political Socialization: An Analytic Study*, Boston, MA: Little, Brown and Company, 1969; Kenneth P. Langton, *Political Socialization*, New York, NY: Oxford University Press, 1969.

② Lucian W. Pye, *Politics, Personality, and Nation Building: Burma's Search for Identity*, New Haven, CT: Yale University Press, 1962; 王丽萍：《一次历史与心灵的印度之旅》，《中华读书报》2010年9月8日，第23版。

三、关注政治变迁过程中的制度与政治行为

早期政治心理学对人的行为的探索,主要是在稳定的制度环境下的政治心理学研究。那么,在剧烈的社会变迁时期,现存体系处于紧张压力之下时,政治心理学则要把制度行为纳入其研究体系,将人与制度联系起来。也就是说,诸多相关问题需要得到回答:为什么人们能组成政府;为什么人们拥有变更或推翻不能服务其需要的政府的权利;为什么有的政治制度是稳定的,有的则是不稳定的;等等。要回答这些最基本的问题,就要从人(尤其是人的需要)与制度之间的关系入手。

政府应该服务于人们的哪些目标,应该回避哪些目标,是将人与制度联系起来的一个非常具体的问题。克里斯蒂安·贝(Christian Bay, 1921—1990)在其 1958 年出版的《自由的结构》(*The Structure of Freedom*)一书中,尝试对区分不同价值目标的实证基础进行分析。[①] 其后,詹姆斯·戴维斯的《政治中的人性:政治行为的动力》,梳理了有关若干基本心理学问题的观点和研究的表述,并将社会化、群际关系及领袖等问题置于政治背景中加以讨论。[②] 人如何了解政治,如何有意识地参与政治,是人与制度间互动关系的一个重要方面。1969 年,罗伯特·莱恩在《政治思维与意识》(*Political Thinking and Consciousness: The Private Life of the Political Mind*)一书中,对人们了解政治并意识到自己是政治过程有意识的参与者的方式进行了分析。[③]

在人与制度的关系中,人的基本需要是最根本的问题。在戴维斯的《政治中的人性》中,马斯洛的需要(动机)层次理论仍然受到重视。克努森于 1972 年出版的《政体的人类基础》(*The Human Basis of the Polity*),"虽然不是检验马斯洛基本需要层次观念的首次尝试,却

---

① Christian Bay, *The Structure of Freedom*, Stanford, CA: Stanford University Press, 1958.
② James C. Davies, *Human Nature in Politics: The Dynamics of Political Behavior*, New York, NY: Wiley, 1963.
③ Robert E. Lane, *Political Thinking and Consciousness: The Private Life of the Political Mind*, Chicago, IL: Markham Publishing Co., 1969.

是经验地将其运用于政治背景的第一次努力"①。在这一研究中，克努森从马斯洛的需要层次理论出发，基于心理学、社会学与政治学领域有关人格与政治间关系的已有研究，对有着不同经济社会背景的近500名男性和女性的需要层次加以划分，进而在社会地位、公民责任、政治效能感、参与和领导等维度上检验了多个假设。②

有关人与制度间关系的这些研究既反映了一种新的研究取向，又表明了研究者在政治理论上的思想传承意识。

20世纪60年代和70年代，政治学研究中的主流趋势仍然是对稳定的、可观察的和易于量化的现象进行研究。政治行为主义者对动荡年代导致人们行为发生深刻变化的原因和结果仍未给予重视。虽然对健康政体的充分关注同样有助于减少伴随深刻的社会剧变而来的苦难与破坏，但对急剧变化过程中的政体的持续忽视的确会产生重要的后果。其现实影响是公民和领袖们面对新问题仍会因无知而感到非常震惊并束手无策，而对学科的影响则可能是使政治学失去吸引力。因此，关注处于变革中的国家和社会是政治学面临的时代主题，也尤其需要政治学与心理学的结合。

第四节　作为一门独立学科的政治心理学

在发展成为一门独立学科的过程中，政治心理学有很长时间踯躅于"前学科"阶段，但借助20世纪五六十年代行为主义革命的强大威力，学科在以研究方法和研究路径为主要标识的"科学化"努力中发生了重要和明显的变化。这种变化在很大程度上是这一学科与政治学及其他社会科学一起经历的推动学科科学化努力的一个重要结果。

---

① James Chowning Davies, "Where From and Where To?", in Jeanne N. Knutson, ed., *Handbook of Political Psychology*, Sam Francisco, CA: Jossey-Bass, 1973, p. 27.

② Jeanne N. Knutson, *The Human Basis of the Polity: A Psychological Study of Political Men*, Chicago, IL: Aldine-Atherton, 1972.

这门学科由此终于走出了学科发展的"前学科"阶段，获得了独立的学科身份。

一、一个"正式的、自觉的"学科

1973年，由克努森主编的《政治心理学手册》出版。这本手册从回溯学科发展脉络开始，对涉及政治与心理间关系的诸多问题进行了系统的梳理和讨论，引起了人们对政治心理学的广泛关注。自此，学者与实际工作者围绕这些问题及相关争论形成了一个国际性的网络。1978年，在克努森的倡导下，国际政治心理学会成立；第二年，《政治心理学》（Political Psychology）杂志创刊。以此为标志，政治心理学发展成为一门"正式的、自觉的（self-conscious）"[1]学科。其时，在美国已有多种教材出版（虽然没有一种被广泛接受），耶鲁大学和纽约州立大学石溪分校率先正式颁授政治心理学的博士学位，一些大学（主要是美国的大学，如耶鲁大学、密歇根大学、加利福尼亚大学伯克利分校和洛杉矶分校等）都已在正规学科专业中培养政治心理学家。[2]

学科发展史表明，政治心理学受到了不同时期急迫的政治与社会问题的极大推动。这些现实问题未必会导向学科基础研究，但政治心理学明显表现出两种倾向：其一是反映重要事件，其二是证明和展示一些基本的理论传统的持续影响。政治心理学在理论上和方法上都充满了多样性。如果说在20世纪70年代以前，政治心理学领域是政治学和心理学在不同时期各领风骚的话，那么在其后的几十年中，政治心理学在研究方法、研究手段、分析概念、分析单元等不同层面和维度上，更突出地呈现了多元化的特点。

---

[1] Neil J. Kressel, ed., *Political Psychology: Classic and Contemporary Readings*, New York, NY: Paragon House Publishers, 1993, p. 3.

[2] 事实上，政治心理学成为独立学科的时间并不明确。根据国际政治心理学会官方网站，国际政治心理学会于1978年1月成立，其章程在1985年8月31日获得批准，直至1991年美国政治学会才正式设置了政治心理学分会主席一职。

二、社会心理学与政治心理学

政治心理学在发展过程中受到了社会心理学的强烈影响。事实上,许多社会心理学家已经把政治心理当作社会心理学的研究内容和范畴,当作社会心理学的一部分了。在一定意义上可以说,尽管社会心理学作为应用于政治与其他领域的理论和研究的源泉并未发挥其潜能,但政治心理学的许多研究都起源于社会心理学却是不容置疑的。[①]也正是在这种意义上,政治心理学的发展并不是从零开始,其研究方法和研究取向从一开始就受到了社会心理学和其他相关学科的影响。政治心理学学科发展的历史也体现了这种影响。

如果说早期政治学著作中的心理分析只是以生物学为基础的一种"前学科"的研究,那么现代政治心理学的发展则要求这一学科在完善自身学科要素与特质的同时,既要吸收心理学的积极成果,又要关注其他相关学科研究所取得的进展。

在政治心理学发展成为一门独立的学科之前,对这一学科发展做出重要贡献的主要是心理学家和社会心理学家,而政治心理学专业研究人员的大量出现及其为政治心理学学科发展所做的努力,则常被看作政治心理学获得独立地位的一个重要标志,尽管心理学家、社会心理学家与政治心理学家的界线有时并不清晰。政治心理学成为一门独立学科的标志还远不止于此;更重要的标志是,不管政治心理学领域的研究者是政治心理学家,还是心理学家或社会心理学家,他们对政治心理的研究都更为自觉。因此,政治心理学依然不仅是政治心理学家的领地,还是心理学家和社会心理学家的重要研究领域,而其他学科的研究者也常常涉足这一领域并做出贡献。自政治心理学发展成为独立学科以来,这一领域跨学科合作(不仅仅是政治学和心理学的合作)的特征更为明显。

[①] 参见 Neil J. Kressel, ed., *Political Psychology: Classic and Contemporary Readings*, New York, NY: Paragon House Publishers, 1993, p. 4。

三、学科发展过程中的主题与方法

社会心理学家和政治心理学家威廉·麦奎尔（William J. McGuire, 1925—2007），将 20 世纪 40 年代以来政治心理学的发展概括为三个连续且都持续了二十年的发展阶段。在前两个阶段（即 20 世纪 40—50 年代与 60—70 年代），政治心理学还没有获得独立的学科地位，而第三阶段（80—90 年代）的开始大约与这一学科获得独立地位同步。学科在这三个不同阶段的发展，也反映出不同时期政治心理学在研究主题（议题）、研究方法等诸多方面的重要变化。其中，第一阶段是 40—50 年代的人格与政治研究时期，第二阶段是 60—70 年代的态度与投票行为研究时期，80—90 年代则是以意识形态和决策研究为主题的第三个发展阶段。

在第一阶段，研究者表现出了从精神分析、行为主义和马克思主义中获取解释政治思想、情感和行动的见解的理论热情，政治人格是他们共同的研究主题，而对儿童期成长经历的决定性作用的强调则成为一种流行观点。环境决定论代表了这一时期的理论偏好，文献分析和访谈则是这一时期的流行研究方法。在这一阶段，精神分析是政治心理学重要的分析路径，也成为这一领域最早的分析路径。在政治心理学的第二个发展阶段，调查研究引发了研究者普遍的方法论热情，对政治态度和投票行为的关注与研究则成为研究者的共同兴趣。理性人假设及理性选择理论是这一时期的流行理论，问卷调查和参与式观察是最受欢迎的研究方法。在第三阶段，基于认知科学和决策理论的成果，这一时期的研究将人描述为一种信息处理机器，信息处理理论是这一时期的主流理论，实验法则代表着研究者的方法论偏好。[1]

---

[1] 参见 Williams J. McGuire, "The Poly-Psy Relationship: Three Phases of a Long Affair", in Shanto Iyengar and Williams J. McGuire, eds., *Explorations in Political Psychology*, Durham, NC: Duke University Press, 1993, pp. 9–35。

在麦奎尔所概括的三个不同阶段，不同时期的研究主题表现出比较明显的转移与变化，但这种变化并不意味着将此前的研究主题从研究者的研究议程中完全排挤出去。流行理论和方法的变化也是如此。① 于是，即使在 20 世纪 90 年代甚至进入 21 世纪，20 世纪四五十年代流行的人格研究依然存在，其后流行的态度及投票行为研究领域也有众多的研究者。在很大程度上可以说，总结前两个阶段的研究主题和研究方法或许还算容易，从第三个阶段开始，做这样的梳理和概括则变得有些困难了。麦奎尔对第三个阶段的研究主题、流行理论和研究方法的归纳，在很大程度上可以理解为这一时期新出现的发展趋势。事实上，与政治学学科发展的整体状况一样，政治心理学在 20 世纪七八十年代也进入了一个多种理论和研究方法相互竞争的时期。研究主题更是呈现出前所未有的多元化特征。因此，要对这一时期政治心理学学科领域的研究进行类似此前阶段的梳理和分析，不仅是非常困难的，还存在以偏概全和顾此失彼的可能。

20 世纪 70 年代后期以来发表的政治心理学领域的研究成果，大体可以反映出这一学科获得独立学科地位后在研究主题、研究方法等方面的基本状况。有学者主要基于《政治心理学》杂志在大约三十年间发表的论文（从 1979 年创刊号到 2008 年第 1 卷），以及大致同一时期美国最佳图书奖（Best Book Awards）、美国政治学会的罗伯特·莱恩奖（Robert E. Lane Award）和国际政治心理学会的亚历山大·乔治奖（Alexander L. George Award）等奖项获得者的研究，围绕这些问题进行了非常系统的科学统计和分析。②

研究发现，20 世纪 70 年代后期以来的几十年中，价值观/信念

---

① 有学者在这种意义上对威廉·麦奎尔所划分的三个阶段进行了修正。参见 John L. Sullivan, Wendy M. Rahn and Thomas J. Rudolph, "The Contours of Political Psychology: Situating Research on Political Information Processing", in James H. Kuklinski, ed., *Thinking about Political Psychology*, New York, NY: Cambridge University Press, 2002, pp. 23–48。

② Kristen Renwick Monroe, William Chiu, Adam Martin, et al., "What Is Political Psychology?", *Perspectives on Politics*, Vol. 7, No. 4, 2009, pp. 859–882.

体系、人格和国际关系是最常见的主题，其次则是认知、政治文化、认同和领袖。此外，意识形态与态度、群众运动、政治沟通、情绪等主题也吸引了很多研究者。在这种意义上，如果说政治心理学存在核心研究主题的话，多核心研究主题则是一个重要的特征。不仅如此，与其他社会科学学科一样，政治心理学也常常困惑于一些重复出现的问题，这在很大程度上与其"科学状况"有关。

政治心理学研究方法在过去几十年间也发生了明显的变化，曾经主导这一领域研究的精神分析方法虽然没有被完全排挤出去，但其使用频度已远远不及调查法（survey）、文献综述（literature reviews）、二次文献（secondary sources）和实验法（experiment），与内容分析（content analyses）、建模（modeling）及访谈（interview）等方法一样，成为这一学科研究中使用频度较低的研究方法。

20世纪70年代以来，政治心理学领域的研究在深度和广度上都有很大拓展。具体而言，政治心理学领域的研究者将其研究触角伸向政治生活及与之相关的各个方面，其研究也在持续深入。在一定程度上可以说，与人们的政治生活有关的几乎所有方面都已被纳入政治心理学的研究范畴。与此同时，政治心理学研究在很大程度上依然因循主要围绕政治行为进行研究的传统，而围绕政治行为的全方位研究则构成了政治心理学的几乎全部内涵。值得注意的是，虽然政治心理学研究领域在不断开拓，但既有的一些研究主题（如人格）被保留下来，并持续塑造着政治心理学的学科轮廓和整体发展脉络。

与人的一般行为一样，人类的政治行为也有其隐含的或显露的动机。行为动机实际上涉及人们如何解释其行为的问题。按照理性选择理论，人都是利益最大化者，人们的社会目标都是有选择的。但是，人们的理性选择又受制于其对外部环境的判断，尤其是对行为本身的收益和风险所进行的评估；同时，人们对据以评估其行为收益与风险的信息的收集又有着难以克服的倾向性。因此，乔恩·埃尔斯特（Jon Elster）有关理性选择的理论引起了广泛的关注，其中的负面批评则更多的是从心理学的角度对理性选择理论提出了挑战。唐纳德·P.格林（Donald P. Green）与伊恩·夏皮罗（Ian Shapiro）认为，理性选择理论虽然对政治相关知识的积累做出了重要的贡献，却因方法论的缺陷而失败了，而这种缺陷源于作者提出具有普遍意义的政治理论的勃勃雄心。罗伯特·阿贝尔森（Robert P. Abelson）、丹尼斯·钟（Dennis Chong）、莫里斯·费奥里纳（Morris P. Fiorina）、马修·拉宾（Matthew Rabin）、阿玛蒂亚·森（Amartya K. Sen）等学者都卷入了这场争论。

对20世纪70年代后期以来政治心理学研究的这种系统回顾和分析，对于理解政治心理学这一学科及其发展具有重要意义。相对于早期发展阶段狭窄的研究领域和有限的研究方法，这一时期的研究更新了人们对于这一学科的认识。政治心理学不同问题领域的研究有着不同的主导研究方法，也因之出现了不同的政治心理学（political psychologies）。① 作为一门独立学科的政治心理学，在研究范畴不断拓展的同时，研究方法也逐渐丰富起来。这一时期，政治心理学与政治学的其他分支一样，吸收了其他学科的诸多概念和方法，而其独立性并未因此受到削弱；相反，正是研究方法的不断丰富、成熟与完善，才使其获得了更大的独立性。

小 结

或许是由于美国独特的国际地位和影响力，以及美国学术研究中突出的创新取向和活跃的创新努力，第二次世界大战结束以来，政治心理学发展表现出明显的美国特征。具体而言，无论从事这一领域研究的学者还是这一领域的主要出版物大多出自美国，欧洲学术界在这一学科领域的影响经历了一个式微的过程，而其他地区对这一学科的

---

① Elif Erisen, "An Introduction to Political Psychology for International Relations Scholars", *Perceptions*, Vol. 17, No. 3, 2012, pp. 9−28.

影响和贡献则非常有限。在这种意义上，政治心理学学科发展的地区不均衡是一个突出的问题，也在很大程度上影响了学科一般理论的构建，并对学科整体发展具有抑制作用。

心理作为一种重要的精神现象，与不同文化联系在一起，也需要来自不同国家和地区以及基于不同文化背景的研究。最近几十年来，政治心理学在欧美以外其他国家和地区不同程度的发展，虽然仍不足以修正世界范围内政治心理学学科发展的不平衡状况，但有助于我们理解不同国家和地区人们的心理与关切，使政治心理学获得不同的地域维度、时间维度和方法论维度，进而推动具有普遍意义的政治心理学的发展。

政治心理学在20世纪70年代后期就已经成为一个自觉的学科，但至今仍然处于变化过程中。研究主题与方法及相关理论的多样性向人们展示了这一学科的多元特征，更预示了其未来发展不可预知的无限可能。

第二章 人　格

研究政治却又不提"人的因素"对政治过程的影响,是我们政治思维中最深层的谬误。[①] 然而,即使是从"人"的视角理解政治,这一视角本身在不同时期也发生了明显的变化。格雷厄姆·沃拉斯在《政治中的人性》里对人性的分析体现了那个时代的流行观点,即有关本能、自然选择和非理性的达尔文主义观点。其后,精神分析理论主导了政治心理学研究,而人格则成为精神分析的焦点和核心。在许多人看来,政治的精神(心理)分析路径就仅仅意味着关注人格对政治的影响。于是,很长时间以来,人格已经成为理解人类行为包括政治行为的重要基础,而人格研究则成为政治行为研究的一个重要出发点,更成为政治心理学研究中最早出现的一个研究领域。

第一节　多元的人格概念

人格(personality),有时也译为个性[②],其词源是拉丁文"*persona*",意指希腊罗马时期戏剧演员在舞台上所戴的面具。与人

[①] Walter Lippmann, *A Preface to Politics*, New York, NY: Mitchell Kennerley, 1913, p. 2. 转引自 Fred I. Greenstein, "Personality and Politics: Problems of Evidence, Inference, and Conceptualization", *American Behavioral Scientist*, Vol. 11, No. 2, 1967, pp. 38—53.

[②] 有学者明确提出个性不同于人格。"人格是一个复杂的内在组织,人的心理-物理个体性的多面综合才是人格。因此,我们赞成译 personality 一词为人格,以区别于'个性'。"陈仲庚、张雨新编著:《人格心理学》,辽宁人民出版社 1986 年版,第 50 页。

格概念的产生相对应,对人格的研究是从戏剧和传记素描开始的。譬如,在印度,对人格的研究以英雄人物罗摩和悉多为起点,他们的忠诚是始终不渝的。在希腊,类似的研究开始于荷马的"天神般的阿基里斯"和"诡计多端的奥德修斯",悲剧大师埃斯库罗斯、索福克勒斯和欧里庇底斯以及喜剧大师阿里斯托芬所描绘的人物。这些人物是作为文学上的"典型"出现的,代表着一群具有某种共同点的人。① 后来,"人格"一词演变为科学的一个概念,而在心理学研究中则被看作个人的面具,主要指个人的整体心理面貌,并"可以根据一个人的一贯行为模式加以描述"②。实际上,进入科学研究领域的人格概念远比文学、戏剧中的人格概念复杂得多。

一、科学研究中的人格概念

随着人格概念进入科学研究领域,"人格"日益成为心理学及其他相关学科研究中经常被使用并得到分析的重要概念。科学研究对人格的关注提出了概念及方法方面的诸多问题。然而,长期以来,"人格"一词都缺乏行为的参照和客观的确定性,因而也规避了严格的分析和评估。历史上,宗教的、道德的和法律的规范似乎否定了对人格进行科学检验的需要,而重视直觉的临床传统的理论发展使得人格的概念依然难以具体化。③ 尽管"人格"一词的使用还存在许多分歧而远未达成共识,但这一现象的存在并不否认这样一个基本事实,即学者们在使用"人格"概念时一般都包含两个方面的含义:一是有组织的内在倾向,一是历时的稳定性或一致性。大多数心理学家都在这样的意义上界定人格,即人格是个体以特定方式行事而不随时间、环境

---

① 参见〔美〕G. 墨菲、J. 柯瓦奇:《近代心理学历史导引》下册,林方、王景和译,商务印书馆1982年版,第581页。
② 〔美〕赫根汉:《人格心理学导论》,何瑾、冯增俊译,海南人民出版社1986年版。
③ Jeanne N. Knutson, "Personality in the Study of Politics", in Jeanne N. Knutson, ed., *Handbook of Political Psychology*, San Francisco, CA: Jossey-Bass, 1973, pp. 28—56.

或角色等发生变化的普遍倾向。

人格概念及相关理论进入科学研究领域即被赋予一个重要的使命,就是它要被用于分析人类行为。因此,其经验效用要求对这一概念的界定有具体的行为参照,行为应是以可知的方式与内心相联系,而这些方式又随外部环境的变化而不同。人格概念难以界定,但科学研究中却并不缺乏此类尝试,由此出现了林林总总的有关"人格"的定义。

1937年,戈登·奥尔波特(Gordon W. Allport,1897—1967)在其《人格:心理学的解释》(*Personality: A Psychological Interpretation*)一书中,总结了当时流行的50多种人格定义,并提出人格是内在于个体心理生理系统并决定个体对环境的独特适应的动力组织。尽管他对人格的界定仍然有些笼统,他本人也在1961年《人格:心理学的解释》第二版中将这一定义进一步修订为"人格是一个人内在的心理生理系统的动力组织,决定着个人特有的思想和行为"[①],但这一人格定义被认为是久远历史上的许多空想与晚近科学研究发展的结合,因而也成为人格概念诸多语义变化趋势的辐合点。

中国心理学家陈仲庚(1925—2003)曾经按照时间先后顺序,列举了奥尔波特之后西方学者提出的15种人格定义。[②] 这15种人格定义被称为现代人格定义。近年来,有关人格概念的新的界定和研究仍不时出现。可以说,过去一百年是对人格概念争论不止、各种人格理论频繁更迭的一百年。

人格概念之所以难以界定,很大程度上是由于它是一个概括性的(或总体性的)概念,因而需要借助在不同层次上比较明确的客观(具体)参照物,依据次级概念加以理解。在日常生活中,人们习惯用词语来描述人格,一些人格研究者正是从这一现象中得到了启发。在这一方面,G. W. 奥尔波特和H. 奥德伯特(H. Odbert)完成了开

---

① 参见郭永玉、贺金波主编:《人格心理学》,高等教育出版社2011年版,第3—4页。
② 陈仲庚、张雨新编著:《人格心理学》,辽宁人民出版社1986年版,第47—48页。

创性的工作，也开启了对人格特质进行包容性界定的努力。他们从标准英语词典中搜集了有关特质（trait）的大约18 000个词。之后，雷蒙德·卡特尔（Raymond B. Cattell，1905—1998）将这一努力发扬光大，最终完成了这项工作。他从约18 000个词中编选了4 504个词，并进一步归纳为171个"同义词组"，从而扩展了"人格范畴"。[①] 特质是人格研究的逻辑起点，也是人格心理学学科研究的基础。

雷蒙德·卡特尔是继奥尔波特之后又一位对后世产生了重要影响的特质心理学家。他认为，特质是人格的基本元素，决定了个体在特定情景下会作出何种反应，使个体行为具有跨时间的稳定性和跨情境的一致性，从而对行为具有决定和预测作用。卡特尔认为特质包括表面特质和根源特质。其中，表面特质（surface trait）是个体相对外显的特质，彼此互不相关，如易怒、焦虑、冲动等日常可以观察到的行为表现。根源特质（source trait）是内在的、稳定的。作为人格结构基本因素的根源特质，是彼此相关、共同变化的一系列特征，可由表面特质推断获得。卡特尔采用因素分析方法，得到了16种根源特质：乐群性（warmth）、聪慧性（reasoning）、情绪稳定性（emotional stability）、支配性（dominance）、活泼性（liveliness）、有恒性（rule-consciousness）、勇为性（social boldness）、敏感性（sensitivity）、怀疑性（vigilance）、幻想性（abstractedness）、隐秘性/世故性（privateness）、忧虑性（apprehension）、实验性（openness to change）、独立性（self-reliance）、自律性（perfectionism）、紧张性（tension）。在此基础上，他编制了"卡特尔16种人格因素量表"（Cattell's Sixteen Personality Factor，16PF），后来成为被广泛应用的人格及心理测量工具。

[①] G. W. Allport and H. Odbert, "Trait-Names: A Psycho-Lexical Study", *Psychological Monographs*, Vol.47, No.1 (Whole No. 211), 1936, pp. i–171; R. Cattell, *Personality and Motivation: Structure and Measurement*, Yonkers-on-Hudson, NY: World Books, 1957. 转引自 Jeanne N. Knutson, "Personality in the Study of Politics", in Jeanne N. Knutson, ed., *Handbook of Political Psychology*, San Francisco, CA: Jossey-Bass, 1973, p. 31。

其后几十年中，人格心理学领域发生了"静悄悄的革命"（a quiet revolution），古老的难以捉摸的人格问题变得似乎可以驾驭了。[①] 1961年，欧内斯特·图普斯（Ernest C. Tupes）与雷蒙德·克里斯托尔（Raymond E. Christal）运用雷蒙德·卡特尔界定的两极变量对各种数据集进行了新的分析，提出了人格分析的五大要素：外向性（surgency）；亲和性（agreeableness）；可靠性（dependability）；情绪稳定性（emotional stability）；文化（culture）。[②] 此后，有关人格变量的标志指标的研究从未停止，而这些标志指标某种程度上都是对卡特尔人格变量的简化。其中，由 P. T. 科斯塔（P. T. Costa, Jr.）与 R. R. 麦克雷（R. R. McCrae）共同开发的"大五"人格特质（the big five personality traits）最为流行。这份人格特征清单涉及人格的五个主要领域，即神经质（neuroticism）、外向性（extroversion）、开放性（openness）、亲和性（agreeableness）以及尽责性（conscientiousness）。[③] "大五"人格特质不仅是人格描述模型的五个方面，也已成为政治心理学研究中有关人格与政治行为的五个重要维度，是"得到最广泛使用和研究的人格模型"[④]。

在卡特尔使用英语术语来描述人格特质之后，使用形容词或名词来描述和评价人格特质已经成为人格研究和人格评估的一个重要传统和方法，而这种方法也面临在不同语言环境中如何准确转译特定术语并进行人格特质描述的问题。

[①] Lewis R. Goldberg, "The Development of Markers for the Big-Five Factor Structure", *Psychological Assessment*, Vol. 4, No. 1, 1992, pp. 26–42.

[②] Ernest C. Tupes and Raymond E. Christal, "Recurrent Personality Factors Based on Trait Ratings", Technical Report ASD-TR-61-97, Lackland Air Force Base, TX: U.S. Air Force, 1961/Ernest C. Tupes and Raymond E. Christal, "Recurrent Personality Factors Based on Trait Ratings", *Journal of Personality*, Vol. 60, No. 2, 1992, pp. 225–251.

[③] P. T. Costa, Jr. and R. R. McCrae, *The NEO Personality Inventory Manual*, Odessa, FL: Psychological Assessment Resources, 1985.

[④] Samuel D. Gosling, Peter J. Rentfrow and William B. Swann Jr., "A Very Brief Measure of the Big-Five Personality Domains", *Journal of Research in Personality*, Vol. 37, No. 6, 2003, pp. 504–528.

二、政治心理学中的人格概念

涉足人格与政治研究并在这一领域做出重要贡献的学者虽然很多，但有关人格与政治之间关系的研究却绝非学者们愿意更多地投入精力的领域。其中的主要原因就是，政治学领域的学者感到无法以符合其学术标准的方式对人格进行分析，而难以界定的"人格"概念更是让学者们感到困惑。

在政治心理学研究中"人格"概念难以界定，原因还在于这一概念对心理学家和政治学家有着不同的含义，而且对后者而言比对前者有着更为复杂的隐含意义。即使是心理学家，由于每个人都是在特定背景下使用人格概念的，要寻求一个规范、统一和经典的定义也非常困难，进而出现了人格理论的多样性，以及在描述个体性格构成时所使用的术语的数量和性质的多样化，其结果就是"人格"概念界定的多元主义。尽管如此，心理学家以不同的术语来阐释其理论，但一种理论所使用的术语很容易被引入其他的理论。而且，在"人格"代表什么的问题上，心理学家已经形成了共识，即"人格"是用以解释个体在对不同刺激做出反应时的行为规律的一个概念。与此同时，人格理论家对于人格的结构也存在不同认识。但是，不管他们所强调的具体特征是什么，心理学家对"人格"概念的使用是非常广泛的。对他们而言，"人格"囊括了所有重要的心理规律，是心理学领域最具普遍意义的一个概念。

但对政治学家而言，"人格"的概念只具有非常有限的意义，或仅仅是从政治学文献中关于政治行为与被贴上"人格"标签的特质的相关性的大量表述中推导出来的。首先，政治学家在使用"人格"概念时通常将政治态度排除在外；其次，政治学家往往进一步将这一术语的使用范围缩小到仅指临床传统领域的心理层次——内在冲突与自我防御及其表现。政治学家将"人格"等同于自我防御（ego-defense），将"人格与政治"等同于个人精神病理对政治行为的作用，从而准确地识别出贯穿政治与社会分析的一条线索或脉络。①

尽管政治学家在分析人格与政治的关系时，往往是在特定背景下使用"人格"概念的，但无疑既不能摆脱心理学家不同界定的影响，也不可能免于政治学家应用这一概念的限定性规范及其效应。因此，一些获得较广泛认同的人格定义就显得尤其重要。

拉斯韦尔在与卡普兰合著的《权力与社会》一书中，提出了若干基本的分析概念，如"反应"、"环境"和"倾向"，其中反应是环境与倾向相互作用的结果。拉斯韦尔认识到，倾向在行为的塑造中发挥了根本性的作用。因此，人格在其政治分析中具有重要地位。他认为，人格是与行为者相关的人格特征的整体。人格特征是行为者在某种情境中表现出来的典型行为。由于行为可能内化，因此人格特征包括思维和情感习惯以及公开的行为习惯。②根据拉斯韦尔的界定，人格的经验内涵也是人格概念的组成部分。

阿多诺等人影响巨大的权威人格研究所使用的"人格"概念，后来在社会心理学和政治心理学领域都产生了重要影响。在这一具有重大时代意义的研究中，人格被界定为个体内在的持久动力组织。人格对于个人决定在不同情境下的反应具有促进作用，无论是言语还是身体的一致性都可归因于此。然而，无论具有怎样的一致性，行为毕竟不同于人格。人格存在于行为背后或内在于个体。人格动力不是反应，而是反应响应（或反应准备）。一种响应是否会以明显的方式作出，不仅取决于当时的情境，还取决于与之相对的其他响应。与在公开行为中得到即时和一致表达的人格动力相比，被抑制的人格动力存在于更深的层次。③

---

① Fred I. Greenstein, *Personality and Politics: Problems of Evidence, Inference, and Conceptualization*, Princeton, NJ: Princeton University Press, 1987, p. 4.

② 〔美〕哈罗德·D. 拉斯韦尔、亚伯拉罕·卡普兰:《权力与社会——一项政治研究的框架》，王菲易译，上海人民出版社 2012 年版，第 26 页。

③ Theodore W. Adorno, Else Frenkel-Brunswick, Daniel J. Levinson, et al., *The Authoritarian Personality*, New York, NY: Harper, 1950, p. 5.

在 20 世纪上半期，对人格倾向的关注从精神分析与心理统计学传统中获得了强大的力量。但是，人格研究在其后的发展中日益受到批评，其中重要的一点就是经验研究并没有证实人格与行为之间存在人格理论家所认为的那种稳定联系。于是，研究者将对人格的关注扩展到了更为广泛的领域，把态度、动机、决策模式、人际互动模式、应激反应、专长等也纳入了研究范畴。[1]

拉斯韦尔在 1930 年出版的《精神病理学与政治》一书中就曾强调，采用比较宽泛的界定具有明显的优势。[2] 但是，使用抽象的人格概念无法对行为（政治行为）做出充分解释，这在有关人格的研究中已经取得较为广泛的共识。人格概念及其理论的可信度和有效性，在很大程度上仍取决于对人格本身的评价。常见的若干评价和测量方法（如问卷调查和访谈、观察法、文献档案、内容分析、传记资料以及实验或刺激方法等），也都有各自的优势和不足。不仅如此，这些方法还可能受到其他相关因素的不利影响。譬如，运用这些方法分析领袖人物时会更加困难，对早年生活的追溯可能面临资料匮乏的问题，以及能够激发研究兴趣的人往往已经故去，等等。人格影响评价所面临的更大问题则在于，如何将人格对行为的影响与其他人口统计变量、环境或角色等方面的影响区分开来。在这种意义上，对于政治心理学领域的人格研究而言，对人格的测量已经成为概念本身的一部分了。

对人格及其与行为关系的不同理解衍生了不同的人格模型和理论，进而也影响了对于人格与行为间关系的理解和认识。运用特质模型（traits model）的人格理论家坚持有关心理交互作用的特定假设。在特质模型中，各种指标与潜在倾向之间具有叠加性影响。特质理论

---

[1] 参见 David Sears, "Political Psychology", in Neil J. Kressel, ed., *Political Psychology: Classic and Contemporary Readings*, New York, NY: Paragon House Publishers, 1993, pp. 12−38。

[2] Harold D. Lasswell, *Psychopathology and Politics*, Chicago, IL: University of Chicago Press, 1930, pp. 42−45. 转引自 Fred I. Greenstein, "Can Personality and Politics Be Studied Systematically?", *Political Psychology*, Vol. 13, No. 1, 1992, pp. 105−128。

家不仅能够以叠加方式测量单一特质,还可通过个体所具有的不同特质集合寻求对其人格的更充分的理解。因此,特质强调的是在单一维度上的个体差异,并不关注内在心理组织(特质之间的关系),也不能预测其他特质的存在或强度。

不同于特质模型,人格的整体模型(holistic model)强调个体的整体心理内部作用和功能。在这一模型中,人格对行为的影响取决于具体情况,而非确定的和叠加的。马斯洛的需要层次理论就属于这种情形。这种整体观点基于对各种人格组织原则的理解,并确信通过对单一人格功能的充分测量可预测人格的所有方面。在整体模型理论家看来,个体在心理上卷入的每一个行为都呈现了其整体人格结构的某些方面,如基本需要、驱动力、动机、特有的处事风格、反应模式以及习惯。弗洛伊德、亨利·莫里、埃里克森等人是典型的整体人格论者。

很显然,将整体的人格结构运用于政治学研究,要比采用特质理论困难得多。因此,对人格的大多数常规分析都采取了特质研究路径,而整体人格研究路径则主要见于临床取向的个案研究。[①] 尽管如此,人格的整体理论却带来了人格研究领域最有影响的成果(如对权威人格的研究)。

在今天的政治心理学研究中,特质(traits)和价值观(values)是人格概念常被关注的两个重要方面。其中,特质属于心理学范畴,而价值观则是社会心理学领域的重要概念。[②] 具体而言,人格及其特质描述"人是什么样的",而价值观指"人们认为什么是重要的",二者的关系表现为人格特质先于个人价值观。[③] 在这种意义上,相对于价值观,人格及其特质对行为也具有更为基础的影响。

---

① Jeanne N. Knutson, "Personality in the Study of Politics", in Jeanne N. Knutson, ed., *Handbook of Political Psychology*, San Francisco, CA: Jossey-Bass, 1973, pp. 28-56.

② Gian Vittorio Caprara, Shalom Schwartz, Cristina Capanna, et al., "Personality and Politics: Values, Traits, and Political Choice", *Political Psychology*, Vol. 27, No. 1, 2006, pp. 1-28.

③ Sonia Roccas, Lilach Sagiv, Shalom H. Schwartz, et al., "The Big Five Personality Factors and Personal Values", *Personality and Social Psychology Bulletin*, Vol. 28, No. 6, 2002, pp. 789-801.

第二节　影响政治行为的人格维度

尽管人格概念进入科学研究领域就是为了应用于对人类行为的分析，但是有关人格与行为之间是否有关联，以及它们以怎样的方式相互联系，却始终存在广泛争论。

一、人格是否影响政治？

有学者曾经这样评论，在（集中了人格与政治研究文献的）文化与人格研究领域，"批评者比研究者更多"。[①] 可见，在政治心理学领域，对人格与政治间关系的研究遭到了非常强烈的反对。

格林斯坦将这些反对意见划分为两类：一是错误的反对（erroneous objection），一是部分正确的反对（partially correct objection）。在前一类反对意见中，一种重要的观点认为，在"真实的"人群和情境中，是个人生活史中的事件和因素而非人格使主要社会阶层中的人格分布"随机化"，因而对人格成分的解释是不必要的；另一种观点则认为，个体的社会性格远比其人格特点"更为重要"。在被称为"部分正确的"后一类反对意见中，三个方面的质疑分别是，个体行动者对政治结果究竟能产生多大的影响，人格差异何时能对行为产生影响，以及自我防御的需要在什么情况下表现于行为中。[②] 但是，人格以不同方式对政治信念和政治活动产生影响的事实却日益引起人们的关注。

[①] David Riesman and Nathan Glazer, "The Lonely Crowd: A Reconsideration in 1960", in Seymour M. Lipset and Leo Lowenthal, eds., *Culture and Social Character: The Work of David Riesman Reviewed*, New York, NY: Free Press, 1961, p. 437.

[②] Fred I. Greenstein, *Personality and Politics: Problems of Evidence, Influence, and Conceptualization*, Princeton, NJ: Princeton University Press, 1987, pp. 33−62.

对于人格影响政治信念和政治行为的假设，可以追溯到柏拉图有关促进对政体具有支持性作用的人格成长的关切。这一假设经由拉斯韦尔开创性的政治学阐释而获得了普遍的专业认同。但是，认为人格是塑造个人政治信念和行为的稳定而一致的特质的理论观点，仍然不过是一个强有力的思想诉求，一个植根于精神分析经验和临床资料并已融入政治学文献的诉求。①

在政治心理学的视野中，对这一观点的阐释和表达是同间接政治学习（indirect political learning）与直接政治学习（direct political learning）之间的区别联系在一起的。依据这一观点，学习的特定假设层级和过程可以解释内心稳定性以及经验、社会价值观和环境的约束作用。在阿尔蒙德对"显性"社会化（"manifest" socialization）与"隐性"社会化（"latent" socialization）的分析中，显性社会化作为传播文化价值观和被接受的行为规范的重要方式，已经得到了广泛研究。然而，个体在更早时期即已开始其隐性社会化过程。隐性社会化通过信息、价值观或情感的传递对个体态度发挥作用，正如家庭之类的社会系统通过角色、输入及输出等，影响政治系统中对类似角色、输入及输出的态度。②在隐性社会化过程中，诸如个人价值观、自我概念、未满足的需要、能力感等因素，提示了一种隐性的具有个人一致性的反应方式的人格维度。

在理论层面，珍妮·克努森用图示的方式展示了在人格与政治的关系中，人格对政治的影响。③

---

① Jeanne N. Knutson, "Personality in the Study of Politics", in Jeanne N. Knutson, ed., *Handbook of Political Psychology*, San Francisco, CA: Jossey-Bass, 1973, pp. 28—56.

② Gabriel A. Almond, "Introduction", in Gabriel A. Almond and James S. Coleman, eds., *The Politics of the Developing Areas*, Princeton, NJ: Princeton University Press, 1960.

③ Jeanne N. Knutson, "Personality in the Study of Politics", in Jeanne N. Knutson, ed., *Handbook of Political Psychology*, San Francisco, CA: Jossey-Bass, 1973, pp. 28—56.

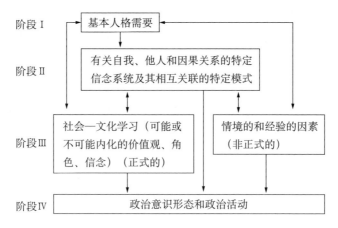

图 2.1 人格与政治之间的联系

来源：Jeanne N. Knutson, "Personality in the Study of Politics", in Jeanne N. Knutson, ed., *Handbook of Political Psychology*, San Francisco, CA: Jossey-Bass, 1973, p. 40。

其中，阶段Ⅰ和阶段Ⅱ涉及人格概念的界定。阶段Ⅰ中的基本人格需要是指诸如马斯洛的安全需要、埃里克森的信任需要等人类基本需要。这是整体意义上的人格概念理解。阶段Ⅱ指各种人格特质，如教条主义、马基雅维利主义、低自我意识等，是特质意义上有关人格的理解。发生于阶段Ⅲ的社会化和政治学习过程，在情境与经验因素的作用下，可能使价值观、信念或笼统的人格需要发生变化，也导向了阶段Ⅳ的政治意识形态和某种水平的政治活动。

人格不是影响行为的唯一因素，更不是决定性因素。人们的政治行为更多地受到其所处环境而非其个性的影响，是质疑和批评人格与政治间关系的研究的一个常见观点。"环境（E）——人格（P）——行为（R）"就是这一观点的一种可视化表达。事实上，环境无法直接塑造行为，许多在政治上重要的行为也并非对即时刺激的反应。面对将要坍塌的建筑物，人们不管是怎样的气质和人格都会尽快离开。这是人们因应环境状况而采取行动的经典事例。① 但是，奥尔波特的

---

① 这个例子所表达的含义类似孟子所谓"故知命者不立乎岩墙之下"（《孟子·尽心上》），只是强调的重点有所不同。

著名格言——"同样的热度使鸡蛋变硬却使黄油融化",提示人们还存在其他可能的情形。格林斯坦认为,政治行动者所处的社会背景的确会影响其行为,但只是在个体不断发展的倾向以及由之塑造的不同层次人格的居间作用下产生影响(见图2.2)。

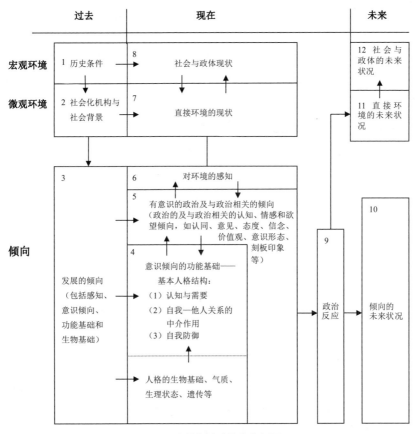

图2.2 人格与政治综合分析图

来源:Fred I. Greenstein, "Can Personality and Politics Be Studied Systematically?", *Political Psychology*, Vol. 13, No. 1, 1992, p. 115。

许多有关人格与行为间关系的研究只在单一维度展开,在很大程度上导致政治学研究和人格研究缺乏普遍性,也使这一领域的知识积累进展缓慢。人格无疑并不是处于真空中的现象。文化就是人格存在和发展的重要环境或背景。文化与人格的研究路径代表着出现于 20 世纪上半期的一种雄心勃勃的努力，即寻求理解个人心理与其所处的社会文化背景之间的关系。由于其时可用于这一研究的概念工具和方法工具都过于原始和简单，这种努力在 20 世纪 60 年代宣告终结。① 尽管如此，这一过程仍产生了许多重要成果，并对推进政治心理学领域的人格研究具有积极和持续的作用。

人格与政治的关系没有被正确认识，或是被忽略，一个重要的原因是，人格作为一个变量，它的影响并非在政治过程的每一个点上都会产生。在政治社会化过程中，人格的作用也不是每时每刻都能被感受到。但是，很显然，人格对于理解一个人如何扮演他被分配的角色是至关重要的。因此，分析人格与政治卷入的两个维度（即活动和意识形态）的关系很有意义。其中，人格与政治活动的关系涉及诸如活动的水平（冷漠、顺从、活跃）、活动的类型（领袖、追随者、参加者、决策者或执行者）和活动的性质（灵活的、僵化的、有创造性的）；人格与意识形态的关系则属于政治活动的可能方向和政治活动所体现的意识形态强度的问题范畴。

人格与政治的关系之所以被忽略，还有一个重要原因在于人们对政治的狭义界定和理解，即认为政治只涉及政府或与政治过程相关的政党及利益集团，而人格对政治的影响常常存在于政府与公民以及政府以外的其他政治行为者之间。譬如，英文中用于指代特别的政治活动（包括竞选和拉选票等活动）的"politicking"一词所涵盖的诸多政治活动，特别是政治中的说服、讨价还价等人际互动过程等，就不可能不受到人格的影响。因此，在比较宽泛的意义上理解政治也有助于理解人格与政治的关系。

传统上，人格与政治的关系常常是从精神病理学角度加以研究

---

① John Duckitt, "Culture, Personality and Prejudice", in Stanley A. Renshon and John Duckitt, eds., *Political Psychology: Cultural and Crosscultural Foundation*, London: Macmillan, 2000, pp. 89–107.

的,但有观点认为,精神病理学与政治之间的联系少见且不重要。20世纪60年代学生抗议活动的根源,就在于其支持自我信念的内心力量和不受宣传影响的认知能力等"健康的"性格特质,而不是通常所理解的某种人格缺陷。①尽管如此,在人格研究中,集合了消极特质的人格类型或人格特质,如权威主义、马基雅维利主义、教条主义、僵化等,得到了更多的考察,而积极的人格特质则较少受到关注。有关自尊、个人控制感(a sense of personal control)的研究是不多见的对积极人格特质的探索。

二、人格与政治研究中的人格维度及常见研究主题

在政治心理学对人格及人格与政治间关系的研究中,人格特质相关研究是其重要内容。其中,与个人政治活动有关的诸多人格特质一般是在相互独立的意义上得到研究的,这些特质也成为理解人格的重要维度。

效能(efficiency)或**能力**(competence)是得到最多关注的人格特征。20世纪50年代中期,密歇根大学调查研究中心最早对"政治效能"进行了研究,此后研究者对这一概念及相关主题的兴趣持续不减。对人格的这一单向度的研究及其理论基础虽然没有受到质疑,但其他大量研究却表明,内在的能力感和个人介入政治活动的程度之间存在一定的关系。在人格理论中,效能感与一个人所拥有的心理能力的强弱已经被联系在一起。可以说,不同程度的效能感与参与政治活动的水平直接相关。

离群(anomie)和**疏远**(alienation)是与效能感相对的现象或特质。对离群和疏远现象的研究也表明了人格研究对于理解和预测政治活动的重要性。离群和疏远现象是指政治上的一种无力感。这种无力

---

① Fred I. Greenstein, "Can Personality and Politics Be Studied Systematically?", *Political Psychology*, Vol. 13, No. 1, 1992, pp. 105-128.

感一般源于政治知识和其他特定知识的匮乏,并很明显地与对社会和政治活动的参与不足相关,同时还往往与较低的社会经济地位联系在一起,而其人格意义上的含义则需要给予谨慎的评价。

权力动机(power motivation)是人格研究的又一个重要领域。虽然拉斯韦尔在1930年提出了"政治活动对于补偿未被满足的自尊需要至关重要"的观点,但这一在心理意义上特殊而单一的维度对于解释政治活动水平的重要性此后并未得到充分研究。非但如此,围绕这一问题的研究还出现了很大的分歧。以卡伦·霍尼(Karen D. Horney)为代表的一派认为,所有的需要,包括对权力的需要,可能是神经质的、健康的或适应性的,都可能具有不同的作用。[1] 然而,健康的、创造性的需要产生权力的可能性只得到非常有限的关注和研究。另外一些观点则指出,认为政治领袖(或其他任何人)只是受到被狭隘界定的需要的驱使,其实过于简单了。

权威主义(authoritarianism)是与政治活动相关的另一个人格维度。迄今为止,有关这一人格特征与政治活动水平间关系的研究尚无明确定论,甚至出现了相互矛盾的观点,其中重要的原因在于权威主义是心理因素和社会因素的混合物。根据已有的研究,权威人格也存在不同的倾向,但不同倾向的权威人格如何影响政治活动却尚未得到足够的重视。实际上,有关权威人格的研究提出了对人格与政治间关系进行全面考察的要求。

教条主义(dogmatism)的人格特征也是人格研究的一个重要领域,还被视为权威主义人格研究的一个分支。在理论上与个人信念系统结构(而不是构成)有关的人格特征(即教条主义的特质),是影响个人政治活动的又一个重要的心理特征。大量的实验室研究表明,在从观念封闭到观念开放的连续统上,位于观念封闭一端的个体在政治的许多重要方面的反应都不同于位于另一端的个体。焦虑是观

---

[1] Karen Horney, *The Neurotic Personality of Our Time*, New York, NY: W. W. Norton & Company, 1937.

念封闭的个体的典型特征。观念封闭的个体由于在接受新信息方面存在困难，可能会直截了当地拒绝与其信念相冲突的信息，或者凭直觉扭曲信息以使自己能够接受。观念封闭的个体还可能不加分析地接受对他们有吸引力的信息，并依据这些信息行动。实验证明，观念开放的个体一般在面对新的、与其已有信念相冲突的信息时，会花更多的时间去思考，从而决定是接受还是拒绝新信息。因此，观念开放的个人比观念封闭的个人在解决问题时要花更多的时间。这一人格特征对政治行为的影响最明显地表现于投票行为中。在政治投票中，大多数有党派倾向的人不会关注其他党派的宣传，从而抵制其他党派的影响。一些学者对领袖人物的研究也表明，教条主义是使领袖人物与新信息隔绝，从而无法为达到其所宣称的政治目标而履行职责的人格特征。[1]

马基雅维利主义（Machiavellianism）是一种重要的人格倾向，也是人格（政治领袖人格）研究中一个有趣的领域。马基雅维利主义与自恋（narcissism）和心理变态（psychopathy）一起被看作黑暗三人格（dark triad of personality），也有学者将马基雅维利主义视为心理变态的一种亚临床形式。在政治心理学中，马基雅维利主义被用于描述个体可能具有的非情绪化倾向，具有这种人格倾向的个体能够使自我脱离于一般道德，因而可欺骗或操纵他人。理查德·克里斯蒂（Richard Christie）和佛洛伦斯·L. 盖斯（Florence L. Geis）直接从马基雅维利有关人的本性的论述中开发了最初的马基雅维利量表，此后又多次修正这一量表，最终形成了马基第四量表（Mach-IV test）。这一由 20 个与人格相关的问题组成的问卷调查，已成为评价不同个体操纵他人倾向的标准自我评估工具。其中，得分高者（高马基者，high Machs）比得分低的人（低马基者，low Machs）使用的欺骗和欺骗式的操纵更多，运用的暗示欺骗更多，等等。在所假设的不同实

---

[1] 参见 Jeanne N. Knutson, "Personality in the Study of Politics", in Jeanne N. Knutson, ed., *Handbook of Political Psychology*, San Francisco, CA: Jossey-Bass, 1973, pp. 28−56。

验情境中，高马基者与他人交往时是冷静的和不动感情的，他被事实所指引，不为情绪所动，也不为欲望所惑，更不会在他人的压力下动摇。在与他人的竞争中，高马基者的成功取决于其理性和创造性。与高马基者不同，低马基者不是被抽象的目标所指引，而是由他人引导，并会因压力或情感而发生动摇。有关高马基者与低马基者的动机的近期研究表明，高马基者将金钱、权力和竞争置于更为优先的位置，而赋予共同体建设、自爱和家庭关切较低的重要性，同时表现出不计成本也要成功和取胜的倾向。他们需要的成功并不是单纯的成功，而是以他人为代价的成功。①

马基雅维利主义还被博弈理论家用于解释实验博弈中的行为，特别是那些没有按照纳什均衡的预测对物质自利的假设做出回应的行为。研究发现，马基第四量表的高得分者倾向遵循经济人均衡策略，低得分者则背离均衡而做出体现了被普遍接受的道德标准和社会偏好的选择。②

实验情境中的马基雅维利主义是否存在于现实政治，以及马基雅维利主义与现实政治的关系等，还需要进一步研究，但马基雅维利主义这一概念将人们的注意力引向了特殊情境中角色行为的有效性，而不同于一般人格研究中对基本人格动力的关注，为探索人格与政治的关系开辟了新的认识空间。

对上述诸多人格特质的研究，不仅是为了确定人格与政治（特别是与政治参与）之间的关系，还是对政治选择（自我选择）过程中成功个体的角色扮演数量和质量的评价。

---

① Daniel N. Jones and Delroy L. Paulhus, "Machiavellianism", in Mark R. Leary and Rick H. Hoyle, eds., *Handbook of Individual Differences in Social Behavior*, New York, NY: Guilford Press, 2009, pp. 93-108.

② Anna Gunnthorsdottir, Kevin McCabe and Vernon Smith, "Using the Machiavellianism Instrument to Predict Trustworthiness in a Bargaining Game", *Journal of Economic Psychology*, Vol. 23, No. 1, 2002, pp. 49-66.

在有关各种人格特质的研究之外，**人格与意识形态的关系**也是人格与政治研究的重要内容。各种人格变量不仅与政治活动的方向和强度有关，还与意识形态有着重要的关联。由于人格变量的复杂性，有关人格与政治意识形态间关系的研究只能表明人格变量与政治意识形态的方向存在联系，却不能确定它们之间到底有怎样的联系。人格变量与政治意识形态方向之间的关系难以确定，其中一个重要原因是不同文化的影响。如果认为心理健康一般建立在满足特定需要的基础上，那么与人格有关的跨文化意识形态差异，就成为在特定国家中人格类型的比率和社会分布的问题，以及在那个国家中与人格相互作用并产生不同意识形态立场的文化价值和环境约束的问题。①

人格与民主政治的关系也是吸引政治心理学家关注和研究的一个重要问题。相关经验研究表明，自我评价低的人在社会压力下更容易改变自己的观点，更易于顺从社会期望，更可能屈服于社会影响。在低自我评价阻碍社会学习的意义上，它又可能使一个人偏离其社会的官方价值，而不是服从这些价值。但是，对民主观念而言，危险仍然存在，甚至更为严重。因为此时的个人更不可能坚持民主约束的原则，他做好了准备加入对非传统的或仅仅是他不熟悉的观念的攻击。"他可能是一个顺从习俗者，而不是一个顺从者。"同时，倾向于受社会影响的人往往是最不容易动摇的人。他意欲服从的愿望和未能做到的事实可能源于同样的人格特征：低自我评价。如果说自我评价之类的人格特征对于普通公民的信念具有这样的影响，那么对于政治精英而言也是如此。②

---

① Jeanne N. Knutson, "Personality in the Study of Politics", in Jeanne N. Knutson, ed., *Handbook of Political Psychology*, San Francisco, CA: Jossey-Bass, 1973, pp. 28-56.

② Paul M. Sniderman, "Personality and Democratic Politics", in Neil J. Kressel, ed., *Political Psychology: Classic and Contemporary Readings*, New York, NY: Paragon House Publishers, 1993, pp. 158-160.

第三节 人格类型研究与权威人格

"真正的政治人格是一种复杂的成品。"① 不过,这并不影响人们对人格类型进行概念及理论上的分类。在政治心理学研究中,正是这种分类不仅使研究远比人格概念本身更为多元的现实人格成为可能,也深化了人们对人格以及人格与政治间关系的认识。对大众人格的认识更依赖于这方面的研究成果。

一、人格类型研究

在有关人格与政治间关系的研究文献中,以方法和理论探讨为取向的研究者与传记作家形成了截然不同的两大阵营。对个体政治行为者的分析可能并不足以获得令人满意的结果,但是如果能从可获得的大量资料中选取对人格功能有解释作用和价值的证据,对个体政治行为者的研究获得类似多样本以及类型研究所具有的标准化和准确性也是可能的。有关个体政治行为者人格与政治间关系的研究,尽管有许多是由传记作家完成的,但也被纳入了政治心理学研究的范畴。然而,对不同类型的政治行为者进行心理分析,即对不同类型的人格进行分析,则更多地引发了专业研究者的兴趣,也吸引了人们更为广泛的关注。

在常见的人格类型分析中,研究者常常以遁世、愤世嫉俗和顽固强硬等特性将人格和政治信念、行为联系起来。著名的权威人格研究更已成为人格类型研究的经典。被称作"权威人格"的人格类型,展示了不必要地感受其所处环境的威胁、具有"自我排斥冲动"、普遍遁世、对与其不相像的人表现出敌视和怀疑、倾向等级和秩序等特性。

---

① 〔美〕哈罗德·D.拉斯韦尔:《政治学:谁得到什么?何时和如何得到?》,杨昌裕译,商务印书馆1992年版,第11页。

在有关人格类型的研究出现之前，弗洛姆和马斯洛已经对"权威性格"（authoritarian character）进行了探索；而在政治心理学领域，人格类型研究则始于对德国纳粹表现出的典型人格特征的探究。有趣也有些反讽的是，身为纳粹的德国心理学家最早涉足了有关人格的类型分析。1938 年，延施（E. R. Jaensch）发表了《反类型》（*Der Gegentypus*）一书，报告了他所发现的一种一致的人格类型：反类型（Gegentypus/Anti-Type）。这一反类型也被称作 S 类型（S-Type），延施认为自己具有联觉功能（synaesthetic），因而基于想象而非证据提出了有关 S 类型人格的假设。在他看来，S 类型人格的人具有所谓"自由的"观念，将环境和教育视为行为的决定因素，他们是"个人主义的"，内向、智慧、消极、没有活力、没有男子汉气概等是其典型特质，这可能源于他们不纯正的种族遗传。在他看来，犹太人、东方人都是 S 类型（反类型）的。与 S 类型相对的人格则是延施心中理想的 J 类型（J-Type）。他认为，J 类型人具有明确的判断，其行为受到血液、土壤和民族传统的影响；他们外向、富有进攻性、坚定、具有男子汉气概并值得信赖；J 类型人的祖先生活在北德意志，并赋予其后代这些可贵的品质。这一类型的人可成为纳粹党的优秀成员。[①]

第二次世界大战即将结束时，一个由美国加州大学伯克利分校的心理学家和社会心理学家组成的研究小组，在美国犹太人委员会的支持下，对反犹太主义的人格因素进行了研究，并于 1950 年出版了《权威人格》一书。由阿多诺、弗伦克尔-布伦瑞克、莱文森与桑福德等学者合作的《权威人格》，对人格的类型进行了另一种界定和分析，其本意是探求反犹太主义的心理根源。实际上，《权威人格》的作者们在反犹太主义量表（Anti-Semitism Scale, A-S Scale）、种族中心主义量表（Ethnocentrism Scale, E Scale）和政治与经济保守主义量表（Political and Economic Conservatism Scale, PEC Scale）之后，开

[①] 参见 Theodore W. Adorno, Else Frenkel-Brunswick, Daniel J. Levinson, et al., *The Authoritarian Personality*, New York, NY: Norton, 1950, pp. 744-752。

发并提出了他们认为已达到人格层次的 F 量表（F Scale），为人格与政治倾向之间关系的测量提供了有价值的依据。这项研究已成为其后人格研究特别是权威人格研究的里程碑，也常被称为"伯克利研究"（Berkeley study）。

如果说权威人格只是不同人格类型的一种，那么对于与之相对或不同于它的其他人格类型到底是什么，学者们并没有明确的认识。有的学者对是否存在一个非权威主义（nonauthoritarianism）的模式（其中，自由价值和对偏见的反对是已被很好地内化的真正良知的不同方面）还没有把握①，有的学者则在其研究中将不同于权威人格的其他类型的人格笼统地概括为平等人格（equalitarian personality）②。非但如此，学界对于权威人格的定义也没有取得共识，而普遍使用和可接受的办法是用权威人格的一些具体表现来取代对其进行界定，这无疑影响了人们对这一重要心理现象和人格类型的理解。

尽管主流社会心理学的共识仍是权威人格这一概念对于理解它所界定的现象的意义和效用还未得到证明③，也有学者认为用于测量权威人格的 F 量表仅仅是对右翼权威主义而非对权威主义的全面测量④，但在权威人格概念产生以来的几十年时间里，对权威人格的研究几乎就是人格类型研究的全部。也就是说，政治心理学对人格类型的研究只不过是对权威人格类型的研究。当然，这一现象也成为后来学者诟病权威人格研究的一个方面，即阿多诺等学者的权威人格研究存在内在偏差的研究设计，以及对与权威人格相对的自由主义人格的心理动力兴趣不足，都使这一"存在最深层缺陷的"政治心理学名著

---

① Nevitt Sanford, "The Approach of 'The Authoritarian Personality'", in Fred I. Greenstein and Michael Lerner, eds., *A Source Book for the Study of Personality and Politics*, Chicago, IL: Markham, 1971, pp. 304–345.

② Roger Brown, "The Authoritarian Personality and the Organization of Attitudes", in Roger Brown, ed., *Social Psychology*, New York, NY: Free Press, 1965, p. 478.

③ John Duckitt, "Authoritarianism and Group Identification: A New View of an Old Construct", *Political Psychology*, Vol. 10, No. 1, 1989, pp. 63–84.

④ Milton Rokeach, *The Open and Closed Mind*, New York, NY: Basic Books, 1960.

成为政治心理学研究者警惕导致偏差的方法论假设选择的镜鉴。①

二、权威人格

权威人格作为一种大众人格类型，其具体表现实际上构成了一个引人注目的症候群，对这一症候群所做的具体分析则部分揭示了权威人格这一概念的基本内涵，并形成了权威主义的现象学。权威人格不仅是政治心理学领域的一个概念，还是普通心理学和社会心理学研究中的一个重要概念；同时，不同研究领域由于研究取向各异，权威人格这一概念的核心内涵也有所不同。

权威人格在某种程度上类似延施所说的 J 类型人格，即这种类型的人都表现出了僵化特质。所不同的是，在延施眼中，J 类型的人格是一种英雄形象，僵化特质被看作"稳定"；他提出的反类型所具有的软弱特质，则是权威人格研究者所珍视的灵活性和个人主义。延施和阿多诺等学者所使用的类型非常接近，但其评价则完全不同。

权威人格作为一种人格现象症候群，有 9 个重要特征，即墨守成规（conventionalism）、权威主义服从（authoritarian submission）、权威主义侵犯（authoritarian aggression）、反自省性（anti-intraception）、迷信和刻板印象（superstition and stereotype）、权力与"韧性"（power and "toughness"）、破坏性与愤世嫉俗（destructiveness and cynicism）、投射倾向（projectivity）、性（sex，主要是对性混乱的关切）。② 就政治心理学研究中政治分析的目的而言，权威人格的核心特质是"权威主义侵犯"和"权威主义服从"，即权威主义者的统治－服从倾向。具有这一倾向的个体往往会在其认为地位较高、有权势的人面前贬低自己，而在其认为软弱或劣势的人面前摆出高高在上的架势。阿多诺

---

① John Levi Martin, "'The Authoritarian Personality', 50 Years Later: What Lessons Are There for Political Psychology?", *Political Psychology*, Vol. 22, No. 1, 2001, pp. 1-26.

② Theodore W. Adorno, Else Frenkel-Brunswick, Daniel J. Levinson, et al., *The Authoritarian Personality*, New York, NY: Norton, 1950, p. 228.

形象地将这一人格特征比作骑车人的本性（*Radfahrernaturen*）："对在上者鞠躬，对在下者踩踏。"("Above they bow, below they kick.")这一形象的妙喻堪称对权威人格最经典的描述，同时也表明了权威人格的两个不同指向，即它不仅指在上者的人格取向，还指在下者的人格取向，从而对消除人们由"权威人格"字面意义所引申出的对其含义的误解至关重要。① 后来的研究发现，阿多诺等学者的研究实际上遗漏了在其权威人格界定与描述中本已涉及的"权威主义支配"(authoritarian domination)内涵，并将这种人格现象称为"另一种'权威人格'"。②

权威人格既指高地位者对低地位者的态度取向，又指低地位者对高地位者的态度取向。假设以一个人所处的地位为基点，如何判断哪些人的地位比他高或比他低，便涉及具有权威人格的个体采取什么标准来确定自己与他人的相对关系。于是，研究权威人格的学者提出了与政治有关的又一重要观点，即具有这种人格特性的人往往是以权力为标准来确定自己与他人的关系的。这一类型的人对于人际关系中的地位高下、谁在上和谁在下等问题都极为敏感。与此相关的另一个重要现象是，这一类型的人在认识世界时所表现出的普遍僵化；这一问题虽与政治有一些距离，但对政治的影响却绝对不能忽视。这类人强调秩序而厌恶无序，并将其僵化的分类强加于复杂而微妙的世界，忽略了现实世界中的客观差异。

这一人格类型的另一个重要特征是"因循守旧"，就像大卫·理斯曼（David Riesman, 1909—2002）所说的"由雷达控制的"、他人导

---

① T. W. Adorno, "Freudian Theory and the Pattern of Fascist Propaganda", in Géza Róheim, ed., *Psychoanalysis and the Social Sciences*, Vol. 3, New York, NY: International Universities Press, 1951, p. 291. 转引自 Fred I. Greenstein, *Personality and Politics: Problems of Evidence, Influence, and Conceptualization*, Princeton, NJ: Princeton University Press, 1987, p. 103。

② Bob Altemeyer, "The Other 'Authoritarian Personality'", *Advances in Experimental Social Psychology*, Vol. 30, 1998, pp. 47–92.

向的人格①，即对自己所属社会群体的普遍标准特别敏感而缺乏适应环境应具备的灵活性。

权威人格的这些特征对于政治领域中的行为具有非常直接的意义，并且以不对人们的常识造成压力的方式保持前后一致：对下属的控制；对上级的恭顺；对权力关系的敏感；以高度结构化的方式感知世界的需要；对类型模式的过度使用；对其环境中一切通行价值的执着。②

以上所列举的这些人格特性作为权威人格的主要特征，是仅就其外在表现而言的。结合其产生的不同背景即其动力机制，权威人格作为一种人格类型又表现为两种不同的亚类型：自我防御类型（ego-defensive type）和认知的权威主义（cognitive authoritarianism）。其中，自我防御类型产生于自我防御的需要，是基本的权威类型。具有权威人格的人往往在外表上表现出对权威人物的恭顺，而事实上却对权威人物有着强烈的消极情感。在这种爱恨交织中，他们之所以能隐藏其消极情感，在很大程度上是由于其强大的和原始的自我防御本能。权威人格者所压抑的消极情感通过另一种途径找到了发泄的出路：他们将面对强势者和优势者时所压抑的敌对情绪，发泄到了他们所认为的弱势者、劣势者和非权威者身上。权威人格者对自我情感的压抑，一方面使其对整个世界的认识悲观、消极，另一方面又使其情感能力和认知能力的发展受到抑制。此外，在思想和行为方面对外部指导（指令）的依赖，如因循守旧（接受其所处环境中通行的价值观）、模式化（接受广泛流行的描述性类型与模式）、迷信（相信人受到神秘力量的支配），以及对不明确性的不容忍和对僵化类型的套用等，既是自我防御类型人格的重要表现，也是其情感能力和认知能力受到抑制的后果。

---

① 参见〔美〕大卫·理斯曼等：《孤独的人群》，王崑、朱虹译，南京大学出版社2002年版。

② Fred I. Greenstein, *Personality and Politics: Problems of Evidence, Influence, and Conceptualization*, Princeton, NJ: Princeton University Press, 1987, p. 104.

自我防御类型提出了被假设存在于"外化和自我防御"(externalization and ego defense)[①] 的态度与行为模式。这一类型强调非理性，即强调自我如何将主要精力用于维持内心的平衡，而内心的平衡或自我防御涉及避免专横以及冲动与良心之间经常性冲突的要求。[②]

自我防御类型和认知的权威主义与其说是两种不同的权威人格类型，还不如说是权威人格发展的两个不同阶段、层次或水平；或者说，出于自我防御需要而产生的自我防御类型的权威人格是导向认知的权威主义的一个重要原因。在很大程度上正是自我防御类型的权威人格所表现出的一些症候，使这类权威人格者对世界的认知产生了足以导致认知的权威主义的偏差和误导，进而使其做出不适当的和有缺陷的反应。譬如，他们在根本不存在权力关系的地方看到了这种关系，对人际关系中的细微差异和微妙的东西不敏感，等等。认知的权威主义相关研究假定，这种人格类型的特征存在于特定文化或亚文化中流行的通过学习获得的有关现实的观念（即认知概念），而不是自我防御人格类型所描述的反应形成的神秘过程，这类人格者的行为模式是其成年生活真实状况较为准确的反映——某些社会背景中的权力取向和对权威的恭顺是合理的。

自我防御类型和认知的权威主义所表现出的倾向都存在于真实的世界中，有关研究在这一方面并不存在分歧。比较复杂并引起很多混乱的是被称作"工人阶级权威主义"(working-class authoritarianism) 的似乎根源于简单的认知学习的权威主义，而在较高的社会经济阶

[①] M. Brewster Smith, "A Map for the Analysis of Personality and Politics", *Journal of Social Issues*, Vol. 24, No. 3, 1968, pp. 15-28.

[②] Fred I. Greenstein, *Personality and Politics: Problems of Evidence, Influence, and Conceptualization*, Princeton, NJ: Princeton University Press, 1987, pp. 106-108; Nevitt Sanford, "Authoritarian Personality in Contemporary Perspective", in Jeanne N. Knutson, ed., *Handbook of Political Psychology*, San Francisco, CA: Jossey-Bass, 1973, pp. 139-170.

层，权威主义倾向似乎更多地以难以理解的动机源泉为基础。①

权威人格作为一种人格类型在个体与群体中有不同的表现，而传统研究方法存在的一个严重问题是，相关研究似乎忽略了权威人格的群体维度。由于人始终存在于特定群体和文化中，对权威人格者与其所处环境间关系的研究实际上是政治心理学的一个重要角度。尽管个人人格受到其所处环境的重要影响，但个人人格类型并非必然与环境人格类型一致，即个人人格与环境人格不一定匹配。

大量研究表明，无论是在个体层面还是在集体层面，威胁是权威主义信念和行为的一个重要前提。在较早的研究中，弗洛姆曾这样解释法西斯主义兴起的原因，即具有威胁性的社会与经济环境加剧了人们的无力感，因而他们"逃避自由"，臣服于权威。利普塞特（Seymour M. Lipset, 1922—2006）则认为，常见于工人阶级的较高的权威主义水平，就是对较大的经济威胁的反应。②威胁与权威主义的这种关系模式还提示了一种理论模式，即将社会环境、权威主义情感（authoritarian sentiments）唤起、倾向性权威主义与政治诉求的实质联系起来。③

虽然大量的研究都假设甚至证明威胁或焦虑导致了高水平的权威主义，但是也有学者对此提出质疑，并认为权威主义和不宽容之间存在联系的证据不足。在环境威胁与权威主义的关系中，与其说权威主义倾向会随环境威胁的增加而加强，不如说是权威主义与作为其后果的态度和行为表现（如不宽容）之间的相关性会随环境威胁的增加而

---

① 低社会阶层群体由于其在获得信息与机会方面的劣势，在测量人格倾向时可能出现与实际状况不符或不真实的情况，从而使不同权威人格类型的研究更为复杂。Fred I. Greenstein, *Personality and Politics: Problems of Evidence, Influence, and Conceptualization*, Princeton, NJ: Princeton University Press, 1987, p. 110.

② Erich Fromm, *Escape from Freedom*, New York, NY: H. Holt, 1994;〔美〕利普塞特：《政治人：政治的社会基础》，刘钢敏、聂蓉译，商务印书馆1993年版。

③ Richard M. Doty, Bill E. Peterson and David G. Winter, "Threat and Authoritarianism in the United States, 1978–1987", *Journal of Personality and Social Psychology*, Vol. 61, No. 4, 1991, pp. 629–640.

加强。① 曾经有新闻机构对美国各大城市的地方新闻进行过统计，仅1997年55个城市中就有42%的地方新闻是与犯罪、暴力、恐怖和灾难联系在一起的。一些学者对各种威胁性的信息进行了分析，认为就像人们经常被提醒要去看牙医、乘车要系好安全带一样，各种不安全的威胁经常被用来唤起人们的恐惧，进而塑造人们的态度和行为。在政治生活中，威胁信息尤其可能在那些已经具有很高水平的权威人格的人中间增加其不宽容和权威主义水平。②

作为对反犹太主义的心理根源的一种探索和解释，权威人格这一人格类型以及它所概括的诸多心理现象对其后的研究产生了持久的影响，也常被用以分析不同时期其他社会的类似现象。事实上，伯克利权威人格研究成果从其发表伊始就在理论及方法方面遭到了很多批评。之后，研究者在修正其研究方法的过程中也进一步简化了权威人格的构成，其中权威主义侵犯、权威主义服从以及墨守成规被视为其突出特征。③ 这种方法上的修正在一定程度上使这种人格类型与一般意义上的政治保守主义的相似之处更为突出，即都具有抵制变革和为不平等辩护的共同核心特征。事实上，尽管现实中不同时期人们的人格倾向发生了很大变化，权威人格作为一种人格类型也由此被认为是"时代错误"④，但权威人格已成为一个被广泛运用的分析概念和分析维度，分析层面也不仅限于国家和民族，还包括对不同层级的共同体以及个人的相关分析。

权威人格研究在引起人们关注的同时，也在学者中间引发了激烈

---

① Stanley Feldman and Karen Stenner, "Perceived Threat and Authoritarianism", *Political Psychology*, Vol. 18, No. 4, 1997, pp. 741-770.

② Howard Lavine, Diana Burges, Mark Snyder, et al., "Threat, Authoritarianism, and Voting: An Investigation of Personality and Persuasion", *Personality and Social Psychology Bulletin*, Vol. 25, No. 3, 1999, pp. 337-347.

③ Bob Altemeyer, *The Right-Wing Authoritarianism*, Winnipeg, MB: University of Manitoba Press, 1981.

④ Nevitt Sanford, "Authoritarian Personality in Contemporary Perspective", in Jeanne N. Knutson, ed., *Handbook of Political Psychology*, San Francisco, CA: Jossey-Bass, 1973, pp. 139-170.

的争论。但从总体上看，人格类型研究比个体研究对政治心理学做出了更重要、更积极的推进。① 其中部分原因在于既往学术传统：对个体所进行的案例研究主要是由临床心理学家和历史学家完成的。临床心理学家的主要兴趣是治疗个体病人，历史学家的兴趣则是进行文献研究，类型研究是心理计量学家历时半个多世纪不断完善分类与解释的标准和程序的结果。以个体人格需要为基础或取向来探究人格对政治的影响，虽然也承认社会化过程对人格需要的塑造，但更强调人格对政治行为和意识形态的单方面的影响。

三、其他大众人格类型

在心理学研究领域，人格类型对于科学研究，以及与心理相关的临床医学、教育、工业和组织领域的研究与实践都非常重要。同时，由于人格概念表现出很难进行整合和概括的多元主义特征，而其多样性仍无法与现实生活中人格的多元性相比，对人格特别是大众人格的类型分析就成为人格研究的自然选择和常见选择。在权威人格之外，许多研究者还从不同维度对大众人格进行了类型描述和分析。

由于人格概念与性格（character）概念在含义和使用方面非常接近，一种习惯用法是"将人身上的人格现象称为性格，而学科领域中研究的性格又称人格"②。正是由于人格与性格的这种关系，对性格类型的研究也可以看作对人格的一种类型研究。在现实政治生活中，不同的政治性格导致了政治行为的重大差异。其实，政治性格的概念不仅强调某些基本的个性动力，而且包括某些特殊的行为。

在这种意义上，性格就成为一些社会学家和社会心理学家关注和研究的对象，他们甚至以此作为分析和解释社会现象的重要概念，而

---

① Fred I. Greenstein, *Personality and Politics: Problems of Evidence, Influence, and Conceptualization*, Princeton, NJ: Princeton University Press, 1987, pp. 118-119.
② 陈仲庚、张雨新编著：《人格心理学》，辽宁人民出版社1986年版，第66页。

不同的性格类型也成为不同社会特征的一个反映。与著名的《权威人格》同年出版并在之后多次再版和重印的美国社会学家大卫·理斯曼等人所著的《孤独的人群》，是有关变化中的美国社会和美国人性格的经典研究，也常被看作有关政治性格的类型研究。理斯曼认为，随着美国社会的发展，美国人的性格也经历了传统导向（tradition-directed）、内在导向（inner-directed）和他人导向（other-directed）等不同阶段的变化。其中，传统导向的性格是传统社会的典型性格，其特征是服从古老的由前人确立的社会规范；内在导向的人看到了不按照既有规范而根据自己的内心判断来行动的可能，他们非常自信，有时还很固执；工业革命后，人们的生活方式和社会交往方式发生了很大改变，人们普遍依据他人的生活方式界定自我需要，顺从（malleability）成为现代美国人的主要特性，于是他人主导成为社会文化的特性，也成为美国人的典型性格。在这种意义上，研究者假定和识别了"自我支配型"和"他人支配型"两种人格的存在。

他人导向的人渴望被爱而非尊重，不希望控制他人但希望同他人有关联，想要获得他人认可并以他人作为自己的参照，需要确保在情绪方面与他人合拍。20世纪40年代，美国社会已经成为一个以他人导向为主要特征的社会。他人导向的人格有利于现代大规模组织顺利发挥作用，但却牺牲了自主性价值，从而使社会面临领袖才能、个人认知以及人的潜能不足的问题。他人导向与权威人格有着类似的受他人支配的特征，但在适应他人方面表现出了很大的灵活性。[①] 这种人格对于美国工业增长时期的庞大组织至关重要。中产阶级是这类性格的典型。

罗伯特·莱恩在前人相关研究的基础上编制了政治性格类型样本。（见表2.1）

[①] 参见〔美〕大卫·理斯曼等：《孤独的人群》，王崑、朱虹译，南京大学出版社2002年版。

表 2.1　政治性格类型样本

机器人（Automaton）	即"逃避自由"的人，他们接受了文化意义上流行的人格模式，丧失了个人认同意识，不以个人的或与众不同的导向对政治刺激做出反应。（弗洛姆，1941年）
硬球玩家（Hardball Player）	运用政治支撑其脆弱的自我意识，主张政治与国际关系中的强硬立场，其特点是夸大的男子汉气概，反映了对关注的一种自恋式的渴望。（埃瑟里奇，1979年）
权威人格（Authoritarian Personality）	这种性格的一个特点是，认为世界由狭小的被美化的内群体与被鄙视的外群体组成，其层级按照权力关系来组织，其中的人员构成也是基于类型而非个体。拥有这种人格的人无法建立温暖的人际关系，对人的判断也是依据外在属性，他们对异常行为采取道德谴责的腔调，同时又屈从于权威。（阿多诺等，1950年）
政治鼓动者（Political Agitator）	一种政治领袖性格。其满足感源于唤起他人的情绪，其最大才能表现在人际交往方面。（拉斯韦尔，1930年）
政治管理者（Political Administrator）	其才能表现于对事物与局势的操控，对周遭对象的情感转移与更好地适应社会联系在一起。（拉斯韦尔，1930年）
政治理论家（Political Theorist）	具有操纵观念的才能，并将其个人动机和情感转移到一个抽象的概念系统之上。（拉斯韦尔，1930年）
官僚人格（Bureaucratic Personality）	其人际关系总体上由其工作—生活的需要形塑，对新形势的反应则受到对规则的过高估计的支配。（默顿，1940年）
马基雅维利者（Machiavellian）	其乐趣在于操纵他人的情感与行为，而其本人在情绪唤起情境中的行为则是冷静的和理性的。（克里斯蒂和盖斯，1970年）

续表

说教者（Moralizer）	其对政治情境做出反应的特点是高情感与低能力。（理斯曼，1950年）
内部预测者（Inside-Dopester）	有着受控的（和低水平）情感及为了自己的乐趣和利益了解和/或运用政治现象的巨大欲望。（理斯曼，1950年）
自主者（Autonomous）	既不受其父母灌输的政治观点的支配，也不在意同龄人群体的意见，因而可以自由选择其政治观点。（理斯曼，1950年）

来源：Robert E. Lane, "Political Character and Political Analysis", *Psychiatry*, Vol. 16, No. 4, 1953, pp. 387—398. 转引自 William F. Stone and Paul E. Schaffner, *The Psychology of Politics*, 2nd ed., New York, NY: Springer-Verlag New York Inc, 1988, p. 134。

表2.1所列的诸多政治性格类型，既包括大众人格，也有领袖和精英人格，其中政治鼓动者、政治管理者、政治理论家和官僚人格等人格类型就常见于领袖和精英。

第四节 人格与政治间关系分析中的推论与可能谬误

至今为止，人格研究的困难部分源于人格概念界定和测量的缺失；不仅如此，人格还常常被错误地当作行为的同义语。将人格变量引入政治分析，需要将这一概念操作化，包括对人格特征进行细致的描述，并明确说明代表人格概念的这些特征如何与作为整体的人格概念相联系。人格与政治之间的关系极为复杂，而对这一关系的研究意味着首先要承认人格对政治过程的影响。于是，如何评价和测量人格对政治的影响就成为考察人格与政治之间关系的一个重要问题，也是一个极易出现谬误和偏见的问题领域。

一、推理层次与基本逻辑

人格与政治之间的关系，既不是指某个人的人格与政治之间的关系，也不是指某一类型的人格与政治之间的关系，而是泛指作为普遍现象的人格与政治之间的关系。这种具有集合意义的、宏观的现象正是政治学传统的关切对象。从个体人格与政治的关系推导普遍意义上的人格与政治的关系，或从某一类型的人格与政治的关系推导普遍意义上的人格与政治的关系，要么可能没有充分利用构成集合的不同部分的心理证据，要么会陷入心理学的还原论。而且，从人格类型中得出集合性结论的努力，经常会被仅仅从历史过程和社会政治结构中归纳出个人心理的错误推理所破坏。[1] 因此，有关人格与政治间关系的一般性结论，不能简单地从个体人格与政治的关系或某一人格类型与政治的关系中推导出来，更不是以上各种关系的简单相加。要避免出现将人格与政治间关系简单化的问题和谬误，应当以严谨的态度，将这一关系可能涉及的关键概念认真加以界定并仔细区分。

即使在政治行为决定因素中，心理倾向与环境哪一个更重要已经不再是什么问题，也不能轻易就得出结论，心理倾向再加上个体政治行为就是具有集合意义的政治结构和过程。在这个问题上没有什么现成的公式和方法，只有一些学者提出的有建设性的建议。[2] 要获得关于政治行为者心理是否及如何影响由其构成的政治体系的令人满意的推论，第一个要求是，研究者应寻求获得基于对体系行动者或其适当样本的直接观察的心理数据；第二个要求适宜用否定方式来表述，即先验地假定行动者的特征具有任何特定分布是不适当的；最后，研究者不应仅限于对所要分析的体系成员进行心理统计，还要将体系成员置于体系结构及其动态过程之中。要使研究满足这些要求，还有一些有用的策略。譬如，以观察小范围政治过程为起点，从社会情境中的

---

[1] Fred I. Greenstein, *Personality and Politics: Problems of Evidence, Inference, and Conceptualization*, Princeton, NJ: Princeton University Press, 1987, pp. 120−122.

[2] Ibid., pp. 127−140.

小规模人格分析开始"构筑"理论；运用调查方法评估某种心理特征在人群中分布的频度及这种分布频度与体系特征的关系，将这种频度与体系的特征联系起来；修正频度分析，将行动者在社会与政治结构中所处的位置及其心理特征考虑在内；从对体系及其心理要求所进行的理论分析出发，对现实政治体系中的角色要求与符合角色扮演者人格的程度进行反向研究。①

作为诸多人格类型中最受关注的一种人格类型，权威人格对政治行为的影响也同样引人注目。类似于讨论人格与政治之间关系时出现的情形，就权威人格与政治之间的关系而言，权威人格与社会、经济等环境因素哪一个对行为的作用更大，也是引起许多争论的问题。无疑，权威人格作为一种人格结构，只表明某种倾向、可能和潜力，它是否表现于行为或导向某种行为则有赖于包括社会环境在内的其他诸多因素。

二、人格与政治关系分析中的可能谬误

在有关人格与政治间关系的诸多概念中，人格结构（personality structure）、政治信念（political belief）、个体政治行动（individual political action）、政治结构与过程（political structure and processes）等概念经常被提及。人格结构与信念系统存在于个体的不同层面，一个层面的状态和变化并不必然带来另一个层面上相应的状态和变化。这是因为"潜在于人格和信念的心理成分可以发生独立的变化"，而且"人的心理需要可以通过许多可选择的渠道来表达"，同时"由于许多人对政治的冷漠，其政治倾向的获得都是很偶然的，并不涉及其深层人格源泉"。② 权威人格研究的出现，除了其学术传统的影响之

---

① 参见 Fred I. Greenstein, *Personality and Politics: Problems of Evidence, Inference, and Conceptualization*, Princeton, NJ: Princeton University Press, 1987, Ch. 5。

② Ibid, pp. 124–125.

外，20世纪30年代和40年代的政治气候，尤其是德国民族社会主义（Nationaler Sozialismus）的历史以及先天的激进右翼运动在美国的出现，是其更直接的原因。这一研究从一开始就忽略了权威人格的性格特点可以通过极右政治信念之外的其他形式表现出来的可能性。早期权威人格研究没有关注非右翼权威人格的缺陷的另一个表现是，它将权威人格者的种族偏见和政治保守态度看作界定权威人格症候群的一部分。虽然已有的一些研究表明权威人格特点确实非常符合右翼权威主义意识形态，但对一些人来说，其人格特点可能通过其他的政治形式表现出来，甚至根本就不通过政治形式来表现。

具有某种心理倾向的人并不必然按照人们的预期采取某种行动。也就是说，在心理倾向与行动之间不存在一一对应的关系。如果依据人们的某种心理倾向便得出他们会有某种行动的结论，实际上是将心理倾向与政治行为的关系简单化了。处于特定环境中的行动者（个体或群体），行为非但会受到其心理倾向的影响，他们还会对环境做出积极的反应，甚至以他人无法预料且有悖其人格倾向的方式做出反应。M. 布鲁斯特·史密斯（M. Brewster Smith）在解释这一关系时认为，在社会行为的决定因素中，人格倾向和环境因素都必不可少，而心理学家和社会学家关于人格倾向和环境因素哪一个更重要的学科之争则是"愚蠢的和过时的"。[①]

在考察权威人格与政治的关系时，权威政治领袖是一个重要的研究对象。由于测量权威人格的F量表中的许多指标都来源于有关纳粹领袖的丰富文献资料，人们很容易将权威人格与极权领袖直接联系起来，但权威人格并不必然导向极权领袖：极权领袖还需要特殊的能力、时机、人们的接受性以及不可胜数的机会成分。而且，领袖角色中的权威主义行为与人格中的权威主义并非同时存在。也就是说，具有权威人格的人如果恰巧是一个学术机构的领导者，他极有可能创造

---

① M. Brewster Smith, "A Map for the Analysis of Personality and Politics", *Journal of Social Issues*, Vol. 24, No. 3, 1968, pp. 15–28.

一个民主的学术环境；反过来，一个不具有权威人格的非常民主的教师则会轻而易举地有意创造一个专制的社会环境。① 由于权威人格与领袖角色中的权威主义行为并非总是相关联，将权威人格与政治行为简单联系起来，不仅是对二者关系的简单化，还是对二者关系的误解和扭曲。因此，要准确把握二者的真实关系，还需要将领袖角色中的权威主义行为与人格中的权威主义区分开来。

权威人格往往与偏见等一些与政治态度有关的倾向联系在一起。经验研究表明，权威人格与偏见具有明显的正相关关系。还有研究从文化的角度分析了人格与偏见及种族中心主义之间的因果关系。（见表 2.2）在这里，人格是在文化的大背景下与代表不同政治态度的偏见及种族中心主义等联系在一起的。其中，左栏的文化与右栏的社会态度之间存在因果关系，这种关系也存在于右栏的社会态度与左栏的文化之间。文化与社会态度之间表现为某种循环因果关系。

表 2.2 潜在于偏见和种族中心主义的两个心理-文化维度

文化	社会化	人格	世界观	动机目标	社会态度
集体主义 或 个人主义	惩罚的 或 纵容的	一致性 或 自主性	威胁的 或 安全的	控制 或 自主性	权威主义的 或 自主性
等级／权力距离 或 平等／社会关切	冷漠的 或 关爱的	强硬的 或 温和的	竞争的-丛林 或 合作的-和谐	权力／支配 或 利他	社会支配 或 平等主义- 人文主义

来源：John Duckitt, "Culture, Personality and Prejudice", in Stanley A. Renshon and John Duckitt, eds., *Political Psychology: Cultural and Crosscultural Foundations*, London: Macmillan, 2000, p. 100。

---

① Navitt Sanford, "The Approach of 'The Authoritarian Personality'", in Fred I. Greenstein and Michael Lerner, eds., *A Source Book for the Study of Personality and Politics*, Chicago, IL: Markham, 1971, pp. 304—345.

如表 2.2 所示，特定的文化目标模式和世界观，对于潜在于偏见和种族中心主义，以及或许范围更大的社会政治的、集体的和意识形态现象的相互关联的模式至关重要。相关研究也表明，在威胁—控制或竞争—支配的目标模式或世界观方面表现出较高水平的社会，更倾向产生偏见、种族中心主义和冲突。在两个方面都表现出较高水平的社会更是如此。

一项世界范围的跨国研究也表明，国家层面的集体主义和权力距离，对其社会中的权威主义态度和权威主义政府以及在激烈冲突中的卷入具有强有力的影响。① 同时，即使同是威胁—控制的文化也存在多方面的差异。南非种族隔离制度就是其文化特征在政治上的重要反映。南非文化的形成是与其殖民历史联系在一起的。当荷兰殖民者由最初的拓殖地向内陆扩展时，荷兰殖民者与当地土著黑人居民、与英国殖民者旷日持久的冲突就开始了。当时拓殖环境的基本特征是孤立、危险、战争和极度的不安全，进而在南非塑造了以强烈的群体意识、注重群体凝聚、保守主义、一致性和普遍的种族中心主义为特征的社会。于是，在南非的黑人与白人之间形成了以宗教信仰、种族差异相区分的两大阵营。在南非这样的威胁—控制社会中，内群体与外群体的差异，被看作道德上正当、正常和善的东西与坏、反常和不道德的东西的差异。"恐惧是情感上的动力，而结果则是道德上的排斥。"② 将文化的概念引入人格与政治特别是权威人格与政治的关系中，实际上是把文化看作与人格相并列的偏见、种族中心主义和激烈冲突的驱动力。

研究者提出的用以测量人格的各种量表，大多借助一些政治态度来测量和定位人格，实际上预设了人格与构成政治重要方面的政治态度之间具有重要关联这一前提。这种测量方法将不同政治态度作为衡

---

① Jos D. Meleon, "The Political Culture of State Authoritarianism", in Stanley A. Renshon and John Duckitt, eds., *Political Psychology: Cultural and Crosscultural Foundation*, London: Macmillan, 2000, pp. 108–127.

② John Duckitt, "Culture, Personality and Prejudice", in Stanley A. Renshon and John Duckitt, eds., *Political Psychology: Cultural and Crosscultural Foundation*, London: Macmillan, 2000, pp. 89–107.

量不同人格的重要标识或参照系，不仅仅是将人格与政治联系起来，以说明它们之间存在一定关联，还间接地暗示或证明了人格对政治（政治态度）的影响。

小 结

人格研究在心理学和社会心理学中都是重要的研究领域。在政治心理学中，人格研究是与人的政治性格研究联系在一起的。1950年，阿多诺等学者有关权威人格的合作研究最早尝试将作为心理学概念的人格与政治学概念联系起来。其后，有关人格与政治间关系的研究大量出现。与此同时，社会心理学仍将人格与政治的关系视作其当然的研究范畴，与投票相关的人格与政治间关系的一些研究则表明，这一关系既蕴藏着社会学含义，又具有政治学意义。①

人格与政治间关系的复杂性也要求人格研究方法的多样性。按照威廉·麦奎尔所界定的政治心理学的三个发展阶段，20世纪40年代和50年代是政治心理学的人格研究时代，也是人格研究的鼎盛时期。其后政治心理学中其他研究主题和研究方法的出现，似乎使人格研究以及主导人格研究的精神分析方法黯然失色。事实上，人格研究已随研究方法和理论的多样化而日益融入其他问题及问题领域的研究（如态度研究、认知研究等）。无论怎样界定人格概念，它作为描述人类心理和精神状态的一个综合概念，为理解人类行为提供了一个较为稳定的参考依据或思考框架。

如果说政治心理学第一个发展阶段的人格研究很大程度上产生于当时的思想氛围和可获得的分析工具（理论和研究方法等），那么今

---

① 参见 Howard Lavine, Diana Burges, Mark Snyder, et al., "Threat, Authoritarianism, and Voting: An Investigation of Personality and Persuasion", *Personality and Social Psychology Bulletin*, Vol. 25, No. 3, 1999, pp. 337-347。

天对人格的关注在很大程度上则可以看作理解和关切现实政治的需要。在现代民主政治中，政治日益个性化和人格化（personalized），从而使有关人格的研究获得了广泛和现实的社会基础。政治的人格化至少包括两方面的含义：其一是政治候选人的人格越来越引人注意，其二则是选民个人人格对其政治选择的影响。[①] 现代政治的这种趋势无疑已成为深化人格研究的一个重要契机，研究方法的多样性则为深化人格研究创造了新的可能性。在格林斯坦所倡导的人格研究的三个层次或三种类型，即个案研究（individual case studies）、类型研究（typological studies）和聚合研究（aggregative studies）中，个案研究主要体现于由精神分析学家所进行的人格研究，如埃里克森对马丁·路德（1958）和甘地（1969）的研究，对权威主义的研究则是典型的类型研究。随着可获得和使用的研究方法的日益多元，曾经难以实施的聚合研究也得到了越来越多的运用。

政治行为研究中人格变量的作用是多方面的，而人格领域的大多数研究也是探索性的。要推进人格与政治行为间关系的研究，首先要在人格有可能成为政治心理学中一个有意义的维度方面界定研究领域；其次，当特定政治行为重复表现出与某一人格特征有关联时，要在可以整体把握个人人格的概念框架内将这些特征联系起来；最后，还应持之以恒地对各种案例进行分析，从而更好地理解人格对个体行为倾向和意识形态倾向的影响。如果说这些是对研究方法提出的要求，那么对研究者的要求则是保持观念开放、富有创造性和学术探索精神，在知识修养方面要有良好的理论基础。只有这样，研究者才可能通过观察和反思，更好地认识人格与行为间复杂的互动关系。[②]

有关人格与政治间关系的研究，在过去的几十年中基本形成了两

[①] 参见 Gian Vittorio Caprara, Shalom Schwartz, Cristina Capanna, et al., "Personality and Politics: Values, Traits, and Political Choice", *Political Psychology*, Vol. 27, No. 1, 2006, pp. 1-28。

[②] Jeanne N. Knutson, "Personality in the Study of Politics", in Jeanne N. Knutson, ed., *Handbook of Political Psychology*, San Francisco, CA: Jossey-Bass, 1973, pp. 28-56.

个不同的研究方向或研究脉络。其中，一个方向是对大众人格的研究，权威人格可看作大众人格的一种类型；另一个方向则是对政治领袖和精英人格的研究。这两个方向也可视作人格研究的两个分支。长期以来，由于权威人格研究所产生的广泛影响，以及以詹姆斯·巴伯的《总统性格》(*The Presidential Character: Predicting Performance in the White House*, 1972)为代表的领袖人格研究的强大影响力，人们常常忽略了这两个研究领域之间的关联，而将它们理解为没有什么关系的两个独立研究领域。

与大众政治行为相关的人格研究有两个最常见的研究路径。一个路径是将有关各种人格特质测量的自我报告问卷和访谈与政治态度联系起来。典型研究如对权威主义、教条主义与不宽容之间关系的讨论；马基雅维利主义或其他人格特质，如偏执狂、敌视、僵化等，也得到了较多的研究；此外，自尊和自控感是得到较多关注的两个积极的人格维度。另一个路径是生活史或个案解释路径。这一路径关注个人细节以理解其特殊行为。对政治领袖和其他精英人格的研究，因研究对象不同而在方法上不同于对大众人格和大众行为的研究。需要注意的是，对领袖和精英人格的研究虽是人格研究的一个重要分支，但只是领袖与精英研究的一个部分，一个伴随这一领域其他相关研究的重要组成部分。

当然，人格并非解释所有有关政治行为的困惑的魔钥[1]，而是理解和解释政治行为的一个重要视角，或可由行为获得的一种推论。换句话说，人格与政治之间的关系不过是一种特定的相关关系，并不是指人格对政治的决定作用或政治对人格的类似作用。退一步讲，即使可以假定人格对政治具有影响乃至决定作用，其影响和作用也是有条件的。这也是一些研究者尽可能将人格影响政治的条件具体化的原因，政治领袖人格相关研究即体现了这种努力。

---

[1] Fred I. Greenstein, "Personality and Politics: Problems of Evidence, Inference, and Conceptualization", *American Behavioral Scientist*, Vol. 11, No. 2, 1967, pp. 38–53.

第三章　人格与政治领袖

在政治生活中，政治领袖和精英常常被看作与大众相对应的一类人，也得到了相对大众而言更多和更为集中的关注与研究。的确，在人类历史上，领袖人物影响一个时代并塑造历史的事实，是研究者关注和研究这一政治行为者类型的重要原因，也使其成为政治心理学研究中文献积累（而非理论或知识积累）较为丰富的一个领域。尽管如此，"政治领袖是世界上受关注最多而又最不被理解的现象"[①]。在影响领袖与精英人物研究的诸多因素中，虽然并非所有研究者都认同人格对个体政治行为的影响，但与人格相关的研究依然成为这一领域的重要组成部分，其中有关领袖和大人物的心理传记研究开辟了心理史学（psychohistory）的独特领域，而有关领袖性格及其类型的研究则成为政治心理学的重要经典。

第一节　充满矛盾和模糊见解的人格与领袖研究

与政治事件相关的人格变量和人格的诸多精神病理学问题，是将心理学与政治学联系在一起的最早的桥梁。有关领袖特质（无论好的领袖还是糟糕的领袖）的研究，大量存在于政治思想史和政治理论研究。其中，马基雅维利关于君主的研究，不仅使以其名字命名的马基雅维利主义成为一个重要的人格类型，还使对于领袖人物的思考，特别是有关何种类型的人寻求权力并成功获得权力的思考，成为政治学研究的一个永恒主题。

---

① James MacGregor Burns, *Leadership*, New York, NY: Harper & Row, 1978, p. 2.

一、政治领袖追求权力的不同人格假设

在有关人格与政治间关系的研究中,具有何种人格的个体更可能卷入政治甚至成为政治领袖,很早就已成为重要的研究主题。拉斯韦尔令人信服地描述了人格因素在政治行为中的作用,特别提出了补偿和防御症候群对行为的影响,从而提供了一个精神分析的框架。他认为,在政治生活中,私人冲突会被移转到公共目标上,进而依据公共利益被理性化。按照这一解释,人们是由于精神方面的个人原因而介入政治的。① 在拉斯韦尔的分析框架中,他特别强调个体早年体验到的剥夺以及自我评价的无意识性质所具有的重要影响,但也承认并非所有在心理上有被剥夺感的低自尊的人都会成为追求权力的政治家。这种反应产生于这样一些情形,如当未能满足的渴望发生移转并且其在公共领域的移转有可能理性化时,以及获得与权力平衡过程中的有效运作相适应的技能时。在拉斯韦尔的分析中,追求权力者为了权力可牺牲任何人甚至所有人,不会将权力看作实现家庭、邻里、民族或任何其他群体的价值的手段,他只是为自己而寻求权力。②

拉斯韦尔有关"政治人"的研究似乎是一种悲观的领导者理论,当代研究者中很少有人接受这一原始形式的补偿假设,也很少关注政治参与的病理学根源,而更重视政治抱负的正常的甚至是"健康的"根源。

与拉斯韦尔的观点相反,罗伯特·莱恩认为成功的民主政治家需要有健康和平衡的人格。在《政治生活:人们为什么卷入政治?》一书中,莱恩将经济、情感、权力和自尊等诸多人类需要与人类政治行为联系在一起,并分析了这些需要的政治性后果。在这一研究中,他试图发现健康的个人政治行动对于建立一个个人自我实现最大化的

---

① Harold D. Lasswell, *Psychopathology and Politics*, New York, NY: Viking Press, 1960.

② Ibid.; Harold D. Lasswell, *Power and Personality*, New York, NY: W. W. Norton & Company, 1948.

美好社会的可行性。①

具有何种人格的个体更可能卷入政治甚至成为政治领袖？围绕这一问题的研究得出了不同乃至相互冲突的结论。应该说，这只是有关人格与政治间关系认识的一个方面的分歧，而类似的认知分歧甚至是冲突观点始终存在于人格与政治间关系的研究。其中，最为根本的问题仍然是，人格是否影响政治。在人格与政治领袖的研究中，这一问题则转化为人格是否对政治领袖的行为具有影响。

二、有关领袖行为的人格无关论与人格决定论

尽管人格对政治的影响受到了政治行为其他相关解释的挑战，甚至被认为与客观和理性的利益相比无足轻重，但人格仍被许多研究者看作理解人类行为特别是领袖行为的重要变量。"当有关政治行动的研究视角更为切近和具体时，政治行动者就逐渐呈现为受制于人类各种优点和弱点的全方位的个体。……政治参与者不仅仅是角色扮演者，情境动物，不同文化的成员，还是不同社会特征如职业、阶层（阶级）、性别和年龄的承载者。"②

但是，政治心理学中的人格研究似乎处于这样一种境地：一方面，主流政治学家并未对人格给予适当关注；另一方面，政治人格研究者走向了另一个极端，认为政治行为总是与人格相关。这种状况的可能影响是，对人格与政治间关系的思考和研究在一定程度上会衍生简化论（还原论）谬误，并摧毁这一领域值得期待的务实研究的努力。

因此，一种平衡的或折中的思考与研究路径就是，识别人格影响政治行为的具体条件。格林斯坦将领袖人格对政治产生影响的条件总

---

① Robert E. Lane, *Political Life: Why People Get Involved in Politics*, Glencoe, IL: Free Press, 1959.

② Fred I. Greenstein, *Personality and Politics: Problems of Evidence, Influence, and Conceptualization*, New York, NY: W. W. Norton & Company, 1975, p. 1.

结为这样一些情形：政治环境不明朗；政治领袖缺乏可能导向塑造感知和解决模糊问题的"由社会所规范的心理定式"；领袖并未面临因所有其他可替代行为轨迹而产生的社会惩罚；领袖并不在群体氛围中做出决策；领袖也没有从他人那里获取提示或线索的强烈需求；领袖对于政治具有很强的情感介入；考虑要采取的政治行动或与领袖风格相关并且是自发的，或还需要大量的努力。[①] 格林斯坦对人格与领袖政治行动间关系所做的这种精致化的努力，或许在某种程度上有助于平息与之相关的争论。

相对于有关人格与大众政治行为的研究，人格与政治领袖及精英政治行为的研究已经产生和积累了较为丰富的文献，并主要集中于若干核心问题领域，如人格对政治精英行为的影响及不同维度的政治精英类型等。在不同领域的研究中，特定的需要或动机常被认为对政治领袖具有特殊的驱动作用。

但是，人格与政治研究仍是社会科学研究中存在最多困惑和争论以及在方法论方面最为粗糙的领域之一。[②] 总体上，心理传记与心理史学、类型研究，以及将特定人格特点与领袖及其政治行为联系起来的研究，是这一领域的主要研究路径，也形成了文献积累最为丰富的不同问题领域。

第二节 心理传记与心理史学研究中的领袖与精英人格

心理传记与心理史学研究是探讨领袖与精英人格的重要路径，其中心理传记是考察人格与领袖政治行为的早期研究路径，而最富直觉的心理传记则出现于心理传记（psychobiography）一词产生之前。

---

① Fred I. Greenstein, *Personality and Politics: Problems of Evidence, Influence, and Conceptualization*, New York, NY: W. W. Norton & Company, 1975.

② Ibid.，封底评论。

一、政治心理学中的心理传记和心理史学研究

早在1910年,弗洛伊德在《达·芬奇及其童年的回忆》一书中,就对达·芬奇的自恋症、同性恋、恋母情结、性启蒙与性冲动等进行了精确剖析。这是一部体现精神分析理论的历史人物传记,也被认为是西方心理学和历史学的完美结合,是心理史学的一次成功尝试。当然,也有观点认为,这本著作只是在普及精神分析理论,而不是历史研究。查恩伍德勋爵发表于1916年的《亚伯拉罕·林肯》和埃德加·斯诺1938年对毛泽东所做的类似的经典研究《红星照耀中国》(*Red Star Over China*),则是较早且富有影响的心理学基础上的政治传记。

拉斯韦尔早期有关政治人的论述为其后相关研究提供了重要的理论基础和分析框架,其所涉及的诸多神经质模式(neurotic patterns)及有害影响相关案例研究也产生了重要影响。在乔治夫妇(Alexander L. George and Juliette L. George)对伍德罗·威尔逊做的传记研究(*Woodrow Wilson and Colonel House: A Personality Study*, 1956)中,威尔逊被描述为既认同其严厉而苛刻的父亲,也对其父亲抱持受到抑制的敌意。当威尔逊遭遇挫折时,这一冲突就会表现为愤怒与刻板。当然,因寻求补偿而对权力产生需要的过程并非出现于所有条件下。亚历山大·乔治在评价其有关威尔逊的研究与拉斯韦尔理论的匹配程度时提出,该理论的某些方面适于解释威尔逊(以及其他有类似心理的领袖)的行为,但在其他方面则需要特别谨慎。"政治人可能具有多元价值的人格,其作为补偿的对权力的追求,可能会因其在政治领域对于其他价值的强烈渴望而得到加强,也可能与之相冲突。"①

1957年,即将离任的美国历史学会主席威廉·兰格(William L. Langer)在纽约举行的美国历史学会年会上发表了题为《下一个任

---

① Alexander L. George, "Power as a Compensatory for Political Leaders", *Journal of Social Issues*, Vol. 24, No. 3, 1968, pp. 29–49.

务》("The Next Assignment")的主席致辞。他把20世纪欧洲的纳粹主义比作曾经给欧洲带来灭顶之灾的黑死病,呼吁对历史上的非理性现象进行系统研究。① 兰格在这篇演说中提出的专业呼吁虽然没有完全为历史学家所接受,但在当时的美国仍然获得了积极的回应,唤醒了现代心理史学的专业意识,并在一段时间内催生了诸多富有影响的研究。

实际上,在当时的美国学术界,弗洛伊德的理论仍然具有强大的吸引力,跨学科合作方兴未艾,从而使心理史学获得了难得的发展机遇。更为重要的是,历史学这一学科对伟人、领袖和"大人物"的传统关注,使得对个体完整的动态精神生活的精神分析关切成为一种极具吸引力的研究领域。但是,在心理传记学的早期著述中,大量的心理学术语,如自大狂(egomania)、偏执狂(paranoia)、虐待狂(sadism)、臆想症(hypochondriasis)、抑郁症(melancholia)、焦虑症(anxiety neurosis)、狂躁症(manic psychosis)、精神分裂症(schizophrenia)、精神官能症(neurosis)以及强迫型人格障碍(obsessive-compulsive personality disorder, OCPD)等,都被生搬硬套地引入其中,因而也遭到了持续和猛烈的批评。的确,如果将心理史学理解为心理学与历史学的交叉学科,历史学是最容易感受到来自这一新领域的影响的学科,而心理史学受到基于历史学视角的审视和批评也就再自然不过了。②

1958年,埃里克森出版了《青年路德:精神分析与历史的研究》一书。这本著作不仅被看作第一部现代心理史学著作,更确立了有关历史人物的一个新的研究类型——圣人。十多年后,埃里克森另一本

---

① William L. Langer, "The Next Assignment", *American Historical Review*, Vol. 63, No. 2, 1958, pp. 283-304.

② 参见 Geoffrey Cocks, "Contributions of Psychology to Understanding Politics", in Margaret G. Hermann, ed., *Political Psychology*, San Francisco, CA: Jossey-Bass, 1986, pp. 139-151;萧延中:《在明澈"冰山"之下的幽暗底层——写在〈心理传记学译丛〉即将出版的时候》,《中国图书评论》2010年第6期;王丽萍:《一次历史与心灵的印度之旅》,《中华读书报》2010年9月8日,第23版。

具有重要影响的著作《甘地的真理》(1969)出版。从宗教改革家路德到印度非暴力不合作运动的领袖甘地，埃里克森将大人物的研究路径与心理史学（精神分析）的洞察力结合起来，他的心理分析的重点始终在于历史上的伟人，聚焦于其成长经历对成年后政治行为的影响，向读者展现了其时人们需要的英雄主义和领袖类型，并通过对大人物的研究巧妙地回避了民族、阶层（阶级）和代际关系等复杂问题。

在现代历史传记中，伟人或者大人物研究路径（great-man approach）是一个历史教条，而心理史学家在对历史上的这些伟人或大人物进行心理分析时又往往会夸大他们的历史作用。但是，用政治传记方法做政治心理学研究也有其特殊问题。政治传记方法试图诠释政治领袖的人格，但是由于作为研究对象的伟人或大人物往往已不在人世，或不愿与人分享自身经历，对于政治领袖幼年所受影响的认识通常是支离破碎的。至于政治领袖能成为领袖，而其兄弟姐妹、父母和子女作为个体却无异于常人的原因，则更是知之甚少，或者无从知晓。"我们可以从政治领袖公共生涯的湍流回溯到其早年生活的源头，但我们仍然难以解释为什么大多数这样的源头不能成为大河。"[1]

二、心理史学研究的问题及其改进

心理史学作为领袖人物人格研究的一个重要路径存在明显缺陷，研究者内部的改进努力也在持续，并已经历不同时期的多个研究范式。首先，是以"俄狄浦斯事件"为基础的"前历史范式"（prehistorical paradigm）。这一范式认为人类历史不过是儿子对抗父亲的原罪的重复。其次，是将源于儿童期经历及幻觉的个体心理病理看作解开历史秘密的钥匙。这两个范式并不能为真正的心理史学研究

---

[1] James Chowning Davies, "Where From and Where To?", in Jeanne N. Knutson, ed., *Handbook of Political Psychology*, San Francisco, CA: Jossey-Bass, 1973, p. 25.

提供足够的基础。之后，埃里克森在其对马丁·路德和甘地的研究中改进了已有研究范式。在埃里克森的研究中，路德和甘地被视为与自身弗洛伊德式本能抗争的自我与社会重合部分中的"伟人"，其抗争方式是介入或解决了一个他们所处时代民众和文化共有的核心历史问题。在这三个范式之外，精神分析家和心理史学家罗伯特·利夫顿（Robert J. Lifton）又提出了第四个范式。利夫顿认为，理解人类历史的关键是对并非发生于本能和个体心理层面的集体历史经验的评价，他反对古典精神分析对于因果关系的先入为主之见，而强调个人及文化倾向与历史事件的历时互动。①

证据方面的匮乏，研究方法方面的简化论（还原论）风险，以及研究的主观性和常见的将领袖人物理想化等，是心理传记和心理史学研究面临的主要问题，与此相关的批评和责难也时有所闻。尽管如此，采用这一路径的一些研究仍成为领袖研究领域的经典，并为我们理解领袖与精英人物人格提供了极具价值的文献和见解。譬如，阿诺德·罗戈（Arnold A. Rogow）有关美国第一任国防部长的传记研究《詹姆斯·福里斯特尔：人格、政治与政策研究》（*James Forrestal: A Study of Personality, Politics, and Policy*，1963）提出，詹姆斯·福里斯特尔的自杀是其日益严重的偏执的结果，而这种特质很有可能出现于像他那样的身居高位者；乔治夫妇对威尔逊总统的研究，则认为威尔逊愤怒和刻板的人格特质源于其早年生活经历所造成的内在冲突，也是他未能使美国加入其倡导的国际联盟的一个原因；布鲁斯·马兹利什（Bruce Mazlish）有关尼克松总统的传记研究《寻找尼克松：心理史学的探索》（*In Search of Nixon: A Psychohistorical Inquiry*，1972），提出尼克松需要一些失败冒险以证明自我，他制造危机是为了应付其对死亡的恐惧，伴随这些现象的还有诸如迷信、社会孤立、决策困难以及需要情绪上的敌人等人格特质；马文·林塔拉（Marvin Rintala）则沿

---

① Robert J. Lifton, "Psychology", *Partisan Review*, Vol. 37, No. 1, 1970, pp. 11–32.

袭这一路径分析了丘吉尔权力需要的童年渊源①。一本以"领袖"命名的心理史学专论《领袖——一项心理史学研究》，更是集中了心理史学专家对古今精英和领袖人物如柏拉图、林肯、甘地、威尔逊、德意志皇帝威廉二世、惠特拉姆等人的研究。②

早期维也纳学派通过使用"病史"一词将研究重点放在领袖的病症上，对领袖如何将个人矛盾和困惑转化到公共事务中进行了考察和分析。后来的研究走出了早期这种陈旧的认识和分析框架，病态基本上已是一个与领袖研究不相关的问题了。领袖经常表现出的心理病态特征可理解为纯粹出于偶然，而将心理状况分为病态和正常的二分传统也过时了。③这是这一学科自我更新和发展的一个结果。

心理传记和心理史学对领袖人物的研究，在很大程度上常常变成或被理解为是对谁（哪一种人）可能成为政治领袖的研究。这也契合了一些研究者对心理史学的学科期待，即这一学科应成为一门预测科学（a predictive science）。但是，研究者用以判断谁能成为政治领袖的概念工具和测量设计还很不成熟，而关于哪一种风格的人可以成为领袖的一些解释，则使这一领域的研究更为敏感，在心理学意义上也更为复杂。乔治夫妇对威尔逊所做的研究和阿诺德·罗戈对美国第一任国防部长詹姆斯·福里斯特尔的研究，表明了弗洛伊德和埃里克森在精神分析学上强调的儿童期影响的相关知识仍然匮乏的局限性。其后，在利用政治传记方法研究政治领袖方面，詹姆斯·巴伯迈出了大胆而成功的一步。他将类型学方法运用于对从塔夫脱到尼克松（在后来的版本中则扩展至乔治·布什总统）的所有美国总统的分析。这一研究确立了人格类型，并基于在童年即已部分形成的倾向对总统治理

---

① Marvin Rintala, "The Love for Power and the Power of Love: Churchill's Childhood", *Political Psychology*, Vol. 5, No. 3, 1984, pp. 375-390.

② Charles B. Strozier and Daniel Offer, eds., *The Leader: Psychohistorical Essays*, New York, NY: Plenum Press, 1985.

③ Ibid., Ch.1.

风格进行了案例分析。① 与心理传记和心理史学的研究取向所不同的是，詹姆斯·巴伯的研究虽然不能预测谁将成为总统，但可以判断总统将如何行事。

在有关领袖与精英人格的研究中，对美国总统的研究已经成为一个积累了丰富文献及理论与知识的重要领域。

第三节 美国总统研究中的领袖与人格

美国总统创造并表达了在某种程度上仅属于他们的特性。② 在国际层面，美国的国际影响力在很大程度上成就了美国总统独特的权力地位和广泛的影响力；在国内政治中，即在由以候选人为中心的竞选活动、松散的政党组织以及思想独立的选民界定的已经持续很长时间的美国国内政治环境中，以总统自己的标准理解和判断总统行为成为一种需要。因此，美国总统不仅是政治学研究的一个重要主题，也是政治心理学特别是领袖与领袖人格研究的一个重要领域，并对有关领袖和精英的更为广泛的研究具有重要的启示和影响。

一、美国总统：一种领袖类型

有关美国总统的研究代表着政治领袖研究的重要进展，也为其他环境中的精英和领袖研究提供了富有启发性的分析框架。

---

① James David Barber, *The Presidential Character: Predicting Performance in the White House*, Englewood Cliffs, NJ: Prentice-Hall, 1972. 后来，美国总统研究学者乔治·爱德华兹三世（George C. Edwards Ⅲ）在为这本书撰写的新版序言中，提出了特朗普总统的性格分析问题。James David Barber, *The Presidential Character: Predicting Performance in the White House*, 5th ed., with a revised and updated foreword by George C. Edwards Ⅲ, New York, NY: Routledge, 2020.

② Donald R. Kinder and Susan T. Fiske, "Presidents in the Public Mind", in Margaret G. Hermann, ed., *Political Psychology*, San Francisco, CA: Jossey-Bass, 1986, p. 193.

随着领袖与精英人格研究在研究路径方面由心理传记和心理史学转向领袖类型，研究者对领袖和精英人格的研究也从具有什么人格特质的人可能成为政治领袖，转向不同人格特质对政治领袖行为的影响，领袖与人格研究也因此由政治录用（political recruitment）转而集中于人格对行为的影响。

早在 20 世纪初，伍德罗·威尔逊说过，总统可以尽其所能地做一个大人物，而如今却不能如其所愿做个小人物了。① 美国总统作为重要的政治职位，其充任者在许多维度上都成为心理传记研究、心理史学研究或采用其他研究路径的人格研究的标准分析对象。在领袖与人格研究所关注的主要问题方面，美国总统因契合研究者的研究旨趣而成为这一领域常见的分析对象。在研究方法方面，美国总统研究也随政治心理学研究方法的日渐发展，在常见的个案研究之外又出现了将不同总统置于同一分析框架下进行比较的手段或路径。格林斯坦将这一研究领域命名为"总统政治心理学"（presidential political psychology）。

理查德·诺伊斯塔特（Richard E. Neustadt）在《总统权力：领袖政治》（*Presidential Power: The Politics of Leadership*，1960）一书中，分析了政府最高层级的决策过程。他发现，美国总统并非人们想象中那么强大，他们必须依靠个人说服力、在华盛顿的职业声望以及公众威望完成其工作。因此，总统的个人政治技巧至关重要。② 诺伊斯塔特的这一研究影响了其后的相关研究，并成为这些研究的重要基础。更为重要的是，相关领域的研究由此开始关注担任总统的个体而不仅仅是作为一项制度的总统。

在有关领袖的人格类型研究中，詹姆斯·巴伯对美国总统类型的分析产生了持久而广泛的影响，甚至成为分析不同时期不同类型决策者的理想模型；格林斯坦的相关研究则在由六个维度构成的总统能力素质方面，对从罗斯福以来的各位总统及其行为特点进行了系统和深入的分析。

---

① Richard E. Neustadt, *Presidential Power: The Politics of Leadership*, New York, NY: Wiley, 1960, p. 5.
② Ibid.

二、巴伯的美国总统类型研究

巴伯在 20 世纪 60 年代中期对康涅狄格州议员所做的类型分析是其后来的总统研究的重要基础。巴伯在由两个变量（在州议会的行为主动性和对立法者身份的态度）、四个象限确立的类型框架中对州议员的人格类型进行了研究。① 在这一分析框架中，州议员呈现为旁观者（spectator）、宣传者（advertiser）、勉强者（reluctant）和立法者（lawmaker）等四种不同类型，而不同类型具有不同的心理特质。（见图 3.1）

	政治行动的程度	
	高	低
对立法者角色的感情 — 积极	**立法者** 富有理性，乐于解决问题，行动以政策为主导，敢于接受挑战，通常是来自竞争激烈地区的受教育程度高、事业相当成功的律师。	**旁观者** 因受他人承认而沾沾自喜，自尊心得到满足；由于在故乡不受人尊敬，因而常常想在一个无竞争的小镇得到无人想要的提名，以补偿在故乡的缺憾。
对立法者角色的感情 — 消极	**宣传者** 多沮丧和烦躁，藐视其他同仁，对受人注目比对政策实质更关心，通常是从竞争激烈地区产生的无名律师，常常为了有意识的经济动机及无意识的权力需要补偿而寻求人们的注意。	**勉强者** 受人尊敬的地方耆宿，基于责任感而出任官职，他们的提名来自竞争不激烈的地区，在那里，无人垂涎提名，因而必须寻找候选人。

图 3.1　巴伯对议员政治风格的分类

来源：〔美〕格林斯坦、波尔斯比编：《政治学手册精选》上册，竺乾威等译，商务印书馆 1996 年版，第 326 页。

---

① James David Barber, *The Law Makers: Recruitment and Adaptation to Legislative Life*, New Haven, CT: Yale University Press, 1965.

其中，**旁观者**没有政治抱负，他们只是受其政党征召而参与了比较保险的选区的选举，对于政治上的成功并无企图。**宣传者**属于企业家类型，很可能成为一个律师，或某一行业为其客户服务的顾问，他们受到政治吸引只是为了提升自我，因而在州议会的服务以引起人们对其活动的关注为特征，而一旦立法服务为其赢得声望，他们就会退隐并将声望用于获取职业领域的认可。**勉强者**对政治生涯根本不感兴趣，他们往往来自没有什么选举竞争的选区，通常是农村地区，并且可能是已经退休的长者，他们所生活的社区一般都较小且非常和谐。**立法者**是富有成效的州议员，他们行动积极且希望获得在州议会的连任。他们与宣传者相似，但在为了政治而献身政治的意义上不同于宣传者。巴伯的研究发现，立法者的卓越表现最常见于州议会中富有主动性且对其成员资格持积极态度的立法者类型。[①] 这四种类型实际上代表着州议会议员招募（录用）及其适应的不同方式，而与之类似的总统性格类型模型最初出现于20世纪60年代后期。巴伯的这项研究将政治精英的背景、招募（录用）和政治角色联系在一起，因而为更多类似的研究确立了新的研究路径。

在初版于1972年的《总统性格》一书中，巴伯围绕美国总统人格类型进行了系统而详尽的分析。[②] 当选民选择总统时，其实就是在进行预测，他总是希望选出他认为最有可能成为好总统的候选人。巴伯认为，他所进行的总统性格研究就是为了向选民提供若干清晰的标准，以帮助选民做出选择。在巴伯看来，人格只是一种倾向，而不可理解为某个总统拥有（"has"）而其他总统没有（do not "have"）的某些基本特征，把人格当作放在篮子里的石头似的

[①] James David Barber, *The Law Makers: Recruitment and Adaptation to Legislative Life*, New Haven, CT: Yale University Press, 1965.

[②] James David Barber, *The Presidential Character: Predicting Performance in the White House*, Englewood Cliffs, NJ: Prentice-Hall, 1972. 目前这本书已经更新到第五版。James D. Barber, *The Presidential Character: Predicting Performance in the White House*, 5th ed., New York, NY: Routledge, 2020.

"所有物"（possession）是有关人格特质的一种过时观念。人们拥有所有可能类型的人格特质，差别只在于数量多少以及组合方式的不同。虽然对总统人格的了解不足以理解与总统有关的一切，但总统情绪介入的程度与性质的确对其如何界定问题以及投入多大精力应对问题有非常重要的影响。他关注性格，同时也承认其他变量的重要性。值得注意的是，巴伯的理论不仅仅是总统人格理论，还融合了有关权力态势（power situation）、期望气候（climate of expectations）、总统风格（presidential style）以及总统世界观（president's worldview）的分析。

其中，权力态势指总统所面临的政治局势，如他所获得的来自公众和利益集团的支持，国会中的政党平衡，等等。期望气候是选民对于总统照顾好其国民的一种预期，在存在恐惧、紧张、焦虑、担忧的美国现代生活中，人们期望总统可以消除这些心理紧张，为他们带来平和的呼吸空间，使人们的生活"回归常态"。总统正在行动并已取得进展，以及公众对于总统职位合法性的感知的需求，也是期望气候的重要内容。风格是总统扮演其政治角色的习惯方式。世界观则包括其主要的与政治相关的信念，特别是其有关社会因果关系、人性以及当时核心道德冲突的观念。

巴伯的研究扩展了总统性格强–弱的传统划分，而根据不同总统的活动水平（主动／被动）及其留给他人的他们是否喜欢政治生活并乐在其中的印象（积极／消极）确定了分析总统人格的类型框架。巴伯的这一努力使他成为第一位超越案例研究而在统一框架中对不同总统性格进行系统考察的研究者。

主动–积极型（active-positive）总统较为活跃并乐在其中，这反映了其较高的自尊水平和相对于环境的成功。这一类型的总统具有高效倾向，有能力灵活且富有适应性地发挥其风格，他们依据界定相对完好的个人目标审视自我发展，强调理性的作用和用头脑指挥行动。这可能会给他带来麻烦，使其无法考虑到政治中的非理性因素。主动–积极型总统的特质可以概括为时刻准备行动、高度乐观和对总统职位的热爱。这一性格类型的总统的典型有富兰克林·D. 罗斯福、哈里·S. 杜鲁门、约翰·F. 肯尼迪、吉米·卡特和吉拉德·福特。

主动−消极型（active-negative）总统较为活跃的行动与较少的情感投入之间存在反差，导致其行动具有强迫性。他们看起来有抱负，努力向上并追求权力，对环境采取进攻姿态，但在如何控制其进攻情绪方面却始终面临问题。这一类型总统的自我形象模糊而不连贯。对他们而言，生活就是获取权力和保持权力的艰苦斗争。他们向政治体系注入能量，但这种能量又从内部被扭曲。主动−消极型总统的特质可以概括为缺乏来自工作的乐趣，富有进攻性，高度刻板，总体上将权力看作自我实现的手段。体现这一性格类型的总统有伍德罗·威尔逊、林登·约翰逊、赫伯特·胡佛、理查德·尼克松。

被动−积极型（passive-positive）总统表现出包容、顺从和他人主导的性格。具有这一类型性格的总统随和、乐于合作是为了得到人们的爱戴，其低自尊水平与表面的乐观之间存在矛盾。虽然他们的乐观态度有助于驱散来自他人的怀疑并产生鼓励作用，但他们的依赖性及其希望和乐趣的脆弱性却可能在政治上令人失望。低自尊水平、表面的乐观和取悦他人是这一性格类型的主要特征，威廉·H. 塔夫脱、罗纳德·里根和沃伦·G. 哈丁等几位总统基本属于这一性格类型。

被动−消极型（passive-negative）性格在巴伯类型分析的两个维度上是一致的，但行动被动且无法乐在其中的人如何扮演其政治角色，以及他们是怎样获得这一职位的，则向研究者提出了问题。尽职尽责是其性格的基本倾向，并在一定程度上补偿了由其无用感导致的低自尊。他们参与政治只是因为他们认为他们应该这样做。他们或许可以对非政治角色适应良好，但作为政治领袖却缺乏经验和有效履行其职责的适应能力。这种性格的总统倾向于退缩，并通过强化模糊的原则和程序性安排来逃避冲突。强烈的责任感，规避权力，以服务他人来补偿其低自尊，以及避免激烈的政治谈判，是这种性格类型的总体特征。卡尔文·柯立芝和德怀特·艾森豪威尔总统是这一性格类型的典型。①

巴伯划分的四种总统性格类型并非完全互斥,因而也允许进行各种不同解读。就这一类型分析框架的适用性而言,它不仅可用于对总统性格进行分析,还可运用于总统候选人的性格分析。

三、格林斯坦的当代美国总统研究

在由其命名的"总统政治心理学"研究领域,格林斯坦无疑是一位巨人。2000年,格林斯坦在《总统差异》(*The Presidential Difference*)一书中,对从罗斯福到克林顿的所有当代美国总统进行了系统而深入的分析。其后,又分别在2004年和2009年的第二版和第三版中将时任总统小布什和奥巴马也纳入其分析框架。②

格林斯坦的研究既不同于传统上常见的对某一美国总统的个案研究,也不同于巴伯的总统性格类型分析。他的研究建立在与总统行为有关的六个重要维度组成的分析框架基础上,这种研究路径聚焦于当代美国总统的高度人格化特征。这六个维度分别是:其一,总统与公众沟通的能力(ability to communicate),这也是总统领导才能的重要外显特征;其二,总统的组织能力(organizational capacity),即进行高效动员和安排的能力;其三,总统的政治技巧(political skill);其四,总统的远见卓识(vision),即总统如何以其卓见塑造和影响公共政策的制定;其五,总统的认知风格(cognitive style);其六,总统的情绪智力(emotional intelligence),即总统如何控制情绪,避免受

---

① 参见 James David Barber, *The Presidential Character: Predicting Performance in the White House*, 5th ed., New York, NY: Routledge, 2020, Ch. 1。

② Fred I. Greenstein, *The Presidential Difference: Leadership Style from FDR To Clinton*, New York, NY: Free Press, 2000; Fred I. Greenstein, *The Presidential Difference: Leadership Style from FDR to George W. Bush*, 2nd ed., Princeton, NJ: Princeton University Press, 2004; Fred I. Greenstein, *The Presidential Difference: Leadership Style from FDR to Barack Obama*, 3rd ed., Princeton, NJ: Princeton University Press, 2009.

情绪主导。格林斯坦构建的这一综合框架，也从一个方面证明了总统需要多维度和跨学科的关注与研究。

在由上述六个方面的重要维度所组成的分析框架中，格林斯坦对当代13位美国总统进行了犀利而深入的分析。这一研究不仅为人们理解与执政风格及表现相关的总统个人心理现象和根源提供了丰富的信息，还得出了对于每一位总统的基本判断。譬如，罗斯福是一位优缺点对比非常明显的总统，他卓越的沟通能力、政治技巧以及传递信心的能力，与其糟糕的组织能力和依赖直觉的认知风格形成了鲜明反差；被称为总统中的"超人"的艾森豪威尔谙熟政治技巧，拥有特立独行的领导风格，再加上他强烈的自我价值感，足以弥补他在沟通方面的缺憾；林登·约翰逊总统虽然有绚丽的政治技巧，但仍无法平衡由其组织能力匮乏和政策认知问题造成的能力赤字；尼克松总统最杰出之处在于他的外交远见，而自我毁灭的性格则使他常被看作一位失败的总统；里根总统是公众沟通大师，其执政风格也令人着迷，但认知及组织能力的不足决定了他难以成为一个伟大的总统；老布什总统尽管消极，却能力出众，是一位能干的守成总统；克林顿总统的博闻强识、适应能力和政治勇气体现了他所具有的领袖天赋，情绪问题的困扰却使他的政治成就无法与其政治天赋相匹配；小布什总统展现出了一定的政治远见，但失控的情绪还是影响了他作为总统本该取得的成就；奥巴马是一位极具政治天赋的总统，在六个维度上都表现出良好的政治家素养。[1]

为什么有的总统表现得非常成功，而有的总统却相形见绌？在格林斯坦提出的有关这一问题的总体理论中，不同维度的素养对于总统执政表现有着不同的影响。格林斯坦认为，在六个维度的能力中，情绪智力对于总统履行其职责具有更大的作用。在这一点上，格林斯坦回应了巴伯有关总统人格重要性的研究。在这项研究中，格林斯坦更

---

[1] Fred I. Greenstein, *The Presidential Difference: Leadership Style from FDR to Barack Obama*, 3rd ed., Princeton, NJ: Princeton University Press, 2009.

为灵活地使用了由丹尼尔·戈尔曼（Daniel Goleman）在 1995 年提出的"情绪智力"概念。① 研究表明，这一方面的总统差异是非常负面的，林登·约翰逊、尼克松、卡特和克林顿都输在了情绪智力上。因此，"要提防缺乏情绪智力的总统候选人。如果没有情绪智力，其他一切也将化为乌有"。②

第四节 领袖与精英人格的一般研究

区分领袖和精英的人格类型，被认为捕捉到了特定维度上领袖政治倾向的主要差异。除了关注美国总统类型之外，学者们还对一般意义上的领袖与精英及其人格类型进行了大量的专门研究。

在有关政治的诸多理解中，"政治是肮脏的"（politics is dirty）、"政治是肮脏交易"（politics is a dirty business）、"政治是肮脏的游戏"（politics is a dirty game）等，是有关政治的流行偏见，在一定程度上也使人们将人格中的消极面与政治领袖的人格特质联系起来。马基雅维利有关君主的研究以及拉斯韦尔有关人格与政治录用的悲观理论，也很容易将人们的注意力引向政治生活中令人厌恶和恐惧的阴暗面。其中，马基雅维利主义人格是常见于精英和政治人物分析的一种人格类型。此外，研究者还对领袖与精英的人格类型进行了更为深入的剖析。

---

① Daniel Goleman, *Emotional Intelligence*, New York, NY: Bantam Books, 1995.
② Fred I. Greenstein, *The Presidential Difference: Leadership Style from FDR to Barack Obama*, 3rd ed., Princeton, NJ: Princeton University Press, 2009, p. 231.

一、有关领袖与精英的一般类型研究

政治是一个选择的世界。在政治生活中，人格之所以重要，是因为在选择的世界里，人们以适合其个人需要的方式行动。拉斯韦尔早在《精神病理学与政治》一书中就提出了政治行为者的三种类型，即政治鼓动者、政治管理者和政治理论家。其中，政治鼓动者为急剧的社会变迁寻求公众支持，政治管理者将注意力集中于组织日常官僚事务的细节，而政治理论家几乎是独自对描述政治现实的各种各样的思想加以完善。

巴伯扩展并深化了拉斯韦尔的人格类型。基于对美国康涅狄格州议员及之后对美国总统的研究，他得出结论认为四种类型的人可能进入政治。其后，虽然巴伯的类型框架甚少用于分析其他政治职位或其他文化中的精英，但仍有不少学者致力于在不同背景中识别和发现普遍的人格模式，只是还没有任何单一模式被广泛接受。尽管如此，政治心理学领域的研究依然基本沿袭类似的性格类型（character types）分析。

如果以行为驱动力的类型作为分析精英人格的依据，不同的激励（刺激）类型（incentive types）背后实际上潜藏着不同的人格类型，或与之相对应。因此，"激励（刺激）类型"一词可用于描述基于特定基本动机或驱动力（刺激）的不同政治行动者。基于这样的认识和长期观察，美国南缅因大学（University of South Maine）教授奥立弗·H.沃辛斯基（Oliver H. Woshinsky）与其合作者就识别和概括了领袖与精英人格的若干类型。①

欢愉型（the conviviality type）是一种极端的类型形象。在这种激励作用下进入政坛的人只是为了结交朋友和过得安心。对他们而言，踏入政坛是因为政治生活中的表面友情可以带来某种其所渴望的与他

---

① Oliver H. Woshinsky, *Explaining Politics: Culture, Institutions, and Political Behavior*, New York and London: Routledge, 2008, Ch. 15.

人的亲密关系感。欢愉型政客一般非常友好，但他们对受人喜爱的需要却给人以虚弱的印象：他们看起来懦弱，缺少领袖特质，且容易被操纵。这一人格类型精英的基本行为特征是帮助他人（favor-doing），他们总是在寻找帮助他人的方式，从而使他人喜欢自己。他们回避领导责任，很少能够上升到较高的职位；即使偶然获得较高的职位，也往往不能胜任。他们总是努力取悦每个人，但结果常常是谁都不满意。

义务型（the obligation type）政客与欢愉型政客相距甚远。这一人格类型的政客是道德主义者，他们沉迷于由良心引导的需要，只做正确的事，希望他人也做正确的事。他们进入政坛就是为了"收拾腐败无能的官员留下的烂摊子"。义务型政客固执己见且善于说教。尽管他们有良好的初衷，即"拨乱反正"、将道德带进政府，但由于其执着、教条和刻板，他们往往不能理解他人的意见，从而无法做出维持和谐工作关系所需的妥协。显然，在一个义务型政客占多数的环境中，尖锐而难以化解的分化将无可避免。因此，义务型政客越活跃，冲突的程度就会越严重。

程序型（the program type）政客是化解冲突的高手。他们喜欢收集信息，分析结果，制订方案，并努力带来希望看到的变化。他们擅长有关政策问题的理性讨论，并通过妥协获得对于社会问题的合理解决方案。这一人格类型的政客在日常事务中的行事风格像工商业管理者，喜欢在广泛同意的解决方案达成之前闭门工作，因此人们常会忽略民主过程中艰苦工作和妥协的关键作用。他们的平凡行动很少引人关注，也不会带来什么荣耀。美国国家的建立以及各种基本制度的确立，都离不开美国国家缔造者的这种努力，尽管义务型政客很不屑地称这些活动为"交易"（deals）。不同于道德主义者因道德洁癖而自我挫败的刻板，也不同于义务型政客虽孤注一掷却常常一无所获的结果，程序型政客理解妥协对于部分达成目标的意义，也具有义务型政客所缺乏的站在他人角度看问题的能力，因而更有可能在一个组织中扩大共识并促进合作。

游戏型（the game type）政客进入政坛是因为喜好竞争，而不是为了制定政策。这一点也将游戏型政客与程序型政客区别开来。游戏型政客热衷于组织选举、获得提名、炒作新闻和争取选区选票等活动。对于擅长策略和操纵的这类政客而言，政治就是游戏，是有规则、可预期的安全游戏。他们在由稳定规则主导的有秩序的环境中展开竞争，从而使其策略天赋得到充分发挥。他们懂得尊重其他竞争参与者，有促使个人性情趋向复杂政策目标的技巧。说服、协商、讨价还价甚至威胁都可能是他们达成目标的手段。他们在灵活性方面的卓越才能，以及在进攻性方面的克制，在很大程度上有助于将冲突保持在较低的水平。游戏型政客虽然很少成为政策专家，但他们善于与他人合作，遵守承诺，以及避免在公开场合谴责对手，有助于确保竞争的公平有序和体系的顺利运转。在充满竞争的混乱的政治世界，这已经是不小的成就了。

地位型（the status type）政客进入政坛是为了追求个人声望和荣耀，他们希望成为大人物，也希望被看作大人物。获得社会认可处在其需要结构的核心。这类政客一般综合了游戏型政客和义务型政客的负面特质。他们对政治并无多大兴趣，但又像义务型政客一样表现出刻板、执着和不容商量的特质。他们全神贯注于如何迅速上升到声望的高点，并将自己向上爬升的倾向投射于他人，因而他们常常表现得像嘲讽者，不惮以最大的恶意揣测他人，其无情的态度使其不可能成为群体中的合作者。在社会交往中，他们又因不懂人情世故和妥协、缺乏对他人的理解而成为弱者。他们对政策细节漠不关心，只关注可能有助于其职业生涯的流行建议。由于在形象管理方面非常用心，在众多类型的政客中，这类政客并非总是容易识别的。他们的人格特点使其对身份地位等级极其敏感，他们照顾在他们地位之下的人，与同等地位的人激烈竞争，而对地位高于自己且可能提供帮助的人极尽溜须拍马之能事。这类地位倾向的政治人物一般都难以合作而很容易树敌，其自身就可对任何政治体系造成重大问题。他们饱含敌意的公开讲话提升了冲突水平，迎合公众的蛊惑则使公众对困难问题的轻松解决产生了不切实际的期待，而当问题得不到解决时，就会使公众变得愤世嫉俗并产生疏离感。

使命型（the mission type）政客进入政坛是受使命驱动，"神圣的事业使其生命获得了意义和目标"。他们是真正的有信仰的人，因而也执着于教条和意识形态，致力于消灭其信仰的敌人，生命对于他们而言成为实践真理的消耗战。他们对其他竞争者的态度简单而极端：要么是战友，要么是必须被消灭的妖孽。他们这种孤注一掷的态度使自己成了危险的敌人和困难的盟友。作为他们的追随者，不能质疑他们，否则会受到怀疑。这种极端人格可见于意识形态谱系中的一端，如法西斯主义和宗教狂热分子等。可以确定的是，在一个政治体系中，当这种人格类型的政治人物增多时，社会冲突水平也会升高。

谄媚型（the adulation type）政客最希望得到称赞与爱戴。他们渴望"被爱，……体验民众的感激"，总是需要仰慕他们的追随者环绕左右。这种政客具有强有力的人格，并表现出惊人的自信。他们从不闪避冲突，总是置身于舞台中央，而把他人排挤出去。如果这种政客大量存在于现实政治中，政治内斗将会非常激烈甚至充满暴力。

在这里，巴伯所强调的将人格看作一种倾向而非个人"拥有物"的观点，对于理解精英人格的复杂类型仍然大有裨益。观察精英人物同样可以发现，现实中的政治精英常常表现出各种人格类型的特征，在不同情况下还可能呈现出相互冲突的人格特征，与其将这种现象理解为人格混乱或病态，视之为人格复杂性的一种体现或许更为恰当。在这种意义上，尽管已经出现许多有关领袖与精英人格的类型研究，但将政治领袖或精英定位于某种类型的人格实际上并不是一件容易的事。

二、硬球玩家

1988 年，《硬球：政治是这样玩的》（*Hardball: How Politics Is Played,*

Told by One Who Knows the Game）一书出版。寓意深刻的书名，以及作者克里斯·马修斯（Chris Matthews）作为著名电视节目主持人及其担任美国国会工作人员的经历，特别是曾经作为众议院议长奥尼尔（Tip O'Neill）首席助理兼发言人的独特工作经历，使这本书成为短时间内产生了广泛社会影响的超级畅销书。作者所主持的电视节目名称也是"硬球"。"硬球"指政界人物为了在竞争中取胜并获得权力和成就，而进行的讲求实际、大胆出击、左冲右突、不畏艰难、"过关斩将"的竞争游戏，也包括他们在这种"硬碰硬"或者说"打硬仗"的激烈游戏中所使用的各种巧妙有力的手段与技巧。在作者马修斯看来，世界就是一个大球场，或者说许多球场，只有那些能玩硬球和敢玩硬球的人才能成功。在一个充满政治权谋的世界，只有掌握了硬球法则才会在权力竞争中获得成功。① 克里斯·马修斯不仅与读者分享了他对政治和政治人物的理解，还鼓励读者将他提出的获取政治成就的原则运用于职业生涯。这本书被看作马基雅维利《君主论》观点的现代版。

硬球政治（hardball politics）似乎就是政治的常态，或者说是现实政治的本质，而硬球玩家（hardball practitioner/player）则是对于在残酷的政治世界中争取权力的政治人物的一个形象称谓。硬球玩家的人格特质需要与硬球政治的特征联系在一起加以理解。硬球政治玩家的主要特征可以界定为，同时存在两种不同的和相互分离的自我体验（experience of the self），每一种体验都同一个与之伴随的传奇故事的想象系统联系在一起，从而形成了一个有关自我的双层系统。在精神的前景部分，是一个"低级的"、筋疲力尽的和不安全的自我。这是一种低自尊感和自我怀疑感，一种感到匮乏和羞耻的强烈倾向，包括对社会接纳的持续忧虑，对亲密关系的不适应，对真诚、直率的恐惧，以及对即将到来的灾难的不安感和恐慌。而在背景部分和上

---

① Chris Matthews, *Hardball: How Politics Is Played, Told by One Who Knows the Game*, New York, NY: Free Press, 1988.

层,则存在着一个被割裂的完全不同的部分——一个"了不起的自我"(grandiose self)。①

硬球玩家都有**抱负**,就是在他所生活的那个时代正在上演的社会与政治戏剧中登上管理者顶峰。他寻求权力地位只是为了获得作为成功者的满足感,而不是为了特定目标。其自我完善与政治追求融为一体,这种"向上的"抱负使他忙碌不停,而简单的快乐总是与他擦肩而过。硬球玩家往往渴望他人认可他的努力,像他所希望的那样给予其承认,从而使"**镜像移情**"(mirror transference)成为一个与其抱负相关的重要现象,即如他所想象的那样,从他人那里获得欢呼、掌声、爱、无尽的崇敬和尊重等。

硬球玩家的**人际关系表面而肤浅**,他对别人也没有什么真正的爱和感情,也不允许自己的抱负为爱、忠诚和友谊所累。因此,他可以为了追求自己的成功随时改变结盟。这种人际关系特征在硬球政治中非常有用,因为对硬球政治和硬球玩家而言,"只有永久的利益而没有永久的盟友"。

"**孪生移情**"(twinship transference)或**有关对手的镜像**是可见于硬球玩家的一种重要心理现象。在硬球玩家看来,其对手也和他一样,是其内在动力的一个复制品。在他所认识和感受的世界里,需要为了获得支配力量、地位和权力而计算、谋划,这个世界因而是一个令人恐惧的、不安全的和危险的世界,是一个充满竞争的霍布斯式的世界。在现实政治中,硬球玩家不可能全然不顾游戏规则,权势人物间的和解、表面的友情以及伦理敏感(ethical sensitivities)必不可少。当然,硬球玩家的伦理不同于一般道德。他不择手段地追求可以通过道德方式获得的目标,所担心的只是事情暴露,以及在硬球政治

---

① Lloyd S. Etheredge, "The Hardball Practitioner", in Neil J. Kressel, ed., *Political Psychology: Classic and Contemporary Readings,* New York, NY: Paragon House Publishers, 1993, pp. 114–126.

中"好人吃亏"。"这是体面的人以体面的方式做的不体面的事。"亨利·基辛格曾经对他的一个下属这样说。然而，硬球玩家并非没有道德感，其了不起的自我形象就包含一种近乎宗教的道德观，"公共利益"和"国家安全"成为其理性化的更高目标。因此，纵使硬球玩家并非没有道德，**虚弱的伦理和不一致的道德约束**亦已成为其重要的人格特征。

冷漠、优越感、进攻性、虚荣以及幽默感缺失是这种政客的典型特征。由于内心冷漠和缺少情感投入，硬球玩家在处理人际关系和政治局势时可以使用战术策略。"适者生存"的能力使他们在竞争过程中具有达尔文式的优势（Darwinian advantage）；一旦掌权，这一优势则变成了可以忽视来自较低地位者的批评的便利。

硬球玩家的精神生活为权力所占据，对权力的关切是其人格的重要部分，因此他很难摆脱这种关注并获得身心轻松。权力在其头脑中盘桓，使其处于**"微醺"**状态，直觉引导着他的行为，他的思考也为情绪所主导。一旦启动了其认为重要的项目，他就会兴奋起来，全力以赴，连续长时间、超负荷工作。在这种意义上，**亢进或过度活跃（多动）**（hyperactivity）也是硬球玩家的性格特征。[①]

硬球政治是一种有关政治的极端比喻，而硬球玩家的人格特征也代表着最为极端的政治精英的人格特质，即毫不妥协和残酷无情。事实上，这些特点不可能是人格诸多方面的一种全面描述，也不可能是政治（包括硬球政治）的全部决定因素。

---

① Lloyd S. Etheredge, "The Hardball Practitioner", in Neil J. Kressel, ed., *Political Psychology: Classic and Contemporary Readings,* New York, NY: Paragon House Publishers, 1993, pp. 114–126.

小　结

　　尽管伟人创造历史、领袖成就自己的"伟大"等观念在不同时期受到不同理论和流行观念的质疑与挑战，但是人们对领袖与精英的兴趣却长盛不衰。对领袖与精英的关注，在很大程度上与人们认为他们何以如此以及他们在现实政治中的实际表现联系在一起。其中，"富有吸引力的、强大的人格"更成为人们认识和理解领袖与精英的一个重要视角；与此同时，对领袖人物及其人格特征的消极评价也没有绝迹，并常常与对政治的负面评价联系在一起。

　　有关领袖人格特质的研究是政治心理学诸多研究领域中取得了较为丰富成果的一个领域，但研究中也存在一些显而易见的问题。常见的将某种人格特质与可能的特定行为联系起来的习惯性思考，显然难以使这一领域取得令人满意的进展，因而需要探索一般社会环境特征与连贯、一致的领袖模式的关系，也需要不断更新随社会发展而可能发生变化的对于领袖动机的认知。[1]

　　领袖研究日益成为一种与"追随"现象相关的研究，从而使领袖感召力（吸引力）成为一个重要主题。戴维·温特（David G. Winter）总结和概括了有关领袖感召力的三种理论和模型。[2] 其一是领袖特征（leader characteristics）的理论模型。马克斯·韦伯和弗洛伊德的相关著述是这一理论模式的典型。在韦伯有关合法权威的理论中，在结构和冲突因素为常量的情况下，克里斯玛（charisma, 指领袖魅力）作为权威的重要基础，对于领袖的个人感召力和工作表现至关重要。在韦伯看来，个人魅力型领袖具有可与他人区分开来的特定人格特质，追随者对魅力型领袖的服从是出于责任而非选择或计算。弗

---

[1] 参见 Daniel Katz, "Patterns of Leadership", in Jeanne N. Knutson, ed., *Handbook of Political Psychology*, San Francisco, CA: Jossey-Bass, 1973, pp. 203－233。

[2] David G. Winter, "Leader Appeal, Leader Performance, and the Motive Profiles of Leaders and Followers: A Study of American Presidents and Elections", *Journal of Personality and Social Psychology*, Vol. 52, No. 1, 1987, pp. 196－202.

洛伊德也基于追随者在其自我和超我层面对领袖的认同，分析了群体形成的动力，并强调成功领导者在促进这些认同方面的特征。在他看来，领袖自己无需爱人，他可能具有主导的本性，绝对自恋、自信和独立。虽然这一理论模型经常受到各种不同理论的挑战，但是一些实验研究仍表明，在领袖与自尊、自信及相关变量之间存在着可从韦伯和弗洛伊德模型中得出的一定的相关性。

其二，是领袖-情境匹配（leader-situation match）的理论模型。目前许多理论家和大多数实验者都认为，领袖感召力和成功皆取决于情境，因此能够获得成功的富有感召力的领袖人格特征也将随情境而变化和不同。巴伯对美国总统的研究是这一理论模型的典型代表。其理论所涉及的情境是抽象和非人格意义上的情境，而不是追随者的特定人格特点。

与此不同，第三种理论模型是领袖-追随者匹配（leader-follower match）的理论模型。根据这一理论，领袖的成功取决于其潜在追随者的特性。埃里克森的研究即体现了这种理论思考。当然，他也没有排除领袖可能具有超越情境的能力。美国总统和选民关系的相关研究表明，至少在美国总统中，领袖感召力取决于领袖本人的动机是否与当时社会的普遍动机相契合，而总统作为领袖的工作表现则与此不同。在美国总统中，最伟大的总统往往是那些与其社会追随者最不一致的总统。

有关（政治）领袖的不同理论和研究也提示人们，对于政治领袖及其人格特征的理解还应考虑文化与社会背景，并将时间维度也纳入这种思考，而对领袖动机的概括则应是或然性的。[①]

[①] Hailan Salamun, Asyraf Hj Ab. Rahman, Hamdan Aziz, et al., "Malay Leadership Pattern in Malaysian Politics", *The Journal of Social Sciences Research*, Vol. 4, No. 12, 2018, pp. 451–458; Andreas Schneider and Tobias Schröder, "Ideal Types of Leadership as Patterns of Affective Meaning: A Cross-Cultural and Over-Time Perspective", *Social Psychology Quarterly*, Vol. 75, No. 3, 2012, pp. 268–287; Daniel Katz, "Patterns of Leadership", in Jeanne N. Knutson, ed., *Handbook of Political Psychology*, San Francisco, CA: Jossey-Bass, 1973, pp. 203–233.

总体上，无论在哪一种理论模型的观照下，以及无论在历史上还是现实政治中，领袖与精英的感召力在很大程度上存在于他们与追随者和普通大众的关系中，或者只有在他们与追随者和普通大众的关系中才可能得到符合实际并尽可能趋近现实的理解。换句话说，对作为追随者的普通大众心理与行为的理解不仅是政治心理学的重要组成部分，也是理解领袖与精英及其行为和影响的重要基础。

第四章　群体心理

群体是有趣且常见的现象，群体心理是人类最古老的心理①。政治学和心理学对群体及其相关现象的关注由来已久，但对群体的研究却远逊于对个体的研究。传统心理学倾向于关注个体，而对个体的行为主义研究更使心理学在整体上似乎呈现出个体心理学或心理学个体化的明显特征。"心理学发现群体能量之时，也正是物理学发现原子能量的时候。它们对历史的巨大影响也是类似的。"②当政治心理学将关注的焦点转向群体心理时，作为一门学科的政治心理学的资源意义和价值就更为突出了。

第一节　群体与人的群体性存在

亚里士多德的名言"人天生是政治动物"常常让人们津津乐道，在许多研究中则被视作重要的逻辑前提或假设；与此同时，人们却忽略了人还是社会动物和群体动物，或者说人首先是社会动物和群体动物。由于群体可以在个人与其物理栖息地之间提供关键的缓冲区，群体成员的相互依存便成为生存的首要策略。③

---

① 〔奥〕弗洛伊德：《群体心理学与自我的分析》，张敦福译，载〔奥〕弗洛伊德：《论文明》，国际文化出版公司2000年版，第213页。
② 〔法〕塞奇·莫斯科维奇：《群氓的时代》，许列民、薛丹云、李继红译，江苏人民出版社2003年版，第483页。
③ 〔美〕罗伯特·A.巴隆、尼拉·R.布兰斯科姆、唐·R.伯恩：《社会心理学（原书第12版）》，邹智敏、张玉玲等译，侯玉波审校，机械工业出版社2011年版，第297页。

一、群体是一种自然状态

"自然状态"（the state of nature），是政治学诸多理论的重要起点和基础。实际上，关于自然状态的描述并非历史，而不过是一种比喻。在这一著名比喻中，人常常被当作独立的个体，而各种政治学理论，从现代国家理论、自由主义理论、社群理论到后现代理论等，都建立在这样的比喻和假设基础之上，从而使群体作为社会基础的事实被忽视了。有观点认为，这种状况与其说是忽视，还不如说体现了一种意识形态意图。[①]

基于对自然状态的描述和一般理解，人们对作为个体的人给予了更多的关注，在"忽视"群体的同时也产生了对于社会、政治的不同理解和阐释。事实上，大量的人类学研究证据表明，人类总是集群生活的。"个体是一种处于战斗中的群体动物，他不仅与群体相冲突，还会与作为群体动物的自我相冲突，与构成其'合群性'（groupishness）的人格的那些方面相冲突。"[②] 在这种意义上，群体是一种自然状态，先于个体存在，也影响着个体的生活和命运。不可思议的是，虽然政治理论家都承认人的基本社会特性，即生活在群体中的倾向，也就是亚里士多德经典表述中的政治人，但诸多政治理论仍基于对个体的关注和研究，似乎只有市民社会理论将群体纳入其理论建构。

不同于政治理论家对群体的普遍忽视，阿瑟·本特利（Arthur Bentley，1870—1957）是自称为群体理论家的第一位政治学家。他所理解的群体不仅仅是政治实体，还可建构人们的观念，因而具有认识论意义。在他看来，群体是社会生活的基本现实，具有比人们有关自我的任何"观念"都更为根本的意义。《政府过程》（*The Process of*

[①] 参见 C. Fred Alford, *Group Psychology and Political Theory*, New Haven, CT: Yale University Press, 1994。

[②] 参见 Wilfred R. Bion, *Experiences in Groups and Other Papers*, New York, NY: Basic Books, 1961（Taylor & Francis e-Library, 2004, p. 131）。

Government，1908）一书就反映了这一思考："观念的唯一现实就是对群体的反思——仅此而已，没有其他。"①

群体不同于个体，不是个体的加总，也绝不是个体的对立面。长期以来，各种政治理论建立在个人及个人权利、个人自由相关主题研究的基础上。这种状况可以理解为，不同时期的研究者和思想家对人类社会从古代到近世持续面对的专制的一种反叛，以及对人类未来还可能面临的强权威胁的一种本能反应。如果将国家与社会的关系置于过程维度加以思考，关注群体的重要性就自然突显了。对现实政治的研究表明，群体是联系个人与社会、个人与政治体系的媒介和过程，是个体参与社会、参与政治的重要中介和过程。群体的意义还不止于此。群体在很大程度上影响着个体的参与诉求，以及个体与政治发生联系的方式和个体诉求的实现方式，而个体在群体中的互动常常会产生与个体预期大相径庭的结果。处于政治与社会体系中的群体不仅是一个重要的主体，它本身也是一个重要的过程。因此，关注群体及其行为，对于理解现实生活中不断增多的群体现象，理解与此相关的社会与政治现实，从而促进国家与社会的良性互动，具有非常重要的意义。

相比于个体心理，群体心理更难以观察、测量和评价。心理学对个体心理和精神的关注远超对群体特别是大型群体的研究，在很大程度上与研究方法和测量手段方面的困难有关。第二次世界大战结束后，心理学和社会心理学摆脱学科研究中存在的印象主义倾向的渴望和努力，也促使学科给予个体更多的关注，进而在趋向科学化的过程中使学科整体趋于个体化。20世纪60年代以来，以学生运动为代表的群体运动，战后发展中国家民主化（政治发展）过程中的诸多社会现象，发达国家时有发生的示威、罢工等群体行动，冷战后在某种程度上愈演愈烈的种族冲突和不同文明之间的冲突，从未绝迹的恐怖主

---

① Arthur F. Bentley, *The Process of Government: A Study of Social Pressures*, Chicago, IL: University of Chicago Press, 1908, pp. 205–206. 转引自 C. Fred Alford, *Group Psychology and Political Theory*, New Haven, CT: Yale University Press, 1994, p. 18。

义，以及近年来世界许多地方出现的社会运动等，使得任何一个政治体系都难以承受忽视群体心理所可能造成的巨大风险。

二、早期的群体心理研究

对群体心理的关注和研究开启了社会心理学的发展。社会心理学始于19世纪中期由德国民族心理学派启动的群体心理研究。1859年，哲学家、心理学家拉撒路（Moritz Lazarus，1824—1903）和语言学家施泰因塔尔（Heymann Steinthal，1823—1899）将语言学和民族志资料与心理学研究结合在一起，创办了《民族心理学与语言学》杂志。杂志持续发行了大约三十年，也由此创立了一个民族心理学派。心理学家和哲学家威廉·冯特（Wilhelm Wundt，1832—1920）则用毕生精力从事民族心理研究，从1900年起历时近二十年完成了10卷本《民族心理学》。受黑格尔"民族精神"学说的影响，冯特将民族心理解释为一个民族共有的且融于民族本性的精神。在他看来，民族心理存在于一个民族的语言、风俗、神话、艺术和法律等现象中，而不是存在于个人心理过程中。作为一个富有创见的心理学家，冯特的民族心理研究将个体心理学与群体心理学统一起来，并揭示了一个民族在发展过程中形成的共同心理特点及其对民族文化演进的影响。

继德国民族心理学派之后，法国群体心理学派迅速崛起。19世纪最后二三十年是社会变化非常剧烈的一段时间，频繁和活跃的群众运动吸引了不同研究者对诸多群体现象进行理论解释。塔尔德（Gabriel Tarde，1843—1904）在1890年出版的《模仿律》（*The Laws of Imitation*）中提出，模仿是先天的，是人类生物特征的一部分，人们通过模仿而使行为一致。模仿是基本的社会现象，是社会进步的根源，因而对于人类的社会生活具有非常重要的意义。涂尔干在《社会分工论》（*The Division of Labour in Society*，1893）中有关社会团结和凝聚力的讨论，已涉及后来群体心理研究的重要主题；他的《自杀论》（*Suicide*，1897）则直接论及群体心理，并将"集体表象"（collective representations）理论运用于对自杀现象的研究。在涂尔干看来，超越个人精神的"集体表象"是社会事件发生的原因。他认为，任何一种自杀都源于"社会事实"，即其所谓"集体表象"，是由思想、情感、行为方式、制度、舆论等价值观和社会规范构成的意识总体。①《群体心理学》（*Psychologie des Foules*）② 于1895年出版，其中有关群体心理的分析广为流行，从而确立了古斯塔夫·勒庞（Gustave Le Bon, 1841—1931）在群体心理学领域的世界性学术地位和持久影响力。

在法国以外的其他欧洲国家，在勒庞提出群体心理学概念之前，一位意大利的年轻犯罪学家西盖勒（Scipio Sighele, 1868—1913）在1891年出版了《犯罪的人群》（*La Folla Delinquente*），对犯罪同谋这一主题进行了一系列分析，由此开启了群体／大众心理学研究。英国心理学家麦独孤也是早期群体心理学的重要代表人物，1908年出版的《社会心理学导论》呈现了其重要的群体心理学观点。他认为，群体行为是许多个体集合时所形成的精神的或心理的合力，这种力量结合所产生的群体特性是个体所没有的。于第一次世界大战前开始写作、在1920年出版的《群体心理》（*The Group Mind*），则是麦独孤对群体心理的集中探讨。

麦独孤认为，此前的研究者大多集中于对人群（crowds）或无组织群体的研究，也认同这些研究对个体卷入群体的原因的分析，即个体由原始的同情反应激发的情绪直接引导，而同时产生的大众全能感则使大众的良心不再发挥作用。在他看来，有组织的群体与此不同。由于群体的存在及其与其他群体的持续互动，群体观念得以产生和发展，而功能分化和习俗决定了成员之间的关系。群体因此获得了基本独立于构成群体的个体的结构和特性。弗洛伊德承认这一差异，但认

---

① 〔法〕埃米尔·涂尔干：《社会分工论》，渠东译，生活·读书·新知三联书店2013年版；〔法〕埃米尔·迪尔凯姆：《自杀论》，冯韵文译，商务印书馆2009年版。

② 国内多个中译本都将书名译为《乌合之众：大众心理研究》。

为麦独孤并没有回答这种有组织群体的凝聚力来自何处的问题,因而这一问题就成为其群体心理研究的焦点。①

弗洛伊德除了是人们所熟悉的精神分析大师之外,其有关群体的研究也在群体心理学领域占有一席之地。受勒庞群体研究的影响,弗洛伊德将领袖的威望和追随者的无意识作为其研究路径的起点,同时吸收了麦独孤有关群体心理的若干观点。在他看来,大众/群体表明了俄狄浦斯冲突的复活,而弑父仍是其群体心理研究的重要背景和基础。作为以血缘为基础的重要群体,家庭是连接弗洛伊德精神分析学与群体心理学的重要纽带。弗洛伊德因精神分析而闻名,他的群体心理研究却没有得到重视,甚至被忽略了。

美国群体心理学派的崛起冲击了风行一时的欧洲群体心理学派,也促使早期发端于欧洲的群体心理研究(至少在美国)从诸如民族之类的大型群体转向了小群体。其中,查尔斯·库利(Charles H. Cooley, 1864—1929)不仅提出了群体行为和群体结构分类的问题,还进一步发展了威廉·詹姆斯关于自我结构的思想,特别是其"社会我"(social self)的思想。在《人类本性与社会秩序》(1902)一书中,查尔斯·库利把社会我称为"镜中我"(looking-glass self)。他认为,一个人的自我观念是在其与他人的交往中形成的,一个人对自己的认识是他人对其看法的反映。人们总是在别人对自己的评价之中形成自我观念。在此基础上,他在《社会组织》(1909)一书中提出了初级群体理论。他从个人与他人接触的方式出发,区分了不同类型的群体。其中,家庭、朋友等是面对面的、直接的和有着亲密关系的群体,是一个人获得社会性的原始的和基本的群体,因而可称之为初级群体或首属群体(primary group)。②

---

① Jaap van Ginneken, "The Killing of the Father: The Background of Freud's Group Psychology", *Political Psychology*, Vol. 5, No. 3, 1984, pp. 391-414.

② Charles Horton Cooley, *Human Nature and the Social Order*, New York, NY: Charles Scribner's Sons, 1902 (rev. ed., 1922; London: Routledge, 2017); Charles Horton Cooley, *Social Organization: A Study of the Larger Mind*, New York, NY: Charles Scribner's Sons, 1912 (c1909).

对应于库利提出的首属群体概念,一些研究者提出了次属群体或次级群体(secondary group)的概念,特指区别于首属群体、按照一定规范建立起来并有明确社会结构的群体。次属群体是社会根据特定目标而非感情依赖建立起来的,如学校、公司、军队、政府机构等。

作为社会互动论的重要代表,乔治·赫伯特·米德(George Herbert Mead,1863—1931)强调社会互动与个人行为的关系。他认为,个人社会行为是其所属群体中普遍行为内化的结果,社会互动是联结个人与社会的"媒介过程",对个人行为具有重要影响。因此,社会心理学分析问题的出发点不是个体,而是群体和社会中的个体的互动过程,这种互动过程主要表现为符号的互动作用。米德将能够传达某种意义的事物称为符号,而"角色"概念则是其社会互动论的一个关键概念。①

20 世纪 30 年代,群体心理研究遭遇了以奥尔波特为代表的心理学家的批判和否定。奥尔波特认为,群体是超个人心性的虚构,是"群体谬误"(group fallacy),只有个体才是唯一的存在。尽管如此,他也反对把群体看作个人的对立面和一种外在的东西。② 于是,美国社会心理学从 30 年代起开始趋于个体化。这种转向为社会心理学的实证研究提供了重要契机,社会心理学因实证研究而积累了重要的知识和理论,在客观上促进了群体研究和个体研究的结合。

可以看出,社会心理学对群体心理的早期研究,经历了研究焦点从无组织群体中自发状态的群体心理现象到有组织和无组织群体心理现象的转移,而对无组织群体心理现象的研究则集中于大众传播对象的心理特点。

---

① 〔美〕乔治·H. 米德:《心灵、自我与社会》,赵月瑟译,上海译文出版社 2018 年版。
② "因为看着社会行为有密切的联络及往复的性质,有些作家,便在团体所由组成的个体心外,假设了一种'集合的心'或'团体意识'(collective mind or group consciousness),谬误之巧妙与模糊,没有更甚于此的了。"〔美〕奥尔波特:《社会心理学》,赵演译,商务印书馆 1931 年版,第 4 页。

第二节　群体的形成与群体类型

群体是常见的社会现象，现代生活也日益以群体的聚合为特征。但是，什么是心理学意义上的群体？群体如何形成？这些问题在社会心理学和政治心理学研究中仍存在颇多争论和分歧。实际上，如何界定心理学意义上的群体与群体如何形成是同一问题的不同侧面，而对于群体的不同界定则与有关群体如何形成的思考直接相关。

一、群体心理学还是大众/群众心理学？

开启了社会心理学这一心理学分支的群体心理学，无论是作为一个概念，还是作为一个学科领域，其名称即已蕴藏有关这一概念或学科的诸多争论甚或混乱。问题源于弗洛伊德著作中相关术语的翻译。1921 年，弗洛伊德的《群体心理学与自我的分析》(*Massenpsychologie und Ich-Analyse*) 出版，次年出英文版时他授权将书名翻译为 "*Group Psychology and the Analysis of the Ego*"。英文版书名将德语中的 "Massenpsychologie" 替换为英语中的 "Group Psychology"，这是群众/群体心理研究第一次使用 "group" 这一概念，也引发了与此相关的若干概念争论。① 在此之前，相关概念的跨文化转译没有出现这样的问题，也没有引发类似的争论，但多个群体概念常常混用。譬如，1896 年，勒庞的《群体心理学》出英文版时使用了这样的书名，即 "*The Crowd: A Study of the Popular Mind*"；1908 年出德文版时则使用了 "*Psychologie der Massen*" 这一书名。② 有观点认为，德语词 "Masse" 译作英文中的 "mass" 而非 "group" 更恰当，特别

---

① 参见 Jaap van Ginneken, "The Killing of the Father: The Background of Freud's Group Psychology", *Political Psychology*, Vol. 5, No. 3, 1984, pp. 391–414。

② John Allett, "Crowd Psychology and the Theory of Democratic Elitism: The Contribution of William McDougall", *Political Psychology*, Vol. 17, No. 2, 1996, pp. 213–227.

是英语词"group"事实上已经遗失了"Masse"最直接的政治含义。"Masse"一词在19世纪与20世纪交替之际的法国和意大利承载了"反动的"（或"保守的"）含义（reactionary connotations）。① 其后，更有学者将勒庞著作中的法语词"foule"从准确的英文翻译"crowd"改译为"group"。当然，在弗洛伊德著作的标准版本中，德语词"Masse"在英语中仍被译为"mass"而不是"group"。

欧洲大陆的"大众/群众心理学"（mass psychology）在盎格鲁-美利坚的世界始终没有产生很大的影响，并逐渐被社会学领域中的"集体行为"（collective behavior）所取代。与此相关，考虑到英美学者在研究中对这一概念的接纳程度，"group"成了一个更为流行和经常使用的概念。

其实，与群体相关或相近的概念和术语很多，混用和换用的现象也并不少见，直到19世纪晚期，民众（尤指无主见的易受人支配的芸芸众生）（herds）、群落（hordes）、群众（或百姓）（crowds）、领袖（leaders）、暴民（mobs）、大众（masses）和精英（elites）等概念和术语都获得了比较公认的科学表达。人们已习惯于将一些概念组合进行对比，如群众与暴民（crowd versus mob）、大众与个体（mass versus individual）、精英与大众（elite versus mass）、领袖与追随者（leader versus follower），以及群体与民众（group versus herd）等。② 不能否认，上述这些概念和术语在转译为中文时其含义的准确性发生了不同程度的变化，如"mass psychology"就存在大众心理学和群众心理学等不同译法。

概念在跨文化传播中的这种变化，虽然可能导致特定语义不同程度的丧失和扭曲，但群体（group）概念的使用和流行，在一定程

---

① Ludwig Eidelberg, ed., *The Encyclopedia of Psychoanalysis*, New York, NY: Free Press, 1968, p. 235; Philip Rieff, *Freud: The Mind of a Moralist*, 3rd ed., Chicago, IL: University of Chicago Press, 1979, p. 228.

② Daniel Pick, "Freud's 'Group Psychology' and the History of the Crowd", *History Workshop Journal*, No. 40, 1995, pp. 39-61.

度上使欧洲大陆研究者所使用的具有政治含义甚至意识形态意味的"mass"概念，突破了可能存在的政治和意识形态乃至道德方面的约束，将更为广泛和更具多样性的人群纳入了观察和分析的视野，从而使群体心理研究的范畴进一步扩大了。

"大众"（mass）概念的变异不仅存在于跨文化转译的过程中，由于这一概念的特定政治含义，它在不同地区本来就存在不应忽视的重要差异。"大众"曾经是界定20世纪最初几十年的社会、经济与政治生活的一个重要概念，但在欧洲和北美却有不同的指称：在欧洲指城市无产者，在北美则是指孤独人群中原子化的个体成分。有学者认为，随着个人影响的日渐增强和大众时代的消逝，"大众"似乎也将成为一个过时的概念，或至少是可能引发诸多问题的一个概念。[①]但是，由于近年来民粹主义在各地日益盛行，群体概念似乎又被赋予了"大众"或"群众"概念的丰富内涵。群体（group）和群体心理学（group psychology）成为今天更为常见和被更多使用的概念和术语，在很大程度上与社会心理学中的群体研究有关。将个体的集合统称为群体，与其说是语言使用习惯使然，不如说是心理学和社会心理学学科发展过程中更为复杂的多方面因素影响的结果。当然，以"群体"替代含义复杂的大众、群众等概念，也是为了概念使用方面的便利。

可以说，相对于社会心理学领域，政治心理学领域的群体概念具有更为丰富的内涵。应该明确的是，政治心理学在其发展过程中受惠于社会心理学，但它毕竟不是社会心理学。这两个学科领域关注的问题可能相同或相似，但其研究旨趣却常常存在很大差异。社会心理学更多关注的是群体内部的心理机制与心理过程，以及群体内部的行为状态和群体间关系；政治心理学则是将群体作为整体置于其所处的大环境即政治体系中，在群体与环境的互动中理解群体，通过解

---

① Paddy Scannell, "'Personal Influence' and the End of the Masses", *The ANNALS of the American Academy of Political and Social Science*, Vol. 608, No. 1, 2006, pp. 115−129.

析群体心理过程和心理机制来解释或预测群体与体系环境互动的可能结果。

二、心理学和政治学维度的群体

日常生活中存在大量的社会单元，但这些社会单元并不一定就是群体。人们日常语言中使用的"群体"概念，不同于心理学和社会心理学所使用的"群体"概念。心理学和社会心理学领域的"群体"是一个较为狭义的专业性概念，成员之间的相互依赖、相互影响是其核心特征。

与具有不同程度的政治乃至意识形态色彩的"mass"相比，群体（group）概念更具概括性，因而也更富弹性，同时内涵似乎更少，人们因此可以按照自己的需要或理解来加以界定和使用。作为人类社会的一种常见现象，群体的存在及其过程和影响所具有的社会与政治意义可能大相径庭。但是，一个群体，由似乎不具有任何社会与政治影响的存在发展成为具有重要社会与政治影响的存在，却可能在顷刻间完成。"自觉个性的消失，以及感情和思想转向一个不同的方向，是就要变成组织化群体的人所表现出的首要特征，但这并不一定总是需要一些个人同时出现在一个地点。……一个偶然事件就足以使他们闻风而动聚集在一起，从而立刻获得群体行为特有的属性。"[1] 因此，考虑到群体心理作用过程和机制对于群体行为的重要性和直接影响，从心理维度而非政治或社会维度界定群体似乎更为全面，或者说这样做更为恰当。

一般而言，人群与群体并没有明显的界线。于是，据此可以推及，由人群演变为具有心理学意义乃至政治和社会意义的群体，或许是一个可以由标志性的人物（及其作为领袖和组织者所发挥的作用）、

---

[1] 〔法〕古斯塔夫·勒庞：《乌合之众：大众心理研究》，冯克利译，中央编译出版社2004年版，第12页。

事件（包括突发事件）或时间点（特殊的时间节点赋予特定人群重要的政治与社会意义）标示的明确转变，也可能是一个难以察觉的过程，其政治影响的产生是非常突然的，甚至是偶然的。

在一般意义上，"群体"一词是指聚集在一起的一群个体，而心理学意义上的群体有着更为丰富的含义。"在某些既定的条件下，并且只有在这些条件下，一群人会表现出一些新的特点。聚集成群的人，他们的感情和思想全都转到同一个方向，他们自觉的个性消失了，形成了一种集体心理。"这些聚集成群的人进入一种状态，一个组织化的群体，一个"心理群体"。[1] 随着由个体集聚而形成群体，一个具有不同特性的集合体就诞生了。"他们混杂、融合、聚变，获得一种共有的窒息自我的本性，他们屈从于集体的意志，而他们自己的意志则默默无闻。"[2]

群体的形成一般被认为是个体相互作用的结果。有学者总结了个体相互作用进而形成群体的四个特点：群体成员具有共同的动机和共同的目标；群体成员所制定的标准标定了其建立关系、进行活动的界线；在持续的相互作用中，不同成员的角色得以确立；群体成员间形成了他们喜欢的或不喜欢的关系网络。[3] 事实上，这里所概括的群体特点只涉及具有相对稳定性或持久性的群体类型，而政治生活中频繁出现的大量暂时性群体（也称偶合群体，类似于勒庞所说的街头群体）似乎并不具备所有这些特点，尤其是在持续相互作用中确立的角色以及成员之间的关系网络可能并不存在于那些暂时性群体中。对这类群体而言，随着共同目标的实现或共同努力的失败，群体本身往往也会解体。一个群体的形成可能远比人们想象的更容易，不同群体之间的巨大差异也使人们难以对群体做出整体概括。

---

[1] 〔法〕古斯塔夫·勒庞：《乌合之众：大众心理研究》，冯克利译，中央编译出版社2004年版，第11—12页。

[2] 〔法〕塞奇·莫斯科维奇：《群氓的时代》，许列民、薛丹云、李继红译，江苏人民出版社2003年版，第19页。

[3] 〔加〕兰伯斯：《社会心理学》，魏明库等译，地质出版社1990年版，第517页。

三、群体类型

"群体"概念在使用上的便利性可能会掩盖或模糊不同群体类型的差异,从而使人们对于不同类型群体的认识产生偏差。政治学意义上的群体,一般可理解为政治体系和政治过程中由多个个体形成的集合。参与早已成为现代政治的重要主题,群体的意义也主要体现于参与的过程。在这种意义上,群体是政治过程的参与者或者说是政治参与的一个重要主体类型。

从群体的规模看,大群体和小群体是常见的群体类型划分。其中,大群体包括民族(种族)、性别群体等,小群体一般指其成员可直接接触的群体。在大群体与小群体之间,则是规模不等的利益群体(集团)或政党组织。作为政治体系中正式制度或正式机构的组成部分,利益群体(利益集团)或政党组织早已成为政治学研究中积累丰富的问题领域。譬如,早在20世纪初,自称为群体理论家的阿瑟·本特利就提出,政治生活的基础是群体(集团)互动。在他看来,群体(集团)活动(行动)决定着立法、行政和司法。其"群体互动导致社会运动"的信条已成为当代多元主义和利益集团研究路径的基本特征,以过程为基础的行为主义也成为后来很长时间里政治学研究的主流范式。之后,大卫·杜鲁门(David B. Truman,1913—2003)的《政治过程:政治利益与舆论》(*The Governmental Process: Political Interests and Public Opinion*,1951)一书,开创了政治学领域对于利益集团特别是政治过程与利益集团之间互动的实证研究的先河。

组织程度或组织化水平也是区分群体类型的重要维度。有组织群体和无组织群体就是这一维度上的两种群体,也是群体分析的常见类型划分。有组织群体(也称为集团),包括以血缘(如家族、民族)和地缘(如村落、街巷)为主要社会纽带的基础集团和以业缘为主要社会纽带的职能集团(如国家、政党、军队等政治集团,工厂、商店、公司等经济集团,以及学校、社团等文化集团)。对于无组织群体,研究者则按照集合程度将其依次分为四个层次,即集群、大众

（大众传播受信者）、公众（舆论承担者）、社会运动团体（妇女运动、民族独立运动、阶级斗争等）。①

其中，集群是组织程度最低的群体（人群），包括具有攻击性、挑衅性甚至恐怖性的集合，既可能是偶然形成的，也可能是有意组成的。现实生活中，这一组织程度最低的集群却不幸成为最常见也最难以预料其发生、发展态势及后果的一类群体。组织程度较高的社会运动，如民族独立运动、阶级斗争，也日益以不同于传统表现形式的方式成为重要和常见的社会与政治行动主体，如与民族相关的政治行动经常与宗教联系在一起，与阶级相关的政治行动则更多地与职业（群体）、居住地等联系在一起，从而使传统上被归为无组织群体的部分集合获得了重要的组织性。

不同规模或不同层次的群体对群体特性也有不同的影响。勒庞将心理学意义上的群体划分为同质性群体和异质性群体。其中，同质性群体表现为派别（如政治派别、宗教派别等）、身份团体（如军人、僧侣、劳工等）和阶级（如中产阶级、农民阶级等），异质性群体则包括有名称的群体（如陪审团和议会等）和无名称的群体（如街头群体）。异质性群体是勒庞研究的重心。在异质性群体中，群体成员可能来自不同的民族，尽管他们由于一致的利益聚集在一起，但他们所继承的心理成分会导致群体感情和思想方式的巨大差异。在他看来，民族气质是一种决定性力量，会影响群体性格的变化。有些矛盾的是，勒庞同时认为新出现的"心理群体"有时可能表现出与民族颇为不同的特征。②

从上述群体类型划分可以看出，作为一个整体概念的群体呈现出

---

① 〔日〕佐藤守弘等编：《现代社会学辞典》，日本有信堂高文社1984年版；R. W. Brown, "Mass Phenomena", in Gardner Lindzey, ed., *Handbook of Social Psychology*, Vol. 2, Cambridge, MA: Addison-Wesley, 1954. 转引自沙莲香：《社会心理学》，中国人民大学出版社1987年版，第277—279页。

② 参见〔法〕古斯塔夫·勒庞：《乌合之众：大众心理研究》，冯克利译，中央编译出版社2004年版，第133—134页。

具有极大差异性的形态与特质。其中,对于民族等大群体的研究曾经是人类学、文化人类学和民族学领域的重要内容。除了早期德国民族心理研究之外,这类研究还包括影响深远的玛格丽特·米德的《枕戈待旦:一个人类学家眼中的美国》和本尼迪克特的《菊花与刀》等。由于制度化的群体如政党、利益集团等大多早已成为政治体系中基础制度的一部分,对这类群体的研究常被归为制度研究。当然,对高组织性群体的心理研究也并不罕见。因此,在群体研究中,研究者通常把重心置于种族和政党、利益集团等制度化组织之外的一般群体,尽管对其心理的基本分析也可能适用于种族、政党和利益集团。

实际上,不同类型群体之间并非泾渭分明,一些群体甚至只具有统计意义而被称为统计群体(statistic group),以与实际群体(actual group)相对应,如性别群体、年龄群体(老年群体等)之类的群体。此外,在某个维度上界定的群体可能无法在其他维度上进行区分,如以持续时间确定的暂时性群体就很难从规模上说它是大群体还是小群体。

不同类型群体研究的意义在很大程度上取决于研究的背景和目的。譬如,在有关国家间关系的研究及全球背景中,民族(国族)心理研究具有至为重要的意义;而在国内层面,对规模较小的群体的研究则似乎更重要。与此同时,所有群体,无论其规模大小及组织化水平如何,总是处于特定的社会政治环境和制度体系中,社会的急剧变化,以及世界范围人们对正式制度(特别是政府制度)不同程度的怀疑和不信任,使得非正式群体成为人们实现个人目标或群体目标的重要支持基础。由此,非正式群体,包括偶然出现的暂时性群体,成为最常见的或是政治行为最为活跃的群体。它们对政治过程的参与可能是频繁和持续的,也可能不过是一次偶然行动。在大众传播日益发达的现代社会,无组织群体越来越多、越来越活跃,对社会政治生活的影响也越来越直接和明显。在处于急剧社会变迁中的发展中国家,这种现象尤为突出。

第三节　群体：乌合之众，抑或完美群体？

"群体即乌合之众。"对于群体的这种理解和认识几乎是所有群体和群体心理研究的重要起点。虽然群体／大众心理学的源头被认为应溯及意大利而非法国，西盖勒所著《犯罪的人群》也被看作群体／大众心理学的真正开端①，但法国社会心理学家古斯塔夫·勒庞在这一领域的成就无人匹敌，而其有关群体及群体心理的主要观点和消极评价也深刻影响后来的研究。

一、勒庞的群体研究

1895年，勒庞发表《群体心理学》，开始构筑其群体（政治）心理学体系的大厦。其后，《教育心理学》(*Psychologie de L'éducation*, 1902)、《政治心理学》(*La Psychologie Politique*, 1910)、《意见与信仰》(*Les Opinions et les Croyances*, 1911)、《法国大革命和革命心理学》(*La Révolution Française et la Psychologie des Révolution*, 1912) 等作品相继问世，勒庞由此确立了在政治心理学和群体心理学领域的重要地位，由其群体心理论述主导的有关群体心理的流行观点也形成了一个风行世界的"勒庞现象"(the Le Bon Phenomenon)②。

勒庞并非第一位对群体心理进行研究的心理学家，但他在这一领域的影响力和学术成功无人企及，这在很大程度上是因为《群体心理学》这本著作向人们呈现了有关群体理论的完整版本。此前二十多年，欧洲心理学界在相关领域的研究积累为其研究奠定了重要的基

---

① Jaap van Ginneken, "The Killing of the Father: The Background of Freud's Group Psychology", *Political Psychology*, Vol. 5, No. 3, 1984, pp. 391–414.

② 参见 J. S. McClelland, "Crowd Theory Makes its Way in the World: The Le Bon Phenomenon", in J. S. McClelland, *The Crowd and the Mob: From Plato to Canetti*, London and New York: Routledge, 2010, pp. 151–181。

础。在独立和相互竞争的不同研究传统（至少可见于西盖勒和塔尔德的研究）中，勒庞选择了悲观主义的群体研究取向，而"无异议、情绪化和低智商"的"乌合之众"则成为他眼中典型的群体。在勒庞所分析的被视为"乌合之众"的群体中，群体的情感得到了极大的增强，而群体的智力功能则因受到抑制而大大降低了。因此，"感情的强化和理智的欠缺"在很大程度上就成为人们对于群体及群体现象的刻板印象，也是"勒庞现象"的重要认识基础。

在勒庞看来，心理群体是一个由异质成分组成的暂时现象，当个体结合在一起时，就会表现出一些惊人的特点：构成这个群体的个人不管是谁，他们的生活方式、职业、性格或智力相同还是不同，他们变成了一个群体这一事实，便使他们获得了一种集体心理，这使他们的感情、思想和行为变得与他们独自一人时颇为不同。若不是形成了一个群体，有些闪念或感情在个人身上根本就不会产生，或不可能变成行动。[①]

个体聚集在一起会产生一些新的特点，而这些新特点源于这样一些原因和过程。[②] 其一，结成群体的个人会感觉到一种势不可挡的力量，这使他敢于发泄出自本能的欲望，而在独自一人时，他必须对这些欲望加以限制。"群体是个无名氏，因此不必承担责任。"缺乏责任感和责任约束是群体不同于个人的一个特征。其二，决定群体特点及群体接受倾向的重要原因是传染现象。在群体中，每种感情和行动都具有传染性，其程度足以使个人随时准备为集体利益牺牲其个人利益。这种倾向与个人天性极为对立。传染性还导致了群体的第三个特点，即易于接受暗示。长时间融入群体行动的个人，很快就发现自己已进入一种特殊状态，类似于被催眠的人在催眠师的操纵下进入了迷幻状态，变成了受催眠师随意支配一切无意识活动的奴隶，而有意识

[①] 参见〔法〕古斯塔夫·勒庞：《乌合之众：大众心理研究》，冯克利译，中央编译出版社2004年版，第14页。

[②] 参见同上书，第16—18页。

的人格消失得无影无踪。个人"不再是他自己，他变成了一个不再受自己意志支配的玩偶"。具体而言，大多数群体都呈现出一些共同特点和心理机制。[①]

冲动、易变和急躁。 由于处于无意识动机的支配之下，群体失去了主宰自己反应行为的能力而成为刺激因素的奴隶。令群体服从的各种冲动或豪爽或残忍，或勇猛或懦弱，其强烈程度超出了个人的支配和控制。群体总是屈从于这些刺激，因而又是多变的，也没有能力做长远的打算或思考。群体对愿望与愿望实现之间的障碍视而不见，所以"对群体中的个人来说，不可能的概念消失了"，取而代之的是"大量狂热的激情"。

群体易受暗示且轻信。 "群体永远漫游在无意识的领地，会随时听命于一切暗示，表现出对理性的影响无动于衷的生物所特有的激情，它们失去了一切批判能力，除了极端轻信外再无别的可能。"不仅如此，群体往往将主观与客观混淆，把头脑中臆想的景象当作现实，即使这个景象同所观察到的事实仅有微乎其微的关系，而暗示过程的起点就是群体中某个人对真相的第一次歪曲和由模糊记忆所产生的幻觉。于是，在暗示和相互传染的作用下，集体幻觉就产生了——这种集体幻觉具备一切公认的真实性特点，但与现实（事实）可能相去甚远。

群体情绪夸张而单纯。 在群体中，特别是在异质性群体中，群体感情因责任感的彻底消失而得到强化，导致群体失去怀疑能力和判断力，进而走向极端，只会被偏激的情绪所打动。其结果是，群体很容易做出最卑劣的极端恶行，也可能表现出英雄主义的献身精神或最崇高的美德。在道德意义上，群体要么将感情提升到极高的境界，要么使感情堕入极低的水平。

固执、专横与保守。 简单而极端的感情使群体面对不同的意见和观点时，往往采取要么全盘接受要么一概拒绝的态度，加之他们对群体

[①] 参见〔法〕古斯塔夫·勒庞：《乌合之众：大众心理研究》，冯克利译，中央编译出版社 2004 年版，第 20—41 页。

力量的迷信，专横和偏执便成为不同类型群体的共同特征。同时，群体具有顽强的保守本能，迷恋传统而恐惧和排斥新生事物。群体多变的表象与其根深蒂固的保守本能并行不悖。

双面的道德表现。 在群体中，一个人所具有的道德标准是由群体确立的。群体冲动而多变的特性使其与一般道德要求相去甚远，而群体很少为利益考虑所左右，其道德净化作用使其常常展现出舍己为人、自我牺牲、不计名利等诸多方面的崇高道德境界。于是，群体既是一个经常放纵自己低劣本能的集合，也可能成为崇高道德行为的楷模。

在有关群体的类型分析中，尽管存在有领袖群体与无领袖群体之分，但群体一旦形成往往都会出现一位领袖。在勒庞看来，服从头领是一种本能需要。"只要有一些生物聚集在一起，不管是动物还是人，都会本能地让自己处在一个头领的统治之下。"领袖最初只是被领导者中的一员，但其特殊的品质如强烈的信念和无所畏惧的勇气将其推向了领袖位置。"芸芸众生总是愿意听从意志坚强的人"，"聚集成群的人会完全丧失自己的意志，本能地转向一个具备他们所没有的品质的人"。领袖掌握着可以使他们得到服从的专制权威，并通过断言、重复和传染等动员手段将自己的信念强加于群体，使个人观念成为民众意见和社会普遍意见，从而进一步强化其权威并塑造个人名望。[①]

在勒庞的群体心理分析中，他常常援引欧洲的历史案例以及法国案例（特别是法国大革命期间的案例），在 1912 年出版的《法国大革命与革命心理学》中更是具体分析了法国大革命期间不同人群以及领袖的心理，以此再次佐证其大众心理学定律：群众冲动而懦弱，他们总是被一小撮领袖所控制，并且常常做出同他们个人意愿相违背的行为。[②]

在当时的西方世界，勒庞不是唯一关注普通人潜在的非理性并就此发出强烈预警的思想者，尽管并非所有研究者都像勒庞一样悲观。

[①] 参见〔法〕古斯塔夫·勒庞：《乌合之众：大众心理研究》，冯克利译，中央编译出版社 2004 年版，第 95—116 页。

[②] 〔法〕古斯塔夫·勒庞：《革命心理学》，佟德志、刘训练译，吉林人民出版社 2004 年版，第 272 页。

勒庞的群体心理研究在他所生活的那个时代以及其后很长时间里都具有非常广泛的影响，"乌合之众"也在很大程度上成为有关群体的一种流行观点。①

二、弗洛伊德与麦独孤的群体心理研究

作为勒庞的忠实信徒，弗洛伊德对群体心理的分析深受勒庞研究的影响，将领袖的威望和追随者的无意识作为其研究起点，同时他也受到了麦独孤有关群体心理若干观点的启发。也许是由于其精神分析的光环过于炫目，弗洛伊德的群体心理研究常常为人们所忽略，尽管1921年弗洛伊德《群众心理学与自我的分析》一书出版后，该书英文译名曾引发有关"群体心理学"抑或"大众/群众心理学"的讨论。

在弗洛伊德写作这本书时，大众/群众心理学已经存在了大约三十年，并形成了关注无意识作用和强大领袖的大众/群众心理学的罗马学派（Roman school）与重视社会本能和组织作用的盎格鲁撒克逊学派（Anglosaxon school）。弗洛伊德要做的工作是探究领袖如何为组织带来凝聚力。

弗洛伊德认为，个体心理学与群体心理学或社会心理学之间看似存在重大的区别，但是实则不然，只在极少的例外情况下，个体心理学才有可能忽视该个体与他人的关系。虽然他对勒庞的观点并非完全赞同，但他仍将暗示、传染作为群体心理的重要机制，认为暗示是一种不以知觉和推理为基础，而以爱的联系为基础的确信。同时，他试图将情绪理论中的"力比多"概念引入群体心理分析，以此指称所有在"爱"的名称之下的关乎本能的能量。他的群体心理分析假设可以

---

① 勒庞的《群体心理学》是对社会心理学影响最大的一本书，《乌合之众》则是这本书最为流行的中文译名。直至今天，人们对这本书仍然是"读了又读，对它进行讨论、评论，当然还有抄袭"。参见〔法〕塞奇·莫斯科维奇：《群氓的时代》，许列民、薛丹云、李继红译，江苏人民出版社2003年版，第74页。

表述为：爱的关系，或者替换为一个更为中性的概念"情感的联系"，是构成心理本质的东西。弗洛伊德把爱视为将群体结合在一起的凝聚力，爱的本能是将世界上的一切事物联结起来的最恰当的力量。勒庞并没有回答是什么使群体中的不同个体被联结为整体，麦独孤也没有回答这一问题。于是，如果某个人在一个群体中放弃了他的特性，任由其他成员通过暗示影响自己，就会给人这样一个印象：他这样做是因为他感到有必要与他人保持一致，而不是与他们对立——也许说到底他这样做是"为了爱他们"。一个群体的本质在于它自身存在的力比多纽带。①

弗洛伊德认为群体心理包括这样一些现象：有意识的个人人格缩小；人的思想和感情专注于一个共同的方向；无意识的精神生活和心理在情感活动方面占据了优势地位；易于将刚刚出现的意向和目的直接付诸行动。他同时承认，所有这些现象都相当于退化到了一种原始的心理活动状态，退化到了在我们看来是原始部落所应有的那种状态。在这种意义上，群体成了原始部落的复活之物。

教会和军队是弗洛伊德特别关注的两个人为构造的群体。他提示人们，在这两个人为群体中，由于力比多纽带的作用，每个人一方面和他们的领袖（基督、司令员）紧密联系在一起，另一方面则同该群体中的其他成员捆绑在一起。②

弗洛伊德以"爱"的联结解释了将个体结合为群体的纽带，但对群体心理的总体评价仍没有走出由勒庞所勾勒的"乌合之众"刻板形象。

在《群众心理学与自我的分析》一书中，弗洛伊德用数页篇幅评论了麦独孤有关群体心理的讨论，虽然麦独孤的群体研究在很长时间里似乎被遗忘了。事实上，麦独孤在《社会心理学导论》和《群体心

---

① 参见〔奥〕弗洛伊德：《群体心理学与自我的分析》，张敦福译，载〔奥〕弗洛伊德：《论文明》，国际文化出版公司 2000 年版，第四章。

② 参见同上书，第五章。

理》中都涉及了群体研究。

在麦独孤看来，以前的研究者大多关注乌合之众或无组织群众，但是"乌合之众"如果不具备一点点组织（organization）的雏形，就不可能聚集到一起，无论如何也不可能形成一个"群体"。与许多群体研究者一样，他认为一个群体形成之后，群体中的每一个成员变得在"情绪上极其高昂而强烈"。所不同的是，他以其所谓的"经由原始交感反应的情绪直接诱导"原则替换了群体研究中常见的"传染"概念。在他看来，可以观察到的受这种效应影响的群体成员越多，这种自动生成的强迫想象就越强烈。最终，个人完全丧失了批评能力并陷入了同样的情感漩涡。这是存在于群体中的强迫自己仿效别人做法的一种现象。其中，有某种东西确定在发挥作用，使得个人与群体中的其他人保持和谐一致。在这一过程中，"情感冲动越是粗野和素朴简单，在一个群体中的传播感染越容易通过这种方式进行"[①]。

在麦独孤的研究中，他明确提出了无组织群体与有组织群体的差异。他承认，群众（mass）可能会产生无所不能的感觉，从而使个人良心活动中止了。有组织的群体则与此不同。由于其存在本身以及与其他群体互动的连续性，影响成员间关系的功能分殊和群体观念得以发展，群体也由此获得了独立于其个体成员的结构和特征。麦独孤认为，勒庞主要集中关注"乌合之众"和低组织水平群体，因而得出了对"乌合之众"的一般印象，而要获得有关群体精神与道德缺陷的充分认识，则需要展示群体如何抵制那些可能的堕落倾向。[②]1920年，麦独孤接受了美国哈佛大学心理学系主任一职。在美国的经历促进了其对民主的关切，而其有关大众参与可能动摇民主政治的认识则使他对群体抱持比较消极的态度。

[①] 参见〔奥〕弗洛伊德：《群体心理学与自我的分析》，张敦福译，载〔奥〕弗洛伊德：《论文明》，国际文化出版公司2000年版，第三章。

[②] William McDougall, *The Group Mind: A Sketch of the Principles of Collective Psychology, with Some Attempt to Apply Them to the Interpretation of National Life and Character*, Cambridge, MA: The University Press, 1920, p. 20.

三、社会心理学中的群体心理研究

勒庞因对群体的恐惧而产生负面情绪,使其群体研究蒙上了悲观色彩,其相关论述则给人们留下了"群体不过是乌合之众"的强烈印象。事实上,勒庞有关群体的认识并非他所生活的那个时代的一种异见,而是一种较为普遍的观点,并因符合或接近人们对于群体的观察而被广泛接受。今天,社会交往日益频繁和密切,群体生活或人们的群体性存在作为一种社会现实日益为人们所关注,群体的意义较之于勒庞的那个时代也发生了很大变化。于是,在现代社会心理学视野中,群体似乎变成了主要是以有组织的方式存在的一种人群集聚形式,研究者更多关注群体内部关系以及如何增进群体的正面效应。其中,如何打造完美群体,更成为社会心理学群体研究的常见主题。于是,诸如挑战勒庞的"乌合之众"之类的研究,或可理解为社会心理学领域推进群体研究的一种重要努力。

巴黎公社运动以后,欧洲社会在很长时间里处于政治动荡中,思考群体问题常常被看作疗治社会疾患的第一步。在法国,解释群体无意识行为的催眠和暗示被当作医学院的教学内容;在意大利,始于犯罪研究的对群体的科学探究,后来又进入了公共卫生学领域;在英国的情形则有所不同,白哲特(Walter Bagehot)引导群体研究径直走出了进化生物学和心理学,因此那里的人们并没有感受到有必要将群体看作一种疾病或是疾病的症状。[①]

第二次世界大战结束后,社会心理学领域的群体研究在日益聚焦小群体的同时,在研究方法方面也更为重视方法的科学性,而这也正是勒庞和其他早期的群体研究者常被诟病的问题。随着各国政治社会制度的日益稳定和成熟,群体研究似乎也被置于一个"去政治化"的

---

① 参见 J. S. McClelland, "Crowd Theory Makes Its Way in the World: The Le Bon Phenomenon", in J. S. McClelland, *The Crowd and the Mob: From Plato to Canetti*, London and New York: Routledge, 2010, pp. 151–181。

环境中。在这样的背景下，社会心理学家探索和发现了更为丰富的群体心理效应，特别是在促进群体成员合作、提升群体绩效等正向意义上进行了卓有成效的探索。社会心理学趋向完美群体的研究努力，对于丰富政治心理学领域群体研究的认识和分析维度也不无裨益。

第四节　群体心理研究若干主题

作为一门学科，群体心理学很容易受其发展环境以及它所要解决的问题的影响。不过，在群体心理研究领域仍然可以识别和概括出若干重要的研究主题，这些主题已经成为理解群体行为的重要视角。

一、群体中的领袖/领导者

在群体中，个体心理往往被淹没和改变了，但作为个体的领袖，其心理在很大程度上影响着群体的心态与行为，甚至如勒庞等早期群体心理研究者所言，群体心理受到了领袖的操纵和利用。因此，群体心理学被认为是"从一开始就是专门研究领袖权力这个棘手课题"的一门学科。[①]

领袖是群体的一个特殊组成部分，与数目不等的"匿名"成员共同形成群体结构，并赋予群体不同的特征与意义。虽然无领袖群体也被视为一种群体类型，但对一个群体而言，无领袖状态往往只是暂时的，言论、观点以及在此基础上形成的影响力等常常会将某些个体推上领导者的位置，尽管这类领导者不同于正式群体中的领袖。许多研究发现，群体中说话最多的那个人容易被群体内成员和群体外个体视为群体领导。领导者对于不同群体有着不同的意义。对许多群体特别

[①] 〔法〕塞奇·莫斯科维奇：《群氓的时代》，许列民、薛丹云、李继红译，江苏人民出版社2003年版，第4页。

是暂时性的、非正式的群体而言,领导者是群体存在的前提和纽带,没有领导者,群体也就失去了灵魂,群体意识和群体存在感都可能随之消失。无论是在历史上还是在现实生活中,群体因失去领导者而作鸟兽散是常见的现象。

领袖人格分析是领袖研究的重要传统,但是这一研究路径之外的其他研究进一步丰富了人们对领袖的理解,特别是在将领袖置于政治过程维度的同时,也将领袖/领导者放在了领袖/领导者-群体互动的分析坐标上。在过程意义上,领袖/领导者可以区分为任务型领袖/领导(task leadership)和关系型领袖/领导(social leadership)。其中,任务型领袖/领导关注群体的主要任务和核心目标,并在完成任务、实现目标的过程中为群体提供信息、控制、发展、协调和组织群体完成特定的任务;关系型领袖/领导则聚焦于群体成员的情感和人际关系,努力通过鼓励、调解等行为方式缓和群体可能出现的紧张和冲突,以提高群体的凝聚力。因此,任务型领袖/领导一般是高效的和指导性的,而关系型领袖/领导则是友好的、随和的、安抚的、关心情感的和社会导向的。[1]

R. 怀特(R. White)和 R. 里皮特(R. Lippitt)将领袖/领导者风格划分为专制的(authoritarian)、民主的(democratic)和自由放任的(laissez-faire)。[2] 不同的领袖/领导者风格不仅受到其所处社会氛围的影响,同时也塑造着群体行为。专制型领袖/领导者往往只是任务导向的,不重视沟通和说服,拥有专制型领袖/领导者的群体一般更冷漠和更具进攻性。民主型领袖/领导者重视群体决策中的讨论,鼓励成员参与决策,重事实、重沟通,更接近于关系型领导风格。拥有民主型领袖/领导者的群体往往能够以比较有序和积极的方式运

---

[1] 〔美〕泰勒、佩普劳、希尔斯:《社会心理学(第十版)》,谢晓非、谢冬梅、张怡玲、郭铁元等译,北京大学出版社 2004 年版,第 339 页。

[2] R. White and R. Lippitt, "Leader Behavior and Member Reaction in Three 'Social Climates'", in Dorwin Cartwright and Alvin Zander, eds., *Group Dynamics: Research and Theory*, 3rd ed., New York, NY: Harper & Row, 1968, p. 319.

作。自由放任型领袖／领导者认为自己与群体其他成员没有什么不同，往往采取撒手不管的态度，基本不太发挥领导作用。在自由放任的群体中，成员利益要求得到满足的程度不及民主型领袖／领导者所领导的群体。①

实际上，群体领袖／领导者既是一个功能概念，也是一个条件概念。在不同群体情境和社会情境下，领袖／领导者可能展现不同的领导风格和特质。学生课程讨论会上的领导者所需要的特质，与军事行动的领导者所应具备的素质肯定不同，即为典型事例。不仅如此，领袖／领导者的伦理标准也已成为群体研究中的重要问题。群体成员表现出的对真理或谬误不置怀疑的态度，常常转化为（或伴随着）对群体权威的深信不疑。群体领导者对于客观事实的基本认识和判断，直接影响群体对相关问题的看法，甚至取代了群体认识。因此，领袖／领导者的伦理和道德取向会对群体行为产生关键作用。领袖／领导者的个人行为可从其人格得到比较充分的解释，但作为领袖／领导者的角色行为，只有在具体的群体情境和社会情境中才可得到最接近事实的理解。在这种意义上，"领袖／领导者"无可避免地成了群体心理学的一个研究重点。

二、群体认同——内群偏好与外群偏见

群体认同是群体形成的重要情感基础和心理基础，也是群体维持和存在的情感基础和心理基础。群体认同源自产生于个体身份群体的积极自尊感（a sense of positive self-esteem），这种自尊感又进一步促进了共同体感和归属感。与此同时，群体成员往往偏向本群体成员而区别对待局外人。在群体心理研究中，围绕这些问题的讨论构成了

---

① Gloria J. Galanes, Katherine L. Adams and John K. Brilhart, *Communicating in Groups: Applications and Skills*, 4th ed., Boston, MA: McGraw-Hill, 2000, pp. 210–235; Steven A. Beebe and John T. Masterson, *Communicating in Small Groups: Principles and Practices*, 8th ed., Boston, MA: Pearson Education, 2006/2008, pp. 314–322.

群体认同研究的重要内容。

个体的群体认同受不同社会情境的影响，并会随情境发生变化，或被边缘化。因此，个体总是在不同的群体认同及自我认同之间游移，从而形成各式各样的自我甚至极化的自我：一端是所希望成为的自我（理想的自我，the ideal self），另一端则是他人眼中的自我（受限的自我，the limited self）。[1]

群体认同还指自我作为较大群体或社会单元的一部分的感觉，是一种以群体为基础的认同。约翰·特纳（John C. Turner）的自我分类理论（self-categorization theory）深刻阐释了以群体为基础的社会认同。他认为，社会认同可界定为促使由对作为独特的人的自我感知，转向作为某种社会类型的一个通用标本的自我感知的"非个性化"的自我意识（a "depersonalized" sense of self）。[2] 这也就是其他学者表述中的集体认同或"我们"认同（collective or "we" identities），即自我认同于作为整体的群体。[3] 在这种意义上，群体认同并不是产生于个体成员的人际关系，而是个体所属类型中成员之间的联系纽带。以群体为基础的社会认同以两种方式影响着人们的自我观念。其一，涉及群体认同时，自我结构已经超越个体的自我而扩展至更具包容性的社会单元。自我与群体其他成员之间的界线因内群与外群之间的明显界线而模糊了。其二，个体自我的属性和行为被吸收进入作为整体的群体中，强化了将这一群体与其他社会类型区别开来的那些特征，同时提升了群体内部的统一性和凝聚力。[4]

---

[1] Ellis Hurd, "Confessions of Belonging: My Emotional Journey as Medical Translator", *Qualitative Inquiry*, Vol. 16, No. 10, 2010, pp. 783−791.

[2] John C. Turner, Michael A. Hogg, Penelope J. Oakes, et al., *Rediscovering the Social Group: A Self-Categorization Theory*, New York, NY: Basil Blackwell, 1987, p. 50.

[3] Peggy A. Thoits and Lauren K. Virshup, "Me's and We's: Forms and Functions of Social Identities", in Richard D. Ashmore and Lee Jussim, eds., *Self and Identity: Fundamental Issues*, New York, NY: Oxford University Press, 1997, pp. 106−133.

[4] Marilynn B. Brewer, "The Many Faces of Social Identity: Implications for Political Psychology", *Political Psychology*, Vol. 22, No. 1, 2001, pp. 115−125.

有关社会认同的研究表明,内群与外群间的认知差异就可影响人们对他人的评价。① 在政治生活中,不同群体(包括不同层次及类型的群体)的差异性,是诸多社会冲突的重要来源。美国社会学家威廉·萨姆纳(William Graham Sumner,1840—1910)在《民俗论》(Folkways,1906)中提出,人类在本性上是结群而居的物种,并具有偏好自己所属群体的内在倾向,夸耀本群体的荣耀和优越而鄙视其他人。在群体层面,这种差异就表现为内群-外群偏见(ingroup-outgroup bias)。② 在更为广泛的部落、族群和民族层面,这一偏见则表现为种族中心主义(ethnocentrism)。

内群-外群偏见有时也被称为内群偏袒(in-group favoritism)、内群偏见(in-group bias)或群体间偏见(intergroup bias),指将内群成员置于外群成员之上的一种模式,常见于对他人的评价、资源分配以及其他更多方面。这种倾向体现在人们一些习惯性的思维方式上。譬如,人们往往将对自己所属群体有利的事件进行更多的内部(倾向)归因,而将对其群体不利的事件进行更多的外部(环境)归因。③

内群-外群偏见与群体冲突和偏见的诸多理论相关。内群偏袒指的是人们对属于同一群体的他人给予优待(preferential treatment)。社会认同理论(social identity theory,SIT)将内群偏袒的根源归结于进行积极区分的心理需要,并描述了内群偏袒可能发生的情形。内群偏袒有各种各样的表现形式,并与其他形式的心理约束(如生存威胁)有关。④

---

① James E. Côté and Charles Levine, *Identity Formation, Agency, and Culture: A Social Psychological Synthesis*, Mahwah, NJ: Lawrence Erlbaum Associates, 2002.

② 参见 William Graham Sumner, *Folkways: A Study of the Sociological Importance of Usages, Manners, Customs, Mores, and Morals*, Boston, MA: Ginn and Company, 1940。

③ Donald M. Taylor and Janet R. Doria, "Self-Serving and Group-Serving Bias in Attribution", *The Journal of Social Psychology*, Vol. 113, No. 2, 1981, pp. 201−211.

④ Andrew Erik Giannakakis and Immo Fritsche, "Social Identities, Group Norms, and Threat: On the Malleability of Ingroup Bias", *Personality and Social Psychology Bulletin*, Vol. 37, No.1, 2011, pp. 82−93.

一般认为，内群偏袒常常伴随着外群歧视（outgroup discrimination）。但是，外群歧视并非群体认同的可靠基础。社会认同理论的一个重要见解是，对外群的歧视并不必然导致内群偏袒或群体认同，消极维度可能只是自我界定的一个不太适宜的基础[①]，外群歧视只有在具有显著心理意义时才会产生增进群体认同的结果。与社会认同理论不同，自我分类理论则认为存在这一维度上的支持性经验证据。[②]

群体认同是群体存在的重要基础，也会影响群体互动的一般状态及结果。群体冲突理论（或现实群体冲突理论）和社会认同理论都对内群偏袒（偏私）进行了大量研究。现实冲突理论（realistic conflict theory）认为群体竞争或冲突源自两个群体对于稀缺资源的对立主张，而竞争本身也导致内群偏袒和与此相关的对外群成员的消极对待；社会认同理论则提出寻求明确认同的心理内驱力是内群偏袒行为的总根源。

内群偏好是群际关系的一个普遍表现，但并不是群际关系的必然特征。一些研究表明，低地位群体成员对内群体的评价往往不像高地位群体成员对内群体的评价那么积极，他们常对内群体抱有矛盾和冲突的态度，对外群体反而有着较为积极的态度。[③]因此，对某些群体而言，外群偏好是其重要的心理倾向，也是容易被忽视的一种心理倾

---

① John C. Turner and Katherine J. Reynolds, "The Story of Social Identity", in Tom Postmes and Nyla R. Branscombe, eds., *Rediscovering Social Identity: Key Readings*, New York, NY: Psychology Press, 2010, p. 14.

② Katherine J. Reynolds, John C. Turner and S. Alexander Haslam, "When Are We Better than Them and They Worse than Us? A Closer Look at Social Discrimination in Positive and Negative Domains", *Journal of Personality and Social Psychology*, Vol. 78, No. 1, 2000, pp. 64–80.

③ John T. Jost, Brett W. Pelham and Mauricio R. Carvallo, "Non-Conscious Forms of System Justification: Implicit and Behavioral Preferences for Higher Status Groups", *Journal of Experimental Social Psychology*, Vol. 38, No. 6, 2002, pp. 586–602; John T. Jost, Brett W. Pelham, Oliver Sheldon, et al., "Social Inequality and the Reduction of Ideological Dissonance on Behalf of the System: Evidence of Enhanced System Justification among the Disadvantaged", *European Journal of Social Psychology*, Vol. 33, No. 1, 2003, pp. 13–36.

向。① 发现这种不同于常见的内群偏好的心理现象,对于理解一些似乎难以解释的社会现象非常重要。譬如,并非所有低社会地位群体的成员都热衷参与有望改善自身所属群体社会地位的行动。群体间关系远比人们通常认为的更为复杂,而外群偏好的倾向则为人们理解群体间关系提供了新的视角。

三、群体行为与群体决策

群体决策是一种重要的群体行为,直接影响群体行动及其发展趋向。群体在决策中表现出的诸多特殊心理特质,可解释常见于群体行为的非理性成分。

1. 去个性化

去个性化(deindividuation)是费斯廷格等人创造的一个概念,指在个人被忽视或不被当作个体来关注的群体中,反常规行为得以释放的一种情形。② 勒庞在其群体研究中就对这一现象进行过描述和分析。在社会心理学中,去个性化一般指在群体中自我意识的丧失。尽管这一概念及其所传达的思想仍然处于争论中,但却是解释群体行为特别是群体非理性行为的一个重要概念。这一现象在社会学和社会心理学领域都得到了较为充分的研究。其中,社会学家以特定社会为背景,在广泛的社会、经济、政治和历史意义上理解这一现象,而社会心理学家则是将分析聚焦于社会环境中的个体,强调内在心理过程的作用。在当代社会心理学研究中,去个性化指伴随着脱离了个人或社会行为标准的行为而出现的个人个体感的减弱。在某种意义上,去个性化与群体中个体的匿名性相关。去个性化状态对那些希望可以不必为冲动行事而承担潜在后果和责任的个体具有吸引力。因此,去个性

---

① 李琼、刘力:《低地位群体的外群体偏好》,《心理科学进展》2011 年第 7 期。

② L. Festinger, A. Pepitone and T. Newcomb, "Some Consequences of De-Individuation in a Group", *Journal of Abnormal and Social Psychology*, Vol. 47, No. 2S, 1952, pp. 382–389.

化又经常与暴力和反社会行为联系在一起。①

费斯廷格等人赞同勒庞在个体融入群体后责任感下降的意义上对群体行为的分析,并将勒庞的理论重新带回主流社会心理学,同时以群体倾向代替群体中个性的丧失来改进这一观念,从而将去个性化与群体理论区分开来。勒庞认为,个性的丧失是由于引导群体行动的集体意识取而代之;费斯廷格等人的研究不存在这样的假设,而是相信个性的丧失解除了对个人的控制,将个人从内在道德束缚中释放出来。②罗伯特·齐勒(Robert C. Ziller)的研究则发现,去个性化是个体变得与周围他人在主观上并无差异的一种状态,去个性化只是在特定的情境条件下才会对个体产生影响。譬如,在奖励条件下,个体倾向于展示自我,而在惩罚条件下则通过融入群体而去个性化,以此作为分散责任的方式。③

去个性化的原因与结果一直是这一领域研究的重要问题,研究者更是围绕这些问题构建了去个性化的模型。④去个性化不仅与群体中个体的匿名性和个体责任的丧失有关,还与唤起(arousal)、感觉超载(sensory overload)等诸多因素相关。这些因素导致认同的丧失或自我意识的丧失,结果就是个体对外部刺激无回应或失去"对动机与情绪的认知控制"。个性的丧失导致失控,进而使得个体行为猛烈而冲动。在这种意义上,菲利普·津巴多(Philip G. Zimbardo)与费斯

---

① 有研究者在去个性化理论框架下对北爱尔兰的暴力活动进行了实证研究,证明在匿名性与进攻性之间存在重要的正相关关系。Andrew Silke, "Deindividuation, Anonymity, and Violence: Findings from Northern Ireland", *The Journal of Social Psychology*, Vol. 143, No. 4, 2003, pp. 493-499.

② L. Festinger, A. Pepitone and T. Newcomb, "Some Consequences of De-Individuation in a Group", *Journal of Abnormal and Social Psychology*, Vol. 47, No. 2S, 1952, pp. 382-389; Tom Postmes and Russell Spears, "Deindividuation and Antinormative Behavior: A Meta-Analysis", *Psychological Bulletin*, Vol. 123, No. 3, 1998, pp. 238-259.

③ Robert C. Ziller, "Individuation and Socialization: A Theory of Assimilation in Large Organizations", *Human Relations*, Vol. 17, No. 4, 1964, pp. 341-360.

④ Edward Diener, "Deindividuation: Causes and Consequences", *Social Behavior and Personality*, Vol. 5, No. 1, 1977, pp. 143-155.

廷格一致。津巴多还认为，由去个性化导致的行为具有自我强化的作用，因此也很难停下来。不同于勒庞和费斯廷格等人的研究，津巴多认为去个性化不仅仅是一个群体现象，还可用于对自杀、谋杀和其他人际对立（hostility）现象的分析。①

总体上，处于群体中的个体的身份被隐匿，个体所属群体规模越大，个体去个性化的程度就越高。在一些社会心理学家看来，去个性化无异于创造了一种特殊的心理状态。处于这种状态的个体更为关注群体及其所处情境，而很少在意自己的价值观和行为。去个性化的个体因有意识干预的减少而对直接刺激极为敏感，与早期行为主义的刺激-反应机制类似。②在一些社会心理学家的研究中，不同于将去个性化与反社会行为联系在一起的研究结论，去个性化被认为与群体认同相关并表现出复杂的社会倾向。有关去个性化的积极观点相信，去个性化有助于强化个体对所在群体的认同，增强其服从自己所在群体规则的倾向。具体而言，去个性化行为是导向反社会行为还是亲社会行为，还取决于个体及其所属群体所处的具体情境。如果所在群体赞同反社会行为，就会导向反社会行为；反之亦然。于是，去个性化既可能与反社会行为联系在一起，也可能促成更多的规范化行为。③

2. 群体极化

群体极化（group polarization）指的是，群体在决策过程中表现

---

① Philip G. Zimbardo, "The Human Choice: Individuation, Reason, and Order versus Deindividuation, Impulse, and Chaos", in William J. Arnold and David Levine, eds, *Nebraska Symposium on Motivation*, Lincoln, NE: University of Nebraska Press, 1969, pp. 237-307; Tom Postmes and Russell Spears, "Deindividuation and Antinormative Behavior: A Meta-Analysis", *Psychological Bulletin*, Vol. 123, No. 3, 1998, pp. 238-259.

② Ed Diener, Rob Lusk, Darlene DeFour, et al., "Deindividuation: Effects of Group Size, Density, Number of Observers, and Group Member Similarity on Self-Consciousness and Disinhibited Behavior", *Journal of Personality and Social Psychology*, Vol. 39, No. 3, 1980, pp. 449-459; Edward Diener, "Deindividuation: The Absence of Self-Awareness and Self-Regulation in Group Members", in Paul B. Paulus, ed., *Psychology of Group Influence*, Hillsdale, NJ: Erlbaum Associates, 1980, pp. 209-242.

③ Tom Postmes and Russell Spears, "Deindividuation and Antinormative Behavior: A Meta-Analysis", *Psychological Bulletin*, Vol. 123, No. 3, 1998, pp. 238-259.

出比其成员更为极端的倾向。也就是说，如果个体最初的倾向是冒险的，那么群体就倾向于更加冒险；如果个体最初的倾向是谨慎的，那么群体就会更加谨慎。群体极化对于解释现实生活情境中的群体行为（如制定公共政策、恐怖主义、暴力行为等）非常重要。

1961年，美国麻省理工学院的学生詹姆斯·斯通纳（James Stoner）在研究中发现，群体做出的决策通常比群体讨论前个体所持的观点更为冒险。这个被称为冒险转移（risky shift）的发现引起了研究者的极大兴趣，其中部分原因在于这个现象有违公众的普遍观念甚至是反直觉的，即群体的决策相对来说应该更保守些。[①] 其后的研究也表明，如果一开始群体内成员的意见比较保守，经过群体讨论而做出的决策就会变得更加保守。相反，如果个人意见趋向于冒险，群体讨论后的决策就会更加冒险。也就是说，经由群体讨论会得到更加极端的决策。可见，冒险转移只是在群体中态度变得更为极端的一种类型。除了冒险转移外，还存在谨慎转移（cautious shift）的现象。冒险转移和谨慎转移都是一个更为普遍的现象的特殊表现，这一普遍现象就是由群体引起的态度极化（group-induced attitude polarization）。莫斯科维奇（Serge Moscovici）和扎瓦洛尼（Marisa Zavalloni）将这一现象称作"群体极化"。群体极化发生于这样的情形，即群体成员的个人最初倾向经群体讨论而得到强化时。群体极化现象还包括，如果个体态度经过群体讨论而强化，群体态度也因之发生变化。[②]

---

① James A. F. Stoner, "A Comparison of Individual and Group Decision Involving Risk", Unpublished master's thesis, Massachusetts Institute of Technology, 1961. 获取链接：https://dspace.mit.edu/bitstream/handle/1721.1/11330/33120544-MIT.pdf, 2015年5月30日访问。

② James A. F. Stoner, "Risky and Cautious Shifts in Group Decisions: The Influence of Widely Held Values", *Journal of Experimental Social Psychology*, Vol. 4, No. 4, 1968, pp. 442–459; Serge Moscovici and Marisa Zavalloni, "The Group as a Polarizer of Attitudes", *Journal of Personality and Social Psychology*, Vol. 12, No. 2, 1969, pp. 125–135; David G. Myers and Helmut Lamm, "The Group Polarization Phenomenon", *Psychological Bulletin*, Vol. 83, No. 4, 1976, pp. 602–627; David G. Myers, "Discussion-Induced Attitude Polarization", *Human Relations*, Vol. 28, No. 8, 1975, pp. 699–714.

关于群体讨论导致群体极化的现象，存在不同的解释。其中，说服性论辩（persuasive argument）的解释认为，在群体讨论中，赞成某种立场的观点越多，就越具有说服力，群体成员就越可能支持这一立场，尽管群体讨论并不会检验所有观点，也不会同等重视所有观点。社会比较与自我展示过程（self-presentation process）也是一种重要的解释路径。这一解释认为，个体对于获得赞赏的愿望驱使他们变得比群体其他成员更极端。社会认同过程（social identity process）则是第三种解释思路。根据这种解释，讨论强化了群体感，使个体感受到了需要改变自己以与群体标准保持一致的压力，在趋近心目中的刻板印象和标准的过程中把自己的观点调整得更加极端了。当然，并非所有的群体讨论都会导致极端化。如果在围绕某个问题的群体讨论中，持不同立场的人数量接近时，讨论通常会采取折中观点。这种现象被称作去极端化。[1]

群体极化可见于各种形式和规模的群体与群体行动。其中，群体与社会自我隔离、人们的从众心理、对权威的服从、社会流瀑效应以及群体思维等都在一定程度上催生和助长了群体极化。桑斯坦（Cass R. Sunstein）有关群体极化的研究，为理解不同类型的极端主义提供了重要线索。[2]

有研究认为，群体极化与群体认同、去个性化存在较为明确的联系。[3]具体而言，群体极化与群体认同存在正相关关系；在去个性化的状态下，个体会产生较强的群体认同和较高水平的意见极化。因此，去个性化与较强的群体极化和群体认同联系在一起。就个体来说，较为极化并认同某一群体的个体更倾向采取与个性不符的行为，乃至表现出有违常规的行为。

---

[1] 参见〔美〕泰勒、佩普劳、希尔斯：《社会心理学（第十版）》，谢晓非、谢冬梅、张怡玲、郭铁元等译，北京大学出版社2004年版，第326—327页。

[2] 参见〔美〕凯斯·R.桑斯坦：《极端的人群：群体行为的心理学》，尹宏毅、郭彬彬译，新华出版社2010年版。

[3] Eun-Ju Lee, "Deindividuation Effects on Group Polarization in Computer-Mediated Communication: The Role of Group Identification, Public-Self-Awareness, and Perceived Argument Quality", *Journal of Communication*, Vol. 57, No. 2, 2007, pp. 385–403.

3. 群体思维

群体思维（groupthink，也称趋同思维）是这样一种心理现象，即群体成员为保持和谐、一致而做出不正确或反常的决策。在这一过程中，群体成员为了避免冲突并达成共识，屏蔽了外部影响，也忽略了对不同意见和观点做批判性评估。群体思维是群体中从众现象的一个表现或结果。美国在珍珠港事件和猪湾事件中的决策失误，是常被引用的群体思维导致决策失败的重要案例。

有关群体思维的早期研究主要是由耶鲁大学的欧文·贾尼斯（Irving Janis）完成的。贾尼斯在 1972 年提出群体思维概念后，又在 1982 年进行了修订。[①] 自贾尼斯开辟了群体思维这一研究领域，其后的研究基本上是对贾尼斯早期研究特别是其群体思维模式的评估和改进，当然也包括批评。群体思维可被视为一个包括多方面表现的群体症候群，贾尼斯在其研究中总结了群体思维在三个维度上的若干表现。其一是对群体的过高估计。例如，群体是强大无比的这一幻觉催生了过度的乐观主义并鼓励了冒险行为，对群体道德不加质疑的信仰使群体成员忽视了其行为的后果。其二是群体思想封闭（closed-mindedness）。例如，认为合理的警示可能挑战群体的观念，以及将那些持不同意见者类型化为虚弱的、邪恶的、有偏见的、讨厌的、无力的或愚蠢的。其三则是一致性（从众）的压力。具体表现如，对不同于表面群体共识（apparent group consensus）的观念的自我审查（self-censorship）；存在群体成员一致同意的假象，沉默也被视为同意；任何质疑群体的成员都被置于一致性的直接压力之下，或被视为"背信弃义"；群体中总是存在自封的保护群体免受不同信息影响的思想卫士。

群体思维常常导向共识驱动的决策，造成决策缺陷，如对可替代

[①] Irving L. Janis, *Victims of Groupthink: A Psychological Study of Foreign-Policy Decisions and Fiascoes*, Boston, MA: Houghton Mifflin, 1972; Irving L. Janis, *Groupthink: Psychological Studies of Policy Decisions and Fiascoes*, 2nd ed., Boston, MA: Houghton Mifflin, 1982.

方案及目标的研究不够完善，对倾向性选择的风险以及此前被否定的选择的评估和再评估不足，糟糕的信息搜索和信息收集过程中的选择偏差，最终导致不能做出应急（应变）计划。

在不同群体中出现群体思维的可能性存在差异。贾尼斯分析了群体思维出现的三个方面的前提条件。在群体整体特征方面，高水平的群体凝聚力和去个性化更容易导致群体思维；在群体结构方面，群体的孤立（隔绝）、公正领袖和程序性规范的缺失，以及成员社会背景和意识形态的同质性等，都容易导向群体思维；在所处情境方面，高强度的外部威胁、近期的失败、决策任务过于困难以及道德困境等，也可能导致群体思维。当然，并非出现了群体思维的情境都包含所有这些因素。在这些因素中，贾尼斯认为群体凝聚力对群体思维影响最大，但他同时承认群体凝聚力并不总会导致群体思维，而群体规范在其中发挥着重要作用。如果群体鼓励个体提出不同意见和解决问题的不同策略，那么即使在高凝聚力的群体中也可避免群体思维。

1974年，在贾尼斯提出群体思维理论两年之后，德国政治学家和传播学家伊丽莎白·诺尔-诺伊曼（Elisabeth Noelle-Neumann，1916—2010）提出了后来被广泛运用于大众传播和民意研究的"沉默的螺旋"（the spiral of silence）理论。[①] 在很大程度上可以说，这两种理论有着接近的或共同的病原学基础和心理基础，即对孤立（社会孤立）的恐惧。所不同的是，贾尼斯的群体思维理论主要基于对参与决策的精英群体的分析，而"沉默的螺旋"理论则涉及在一般社会意义上人们的从众心理。相比沉默的螺旋理论，群体思维理论包括对更为复杂的影响因素的分析。

群体思维概念和理论所揭示的现象与人们的一般观察非常吻合，因而这一理论在直觉上非常吸引人，但能够支持这一理论的经验证据

---

① Elisabeth Noelle-Neumann, "The Spiral of Silence: A Theory of Public Opinion", *Journal of Communication*, Vol. 24, No. 2, 1974, pp. 43–51; Elisabeth Noelle-Neumann, *The Spiral of Silence: Public Opinion, Our Social Skin*, Chicago, IL: University of Chicago Press, 1984.

却极其有限。朴元雨（Won-Woo Park）在一篇综述群体思维研究的论文中指出，"已经发表的有关群体思维的实证研究只有16个"，而这些实证案例"只是部分地支持了贾尼斯的假设"。① 不仅如此，对群体思维理论的批评还包括，支持这一理论的研究大多"不是严谨的研究"，"趣闻轶事、有关因果关系的讨论，以及凭直觉判断的吸引力"是这一理论的主要支持来源等。菲利普·泰特洛克（Philip E. Tetlock）则认为，并非所有群体都具有群体思维。在这类群体之外，还存在能做出良好判断和具有"警惕性"的群体。② 在这种意义上，群体思维可以理解为一种可能的群体决策倾向，而对群体思维症候群及其前提条件的描述则为有效规避群体思维提供了重要启示。

小 结

群体性存在作为人类生活的一种自然状态，是人类历史的重要背景和前提，也将长期伴随人类与人类生活。不仅如此，与群体心理相关的诸多现象（包括尚未被充分认识的现象）早已成为人们常识的一部分，而与常识的某种一致性联系赋予群体心理学巨大的吸引力，并使群体心理学研究成为"人类社会的某些永恒趋势"。③

勒庞的《群体心理学》作为一项学术研究取得了巨大的成功，但也在很大程度上使群体心理成为令人厌恶和沮丧的一种精神现象，甚至使群体心理学受到了很大误解。从群体心理学常见的一些假设及结论来看，这一学科很容易给人以反民主的印象。有研究者指出，勒

---

① Won-Woo Park, "A Review of Research on Groupthink", *Journal of Behavioral Decision Making*, Vol. 3, No. 4, 1990, pp. 229-245.

② 参见〔美〕凯斯·R.桑斯坦：《极端的人群：群体行为的心理学》，尹宏毅、郭彬彬译，新华出版社2010年版，第112—113页。

③ 〔法〕塞奇·莫斯科维奇：《群氓的时代》，许列民、薛丹云、李继红译，江苏人民出版社2003年版，第14页。

庞的成功在于为政治家提供了如何对付群众的建议①，希特勒在勒庞《群体心理学》德文版出版的当年（1908年）就读到了这本书的事实，也很容易使人们产生类似的联想。

群体对于理解人类行为必不可少。但是，由于二战结束以来，甚至开始于更早的时间，心理学研究中的科学主义倾向使群体研究日益集中于适于实验的小群体，群体研究似乎在一定程度上蜕化为组织心理学的重要内容，从而在社会心理学和政治心理学中被边缘化了。②政治心理学领域有关个体层面研究同集合层面研究之间关系的讨论与此有一定关联。

群体心理学本身似乎就充满了各种矛盾。尽管科学取向的小群体研究对学科整体发展极为重要，但源于这类研究的基本观察和结论是否可用于解释在规模和性质等方面都存在巨大差异的其他群体，则是很难确定的。可以说，群体心理学的研究方法总体上还比较粗糙。在很大程度上，粗糙的研究方法与群体研究具有"头等重要意义"的时代相关性形成了强烈反差。③

社会心理学和组织心理学是群体研究最为集中的两个学科领域。对于群体的理解，组织心理学不同于社会心理学，更不同于政治心理学，但无论是社会心理学还是组织心理学，都为政治心理学领域的群体研究提供了重要的见解。相对于政治心理学在很大程度上充满悲观色彩的群体研究，社会心理学和组织心理学趋向"完美群体"的丰富思考，对于人们消除有关群体心理的诸多误解，改变成见，无疑具有

---

① Susanna Barrows, *Distorting Mirrors: Visions of the Crowd in Late Nineteenth-Century France*, New Haven, CT: Yale University Press, 1981, p. 173. 转引自 J. S. McClelland, "Crowd Theory Make Its Way in the World: The Le Bon Phenomenon", in J. S. McClelland, *The Crowd and the Mob: From Plato to Canetti*, London and New York: Routledge, 2010, pp. 151-181。

② 参见 Lawrence J. Sanna and Craig D. Parks, "Group Research Trends in Social and Organizational Psychology: Whatever Happened to Intragroup Research?", *Psychological Science*, Vol. 8, No. 4, 1997, pp. 261-267。

③ 参见〔法〕塞奇·莫斯科维奇:《群氓的时代》，许列民、薛丹云、李继红译，江苏人民出版社2003年版，第487页。

积极意义。

在政治心理学领域，普遍意义的群体研究并不多见，取而代之的是对不同特定形式或类型的群体和群体行为的专题研究。[①] 其中，比较常见的研究主要集中于特定群体，如移民（包括国内移民）、族群（特别是少数族裔）等，以及某些社会运动和群体行动，如民族反抗运动、罢工等。在现实政治中，特定群体常常与特定的政治和社会问题联系在一起。因此，政治心理学领域的特定群体研究也往往与特定主题结合在一起，被视为特定主题领域的研究。譬如，对欧洲国家外来移民群体的研究通常与有关移民政策的态度研究联系在一起。

弗洛伊德在《群体心理学与自我的分析》中长篇累牍地引用勒庞《群体心理学》中的段落，尽管他并非完全赞成其观点。有趣的是，他还犯了一个极具意义的有益"错误"。他认为勒庞的兴趣"只涉及短命的群体"，从而赞扬勒庞选取了"喧闹的、暂时的群体"进行研究，而事实上勒庞的研究虽然聚焦于暂时性群体，却没有局限于此。社会学家罗伯特·默顿（Robert K. Merton, 1910—2003）认为弗洛伊德的这个错误是"在无意中撞上了一个最有价值的研究题目，因为只有在这种暂时性聚集的人群中，才能够最清楚地看到个人对集体的要求百依百顺，自愿放弃自己独立自主的精神"[②]。

在现代社会，大量群体性事件的突然爆发都与暂时性群体有关。因此，暂时性群体就成为尤其值得关注的重要群体类型。在心理学和社会心理学意义上，默顿点明了暂时性群体的研究价值；在政治心理学意义上，这类群体的研究意义则更为丰富，特别是对于理解或预测某些群体行为的发展轨迹和方向而言。

事实上，麦独孤和弗洛伊德在其群体心理研究中已特别提及这种暂时性群体。在他们看来，这类群体是各种各样的个人基于某种转瞬

---

① 如〔美〕埃里克·霍弗：《狂热分子——码头工人哲学家的沉思录》，梁永安译，广西师范大学出版社2008年版。

② 〔美〕罗伯特·墨顿：《勒庞〈乌合之众〉的得与失》，见〔法〕古斯塔夫·勒庞：《乌合之众：大众心理研究》，冯克利译，中央编译出版社2004年版。

即逝的眼前利益而匆匆忙忙地聚集在一起形成的。同时,在乌合之众成为心理学意义上的群体之前,共同的兴趣,或在某种场合具有相同的情感倾向,以及某种程度的相互影响等,使其获得了"心理同质性",也因此表现出越来越明显的群体心理特征。

人类社会及政治生活将长久伴随着群体和群体生活,与群体长期共处。如何利用群体积极心理或积极利用群体心理,是一个值得持续关注的问题。

"所有政治都不同程度地表明了人群聚集所产生的危险情绪。"① 人类生活于其中的政治场域变动不居,群体行动空间也在不断变化。现代社会人际交往的便捷以及人们对风险的高度敏感,使群体的形成快速且常常出人意料,网络空间更成为各种群体活跃于其中的崭新的政治空间。这是政治心理学中群体研究的重要背景和环境,也为政治心理学彰显其资源价值提供了重要契机。

---

① Jaap van Ginneken, "The Killing of the Father: The Background of Freud's Group Psychology", *Political Psychology*, Vol. 5, No. 3, 1984, pp. 391–414.

第五章　政治态度

态度影响了人们既往经历的几乎所有方面，也可能影响未来的行为。因此，态度一直是心理学研究中一个非常重要的主题和问题领域。在政治心理学研究中，态度也是一个核心概念，态度及其形成和改变早已成为一个令社会科学家着迷的话题。但是，有关态度是什么以及如何识别态度的共识却仍然难觅踪影。①

第一节　从态度到政治态度

态度的起伏波动是最近几十年来引发研究者兴趣的一个重要问题，而对态度的把握需要建立在厘清态度概念的基础上。第二次世界大战结束以来，态度概念得到了广泛的讨论。态度的定义繁多，对态度的不同理解与不同的界定联系在一起。

一、多维的态度概念

态度一般指对人、问题或其他客体的总体评价。在 19 世纪中叶以前，态度的基本含义包括"适合"或"适应"的意思，即它既指对

---

① W. J. McGuire, "Attitudes and Attitude Change", in Gardner Lindzey and Elliot Aronson, eds., *Handbook of Social Psychology*, Vol. 2, *Special Fields and Applications*, 3rd ed., New York, NY: Random House, 1985, pp. 233—346.

行为的主观的或心理的准备状态，也指艺术领域中雕塑或绘画作品中人物外在的和可见的姿态。其中，前一种含义是心理学意义上的，后一种则是解剖学意义上的。英国社会学家赫伯特·斯宾塞在现代意义上第一次使用了"态度"概念。1862 年，斯宾塞在《第一原理》中写道："在有争议的问题上达到正确的判断，主要依赖于我们在倾听和参与辩论时，头脑中具有的态度；并且，要保持正确的态度，我们就必须去了解普遍的人类信仰在多大程度上是正确的以及在多大程度上是不正确的。"①

斯宾塞对"态度"概念的使用影响了当时心理学研究的流行风尚和传统。其后，心理学家开始放弃原有的内省观点。1888 年，朗格（Carl G. Lange，1834—1900）在有关反应时间的实验中发现，相比将注意力放在即将到来的刺激上，被试如果集中注意准备好对刺激做出反应，其反应时间更短。可以看出，有或没有精神准备直接影响人对刺激的反应。这种预先的倾向或心理上的准备状态被称作"态度"。朗格的经典实验后来被认为是有关态度的最早的实验研究。在朗格之后，闵斯特伯格（H. Münsterberg，1863—1916）提出了有关注意的行为理论，弗雷（Charles Féré，1852—1907）也提出肌肉的稳定条件是意识选择其方向的决定条件。②这些认识为"态度"的界定创造了条件。但是，学者们仍然难以给"态度"下一个统一的定义，而只是根据不同的研究需要为"态度"下一个工作定义（working definition）。这种工作定义在不同程度上存在某种局限，但对于所要研究的问题却是方便和稳妥的。

尽管如此，对"态度"的界定甚至是远不完备的工作定义，仍然包含解释社会行为的诸多相互竞争甚至冲突的理论命题：是行动的环境特征还是行动的人的倾向或特质决定着人的行为？真正激进的行为

---

① H. Spencer, *First Principles*, London: Williams and Norgate, 1862, I, 1, i. 转引自周晓虹：《现代社会心理学：多维视野中的社会行为研究》，上海人民出版社 1997 年版，第 240 页。

② 周晓虹：《现代社会心理学：多维视野中的社会行为研究》，上海人民出版社 1997 年版，第 240—241 页。

主义者根本不使用"态度"的概念,而是将其分解为具体的行为。深受实证主义影响的理论家则采取了各种折中的立场,或是将态度与习惯结合起来,或是将态度看作行为的一个特殊层次而不是一种倾向。不管如何界定"态度",其核心是,态度是"围绕一个心理客体组织起来的"。这也是对于"态度"的各种不同界定的共识。也就是说,态度总是关于某个对象的,可以是一件事、一个概念、一项政策、一个人或是一个政党,甚至可以是自我。社会心理学的重要奠基人麦独孤将态度看作精神生活据以组织的基础,但是却用情感(sentiment)一词取代态度(attitude)。[①]

进入20世纪,某种程度上出于对强调生物或遗传因素对于行为影响的"本能"(instinct)这一术语的不满,对个体差异感兴趣的社会学家和心理学家开始使用"态度"这一概念。社会科学领域中态度研究的出现,很大程度上正是学者们更为强调社会和文化因素作用的一个结果。在20世纪30年代,奥尔波特曾在一篇论文中写道,"态度的概念也许是当今美国社会心理学中最显著和最必不可少的概念"[②]。实际上,态度概念的学术史要短于奥尔波特在1935年评论中所提及的时间。在他生活的那个时代,奥尔波特感到有必要通过回溯态度与实验心理学史二者之间模棱两可的联系将态度概念规范化。麦独孤使用的"情感"一词其实是更确切的理论先导。

在社会心理学领域,托马斯和兹纳涅茨基在其经典著作《身处欧美的波兰农民》的方法论前言中,最早在社会心理学意义上使用了"态度"的概念。在托马斯和兹纳涅茨基看来,态度与价值是互补的概念:态度指人对于客体(对象)的所有倾向,而所有客体(对象)

[①] M. Brewster Smith, "Political Attitudes", in Jeanne N. Knutson, ed., *Handbook of Political Psychology*, San Francisco, CA: Jossey-Bass, 1973, pp. 57–59.

[②] G. W. Allport, "Attitudes", in C. Murchison and W. C. Allee, eds., *A Handbook of Social Psychology*, Worcester, MA: Clark University Press, 1935, pp. 798–844. 转引自 M. Brewster Smith, "Political Attitudes", in Jeanne N. Knutson, ed., *Handbook of Political Psychology*, San Francisco, CA: Jossey-Bass, 1973, p. 57。

都是通过作为人的态度的目标而获得价值的。社会心理学中的"态度"概念由此提出之后,随着瑟斯通(Louis Leon Thurstone,1887—1955)制定了第一个态度量表,"态度"研究在社会心理学中的地位完全确立起来了。实验者们在方法上的创新几乎全部集中于对实验的控制,而不是态度变量的确定和度量。至于对与政治心理学直接相关的公众态度的描述性分析,研究者则主要依赖调查设计和分析技术,而不是态度量表测量的技术。①

奥尔波特在1935年的评论中曾经这样定义态度:态度是一种由过去经验形成的心理和神经系统的准备状态,它引导着或动态地影响着个体对与这些经验有关的事件、情境的反应。② 这个表面上看起来很有用的定义,实际上糅合了许多关于态度的前提假设,而这些假设并不都是正确的。譬如,其中一个假设认为态度是持久的,而实际上人们对于从未遭遇过的人或事情,也常常持有某种态度;又如,另一个假设认为,态度对行为有引导性或动态性的影响,但事实上态度和行为之间的关系有时并不是很强。③

二、态度研究进入政治心理学领域

20世纪30年代中后期,奥尔波特以及G. 墨菲(Gardner Murphy)、L. B. 墨菲(L. B. Murphy)和纽科姆(T. M. Newcomb)等人在对社会心理学早期研究的回顾中,都将态度看作社会心理学研究的核心问题,其典型方法是描述和进行相关分析,而没有将更多的注意力放在

---

① M. Brewster Smith, "Political Attitudes", in Jeanne N. Knutson, ed., *Handbook of Political Psychology*, San Francisco, CA: Jossey-Bass, 1973, p. 60.

② G. W. Allport, "Attitudes", in C. Murchison and W. C. Auee, eds., *A Handbook of Social Psychology*, Worcester, MA: Clark University Press, 1935, pp. 798–844. 转引自 M. Brewster Smith, "Political Attitudes", in Jeanne N. Knutson, ed., *Handbook of Political Psychology*, San Francisco, CA: Jossey-Bass, 1973, p. 57.

③ 参见〔美〕泰勒、佩普劳、希尔斯:《社会心理学(第十版)》,谢晓非、谢冬梅、张怡玲、郭铁元等译,北京大学出版社2004年版,第138页。

关注态度形成和改变的条件，也没有将态度心理学与更为普遍的解释原则结合起来。第二次世界大战期间，态度心理学研究处于低潮。这一时期的态度研究或许仍然是社会心理学的重心，但对于年轻而聪明的研究者却缺乏吸引力。然而，30年代后期和40年代社会心理学领域所取得的一些进展，使态度研究在之后二十年真正占据了迅速发展的实验心理学的中心位置。正是这些发展的某些方面促成了态度研究由社会心理学领域向政治心理学领域扩展。

20世纪30年代后期民意调查的出现，使态度研究从校园进入真正的政治生活领域。这方面的主要进展都得益于社会心理学的推进。譬如，对美国总统竞选中投票行为的影响因素的分析，尤其是对人的因素的分析，如居住于农村还是城市、社会经济地位以及宗教信仰等，这些问题在社会心理学领域都得到了较为集中的研究。二战期间由社会学家塞缪尔·斯托弗（Samuel A. Stouffer，1900—1960）指导的项目，使态度研究的方法获得了具有实质意义的发展。[①] 当心理学家的兴趣转向投票相关议题时，他们仍将研究重心放在态度上，包括对候选人的态度、对政党的态度以及对政策相关议题的态度，并将更多的注意力集中于这些态度所蕴藏的信念。

不管是受惠于心理学还是社会学，各类调查为政治态度的心理学研究提供了重要的描述性实质内容，并超越了态度研究传统而使态度研究与政治生活的现实发生了联系。

由于社会心理学与政治心理学中态度研究的这种历史与学术渊源，政治心理学对态度的界定往往借用社会心理学对态度的定义。一些政治心理学家在探讨"态度"的界定问题时明确指出，由于政治心理学与社会心理学的相关性，其注意力将集中于对态度本质及其过程

---

① Samuel A. Stouffer, Louis Guttman, Edward A. Suchman, et al., *Measurement and Prediction* (Studies in Social Psychology in World War Ⅱ, Vol. 4), Princeton, NJ: Princeton University Press, 1950; Joseph W. Ryan and David R. Segal, *Samuel Stouffer and the GI Survey: Sociologists and Soldiers during the Second World War*, Knoxville, TN: University of Tennessee Press, 2013.

的探讨，而不会侧重政治态度的政治性的一面。[①] 基于此，社会心理学对"态度"的界定可以直接运用于政治心理学领域的相关研究。因此，从态度、社会态度到政治态度，其概念内涵并未发生太大的变化，其间的差异可能更多产生于态度客体的差别，也可能源于研究者不同的关注点和侧重点。

三、理解多维度的态度概念

随着对态度的了解日渐增多，心理学家对态度的界定也越来越明确，就是以较为直接的方式定义态度，并使之与已知的态度运作方式相吻合。很大程度上，对态度的界定是与态度的结构联系在一起的。于是，态度的结构或基础，即"认知成分"（cognitive component）、"情感成分"（affective component）和"行为成分"（behavioral component），就成为常见的也是能够被普遍接受的态度界定的依据。[②] 其中，认知成分指的是个体对态度对象的想法，包括了解的事实、掌握的知识以及持有的信念等；情感成分包含个体对态度对象的所有情绪与感情，尤其是正面和负面的评价；行为成分则主要指个体对于态度对象的行为倾向。这三种成分之间并不总是存在高度相关关系，因而在态度研究中应同时予以考虑。尽管如此，态度的经典定义仍主要集中于态度的某个方面，从而形成了不同于"三种成分"或"三重"态度模式的"单一成分"观点。

其中，一些心理学家对态度的界定强调其认知成分，因而直接将态度纳入认知体系。米尔顿·罗克奇（Milton Rokeach）认为，态度

---

① 参见 M. Brewster Smith, "Political Attitudes", in Jeanne N. Knutson, ed., *Handbook of Political Psychology*, San Francisco, CA: Jossey-Bass, 1973, pp. 59—61。

② Milton J. Rosenberg and Carl I. Hovland, "Cognitive, Affective and Behavioral Components of Attitudes", in Milton J. Rosenberg, Carl I. Hovland, William J. McGuire, et al., *Attitude Organization and Change: An Analysis of Consistency among Attitude Components*, New Haven, CT: Yale University Press, 1960, pp. 1—14.

是一种具有结构性的复杂的认知体系，是"个人对于同一对象的多个相关联的信念的组织"。还有心理学家对态度的界定强调态度的情感维度。爱德华兹（Allen L. Edwards）就将态度理解为"与某个心理对象有关的肯定或否定情感的程度"。[1] 于是，态度就等同于诸如赞成或不赞成、喜欢或不喜欢的情感表达。更为常见的态度界定是将态度定义为行为反应的准备状态。前述奥尔波特有关态度的经典定义就属于这一类型。

以单一成分或三种成分界定态度概念，已经成为主导态度研究文献的两种相互冲突的理解。将态度归结于单一成分的努力或许有助于解决态度-行为一致性的问题，但又可能在一定程度上导向对态度与行为间关系过于简化的理解。格林沃尔德（Anthony G. Greenwald）以及其后布雷克勒（Steven J. Breckler）的研究认为，认知、情感和行为等三种反应类型的存在本身并不能假定三者之间是统一的。[2] 因此，也就无需假设态度与行为之间存在先验的一致。事实上，有关态度的"三种成分"模式已经成为态度理论的重要范式，也影响了整个西方哲学，因而可能在研究实践中较为容易地整合不同研究。[3] 无论是哪一种态度界定模式，早期有关概念界定的一个基本认识是，态度根本上包含着评价的成分。[4] 可以说，认知信息、情感信息和行为信息都

---

[1] M. Rokeach, *Attitudes and Values: A Theory of Organization and Change*, San Francisco, CA: Jossey-Bass, 1968; Allen L. Edwards, *Techniques of Attitude Scale Construction*, New York, NY: Appleton-Century-Crofts, 1957, p. 2. 转引自周晓虹：《现代社会心理学：多维视野中的社会行为研究》，上海人民出版社1997年版，第241页。

[2] Anthony G. Greenwald, "On Defining Attitude and Attitude Theory", in Anthony G. Greenwald, Timothy C. Brock and Thomas M. Ostrom, eds., *Psychological Foundations of Attitudes*, New York, NY: Academic Press, 1968, pp. 361−388; Steven J. Breckler, "Empirical Validation of Affect, Behavior, and Cognition as Distinct Components of Attitude", *Journal of Personality and Social Psychology*, Vol. 47, No. 6, 1984, pp. 1191−1205.

[3] 参见 Mark P. Zanna and John K. Rempel, "Attitudes: A New Look at an Old Concept", in Russell H. Fazio and Richard E. Petty, eds., *Attitudes: Their Structure, Function, and Consequences*, New York, NY: Psychology Press, 2008, pp. 7−15。

[4] Thomas M. Ostrom, "The Relationship between the Affective, Behavioral and Cognitive Components of Attitude", *Journal of Experimental Social Psychology*, Vol. 5, No. 1, 1969, pp. 12−30.

是态度评价的重要基础。

在比较流行的态度界定中,菲什拜因(Martin Fishbein)和艾森(Icek Ajzen)认为,态度是"在特定对象方面以一贯赞成或不赞成的方式做出反应的倾向";法齐奥(Russell H. Fazio)将态度界定为"特定对象与特定评价之间的一种联系";伊格利(Alice H. Eagly)和柴肯(Shelly Chaiken)则将态度界定为"通过某种程度的赞成或不赞成去评价特定实体而表现出来的心理倾向"。①

卡茨(Daniel Katz)认为态度具有工具、自我防御、知识和价值表达等四种功能类型。②对于态度的这种功能主义视角的分析,强调态度的实用功能,并启发了其后的研究者。法齐奥就将态度概括为帮助个体形构其在复杂社会环境中对于客体或事件的总体判断。在这种意义上,态度可以被看作某种社会知识,它源自经历、信念以及由态度对象产生的情感基础。③

对"态度"概念的界定,尤其是社会心理学和政治心理学领域中的"态度"定义,不仅包括对"什么是态度"的认识,还包括对"态度是怎样的(如何)"做具体的分析。因此,态度的测量也是态度界定的一个重要组成部分;而且,要具体分析"态度是怎样的(如何)",仅仅做出"赞成-反对"(pro-con)的区分还远远不够。如果因袭传统而将态度简单地区分为赞成或反对,对"态度"概念的界定

---

① Martin Fishbein and Icek Ajzen, *Belief, Attitude, Intention and Behavior: An Introduction to Theory and Research*, Reading, MA: Addison-Wesley, 1975; Russell H. Fazio, "On the Power and Functionality of Attitudes: The Role of Accessibility", in Anthony R. Pratkanis, Steven J. Breckler and Anthony G. Greenwald, eds., *Attitude Structure and Function*, Hillsdale, NJ: Laurence Erlbaum Associates, 1989, p. 155; Alice H. Eagly and Shelly Chaiken, *The Psychology of Attitudes*, Fort Worth, TX: Harcourt Brace Jovanovich, 1993, p. 1.

② Daniel Katz, "The Functional Approach to the Study of Attitudes", *Public Opinion Quarterly*, Vol. 24, No. 2, 1960, pp. 163-204.

③ 参见 Mark P. Zanna and John K. Rempel, "Attitudes: A New Look at an Old Concept", in Russell H. Fazio and Richard E. Petty, eds., *Attitudes: Their Structure, Function, and Consequences*, New York, NY: Psychology Press, 2008, p. 7。

就不得不局限于针对客体的喜好或厌恶的倾向。态度研究领域中方法的多元化，特别是调查研究和定量研究的大量运用，不仅使态度测量与信念的认知内容联系起来，也使得对"态度"概念的界定更为具体、充实和准确。

事实上，态度本来就很难与信念（belief）或政治信念（political belief）区分开来；非但如此，在一些研究者看来，态度与信念、政治信念不过是同一事物的不同表达而已。[1] 于是，只有将信念及其相关讨论纳入其中，态度研究才比较完整。态度虽然被不同研究者以不同的方式界定，但其核心仍是评价的问题。因此，态度往往被看作在从积极到消极的评价维度上对客体作出判断的一个概括。

态度的结构和基础、态度的改变以及态度的结果，是态度研究的三个传统领域，也是态度研究的三个主要方向。有关态度的大多数研究都是在这三个方向上展开的。其中，态度的结构和基础在很大程度上影响着态度的改变以及态度的结果。

第二节 态度的结构特征与基础

笼统地说，认知成分、情感成分和行为成分就是态度的重要结构和基础，从这三个方面去界定态度已成为理解和研究态度的一种常见的思考路径。然而，态度实际上具有远比认知、情感和行为三个维度

---

[1] 罗伯特·莱恩曾列举被用于指称"政治信念"的不同术语。如罗伯特·达尔（Robert Dahl）用"分析"（analysis），奥尔波特用"态度"（attitude），康弗斯（Philip E. Converse）用"信念体系"（belief system），F. X. 萨顿（F. X. Sutton）用"信条"（creeds），阿尔蒙德和戴维·伊斯顿用"文化"（culture），阿多诺、曼海姆（Karl Mannheim）和罗伯特·莱恩用"意识形态"（ideology），罗伯特·默顿用"精神产品"（mental products），凯伊（V.O. Key, Jr）和沃尔特·李普曼（Walter Lippmann）用"意见"（opinion），莫里斯（C. Morris）用"价值"（values），等等。参见 Robert E. Lane, "Patterns of Political Belief", in Jeanne N. Knutson, ed., *Handbook of Political Psychology*, San Francisco, CA: Jossey-Bass, 1973, pp. 83–84。

更为复杂的特点和内涵。譬如，人们可能具有多种复杂的想法和信念，这些想法和信念也许与事实并不完全符合，甚至相互矛盾；再如，在态度的认知、情感和行为三个不同维度上，认知往往非常复杂，而评价似乎简单得多。因此，高度的复杂性是态度的一个重要特点。这一特点使得态度领域的研究始终面临诸多困难，同时也使这一领域在最近几十年中对研究者总是充满吸引力。

态度研究者认为，态度的基础应该包括两个方面：一是态度的结构特征和功能基础，一是作为态度基础的个体差异。其中，前一方面主要涉及态度的一些内在特征和重要影响因素，后一方面则与作为态度这一精神活动和现象的主体的人有关。

一、态度的结构特征

态度的结构和基础作为态度研究的一个传统主题，与之相关的研究，尤其是有关其内在特征和重要影响因素的研究，往往是在态度强度（attitude strength）的标签下展开的。[①] 由于潜在于态度结构的差别会导致态度强度上的差异，研究者假定由态度强度就可以推导出态度基础与结构的状况。具体而言，态度的可及性（accessibility）、矛盾性（ambivalence）、情感/认知基础（affective/cognitive bases），以及作为态度基础的价值与态度功能，是重要的态度结构特征。

1. 态度的可及性

可及性意味着态度从记忆（信息存储）中被激活的程度，可以简单表述为"与你的情感取得联系"（getting in touch with your feelings）。由法齐奥所提出的这一态度分析路径将态度看作客体（人、

---

① Richard E. Petty, Duane T. Wegener and Leandre R. Fabrigar, "Attitudes and Attitude Change", *Annual Review of Psychology*, Vol. 48, No. 1, 1997, pp. 609–647.

地方或问题）与评价之间的一种联系。① 这种联系既可以表现为一个国家与某种强烈情感之间的联系，也可以是一种民族认同与自豪感之间的联系，还可以是日常生活中特定器物与某种情绪之间的联系（如常见于儿童的在玩具与某种情绪之间的联系），等等。可及性是态度强度的一个重要方面。

可及性依赖于某种联系，可能仅仅是看到某个名字就会产生某种联想，并将态度的不同成分结合起来。一般而言，人们对于祖国的情感往往非常浓烈，国旗、国徽等象征以及国家名称本身即可使记忆（信息存储）中的态度被迅速激活。譬如，中国拥有悠久的历史、灿烂的古代文明等，很容易令人产生积极的情感（如自豪感），因而也有利于对她形成积极的态度评价。客体与评价之间的联系越强，特定态度也会越明显、越持久。与此相关，那些我们拥有可及性态度的客体常常也会更引人关注。

强态度表现出较高的可及性，并可引发诸多心理和行为反应。在这种意义上，可及性理论与符号态度理论类似。不仅如此，可及性还对信息处理具有影响。可及性态度是信息处理的滤器，如果其态度在记忆（信息存储）中是可及的，那么人们往往会带有偏见地处理问题；如果没有可及性态度，即使在某个问题上立场极端，人们的态度也不会影响其判断。②

态度可及性（即客体和评价之间联系的强度），对于理解态度的功能具有重要的启示。但是，也有研究表明，态度有时仅仅因为遇到态度客体而被自动激活（automatic activation），并且这一效应随人们

---

① Russell H. Fazio, "Attitudes as Object-Evaluation Associations: Determinants, Consequences, and Correlates of Attitude Accessibility", in Richard E. Petty and Jon A. Krosnick, eds., *Attitude Strength: Antecedents and Consequences*, Hillsdale, NJ: Lawrence Erlbaum Associates, 1995, pp. 247-282.

② 参见 Richard M. Perloff, *The Dynamics of Persuasion: Communication and Attitudes in the 21st Century*, 4th ed., New York, NY: Routledge, 2010, pp. 72-76。

对客体态度强度的增加而增强。① 因此，研究者希望未来研究澄清能够控制可及性在什么时候能或不能调整态度的自动激活的心理机制。② 与此相关，用重复的态度表达来控制客体与评价之间联系的强度，也是研究者关注的问题。一个人表达其态度的频率影响着其态度的可及性，但不会改变态度的其他特征。这一命题虽然得到了较多认同，但潜在于这种影响的具体机制及其普遍性还需要认真思考。与此相关，这一方面的研究还分析了重复的态度表达诱发可及性的条件。尽管态度的重要性在很大程度上是由其被感知到的自我相关性（self-relevance）决定的，但相关研究却表明态度重要性随着态度表达次数的增加而增强。③

2. 态度的矛盾性

态度在多大程度上是矛盾的，是态度研究关注的一个重要问题。一些研究基于这样的假设，即积极的评价和消极的评价往往是此消彼长的。这种假设尽管符合人们的一般认知，但大量研究却发现这一假设很难得到支持。这种认识实际上是对普遍存在的积极评价反应和消极评价反应之间的负相关关系的错误理解。有关态度矛盾性的这种误解，在很大程度上是与态度测量中的一些缺陷联系在一起的。譬如，态度量表存在指标设计的问题，使人们不能在有意义的维度上对态度进行细致的分析，无法获知介于肯定与否定之间的不同态度的细微差异，从而使人们对态度的认识产生了重要的偏差。④

---

① Russell H. Fazio, David M. Sanbonmatusu, Martha C. Powell, et al., "On the Automatic Activation of Attitude", *Journal of Personality and Social Psychology*, Vol. 50, No. 2, 1986, pp. 229–238.

② Richard E. Petty, Duane T. Wegener and Leandre R. Fabrigar, "Attitudes and Attitude Change", *Annual Review of Psychology*, Vol. 48, No. 1, 1997, pp. 609–647.

③ Neal J. Roese and James M. Olson, "Attitude Importance as a Function of Repeated Attitude Expression", *Journal of Experimental Social Psychology*, Vol. 30, No. 1, 1994, pp. 39–51.

④ John T. Cacioppo and Gary G. Berntson, "Relationship between Attitudes and Evaluative Space: A Critical Review, with Emphasis on the Separability of Positive and Negative Substrates", *Psychological Bulletin*, Vol. 115, No. 3, 1994, pp. 401–423.

事实上，人们对同一事物的态度常常是矛盾的。矛盾的态度表现为，人们对同一个人或同一个问题，既有积极情感又有消极情感。总体上，态度的矛盾性产生于不确定性以及不同态度成分之间的冲突。具体而言，人们所拥有的明显不相容的信念或认识，是矛盾的态度产生的重要原因。在公民对政府的态度方面似乎也表现出这样的特征。近年针对中国公民的相关调查发现，公民对中央政府的信任水平明显高于对地方政府的信任水平。譬如，北京大学中国国情研究中心实施的 2008 年中国公民意识调查结果表明，公民对中央政府的信任水平为 86.6%，对地方政府的信任水平为 69.0%；同一机构 2014 年所做的平等与公正研究相关调查也发现，公众对中央政府的信任水平为 83.25%，对地方政府（市/县政府）的信任水平为 59.83%。[①] 媒体报道的影响和个人生活经历可在一定程度上解释态度的这种不一致。有关政府的负面新闻大多涉及的是地方政府，而地方政府也是公民生活中接触最多的政府层级，因此公民对地方政府的态度更多地建立在认知基础之上，而对中央政府的态度则主要受到情感成分的影响。

　　头脑（理性、认知）和心灵（情感）不统一是矛盾态度的常见类型。具体而言，对同一事物的认知和情感可能将人们带往不同的方向。"理性地说，我同意；但感情上，我不同意"——既是日常生活中常见的一种复杂心态，也是这种矛盾态度的典型表达。在政治生活中，人们对政治人物的态度就常常受困于这种矛盾。这一态度现象在选举过程中表现得尤为突出。在选举过程中，许多选民一方面在感情上支持某个特定政党及其候选人，但这个政党的现实表现却又可能使选民对这个政党及其候选人产生否定或消极的态度。

　　态度的矛盾性还随不同个体而有所不同，特别是性别差异所导致的不同影响。这种因素对女性的作用更为明显。男性和女性在成长和

---

① 参见北京大学中国国情研究中心"中国公民意识调查"（2008）、"平等与公正研究"（2014）。其他一些相关调查都得出了类似的结论，如世界价值观调查（WVS, 1990, 2001, 2007），北京大学中国国情研究中心的中国公民思想道德观念调查（2003）、不平等与分配公正调查（2009）等。

社会化过程中都受到性别刻板模式的影响，而女性在成年后常常会形成新的性别认知，特别是女性权利方面的认知，于是在基于传统观念的情感和新的认知之间就形成了矛盾。年轻的职业女性可能常常困扰于这样的矛盾态度：一方面希望获得大企业高级职位赋予的权力和责任（新的认知），另一方面又担心这样的职位会妨碍她们照顾好家庭（传统的情感）。因此，态度的矛盾性在很大程度上源于作为态度基础的情感和认知的不统一。

3. 态度的情感/认知基础

把态度概念化为具有情感/认知基础，是一种最为流行的对态度据以形成和确立的多种信息进行的分类。[①] 态度虽然是主体对客体的一种主观评价，但这种评价的形成却是一个复杂的过程，其中态度主体的情感与认知发挥着重要的作用。当然，情感方面的决定性影响有时并不能被正处于某种情感状态的人认识到。

简单地说，情感（affect）是人们体验到的一种愉快或不愉快的心理状态。在态度的形成过程中，情感可能发挥的决定作用经常被人们忽略，其中的主要原因是，人们的情感反应虽然为许多公开的判断和行为决定提供了基础，但往往不能被直接观察到；而且，情感与态度或判断之间在有些情况下可以建立确定的联系，在有些情况下却不能。在政治心理学中，一般通过四个概念来考察情感对态度形成的影响：（1）对客体或客体的某一具体特征的评价；（2）对客体的情绪反应（emotional reaction）；（3）心境（mood）；（4）情感唤起（affective arousal）。[②] 相对于情感基础，态度的认知基础比较容易为人们所认识。但是，由于情感与认知经常联系在一起，对认知作用的考察也变得复杂起来。

[①] Richard E. Petty, Duane T. Wegener and Leandre R. Fabrigar, "Attitudes and Attitude Change", *Annual Review of Psychology*, Vol. 48, No. 1, 1997, pp. 609–647.

[②] Victor C. Ottati and Robert S. Wyer, Jr., "Affect and Political Judgment", in Shanto Iyengar and William J. McGuire, eds., *Explorations in Political Psychology*, Durham, NC: Duke University Press, 1993, p. 297.

基于情感/认知分类，对与态度相关的情感和认知的恰当度量在最近几十年引起了学者们越来越多的关注。同时，在不同领域，态度在多大程度上受到情感与认知的影响，也是研究者持续关注的问题。其中，与性别相关的问题、堕胎问题等，是较为常见的容易导致情感与认知不一致的政策议题。研究者还在一些具体问题领域进行了深入的研究。譬如，在对待同性恋的问题上，研究发现，高权威人格者主要受到符号信仰和既往经历的驱使，而低权威人格者的态度则主要是由传统的信念和情感所决定的。① 这在一定程度上其实已经涉及影响态度的个体差异的问题。

对态度结构及其特征的考察是态度研究领域不可缺少和充满活力的一部分。在总体概括评价之外，对态度的可及性、矛盾性、情感-认知一致性等特征所做的分析，也是理解态度及其影响进而增进态度相关知识的重要基础。

二、态度的基础：态度形成的相关因素分析

个人经历对于态度的形成至关重要；或者说，态度由经历所塑造，似乎已经成为学者们的共识。实际上，个人经历与态度之间的关系极为复杂。

表面看来，个人经历的确是塑造政治态度的重要因素，但在不同情形下，其间的关系也有所不同，不同研究甚至可能得出相反的结论。针对美国选民的一些研究发现，在经济性投票中，没有政治意识的人往往会根据自己的财务状况形成对在任政党的判断。② 但是，当

---

① Geoffrey Haddock, Mark P. Zanna and Victoria M. Esses, "Assessing the Structure of Prejudicial Attitudes: The Case of Attitudes toward Homosexuals", *Journal of Personality and Social Psychology*, Vol. 65, No. 6, 1993, pp. 1105–1118.

② Angus Campbell, Philip E. Converse, Warren E. Miller, et al., *The American Voter*, New York, NY: John Wiley & Sons, 1960; Morris P. Fiorina, *Retrospective Voting in American Elections*, New Haven, CT: Yale University Press, 1981.

研究者聚焦于个体政治态度与其个人经历（如失业、有家人或朋友参加了越南战争、有子女在公立学校上学，以及没有健康保险等）的关系时，这种关系要么非常微弱，要么根本不存在。①

尽管如此，也有研究认为，即使是在经济领域，一些美国公民在投票时也是基于国家的经济状况而非个人财务状况。一般情况下，选民并不会因其个人经济方面的遭遇而改变政治态度和偏好。在个人主义盛行的美国，大多数选民会认为，应该由他们自己管好自己的事情。对于美国人而言，经济不满和政治判断存在于独立的精神领域，个人经济遭遇虽然重要，但并不是在政治意义上的。选民的偏好在很大程度上是基于集体的计算而非个体际遇。② 与美国有所不同的是，在英国，民众比较能够接受政府对其私人生活领域的介入，因而对英国的相关研究发现，在经济不满与投票之间存在中等水平的重要联系。③

在过去几十年中，对于公民自我利益（self-interest）是否影响其态度，不同研究得出了不同的结论。近年有研究发现，有关公民自我利益与其政治态度之间关系的不同研究结论，特别是认为公民自我利益对特定议题态度没有什么影响的结论，主要是由于研究者压缩了自

---

① Jack Citrin and Donald P. Green, "The Self-Interest Motive in American Public Opinion", in Samuel Long, ed., *Research in Micropolitics: Public Opinion a Research Annuals*, Vol. 3, Greenwich, CT: JAI Press, 1990, pp. 1−28; Richard R. Lau and Caroline Heldman, "Self-Interest, Symbolic Attitudes, and Support for Public Policy: A Multilevel Analysis", *Political Psychology*, Vol. 30, No. 4, 2009, pp. 513−537; David O. Sears and Carolyn L. Funk, "The Role of Self-Interest in Social and Political Attitudes", *Advances in Experimental Social Psychology*, Vol. 24, No. 1, 1991, pp. 1−91; David O. Sears, Richard R. Lau, Tom R. Tyler, et al., "Self-Interest vs. Symbolic Politics in Policy Attitudes and Presidential Voting", *American Political Science Review*, Vol. 74, No. 3, 1980, pp. 670−684.

② Donald R. Kinder and D. Roderick Kiewiet, "Economic Discontent and Political Behavior: The Role of Personal Grievances and Collective Economic Judgments in Congressional Voting", *American Journal of Political Science*, Vol. 23, No. 3, 1979, pp. 495−527.

③ David Butler and Donald Stokes, *Political Change in Britain: The Evolution of Electoral Choice*, 2nd ed., London: Palgrave MacMillan, 1974.

我利益的定义，同时还将很多政策议题排除在外。① 与此同时，不同经历会被个体赋予不同程度的重要性，因而对于态度形成的影响也会有所不同。②

当然，研究方法和技术方面的问题也在一定程度上影响了对个人经历与态度间关系的评价。譬如，大多数研究依赖于个体自述经历，而这类报告不仅可能是不可靠的，甚至其本身就是对于政治和公共事务的特定态度的一个结果。③ 这既是一个重要的方法问题或技术问题，也使有关态度基础的认识扩展至更为广泛的领域。认知与动机、信念与目标、情感等都成为态度形成的重要基础；反过来，这些因素也受到态度的影响。④

政治社会化研究文献大多围绕早期经历与后来的环境影响对于态度形成的作用问题，而有关政治态度来源的讨论则主要集中于，是早年生活经历还是近期发生的事对人们的态度和行为影响更大。实际上，对"个人经历如何转化为政治态度"这一问题的探讨，以及认为态度只是部分地受到从前经历的影响的观点，为其他因素影响态度的思路留下了空间。这些思考的结果就是，可能还存在许多对态度产生历时影响的因素并不为人们所知。在这种意义上，此前的经历塑造和促使态度形成就成为一个程度问题，即态度在多大程度上与以前的经历相关。

---

① Jason Weeden and Robert Kurzban, "Self-Interest Is Often a Major Determinant of Issue Attitudes", *Political Psychology*, Vol. 38, No. S1, 2017, pp. 67−90.

② Arie W. Kruglanski and Wolfgang Stroebe, "The Influence of Beliefs and Goals on Attitudes: Issues of Structure, Function and Dynamics", in Dolores Albarracin, Blair T. Johnson and Mark P. Zanna, eds., *The Handbook of Attitudes*, New York, NY: Psychology Press, 2014, pp. 323−368.

③ Patrick J. Egan and Megan Mullin, "Turning Personal Experience into Political Attitudes: The Effect of Local Weather on Americans' Perceptions about Global Warming", *The Journal of Politics*, Vol. 74, No. 3, 2012, pp. 796−809.

④ 参见 Dolores Albarracin, Blair T. Johnson and Mark P. Zanna, eds., *The Handbook of Attitudes*, New York, NY: Psychology Press, 2014。

的确，态度与对或具体或抽象的对象（客体）的认知、情感和评价相关，因而在很大程度上首先是一个与态度客体有关的问题。其次，人们的态度形成于特定的环境中，因而态度还是一个与环境影响（包括社会环境）相关的问题。其中，个体的经历、受教育程度、社会经济地位、种族、地区认同等因素对态度形成的影响已成为这一领域研究的重要内容。再次，作为一种精神现象和活动，态度在本质上是一个主观的过程，态度主体的性别、年龄等特征对于其态度的塑造和形成具有重要影响。同时，态度还被认为具有一些遗传基础（genetic basis）。[①] 这种不同于传统态度理论的认识，拓宽了态度研究的空间，也使得此前难以理解的一些态度现象得到了解释。

传统态度理论强调作为态度基础的经历的作用。不同于传统态度理论，甚至可以看作对传统态度理论的一种挑战，有关态度的遗传基础的研究，将遗传因素视为态度的重要基础和影响政治态度的重要内生变量。尽管这类研究存在至少两个方面的重要缺陷，如方法方面的问题使得对态度的遗传基础的精确评估与对环境基础的精确评估相互冲突，以及缺乏得到清晰表述或由经验证实的中间过程[②]，但由于其强调个体差异，注重人的自然属性的一面，因而可以较好地解释处于相同环境和背景（经历）条件下的不同个体为什么会有不同的态度。

随着态度测量与评价方法方面取得重要进展，这一取向已经成为态度研究领域越来越重要的研究主题，并构成了政治心理学领域态度

---

① Peter K. Hatemi, Carolyn L. Funk, Sarah E. Medland, et al., "Genetic and Environmental Transmission of Political Attitudes Over a Life Time", *The Journal of Politics*, Vol. 71, No. 3, 2009, pp. 1141-1156; James H. Fowler, Laura A. Baker and Christopher T. Dawes, "Genetic Variation in Political Participation", *American Political Science Review*, Vol. 102, No. 2, 2008, pp. 233-248.

② 参见 Richard E. Petty, Duane T. Wegener and Leandre R. Fabrigar, "Attitudes and Attitude Change", *Annual Review of Psychology*, Vol. 48, No. 1, 1997, pp. 609-647。

研究的重要部分。① 其中，生理特质对于政治态度的影响、政治态度方面的性别差异、生命周期中政治态度的变化等，都可以在这一思考维度上得到解释。

这一维度的研究还揭示了遗传基础对态度结构的影响。一些研究发现，随着可归因于遗传因素的态度变化的增加，存在于记忆中的态度的可及性、态度对于一致性压力的抵制以及态度对人际吸引的影响也会增强。

对态度基础的关注和研究不仅涉及态度的形成（态度的来源），也与态度的改变有关，从而使这一领域的研究构成了态度研究领域文献的重要组成部分。

第三节 态度的改变

态度改变是一个常见的现象，既涉及有关态度的信息处理过程，在很大程度上也与态度的其他诸多影响因素相关。态度的改变一般还与政治沟通、政治说服、政治辩论等政治行为和过程联系在一起。

---

① Douglas R. Oxley, Kevin B. Smith, John R. Alford, et al., "Political Attitudes Vary with Physiological Traits", *Science*, Vol. 321, No. 5896, 2008, pp. 1667−1670; Peter K. Hatemi, Carolyn L. Funk, Sarah E. Medland, et al., "Genetic and Environmental Transmission of Political Attitudes Over a Life Time", *The Journal of Politics*, Vol. 71, No. 3, 2009, pp. 1141−1156; John R. Alford and John R. Hibbing, "The Origin of Politics: An Evolutionary Theory of Political Behavior", *Perspectives on Politics*, Vol. 2, No. 4, 2004, pp. 707−723; Kevin B. Smith, Douglas R. Oxley, Matthew V. Hibbing, et al., "Linking Genetics and Political Attitudes: Reconceptualizing Political Ideology", *Political Psychology*, Vol. 32, No. 3, 2011, pp. 369−397; John R. Alford, Carolyn L. Funk and John R. Hibbing, "Are Political Orientations Genetically Transmitted?", *American Political Science Review*, Vol. 99, No. 2, 2005, pp. 153−167; Edward Bell, Julie Aitken Schermer and Philip A. Vernon, "The Origins of Political Attitudes and Behaviours: An Analysis Using Twins", *Canadian Journal of Political Science*, Vol. 42, No. 4, 2009, pp. 855−879.

一、政治态度、价值观、信念与意识形态

作为人类心理结构的重要部分,态度以及与其具有亲缘关系的价值观(values)和信念(beliefs)在过去的五六十年一直是社会科学诸多领域的研究焦点。态度、价值观和信念都可通过学习获得,并对人们认识和理解世界的方式发挥塑造作用。意识形态常被作为政治态度测量的重要指标和参考,在很大程度上表明意识形态与政治态度之间具有重要的关联。

(一)价值观、信念与态度

信念和价值观是与态度具有重要关联的概念,但在经验研究中,价值观和信念得到的关注远不及态度。价值观是指导人们生活的原则,也是人们努力追求的目标。在比较宽泛的意义上,价值观是超越特定条件而指导对人们行为和事件做出选择或评价,并依据相对重要性进行排序的理想的目标状态或行为。[①] 价值观既可超越人们的自利关切,也可强化这种关切。自由、平等、博爱都是超越个体自利关切的价值观,而权力、成就等可以看作自我提升的价值观。

价值观潜在于态度的宏观结构。在日常生活中,价值观可能是冲突的,因而在态度上的反映也极为复杂。"人们有数以百计的不同态度,却只有几十种价值观。"[②] 即使在数量意义上,态度也远比价值观更复杂。以自由这一价值观为例。与自由价值观相关的态度既可能涉及新闻审查、政治正确等政治相关问题,也包括对于在公共空间吸烟、不遵守交通规则等日常公共生活领域问题的态度,以及选择结婚或不结婚、选择素食等私人生活方式的态度。与态度相比,价值观更为普遍和抽象。

---

① Shalom H. Schwartz and Wolfgang Bilsky, "Toward a Universal Psychological Structure of Human Values", *Journal of Personality and Social Psychology*, Vol. 53, No. 3, 1987, pp. 550−562.

② Milton Rokeach, *The Nature of Human Values*, New York, NY: Free Press, 1973.

信念是对于世界的认知，即某一客体具有特定属性或某一行动会导致某种结果的主观概率（subjective probability）。[1] 不同于价值观，信念较为具体；也不同于价值观和态度，信念具有较为明显的认知特性。信念的认知特性常常使信念与事实相混淆，甚至导致人们将信念当作事实本身，而信念的事实依据与信奉者的想象可能并不一致。某些信念在信奉者看来是理性的，实则是高度非理性的；而有些信念看起来是非理性的，实际上却有稳固的理性基础。基于历史事件、个人经验（经历）以及对事实的有限（或片面）了解的一些信念，可能会出现这样的结果。譬如，2003 年美国入侵伊拉克之前，尽管在伊拉克并没有发现大规模杀伤性武器的新闻被广泛报道，但仍有接近四分之一的美国民众相信美国已经找到了这些武器。[2] 近年时有所闻的公共灾害事件中与救援相关的一些传闻（如不同人群被区别对待等）也与此有关。

信念与态度之间有着复杂的联系，而不同信念类型的存在则使这种联系更为繁杂。描述性信念（descriptive beliefs）和规范性信念（prescriptive beliefs/normative beliefs）是态度相关研究中两种常见的信念类型。描述性信念是人们对世界的感知或假设，而规范性信念则表达了某种理想的结果状态。规范性信念是人们世界观的一部分，也有研究者把它看作价值观的组成部分。诸如"个人权利应该得到保护""公民应该承担公民义务"等信念，都属于规范性信念的范畴。

一个人的态度是其所相信的东西或对特定目标的期待与他对这些期待的情感（评价）的结合。1975 年由菲什拜因和艾森提出的这一理论命题至今仍然具有重要影响。在他们看来，态度是关于一个客体具有某种特定属性的信念强度与有关这些属性的评价的乘积之和，用数

---

[1] Martin Fishbein and Icek Ajzen, *Belief, Attitude, Intention and Behavior: An Introduction to Theory and Research*, Reading, MA: Addison-Wesley, 1975.

[2] Steven Kull, Clay Ramsay and Evan Lewis, "Misperceptions, the Media, and the Iraq War", *Political Science Quarterly*, Vol. 118, No. 4, 2003, pp. 569–598.

学公式可表达为：

$$A=\sum_i b_i e_i$$

其中，A代表态度，b_i代表政治信念，e_i代表评价。[①] 这一公式及其观点实际上代表着态度研究中的期望－价值分析方法（expectancy-value approach）。在相关研究中，这一公式对于理解态度与信念的关系非常重要，并为较为精确的假设检验提供了可能。通过信念（尤其是具有个体重要意义的信念）和评价可以准确判断人们在一系列重要问题上的态度。[②] 这一观点已为大量证据所证明。信念处于态度的中心，对于理解态度和行为的动力极为重要。

在心理学研究史上，态度概念因有助于将行为理论与认知理论联系起来而得到了较多的关注。相对于态度，价值观和信念则很少成为经验研究的焦点，其中规范性信念更是经验研究无法加以检验的。

（二）意识形态与政治态度

在成长过程中，人们从父母、同龄人以及大众传媒等处习得对旗帜、徽章等各种符号和象征的情感反应，这种早期学习经历赋予其强烈的国家情感、民族忠诚乃至种族偏见等。[③] 在人们对诸多社会问题的态度中，这些可被称为"符号（象征）倾向"的态度倾向往往处于核心位置。一些常见且饱含情感的态度，特别是政治态度（如民族

[①] Martin Fishbein and Icek Ajzen, *Belief, Attitude, Intention and Behavior: An Introduction to Theory and Research*, Reading, MA: Addison-Wesley, 1975.

[②] Ibid.; Icek Ajzen and Martin Fishbein, "Scaling and Testing Multiplicative Combinations in the Expectancy-Value Model of Attitude", *Journal of Applied Social Psychology*, Vol. 38, No. 9, 2008, pp. 2222–2247.

[③] David O. Sears and Carolyn L. Funk, "The Role of Self-Interest in Social and Political Attitudes", *Advances in Experimental Social Psychology*, Vol. 24, No. 1, 1991, pp. 1–91.

主义、种族偏见、宗教极端主义等），就表现出明显而强烈的普遍性情绪反应特征和偏见特征。有关态度的这种符号分析方法（symbolic approach）更强调符号和象征在相关社会问题评价中的作用。符号态度（symbolic attitude）是理解日常生活中常见的以情感为基础的社会态度或政治态度的一个重要视角，有时还与特定的意识形态联系在一起。

政治态度与意识形态有着复杂的关系。对有些人而言，其政治态度受到宽泛的意识形态原则的指导，因而形成了强烈的政治态度倾向，而有些人的政治态度则与意识形态并无太多关联。尽管如此，有关政治态度的一些测量仍通过个人在从保守到激进的意识形态谱系中的不同位置来加以评价（如后文将会讨论到的7点视觉量表）。事实上，在一些研究中，政治态度的谱系也就是意识形态的谱系。譬如，激进派（radical）、自由派（liberal）、温和派（moderate）、保守派（conservative）和反对改革的守旧派（reactionary）等概念，概括了持有不同政治态度的人群类型，意识形态倾向正是将这些人区分开来的依据。不同意识形态倾向之间的差异在现实中一般表现为对待具体政策和改革路径等的不同态度，并与各种价值观和对待变革的看法相关。其中，激进派对现状极度不满，期望对现有秩序进行迅速而彻底的变革；自由派对现状较为不满，也希望对体系进行重要的变革，人的平等、理解和能力是自由派共有的价值观；温和派对于现状较少不满，对于变革的迟疑态度仅次于保守派；保守派则担心事情会变得更糟而反对变革；反对改革的守旧派是唯一反对现存制度和现代价值观的人，他们希望看到社会重回过去，并采取过往的政治规范和政策。①

很长时间以来，社会科学家对于认为意识形态是人们生活的重要动力的观点抱持怀疑态度。然而，美国的现实政治为意识形态影响人

---

① 参见 Leon P. Baradat and John A. Phillips, *Political Ideologies: Their Origins and Impact*, 12th ed., New York, NY: Routledge, 2017, Ch. 2。

们生活的观点提供了最为有力的佐证。譬如,美国保守的"红州"与自由的"蓝州"之间不断增强的政治极化,就给认为意识形态不仅存在而且非常重要的观点提供了有力的证据。[1] 不仅如此,有研究表明,选民在保守主义-自由主义量表中的意识形态自我定位(ideological self-placement),甚至可以解释1972—2004年美国总统选举中民主党或共和党投票统计方差的85%。[2] 政治态度与意识形态之间的联系在美国表现得非常明显,并在时有所闻的围绕税收及医疗改革相关政策的公共讨论中得到淋漓尽致的反映,而税收和福利政策也成为评价不同政治态度的关键政策领域。总体而言,自由派崇尚公平并对弱势群体充满同情,因而反对在他们看来有利于富人的减税政策以及与此相关的福利政策;保守派则信奉自立、责任和吃苦耐劳,因而支持减税政策、反对福利计划。因此,意识形态体系反映了人们的动机和认知关切及其关于现存的或可供选择的社会制度的基本倾向,具有预测个体思想、情感和行为的强大力量。[3]

有关政治态度的这种意识形态分析方法虽然强调态度源于人们早年获得和形成的原则或倾向,但人们并非总是以意识形态信念为基础来塑造政治态度,在思考社会问题时常常会依赖一些规范性信念[4],因而甚至可能出现态度倾向不一致的情形,如在社会或政治意义上是一个自由派,而在经济问题上则表现出保守的态度。当然,社会上的芸芸众生并不是所谓的"思想家"或"理论家"(ideologue),对问题

---

[1] R. Y. Shapiro and Y. Bloch-Elkon, "Political Polarization and the Rational Public", paper presented at the annual meeting of the American Association for Public Opinion Research, Montreal, Quebec, Canada, May 2006.

[2] John T. Jost, "The End of the End of Ideology", *American Psychologist*, Vol. 61, No. 7, 2006, pp. 651-670.

[3] John T. Jost, Brian A. Nosek and Samuel D. Gosling, "Ideology: Its Resurgence in Social, Personality, and Political Psychology", *Perspectives on Psychological Science*, Vol. 3, No. 2, 2008, pp. 126-136.

[4] Pamela Johnston Conover and Stanley Feldman, "How People Organize the Political World: A Schematic Model", *American Journal of Political Science*, Vol. 28, No. 1, 1984, pp. 95-126.

的思考也并非始于某种意识形态，而主要是在简单的符号倾向基础上做出态度反应的。①

不仅如此，就价值层面而言，保守主义与自由主义并不总是泾渭分明，公民个体的宗教信仰与政治倾向存在某种重叠。譬如，宗教保守主义倡导保守价值（如秩序、服从和传统），但是宗教传统中也有一些与政治自由主义一致的价值（如平等、普遍主义）。研究表明，人们宗教性的一面与精神性的一面虽然相互关联，但它们与政治倾向的关系却极为不同。保守主义者表现得更具有宗教性，自由主义者则更具有精神性。由实验带来的人们的精神体验也可导向较为自由的政治态度。②

二、强态度与弱态度

不同态度可通过其在态度强度谱系中的不同位置加以评价。态度的强与弱是有关态度特征或属性的一个常见的评价维度。简单地说，强态度（strong attitude）的特征是态度对象（客体）如某一国家、某一族群等与评价之间为人熟知的关联，如排外主义者对外来移民的态度；弱态度（weak attitude）的特征则表现为对态度对象（客体）的无关紧要的评价。强态度往往以强烈的情感为基础，更可能对思维和行为产生影响，引发人们关注的事件一般都与强烈的情感和态度联系在一起。从法国大革命到今天世界范围内屡见不鲜的街头抗议活动，都可找到强态度的情绪和情感基础。

态度的强或弱与态度的改变直接相关。态度强度是指"态度表现

---

① Howard Lavine, Cynthia J. Thomsen and Marti Hope Gonzales, "The Development of Inter-Attitudinal Consistency: The Shared-Consequences Model", *Journal of Personality and Social Psychology*, Vol. 72, No. 4, 1997, pp. 735–749.

② Jacob B. Hirsh, Megan D. Walberg and Jordan B. Peterson, "Spiritual Liberals and Religious Conservatives", *Social Psychological and Personality Science*, Vol. 4, No. 1, 2013, pp. 14–20.

出持久和影响力等特性的程度"①。也就是说，在多大程度上，特定态度是稳定的、不容易发生变化的、影响信息处理和指导行为的。这些特征可概括为态度的持续性、韧性、认知影响和行为影响。具备这些特征的态度就是强态度，而在这些特征属性方面表现较弱的态度则可称为弱态度。态度强度的测量也与这些特性相关。

有研究者从几个方面解释了强态度为什么更可能持久、影响判断、指导行为并抵制变化。第一，强态度往往以一定的信念和价值观为基础，因而对于变化具有抵抗力；第二，人们对于激发强烈情感的问题知晓更多，从而可以抵御不同观点的影响；第三，在重要问题上有着类似感受的人可能联系在一起，从而使这些态度得到支持和强化；第四，强态度往往较为复杂而可及，更可能在不同情形下被问到时表达出来；第五，有着强态度的人对与特定问题相关的信息可能更专注，也更倾向寻找这样的信息，运用这些论据更好地抵制改变其想法的努力。②

对于强态度之所以"强"的原因分析，表明强态度至少具有两个方面的重要特征。一方面，强态度往往与特定的信念和价值观联系在一起；另一方面，强态度常常是不易改变的态度。可及性、矛盾性和重要性等既是态度的主要结构特征，也是与宽泛的态度强度概念相关的重要概念。③ 其中，重要性对于形成强态度的影响尤其值得关注。

重要性可简单表述为，人们对于特定问题极为关切。特定问题之所以被赋予某种重要性，在很大程度上是因为与此相关的态度同人们的核心价值观或自我（the self）联系在一起，即自我投入（ego-

---

① Jon A. Krosnick and Richard E. Petty, "Attitude Strength: An Overview", in Richard E. Petty and Jon A. Krosnick, eds., *Attitude Strength: Antecedents and Consequences*, Mahwah, NJ: Lawrence Erlbaum Associates, 1995, p. 3.

② 参见 M. Wang Erber, S. D. Hodges and T. D. Wilson, "Attitude Strength, Attitude Stability, and the Effects of Analyzing Reasons", in Richard E. Petty and Jon A. Krosnick, eds., *Attitude Strength: Antecedents and Consequences*, Mahwah, NJ: Lawrence Erlbaum Associates, 1995, pp. 433–454。

③ 参见 Joanne M. Miller and David A. M. Peterson, "Theoretical and Empirical Implications of Attitude Strength", *The Journal of Politics*, Vol. 66, No. 3, 2004, pp. 847–867。

involvement）。当人们感到问题涉及其自我概念或核心价值观时，就进入了自我投入的状态。其中，高投入的个体与低投入者在三个方面有所区别。首先，对于高投入者以及高度关切某一社会问题的人而言，他们更可能持反对意见，而不是接受他人的观点或不置可否，他们排斥所有与其态度不一致的立场；其次，与此相关，与不大关心某一问题的人相比，他们更可能经常将自己的态度与不太一致的信息进行对比；最后，如果对一个问题深度关切，只有当争论与其预先形成的态度大体一致时，人们才会倾向于吸收其中模棱两可的信息。[1] 从高投入者与低投入者的这些差异可以得出，高投入者一般更难以说服，其态度改变也更为困难。

随着人们在社会公共空间中的互动日趋增加，社会政治生活中与态度相关的动员、说服日益常见和频繁，心理学对强态度的研究也在不断增加，研究者对强态度特征的概括也更为多元。总体上，态度强度被视为一个多层面概念，而不同层面的特征也是区分强态度与弱态度的重要维度。从相关研究中可概括出强态度在态度客体（对象）、态度主体以及态度本身等诸多方面的重要特征。譬如，重要性特征指人们高度关切特定问题；自我投入特征指态度与人们的核心价值观或自我联系在一起；极端性（extremity）特征指态度极大地偏离了中间立场；确定性特征，也就是人们确信自己的态度是正确的；可及性特征指态度可很快浮现于脑海；知识特征指人们对于特定问题有相当的了解；层级组织（hierarchical organization）特征指态度内在一致且内嵌于复杂的态度结构之中；等等。[2] 当然，并非所有强态度都同时具备上述所有特征，具备上述若干特征的态度就可视为强态度。

心理学研究一再提示人们，强态度非常重要。强态度不仅影响人们的思想和行为，还作用于人们对他人做出判断及处理信息的方式，

---

[1] 参见 Carolyn W. Sherif, Muzafer Sherif and Roger E. Nebergall, *Attitude and Attitude Change: The Social Judgment-Involvement Approach*, Philadelphia, PA: W. B. Saunders, 1965。

[2] 参见 Richard M. Perloff, *The Dynamics of Persuasion: Communication and Attitudes in the 21st Century*, 4th ed., New York, NY: Routledge, 2010, pp. 61–62。

而研究者所概括的诸多强态度特征同样塑造着个体与社会政治世界的互动。①

三、说服与态度改变

态度的改变与说服有着重要的关联，也与学习、认知过程、人格、态度本身的特点密切相关。在现实社会与政治生活中，围绕各种社会问题、政策议题的观点和态度林林总总，因而说服在政治中无处不在。政策制定者总是试图说服选民支持特定的政策选项，利益集团尝试说服公众和官员支持其目标，公众中的部分人意图说服他人在请愿书上签名等，这些都涉及说服以及与之相关的态度改变。

实验态度研究（experimental attitude research）是政治心理学中态度研究的重要方法。有关说服沟通的实验研究揭示了可能促成态度改变的诸多因素的影响，并在整体上展现了促使态度改变的一个可能的过程。研究表明，在说服过程中，说服者（persuader）、提出问题的方式（how to present the issue）、作为个体的受众（audience as individuals）以及群体的影响（influence of groups）都是导致态度改变的可能因素。

首先，在说服者方面。说服者是不是专家、其可信度如何等，对说服的效果有直接的影响；同时，说服者所期望的态度改变幅度的大小，也对说服的效果具有影响。其次，在问题的表述方面。如果受众比较友好或说服者只期望即时的即便是暂时的意见转变，那么就只需陈述由问题引发的争论的一个方面即可；如果受众从一开始就不同意说服者的观点，那么说服者就要把争论的两个方面都摆出来；如果将对立的观点先后提出，那么最后提出的观点所产生的影响可能更

---

① Jon A. Krosnick, David S. Boninger, Yao C. Chuang, et al., "Attitude Strength: One Construct or Many Related Constructs?", *Journal of Personality and Social Psychology*, Vol. 65, No. 6, 1993, pp. 1132–1151.

大；等等。这些实际上已涉及说服的技巧。再次，在作为个体的受众方面。说服者最想说服的人很可能不在受众中间；同时，受众的知识水平决定着说服的有效性；要进行有效的说服还必须依据态度改变的情况而调整说服技巧；等等。最后，是群体的影响作用。在这一方面，个人所从属或希望从属的群体会影响其意见和态度，个人可能因符合群体的标准而受到奖赏，或因背离群体的标准而受到惩罚。此外，被他人知晓的意见比不被人知晓的意见更难以改变。如此等等。[①]

从说服和说服过程所涉及的诸多方面看，说服信息的处理、由谁来说服（即沟通者）、信息要素、人格、认知等，都影响着说服的过程和结果。社会凝聚力模型（social cohesion model）强调个体之间频繁而深入的沟通的重要性。根据这一模型，具有亲密、信任、接近和相互尊重等特征的关系（relationships）比不具备这些特征的关系更可能产生影响。[②] 有关态度改变的研究发现，对于可以获得直接信息的个体而言，作为政治讨论的参与者，他们的态度也会随外部环境发生改变。其中，他们之间的亲密关系、接近等因素对于态度（特别是政党认同）的影响非常明显。与社会凝聚力模型相比，这一发现更强调社会的决定作用。[③]

作为实验态度研究重要领域的理论相关性或理论重要性研究，实际上是对与态度形成和改变有关的理论的探索。由于态度首先是习得的，态度的改变也需要进一步的学习，因而学习理论（theories of

---

① 参见 Philip Zimbardo and Ebbe B. Ebbesen, *Influencing Attitude and Changing Behavior*, Reading, MA: Addison-Wesley, 1969, pp. 20–23。转引自 M. Brewster Smith, "Political Attitudes", in Jeanne N. Knutson, ed., *Handbook of Political Psychology*, San Francisco, CA: Jossey-Bass, 1973, pp. 64–66。

② Ronald S. Burt, "Social Contagion and Innovation: Cohesion versus Structural Equivalence", *American Journal of Sociology*, Vol. 92, No. 6, 1987, pp. 1287–1335; Robert Huckfeldt and John Sprague, "Discussant Effects on Vote Choice: Intimacy, Structure, and Interdependence", *The Journal of Politics*, Vol. 53, No. 1, 1991, pp. 122–158.

③ Christopher B. Kenny, "The Microenvironment of Attitude Change", *The Journal of Politics*, Vol. 56, No. 3, 1994, pp. 715–728.

learning）就成为使态度改变概念化的一个主要途径。态度体现了信息处理的结果，并影响着个体对其周围世界的认识和判断。因此，认知过程理论（theories of cognitive processes）是有关态度改变的假设的第二个来源。态度作为对心理客体的有组织的倾向，是人格的重要组成部分。因此，有关态度改变的第三种理论取向的来源是人格理论（personality theory）。这些不同的理论取向涉及态度改变的不同变量，因而是相互补充而不是相互竞争的。①

即使是有关态度改变的研究，研究者所关注的问题也在发生变化。在20世纪70年代以前，研究者侧重对说服的有利因素或不利因素的分析；其后，研究者开始关注这些影响因素发挥作用的基本过程，研究的重点在于促使态度变化的变量是在发挥积极的还是消极的作用，以及变量使信息处理具有倾向性的方式。

说服沟通是与态度改变相关的大量实验研究的一个重要主题，尽管还存在诸如没有对抵制变化的心理惯性给予足够的重视，以及研究者没有对理性争论的内在特征进行实验性审视等缺陷，但此类研究对政治心理学的贡献却是不容忽视的。态度改变的相关理论，虽然在解释能力方面还不尽如人意，但与说服沟通一起构成了态度改变研究的重要内容；对政治心理学而言，尤为重要的是，有关态度改变的研究为政治生活中普遍存在的说服和劝导提供了富有价值的理论基础和启示，也使政治心理学的资源价值更为突显。

政治说服是民意（public opinion）的一个重要动力。在信息社会中，民意和公众的态度不可避免地受到了无孔不入的电子传媒的影响，而其中政治精英对公众的政治态度具有重要的塑造作用。当然，政治精英的意见并不总是一致的，而他们的意见是否一致对公众的影响也是不一样的。研究发现，如果精英发出的是单一的、一致的信息，那么公众就会与这一信息保持绝对一致；如果精英意见分歧并发

---

① 参见 M. Brewster Smith, "Political Attitudes", in Jeanne N. Knutson, ed., *Handbook of Political Psychology*, San Francisco, CA: Jossey-Bass, 1973, p. 67。

出相互矛盾的信息，公众意见的一致性也会降低。① 在网络的世界里，在由电子媒体所塑造的舆论环境中，这种情形尤其突出。在中国，近年来在转基因食品（赞成或反对）及钓鱼岛和南海（如何回应）等诸多问题上存在着不同的甚至是相互冲突的精英观点，这些观点在普通民众中都有其追随者，因而民众对这些问题的态度也是高度分化的。有所不同的是，在转基因食品问题上主要是赞成或反对的问题，而在钓鱼岛、南海等问题上则是如何回应的问题。可以说，民意的构成与结构状况，在很大程度上取决于持不同意见的精英所发出的信息的互动状况，以及普通公众对这些信息的不同解读。

在政治说服过程中，政治精英往往采取政治争论的形式传达其态度信息。产生于政治竞争的政治辩论体现了政治说服的艺术。由于政治涉及的都是稀缺资源，因而是高度冲突性的。与此相关，政治争论中的赞成-反对模式仍是重要和普遍的说服形式。尽管赞成与反对两种意见信息的分野会在公共政策的制定方面产生显著的影响，但心理学研究发现，在政治争论中，对政策动议持反对意见的一方具有更大的影响力，因为民意往往倾向于维持现状。一般而言，趋利避害是理性的人的本能。但是，如果对可预期的"利"没有十足的把握，人们宁可选择放弃可能的"利"而规避因"利"而产生的风险（"害"）。在人们的个人生活中，这是一个极为普遍的现象。在政治生活中，这种现象的效应充分体现于反对的意见比赞成的意见更有说服力的事实：面对一项新的政策动议，人们对潜在获益的重视远远不及对避免潜在的损失的重视。② 即使是在诸如保护环境等已经取得明显共识的领域，反对的意见也依然占据上风。政治辩论中反对意见占上风的另一

---

① John R. Zaller, *The Nature and Origins of Mass Opinion*, New York, NY: Cambridge University Press, 1992.

② John J. Skowronski and Donal E. Carlston, "Social Judgment and Social Memory: The Role of Cue Diagnosticity in Negativity and Positivity, and Extremity Biases", *Journal of Personality and Social Psychology*, Vol. 52, No. 4, 1987, pp. 689–699; Michael D. Cobb and James H. Kuklinski, "Changing Minds: Political Arguments and Political Persuasion", *American Journal of Political Science*, Vol.41, No. 1, 1997, pp. 88–121.

种可能的解释是，历史上曾经有过每一个人都没有从新政策中受益的先例，会使大多数选民对政府失去信任，并对新的政策动议抱持非常谨慎的态度。

政治辩论中持反对意见的一方对公众态度的影响更大。这一命题对代议制民主的运作具有深刻的启示。公众在面对不确定性时自然会选择拒绝变化，因此提出公共政策新方向的人比赞成维持现状的人可能遭遇更多难以克服的障碍，这也就是所谓的政治中"否定的理性"（rationality of negativity）。在雄心勃勃的政治家眼里，措辞粗糙的攻击性广告宣传最能奏效。[①]

政治辩论双方谁能胜出，不仅在很大程度上取决于是站在"正方立场"还是"反方立场"，还取决于作为辩论内容和主题的问题或议题。在政治辩论中，作为辩论主题的问题的难与易是影响辩论效果的重要因素。问题的难与易很难界定。一般而言，困难的问题（hard issues）是指涉及技术和手段并且对人们来说比较陌生的问题；容易的问题则是指象征性的（symbolic）、与目的有关并且已经为人们所熟悉的问题。这里所说的问题的难易不是指现实问题本身的难易，在很大程度上指的是辩论双方表述问题的不同方式使问题或难或易。譬如，面对一个现实的问题，有的人将它表述为"如果……，由于存在条件 X 和 Y，Z 将会发生"，有的人将它表达为"如果……，由于存在条件 X 和 Y，Z 将会发生，因为……"，有的人则把同样的问题简单地表述为"如果……，Z 将会发生"。前两种是对问题的复杂表述，主要关注前因变量甚至推导逻辑；后一种表达则较为简单。

在现实政治生活中，虽然不能低估一般公众的智力水平和理解力，但由于不同问题所涉及的知识领域不同，一个人肯定不可能是所有领域的专家，因此用简单、明了的方式将问题表述出来，才最容易为人们所接受和认同，才能在政治辩论中取得理想的结果。如何表述

[①] Michael D. Cobb and James H. Kuklinski, "Changing Minds: Political Arguments and Political Persuasion", *American Journal of Political Science*, Vol. 41, No. 1, 1997, pp. 88–121.

问题其实已经涉及辩论的技巧。将复杂的问题用简单的方式表达出来，也许可以说服普通的公众，却未必能说服问题所属的专门领域的专家。这又是政治说服中所要考虑的个人层次上的差异。

早在 20 世纪 50 年代，研究者便发现了信息论证记忆（memory of message arguments）作为说服中介的关键作用。[①] 其后，虽然有研究者对作为态度变化中介的信息记忆（message memory）和认知反应（cognitive responses）进行了比较[②]，有关记忆与说服的研究还是式微了。到 80 年代，信息记忆又重回研究者视野，之后的相关研究也认为信息记忆在某些情况下对于预测态度非常重要。在这些情况下，人们显然是通过检索各种信息内容对自己的主张（态度）做出判断的，而许多说服工作仍然是在详尽可能性模型（elaboration likelihood model, ELM）、启发–系统模型（heuristic-systematic model, HSM）的指导下进行的。这两个模型虽然存在差异，如所使用的解释语言（the explanatory language）以及有时假设的中介过程有所不同，但其共同点要超过差异，尤其是它们可容纳相同的经验性结果。[③]

一般而言，当人们对事物有较多的了解，又有足够的时间审慎思考时，或者当事情本身对人们具有重要意义，人们认为很有必要对它形成正确的看法时，人们处理信息的动机和能力较强，也会付出更多的努力。如果人们必须很快做出决定或没有相关知识时，或者人们并不具有付出这种认知努力的强烈动机时，则会采取较为轻松的信息处理方式。如果问题本身与人们的相关性较小，人们倾向使用启发式模型，即基于"最小认知努力原则"（principle of least cognitive effort）

[①] Carl I. Hovland, Irving L. Janis and Harold H. Kelley, *Communication and Persuasion: Psychological Studies of Opinion Change*, New Haven, CT: Yale University Press, 1953.

[②] Anthony G. Greenwald, Timothy C. Brock and Thomas M. Ostrom, eds., *Psychological Foundations of Attitudes*, New York, NY: Academic Press, 1968.

[③] Richard E. Petty, Duane T. Wegener and Leandre R. Fabrigar, "Attitudes and Attitude Change", *Annual Review of Psychology*, Vol. 48, No. 1, 1997, pp. 609–647.

的认知捷径，仅进行尽可能简单的信息处理；当信息与人们利害攸关，人们就会对信息进行系统的处理。① 两种不同的信息处理模型还有助于解释，当人们没有将注意力集中于信息时，他们更容易被说服。因为在这种情形下，人们处理说服信息的资源非常有限，进行启发式处理就是一个很常见的选择；如果其中的信息包含一些容易诱导出启发式处理的内容（比如传播者很有魅力或者看起来很有权威性），人们就更容易被说服了。在这一过程中，人们只是对说服内容进行了简单的反馈，而不是基于理性的思考。"我们对我们的认知资源是能省就省的。"②

虽然人们通常被假设是理性的，但往往无法关注和理解他们所遭遇的种种刺激，因而感性在其政治判断中发挥着重要的作用。尽管不能肯定地说人们借助信息捷径就可以做出正确的判断，但人们的确是通过启发法来理解复杂多变的政治环境的。安东尼·唐斯（Anthony Downs）六十多年前就曾提出，理性的公民不应再做什么别的了。③ 这种观点的言外之意是，凭感觉去做就是最大的理性了。

假定人们通常以启发式方式来评价政治辩论，但凭借哪种启发式方式来做出判断仍是学者们关注的问题。大量的研究认为，情绪是主要的决定因素。人们在面对具体的政治问题或事件时，往往会自问自我感觉如何：如果感觉良好，就会对政治问题或事件做出积极的评价和判断；反之亦然。在表述所要论证的问题时，简单、明了的方式更

---

① 参见〔美〕罗伯特·A. 巴隆、尼拉·R. 布兰斯科姆、唐·R. 伯恩：《社会心理学（原书第12版）》，邹智敏、张玉玲等译，侯玉波审校，机械工业出版社2011年版，第121-123页；马向阳、徐富明、吴修良、潘靖、李甜：《说服效应的理论模型、影响因素与应对策略》，《心理科学进展》2012年第5期。

② 〔美〕罗伯特·A. 巴隆、尼拉·R. 布兰斯科姆、唐·R. 伯恩：《社会心理学（原书第12版）》，邹智敏、张玉玲等译，侯玉波审校，机械工业出版社2011年版，第121页。

③ Anthony Downs, *An Economic Theory of Democracy*, New York, NY: Harper & Row, 1957.

容易激发人们的积极情绪,因而也更容易说服普通公众。[1]

态度的改变与说服有着重要的关联,但态度本身的特点也决定着态度改变的结果。一般认为,人们的重要态度不易改变。重要的态度往往伴随着大量储存于其记忆中的相关知识,这些知识使人们可以应付对其既有态度发起挑战的信息;同时,人们会在自认为重要的态度方面寄予感情,并与其他持有相同态度的人联系起来,这些态度则因得到社会支持而加强;人们还会公开地为他们认为重要的态度承担义务,这也增强了他们对变化的抵制能力。在早期态度研究中,学者们就依据重要性、集中性、自我投入和显著性等标准对态度进行区分。事实上,不同的人对态度重要性的界定是不同的,但"似乎最合理的对态度重要性的界定,是将它看作一个人对某一态度倾情关注并亲身投入的程度",而将态度与价值、需要、目标之间的联系看作重要性的一个可能原因似乎也是合理的。[2]在很大程度上,具有重要性的态度一般也是所谓的强态度。因此,可以说,强态度往往难以通过说服来改变。

第四节 态度的结果

态度的结果主要表现为两个相互联系的重要方面,其一是对行为的影响,其二是对判断的影响。事实上,态度对行为的影响已经成为态度研究的争论焦点。态度不仅是一种心理结构(psychological

---

[1] 但是,一些学者对现有研究的回顾却得出了两个相互矛盾的结论:(1)简单的论证更有说服力;(2)困难的论证更有说服力。虽然学者们对论证的类型进行了大量研究,却很少对不同论证结构的效果进行比较。参见 Michael D. Cobb and James H. Kuklinski, "Changing Minds: Political Arguments and Political Persuasion", *American Journal of Political Science*, Vol. 41, No. 1, 1997, pp. 88-121。

[2] Jon A. Krosnick, "Government Policy and Citizen Passion: A Study of Issue Publics in Contemporary America", *Political Behavior*, Vol. 12, No. 1, 1990, pp. 59-92。

construct），也是一种假设结构（hypothetical construct）。[1] 作为一种假设结构，态度不能被直接观察到，而只能通过人们的行为进行推测。于是，人们往往倾向认为态度与行为间存在某种对应关系，从行为即可推知行为者的态度。因此，最初人们简单设想是态度决定了行为，而对态度的研究兴趣就主要源于态度影响行为这一假设。

一、态度影响行为？

20世纪三四十年代态度研究热潮的出现，在很大程度上就与心理学家在态度-行为关系上所持的肯定立场有关。也就是说，在态度与行为的关系问题上，学者们普遍认为它们有着直接的关系，从一个人的态度就可以预见其行为。对态度与行为之间关系的关注贯穿态度研究的整个历史。

在态度与行为的关系中，罗森伯格（Milton J. Rosenberg）和霍夫兰（Carl I. Hovland）的研究认为，态度是由刺激（环境、事件或其他"态度对象"）到反应（行为）的一个重要中介。态度作为一种中介，既作用于行为，也受到行为的影响。[2]（参见图5.1）

尽管如此，在态度与行为的关系中，人们一般更关注态度对行为的影响，并且往往容易将态度与行为一一对应起来；而一度流行的假设也认为，某种态度对应什么样的行为似乎是确定的，只要了解一个人的态度基本上就可以预见他的行为。但是，相关的经验研究表明，一种态度并不必然导向人们所预期的特定行为。20世纪30年代初，美国学者R. T. 拉皮埃尔（R. T. LaPiere）所做的态度与行为一致性实

---

[1] Richard M. Perloff, *The Dynamics of Persuasion: Communication and Attitudes in the 21st Century*, 4th ed., New York, NY: Routledge, 2010, p. 42.

[2] Milton J. Rosenberg and Carl I. Hovland, "Cognitive, Affective and Behavioral Components of Attitudes", in Milton J. Rosenberg, Carl I. Hovland, William J. McGuire, et al., *Attitude Organization and Change: An Analysis of Consistency among Attitude Components*, New Haven, CT: Yale University Press, 1960, pp. 1–14.

验，是这一领域的一项著名研究，也是相关研究中常被引述的一个经典案例。

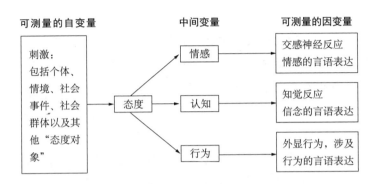

图 5.1　罗森伯格和霍夫兰的态度中介作用图示
来源：周晓虹：《现代社会心理学：多维视野中的社会行为研究》，上海人民出版社1997年版，第244页。

在这项研究中，拉皮埃尔与一对年轻的中国留学生夫妇做了一次环游美国的旅行。由于当时美国人对东方人普遍持有歧视态度，在行前拉皮埃尔就想到他和他的同伴可能会被一些旅馆和饭店拒绝接待。在他们整个行程中所光顾的184家饭店和66家汽车旅馆中，只有一家拒绝接待他们。在他们完成环游6个月后，拉皮埃尔给他们光顾过的旅馆、饭店以及其他一些未曾光顾的旅馆、饭店寄去调查问卷。为避免引起受访者的怀疑，拉皮埃尔在问卷中分别就中国人、德国人、法国人、日本人等提出相同的问题，如"你愿意接待中国客人吗？"。调查结果表明，虽然与拉皮埃尔一同环游美国的中国夫妇在实际行程中受到了很好的接待，但在他们光顾过的那些旅馆、饭店中，肯定回答这一问题的为数寥寥。拉皮埃尔据此得出结论认为，态度和行为存在很大的不一致。其后的一些研究也证明和强化了这一观点。

但是，表明态度与行为具有相关性的证据也不断出现，从而对认为态度与行为不相关的观点提出了挑战，也使人们开始重新审视态度与行为之间的关系，尤其是态度与行为间相关性的影响因素，即在什么条件下态度与行为有关。政治学家和社会心理学家对类似问题的关注已由早期的"态度对于行为重要吗",转变为"什么时候态度可预知行为"以及"哪些态度可预知行为"等。

关于态度与行为间相关性的影响因素,有研究认为,当态度变得特别明确时,二者的相关性增大;也有研究发现,态度的测量越是具体,与行为的关系就越显著。菲什拜因和艾森则认为,要通过态度预见行为,所测量的态度应与所考察的行为相符;一般的态度能够预见一般的行为,却未必能够预见特定的行为。为了对特定的行为做出预测,他们又提出了"行动意图模式"。按照其解释,人的行为都是受意识控制的,意图才是特定行为最直接的决定因素。行动者对该行为的态度与其主观行为规范决定着行为的意图。[①] 因此,一个人的行为意图就可以看作这样两个因素的某种函数关系,而它们之间的关系如图 5.2 所示:

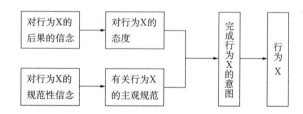

图 5.2　菲什拜因和艾森预测特定意图和行为的模式

来源:周晓虹:《现代社会心理学:多维视野中的社会行为研究》,上海人民出版社 1997 年版,第 249 页。

根据这一图示,对一个人的特定行为的预测,必须依据个人对特定行为的态度和规范,而不是个人对一般对象的态度。

在影响态度与行为一致性的诸多因素中,态度和人格代表着两个重要的思考维度。在态度维度上,具有某些方面特征的态度,如稳定

[①] 参见周晓虹:《现代社会心理学:多维视野中的社会行为研究》,上海人民出版社 1997 年版,第 246—248 页。

的态度、重要的态度、容易提取的态度、由直接经验形成的态度、人们很确定的态度、在认知与情感上有很高一致性的态度等,往往最可能预测行为。[①] 其中,态度强烈而清晰是其与行为保持一致的重要条件。强烈的态度不仅是稳定的,对个人而言非常重要,并且往往经由个人直接经验形成,因而还是可及的。任何有助于强化态度的事情,都会增加态度和行为的一致性。与之相反,微弱或模糊的态度与行为则更可能不一致。同时,由于情境的影响,人们会对某个社会目标形成多重态度,从而导致人们态度与行为之间的差异。[②] 因此,态度与行为的一致性(相关性)会随时间而发生变化。

在人格维度上,自我监督(self-monitoring)是考察态度与行为之间关系的一个重要概念。自我监督是指人们在多大程度上依赖于内部线索(internal cues)如态度(低自我监督),或依赖于环境(情境)线索(situational cues)(高自我监督),以之作为行为的向导(guide)。斯蒂芬·克劳斯(Stephen J. Kraus)通过荟萃分析(Meta-analysis)发现,低自我监督者(low self-monitors)比高自我监督者(high self-monitors)表现出了更高的态度-行为一致性。[③] 人格维度上的"自我监督"概念还与态度维度上的若干重要特征联系在一起。譬如,研究者发现,重复的态度表达对低自我监督者的态度可及性所产生的影响要大于对高自我监督者的态度可及性的影响。[④] 因此,也可以推知,相对于高自我监督者,低自我监督者具有更高的态度-行

[①] Stephen J. Kraus, "Attitudes and the Prediction of Behavior: A Meta-Analysis of the Empirical Literature", *Personality and Social Psychology Bulletin*, Vol. 21, No. 1, 1995, pp. 58-75.

[②] Allen R. McConnell, Jill M. Leibold and Steven J. Sherman, "Within-Target Illusory Correlations and the Formation of Context-Dependent Attitudes", *Journal of Personality and Social Psychology*, Vol. 73, No. 4, 1997, pp. 675-686.

[③] Stephen J. Kraus, "Attitudes and the Prediction of Behavior: A Meta-Analysis of the Empirical Literature", *Personality and Social Psychology Bulletin*, Vol. 21, No. 1, 1995, pp. 58-75.

[④] Kenneth G. DeBono and Mark Snyder, "Acting on One's Attitudes: The Role of a History of Choosing Situations", *Personality and Social Psychology Bulletin*, Vol. 21, No. 6, 1995, pp. 629-636.

为一致性。

在态度维度和人格维度之外,还有一些对态度-行为一致性具有影响的因素。其中,主观规范(subjective norms)、习惯性行为倾向(habitual behavioral tendencies)和情绪反应等,是态度-行为一致性研究中常被提及的因素。[1]

在态度-行为一致性的模型方面,大多数研究仍然是围绕理性行动(行为)理论(theory of reasoned action, TRA)和计划行为理论(theory of planned behavior, TPB)展开的。理性行动(行为)理论的假设是,人们根据有意识的意向行事,而有意识的意向是在对行为的潜在效果和他人给予行为的评价进行理性计算之后形成的。这一理论的核心是,可以通过个体的行为意向预测他的行为,其中对行为的态度和主观社会规范是两个主要预测变量。[2] 这一理论由于将理性作为人的重要特征,并且把态度视为影响行为的关键因素,以及其在理论简洁性方面的优点,受到众多心理学家的推崇。

可以说,"意向决定行为"是这一理论模型的吸引力所在,但是意向与行为之间常常存在巨大鸿沟(如能力、资源等)。因此,学者给这一模型加入了一个新的变量——知觉到的对结果的控制能力,修正后的模型就是"计划行为理论"。[3] 计划行为理论包括作为意图和行为前奏的被感知的行为控制,这在理性行动理论中是没有的。相对于"理性行动模型",修正后的模型提高了对意图和行为关系的预测能力,尤其适用于行为本身带有潜在的控制问题的情形(比如减肥或戒烟)。其他一些研究也发现,与理性行动理论相比,计划行为理论能更好地预测行为和意图,尤其是被认为难以控制的行为。当

---

[1] Martin Fishbein, Darius K-S Chan, Kevin O'Reilly, et al., "Attitudinal and Normative Factors as Determinants of Gay Men's Intentions to Perform AIDS-Related Sexual Behaviors", *Journal of Applied Social Psychology*, Vol. 22, No. 13, 1992, pp. 999—1011.

[2] Martin Fishbein and Icek Ajzen, *Belief, Attitude, Intention, and Behavior: An Introduction to Theory and Research*, Reading, MA: Addison-Wesley, 1975.

[3] 〔美〕泰勒、佩普劳、希尔斯:《社会心理学(第十版)》,谢晓非、谢冬梅、张怡玲、郭铁元等译,北京大学出版社 2004 年版,第 176—178 页。

然，有些没有包含在这两个模型中的因素（如外界的限制条件和机会、知觉到的易感性和恐惧等），对态度和行为之间的关系也有重要影响。

态度对行为的影响在很大程度上通过对信息处理过程和社会判断发挥作用来实现，而这本身也是态度的一个重要结果。研究表明，强度高的态度有助于使涉及偏好的决定轻松且有质量；如果一个人有关判断目标（judgment targets）的态度具有较高的可及性，那么他所做出的决策选择的稳定性也较高。[1] 同时，也有一些研究认为，态度强度可能会抑制态度对环境刺激发挥定向功能的程度。还有研究通过分析态度强度调节态度影响他人感知的程度，发现了一种虚假共识效应（false consensus effect），即人们往往认为相对于他所没有的态度而言，他所持有的态度具有普遍性，尽管并没有证据表明这种效应受到了态度重要性的影响。这种虚假共识效应在很大程度上可以被看作判断的一种偏见和倾向；而且，虚假共识效应在事实上代表着一种对自我信息的过度使用，因而应该被视为一种偏见。[2]

此外，学者们还对潜在于态度结果的心理机制进行了研究，如充满敌意的媒体的偏见对个人态度的作用机制、态度相似性－人际吸引效应（attitude similarity-interpersonal attraction effect）的影响等等。[3] 相关研究发现，态度可能以评价一致的方式使得对客体性质

---

[1] Russell H. Fazio, Jim Blascovich and Denise M. Driscoll, "On the Functional Value of Attitudes: The Influence of Accessible Attitudes on the Ease and Quality of Decision Making", *Personality and Social Psychology Bulletin*, Vol. 18, No. 4, 1992, pp. 388-401.

[2] Leandre R. Fabrigar and Jon A. Krosnick, "Attitude Importance and the False Consensus Effect", *Personality and Social Psychology Bulletin*, Vol. 21, No. 5, 1995, pp. 468-479; Joachim Krueger and Russell W. Clement, "The Truly False Consensus Effect: An Ineradicable and Egocentric Bias in Social Perception", *Journal of Personality and Social Psychology*, Vol. 67, No. 4, 1994, pp. 596-610.

[3] Roger Giner-Sorolla and Shelly Chaiken, "The Causes of Hostile Media Judgments", *Journal of Experimental Social Psychology*, Vol. 30, No. 2, 1994, pp. 165-180; Diana Tze Yeong Tan and Ramadhar Singh, "Attitudes and Attraction: A Developmental Study of the Similarity-Attraction and Dissimilarity-Repulsion Hypotheses", *Personality and Social Psychology Bulletin*, Vol. 21, No. 9, 1995, pp. 975-986.

的判断发生偏差,而当判断是在时间压力下作出时,这种偏见尤其明显。①

二、政治生活中的态度与行为

在政治学和政治心理学研究中,态度相关主题常常是在"政治文化"或"公民文化"等概念范畴内得到讨论的,有时则与政治认同、价值观、政策态度等概念或议题联系在一起。

(一)政治文化

政治文化是政治体系的重要心理维度,包括人口中普遍存在的态度、信念、价值观和技能,以及那些可能在人口不同部分存在的特殊倾向和模式。② 阿尔蒙德对政治文化的这一经典界定,及其被用于政治文化结构分析的体系文化、过程文化和政策文化等一系列概念,与政治态度有很多重叠。实际上,在阿尔蒙德的政治文化研究中,不仅政治态度是一个常被提及的概念,他经常使用的其他概念如倾向、态度、政策态度、信任和敌视等,也都是政治态度的常见分析维度。阿尔蒙德与西德尼·维巴合著的《公民文化——五个国家的政治态度和民主制》一书,从书名副标题就可看出政治文化(公民文化)与政治态度的关系。③

但是,政治文化和政治态度两个概念之间存在值得关注的重要差异。政治文化的主体一般不是个体。阿尔蒙德在界定概念时使用了

---

① Karl Christoph Klauer and Elsbeth Stern, "How Attitudes Guide Memory-Based Judgments: A Two-Process Model", *Journal of Experimental Social Psychology*, Vol. 28, No. 2, 1992, pp. 186—206.

② Gabriel A. Almond and G. Bingham Powell, Jr., *Comparative Politics: A Developmental Approach*, Boston, MA: Little, Brown, and Company, 1966, p. 23.

③ 〔美〕加布里埃尔·A. 阿尔蒙德、西德尼·维巴:《公民文化——五个国家的政治态度和民主制》,徐湘林等译,东方出版社 2008 年版。

"人口"(population)一词。在他看来,"人口"应是政治文化的常见主体,政治亚文化的主体则可能是构成"人口"的不同群体;与此不同,政治态度的主体既可能是个体,也可能是群体。因此,政治文化在很大程度上可以反映某种政治态度在人口中的整体分布状况,而在不同政治文化中,民众的政治行为也表现出很大的差异。其中,有关三种不同政治文化(地域型政治文化、依附型政治文化和参与型政治文化)以及政治文化结构(体系文化、过程文化和政策文化)的分析,在很大程度上蕴含着重要的前提假设:态度影响行为。

近年来,集合意义上的政治态度研究主要集中于对特定国家类型(如转型国家)的政治态度进行整体考察,尤其是在宏观层面关注特定政治态度对参与、民主制度等的影响。其中,研究所涉及的主要问题仍是信任、参与、疏离、政治支持等政治文化研究领域的传统主题,研究的核心关切则是转型国家民主巩固的前景或面临的问题。[①]

有些矛盾的是,虽然政治心理学在20世纪70年代初获得了独立的学科地位,但同时也经历了与心理学、社会心理学以及神经科学等学科日益融合的过程,特别是在研究方法和研究对象等方面受到了这些学科的重要影响。在政治文化相关领域,政治态度研究更关注态度对行为的作用及结果。

(二)政治认同

在群体层面,有关美国不同种族的研究发现,美国白人的政治态度并不统一,而且更多受到个人自利和其他社会群体认同(如阶层)的影响;黑人的政治态度在本质上则较为一致,也更倾向于采取集体

[①] Larry Diamond, ed., *Political Culture and Democracy in Developing Countries*, Boulder, CO: Lynne Rienner Publishers,1993; Pauline Grosjean, Frantisek Ricka and Claudia Senik, "Learning, Political Attitudes and the Crisis in Transition Countries", Working Paper No. 140, European Bank for Reconstruction and Development, 2011; Marijana Markovik, "Political Attitude and Personality in a Democratic Society", *The Western Balkans Policy Review*, Vol. 1, No. 1, 2010, pp. 168–184.

行动；亚裔和拉丁裔美国人则处于白人和黑人之间。① 随着美国社会中混血人口比例的增加，其政治认同和态度也日益为人们所关注。有关混血群体的政治态度和意识形态研究发现，他们的政治观念与其具有遗传背景的那个种族类似，但也可能不会认同单一少数族裔。无论如何，其作为混血儿的自我认同表明他们感知到了不同于白种美国人（美国白人）的一种种族认同；不仅如此，这些个体仍然同情少数族裔事业。即便是对于那些有着模糊或变化的种族认同的个体而言，种族依然塑造着他们的个人生活机会，不同种族间的界线依然存在。

混血身份认同有助于人们认识种族持续影响美国社会的原因与方式。关注这一人群及其政治态度，对于理解美国多种族社会中种族认同和政治行为间不断变化的关系至为重要。② 在有关不同国家公民的态度研究中，美国公民的态度最受关注，这种状况一方面与政治心理学在世界不同地区发展不平衡有关（在美国的发展极为强劲），另一方面也是态度研究的资源价值在美国现实政治中被充分认识和利用的一个结果。

(三) 价值观

罗纳德·英格尔哈特（Ronald Inglehart）对欧洲后工业社会代际文化变迁的考察，是在代际维度上对不同人群（年轻一代与其长辈如父母一代）的价值观及政治态度的经典研究。③

---

① Sidney Verba and Norman H. Nie, *Participation in America: Political Democracy and Social Equality*, New York, NY: Harper & Row, 1972; Sidney Verba, Kay Lehman Schlozman and Henry E. Brady, *Voice and Equality: Civic Voluntarism in American Politics*, Cambridge, MA: Harvard University Press, 1995; Michael C. Dawson, *Behind the Mule: Race and Class in African-American Politics*, Princeton, NJ: Princeton University Press, 1994; Dennis Chong and Dukhong Kim, "The Experiences and Effects of Economic Status among Racial and Ethnic Minorities", *American Political Science Review*, Vol. 100, No. 3, 2006, pp. 335−351.

② Natalie Masuoka, "Political Attitudes and Ideologies of Multiracial Americans", *Political Research Quarterly*, Vol. 61, No. 2, 2008, pp. 253−267.

③ Ronald Inglehart, "The Silent Revolution in Europe: Intergenerational Change in Post-Industrial Societies", *American Political Science Review*, Vol. 65, No. 4, 1971, pp. 991−1017; Ronald Inglehart, *The Silent Revolution: Changing Values and Political Styles among Western Publics*, Princeton, NJ: Princeton University Press, 1977.

由于二战后经济发展和福利国家的出现,人们对于经济安全和人身安全等目标的关切已让位于生活质量和归属感、自我表达、自由选择等价值,这些变化还可能导向政治态度、政治参与等方面的重要变化,并对社会产生深刻影响。英格尔哈特将这种变化看作由物质主义价值观趋向后物质主义价值观的一种代际变迁,物质主义价值观(materialist values)和后物质主义价值观(post-materialist values)也成为他用以概括代际不同价值观念的重要概念。

后物质主义后来还常被视为评价一个国家或社会是否获得某种后现代特征的重要指标,其中就包括诸多态度构成的症候群。这些态度症候也体现于相关问卷设计中(如世界价值观调查中的相关问题)。

(四)政策态度

在现实政治生活中,选民的情绪左右其投票行为被看作态度影响行为的一个重要表现。在选举中,焦虑和热情是可对选举活动产生特定效应的两种重要的情绪反应。其中,焦虑是对威胁和新奇事物的反应,它促使人们将注意力转向竞选活动和学习,并使人们减少对与投票有关的习惯性线索的依赖;热情对候选人的偏好有强烈的影响,同时也激发人们对选举的兴趣和卷入。相关研究表明,人们可以将情绪用作进行有效的信息处理的工具,从而提高自己参与有意义的政治过程的能力。[1]

政策态度是各种政治态度中最容易获得和理解的态度。对态度与政治行为之间关系的研究往往是与竞选联系在一起的。在选举中,态度与政治行为的关系更明显地表现为公众的政治态度(具体说是政策态度)对其投票行为的影响。民主制度有效运行,很大程度上是因为公民选出了能贯彻他们所支持的政策的代表。公民选择什么样的候选人做他们的代表,主要取决于公民政策偏好(公民对政府政策的态

---

[1] George E. Marcus and Michael B. Mackuen, "Anxiety, Enthusiasm, and the Vote: The Emotional Underpinnings of Learning and Involvement During Presidential Campaigns", *American Political Science Review*, Vol. 87, No. 3, 1993, pp. 672-685.

度) 与候选人政策偏好 (候选人对政府政策的态度) 相吻合的程度。因此, 对不同候选人的选择可以看作是对不同政策的选择。"政策投票"(policy voting) 与社会心理学家所说的基于态度相似性的相互吸引是一致的。① 公民的政策态度及对候选人政策态度的感知、公民对候选人的人格特质及在任者表现的评价等, 共同影响着公民对候选人的偏好, 进而左右他们在投票中的行为。

由于公民政策偏好与投票行为之间的这种关系, 候选人的态度 (政策偏好) 也间接影响选民的投票行为。候选人的态度必须表达出来才能被人们知晓, 而候选人表达其态度的方式则在很大程度上影响着选民对其态度的感知和评价。具体而言, 同样的政策偏好如果以不同的方式表达出来, 可使选民对它产生不同的感知和评价, 还会对选民的候选人偏好产生影响。因此, 一些有关政治态度与行为间关系的研究还涉及候选人的竞选策略。也就是说, 在竞选中, 候选人如果用最容易使选民产生好感并接受的方式来表达其态度, 可使选民趋近和认同自己的政策偏好, 从而有助于其在选举中获得成功; 反过来, 如果候选人表达其政策偏好的方式不当, 其结果也许是不能准确传达其政策偏好, 甚至会使选民对其政策偏好产生恶感, 从而不利于其在竞选中取胜。这些研究发现与早期研究中得出的有关候选人应使用模糊策略 (即不明确表达其政策立场) 的结论存在很大差别。②

在宽泛意义上, 公民政治态度还包括公民对自我的认识、对自我与体系间关系的认识等。这些可以被概括为"政治效能感"的政治态度, 对公民的政治参与行为具有重要影响, 并且已在政治文化和政治参与相关研究中得到了大量实证检验。

---

① Jon A. Krosnick, "Government Policy and Citizen Passion: A Study of Issue Publics in Contemporary America", *Political Behavior*, Vol. 12, No. 1, 1990, pp. 59–92.

② Ibid.; Benjamin I. Page, "The Theory of Political Ambiguity", *American Political Science Review*, Vol. 70, No. 3, 1976, pp. 742–752; Benjamin I. Page, *Choices and Echoes in Presidential Elections: Rational Man and Electoral Democracy*, Chicago, IL: University of Chicago Press, 1978; Kenneth A. Shepsle, "The Strategy of Ambiguity: Uncertainty and Electoral Competition", *American Political Science Review*, Vol. 66, No. 2, 1972, pp. 555–568.

第五节　政治态度的测量

态度作为一种内在的心理倾向，基本上是一个主观概念，虽然不能被直接观察到，但可以借助特定的方法和技术手段予以测量。由于态度测量对于态度研究的重要性，它甚至已经被视为态度概念和态度研究的一部分。态度测量可为研究者提供检验假设的工具，也有助于研究者追踪态度变化的轨迹，因而被视为态度研究领域实用性的一面。[①] 对于那些民意调查专家和参与竞选活动的人而言，态度测量在实用性方面的意义尤其突出。

一、早期的态度测量

无论是在心理学领域还是在社会学领域，态度的测量都受到了极大的关注。1927年，瑟斯通提出了"比较判断法则"（law of comparative judgment），为其后态度量表的创制奠定了重要的逻辑基础和方法论基础。1928年，瑟斯通发表了题为《态度可以被测量》（"Attitudes Can Be Measured"）的论文，提出了心理学和社会学领域的第一个态度量表——瑟斯通量表（Thurstone Scale），以测量人们对宗教的态度。[②] 这也是心理学和社会学领域被用于态度测量的第一个正式技术手段。

瑟斯通认为，对刺激（态度陈述）的反应可以引发在某些心理维度上的辨别过程。他对这种辨别过程本质的假设使他获得了进行比较判断的规律，从而使一系列态度陈述（attitude statement）可以

[①] Richard M. Perloff, *The Dynamics of Persuasion: Communication and Attitudes in the 21st Century*, 4th ed., New York, NY: Routledge, 2010, p. 107.

[②] L. L. Thurstone, "A Law of Comparative Judgment", *Psychological Review*, Vol. 101, No. 2, 1994, pp. 266–270 (This reprinted article originally appeared in *Psychological Review*, Vol. 34, No. 4, 1927, pp. 273–286); L. L. Thurstone, "Attitudes Can Be Measured", *The American Journal of Sociology*, Vol. 33, No. 3, 1928, pp. 529–554.

定位于单一维度。由此,瑟斯通创造了将态度陈述的心理反应与对态度问题的回答联系起来的测量模式。由于确信态度可以被测量,以及调查问卷是能够触及大量受访者的最完美的工具,研究者很快就设计出各种问题以测量所能想到的每一个主观领域的每一个心理表征。①

二、测量政治态度

政治态度作为态度的一个重要组成部分,它的测量与态度的测量有许多共同之处,或者说就是态度测量的一部分,尽管态度测量中"最多的概念分歧出现在政治态度领域"②。事实上,自瑟斯通在态度测量方面完成其开创性的工作以来,态度领域(包括政治态度领域)的各种量表大量出现。

在政治心理学领域,对政治态度的测量涉及与政治态度相关的诸多方面。除了态度本身以外,对与态度有关的倾向和行为也进行了测量。在态度方面,研究者在自由-保守、对政府干预的看法、宽容、种族、政治疏离、信任和国际态度(international attitudes)等方面进行了大量的定量研究;在与政治态度密切相关的倾向和行为方面,政治信息(political information)、政治议程(political agendas)、政党认同和政治参与等主题引起了最多的关注。这种对抽象概念进行操作化界定的努力,极大地丰富了对政治态度的研究,使难以理解和不易趋近的政治态度在很大程度上变得较为具体和可感知了。

尽管对于"人们都是意识形态性的"这一命题的各种怀疑始终存在,但相关研究一再证明,在所谓意识形态的左与右之间的确存在有

---

① 参见 Stanley Feldman, "Answering Survey Questions: The Measurement and Meaning of Public Opinion", in Milton Lodge and Kathleen M. McGraw, eds., *Political Judgment: Structure and Process*, Ann Arbor, MI: University of Michigan Press, 1995, pp. 249–270。

② John P. Robinson, Phillip R. Shaver and Lawrence S. Wrightsman, eds., *Measures of Political Attitudes*, San Diego, CA: Academic Press, 1999, p. 5。

意义的差异，而这些差异可能就植根于基本的人格倾向；也就是说，人们在心理需求、动机以及对世界的倾向等方面存在较为稳定的个体差异。[①] 因此，在自由-保守的政治意识形态维度上测量政治态度，一直是政治心理学领域政治态度测量的重要分析手段。研究者设计了许多不同的量表，其中有的是将自由-保守维度上的不同态度作为一个宽泛的谱系，有的则只是研究处于这一谱系中的某一种意识形态如权威主义，还有的专门分析处在谱系两端的意识形态，即一般被称为左派的激进主义和被称为右派的保守主义。

在具体的测量方法上，对自由主义-保守主义进行直接测量的最为人熟知的量表，是传统的7点视觉量表（Seven-Point Visual Scale，见图5.3）。这种量表与瑟斯通提出的测量态度的方法（等距法）相一致，是区分不同态度的一种数字等级量表（numerical rating scale）。构建这种数字等级框架的是大量的分叉式问题：如，你认为自己是一个自由派（保守派或温和派）吗？如果你认为自己是一个自由派（保守派或温和派），你是激进的自由派，还是温和的自由派（保守派或温和派）？如果你既不是自由派也不是保守派，你认为自己更接近自由派还是保守派？直接的自我标记（direct self-labeling），即向受访者提出大量仅在措辞上有细微差别的问题，让受访者标识并定位自己的特定态度，也是对自由主义-保守主义进行直接测量的一部分。情感温度计（feeling thermometer）是对人们关于政治对象的情感（好恶）

1	2	3	4	5	6	7
极端自由的	自由的	有些自由的	温和的中间的	有些保守的	保守的	极端保守的

图5.3　7点视觉量表

[①] Dana R. Carney, John T. Jost, Samuel D. Gosling, et al., "The Secret Lives of Liberals and Conservatives: Personality Profiles, Interaction Styles, and the Things They Leave Behind", *Political Psychology*, Vol. 29, No. 6, 2008, pp. 807−840.

的量化分级。具体方法是，用从 0 到 100 的分值来计量人们对政治对象的不同评价，50 分表示一种中立的态度。一些研究者基于美国全国范围样本做的调查表明，不管是自由主义者还是保守主义者，其平均情感分值都在 50 以上。① 一些学者在研究中对情感温度计测量进行了改进，使用了 11 点量表，以便受访者较快地做出回答，尤其是在接受电话访谈时。

除了对政治态度进行直接测量外，还可以对自由主义－保守主义进行多重项测量（multi-item measures），后者是有关自由主义－保守主义的一种间接指标。对政治态度的直接测量可以看作一种单向度的测量，而借助间接指标测量政治态度则是一种多向度的测量。在具体的操作上，由于对自由主义－保守主义有多方面的界定，其中有的概念和价值对一些研究者来说非常重要，对其他研究者而言则不重要或不具有足够的情感强度（intensity of affect）以吸引他们的注意力。这种不一致还表现在，体现保守主义的价值并非与自由主义的价值正相反。因此，研究者采取了多种不同的方法对自由主义－保守主义进行测量。有的研究者依据不同的指标分别测量自由主义和保守主义，有的研究者则提出一些价值模型（如平等－自由模型）对自由主义－保守主义进行测量。②

在有关意识形态的测量中，人们对于保守主义尤其表现出浓厚的兴趣。近年还有研究者提出了"12 项社会与经济保守主义量表"（12-Item Social and Economic Conservatism Scale, SECS），将社会与经济

---

① D. E. Green, N. S. M. Reynolds, Frank H. Walkey, et al., "The Conservatism Scale: In Search of a Replicable Factor", *The Journal of Social Psychology*, Vol. 128, No. 4, 1988, pp. 507-516; Clyde Wilcox, Lee Sigelman and Elizabeth Cook, "Some Like It Hot: Individual Differences in Responses to Group Feeling Thermometers", *Public Opinion Quarterly*, Vol. 53, No. 2, 1989, pp. 246-257.

② 参见 Kathleen Knight, "Liberalism and Conservatism", in John P. Robinson, Phillip R. Shaver and Lawrence S. Wrightsman, eds., *Measures of Political Attitudes*, San Diego, CA: Academic Press, 1999, pp. 59-70。

意义上的保守主义相关问题也纳入其中。①

此外，研究者还在政治态度的其他测量维度上提出了不同的量表。譬如，研究者通过与美国总统选举有关的若干量表，包括美国全国大选研究（American National Election Studies，ANES）的平等主义量表（Egalitarianism Scale）、个人主义量表（Individualism Scales）、人道主义量表（Humanitarianism Scale）等，考察人们的经济价值观和平等态度；在民主价值观和政治宽容方面，研究者使用的是民主价值观量表（Democratic Values Scale）、民主态度量表（Attitudes toward Democracy）等量表；在种族态度的测量方面，有种族态度量表（Racial Attitudes Scale）、对黑人的态度量表（Attitudes toward Blacks）、对白人的态度量表（Attitudes toward Whites）等；在政治效能感和政治疏离方面，有多个政治效能感量表（Political Efficacy Scale）和政治疏离感量表（Political Alienation Scale）；在政府信任问题上，相关态度测量量表有政府信任量表（Trust in Government Scale）、政治信任和体系评价量表（Political Trust and System Evaluation Scales）、政治支持指数（Political Support Index）等。此外，在国际态度、政治参与、政党认同、政治信息等态度维度上也形成了许多相关量表。

与其他一般的态度测量一样，问卷设计的质量对政治态度测量非常重要。其中，每一个具体问题的措辞、回答选项的顺序、量表格式、问题的形式（如开放式还是封闭式）等，都是问卷设计中必须考虑的事项。在进行问卷调查时，调查人员的工作态度和方式也会影响到结果。

---

① Jim A. C. Everett, "The 12 Item Social and Economic Conservatism Scale (SECS)", *PLOS ONE*, Vol. 8, No. 12, 2013, p. e82131.

三、政治态度测量与民意调查

在现在为人们熟知的民意调查出现之前，报纸和杂志使用非正式的民意调查（straw polls），即借助路边的随机采访或抽取杂志订户进行邮寄问卷调查来增加有关选举的新闻覆盖面。今天人们所熟知的民意调查出现于 20 世纪 30 年代中期。① 1935 年，短暂担任美国哥伦比亚大学新闻学教授的乔治·盖洛普（George Gallup）在纽约创办了美国民意调查所（American Institute of Public Opinion）。几乎与此同时，美国前珠宝商埃尔默·罗普尔（Elmo Roper）受命于《财富》杂志，负责全国的民意调查，即后来为人们所知晓的"《财富》民意调查"（Fortune Poll）。

虽然民意调查所使用的方法与态度及政治态度的测量方法有许多相同或相似之处，但前者有着更为复杂的社会和政治意义，而后者的价值则主要体现于学术研究方面。在现实政治生活中，人们更常接触到的是民意调查。因此，民意调查在民主政治中的作用也经常引发各种各样的争论。

现代民意调查的先驱盖洛普认为，由于民意调查的结果代表了人民所需要的东西——喜欢或反对什么样的立法、政府应遵循什么样的政策导向等，理当被视作国家领导者应该执行的"来自人民的命令"。他认为单纯依靠选举不足以确保民主政府。"民主是为了公民的利益

---

① 实际上，在 20 世纪 20 年代，中国就出现了类似的调查和态度测量。1923 年，北京大学成立二十五周年之际，有学者在 12 月 16—17 日围绕诸多政治问题进行了民意调查，即北大二十五周年纪念日"民意测量"。调查以问卷形式进行，由答题者自取问卷。问卷包括十个问题："你对于曹锟做总统，有何感想？""你相信当今国会吗？须怎办？""你对于此次政府所颁宪法，应取什么态度？""下列各种方法，你以为哪种可以救中国？——军阀宰制，外国共管，国民革命。""俄国与美国，你以为谁是中国之友？为什么？""你心目中国内或世界大人物，是哪几位？""现在中国的'日刊''周刊'，你最爱看哪种？""现在中国流行关于政治方面的各种主义，你相信哪一种？""你对于目前学生运动有何意见？""你最爱作如何消遣？"有关这次问卷调查的相关情况及结果分析，参见朱务善：《本校二十五周年纪念日"民意测量"之分析》，《北大日刊》1924 年 3 月 4 日—7 日；朱悟禅：《北大二十五周年纪念日"民意测量"之分析》，《新民国》杂志 1924 年 3 月 30 日。

而不断思索和行动的过程",民意调查可以弥补选举的一些局限,使"立法者、教育者、专家、编辑和普通公民可以对民主的脉搏有一个较为可靠的测量"。[1] 政治体系中如果没有民意的表达,代议制政府就可能蜕变为精英政府。率先使用调查法研究态度和意见的社会学家斯托弗认为,民意调查代表了民主制所设计的最为有效的工具;西德尼·维巴在1995年美国政治学会学术会议的主席致辞中也表达了类似的观点:调查可产生民主制度应有的结果,即所有公民得到平等的代表。[2] 这些观点不同于美国著名新闻评论家沃尔特·李普曼（Walter Lippmann, 1889—1974）的见解。李普曼认为,公众并不是一个智囊机构,因而其本身不会产生程序和政策。……尽管领导人必须关注公众的情绪,但在制定和实施政策时的责任是以他们自己的深思熟虑作为基础的。[3] 有关民意调查对于民主制度的意义的不同认识,实际上还是民主理论发展的一个反映。

由民意调查引发的争论还不仅于此,不同人群对民意调查的看法也很不一样。社会科学家是对民意调查提出最多批评的人,他们的批评主要集中于方法方面。一方面,许多社会科学家认为民意调查者关于民意本质的基本假设是错误的,民意调查需要一种完全不同的研究方法;另一方面,一些质疑的观点认为民意调查者所使用的抽样技术、问题的表述（措辞）以及分析等是有缺陷的和表面的,因而应修正民意调查技术,尤其是采用由社会科学家发展出的现有方法。来自政治家、政治分析家、决策者和一些普通公众的批评则与民意调查对政治生活的影响有关。这些批评主要针对民意调查被运用的方式,以及这些运用如何重塑政治。来自这些人的批评已经超越了理论和方法

---

[1] George Gallup and Saul Forbes Rae, *The Pulse of Democracy*, New York, NY: Simon and Schuster, 1940, pp. 11, 12. 转引自 Irving Crespi, *Public Opinion, Polls, and Democracy*, Boulder, CO: Westview Press, 1989, pp. 3–4。

[2] John M. Fenton, *In Your Opinion*, Boston, MA: Little, Brown, and Company, 1960, p. x; Sidney Verba, "The Citizen as Respondent: Sample Surveys and American Democracy", *American Political Science Review*, Vol. 90, No. 1, 1996, pp. 1–7.

[3] 参见 Walter Lippmann, *The Public Philosophy*, Boston, MA: Little, Brown and Company, 1955。

问题，他们提出了民意调查加强或削弱民主的实质性问题。①

对民意调查的批评并未使民意调查技术发展的步伐放缓，而民意调查也仍然是测量公众政治观点的重要方法。总体上，与选举结果相比，民意调查可提供有关个体政治认知的更为细腻的图景；同时，尽管"大数据"革命开辟了研究政治态度的新途径，民意调查依然表现出有助于人们获知公众详细的偏好和动机的重要优势。②

不管民意调查的方法如何，以及与此相关的对政治生活的影响怎样，民意调查其实在一定程度上方便了各种相互竞争的利益群体对民意的操纵和利用。因此，民意调查方法的选择以及对调查结果的分析，都可能被赋予较多的主观色彩。

小　结

态度既与人们的生活经验相关，又可能影响人们的行为；与此同时，态度处于价值观与行为之间，一方面与价值观和意识形态有关，另一方面又与行为存在不同程度的联系，是价值观与行为之间的重要中介。因此，在很大程度上，态度可以被看作政治心理学研究的轴心，是政治心理学领域中一个具有辐合作用（convergence）的重要概念，也是这一领域诸多心理现象及其与行为间关系的逻辑重心。

高度的复杂性是态度的一个重要特征。这种复杂性不仅指人们的态度本身可能是矛盾的、隐性的以及并不总是容易获知的，也指态度与行为之间关系的错综复杂。这种复杂性使得这一领域的探索总是充

---

① 参见 Irving Crespi, *Public Opinion, Polls, and Democracy*, Boulder, CO: Westview Press, 1989, pp. 1–5。

② 参见 Adam J. Berinsky, "Measuring Public Opinion with Surveys", *Annual Review of Political Science*, Vol. 20, No. 1, 2017, pp. 309–329。

满挑战,成为政治心理学研究中一个充满吸引力的部分,更使政治心理学的态度研究成为导向更为广泛的相关研究及理论发展的重要学术增长点。由此出发,政治心理学的研究范畴得以进一步扩展,学科知识也在不断积累。在这种意义上,态度就不仅是政治心理学领域中一个具有辐合作用的概念,它还是一个具有强大辐散作用(divergence)的概念。

在现实政治中,态度虽然并不必然导向行为,但却预示着特定行为倾向。因此,与态度及其改变有关的说服在政治生活中无处不在。"政治的核心与说服有关。"[①] 在个体层面,相对于社会心理学和传播学,政治心理学对于态度改变的研究还远不充分。这既是学科发展的重要空间,也表明政治心理学的重要资源价值亟待进一步认识和发掘。但是,在群体甚至国家层面,政治心理学领域有关态度的研究,则为认识和理解不同群体或国家(国家类型)的态度和国家政策取向乃至政治发展走向,提供了日益丰富的社会资源。

因此,态度研究还是政治心理学的资源价值最为集中的一个领域。在选举政治中,及时把握选民态度倾向并通过说服或改变自身立场以使选民态度与竞选者的政策主张相一致,是政治实践层面运用态度资源价值的生动案例。

态度研究中对强态度的关注更突显了政治心理学的资源价值。强烈的情感常常导向强态度。由于现代社会日益获得情绪社会的特征,以强烈情绪为基础的强态度普遍存在,影响着个体或群体与社会政治世界的互动方式和过程,也在很大程度上增加了态度转变为行为甚至是极端行为的可能,不仅使说服变得越来越困难,也在一定程度上损害了公共协商空间。[②] 关注态度特别是强态度,对于进行有效的说服沟通,及时缩小态度分歧,具有重要的积极意义。

[①] Diana C. Mutz, Paul M. Sniderman and Richard A. Brody, eds., *Political Persuasion and Attitude Change*, Ann Arbor, MI: University of Michigan Press, 1996, "Introduction".

[②] Magdalena E. Wojcieszak, "On Strong Attitudes and Group Deliberation: Relationships, Structure, Changes, and Effects", *Political Psychology*, Vol. 33, No. 2, 2012, pp. 225–242.

随着多元主义时代的到来，关注不同人群的政治态度及其形成过程与影响，对于理解复杂且处于不断变化中的各种社会关系（如不同社会阶层之间的关系、多民族国家的民族关系等）、制定有效的社会政策并实现人们理想中的社会团结与稳定，都具有还未被充分发掘和实现的资源价值。

第六章 民　意

民意（也称公众意见或舆论）是传统政治学的一个重要主题，而民意研究却是政治学研究的一个较新的领域。在政治心理学以及更为普遍的政治学研究中，对态度的研究常常是与对民意的研究联系在一起的，或者是通过民意研究来加以认识和把握的（如民意调查就是态度测量的一个重要工具）。在政治学领域，虽然态度仍是大多数民意研究的核心，但民意研究的范畴已经远远超出了一般的态度研究，更因其作为民主理论的重要内容乃至基石，在很大程度上成为兼具经验研究特征和规范研究特征的一个领域。民意研究在政治心理学中已经成为与政治哲学特别是民主（民主政府）相关讨论联系最为密切的一个领域。

第一节　民意：从政治学传统研究主题到独立的研究领域

无论是民意研究领域对民意的关注，还是民主理论中涉及民意的论述，一个重要的问题就是如何将民意运用于治理。即使是在"民意"这一概念产生之前，民意运用于治理的意义就已经得到了较多的讨论。

一、传统政治学研究中的民意

一般认为，卢梭在 1744 年最早使用了"民意"（*l'opinion publique*）一词，但与民意有关的基本观念在自柏拉图、亚里士多德以来的许多著述中早已有所涉及。[①] 可以说，对民意的关注和研究是政治学领域的一个重要传统。

从政治学领域有关民主的诸多论述中可以看出，民主政治中民意的作用一直是这一领域一个重要的争论主题。民主可以被简单地定义为"由人民统治"（rule by the people），于是"民主制度中人民应如何统治"就成为民主理论家讨论的重要主题，其中更是涉及人民的统治能力以及公众在民主体系中的作用。从古典民主理论到现代民主理论，无论是直接民主，还是在民主精英论或大众民主主义理论乃至参与民主理论中，应该由谁来制定政策或哪些人的利益会影响政策制定，是不同民主理论的共同关切。

具体而言，民意–政策（opinion-policy）关系不仅是日常政治的核心，也是从卢梭到密尔再到达尔的民主研究理论文献的核心。在这些理论家看来，大众偏好与公共政策之间的关系是代议制民主最为关键的成分。不仅如此，民意–政策还表现为一种互动关系：一方面决策者需要对民众的政策倾向做出反应，另一方面民众需要有某种程度上基于"决策者正在做什么"的知情的偏好。[②]

民意观念产生于旨在教育大众行使主权以塑造民主社会中公众角色的观念启蒙，而民意的重要意义则在美国国家产生的历史过程中得到了淋漓尽致的体现。民意是政府建立的唯一基础，这被看作美国国家缔造者的重要信条，尽管《联邦党人文集》指出，"由人民代表发出的公众呼声，要比人民自己为此集会和亲自提出意见更能符合公共

[①] 中国古代典籍中也不乏有关民意的表述，如庄子说："上法圆天以顺三光，下法方地以顺四时，中和民意以安四乡。"参见王先谦：《庄子集注》，上海书店 1987 年版，第 86 页。

[②] Stuart N. Soroka and Christopher Wlezien, *Degrees of Democracy: Politics, Public Opinion, and Policy*, New York, NY: Cambridge University Press, 2010, p. 3.

利益"①。林肯曾经写到,在政治中,"公众意见就是一切。有之则无往不利,无之则一事无成"②。

二、民意研究的出现

民意虽然是传统政治学研究的重要主题,但民意研究成为一个专门的领域,却是现代化早发国家在19世纪那个动荡年代政治与社会变迁的结果。正是从19世纪起,人们开始有组织地表达其政治需求,民意被视为民众可施与政府的强大力量。大约在19世纪中期,报刊写作者、政治领袖以及已经模糊地意识到一个新的学科正在形成的学者和知识分子,对民意及其性质都极为关注,尽管当时受过教育的人和普通大众之间的对立并未因学术领域中新的研究或现实世界的政治改革而得到解决。其时,大学也开始了有关社会的系统研究,而几乎每一位杰出的思想者都无一例外地认为,人民在社会发展中具有无可替代的推动作用。③ 这样的社会氛围和观念氛围为民意研究的出现提供了重要的现实环境。

民意本身经历了重要的演化过程,人们在思想史上所接触的与民意相关的许多理论观点可能已经陈旧过时了,但民意不仅仍存在于所有社会体系之中,而且不同时期的社会问题也可能孕育不同的民意状况以及与民意相关的新观点。早期的民意研究其实可以理解为民意理论研究,其核心问题可概括为三类。其一,公众的历史、法律和社会性质是什么?其二,意见的本质是什么?是新的还是旧的,是永恒的

---

① [美]汉密尔顿、杰伊、麦迪逊:《联邦党人文集》,程逢如、在汉、舒逊译,商务印书馆1980年版,第十篇,第49页。

② Abraham Lincoln, First Debate, at Ottawa, Illinois, August 21, 1858. 转引自 Newton N. Minow, John Bartlow Martin and Lee M. Mitchell, *Presidential Television*, New York, NY: Basic Books, 1973, p. 10。

③ 参见 Francis Graham Wilson, *A Theory of Public Opinion*, New Brunswick, NJ: Transaction Publishers, 2013, pp. 73—74。

还是变化的，它是否与特定的社会发展联系在一起，如中产阶级、大众传媒或都市社会？它是需要进行法理的、政治的或哲学的研究，还是应该完全置于心理学或社会学理论框架中加以思考？其三，意见的特性是什么？意见在什么条件下是有效的？什么心理动力影响它的形成？与社会传播方式的关系如何？民意如何表达价值判断？一个正确的价值判断理论是不是民意理论的必然组成部分？如此等等。①

民意研究后来日益成为行为主义研究的一个重要领域，甚至成为行为主义科学家的一个专属领域，令人印象深刻的研究技术的发展则成为其最引人注目的特征。时至今日，参与民意研究的学者、新闻记者、政治专家比历史上任何时候都多。此外，随民意调查方法的运用而出现的民意调查专家似乎更成为这一领域的行家。行为主义研究方法在民意研究领域的广泛运用，将民意研究从规范研究的范畴带入了全新的实证研究天地，而民意研究在这一方向上的发展也显示了行为主义推动政治学学科发展的重要潜力。事实上，民意研究已经成为政治学研究中对技术手段最为倚重的一个领域。

就学科归属而言，随着民意研究成为一个专门的研究领域，它也日渐发展为涉及政治学、心理学和传播学等诸多学科的一个跨学科领域。作为民意的主要研究者，学者、新闻记者和民意调查专家等在如何研究民意的问题上并无共识，他们在诸如哪些议题值得研究、什么理论或方法最好或最适宜，以及民意是什么性质的等问题上，也没有形成一致的看法；不仅如此，源于政治学、心理学或新闻传播学等不同学科的研究兴趣更增加了这一领域的多样性。因此，民意研究是一个以多样性为特征的领域：概念和理论的多样性、问题的多样性，以及方法的多样性。②

---

① 参见 Francis Graham Wilson, *A Theory of Public Opinion*, New Brunswick, NJ: Transaction Publishers, 2013, pp. 3—4。

② Barbara Norrander and Clyde Wilcox, eds., *Understanding Public Opinion*, Washington, DC: CQ Press, 1997, p. 2.

第二节　民意：一个难以界定的概念

"我们大家都习惯赋予舆论某种神秘的、几乎超自然的力量，却未能考察当我们谈论舆论时，舆论究竟指什么，我们也不了解它的权能的真正界限，无法确定其发挥功能的方式。"① 的确，从产生之时起，民意研究就面临民意这一关键术语界定的多元化问题，比大多数社会科学研究更为受困于缺乏共识性的定义，而与民意有关的表达的模棱两可更使相关研究面临很大的不确定性。人们怀疑是否需要一个一致同意的民意定义，而需要这种定义的情形事实上则几乎没有出现过。在这种意义上，准确界定民意或许不可能，或许根本就没有必要。②

一、民意是什么？

在传统政治学研究中，民意常常与其他概念混用，并以不同的方式得到表达。启蒙运动之际，特别是1780年之前，在一些法国作家的笔下，民意一词经常与指称大众意见的政治性方面的其他概念，如"共同意志"（common will）、"公共精神"（public spirit）、"公共良心"（public conscience）等混用。③ 其后，民意才成为政府研究著述中的一个常见词。

将"public opinion"这一英文词语转译为中文时，这一概念的表达就更为复杂了。特别是由于民意研究已经成为主要涉及政治学、心理学和传播学等学科的领域，"public opinion"在这些学科领域的中文表达也有所不同。其中，"民意"更常见于政治学研究，在心理学

---

① 〔英〕戴雪：《公共舆论的力量：19世纪英国的法律与公共舆论》，戴鹏飞译，上海人民出版社2014年版，第40页。

② Francis Graham Wilson, *A Theory of Public Opinion*, New Brunswick, NJ: Transaction Publishers, 2013, pp. 74, 275. 实际上，民意研究被认为是政治学研究中最为多元化的一个领域。参见 Adam J. Berinsky, ed., *New Directions in Public Opinion*, 2nd ed., New York, NY: Routledge, 2016。

③ Vincent Price, *Public Opinion*, Newbury Park, CA: Sage, 1992, p. 8.

研究中使用"公众意见"似乎更为恰当,而"舆论"则是传播学研究中的通用表达。政治心理学领域的民意研究所关注的问题虽侧重民意的政治性一面,但在研究方法上与心理学更为接近,似乎应使用"公众意见"。不过,为方便与传统民意研究的衔接和对话,这里仍沿用"民意"一词。

人们对民意的关注由来已久,民意早已成为一个人们非常熟悉的概念,同时也仍是一个充满歧见的概念。[①]有关民意的一些常见界定似都包含诸如"人民的声音"(the voice of the people)之类的表述,这与人们的一般理解非常接近。但在学术研究中,界定民意却是困难且无共识的。

1965年,哈伍德·蔡尔兹(Harwood L. Childs)梳理了民意相关文献中的至少48种不同的"民意"界定。[②]1968年,《国际社会科学百科全书》(*International Encyclopedia of the Social Sciences*)出版,在W.菲利普斯·戴维森(W. Phillips Davison)撰写的"民意"条目中,民意仍被认为是"没有普遍接受的界定的一个术语"。民意一直是社会科学领域最为模糊的术语之一,也是社会科学领域最具跨学科色彩的一个概念。[③]民意看起来直接明了,它究竟意味着什么,却是一个非常不容易回答的问题。

沃尔特·李普曼对民意概念的界定,在传播学之外的其他学科研究中也被广为引用。他认为,民意是"他人脑海中的图像。""人们关于自身,关于别人,关于他们的需求、意图和人际关系的图像,就是他们的舆论。这些对人类群体或以群体名义行事的个人产生着影响的

[①] 国内有学者概括了有关公众意见定义的五种不同观点:公众意见是个人意见的集合;公众意见是多数人信仰的反映;公众意见是团体及其冲突的结果;公众意见是媒体和政治精英的意见;公众意见是一种虚构。参见胡伟、王行宇:《公众意见概念:对五种观点的阐释》,《南京社会科学》2009年第7期。

[②] Harwood L. Childs, *Public Opinion: Nature, Formation and Role*, Princeton, NJ: D. Van Nostrand, 1965.

[③] Wolfgang Donsbach and Michael W. Traugott, eds., *The Sage Handbook of Public Opinion Research*, Thousand Oaks, CA: Sage, 2008, "Introduction".

图像，就是大写的舆论。"① 在政治学领域，也出现了一些有影响的民意概念界定。譬如，V. O. 凯伊（V. O. Key）将民意定义为"私人所拥有的观点，而政府关注这些观点是明智的"②。在阿兰·门罗（Alan D. Monroe）看来，民意是"人口中个体偏好的分布。换句话说，**公众**意见（*public* opinion）不过是有关特定问题或特定问题组合的**私人**意见（*private* opinion）的总和或集合"③。丽塔·西蒙（Rita James Simon）认为，民意是"人们围绕民意调查专家认定的影响共同体或使共同体感兴趣的问题所形成的观点的集合"④。在伯纳德·亨尼西（Bernard H. Hennessy）的概念中，民意是"相当数量的人在具有普遍重要性的问题上所表达的倾向的综合"⑤。此外，将民意视为"与政府及政治相关的态度表达"⑥，则代表着对民意的一种较为宽泛的理解。

有关民意概念的界定不尽相同，但基本都强调民意是对于政府政策问题而非私人问题的意见，尽管公共问题与私人问题之间有时界限模糊。不同界定的关键共同点使得有关民意界定的共识似乎正在出现。阿兰·门罗提出的民意界定很大程度上就被赋予了这样的共识价值。

二、民意的成分

政治学领域的大多数民意研究仍以态度为核心，与态度相关的

---

① 〔美〕沃尔特·李普曼：《公众舆论》，阎克文、江红译，上海人民出版社2006年版，第21页。
② V. O. Key, Jr., *Public Opinion and American Democracy*, New York, NY: Knopf, 1961, p. 14.
③ Alan D. Monroe, *Public Opinion in America*, New York, NY: Dodd, Mead, and Company, 1975, p. 6.
④ Rita James Simon, *Public Opinion in America: 1936-1970*, Chicago, IL: Rand McNally, 1974, p. 7.
⑤ Bernard H. Hennessy, *Public Opinion*, 4th ed., Monterey, CA: Brooks/Cole Publishing, 1981, p. 4.
⑥ Milton C. Cummings, Jr. and David Wise, *Democracy Under Pressure: An Introduction to the American Political System*, 2nd ed., New York, NY: Harcourt Brace Jovanovich, 1974, p. 168.

概念也成为理解和趋近民意的重要概念。态度（attitude）和意见（opinion）是一对常常被相提并论的概念。其中，态度往往是隐蔽的，不能被直接观察到，但可通过言辞或行动（如游行、示威乃至骚乱等）表现出来。意见就是通过这些不同方式得到表达的态度。一般而言，态度较为稳定，即使会发生变化，但在较长的一段时间内也可保持不变，而不会像每周、每月的民意调查那样更易发生变化。在这种意义上，意见似乎并不是态度的一个完美指标，尤其是意见有时会不一致甚至可能是矛盾的。

在心理学研究中，态度与意见之间的差异得到了较多的强调；而在政治学领域，二者不仅可能被当作同义语使用，而且用到意见（民意）一词的情形比态度更多。事实上，在大多数分类词典中，意见和态度是互为同义语的。[①] 在民意研究中，态度的极端性和重要性也是两个非常重要的分析维度。同极端态度与态度重要性之间的关系类似，极端的意见往往也是重要的意见，但同样并非总是如此。由于意见比态度更趋近实际政治与政策过程，一些比较激进或极端的意见（如动物保护主义者对待动物权利的意见），一旦在实际政治过程中遭遇更为急迫的政策议题（如增加税收、军事干预等），其重要性则可能会相对下降。

态度一般经由言语或行动等不同形式表达和呈现，从而形成意见，影响态度的信念和价值观也会影响意见及其表达。其中，信念是关于态度客体的想法或信息，以及可能业已形成的某种"刻板印象"；价值观则可以理解为特定形式的信念，是理念或理想（ideals），也"意味着普遍而持久的标准"[②]。虽然价值观也会发生变化，但稳定是其更为突出的特征。大量民意研究表明，价值观对人们特定的政

[①] 参见 Rosalee A. Clawson and Zoe M. Oxley, *Public Opinion: Democratic Ideals, Democratic Practice*, 2nd ed., Thousand Oaks, CA: Sage/CQ Press, 2013, pp. 17-18。

[②] Donald R. Kinder and David O. Sears, "Public Opinion and Political Action", in Gardner Lindzey and Elliot Aronson, eds., *Handbook of Social Psychology*, Vol. 2, 3rd ed., New York, NY: Random House, 1985, p. 674.

治态度具有重要的作用，而这种影响在不同文化中存在不同程度的差异。譬如，个人主义、平等主义和有限政府等价值观在美国文化中似乎比在其他文化中表现得更为突出，并对公众的政治意见具有非常强的效应。[1] 尽管不是所有美国人都信奉这样的价值，但正是这样的差异使人们在许多具体政治问题和政策议题上产生了不同的意见。近年来美国诸多政策议题（如医疗改革计划、反恐问题等）上的意见分歧，就可从其民众的不同价值观得到解释。

尽管态度、价值观、信念等概念早已得到研究，但研究者对这些概念之间的关系却难有共识。大多数政治学家认为价值观是一个更具普遍性的概念，因而可将许多相关态度联系起来，如性别、种族差异等方面的态度都与平等的价值观相关。信念和意见则与态度的认知成分更为亲近，如已经被普遍接受的同工同酬的观点。

20世纪80年代和90年代，许多学者在民意研究中使用了从心理学记忆结构研究中借鉴而来的"图式"（schema）概念。图式常被界定为代表有关特定概念或刺激类型的有组织知识的认知结构。一个图式包含一个对象的相关信息、特征以及将这些特征联系起来的信息的抽象形式。譬如，关于一个政治家的图式可能包括这样一些一般性特征，如政治家通常不会总是诚实的，把寻求连任看作高于其他目标的目标，如果有助于赢得连任就乐于帮助选区选民，等等。一些图式可能比较复杂，并可能涉及不同类型政治家的区别，如美国的民主党和共和党，英国的工党和保守党，欧洲大陆国家具有社会主义倾向的政党及保守派或自由派，以及男性或女性，等等。

态度与图式的区别主要表现于三个方面。其一，在图式理论中，个体接收和处理信息，选择保留其中部分信息，甚至可以在信息基础上改变图式。与此不同，态度一般是通过相对被动的方式习得的。其

---

[1] Donald R. Kinder, "Pale Democracy: Opinion and Action in Postwar America", in Edward D. Mansfield and Richard Sisson, eds., *The Evolution of Political Knowledge: Theory and Inquiry in American Politics*, Columbus, OH: Ohio State University Press, 2004.

二，图式完全是认知结构，与情感和意向（conation）全然无关，尽管一些研究者试图探明情感在塑造图式或图式在塑造情感中的作用。其三，图式概念最常被那些对个体如何关注和处理信息感兴趣的学者所使用，而这些学者所援引的认知信息处理理论常运用计算机隐喻：一条研究线索就是探讨信息是否会"在线"存储，以及是否被用于改变"存储"的认知。在20世纪90年代之后，民意研究又回归到了态度研究的传统路径。

三、公众指谁？

民意难以捉摸和把握，很大程度上是由于作为"公众意见"主体的"公众"本来就难以界定，甚至根本不存在，就如李普曼所说的"幻影公众"（phantom public）[①]。这一表达揭示了民主实践中最令人沮丧和富有挑战性的一面。[②]

在现实层面，有关民意的界定不仅涉及概念本身，实际上还关乎一个非常现实的问题：谁的意见？以上提及的有关民意的界定似乎非常契合"一人一票"（one person, one vote）的现代观念，即每个人的意见都受到了同样的对待和重视。理论上，民意的确应被理解为不同个体意见的总和，但现代民意调查技术的运用在实践中使得民意常常被替换为被调查者的意见的集合。在民意调查技术的幼年时期，社会学家赫伯特·布鲁默（Herbert Blumer, 1900—1987）最早对这些"一人一票"式的民意界定提出了批评。在他看来，社会并非由离散的个人组成的简单聚合，而是层级化的。在这样的社会中，某些人对于人们意见的形成和表达具有更大的作用，就如工会领袖不仅试图影响其成员的意见，也会努力对政府决策者施加影响。将民意视为个体意见集合的观点，不仅无视这样的社会现实，也忽略了人群之间意见

[①] Walter Lippmann, *The Phantom Public*, New York, NY: Harcourt, Brace and company, 1925.

[②] Susan Herbst, *Reading Public Opinion: How Political Actors View the Democratic Process*, Chicago, IL: University of Chicago Press, 1998.

形成的动力过程。因此,民意"是由分殊化为有着不同权重和影响力并占据不同策略地位的不同类型群体或个体组成的结构化社会的一个函数"。基于这种理解,他又进一步指出,不是所有意见都可得到政府决策者的同等对待,而没有引起决策者注意的意见也不会对决策产生影响。[①]

尽管如此,民意调查仍被视为获取和评价民意的重要方法。菲利普·康弗斯(Philip E. Converse,1928—2014)认为,更具讽刺意味的是,正是布鲁默所诟病的采用"一人一票"计数法的民意调查的发展,有助于民意界定的同质化和稳定化,尽管民意调查所测量的民意与"实际起作用的"民意并不是一回事。[②] 也就是说,实际存在于政治领域的"民意"不同于民意调查所报告的"民意",尽管它们常常是一致的,但有时也会截然不同。这种情形与民意的界定或修正无关,而是需要明确这两种"民意"一致或不一致的条件,以准确把握真实的民意。

1948年布鲁默对尚处于幼年时期的民意调查方法的批评,引发了研究者对公众这一民意的抽象主体的思考。近年来新技术特别是网络技术和通信技术的发展,进一步导致公众的分化(public segmentation),进而衍生出民意是否仍然可以被界定为"个体意见的集合"的问题。于是,相对于一个"聚合的公众"(aggregate public),"多重公众"(multiple public)已成为民意的典型特征。[③]

---

① Herbert Blumer, "Public Opinion and Public Opinion Polling", *American Sociological Review*, Vol. 13, No. 5, 1948, pp. 542—549.

② Philip E. Converse, "Changing Conceptions of Public Opinion in the Political Process", *Public Opinion Quarterly*, Vol. 51, No. 4, 1987, pp. S12—S24.

③ 参见 Susan Herbst, "(Un) Numbered Voices? Reconsidering the Meaning of Public Opinion in a Digital Age", in Kirby Goidel, ed., *Political Polling in the Digital Age: The Challenge of Measuring and Understanding Public Opinion*, Baton Rouge, LA: Louisiana State University Press, 2011; Kirby Goidel, "Transitioning into a New Era of Public Opinion Research", in Kirby Goidel, ed., *Political Polling in the Digital Age: The Challenge of Measuring and Understanding Public Opinion*, Baton Rouge, LA: Louisiana State University Press, 2011, p. 126。

可以说，民意的主体是公众，但公众却是极具差异性的。其实，很早就有研究者指出，单一的公众（a single public）从来都不存在，存在的是许多公众（many publics）。① 在布鲁默所强调的经济社会意义上的差异之外，公众在人口统计维度（如年龄、性别、种族等）上的差异以及与具体政策议题的相关程度等，都赋予其"多重公众"的特性。譬如在禁烟议题上，吸烟者往往构成了对这一议题最感兴趣的公众（interested public）；在讨论同性婚姻问题时，同性恋者则因对这一问题最为关切而成为当事方公众（concerned public）。就公众的生活习惯和所关注的不同问题领域而言，可以非常容易地在一般公众中发现关心政治的"专注的公众"（attentive public），也可以找到对某些特定问题较为关注而对其他问题则不太关心的"议题公众"（issue public）。实际上，在任何公共政策议题上，在具体问题的不同侧面，都存在大量的潜在"公众"（potential "publics"），特定公众的观点是政策过程中的重要成分，但并不是所谓的"民意"。由于"多重公众"的观点影响着民意转化为公共政策的方式，就理解民意而言，关注不同公众也是非常重要的。当然，将多重公众看作不同的"亚公众"（sub-publics）对于理解民意也很有帮助。②

可以理解的是，在不同的具体公共议题上，感兴趣的公众和当事方公众最有可能成为对公共政策影响最大的人，而他们的意见也常常淹没民意或被直接当作民意。

---

① Curtis D. MacDougall, *Understanding Public Opinion: A Guide for Newspapermen and Newspaper Readers*, New York, NY: Macmillan, 1952.

② 参见 Robert S. Erikson and Kent L. Tedin, *American Public Opinion: Its Origins, Content, and Impact*, 6th ed., New York, NY: Longman, 2003, pp. 6-7; Barbara A. Bardes and Robert W. Oldendick, *Public Opinion: Measuring the American Mind*, 4th ed., Lanham, MD: Rowman & Littlefield, 2012, pp. 8-9。

第三节　宏观民意与微观民意

理论上，现代政治本身即蕴含公众政治参与和民意的重要价值。与此相关，民众对制度（体系）、机构及具体官员（任职者）的信任水平，以及民众对不同政策的态度等，是民意的主要内容，而民意也主要在这些维度上得到评价。同时，民意对公共政策的影响被视为民意作用于政治或民意与政治之间存在关联的重要中介。无疑，在代议制政治中，民意已成为政治过程的重要组成部分。

一、人们为什么持有某种意见或没有意见？

与民主相关的理论讨论常常与对公众的理想化想象联系在一起。也就是说，当公众关心公共事务，进而使决策者注意那些最值得关注的问题，以及公众能够有效监督其审议过程时，民主的运作最好。但有关民意的令人感到悲观的事实似乎是，人们对同一问题的观点常常并不相同，甚至是矛盾和冲突的；不仅如此，民意调查中的一些受访者经常只会表达未经思考的无意义的肤浅观点，其不同观点之间也不存在逻辑关联。也因为如此，政治领导者还可能会发现，通过操纵政治符号来愚弄普通民众太容易了。然而，现实政治中的事实并不尽然。

在现实政治中，仍有许多人保持着对政治及其他公共事务的关注，而并非如从成本-收益分析中得出的结论那样，人们投入时间、精力以形成某些意见是非理性的投资（irrational investment）。事实上，已有研究发现，持有政治观点具有若干积极的心理功能（作用）。[①] 譬如，作为人格的一种表达或表现（an expression of personality），就是政治观点最直接的心理功能；又如，人们学会认同自己所属社会群体的流行

---

① M. Brewster Smith, Jerome S. Bruner and Robert W. White, *Opinions and Personality*, New York, NY: John Wiley & Sons, 1956.

观点，是一种重要的社会功能。人们会形成与其经济地位（穷人或富人）相应的政治观点，有时甚至会形成使其经济地位合法化的实用的意识形态，如富裕阶层的人往往有着保守的经济意识形态，以为其财富辩护。在这种意义上，人们持有某种观点还具有促进其经济利益的功能。

尽管观点或意见常被看作自我利益的一种反映，但自我利益的吸引力并没有那么普遍。人们的观点可能超出其自我利益的范围，而产生与其明显的自我利益没有什么联系的其他价值。[1] 譬如，社会贫困、教育公平等问题就经常成为自我利益与这些问题并无直接关系的人们的重要关切。即使是在经济相关的议题方面，也不难发现与自我利益不符的态度表达。譬如，尽管支持减税政策的人大多属于富裕阶层，但也有富人支持更为合理的税收政策。

当人们在某些问题上没有直接的利害关系时，诸如平等主义和自由-保守等抽象的价值观或意识形态可帮助人们形成某种观点。[2] 譬如，在有关政府是否应增加福利支出以帮助弱势群体的问题上，反对者会援引有限政府的原则，而支持者则引用平等主义的观点为其立场辩护。[3] 又如，生活在同质性非常强的中西部地区的很多美国人，也会形成有关双语教育的意见。虽然这些观点可能产生政治影响，但其生活根本不会关涉这一问题。[4] 可以说，人们有时看似是以一种随心所欲的方式形成意见，事实上在这些意见的背后都有其原因。

---

[1] David O. Sears and Carolyn L. Funk, "Self-Interest in Americans' Political Opinions", in Jane J. Mansbridge, ed., *Beyond Self-Interest*, Chicago, IL: University of Chicago Press, 1990, pp. 147-170.

[2] Kathleen Bawn, "Constructing 'US': Ideology, Coalition Politics and False Consciousness", *American Journal of Political Science*, Vol. 43, No. 2, 1999, pp. 303-334.

[3] Stanley Feldman and John Zaller, "The Political Culture of Ambivalence: Ideological Response to the Welfare State", *American Journal of Political Science*, Vol. 36, No.1, 1992, pp. 268-307.

[4] 参见 Robert S. Erikson and Kent L. Tedin, *American Public Opinion: Its Origins, Content, and Impact*, 6th ed., New York, NY: Longman, 2003, pp. 52-53。

二、民意：微观层面与宏观层面

尽管持有某种观点具有重要的社会功能、心理功能乃至经济功能，但并非所有人在所有问题上都持有某种观点。人们对不同问题的关注程度是围绕特定问题产生意见分歧的重要原因。在一般公众中，专注的公众会密切关注公共事务，即使是对复杂的公共政策也可形成知情的意见。专注的公众不仅常常持有特定观点或意见，也会积极参与投票，并通过投票表达其深思熟虑后的政策偏好。与专注的公众相对的一端，则是对政治没有兴趣的公众。这一人群对媒体报道的政治事件毫不关心，也不参与投票，或许只有一些极端事件（如战争威胁或性丑闻等）才会激发他们对政治的兴趣。在专注的公众与对政治毫无兴趣的公众之间，是对政治表现出不同兴趣的大多数人。虽然认知能力或一般的理解力是认识政治或持有政治观点的一个重要因素[1]，但个人偏好会影响人们是否投入时间、精力关注和追踪政治事件，因而是否关注政治在很大程度上是一个与个人偏好有关的问题。人们不仅在是否关注政治事务的问题上存在差异，在关注公共事务的哪些方面上也极为不同。因此，对于那些对政治没有什么兴趣也不愿投入精力的人而言，追踪政治事件并形成某种观点就是一个比较困难的任务。[2] 不同个体在形成特定意见方面的差别，实际上也是微观民意的差异。

在宏观层面，民意的形成和变化则主要与特定政治体系内的重要政治与社会问题、社会结构、意识形态氛围等联系在一起。在民意调查及研究最为发达的美国，民众在社会保障、民权、外交事务、社会问题等政策领域的态度，既与美国的社会结构有关，实际上也反映了不同时期流行的意识形态的影响。譬如，肯定性行动（affirmative action）政策的大规模实施始于民权观念盛行的20世纪60年代初，

---

[1] Michael X. Delli Carpini and Scott Keeter, *What Americans Know about Politics and Why It Matters*, New Haven, CT: Yale University Press, 1996.

[2] 参见 John R. Zaller, *The Nature and Origins of Mass Opinion*, New York, NY: Cambridge University Press, 1992。

这一政策有着明确的受益群体,因而不同群体对这一政策有着不同的态度。其中,白人人口中反对这一政策的比例在其后几十年持续提高,并形成了有关黑人的消极刻板印象。① 这种结果的出现,一方面可能是由于时代流行观念使得人们不会轻易表达不赞同肯定性行动政策的态度,而人们的种族态度实际上并没有发生变化;另一方面则是因为许多白人不能将对种族平等的抽象承诺转化为对联邦政府特定政策的支持。② 同时,伴随时代观念氛围的变化,这一政策在美国不同的州和地方也经历了不同的调整,进而导致了差异化的政策结果。

无论是微观民意还是宏观民意,都处于不断变化的过程中。微观民意的变化更多受到自我利益、个人认知、特定意见的稳定性等因素的影响,而宏观民意的变化则主要与宏观环境包括重大政治事件、宏观政策及社会观念氛围的变化联系在一起。由这些因素引发的微观民意与宏观民意的变化,可以理解为民意本身的变化。同时,与民意测量有关的诸多问题,如测量错误、问卷问题的措辞和表述、调查对象的群组替换(cohort replacement)等,都会对民意的测量产生影响,从而使民意调查的结果发生变化,也使人们感知到的民意有所改变。

第四节 从众效应与沉默的螺旋理论

民意调查并不是为了发掘真相或增进知识,而是与普遍意见的形成和表达有关。③ 也就是说,民意调查结果不是现实本身,民意调查

---

① 参见 Robert S. Erikson and Kent L. Tedin, *American Public Opinion: Its Origins, Content, and Impact*, 6th ed., New York, NY: Longman, 2003, Ch. 4。

② David O. Sears, Colette Van Laar, Mary Carrillo, et al., "Is It Really Racism? The Origins of White Americans' Opposition to Race-Targeted Policies", *Public Opinion Quarterly*, Vol. 61, No. 1, Special Issue on Race, 1997, pp. 16—53; Paul M. Sniderman and Edward G. Carmines, *Reaching Beyond Race*, Cambridge, MA: Harvard University Press, 1997.

③ Slavko Splichal, "Public Opinion and Opinion Polling: Contradictions and Controversies", in Christina Holtz-Bacha and Jesper Strömbäck, eds., *Opinion Polls and the Media: Reflecting and Shaping Public Opinion*, New York, NY: Palgrave Macmillan, 2012, pp. 25—46.

也不能完全反映现实。事实上，几乎不存在任何一体化的民意，民意在不同人口中的分布往往存在很大差异。

在很大程度上，民意调查有助于"社会的自我观察"（self-observation of societies）[1]，这已经成为某种共识。民意调查可以促使人们观察其环境，获得有关"他人是怎么想的"的印象，并将自己的立场与周围其他人进行比较，从而为其个体行为提供基础，或根据大多数人的意见做出调整，以获得处于赢者一方的良好的感觉（从众效应），或是为了避免被孤立（沉默的螺旋理论）。[2] 从众效应或沉默的螺旋理论所揭示的舆论形成机制，有助于整合公众意见，但也反映出公众意见表达与真实的公众意见及其分布之间的差异。

一、从众效应

对某种信念、观点和潮流的接受会受到他人接受状况的影响，是民意形成过程中的一种常见现象。换句话说，某种信念、观点和潮流的接受者越多，就会有越来越多的其他人接受。[3] 当较多人信仰某一事物时，其他人也会不顾其支持证据如何而选择从众。从众效应（bandwagon effect）即概括了这一现象。这是一种受众群体中的个体在信息接受过程中所采取的与大多数人相一致的心理和行为的对策倾向。这一倾向的出现或是由于个体需要从他人那里获取信息，或是由于个体更喜欢与他人保持一致（即社会压力）。谢里夫的自动错觉实验和阿希（Solomon E. Asch）的一致性实验分别从这两个方面

---

[1] Max Kaase and Barbara Pfetsch, "Polling and the Democratic Process in Germany—Analyses of a Difficult Relationship", *International Review of Sociology*, Vol. 11, No. 2, 2001, pp. 125–147.

[2] 参见 Christina Holtz-Bacha, "Polls, Media and the Political System", in Christina Holtz-Bacha and Jesper Strömbäck, eds., *Opinion Polls and the Media: Reflecting and Shaping Public Opinion*, New York, NY: Palgrave Macmillan, 2012, pp. 267–280。

[3] Andrew M. Colman, *Oxford Dictionary of Psychology*, New York, NY: Oxford University Press, 2003, p. 77.

得到了解释。①

游动效应，也称自动运动（autokinesis），是黑暗或无特征环境中固定的单个小光点似乎在运动的视觉感知现象。在黑暗或无特征环境中，由于没有参照点，单个点的运动是不明确的。据信，俄国军官最早记录了所观察到的地平线附近一颗星星的错觉运动。1935 年，谢里夫在实验室用似动错觉（也称游动错觉）来研究社会规范，这一研究也成为其后从众研究的重要基础。谢里夫利用游动错觉的特点，首先告诉被试黑暗环境中的光点在运动，然后让大家判断一个光点运动的距离。由于人们一般没有游动错觉的知识，因而就做出了各种各样的距离判断。随后，谢里夫再让一位实验助手以确定的口吻指出距离判断的尺度，结果发现经过几次实验之后，被试的距离判断越来越接近实验助手所提供的距离判断。这项实验表明，在情况模糊、不明确的条件下，一个人对外界的认识或见解会受到他人认识和见解的影响，从而产生从众现象。

阿希认为，谢里夫实验所存在的主要问题是，关于模糊不清的游动错觉并没有正确答案。于是，阿希在 1951 年完成了一项经典实验，证明在情况非常明确的条件下，人们同样产生了从众行为。阿希设计了一个被称作"视觉测试"（vision test）的实验，并从他所在的斯沃斯莫尔学院（Swarthmore College）招募大学男生作为被试。被试分为实验组和控制组。他将从大学招募的 50 名男生编入不同小组，每个小组只有 1 名真正的被试，其余成员实际上是研究助手。阿希将他们集中于同一房间，由他们共同完成这项视觉判断实验的任务，即判断线段的长度。实验通过将两张卡片上的线段进行匹配，即一张卡片上的目标线段（target line）与另一张卡片上的三条线段（A、B 或 C）中哪一条长度相同，由被试做出判断。在实验之前，研究助手已就如

---

① Muzafer Sherif, *The Psychology of Social Norms*, New York, NY: Harper & Brothers, 1936; Solomon E. Asch, "Opinions and Social Pressure," *Scientific American*, Vol. 193, No. 5, 1955, pp. 31–35.

何作答得到具体指令，而真正的被试并不知情。在实验过程中，他们落座的方式也使得真正的被试总是最后回答。

实验一共进行了 18 次。在前两次实验中，他们很轻松地给出了明显正确的答案，但在第 3 次实验中，助手们做出了同样的错误回答，从而使被试处于困境之中。在 18 次实验中，研究助手们在其中 12 次实验中做出了错误回答。这 12 次实验也可称为"关键实验"（critical trials），旨在考察真正的被试是否会做出改变，并以与研究助手相同的方式做出回答。实验结果是，75% 的参与者至少有一次顺从了这样的回答，而 25% 的参与者则从未顺从错误答案。在没有顺从压力的控制组，错误率则不足 1%。这一结果表明，群体压力导致了错误答案的产生。阿希实验后来在世界不同国家和地区重复多次，尽管从众率有所不同，但从众现象普遍存在已为实验所证实。[①]

谢里夫实验和阿希实验都表明了从众效应对意见分布的影响，但也存在不同观点。可与美国人盖洛普相提并论的英国人亨利·杜兰特（Henry Durant）曾经说过，试图复活从众效应命题（bandwagon thesis）是在浪费自己的时间以及他的读者的时间。[②] 然而，与亨利·杜兰特的预期不同的是，其后越来越多的研究支持了民众在政治观点形成方面的从众表现。

大量研究表明，从众效应在政治生活中与态度或意见有关的领域极为常见。在选举中，人们总想处在"赢者一方"的心理，往往会促使他们为可能获胜的候选人投票。[③] 在存在多数意见（majority opinion）的情形下，人们可能改变自己的观点以趋近多数人的观点。这种情形在美国选举中表现得非常明显。由于美国存在不同时区，在

---

① 〔美〕泰勒、佩普劳、希尔斯：《社会心理学（第十版）》，谢晓非、谢冬梅、张怡玲、郭铁元等译，北京大学出版社 2004 年版，第 223—224 页。

② Richard Hodder-Williams, *Public Opinion Polls and British Politics*, London: Routledge and Kegan Paul, 1970, p. 47.

③ Richard Nadeau, Edouard Cloutier and J.-H. Guay, "New Evidence about the Existence of a Bandwagon Effect in the Opinion Formation Process", *International Political Science Review*, Vol. 14, No. 2, 1993, pp. 203−213.

东部地区公布出口民调结果时,西部地区的投票站还未关闭,因而西部选民就可能受到东部地区投票相关新闻的影响。譬如,在1980年的总统选举中,美国全国广播公司(NBC)在西部投票站关闭前数小时就在出口民调基础上宣布里根赢得了总统选举。即使在美国总统预选期间,由于不同州的投票时间不同,跨度长达数月,较早投票的艾奥瓦、新罕布什尔等州的预选结果可能对其他州产生不恰当的影响。

在选举中,虚假的民意调查(bogus polls)也可能对选举结果产生影响,特别是从众效应的强度总体上超出了同情弱者的效应(underdog effect)。对1996年美国总统选举中共和党初选的研究证明了从众效应的影响,其中大约6%的选票变化可从虚假的民意调查得到解释。随着民调结果被不断重复,从众效应也像滚雪球一样增加,从而成为领先的候选人的强大助力。[①]有关1992年美国总统选举的一项研究表明,一些打算给乔治·H. W. 布什投票的学生在看到克林顿保持领先的民调结果后改变了想法。[②]

有关英国的类似研究也得出了这样的结论。在1918年以前,英国大选往往持续两周甚至更长时间。有研究者对1885—1910年的八次大选进行了分析,试图考察舆论和出口民调对选民投票是否有影响。研究结果与早年一些研究者对这一时期英国大选所做的历史分析相一致,也打消了一些评论家和议员对这种从众效应的可能性的怀疑。这一研究还发现,从众效应在选举不同阶段也有所变化,往往是在选举的中间阶段达到最高点,随即开始下降,但不会逆转。不仅如此,地理位置也会对从众效应产生显著影响。具体而言,从众效应的弱化与选区和伦敦之间的距离相关。威尔士和苏格兰的从众效应较

[①] Albert Mehrabian, "Effects of Poll Reports on Voter Preferences", *Journal of Applied Social Psychology*, Vol. 28, No. 23, 1998, pp. 2119–2130.

[②] Vicki G. Morwitz and Carol Pluzinski, "Do Polls Reflect Opinions or Do Opinions Reflect Polls? The Impact of Political Polling on Voters' Expectations, Preferences, and Behavior", *Journal of Consumer Research*, Vol. 23, No. 1, 1996, pp. 53–67.

弱，但仍与距离伦敦较远的一些地方相差无几。① 事实上，英国民调已经越来越多地暴露于公众面前。有研究显示，1979 年，68% 的选民知悉民调中的大选结果，到 1987 年，这一数字增加至 74%。有关英国选举的研究表明，对于领先政党的显著的从众效应始终保持一致和稳定。②

二、沉默的螺旋理论

1965 年，德国阿伦斯巴赫民意调查研究所（Institut für Demoskopie Allensbach）对即将到来的德国大选进行了调查。最初调查结果表明，参与竞选的两个政党——基督教民主党和社会民主党处于并驾齐驱的状态，两党均有获胜的机会。然而 6 个月后，即距离大选只有两个月时，基督教民主党与社会民主党获胜的可能性之比变成了 4∶1。这一结果提高了人们对基督教民主党获胜的预期。在大选前的最后两周，基督教民主党多赢得了 4% 的选票，社会民主党则失去了 5% 的选票。最后，基督教民主党以领先 9% 的优势赢得了 1965 年大选。这次大选过程和结果给人们带来了难以解释的困惑。

1974 年，伊丽莎白·诺尔-诺伊曼运用沉默的螺旋理论尝试对大约十年前的这一现象进行解释。其后，1980 年以德文出版的《沉默的螺旋：舆论——我们的社会皮肤》（*Die Schweigespirale. Öffentliche Meinung – unsere soziale Haut*）一书则进一步发展了这一理论。

沉默的螺旋理论将意见的表达（opinion expression）视为意见感知（perceptions of opinion）的一个函数，在某种程度上将公众意见等同于社会控制，相信公众意见可促进社会一体化，并确保有助于采

---

① Robert Hodgson and John Maloney, "Bandwagon Effects in British Elections, 1885–1910", *Public Choice*, Vol. 157, No. 1–2, 2013, pp. 73–90.

② Ian McAllister and Donley T. Studlar, "Bandwagon, Underdog, or Projection? Opinion Polls and Electoral Choice in Britain, 1979–1987", *The Journal of Politics*, Vol. 53, No. 3, 1991, pp. 720–741.

取行动或做出决定的足够的一致性水平。这一理论主要基于若干重要假设。具体而言，大多数人受被社会孤立的恐惧的驱使，会本能地检视其环境以评估意见气候（climate of opinion）。由于天赋的"准统计官能"（quasi-statistical sense），人们可以识别有关特定问题的公共意见如何，从而决定自己如何在相关问题上表达意见，或者是否表达自己的意见。如果人们所感知的意见气候与其观点相一致，他们就会乐于表达自己的意见；如果与其意见不一致，他们就可能选择保持沉默。[1]"有人大声表达意见而又有人保持沉默的倾向开启了螺旋化过程（spiraling process）。"[2] 于是，得到支持的意见会获得越来越多的支持，这种意见就成为主导性意见。主导舆论形成的这一动态过程依赖于媒体，特别是媒体通过公布民意调查对公共意见的描述影响舆论。

沉默的螺旋理论为人们提供了一个解释主流意见形成的简洁理论，尤其有助于理解那些有关价值问题的主流观点的形成。

第五节 民意的分布

尽管从众效应和沉默的螺旋理论为民众中多数意见与少数意见的形成提供了很有说服力的解释，但民众中真实的态度和意见分布远不是多数与少数那么简单。与性别、社会阶层、民族（种族）有关的态度及意见差异，反映了真实世界中态度分布的复杂状况，也在某种程度上揭示了性别、社会阶层、民族（种族）等诸多因素对于态度和观

---

[1] Elisabeth Noelle-Neumann, *The Spiral of Silence: Public Opinion—Our Social Skin*, 2nd ed., Chicago, IL: University of Chicago Press, 1993; Elisabeth Noelle-Neumann, "Public Opinion and Rationality", in Theodore L. Glasser and Charles T. Salmon, eds., *Public Opinion and the Communication of Consent*, New York, NY: Guilford Press, 1995.

[2] Elisabeth Noelle-Neumann, "The Spiral of Silence: A Theory of Public Opinion", *Journal of Communication*, Vol. 24, No. 2, 1974, pp. 43—51.

点所具有的塑造作用。其中,性别与社会阶层是影响公众意见分布的两个重要且常见的变量。

观念与态度在个体层面微弱的代际传递,以及不同国家、不同时期代际的明显差异都表明,早期政治社会化对于塑造政治态度和意见的作用可能常常被高估,而不同亚群体(如性别、社会阶层、民族或种族)中个体的生活经历、宗教信仰以及媒体的影响等,在有关民意(公共意见)来源的研究中日益受到关注。这种变化也反映了民意研究的一个重要变化趋势。

一、性别与民意

尽管性别在今天的社会科学研究中是一个常见的思考和分析维度,但在 20 世纪 70 年代之前,性别差异却很少得到讨论,社会科学家甚至否认不同性别之间存在着政治信念方面的差异。在 50 年代和 60 年代,一些学者认真审视了女性在政治思维和行为方面与男性的差异,并将其归结为性(女性)的本质特征而非性别差异。譬如,当男性与女性的意见或偏好不一致时,其间的差异就被理解为女性固有的"道德的"或"不关心政治的"(apolitical)的特性。罗伯特·莱恩就将女性选票看作是道德主义的或改革主义的(moralistic or reformist)。他得出的结论是,女性政治态度只包含"理解的幻觉"(illusion of comprehension),因为将政治行为和表述与道德符号相联系更为容易(也更少政治性),而确定原因并预期结果则是困难的。①在这种意义上,性别差异很容易被不恰当地夸大,甚至成为一种刻板思维。但是,这些研究所获得的可疑结论极具吸引力,并常常被后来

---

① Robert E. Lane, *Political Life: Why People Get Involved in Politics*, Glencoe, IL: Free Press, 1959, pp. 212–213. 海曼的《政治社会化》(1959)将不同性别群体作为政治社会化过程中的重要亚群体(sub-group)加以考察,被认为是最早涉及性别差异的政治社会化研究。

的研究所引述。①

对政治体系持有道德的、改革主义的、同情的或漠不关心的立场，是至少从20世纪上半期围绕女性普选权的争论起就开始流行的观点。性别（差异）现在虽然常被看作道德领域问题或女性相关问题的一个重要的分析维度，但这种认识已经成为一种刻板印象。美国学者的研究极为典型。总体上，20世纪中期当学者关注这一时期男性与女性的差异时，他们聚焦于选举行为，特别是全国层面的选举行为。这一时期的研究显示，相比于男性，女性较为保守，对政治较少兴趣，投票意愿也较低。

迪韦尔热（Maurice Duverger，1917—2014）对20世纪上半叶挪威、德国、法国和南斯拉夫等四个欧洲国家政治生活中的妇女的研究发现，女性比男性略为保守，投票频率低于男性（但随着女性拥有选举权的时间变长，男性与女性之间的差异在不断缩小），对右翼政党的支持超过男性。她们之所以比男性更支持右翼政党，主要原因一方面是女性较高水平的宗教信仰，另一方面则是其很少参加工会组织。其中，前一方面使得女性更可能支持宗教性政党，后一方面则使支持工党不会成为她们的自然反应和选择。②

安格斯·坎贝尔（Angus Campbell）等学者对1952年和1956年连续两次美国总统选举的研究发现，女性比男性略微倾向共和党；同时研究也指出，这一差异可能并非由于"女性政治评价中某些独特的东西"，而是由于年龄和教育分布方面的性别差异。③

随着20世纪70年代女性在选举政治中参与率的提高，以及伴随女权主义运动而出现的国家政治议程中"女性问题"的增加，研究

---

① Christie Farnham, ed., *The Impact of Feminist Research in the Academy*, Bloomington, IN: Indiana University Press, 1987, p. 150.

② Maurice Duverger, *The Political Role of Women*, Paris: UNESCO, 1955;〔美〕利普塞特:《政治人：政治的社会基础》，刘钢敏、聂蓉译，商务印书馆1993年版。

③ 参见 Angus Campbell, Philip Converse, Warren E. Miller, et al., *The American Voter*, New York, NY: John Wiley & Sons, 1960。

者开始重新关注民意中可能存在的性别差异。在 80 年代，女性表现出明显的政治兴趣，在政治生活中的可见度不断提升，但已经形成的有关女性的刻板印象仍塑造着认识和理解女性的角色图式（roles schemas）。

有关性别与政治间关系的社会主流观点是，作为政治动物，女性相对于男性而言不够成熟，但这种状况与社会或政治体系的结构并没有什么关系。与男性相比，女性的政治参与倾向较弱，也没有什么兴趣关注政府，但表现出对政治权威较高的信任水平。这种心理状况使得女性具有"臣民"而非"公民"的倾向。[①]在存在性别不平等以及女性处于从属地位的社会与政治体系中，女性虽然对政治权威抱持支持性态度，但又不像男性那样表现出积极的态度。

关于被合法化的性别不平等的广泛的社会观念，已成为一种重要的性别意识形态（gender ideology）。这种认识不仅使性别状态得以正当化[②]，也影响着女性的自我角色定位及其政治倾向与政策偏好。

选民投票倾向及政党认同方面的性别差异，在有关 20 世纪 80 年代以来的美国总统选举的诸多研究中都得到了证实。80 年代起，随着媒体越来越多地关注美国总统选举中男性选民与女性选民的投票行为，公众意见领域的性别差异也日益为人们所认识。其中，投票倾向、政党认同和政策意见等方面的差异尤其引人关注。在 1980 年的总统选举中，女性选民投给里根和卡特的选票基本相当，而男性选民投给里根的选票则高出卡特 19 个百分点。这在当时是一个值得注意的新现象。因为在此之前，女性选民要么投票倾向与男性选民没有什么差异，要么比男性选民更为倾向共和党候选人。譬如，1956 年选举中女性选民倾向支持艾森豪威尔，而 1960 年的选举如果由女性选民

---

① Virginia Sapiro, *The Political Integration of Women: Roles, Socialization, and Politics*, Urbana, MI: University of Illinois Press, 1983.

② Judith Lorber, *Paradoxes of Gender*, New Haven, CT: Yale University Press, 1994, p. 30.

单独决定结果的话,尼克松将会当选总统。① 美国总统选举投票中的这一性别差异在1992年的总统选举中有所削弱,但在其后即1996年和2000年的总统选举中重现。

2000年美国总统选举中,乔治·W. 布什得到了53%的男性选民选票,而女性选民中只有43%的人把票投给小布什;民主党候选人戈尔则分别从男性选民和女性选民中得到了42%和53%的选票。此次总统选举的性别差距为10%,比创纪录的1996年低1个百分点。国会选举中的投票倾向也基本类似。总体上,20世纪80年代以来,女性选民在总统选举和国会选举投票中支持民主党候选人的比例一直高于男性选民。② 女性由早期较为明显的共和党倾向转为支持民主党的这一变化,在未婚且受到良好教育的女性中间尤为明显。③

事实上,虽然女性的政治参与在增加,但其在政治知识、政治效能及政治兴趣方面仍与男性存在明显差距。与男性相比,女性对一些政治问题更可能回答不了,也不太在意与政治相关的一些讨论。研究发现,在美国那些拥有女性州长或参议员的州,女性的参与感似乎会得到强化。④

对美国民众的相关研究表明,女性与男性在具体政策议题领域的性别差异表现得更为明显,而女性本身也在不同政策领域表现出自由

---

① Henry Kenski, "The Gender Factor in a Changing Electorate", in Carol M. Mueller, ed., *The Politics of Gender Gap: The Social Construction of Political Influence*, Beverly Hills, CA: Sage, 1988, p. 50.

② Leonie Huddy and Erin Cassese, "On the Complex and Varied Political Effects of Gender", in Robert Y. Shapiro and Lawrence R. Jacobs, eds., *The Oxford Handbook of American Public Opinion and the Media*, Oxford: Oxford University Press, 2011, pp. 471–487.

③ Robert S. Erikson and Kent L. Tedin, *American Public Opinion: Its Origins, Content, and Impact*, 6th ed., New York, NY: Longman, 2003, p. 202; Janet M. Box-Steffensmeier, Suzanna De Boef and Tse-min Lin, "The Dynamics of the Partisan Gender Gap", *American Political Science Review*, Vol. 98, No. 3, 2004, pp. 515–528.

④ Sidney Verba, Nancy Burns and Kay Lehman Schlozman, "Knowing and Caring about Politics: Gender and Political Engagement", *The Journal of Politics*, Vol. 59, No. 4, 1997, pp. 1051–1072.

主义或保守主义等各种倾向。实际上，可以说，不同政策领域中性别差异的产生，不过是政党认同方面性别差异的某种具体表现或延伸。在所谓情感议题（compassion issues）即社会福利政策方面，女性比男性表现出较为明显的自由主义立场。总体上，女性比男性更支持社会福利政策。2008 年有关美国选民的调查数据表明，45% 的女性支持政府增加支出以提供更多服务，而支持此类政策的男性比例仅为 37%。在国家暴力使用方面，女性也比男性表现得更为谨慎和消极。如女性往往倾向反对死刑和支持枪支管控措施。2008 年的数据显示，86% 的女性认为在购买枪支之前应先获得警察许可，而支持这一立场的男性只有 71%。①

在其他政策领域特别是某些涉及道德议题的领域，如支持政府限制色情业、反对吸食大麻合法化等，女性则表现出比男性较为保守的立场。②

公众意见分布的性别差异不仅随时间的推移而改变，女性在不同问题或政策领域的各异立场还表明，公众意见的分布也是非常复杂的。性别差异对公众意见分布的影响，可由男孩与女孩的早期社会化及其在成长过程中获得的角色模式得到解释。此外，女性主义意识也塑造着人们的政治态度。③最近几十年来，美国民主党保护女性权利的政策立场为其赢得了众多女性选民的支持，就可佐证这样的影响。

---

① Rosalee A. Clawson and Zoe M. Oxley, *Public Opinion: Democratic Ideals, Democratic Practice*, 2nd ed., Thousand Oaks, CA: Sage/CQ Press, 2013, p. 203.

② Leonie Huddy and Erin Cassese, "On the Complex and Varied Political Effects of Gender", in Robert Y. Shapiro and Lawrence R. Jacobs, eds., *The Oxford Handbook of American Public Opinion and the Media*, Oxford: Oxford University Press, 2011, pp. 471-487; Rosalee A. Clawson and Zoe M. Oxley, *Public Opinion: Democratic Ideals, Democratic Practice*, 2nd ed., Thousand Oaks, CA: Sage/CQ Press, 2013, p. 205.

③ Virginia Sapiro and Shauna L. Shames, "The Gender Basis of Public Opinion", in Barbara Norrander and Clyde Wilcox, eds., *Understanding Public Opinion*, Washington, DC: CQ Press, 1997; Leonie Huddy and Erin Cassese, "On the Complex and Varied Political Effects of Gender", in Robert Y. Shapiro and Lawrence R. Jacobs, eds., *The Oxford Handbook of American Public Opinion and the Media*, Oxford: Oxford University Press, 2011, pp. 471-487.

在世界范围内，公众意见分布的性别差异普遍存在，这种性别差异因国家或地区不同而不同，并随时间的推移而发生变化。[1] 值得注意的是，其他维度（如社会经济地位、民族或种族等）上的人群划分，常常使得性别基础上的公众意见分布异常复杂，也提示了公众意见分布的不同情形。

二、社会阶层与民意

社会阶层（social class）对于理解政治行为是否有意义，是过去几十年来处于争论中的一个重要问题。[2] 然而，政治生活和政治过程涉及各种利益的社会分配，不同社会阶层的利益诉求就会表现为极具差异的政治意见表达。在欧洲，这种差异在很长时间里一直塑造着许多国家的政治格局，甚至酝酿了诸多具有广泛影响的社会运动。在历史上从未发生过以阶层为基础的大规模社会运动的美国，2011年发生的"占领华尔街"运动，可被视为一次重要的以社会阶层为基础的强烈的政治意见表达。

虽然人们常常将受教育水平、收入水平、职业等作为评价社会阶层的重要指标，但社会分层极为复杂，因而在研究中常引入主观社会阶层（subjective social class）的相关问题，即由受访者自我定位自己所属的社会阶层。尽管如此，不同社会阶层的政治意见分歧仍最有可能在集中了主要经济议题的社会政策领域反映出来，即使是在被民众评价为存在比较广泛的社会阶层流动机会的美国，各阶层在社会政策

---

[1] Tiffany D. Barnes and Stephanie M. Burchard, "'Engendering' Politics: The Impact of Descriptive Representation on Women's Political Engagement in Sub-Saharan Africa", *Comparative Political Studies*, Vol. 46, No. 7, 2013, pp. 767−790.

[2] 由利普塞特和罗肯共同主编的一部著作与杰弗里·埃文斯主编的另一部著作的出版时间相隔三十多年，但仍被认为可代表相互冲突的观点。Seymour M. Lipset and Stein Rokkan, eds., *Party Systems and Voter Alignments: Cross-National Perspectives*, New York, NY: Free Press, 1967; Geoffrey Evans, ed., *The End of Class Politics?: Class Voting in Comparative Context*, New York, NY: Oxford University Press, 1999.

领域的意见也极为不同。

　　1949 年美国盖洛普调查发现，57% 的穷人支持政府改善穷人处境的行动，而只有 28% 的富人支持政府采取这样的行动。① 数十年后，这种态度分布模式在 1996 年的美国全国选举研究中仍有所体现。研究表明，61% 的蓝领工人认为政府应增加支出以改善卫生和教育领域的服务，而工商业者和专业人士阶层则只有 38% 的人支持这一立场。对于政府在诸如退休福利、学生贷款、儿童保育、救济无家可归者和科学技术等方面的支出计划，不同社会阶层持有不同的态度，总体上，工人阶层最希望政府在退休与失业保障、儿童保育等领域增加支出，而中产阶层和社会上层则支持政府在自己最可能受益的科学技术领域扩大支出。2000 年美国全国选举研究也进一步表明，作为社会阶层客观指标的家庭收入水平与对政府保障就业和生活标准相关政策的支持水平间存在明显的关联，即家庭收入水平越高，对政府相关政策的支持水平则越低。2008 年的美国全国选举研究也得出了基本相同的结果。②

　　不仅如此，不同的党派认同使得同一阶层在社会政策领域的政治意见分布更具多样性。1996 年的美国全国选举研究表明，在高收入群体中，只有 8% 的白人共和党人认为政府应该增加支出以提供更多的服务，在白人民主党人中则有 76% 的人支持这一立场而非减税和减少服务。③

　　在非经济性的其他政策领域，公众意见的分布也呈现出以阶层为基础的重要特征。与以经济议题为主的社会政策领域不同，在非经济

---

　　①　Robert S. Erikson and Kent L. Tedin, *American Public Opinion: Its Origins, Content, and Impact*, 6th ed., New York, NY: Longman, 2003, p. 172.

　　②　参见 Robert S. Erikson and Kent L. Tedin, *American Public Opinion: Its Origins, Content, and Impact*, 6th ed., New York, NY: Longman, 2003, pp. 172–173; 2008 American National Election Study and 2008 General Social Survey。转引自 Barbara A. Bardes and Robert W. Oldendick, *Public Opinion: Measuring the American Mind*, 4th ed., Lanham, MD: Rowman & Littlefield, 2012, p. 184。

　　③　Robert S. Erikson and Kent L. Tedin, *American Public Opinion: Its Origins, Content, and Impact*, 6th ed., New York, NY: Longman, 2003, p. 174.

性的政策领域，社会阶层的态度倾向随着社会阶层由低到高而呈现出越来越明显的自由主义倾向。譬如，在种族问题上，相比社会地位较低的白人受访者，较高阶层的受访者更少种族偏见。在其他诸如妇女权利、同性恋者权利等方面，社会地位较高的人也更为宽容。高收入社会阶层在经济议题和非经济议题上的这种态度差异，可由教育这一变量加以解释。也就是说，教育使人们在非经济问题上更具自由主义倾向。在堕胎合法化、增加国内支出以及救助黑人等非经济问题上，人们的态度倾向随受教育程度的提高而更趋自由。2000年美国全国选举研究数据表明，在低收入家庭组中，高中毕业的受访者中只有45%的人支持堕胎，而受过一些大学教育和完成大学教育的受访者中支持堕胎的比例则分别达到了55%和71%；在高收入家庭组中，不同受教育程度的受访者支持堕胎合法化的相应比例则分别为58%、61%和68%。① 这些研究结果也反映了社会阶层对于公众意见分布的复杂影响。

美国不同社会阶层在对外政策领域的意见差异，可回溯至20世纪30年代和40年代。其时，孤立主义对工人阶层有很大的吸引力，而中上阶层则倾向美国在国际事务中发挥积极的作用。② 在对外政策问题上，不同阶层之间"孤立主义"或"国际主义"倾向的差异至今仍然存在。其中，受教育程度是一个关键因素。接受过良好教育的民众相对于只有高中以下学历的民众对联合国更有好感，也更乐于实现与古巴关系的正常化。③ 这种差异不仅源于不同人群对于国际事务的认知差异，也与他们的现实经济处境有关。特别是对于低收入阶层而

---

① National Election Studies, 2000 election data. 转引自 Robert S. Erikson and Kent L. Tedin, *American Public Opinion: Its Origins, Content, and Impact*, 6th ed., New York, NY: Longman, 2003, p. 175。

② John E. Mueller, "Changes in American Attitudes toward International Involvement", in Ellen P. Stern, ed., *The Limits of Military Intervention*, Beverly Hills, CA: Sage, 1977, pp. 323–344.

③ Princeton Survey Research Associates, 1996, 1997. 转引自 Robert S. Erikson and Kent L. Tedin, *American Public Opinion: Its Origins, Content, and Impact*, 6th ed., New York, NY: Longman, 2003, p. 176。

言，养家糊口远比政府扩大对外援助和保护海外投资更重要，因此他们更关心日常生活问题，而不是较为抽象的对外政策议题。此外，对于国家的海外军事行动，不同阶层的态度差异并不大。随着社会阶层阶梯的下降，回答"无意见"的比例也在提高。这种反应既是低社会阶层认知状况的一个表现或结果，也提示研究者概括社会阶层与公众意见特别是对外政策领域的公众意见之间的关系时需要特别谨慎。

有关比利时的研究表明，虽然比利时的不同地区存在很大差异，但在以减少收入不平等、控制收入差距、增加税收等作为评价指标的平等主义（对不平等的宽容）维度上，从自雇者、中上收入阶层到雇员和工人，对不平等的容忍度逐渐降低。值得注意的是，由于地方网络及地方政治文化的影响，地方层面上不同阶层政治观点的这种差异相比国家层面上的差异大大降低了。[①]尽管如此，以此仍可推知民众中不同人群对于政府相关政策的不同意见和立场。

这种状况在基于中国民众的调查中也有所反映。2018年世界价值观调查（World Values Survey, WVS）中国部分的数据表明，在由受访者自我识别的阶层结构中，自我定位于"中上层"和"上层"的受访者比例为2.63%，定位为"中层""中下层""下层"的受访者的比例分别为42.81%、35.8%和18.76%。不同阶层对具体政策也表现出了不同的倾向。譬如，中上层和上层较为支持"加大收入差距以鼓励个人努力"，而越接近底层（由"中层"到"下层"），人们更倾向于"收入尽可能均等"。这种阶层态度差异也体现于政治议题方面。对政治体制运行的满意度，从"下层"到"中层"，民众满意度逐渐提高，而由"中层"到"中上层"和"上层"，民众满意度又出现了下降。[②]

社会阶层对于理解不同政策意见的意义可由不同国家的经验数据证实，但社会阶层并不会在所有涉及政策议题或公共机构的态度方面

---

① Gilles Van Hamme, "Social Classes and Political Behaviours: Directions for a Geographical Analysis", *Geoforum*, Vol. 43, No. 4, 2012, pp. 772–783.

② 世界价值观调查（WVS）中国部分的数据（2018）。

都产生影响。① 不同国家的财富集中程度存在很大差异，阶层差异在政治意见方面的表现也有所不同。更为重要的是，由于不同国家民众的价值观与意识形态的差异，社会阶层对于解释不同民众意见和理解政治现实的意义也存在很大差异。此外，性别、民族（种族）等变量也使这种影响或相关关系更为复杂。

可以说，在所有社会与文化背景中，公众意见都会在性别与社会阶层这两个维度上呈现不同程度的差异；此外，年龄的影响也较为普遍。种族（民族）、地区（地理）、宗教等其他变量对公众意见分布的作用在不同国家则表现各异。譬如，种族差异（特别是黑人和白人的差异）不仅对美国公众意见的分布具有非常明显的影响，也使性别或社会阶层对公众意见分布的作用更为复杂；在印度，宗教因素对涉及国内问题的公众意见分布的影响也非常突出；尽管越来越频繁的人口流动使得以地区为基础的差异逐渐淡化和模糊，但在许多国家（如中国、美国以及两德统一后很长时间以来的德国等），地区差异仍经常得到讨论，不过在有些国家（如比利时和加拿大），地区差异的背后实际上主要是民族问题。②

---

① 一项有关美国公众针对军方的意见的研究发现，并没有什么证据证明社会经济地位影响公众对于军方的政治态度。David L. Leal, "American Public Opinion toward the Military: Differences by Race, Gender, and Class?", *Armed Forces and Society*, Vol. 32, No. 1, 2005, pp. 123–138.

② Rosalee A. Clawson and Zoe M. Oxley, *Public Opinion: Democratic Ideals, Democratic Practice*, 2nd ed., Thousand Oaks, CA: Sage/CQ Press, 2013, pp. 189–203; Robert S. Erikson and Kent L. Tedin, *American Public Opinion: Its Origins, Content, and Impact*, 6th ed., New York, NY: Longman, 2003, Ch. 7; Devesh Kapur, "Public Opinion and Indian Foreign Policy", *India Review*, Vol. 8, No. 3, 2009, pp. 286–305; Zoya Hasan, "Gender, Religion and Democratic Politics in India", *Third World Quarterly*, Vol. 31, No. 6, 2010, pp. 939–954；〔美〕唐文方：《中国民意与公民社会》，胡赣栋、张东锋译，中山大学出版社2008年版；Daniel Béland and André Lecours, "Federalism, Nationalism, and Social Policy Decentralization in Canada and Belgium", *Regional and Federal Studies*, Vol. 17, No. 4, 2007, pp. 405–419。

小 结

在传统政治学研究中,特别是在民主理论中,基于"民意至关重要"这一一般认识,民意或公众意见在很大程度上被视为民主理论的起点和重要基石,并成为传统政治学的一个重要主题。在现代政治学研究中,民意已由政治学的传统研究主题发展为一个独立的研究领域。随着政治学学科的现代转型,有关民意的研究不再仅仅被视为规范研究的一部分,还获得了政治学经验研究的重要特征。其中,民意的多元化界定及民意的分布等构成了最为核心的问题领域。

实际上,民意是在政治过程中"建构"的,民意的内涵也是有条件的。民意不仅受到不同时代复杂的和具有时代特质的文化力量的影响,一个国家的社会气氛、技术环境以及沟通环境等也决定着人们思考民意的方式以及测量民意的方式。①

一种意见可以被描述为态度的一种言语表达。公众意见或民意研究以态度为核心,其概念界定在很大程度上与态度概念的界定相联系,公众意见或民意的评价也与态度评价相关。民意(公众意见)是以个体为基础的整体民众在诸多领域和政策议题上的态度的一种笼统表达。对于个体或民众整体而言,其政治意见本身或经由其政治意见传达的意识形态倾向是一致和连贯的,而且会随着具体问题的不同而发生变化,是态度研究和民意研究领域的一个共同问题。用意识形态术语来表述和界定公众的不同政治意见,即将公众在不同政策议题上的各种意见笼统地概括为保守或自由,在媒体报道和研究者的著述中极为常见。公众是否真的具有明确的意识形态倾向或相关知识,并用意识形态来组织自己的政治思考,很早就得到了研究者的关注和讨论。

菲利普·康弗斯在20世纪五六十年代所做的相关研究发现,诸如"自由的"或是"保守的"之类的意识形态术语,对普通公众而言

---

① 参见 Susan Herbst, *Reading Public Opinion: How Political Actors View the Democratic Process*, Chicago, IL: University of Chicago Press, 1998, pp. 1–2。

没有什么意义。公众意见会因问题不同而不同，也会随时间变化而变化。相对于普通公众，政治精英更可能沿自由-保守的光谱在意识形态层面组织自己的政治世界。① 可以说，意识形态天真（ideological innocence）是普通公众的重要特征。康弗斯的研究发表后，几十年来，其观点产生了很大影响，同时在研究的时间背景、问题的措辞和表达等方面遭遇了不同的质疑和挑战，但这些批评都难以在整体上削弱康弗斯的研究。②

当然，不同国家的公众在理解和思考政治问题时也表现出不同程度的差异。有研究认为，英国人的意识形态思考层次与美国人相当；加拿大人的意识形态思考层次低于美国人；在评价政党时，德国人和意大利人比美国人更可能在意识形态层次进行思考；法国人则习惯于在左与右的意识形态光谱中进行自我定位。③ 实际上，普通公众对于特定问题的思考并非始于某种意识形态，而往往是基于简单的符号倾向作出某种态度反应。

尽管如此，有关政治态度和民意的研究常常借助"自由的"或"保守的"、"自由主义的"或"保守主义的"及其相关术语加以表达和分析，以此使纷乱的民意得以被组织起来甚至结构化，进而可以被

---

① Philip E. Converse, "The Nature of Belief Systems in Mass Publics (1964)", *Critical Review*, Vol. 18, No. 1−3, 2006, pp. 1−74. Originally appeared in David E. Apter, ed., *Ideology and Discontent*, New York, NY: Free Press, 1964.

② 参见 Norman H. Nie, Sidney Verba and John R. Petrocik, *The Changing American Voter*, Cambridge, MA: Harvard University Press, 1979, Ch. 8; John L. Sullivan, James E. Piereson and George E. Marcus, "Ideological Constraint in the Mass Public: A Methodological Critique and Some New Findings", *American Journal of Political Science*, Vol. 22, No. 2, 1978, pp. 233−249。

③ Russell J. Dalton, *Citizen Politics: Public Opinion and Political Parties in Advanced Western Democracies*, 6th ed., Los Angeles, CA: Sage, 2014, Ch. 2; Roger Gibbins and Neil Nevitte, "Canadian Political Ideology: A Comparative Analysis", *Canadian Journal of Political Science*, Vol. 18, No. 3, 1985, pp. 577−598; Christopher Cochrane, "Left/Right Ideology and Canadian Politics", *Canadian Journal of Political Science*, Vol. 43, No. 4, 2010, pp. 583−605; Christopher J. Fleury and Michael S. Lewis-Beck, "Anchoring the French Voter: Ideology versus Party", *The Journal of Politics*, Vol. 55, No. 4, 1993, pp. 1100−1109.

把握和理解。如果说公众意识形态知识和意识形态推理能力的匮乏使其无法与政治精英在同一层面进行沟通，因而无助于改善对于民主理论家而言至关重要的政治沟通，那么关注公众意见的实际影响则更表明了政治心理学的资源价值所在。在这种意义上，较之于将不同公众意见在意识形态光谱中进行定位，民意会对政策产生怎样的影响，可能具有更为重要的现实意义。

在现实层面上，如果说民意的左与右并不总是一个有意义的问题，那么民意的对与错则是非常现实的问题。"美国人民拥有犯错的宪法权利"，是20世纪80年代美国参议员沃伦·拉德曼（Warren Rudman）为美国国会所做的辩护。其时，国会因没有做出支持尼加拉瓜反政府游击队的决定而受到质疑。沃伦·拉德曼辩护的一个重要依据就是当时的民意调查。该民意调查显示，75%的民众反对美国支持尼加拉瓜反政府游击队，而只有25%的民众表示支持。沃伦·拉德曼认为，国会已经恰当地反映了公众情绪。当时，美国民众坚信，介入尼加拉瓜事务将会是"另一场越南战争"的开始，因而反对里根政府在尼加拉瓜的秘密战争。① 当然，民意对与错的问题本来就是相对的，并可能涉及与民意调查本身相关的诸多问题。

民意是什么，民意如何产生和测量，以及民意如何影响现实政策等，是与民意相关的常见问题。其中，民意如何影响政策似乎更可以说是政治学研究的专属领域，特别是公共政策相关研究中的重要问题。

对于政治学而言，民意会产生什么影响，实际上也是如何对待民意的问题。与此相关的一个重要问题是：公民的意见是理性的吗？这一问题也是令古希腊哲学家感到困惑的问题，尽管他们并没有使用

---

① Philip E. Converse, "Changing Conceptions of Public Opinion in the Political Process", *Public Opinion Quarterly*, Vol. 51, No. 4, 1987, pp. S12–S24; Peter Kornbluh, "The Iran-Contra Scandal: A Postmortem", *World Policy Journal*, Vol. 5, No. 1, 1987, pp. 129–150.

"public opinion"一词。① 同时，民意在道德意义上的正当性也使得人们很少问及公众是否总是正确的之类的问题，但要证明对民粹式民意（public opinion populist style）更为敏感必然会改善治理，则并不容易。② 在可以被概括为"民意至上"的民粹主义社会氛围中，如何对待和运用民意显得尤为重要。

一般认为，民意对于治理的作用在于，有关民意的信息有助于提高政府的有效性与治理效率。在这种意义上，民意及其研究也可被视为一种重要的治理输入。但是，民意中的民粹成分（且不论所谓"民粹式民意"）或民意的非理性是一个非常现实的问题，民意的真实用途和理想用途之间的差异很少被明确提出，更少得到回答。在现实层面，民意在治理中的运用因政策领域的不同而存在差异，也因不同国家的制度差异而有所不同。③

在我们今天所生活的时代，民意的力量以及民意对政府及其决策的影响都达到了最高点，否定民意理性的观点被认为要么只存在于极权政体，要么不过是民主国家现代怀疑主义哲学的一种反映。在这样的时代背景以及世界范围内日益强调政府回应性的治理理念的观照下，民意得到了前所未有的重视，民意研究也获得了强大的动力。其中，对研究方法与技术手段的强调和运用是民意研究的显著特征，而探寻民意的来源则成为了解民意，以进一步实现政治心理学资源潜力的重要问题。

---

① Susan Herbst, *Reading Public Opinion: How Political Actors View the Democratic Process*, Chicago, IL: University of Chicago Press, 1998.

② Philip E. Converse, "Changing Conceptions of Public Opinion in the Political Process", *Public Opinion Quarterly*, Vol. 51, No. 4, 1987, pp. S12–S24.

③ 有研究发现，那些减少作为治理输入的民意研究的国家是有着议会制传统政府形式的国家。这一发现与人们的一般认知存在较大差异。Scott Edward Bennett, *Applying Public Opinion in Governance: The Uses and Future of Public Opinion in Managing Government*, Cham, Switzerland: Palgrave Macmillan, 2017, pp. 11–12, 67.

第七章　政治社会化与民意的来源

在政治生活中，几乎每一个领域和每一个具体问题上都充斥着各种各样的态度和意见。这些态度和意见从哪里来，是民意研究的一个常见问题。现代民意研究涉及多个学科，不同学科都有各自的研究兴趣和目标；不仅如此，民意还以不同的方式得到研究，而研究所使用的不同方法则在很大程度上取决于研究者想要的结果。[①] 这些因素在某种程度上使民意研究出现分化，甚至成为一个有些碎片化的领域。尽管如此，民意的来源一直是民意研究中的一个重要问题领域，并与政治社会化联系在一起。

第一节　政治社会化

在民意研究领域，政治社会化研究是与探索民众的政治观点、态度和行为如何形成以及会发生怎样的变化等相关问题联系在一起的。从政治社会化的视角考察民意，有助于理解个体在生命不同阶段的态度与行为变化。这也是基于政治社会化视角的民意研究的一个重要特点。

---

① Francis Graham Wilson, *A Theory of Public Opinion*, New Brunswick, NJ: Transaction Publishers, 2013, p. 271.

一、政治社会化及态度与民意研究

"政治社会化"(political socialization)一词最早出现于1954年首次出版的《社会心理学手册》(*The Handbook of Social Psychology*)。在使用了"政治社会化"一词的那一章,有关投票的集中讨论提示人们,对个体获得政治认同、信念、价值观、态度及行为模式的发展过程的研究,也可运用于理解政治生活的许多其他特征。① 五年后,赫伯特·海曼以"政治社会化"为书名的著作出版。在海曼的《政治社会化》一书中,政治社会化在三个维度上展开:参与或卷入政治、支持激进或保守的目标、支持民主的或威权的政府形式。② 其后,政治社会化的体系重要性、生命周期模式、代际差异、跨文化比较、亚群体比较、学习过程、政治社会化机构及其对个体的影响、特定的(尤其是精英的)政治社会化等,成为政治社会化研究的重要主题。③

政治社会化是年轻一代习得政治倾向及有助于支持政治体系的知识、价值观与态度的过程。在这一意义上,"社会化的"人是指那些成功地将行为模式的流行规范内化于心的人。④ 因此,关注微观的社会化动态过程的宏观影响,是政治社会化研究的关键特征。

早期的社会化研究所关注的问题是,儿童如何获得对现有体系的支持性态度以利于政治稳定,父母与子女间高水平的意见传递如何提

---

① Philo C. Wasburn and Tawnya J. Adkins Covert, *Making Citizens: Political Socialization Research and Beyond*, Cham, Switzerland: Palgrave Macmillan, 2017, p. 3.

② Herbert H. Hyman, *Political Socialization: A Study in the Psychology of Political Behavior*, New York, NY: The Free Press of Glencoe, 1959.

③ Ibid.; Jack Dennis, "Major Problems of Political Socialization Research", *Midwest Journal of Political Science*, Vol. 12, No, 1, 1968, pp. 85-114.

④ Gabriel A. Almond and James S. Coleman, eds., *The Politics of the Developing Areas*, Princeton, NJ: Princeton University Press, 1960; Gabriel A. Almond and Sydney Verba, *The Civic Culture: Political Attitudes and Democracy in Five Nations*, Princeton, NJ: Princeton University Press, 1963; M. Kent Jennings and Richard G. Niemi, eds., *The Political Character of Adolescence: The Influence of Families and Schools*, Princeton, NJ: Princeton University Press, 1974, p. 5.

高了意见的整体连续性，以及政治参与的阶层不平等如何受到社会化过程的影响，等等。研究者将家庭内部的社会化动态过程视为政治参与和态度的性别差异的根源，并尝试通过将行为或意见分解为个体所生活的不同时期（历史时期）、个体生命周期和世代影响下的不同表现，以更好地理解行为或意见的总体变化。在这些领域，态度与观念的获得和形成是重要的研究主题。

政治学领域的大多数民意研究仍以态度为核心，与态度相关的概念也成为理解和趋近民意的重要概念。有关民意的政治学早期研究聚焦于儿童如何从父母那里获得态度和意见，这种研究也构成了政治社会化研究的重要内容。海曼在讨论政治学习的来源时曾明确提出，"家庭是最重要的政治社会化机构"[1]。这一观点在过去及其后很长时间里都并不少见[2]，其基础是家庭在塑造其后代基本政治取向上的直接或间接作用。

但是，这种观点并未考虑如下一些具体问题：儿童是否意识到了这样的影响，这是一个角色塑造的过程，抑或仅仅是简单的传递，所传递的价值观是政治性的，还是"非政治性的"（nonpolitical），等等。其后的相关研究，或者对"家庭是最重要的政治社会化机构"这一观点提出了挑战，如罗伯特·赫斯和朱迪斯·托内的研究发现，在美国，"公立学校是最重要和最有效的社会化工具"[3]；或者对不同政治价值观的代际传递进行了具体分析。事实上，儿童和青少年的政治学习的确是他们获得和形成政治态度及意见的重要途径，其中诸多因素或过程对其意见的形成具有明显的影响。

---

[1] Herbert H. Hyman, *Political Socialization: A Study in the Psychology of Political Behavior*, New York, NY: The Free Press of Glencoe, 1959, p. 69.

[2] 譬如，在海曼提出这一观点之前，心理学家吉莱斯皮和奥尔波特对十个不同国家的2000名年龄在17—22岁之间的青年进行了研究。结果表明，在研究所涵盖的国家，家庭都是最重要的社会化机构，从而证明这一现象具有文化普遍性。James M. Gillespie and Gordon W. Allport, *Youth's Outlook on the Future*, Garden City, NY: Doubleday, 1955.

[3] Robert D. Hess and Judith V. Torney, *The Development of Political Attitudes in Children*, Chicago, IL: Aldine Publishing Co., 1967, p. 101.

伴随社会科学的发展，社会化相关研究在心理学、人类学和社会学诸学科被赋予巨大的重要性。尽管这些学科在探讨个体从婴儿到老年的发展和变化方面有各自不同的研究方法和研究重点，但是在所有这三个学科领域的相关研究中，社会化过程都被认为是维系社会和增进个人幸福的基石。①

很长时间以来，相比于其他学科，政治学领域的社会化研究处于明显的劣势；或者说，政治社会化很大程度上一直被当作社会学意义上的社会化的一个重要组成部分。事实上也是如此。1959年，海曼有关政治社会化的研究成果发表后，政治社会化成为政治学研究的重要领域，并在此后较短的时间内出现了大量有影响的专题研究。② 其后，政治心理学领域的政治社会化研究虽然在一定程度上依然受到其他学科相关研究的影响，但毫无疑问的是，当人们提到政治社会化时，已不能再忽视这一领域的研究。

在个体的政治社会化过程中，个体所获得的意识形态、政治认知、政治态度等都与其政治行为有着重要的关联。其中，政治意识形态是个体价值体系的核心部分，因而是非常稳定的。一般而言，政治认知、政治态度产生于政治意识形态形成之前，但又受到政治意识形态的强烈影响。20世纪70年代以来的政治心理学研究充分注意到了这一问题。

这一时期意识形态研究的一个特点，是将意识形态与投票联系起来加以考察。其中，意识形态与投票之间的关系、政治认知（包括性

---

① 参见〔美〕M. 罗森堡、R. H. 特纳：《社会学观点的社会心理学手册》，孙非等译，南开大学出版社1992年版，第182页。
② 其中，格林斯坦的《儿童与政治》（Children and Politics, 1965）是这一领域的研究经典，而1969年分别由理查德·道森（Richard E. Dawson）和肯尼思·普雷维特（Kenneth Prewitt）及肯尼思·P. 兰顿（Kenneth P. Langton）写作的两本同名著作《政治社会化》的出版，则表明政治社会化已经成为政治学特别是政治心理学研究的重要问题领域。

别对政治认知的影响）等问题都为研究者所关注。①

　　某种意义上说，民意就是公民个人政治态度的表达。因此，对政治态度的研究大多与民意研究结合在一起。罗伯特·莱恩与戴维·希尔斯（David O. Sears）的《民意》（*Public Opinion*, 1964）是当时研究民意的成功之作。三十多年以后，卡罗尔·J. 格林（Carroll J. Glynn）等人的另一本《民意》（*Public Opinion*, 1999）则使用了更具操作性的研究方法。在对民意和政治态度的研究中，学者们既强调对政治态度的测量，又重视政治态度的变化以及民意的本质与来源等不同方面的问题。② 同时，政治社会化研究也变得越来越具体，研究者开始关注特殊政治事件对政治社会化的影响以及代际政治影响等。③

二、民意形成中的情感变量与信息变量

　　政治社会化研究虽与民意特别是民意（或态度）来源的研究联系在一起，但作为两个不同的领域，其侧重也常常存在差异。关注政治社会化的研究者一般倾向于认为社会化过程对态度的形成具有某种确定的影响，而那些对态度形成及变化更为关注的研究者，对于政治社

---

① 有关政治认知的研究，如 Richard G. Niemi and Herbert F. Weisberg, eds., *Classics in Voting Behavior*, Washington, DC: CQ Press, 1993; Richard R. Lau and David O. Sears, eds., *Political Cognition: The 19th Annual Carnegie Symposium on Cognition*, Hillsdale, NJ: Lawrence Erlbaum Associates, 1986。还有学者围绕性别对政治认知的影响进行了研究。Kim Fridkin, *The Political Consequences of Being a Woman: How Stereotypes Influence the Conduct and Consequences of Political Campaigns*, New York, NY: Columbia University Press, 1996.

② 在态度与民意研究领域有影响的研究，如 John R. Zaller, *The Nature and Origin of Mass Opinion*, New York, NY: Cambridge University Press, 1992; Wendy M. Rahn, Brian Kroeger and Cynthia M. Kite, "A Framework for the Study of Public Mood", *Political Psychology*, Vol. 17, No. 1, 1996, pp. 29–58。

③ 譬如 David O. Sears and Nicholas A. Valentino, "Politics Matters: Political Events as Catalysts for Preadult Socialization", *American Political Science Review*, Vol. 91, No. 1, 1997, pp. 45–65; M. Kent Jennings, Laura Stoker and Jake Bowers, "Politics across Generations: Family Transmission Reexamined", *The Journal of Politics*, Vol. 71, No. 3, 2009, pp. 782–799。

会化过程对态度形成与变化的影响则可能持有某种谨慎乃至怀疑的立场。时至今日，政治社会化对态度、观念及意识形态的影响仍是一个开放的话题。

在政治学与政治心理学研究中，有关民意形成及来源的研究主要集中于家庭、学校及世代与生命周期的影响。在民意研究所论及的不同民意来源中，家庭、学校、世代与生命周期的影响，既代表着不同的民意来源，也反映了早期社会化阶段的民意形成过程中情感变量与信息变量的不同作用。很大程度上，在早期政治社会化过程中，家庭、学校、世代与生命周期实际上与个体成长过程中所经历的社会化先后阶段相对应，而这又是民意形成中情感变量逐渐稀释而信息变量逐渐增加的过程。

正因为如此，很大程度上，在民意形成过程中，家庭、学校及世代与生命周期等不同因素具有怎样的影响，实际上还是一个情感变量（affective variables）（如父母与子女的亲密关系或对子女的控制）与信息变量（informational variables）如何对民意产生影响的问题。[①] 在民意的形成过程中，情感变量与信息变量在持续产生影响，其效应在生命周期的不同阶段也表现出很大差异。

从政治社会化及社会化机构的视角探究民意形成及其来源，是民意研究的一个重要主题，也已成为政治社会化研究的重要问题领域。其中，家庭、学校、大众传媒等与民意的关系都得到了较为深入的研究。

第二节　家庭

在儿童早期的政治社会化过程中，家庭的影响最为重要。在儿童成长期，由于父母是与孩子接触最多、沟通最频繁以及具有完备的感

---

① 参见 David O. Sears, "The Political Character of Adolescence: The Influence of Families and Schools" (Book Review), *The School Review*, Vol. 84, No. 4, 1976, pp. 638–641。

受性条件（maximum conditions of receptivity）①的人，儿童在心理和智力的发展与成熟过程中对父母极为依赖。无论是积极态度还是消极态度，孩子都受到父母和其他家庭成员的影响。譬如，在一个父母都积极参与竞选活动和投票的家庭中长大的孩子，其成年后也很可能经常参与政治。相关研究发现，如果父母之间及父母与子女之间经常谈论政治，他们已经在无意识地构建一种"家庭同一性"（family identity），其中包括党派认同或对特定政治候选人的支持。②在家庭对子女政治态度的影响方面，相比信息变量，情感变量的作用更为直接和明显。

研究发现，儿童形成政治与政治体系相关看法的心理过程大致会经历四个阶段。戴维·伊斯顿和杰克·丹尼斯认为，在被称为第一阶段的政治化（politicization）阶段，儿童意识到在父母、成年亲属和老师之外还存在其他权威人物和机构，也意识到其直接社交圈之外的政府和法律意义上的某种权力的存在。但是，他们对政治权威的理解常常具象化为某个人（如林肯总统），将特定个体视为政府的代表。这是第二个心理过程，即"个人化"（personalization）阶段。在接下来的第三个阶段，儿童往往认为政治权威都是仁慈的和值得信任的，这一阶段因而被称为"理想化"（idealization）阶段。随着儿童认知能力的发展，第四个阶段即"机构化/制度化"（institutionalization）过程就开始了。在这一阶段，儿童逐渐能够将不同政府部门概念化（conceptualization）。③

实际上，儿童对于政治和政治体系的态度远比上述四个阶段的概括更为复杂。有关美国儿童政治社会化的早期研究，特别是对中产阶

---

① Paul Allen Beck, "The Role of Agents in Political Socialization", in Stanley A. Renshon, ed., *Handbook of Political Socialization*, New York, NY: Free Press, 1977.

② Cynthia Gordon, " 'Al Gore's Our Guy': Linguistically Constructing a Family Political Identity", *Discourse and Society*, Vol. 15, No. 5, 2004, pp. 607−631.

③ 参见 David Easton and Jack Dennis, *Children in the Political System: Origins of Political Legitimacy*, New York, NY: McGraw-Hill, 1969。

级白人居多的学校中儿童的研究发现，儿童对于政治体系普遍表现出明显的积极情感。① 某种程度上，20 世纪 50 年代和 60 年代的政治氛围有助于产生这样的积极情感。此外，这些研究所涉及的儿童主要来自白人居多的中产阶级学校，他们所表达的情感未必可以代表全体儿童。60 年代后期，一些研究者针对工业大城市中非白人儿童所做的相关研究发现，在较为年幼的非洲裔儿童中存在着对于警察或总统的较高的支持水平，而在年龄稍大的非洲裔儿童中这一水平则普遍较低。②

与这一发现不同，格林伯格（Edward S. Greenberg）的研究表明，即使是在年幼的儿童中，对于政府的支持水平也存在差异。③ 对注册学生主要为比较贫困的少数族裔和阿巴拉契亚地区儿童（Appalachian children）的学校所进行的研究，证明了社会化模式中存在文化差异的可能性。中产阶级白人儿童对政治人物和机构持有积极的态度，对民主体系充满信任；迪安·亚罗斯（Dean Jaros）等人研究中的阿巴拉契亚地区儿童则表现出较为消极的态度，对民主体系的运作也比较悲观。对亚群体的这一研究结果表明，对某些儿童而言，理想化阶段的发展可以被替换为反感，因而是一个"敌视化"阶段。④ 成人（家长）政治价值观以及复杂的家庭结构（如父亲是否在家生活）等，被认为对子女的政治社会化具有复杂的影响。不同研究所呈现的这种反差明显削弱了将家庭视为影响政治态度获得的一个重要力量的观点，或者说家庭对儿童政治态度的影响要比流行假设复杂得多。

---

① 参见 Fred I. Greenstein, *Children and Politics*, New Haven, CT: Yale University Press, 1965。

② Jack Dennis, *Political Learning in Childhood and Adolescence*, Technical Report No. 98, Wisconsin Research and Development Center for Cognitive Learning, 1969; Harrell R. Rodgers and George Taylor, "The Policeman as an Agent of Regime Legitimation", *Midwest Journal of Political Science*, Vol. 15, No. 1, 1971, pp. 72–86.

③ Edward S. Greenberg, "Black Children and the Political System", *Public Opinion Quarterly*, Vol. 34, No. 3, 1970, pp. 333–345.

④ Dean Jaros, Herbert Hirsch and Frederic J. Fleron, "The Malevolent Leader: Political Socialization in an American Sub-Culture", *American Political Science Review*, Vol. 62, No. 2, 1968, pp. 564–575.

20 世纪 70 年代的相关研究表明，那一时期的政治犬儒主义由父母传递给了他们的子女。杰克·丹尼斯和卡罗尔·韦伯斯特（Carol Webster）的研究发现，儿童已经不太可能像 60 年代早期那样将政府理想化了。比如，1974 年，只有 25% 的六年级学生回答总统恪守承诺，而 1962 年则有 71% 的学生对这一问题给出了积极的答案。①

笼统地表述家庭对子女在政治态度获得和形成方面的影响，会掩盖其在与政治相关的不同问题上的具体差异。M. 肯特·詹宁斯（M. Kent Jennings）的系列研究表明，家庭对儿童在政党认同（party identification）方面的影响最为成功，而在有关具体政治问题的态度方面则不太成功。詹宁斯和理查德·尼米（Richard G. Niemi）从 1965 年起在美国全国范围所做的系列研究发现，如果将政党认同看作政治行为研究的重要价值维度，政治认同或政党忠诚（party loyalty）是在父母与子女间表现出较高相关度的价值观。② 由于政党认同在美国政治中的显著意义，这一发现对于理解美国政治非常重要。

在政党认同以外，其他政治价值观从父母向子女的传递随价值观性质的不同而不同。具体而言，只有在比较简单和具有道德或生活方式成分的问题上，子女与父母的态度和意见之间才存在适度的关联。③ 也就是说，父母与子女之间的政治共同点主要存在于简单、明显和具

---

① Jack Dennis and Carol Webster, "Children's Images of the President and of Government in 1962 and 1974", *American Politics Research*, Vol. 3, No. 4, 1975, pp. 386–405.

② M. Kent Jennings and Richard G. Niemi, "The Transmission of Political Values from Parent to Child", *American Political Science Review*, Vol. 62, No. 1, 1968, pp. 169–184; M. Kent Jennings and Richard G. Niemi, *The Political Character of Adolescence: The Influence of Families and Schools*, Princeton, NJ: Princeton University Press, 1974; M. Kent Jennings and Richard G. Niemi, *Generations and Politics: A Panel Study of Young Adults and Their Parents*, Princeton, NJ: Princeton University Press, 1981.

③ M. Kent Jennings and Richard G. Niemi, "The Transmission of Political Values from Parent to Child", *American Political Science Review*, Vol. 62, No. 1, 1968, pp. 169–184; M. Kent Jennings and Richard G. Niemi, *The Political Character of Adolescence: The Influence of Families and Schools*, Princeton, NJ: Princeton University Press, 1974; David O. Sears, "The Political Character of Adolescence: The Influence of Families and Schools" (Book Review), *The School Review*, Vol. 84, No. 4, 1976, pp. 638–641.

体的问题上,而非诸如政治信任或政治效能感等弥散、抽象和高度概念化的问题。总体上,父母政治影响的决定性因素是简单明了的政治取向表达,而不是抽象的政治观念的长期和间接的交流。当然,这种一致性还要求父母自身态度保持高水平的稳定性。事实上,不但年轻一代的政治态度不太稳定,其父母一代的政治态度也表现出了明显的变化。① 不仅如此,大众传媒和沟通手段的变化也使得家庭的影响弱化了。

同质的态度环境(attitude environment)可产生较为深刻的代际影响。在几个重要的政治社会化机构中,当父母的意见与老师和朋友的意见一致时,对儿童的影响会更大。但常见的情形是,儿童生活于充斥着相互冲突的政治态度的世界,这种冲突似乎也削弱了所有信息来源的效应。

詹宁斯和尼米有关美国年轻一代及其父母的系列研究发现,不仅成年之前的倾向和信念不足以预测成年之后的政治态度,已有的倾向和信念在成年之后也会持续变化。其研究还发现,集合意义上的态度,无论是在历时维度还是代际维度上,都不能被描述为任何单一的过程。在某些问题上,代际传递的确存在,而有些问题则受到受访者所处的不同生命周期阶段或生活的特定时期的影响。态度可能会在成年之前的经历中找到其根源,但成年时期的青春期表征其实非常有限。②

詹宁斯和尼米的相关研究在很大程度上似乎动摇了早期社会化具有终身影响的信条,也使得有关民意形成的"社会化解释"(socialization explanation)显得有些苍白。不过,刘易斯-贝克(Michael S. Lewis-Beck)等人的研究发现,如果父母具有相同的政党认同,超过75%的孩子也会形成同样的认同。其后,珍妮弗·沃拉克(Jennifer Wolak)的研究也表明,即使是在激烈的竞选活动和媒体的影响下,大多数学

---

① M. Kent Jennings and Richard G. Niemi, *Generations and Politics: A Panel Study of Young Adults and Their Parents*, Princeton, NJ: Princeton University Press, 1981.

② Ibid.; John R. Petrocik, "Generations and Politics: A Panel Study on Young Adults and Their Parents" (Book Review), *The Journal of Politics*, Vol. 45, No. 4, 1983, pp. 1042-1044.

生的政党认同依然不变,就连对政治表现出强烈兴趣的学生也不太可能改变其政党认同。[1] 不仅如此,在高度政治化的家庭,子女更可能接受其父母的政治倾向,并且其成年后的政治发展会受到早期政治倾向的影响。其中,有着较深的父母影响印记的青少年,成年后也比其他人具有更为稳定的态度。[2] 无论怎样,父母作为子女社会化"中间人"(middlepersons)[3] 的角色并不会因此而受到影响。

第三节 学校教育与校园氛围

尽管政治社会化总是始于家庭,但每一个文化中的政治体系都会通过学校的正式教育继续儿童在家庭中业已开始的社会化过程,努力将社会价值和行为规范传递给儿童。一个国家的教育体系构成了民族性格的外在表现,它代表着每个国家背景下的一个特别的制度。[4] 不同国家的教育体系可能向受教育者传授同样的实用知识,但却不可能向他们传递同样的体系价值。因此,通过教育尤其是学校教育塑造合格的公民就成为所有政治体系的重要目标。在一定程度上,教育的功能决定了教育与政治的关系,也似乎与认为学校是道德机构而非政治机构的"反政治共识"(anti-political consensus)相冲突。[5] 学校是进行公民教育的重要场所,在很多情形下甚至进行政治灌输,以维护共

---

[1] Michael S. Lewis-Beck, Helmut Norpoth, William G. Jacoby, et al., *The American Voter Revisited*, Ann Arbor, MI: University of Michigan Press, 2008; Jennifer Wolak, "Explaining Change in Party Identification in Adolescence", *Electoral Studies*, Vol. 28, No. 4, 2009, pp. 573−583.

[2] M. Kent Jennings, Laura Stoker and Jake Bowers, "Politics across Generations: Family Transmission Reexamined", *The Journal of Politics*, Vol. 71, No. 3, 2009, pp. 782−799.

[3] Paul Allen Beck and M. Kent Jennings, "Parents as 'Middlepersons' in Political Socialization", *The Journal of Politics*, Vol. 37, No.1, 1975, pp. 83−107.

[4] Leslie J. Limage, ed., *Democratizing Education and Educating Democratic Citizens: International and Historical Perspectives*, New York, NY: Routledge Falmer, 2001, p. 30.

[5] 王丽萍:《政治学视野中的教育与政治》,《民主与科学》2005 年第 2 期。

同体价值。其中，课程设置、校园活动和教师对于塑造学生政治态度都可产生重要的影响。

一、课程设置

在一定程度上，中小学义务教育在公民培养方面可能更多地体现了政治体系主导者的政治意图，课程内容则直接承载着一个政治体系希望年轻一代获得的对体系具有支持作用的价值观与基本政治信仰。

在以多元文化为重要特征的美国，全国性的公民课程标准是其教育政策的重要内容，也被认为是强化其文化霸权的重要象征。具体而言，课程的核心是向学生传授共同的美国文化与价值观（而非个人和群体的差异性），而无论课程设置发生怎样的变化，使学生社会化为忠诚的公民始终都是教育的目标。①

与课程相关的教材对学生的影响则比人们的一般理解复杂得多。针对美国国内使用不同教材且社会经济结构相异的三个学区及其教育效果的一项比较研究发现，使用旨在影响参与性价值观（participatory values）的教材，对公民学习的确产生了某些影响；但是，在所有三个学区，受到这种影响的学生比例都没有超过四分之一。②詹宁斯等人对选修传统美国政府或历史课程的学生与选修当代美国问题课程的学生进行了比较，而总的结果却只能为课程具有影响这一结论提供非常有限的支持。与此同时，他们发现课程的效应在白人学生与黑人学生之间存在重要的差异。公民课程似乎在多个维度上改变了黑人学生的倾向，特别是提升了他们对体系的忠诚感，但同时降低了信任和参

---

① Richard M. Merelman, "Symbols as Substance in National Civics Standards", *PS: Political Science & Politics*, Vol. 29, No. 1, 1996, pp. 53-57; Robert S. Erikson and Kent L. Tedin, *American Public Opinion: Its Origins, Content, and Impact*, 6th ed., New York, NY: Longman, 2003, p. 125.

② Edgar Litt, "Civic Education, Community Norms, and Political Indoctrination", *American Sociological Review*, Vol. 28, No. 1, 1963, pp. 69-75.

与水平。① 其他一些研究也得出了类似的结论，即学生学习公民课程与否同他们的政治知识、政治兴趣、政治效能感、政治信任、参与取向等基本上没有什么关系。②

但是，也有研究基于对美国国家教育进步评价（National Assessment of Educational Progress, NAEP）相关数据的分析发现，高年级学生学习的公民课程越多，对政府会更为信任，其政治知识的获得也会受到更多的实质性影响。③ 事实上，中小学课程开发在美国仍被赋予公民教育的重要功能，特别是向小学生们传授有关不随时间发生变化的政治知识，如当政府过于强大或软弱时捍卫自己的权利，鼓励政治参与，以及提升政治宽容度，等等。④

课程设置对学生政治社会化的影响似乎并不明确，甚至很大程度上与人们的直觉存在重要差距。其中的原因可能在于研究基础材料方面的冗余，也可能与教师的训练和教学方法有关，还可能是受班级和学校整体环境的影响。因此，由这些研究并不能推导出课程设置与学生政治社会化无关的结论，而是提示人们还应关注校园氛围的影响。

二、校园活动

在课程教学之外，学校还常常通过一些不同类型的集体活动特别是仪式性活动，来培养学生的爱国情感、共同体意识和合作精神，以

---

① M. Kent Jennings and Richard G. Niemi, *The Political Character of Adolescence: The Influence of Families and Schools*, Princeton, NJ: Princeton University Press, 1974.

② Lee Anderson, Lynn B. Jenkins, James Leming, et al., *The Civics Report Card*, Princeton, NJ: National Assessment of Educational Progress, Educational Service, 1990. 转引自 Robert S. Erikson and Kent L. Tedin, *American Public Opinion: Its Origins, Content, and Impact*, 6th ed., New York, NY: Longman, 2003, pp. 125–126。

③ Norman H. Nie, Jane Junn and Kenneth Stehlik-Barry, eds., *Education and Democratic Citizenship in America*, Chicago, IL: University of Chicago Press, 1996.

④ Heather Marquette and Dale Mineshima, "Civic Education in the United States: Lessons for the UK", *Parliamentary Affairs*, Vol. 55, No. 3, 2002, pp. 539–555.

及对不同体系都至为重要的忠诚感和某种程度的服从。

美国的学校有意识地通过一些仪式和活动灌输爱国主义和忠诚，但有研究却发现，这些活动可能使学生变得消极，而不是帮助他们获得更多的政治知识和参与兴趣。"孩子们希望使冲突最小化。"[1] 因此，小学阶段的孩子可能会确立一种有关公民的理想化的看法（即理想化的公民观）：无党派属性而又具有效能。随着孩子们逐渐成长，以及这种认识得以内化，当他们认识到真实的政治体系是一个伴随冲突和利益集团竞争的体系时，他们就可能变得较为犬儒并与体系疏离。

中国的中小学也通过一些特别的仪式在学生中传递重要的体系价值。每周的升国旗、定期举办运动会或其他场合咏唱国歌等仪式，都旨在向学生传递重要的国家观念和爱国情感。近年来，中国香港特区的中小学也日渐注重通过认识国旗、国徽、国歌等国家象征以及升国旗活动等，强化香港年轻一代的国家意识与爱国情感。

实际上，课堂学习本身就是一种重要的社会化过程。其中，在学生与教师之间、学生与学生之间形成的特定关系，很大程度上影响着学生对人际关系的理解，以及在此基础上产生的社会信任（不信任）感。"对规则和权威的服从是小学公民教育的重点。"作为政治社会化的重要因素，学校在教导学生服从方面最为有效，而在公民责任或现实的体系政治过程教育方面则没有什么作用。[2]

三、教师

在许多人的回忆中，教师常被学生看作对其个人一生产生了久远影响的人物。但在社会科学领域，教师的作用却备受争议："既因太

---

[1] Robert D. Hess and Judith V. Torney, *The Development of Political Attitudes in Children*, Chicago, IL: Aldine, 1967, p. 216.

[2] Ibid., p. 217.

有效而受到批评，也因太无效而备受非议。"① 就民意的形成而言，理查德·梅雷尔曼（Richard Merelman）认为，教师对学生的观念或许不能产生足够的影响，是因为他们自己就是"政治单纯的人"。虽然教师不会因其政治观点而涉入政治职业，也可能没有形成有关政治的成熟观念，对政治问题知之不多，很少具有政治倾向，但却非常乐于在课堂上进行有关政治问题的讨论。社会科学领域的男性教师与其他教师相比往往表现出较低的士气和较多的不满。于是，他们常会在讨论中鼓励学生，只是他们的疏离倾向又使其无法向学生传达对民主价值观的较高支持。②

不同的教育方式对于儿童成年后的政治表现是积极或是消极，可能会产生不同的影响。其中，传统教育即灌输模式往往会使学生成为循规蹈矩的人。③ 也有研究发现，教师将复杂的政策议题和相互冲突的观点引入课堂，可使学生获得更多的政治知识，使处于不同社会经济地位的学生都有更好的表现。④

四、同学与校园氛围

在学校教育体系中，同学之间的影响也可能成为政治观点的重要来源。肯尼思·兰顿、西奥多·纽科姆等人的研究表明，一般而

---

① M. Kent Jennings, Lee H. Ehrman and Richard G. Niemi, "Social Studies Teachers and Their Pupils", in M. Kent Jennings and Richard G. Niemi, eds., *The Political Character of Adolescence*, Princeton, NJ: Princeton University Press, 1974/2015, pp. 207-228.

② Richard M. Merelman, *Political Socialization and Educational Climates: A Study of Two School Districts*, New York, NY: Holt, Rinehart and Winston, 1971, p. 197.

③ Barbara Rogoff, Ruth Paradise, Rebeca Mejía Arauz, et al., "Firsthand Learning Through Intent Participation", *Annual Review of Psychology*, Vol. 54, No. 1, 2003, pp. 175-203.

④ David E. Campbell, "Voice in the Classroom: How an Open Classroom Climate Foster Political Engagement among Adolescents", *Political Behavior*, Vol. 30, No. 4, 2008, pp. 437-454.

言，儿童倾向与主导意识形态或其同学的观点保持一致。[1]因此，教室的氛围也不容忽视。譬如，学生是否有机会参与讨论，对于他们是否能够接纳和保持民主价值观可能会产生重要影响。塔尔科特·帕森斯指出，儿童在教室内习得社会角色，"小学班级就是机会平等这一美国基本价值观的一个体现"。不仅如此，学生还可能在教室里学到竞争规则、合作行为和公平（fairness），或是相反的东西。[2]在学校，学生还可能意识到课程所灌输的价值观与学校权威所传递的对被动性（passivity）和秩序性（orderliness）的强调之间的紧张关系。[3]

总体上，学校教育体系似乎可以成功地向学生灌输忠诚和爱国情感，以及对法律的服从，但对于学生形成有关政治制度（机构）和过程的态度似乎并不是那么有效。

有关流行的热点问题，同龄人的影响似乎超过了父母的影响。高中校园整体意见气候的影响既不及全国的舆论气候，也比不上朋友的态度。因此，有研究认为，在早期的政治社会化过程中，信息变量是比情感变量等更为重要的因素。[4]

---

[1] Kenneth Langton, *Social Socialization*, New York, NY: Oxford University Press, 1969; Theodore M. Newcomb, "Attitude Development as a Function of Reference Groups: The Bennington Study", in Eleanor E. Maccoby, Theodore M. Newcomb and Eugene L. Hartley, eds., *Readings in Social Psychology*, 3rd ed., New York, NY: Holt, 1958, pp. 265–275.

[2] Talcott Parsons, "The School Class as a Social System: Some of Its Functions in American Society", *Harvard Educational Review*, Vol. 29, No. 4, 1959, pp. 297–318.

[3] Richard E. Dawson, Kenneth Prewitt and Karen S. Dawson, *Political Socialization: An Analytic Study*, 2nd ed., Boston, MA: Little, Brown and Company, 1977, p. 155.

[4] M. Kent Jennings and Richard G. Niemi, eds., *The Political Character of Adolescence*, Princeton, NJ: Princeton University Press, 1974; David O. Sears, "The Political Character of Adolescence: The Influence of Families and Schools" (Book Review), *The School Review*, Vol. 84, No. 4, 1976, pp. 638–641.

第四节　世代效应与生命周期效应

政治学家常常通过世代的透镜来审视人们的政治观点是如何形成和发展的。但是，世代效应并非总会出现。此外，生命周期效应也可能对政治社会化产生独立影响，或是与世代效应一起影响政治社会化。

一、世代效应

当人们提到政治世代（political generations）时，是指在其价值观形成时期受共同经历的历史事件的影响而社会化的一群（一代）人。在美国，20 世纪 60 年代的一代人（the sixties generation），代表着价值观不同于其他人群的一群（一代）人；在 30 年代度过了其易受影响的敏感期的"大萧条一代"（the Depression generation），也是常被提及的一个年龄群组；此外，还有二战后到 1964 年间出生的"婴儿潮一代"（the baby boom generation），以及出生于 1965—1980 年的"无名一代"（generation X）。有关中国的叙事中经常听到的"'文革'前大学生""老三届""恢复高考后第一批大学生"等概念，以及今天广为流行的所谓"70 后""80 后""90 后""00 后"等称谓，也是与此类似的一种代际划分。

世代分析的逻辑是，人们的年龄与经历的相互作用对其政治观点具有重要影响。不同年龄群组都会经历一些共同的历史事件，这些事件会对其社会化过程产生影响，这一现象被称为"世代效应"（generational effects）。有关世代效应的常见假设是，特定的历史事件会给年轻人（年龄在 17—26 岁，也就是他们离开家庭步入社会的一段时间）留下难以磨灭的印记。被研究者称为"真正的世代效应"（true generational effects）的现象，是指特殊时期出生的人，受其政治认同形成过程中所发生的特殊事件的影响，会在政治观点和政治情感方面表现出相似性。

心理发展理论表明,青少年时期所经历的事件对政治观点的影响最大。虽然学习的过程会持续一生,但年轻时的学习和经历可产生更大的作用。特别是,由于人们常常会选择性地将自己暴露于所认可的政治刺激之下,一些倾向在这样的过程中不断被强化。1969年,美国为补充越战兵员在征兵中采取了根据出生日期确定征召顺序号码的做法。有关这一做法对政治态度的影响的研究表明,相对于那些收到不太可能被征召的安全号码的人,那些收到更可能被征召入伍的低选派号码(low draft number)的人,表现出明显的反战态度,更具自由主义倾向,其党派认同也更容易发生改变。①

二、时段效应

世代效应并非总会出现。有关美国代际影响的研究就认为,20世纪50年代相对于其后的60年代(越南战争和学生运动)和此前的30年代(大萧条与新政),就没有给当时的年轻人留下什么整体的印记。欧洲国家(主要是西欧国家)在这些方面的变化,则在英格尔哈特有关价值观的系列研究中得到了非常系统的分析。②

稍近一些的研究也表明,出生于动荡的20世纪60年代的人比此前或此后出生的人表现出更明显的自由主义倾向。一些具体事件也成

---

① Robert S. Erikson and Laura Stoker, "Caught in the Draft: The Effects of Vietnam Draft Lottery Status on Political Attitudes", *American Political Science Review*, Vol. 105, No. 2, 2011, pp. 221–237.

② Ronald Inglehart, "The Silent Revolution in Europe: Intergenerational Change in Post-Industrial Societies", *American Political Science Review*, Vol. 65, No. 4, 1971, pp. 991–1017; Ronald Inglehart, *The Silent Revolution: Changing Values and Political Styles among Western Publics*, Princeton, NJ: Princeton University Press, 1977; Ronald Inglehart, *Culture Shift in Advanced Industrial Society*, Princeton, NJ: Princeton University Press, 1990.

为影响人们政治态度的重要因素。① 当然，一些重大的历史事件，如冷战结束和"9·11"事件，对不同年龄群体的人都产生了很大的冲击。这种普遍的冲击也称为"时段效应"（period effects）。时段效应的结果是，冷战结束使人们改变了对军费支出的支持态度，而恐怖袭击则使人们更为关注反恐问题和反恐政策。②

三、生命周期效应

就年轻一代而言，随着年龄的增长，人们的政治态度也会发生变化。生命周期概念假定，所有年龄群组都会经历相似的生命过程。生命周期效应（life-cycle effects）的典型假设是，新的政治世代以相同的政治态度开始政治生活，而不同世代之间的任何差异都源于年龄的增长，就如年轻时具有自由倾向的人年长时通常会变得较为保守。

较为年长的人一般认为自己比年轻一代更为保守，这种代际差异源于生命周期效应。随着年龄的增长，人们越来越意识到自己的利益，逐渐学会表达支持自我利益的观点，对社会变化也更为敏感。总体上，年长者安于现状，不易适应社会变化，不太可能参与社会变革；而年轻人对追求职业发展、寻求友谊和建立个人生活的兴趣远甚于投票或参与政治。在参与以及特定公共问题讨论方面的态度差异，实际上反映了生命周期的变化。有研究发现，在美国，随着年龄的增长，投票比例也在上升。45 岁以上的登记选民中超过 70% 的人会去投票，而 18—20 岁的登记选民参与投票的比例则不足 40%。③

---

① Ronald Inglehart, *Culture Shift in Advanced Industrial Society*, Princeton, NJ: Princeton University Press, 1990; Darren W. Davis and Brian D. Silver, "Civil Liberties vs. Security: Public Opinion in the Context of the Terrorist Attacks on America", *American Journal of Political Science*, Vol. 48, No. 1, 2004, pp. 28-46.

② 参见 Robert S. Erikson and Kent L. Tedin, *American Public Opinion: Its Origins, Content, and Impact*, 6th ed., New York, NY: Longman, 2003, pp. 131-132。

③ 参见 Barbara A. Bardes and Robert W. Oldendick, *Public Opinion: Measuring the American Mind*, 4th ed., Lanham, MD: Rowman & Littlefield, 2012, pp. 108-110。

在有关政治态度是否受家庭影响的研究中，研究者发现许多自认为是独立选民的人事实上只有少数表现出不同于其父母的政党认同。其中的原因似乎可从儿童期的政治社会化的持续性得到解释，而生命周期效应和世代效应也可提供解释。也就是说，政治观点的变化可归因于生命的特定阶段，也可归因于不同世代群体的某些共同经历。可见，使人们观点趋近的力量要比让人们产生分歧的力量更大。①

年龄-时段-同期组群（Age-Period-Cohort, APC）分析框架是分析不同世代政治观点的重要工具，其问题在于难以将年龄和时段（时期）的不同影响区分开来，因而在解释世代差异方面也存在困难。②实际上，两种不同的效应往往是结合在一起的。2011年皮尤研究中心（Pew Research Center）调查发现，在美国，不同世代对世界的看法存在很大差异。较为年长的选民较为保守，对政府不满，对未来也不抱什么希望；年轻选民则往往具有左翼倾向，希望政府能够在其生活中发挥更大作用，并相信国家的明天会更好。婴儿潮一代和"无名一代"介于他们之间，但似乎也随着年龄的增加而渐趋保守。③意识形态的这种代际差异，也反映了态度和意见来源的复杂性。

有关苏联时期不同世代政治态度的研究发现，经历了革命、内战、集体化、第二次世界大战和非斯大林化等不同过程的人群，以及其后出生、成长的人群，在生活经历与机会方面都存在极大差异，其个人心理也受到极为不同的影响。代际差异也是理解苏联社会与政治变化的重要标记。④苏联解体后，在苏联时期完成社会化的大多数俄

---

① 参见 M. Kent Jennings and Richard G. Niemi, "Continuity and Change in Political Orientations: A Longitudinal Study of Two Generations", *American Political Science Review*, Vol. 69, No. 4, 1975, pp. 1316-1335。

② Laura Stoker, "Reflections on the Study of Generations in Politics", *The Forum*, Vol. 12, No. 3, 2014, pp. 377-396.

③ "Generation Gap: How Age Shapes Political Outlook", http://www.npr.org/2011/11/03/141984787/generation-gap-how-age-shapes-political-outlook，2019年2月3日访问。

④ Donna Bahry, "Politics, Generations, and Change in the USSR", in James R. Millar, ed., *Politics, Work, and Daily Life in the USSR*, New York, NY: Cambridge University Press, 1987, Ch. 3, pp. 61-99.

罗斯人面临着重要的心理和文化适应问题。1992—2005 年新俄罗斯晴雨表（New Russia Barometer）调查数据表明，俄罗斯人政治态度方面的代际差异依然存在，而成年人的再学习对其心理则具有更大的影响。俄罗斯人在苏联时期的终身社会化（lifelong socialization）并未成为俄罗斯转型所不能克服的障碍；相反，作为个体的俄罗斯人即使同样要经历社会化过程，但也仍然具有从经验中学习以应对不断变化的政治世界的能力。[1]

在英国则似乎存在这样的问题，即无论是家庭还是学校都疏于政治教育，家庭和学校是否会对年轻一代的政治态度产生影响就更难以评价了。近年有关英国民众的相关调查也折射出不同世代的差异，更提出了值得关注的世代政治是否正在消失的问题。汉萨德学会（Hansard Society）的一项调查表明，在 25—34 岁这一年龄段，有 59% 的人觉得自己对政治一无所知或知之甚少，其中又有 61% 的人希望多了解一些这方面的信息。[2]

观念与态度在个体层面微弱的代际传递[3]以及不同国家、不同时期代际的明显差异都表明，早期政治社会化对于塑造政治态度和意见的作用可能常常会被高估，而在不同的亚群体（基于性别、社会阶层、民族/种族等）中，个体的生活经历、宗教信仰以及媒体的影响等在有关民意来源的研究中日益受到关注。这种变化也反映了民意研究的一个重要变化趋势。

---

[1] William Mishler and Richard Rose, "Generation, Age, and Time: The Dynamics of Political Learning during Russia's Transformation", *American Journal of Political Science*, Vol. 51, No. 4, 2007, pp. 822−834.

[2] " 'No One Ever Told Me About Politics' — The Generation Politics Is Missing", http://www.huffingtonpost.co.uk/annajoy-rickard/politics-young-people_b_6003118.html, 2019 年 2 月 3 日访问。

[3] David O. Sears, "The Political Character of Adolescence: The Influence of Families and Schools" (Book Review), *The School Review*, Vol. 84, No. 4, 1976, pp. 638−641。

第五节 大众传媒

大众传媒的历史与民意一直联系在一起。在民意得到广泛研究之前,大众传媒对民意的影响就为研究者所关注。传播学之所以成为民意研究的一个重要领域,很大程度上就是由于大众传媒一直被视为对塑造民意具有重要作用的一种力量,而有关民意的早期文献很多也集中于大众传媒对民意的影响。在大众传媒研究领域,民意似乎更多被称为舆论。

民意(舆论)的形成涉及至少两个阶段或两个方面的问题,其一是民众如何了解那些超出了他们自身体验范围的事务,其二是他们如何将获得的信息转化为个人意见并形成民意(舆论)。在初版于1922年的《公众舆论》(*Public Opinion*)中,沃尔特·李普曼写道:"我们每个人都是生活、工作在这个地球的一隅,在一个小圈子里活动,只有寥寥无几的知交。我们对具有广泛影响的公共事件充其量只能了解某个方面或某一片段。……我们的见解不可避免地涵盖着要比我们的直接观察更为广泛的空间、更为漫长的时间和更为庞杂的事物。因此,这些见解是由别人的报道和我们自己的想象拼合在一起的。"[①] 这里的"别人"一般是政治精英,包括政治家、高级政府官员、记者、一些活动家,以及各种专家,特别是政策专家。普通大众常常只是那些源于某类精英的观点的二手消费者。特定文化和由精英提供的刻板印象,对于塑造大众有关"够不着、看不到,也不关心"的事件的认识具有强大的影响力,对于人们理解可直接观察的事物也具有一定作用。

人们的态度反映了其需要,但同时又受到大众传媒的影响。早在20世纪20年代,美国的社会科学家就已经开始关注大众传媒对公众态度与行为的作用。大众传媒在很大程度上不仅能比较准确地反映人们所面临的问题是什么以及不同问题的轻重缓急等,还能极大地影响

---

① 〔美〕沃尔特·李普曼:《公众舆论》,阎克文、江红译,上海人民出版社2006年版,第61页。

人们的政治倾向。因此，大众传媒的作用也顺理成章地被纳入政治心理学的研究范畴，特别是大众传媒被看作民意来源的一个重要方面。

伴随大众传媒在人们日常生活与政治生活空间的日益扩张，大众传媒对民意的影响无论在政治心理学还是传播学研究中，都已成为一个重要的问题领域。

一、媒体对于塑造民众意见的影响

人们的政治信念是由所接收到的政治信息塑造的，而有关媒体报道内容和报道方式的争论也表明了媒体对于塑造民众意见的重要影响。随着媒体影响的日益增强，媒体及媒体工作者更是成为诸多社会问题（如社会暴力、堕落的道德标准）的替罪羊，而政党衰落、投票率下降、公众辩论的肤浅、看重媒体作用的候选人的主导以及公众犬儒主义倾向的增强等政治问题，则被特别归咎于电视以及日益普及的互联网。

美国不同类型媒体的发展及其影响舆论的情形，基本上可以看作媒体影响和塑造舆论的一般状况。报纸是最早和最为传统的大众传播媒体。早期报纸只是党派观点交锋的一个论坛，只有少数精英读者，因而并不是严格意义上的"大众"传媒。19世纪30年代，随着报纸以"便士报纸"（penny press，即廉价报纸）的形式走入普通民众的生活，也开启了有关大众传媒角色的辩论。就美国而言，从19世纪末到20世纪末，报纸数量经历了一个持续减少的过程，报纸报道特别是有关全国和世界新闻的报道的倾向性在20世纪逐渐降低。其中，一些报纸因其较为客观的报道而成为"有声望的"报纸（"prestige" newspaper）。与报纸相关的另一种印刷媒体是杂志。不同的杂志因其影响力的大小被认为处于杂志媒体金字塔的不同层级。其中，处于上层的杂志意在影响有思想的意见领袖，中间层次的杂志对于人们的观点有塑造作用，而处于下层的杂志则仅为读者提供微弱的政治线索。

随着20世纪20年代商业电台及其网络的出现，以及二十多年后电视时代的到来，广播和电视先后产生了重要的政治影响。60年代，通信卫星更是使电视新闻发生了革命性变化，不仅覆盖范围更为广泛，还出现了24小时的电视新闻报道，使得新闻消费者对电视更为依赖。[1]

对许多人而言，"民意现象和大众传媒基本上是混合在一起的"，很难把它们分离或区分开。[2]同时，塑造媒体内容的过程极为复杂，并涉及来自不同行动者的影响，从而使得确定公众或媒体受众的确切作用非常困难。有关议程设置、认知启动和框架设定（priming and framing）的研究则表明，媒体的确可以对公众产生相当的影响，但这些过程却受到媒体、信息和公众等方面特征及环境因素的影响。[3]因此，某种程度上可以说，虽然可以假定媒体在报道政治和时事时已经将公众考虑在内，以及公众至少在某种程度上受到了媒体相关报道的影响，但仍然很难说媒体到底是反映了公众意见，还是塑造了公众意见。

在一个日益开放和多元的世界，大众传播媒介与民意之间的关系已经变得越来越紧密；特别是，媒体所提供的新闻内容的一般特征就可能影响民意的形成、走向及分布。

在美国，媒体被概括为具有"3C"特征，即公司的（corporate）、集中的（concentrated）和联合企业集团的（conglomerate）。[4]其中，

---

[1] 参见 Robert S. Erikson and Kent L. Tedin, *American Public Opinion: Its Origins, Content, and Impact*, 6th ed., New York, NY: Longman, 2003, pp. 209-211。

[2] Susan Herbst, *Reading Public Opinion: How Political Actors View the Democratic Process*, Chicago, IL: University of Chicago Press, 1998, p. 5.

[3] 参见 Pamela J. Shoemaker and Stephen D. Reese, *Mediating the Message: Theories of Influences on Mass Media Content*, 2nd ed., New York, NY: Longman, 1996; R. L. Nabi and M. B. Oliver, eds., *The Sage Handbook of Media Process and Effects*, Thousand Oaks, CA: Sage, 2009。

[4] Michael Schudson and Susan E. Tifft, "American Journalism in Historical Perspective", in Geneva Overholser and Kathleen Hall Jamieson, eds., *The Press*, New York, NY: Oxford University Press, 2005.

"公司的"被看作美国大众传媒的第一特征,这是因为美国大多数传媒由大公司所有,其目标就是为其所有者和股东赢利,市场导向明显。美国广播公司(ABC)、哥伦比亚广播公司(CBS)和全国广播公司(NBC)的晚间电视新闻曾经是没有盈利预期的新闻节目,但在 20 世纪 80 年代中期以后发生了变化。随着新技术的发展,媒体竞争日趋激烈,这种竞争不仅存在于传统媒体之间,也使传统媒体必须面对来自新媒体的强大竞争。皮尤研究中心有关公民新闻习惯的调查发现,20 世纪 90 年代初以来,民众对传统媒体的依赖程度在逐渐降低,开始转向通过有线电视、互联网和移动通信设备获取新闻。2010 年,民众用于跟进新闻的时间比十年前更多,但不及 20 世纪 90 年代早期。① 在激烈的媒体竞争环境中,传统媒体为吸引受众而"软化"其报道,从有关重要领袖和政策的"硬新闻"(hard news)转向不涉及公共政策的"软新闻"(soft news),但结果却是将新闻受众驱离了传统媒体。②

美国媒体的第二个特征是集中,具体表现为为数不多的大公司拥有多数媒体。这种状况对于新闻内容具有负面影响,不太可能使新闻内容多元化。联合企业集团是美国媒体的第三个特征,指许多传媒集团不仅是整合了不同类型媒体的企业,有的还拥有非传媒公司。这种状况使媒体在监督和批评政治与经济权力方面的作用被削弱了。在美国人看来,也有一些媒体如美国全国公共广播电台(National Public Radio, NPR)仍坚持提供高质量和非商业的新闻。互联网虽然扩大了普通民众的新闻获取渠道,但人们浏览互联网可能更多的是为了获取

---

① 参见 Rosalee A. Clawson and Zoe M. Oxley, *Public Opinion: Democratic Ideals, Democratic Practice*, 2nd ed., Thousand Oaks, CA: Sage/CQ Press, 2013, pp. 74-75。

② Thomas E. Patterson, *Doing Well and Doing Good: How Soft News and Critical Journalism Are Shrinking the News Audience and Weakening Democracy – And What News Outlets Can Do about It*, Cambridge, MA: Joan Shorenstein Center on the Press, Politics and Public Policy, John F. Kennedy School of Government, Harvard University, 2000.

娱乐新闻而非政治新闻。①

客观、中立和准确是新闻报道的重要准则，但在激烈的媒体竞争中，传统媒体对新闻准则的坚守在不断退缩，有的媒体只是部分遵守这些新闻准则，有的则根本不把这些准则当回事。因此，倾向性新闻报道（advocacy journalism）和小报新闻（tabloid journalism）开始泛滥，媒体对民意的影响就更为复杂了。

二、媒体如何影响民意：若干解释模型

民众意见是否会受到媒体的影响，以及媒体以怎样的方式作用于公众意见，一直是传播学和民意研究领域的核心问题，因此也出现了多个有影响的解释模型。

（一）皮下注射模型

民意是否受大众传媒影响？有研究者用"**皮下注射模型**"（hypodermic model）来比拟大众传媒对于公众意见的作用。② 作为这一模型的理论基础，关于媒体影响的"魔弹理论"（magic bullet theory）或"皮下注射理论"（hypodermic needle theory）主要流行于20世纪30年代到50年代。这是一种非常简单化的分析范式，很大程度上与早期信息工程理论家提出的信息直接效应的机械传输模型相关③，即媒体信息被视为一颗子弹或一枚针头，一旦击中目标，其效应会非常直接而明显。

---

① 参见 James Hamilton, *All the News Fit to Sell: How the Market Transforms Information into News*, Princeton, NJ: Princeton University Press, 2004, Ch. 7。

② Denis McQuail, *Mass Communication Theory: An Introduction*, Beverly Hills, CA: Sage, 1984, Ch. 7.

③ W. Russell Neuman and Lauren Guggenheim, "The Evolution of Media Effects Theory: A Six-Stage Model of Cumulative Research", *Communication Theory*, Vol. 21, No. 2, 2011, pp. 169−196.

这一理论和解释模型的现实背景则是，科学技术的发展使得大众传媒对于普通民众而言日益方便可及，而两次世界大战期间欧洲独裁者和美国强势总统的出现，使一些观察家对"媒体可能控制民众"忧心忡忡，并由此产生了有关传媒影响的两个假设：其一是媒体极为强大；其二则是民众不够成熟，不能抵御媒体的影响。然而，现实世界远比这一理论模型复杂得多。验证这些假设的研究努力虽然持续不辍，但始终没有成功。因此，到五六十年代，"最小效应模型"出现了。

（二）最小效应模型

不同于"皮下注射模型"将民众看作任由大众传媒书写的一块白板，关于传媒影响的**"最小效应模型"**（minimal effect model）对大众有着不同的理解。这一模型认为，大众在接触传媒信息之前就已形成某种态度和倾向，并依赖这些态度和倾向来筛选、评估和过滤媒体内容，而非被动地接受媒体信息。在这种意义上，传媒对于大众政治态度和意见只具有最小效应。

1940年9月至11月，正值美国总统竞选期间，拉扎斯菲尔德、伯纳德·贝雷尔森（Bernard Berelson）和黑兹尔·高德特（Hazel Gaudet）在俄亥俄州伊利县（Erie County）所做的研究发现，50%的选民在5月就已经知道他们在11月选举时会为谁投票。显然，竞选中的传媒信息没有改变他们在竞选开始前就已做出的选择，有的甚至强化了他们的决定。研究者称之为"强化效应"（reinforcement effect）。对于那些最初没有决定支持哪一个候选人的选民而言，竞选信息激发了他们的兴趣，并促使他们关注相关信息，因而具有"激活效应"（activation effect）。值得注意的是，他们并不关注竞选信息的所有方面，而是选择性地关注与自己的态度倾向一致的传媒及信息。这种对媒体的选择性关注提醒选民他们为什么会持有特定态度，进而激活选民既有的态度，选民的态度倾向也由此得到强化。有些选民经历竞选阶段后的确改变了所要支持的候选人，拉扎斯菲尔德及其合作者将这种影响称作"转化效应"（conversion effect）。一般而言，媒体只对那些没有明确态度的人有效应，而没有强烈倾向的人一般也不会暴露于媒体影响下。①

拉扎斯菲尔德及其合作者还描述了影响意见形成的"两级流动传播"（two-step flow of communication）过程。首先是具有高度政治兴趣的民众通过报纸和广播收集竞选信息，这些人也被称作"意见领袖"（opinion leaders）；其后则是意见领袖通过与朋友、家人的交谈而使相关信息得以传播。"最小效应模型"没有完全否定传媒的影响（意见领袖的确受到了传媒的影响），但是对于大多数普通人而言，人际接触具有更大的作用。

（三）微妙效应模型

由于验证媒体说服影响的研究在很长时间里都未能取得成功，人们对这一问题的关注和兴趣日渐式微，直到马克斯韦尔·麦库姆斯（Maxwell E. McCombs）和唐纳德·肖（Donald L. Shaw）将人们的注意力重新带回了这一领域。在有关1968年美国总统选举的研究中，他们提出媒体具有"议程设置"功能，也使相关研究进入了**"微妙效应模型"**（subtle effects model）时代。② 其中，议程设置、启动和框架设定是大众传媒影响民意的微妙效应模型的重要组成部分。

1. 议程设置效应（agenda setting effects）

李普曼在《公众舆论》中提出的重要观点，即"新闻媒介影响'我们头脑中的图像'"，被看作雏形时期的议程设置理论的一个经典表述。在李普曼看来，大众传媒是世界主要事件与公众头脑中的图像之间的重要联系。1963年，伯纳德·科恩（Bernard Cohen）也注意到，新闻报道"也许大多数时候在告诉人们怎样思考方面并不成功，但在告

---

① 参见 Paul F. Lazarsfeld, Bernard R. Berelson and Hazel Gaudet, *The People's Choice: How the Voter Makes Up His Mind in a Presidential Campaign*, 3rd ed., New York, NY: Columbia University Press, 1968。

② Maxwell E. McCombs and Donald L. Shaw, "The Agenda-Setting Function of Mass Media", *Public Opinion Quarterly*, Vol. 36, No. 2, 1972, pp. 176-187。

诉人们思考什么方面却极为成功。不同人眼中的世界是不同的"①。

在对其后学者产生了持续影响的这项经典研究中，麦库姆斯和肖在北卡罗来纳州教堂山（Chapel Hill）随机选择了 100 名选民，比较了选民所认为的 1968 年美国总统选举中的重要问题及他们的主要信息来源与全国新闻媒体实际的相关竞选新闻报道，发现其间存在高度相关性（$r > 0.9$），从而确定大众传媒对于公众意见具有相当程度的影响。在麦库姆斯和肖看来，媒体虽然不能改变人们对于重要问题的看法，但"大众传媒为每一次政治竞选活动设置议程，影响着有关政治问题的态度的显著性"②。今天，议程设置已被认为是大众传媒塑造舆论进而影响社会的重要方式，并发展成为一个有影响力的理论。新闻媒体具有影响公众日程上不同问题的显著性的能力，是有关大众传媒"议程设置"功能的一个概括性表述。

其后，又有很多研究者对媒体的"议程设置效应"进行了持续的研究，特别是试图回答或厘清麦库姆斯和肖并未给出明确答案的问题：究竟是媒体报道影响了选民对于什么问题重要的判断，还是因为选民认为特定问题非常重要，媒体才会对这些问题予以报道？为解开这个谜团，仙托·艾英戈（Shanto Iyengar）等人招募康涅狄格州纽黑文市（New Haven, Connecticut）的市民进行了一项议程设置研究。他们招募的参与者基本反映了纽黑文市市民的特征，他们也通过创造一个舒适的新闻收视环境以确保其实验具有较高的外部可靠性。研究表明，电视新闻对于观众认为哪些问题重要具有深刻的影响，而晚间新闻中被赋予重要性的问题也的确影响着观众对总统表现的评价。"媒体提供了有关人们不能直接感受到的公共世界的令人叹服的

---

① Bernard C. Cohen, *The Press and Foreign Policy*, Princeton, NJ: Princeton University Press, 1963, p. 13.

② Maxwell E. McCombs and Donald L. Shaw, "The Agenda-Setting Function of Mass Media", *Public Opinion Quarterly*, Vol. 36, No. 2, 1972, pp. 176–187.

描述。"①

2. 启动效应（priming effects）

此前，戴维·韦弗（David H. Weaver）、麦库姆斯及查尔斯·斯佩尔曼（Charles Spellman）等人对于水门事件与媒体间关系的考察，是有关议程设置对民意结果是否具有重要影响的较早研究。② 研究认为，媒体提示人们可将什么问题用于对政治行动者的评价，只是这一研究没有使用"启动"（priming）的术语来描述这一过程。他们的这一推论在十多年后得到了艾英戈和唐纳德·金德（Donald R. Kinder）一项受控的田野实验的支持。③ 在这项研究中，艾英戈和金德将电视的议程设置效应与对美国总统的评价联系起来，以证明一些认知心理学家所说的"启动"，也就是使某些问题或特征在形成意见过程中更显著或更可及。研究假定，媒体具有"启动效应"，即媒体所强调的问题会成为民众用于评价政治领袖的问题。在启动效应之外，媒体还会强调一些特质如经验或能力，这也会成为民众评价政治人物的依据。美国的一些电视模仿秀就可能提升或损害人们心目中特定政治人物的形象，进而影响竞选结果。如2008年美国大选期间，《周六夜现场》（*Saturday Night Live*）节目中对被共和党提名为副总统候选人的时任阿拉斯加州州长莎拉·佩林（Sarah Palin）的拙劣模仿，使人们做出了她不过是一个没有什么知识和信息的政治菜鸟的评价。④

---

① Shanto Iyengar, Mark D. Peters and Donald R. Kinder, "Experimental Demonstrations of the 'Not-So-Minimal' Consequences of Television News Programs", *American Political Science Review*, Vol. 76, No. 4, 1982, pp. 848–858.

② David H. Weaver, Maxwell E. McCombs and Charles Spellman, "Watergate and the Media: A Case Study of Agenda-Setting", *American Politics Research*, Vol. 3, No. 4, 1975, pp. 458–472.

③ Shanto Iyengar and Donald R. Kinder, *News that Matters: Television and American Opinion*, Chicago, IL: University of Chicago Press, 1987.

④ Jody C. Baumgartner, Jonathan S. Morris and Natasha L. Walth, "The Fey Effect: Young Adults, Political Humor, and Perceptions of Sarah Palin in the 2008 Presidential Election Campaign", *Public Opinion Quarterly*, Vol. 76, No. 1, 2012, pp. 95–104.

3. 框架效应（framing effects）

在议程设置和启动效应之外，媒体还具有"框架效应"。框架效应被界定为"由新闻机构之类的传播源界定、构建政治议题和公共争论的过程"[①]，框架则由个体、群体和社会用以组织、感知和沟通与现实相关的问题的一套概念和理论视角所构成。构建框架的过程实际上就是媒体识别问题的哪些方面或哪些特征比较重要的过程，结果则会影响到事件（故事）的哪些方面更可能被人们记住和想起。人们对复杂新闻事件的理解与一个好故事的结构一致。在1999年科索沃危机多年以后，有学者以这一重要政治事件为基础所做的研究证明，将这一新闻构建为一个故事，影响着人们记住了什么、如何组织其记忆，以及对于政府应采取什么行动的意见。[②]

艾英戈对贫困问题的分析也是这一领域的一项经典研究。他从1981年至1986年间美国哥伦比亚广播公司、美国全国广播公司和美国广播公司的新闻中收集了191个与贫困相关的故事，这些故事要么聚焦于个体的贫困，要么将贫困看作一个社会问题。艾英戈研究了不同的媒体框架对人们有关贫困的认识的影响。受关注个体贫困的情节框架的影响，人们倾向于将贫困问题归因于个人，认为个人应该为解决贫困问题负责，而甚少指向社会因素；受关注社会因素的专题新闻的影响，人们则倾向于将贫困问题归因于社会因素，进而认为贫困问题的解决也有赖于社会。此外，新闻报道中的贫困者是白人还是黑人，也可能改变人们对于贫困问题的意见。如果贫困者是黑人，人们更倾向于将这一问题归咎于个人。[③]

托马斯·纳尔逊（Thomas Nelson）等人的研究则进一步揭示了

[①] Thomas E. Nelson, Rosalee A. Clawson and Zoe M. Oxley, "Media Framing of a Civil Liberties Conflict and Its Effect on Tolerance", *American Political Science Review*, Vol. 91, No. 3, 1997, pp. 567-583.

[②] Adam J. Berinsky and Donald R. Kinder, "Making Sense of Issues Through Media Frames: Understanding the Kosovo Crisis", *The Journal of Politics*, Vol. 68, No. 3, 2006, pp. 640-656.

[③] Shanto Iyengar, "Framing Responsibility for Political Issues: The Case of Poverty", *Political Behavior*, Vol. 12, No. 1, 1990, pp. 19-40.

产生框架效应的心理机制。[1] 他们分析了当地电视新闻有关三K党（Ku Klux Klan）在俄亥俄州奇立科西镇（Chillicothe, Ohio）的一次集会的报道，特别是具体分析了不同新闻报道框架对人们是否能够容忍三K党的影响。在这些新闻报道中，言论自由（free speech）和公共秩序（public order）是这些媒体构建的两个框架，而参与这一实验的那些选修政治学导论课程的大学生则被研究者依据不同框架的新闻随机划分为两个小组。实验结果表明，接触到言论自由框架新闻的学生更可能支持三K党的集会权利。

可及性模型（accessibility model）虽然可解释启动和框架效应何以发生，但这一视角强调公民是复杂的政治世界中有限信息的处理者，人们不可能处理其环境中的所有信息，而只是通过最便捷的思考做出判断。托马斯·纳尔逊等人的研究则认为，并非所有可及的概念都会对政治评价产生同样的影响，因而提出了一个更为深思熟虑的信息处理模型。在这一模型中，人们会判断哪些可及的概念比其他概念更为重要，而正是这些概念影响到人们的观点。在有关三K党集会的这项研究中，研究者发现在公共秩序框架条件下，公共秩序价值被认为更为重要，而言论自由价值在言论自由框架条件下则较为重要。总之，框架影响人们对于就当前问题而言哪项价值最为重要的判断，而这项价值将会带来有关这一问题的公众意见的变化。

对媒体影响特别是框架效应的研究大多采用实验法，参与实验者又主要是大学生，因而研究（包括结论）在普遍意义上可能存在某种局限。保罗·凯尔斯泰特（Paul Kellstedt）有关媒体框架与民众种族态度的研究则表明，框架效应可超越实验室，因而支持了框架效应的普遍性。[2] 凯尔斯泰特认为，许多人都持有影响其种族问题相关思考

---

[1] Thomas E. Nelson, Rosalee A. Clawson and Zoe M. Oxley, "Media Framing of a Civil Liberties Conflict and Its Effect on Tolerance", *American Political Science Review*, Vol. 91, No. 3, 1997, pp. 567−583.

[2] Paul M. Kellstedt, *The Mass Media and the Dynamics of American Racial Attitudes*, New York, NY: Cambridge University Press, 2003.

的相互冲突的核心价值观,可能一方面崇尚平等主义,另一方面又珍视个人主义。这两种不同价值观在种族政策倾向方面会有不同表现:平等主义者更可能支持意在确保黑人享有与白人同样的成功机会的政府行动,而个人主义者则会持反对意见。凯尔斯泰特假设,同时拥有这两种价值观的民众最终的政策倾向如何,取决于他们从媒体获得的线索提示。

凯尔斯泰特依据平等主义和个人主义框架,对1950年到1994年的《新闻周刊》(Newsweek)中有关种族问题的报道进行了内容分析。他发现,在20世纪60年代,平等主义是流行框架,但到70年代中期则发生了变化,其后个人主义框架日益流行,直至90年代初到达顶点。凯尔斯泰特所收集的同一时期不同舆论调查机构的数据表明,在这一大约四十年的时段中,有关种族问题的舆论变动很大;特别是,相对于50年代初,90年代中期人们在种族问题上表现得更具自由主义倾向。最后,凯尔斯泰特又对媒体框架的历史数据资料与舆论数据做了比较,而媒体价值观框架的变化解释了种族政策倾向的这种历时变化:当媒体的平等主义框架较为显著时,民众的种族态度就表现出自由主义倾向;相反则较为保守。凯尔斯泰特在"真实世界"(real-world)所进行的研究佐证了其他研究者在实验室里所获得的研究结论:媒体框架影响舆论。

在微妙效应模型中,媒体对舆论的塑造主要是通过影响公众想(思考)什么、哪些因素作用于公众对领导者的评价以及评估政治问题时哪些考虑最为重要等过程实现的。

当然,微妙效应模型也存在局限,特别是在现实政治中。事实上,公众并不仅仅是被动地接受框架的影响,他们还会识别精英的观点是否可信,之后才会对框架做出反应。[1] 现实政治辩论中更常见的情形是,很少存在没有竞争关系的框架。可以说,相互竞争甚至冲突

---

[1] James N. Druckman, "On the Limits of Framing Effects: Who Can Frame?", *The Journal of Politics*, Vol. 63, No. 4, 2008, pp. 1041−1066.

的框架已经成为政治话语的一部分。当人们同时面对有关竞选或政策争论的相互竞争的不同框架时，不同的信息可能会彼此抵消；而如果在不同时间先后接触这些信息，公众在做出判断时会更重视后接收到的信息。因此，特定框架的倡导者不仅要较早地推销自己的信息以影响公众最初的态度，还常常需要与其他信息竞争，最后甚至要确保自己的信息是公众获得的最后的信息。①

不仅如此，媒体是否确如实验结果证明的那样对舆论产生了影响，在一定程度上还依赖于媒体、信息、受众特征以及环境因素。②

第六节　媒体民意调查与社交媒体

在民意相关研究中，民意调查和社交媒体被看作既是民意测量和获取民意测量数据的重要方法，也对民意的形成和变化具有重要影响。民意调查以问卷问题设计为基础，是一种结构化的意见表达，而社交媒体则为非结构化的和自然的意见表达提供了重要空间。

一、媒体民意调查

媒体影响舆论的观点已经被广泛接受，但很难说这只是一种单向输入。新闻价值对新闻选择过程的影响以及商业媒体新闻生产的逻辑，都可以解释媒体对民意调查的兴趣和使用。因此，民意调查既是政治的主题，也是媒体政治报道的主题。③

---

① Dennis Chong and James N. Druckman, "Dynamic Public Opinion: Communication Effects over Time", *American Political Science Review*, Vol. 104, No. 4, 2010, pp. 663–680.

② Robin L. Nabi and Mary Beth Oliver, eds., *The Sage Handbook of Media Process and Effects*, Thousand Oaks, CA: Sage, 2009.

③ Kathleen A. Frankovic, "Public Opinion and Polling", in Doris Graber, Denis McQuail and Pippa Norris, eds., *The Politics of News: The News of Politics*, Washington, DC: CQ Press, 1998.

一般而言，如果民意调查执行良好且聚焦于人们了解和思考较多的问题，媒体的民意调查报道就可能只是反映民意而不是塑造民意；如果民意调查的执行存在问题，或大多数人对相关问题了解不多，或未经思考，或意见不稳定，那么媒体对民意调查的报道就是塑造民意而非反映民意了。[1] 由于民意调查的复杂影响，媒体对民意调查结果的公布本身就可以被视为对政治过程的介入。实际上，媒体有关民意调查的报道及其可能结果，已涉及人们形成观点的特定心理过程和心理效应。

　　民意调查是收集和测量公众意见的一项技术，并已渗入现代政治制度，几乎成为"民意"的同义语。[2] 但是，批评者也指出，民意调查是对民意的一种制度化建构（an institutionalized construction of public opinions），以社会控制和监督为目的，并常常被误认为是集体思考的代表，而实际上民意调查最多不过是民意的部分代表。[3]

　　随着民意调查与媒体关系的日益紧密，不仅媒体影响民意，民意也可能在某种程度上作用于媒体的议程设置和框架功能，特别是影响媒体对政治事件和时事的报道。民意调查是美国大选新闻报道的一大特色，并往往被用来为竞选造势，而记者对民意调查的依赖则对美国

---

[1] 参见 Jesper Strömbäck, "The Media and Their Use of Opinion Polls: Reflecting and Shaping Public Opinion", in Christina Holtz-Bacha and Jesper Strömbäck, eds., *Opinion Polls and the Media: Reflecting and Shaping Public Opinion*, New York, NY: Palgrave Macmillan, 2012, pp. 1–22。

[2] George F. Bishop, *The Illusion of Public Opinion: Fact and Artifact in American Public Opinion Polls*, Lanham, MD: Rowman & Littlefield, 2005; Susan Herbst, "Classical Democracy, Polls, and Public Opinion: Theoretical Frameworks for Studying the Development of Public Sentiment", *Communication Theory*, Vol. 1. No. 3, 1991, pp. 225–238.

[3] George F. Bishop, *The Illusion of Public Opinion: Fact and Artifact in American Public Opinion Polls*, Lanham, MD: Rowman & Littlefield, 2005; Herbert Blumer, "Public Opinion and Public Opinion Polling", *American Sociological Review*, Vol. 13, No. 5, 1948, pp. 542–549; David W. Moore, *Opinion Makers: An Insider Exposes the Truth Behind the Polls*, Boston, MA: Beacon Press, 2009.

大选报道的质量产生了负面影响。①

相对于媒体塑造民意的相关研究，对民意和民意调查影响媒体的研究，包括哪些因素左右媒体对民意调查的使用，以及公布的民意调查的效应等，还很不充分。

二、社交媒体

社交媒体已经日益成为公民辩论公共议题的重要场域，民意研究也因此获得了新的活力，并将研究焦点置于民意在这些新的领域是如何得以表达和被塑造的。②

（一）一个新的政治空间

媒体对民意具有复杂的和可能还远未被充分认识的影响，迅速变化的媒体形式使政治传播发生了急剧的变化，这些媒体被统称为（与传统媒体相对的）新媒体。在联合国教科文组织的定义中，新媒体是"以数字技术为基础、以网络为载体而进行信息传播的媒介"。其中，传播介质由传统媒介变成了基于互联网的新媒介，而传播者则由权威媒介组织变成了所有人。在新媒体环境下出现的社交媒体，则被认为使政治传播和政治参与发生了革命性变化，其对民意形成的影响也日渐为人们所关注。

2014年初，皮尤研究中心开展了一项有关美国大众社会政治极化现象的研究，对超过10 000名成年人进行了调查。调查表明，有77%的网络受访者使用脸书（Facebook），而在过去一周经由这一媒介获取新闻的受访者比例高达48%，超过通过CNN（44%）、Fox

---

① Thomas E. Patterson, "Of Polls, Mountains: U.S. Journalists and Their Use of Election Surveys", *Public Opinion Quarterly*, Vol. 69, No. 5, 2005, pp. 716—724.

② Nick Anstead and Ben O'Loughlin, "Social Media Analysis and Public Opinion: The 2010 UK General Election", *Journal of Computer-Mediated Communication*, Vol. 20, No. 2, 2015, pp. 204—220.

News(39%)和 NBC News(37%)等传统媒体获得,而仅次于地方电视频道(49%)。在美国高度极化的政治世界,保守派成为典型的脸书用户的概率是自由派的两倍(47%对23%)。① 2011年的"阿拉伯之春",是社交媒体在发展中世界的使用状况及影响的常见案例,将北非诸国政权的更迭视为社交媒体扩张(或革命)的一个直接结果的观点也较为流行。

新媒体特别是新媒体环境下的社交媒体在日常生活中的广泛使用,使得新媒体成为重要的政治空间。"政治舞台一直是社交媒体革命的重要贡献者。"② 尽管新媒体特别是社交媒体的传播者主要为个体,但这种个体传播是在由网络空间模拟和构建的群体环境中进行的,与群体心理有关的诸多现象(如传染)在社交媒体传播中同样存在,甚至因网络传播的快捷而更加突出。"感情的强化和理智的欠缺"不仅是人们有关群体及群体现象的刻板印象,在很大程度上也可描摹网络环境中的群体表达和群体参与。在这样的群体环境中,缺乏责任感和责任约束,感情和行动具有传染性,以及易于接受暗示等,都是非常典型的群体心理特征。网络暴民现象就是这些群体特征的一个直接表现。

从民意来源的角度看,社交媒体对民意的影响也已成为民意研究的重要领域。在塑造民意方面,社交媒体作为新的传媒形式,一方面表现出与传统媒体共有的一些特征,另一方面又有诸多不同于传统媒体的新特点,因而在作用机制方面与传统媒体可能存在差异。其中,社交媒体所表现出的快速、开放、互动、分享和信息创造与加载等特征,使其影响民意的机制更为复杂,而群体环境则始终是不容忽视的重要背景。总体上,群体环境、与群体环境相关的对他人意见的感

---

① Amy Mitchell, Jeffrey Gottfried, Jocelyn Kiley, et al., "Political Polarization & Media Habits", Pew Research Center's Journalism Project, October 21, 2014.

② Victoria L. Crittenden, Lucas M. Hopkins and J. M. Simmons, "Satirists as Opinion Leaders: Is Social Media Redefining Roles?", *Journal of Public Affairs*, Vol. 11, No. 3, 2011, pp. 174−180.

知、信息的选择性关注以及信息发布和加载的框架选择等，都可看作考察新媒体特别是社交媒体对于民意的影响的重要视角。

在社交媒体的诸多特征中，互动和分享是得到较多讨论的特征，也是塑造群体环境的重要特征。社交媒体使人们可以就特定问题留言评论并分享不同意见，从而创造出有关某一具体问题或机构的积极或消极的公众意见氛围。在这样的意见氛围中，人们可以分享不同的观点，由于评论涉及围绕特定问题的互动交流，他人的线上评论可以使个体监测到他人在某一具体问题上的意见，进而似乎可以得出结论认为，他人的线上评论有可能创造导向有关特定问题的一致或不一致的社会共识感。[①]

（二）"虚假共识"现象

依托互联网的新媒体尤其是社交媒体，似乎为人们的表达和参与提供了平等交流信息的机会，但随着时间的推移，网络论坛上的意见多样性逐渐变成了某些意见占主导地位。这种意见的同质化实际上也反映出浏览者缺乏表达意见的意愿。在一些主要由意识形态相同或接近的人组成的网络群体中，这一现象尤其突出。这种群体中的个体参与者因具有类似的态度和意见，可提高在具体问题上的自我效能感，促进集体行动，甚至起而反对外群体成员。这种现象的一个结果是，某种虚假共识感（a sense of "false consensus"）可能产生，使某一群体中的个体高估公众与他们所持观点的一致程度或对其观点的支持水

---

① Chrysanthos Dellarocas, "The Digitization of Word of Mouth: Promise and Challenges of Online Feedback Mechanisms", *Management Science*, Vol. 49, No. 10, 2003, pp. 1407−1424; Joseph B. Walther, David DeAndrea, Jinsuk Kim, et al., "The Influence of Online Comments on Perceptions of Antimarijuana Public Service Announcements on YouTube", *Human Communication Research*, Vol. 36, No. 4, 2010, pp. 469−492; Rui Shi, Paul Messaris and Joseph N. Cappella, "Effects of Online Comments on Smokers' Perception of Antismoking Public Service Announcements", *Journal of Computer-Mediated Communication*, Vol. 19, No. 4, 2014, pp. 975−990.

平。① "虚假共识"（false consensus）现象在主要以兴趣和意识形态作为集群基础的社交媒体空间里非常突出。

在新媒体包括社交媒体所营造的群体空间中，"虚假共识"现象的存在不仅与人们所想象的网络空间平等交流的预期不符，还在很大程度上对人们意见表达的意愿具有抑制作用。相关研究发现，人们对民意的推测会影响其意见、意见表达以及政治参与，因而人们如何测量民意就非常重要。② 由于新媒体特别是社交媒体所具有的特性，公众更容易了解他人的态度和观点，因而也可以更为方便地感知意见气候，而不再像过去那样主要依靠新闻报道来推测他人在相关问题上的态度和意见，或通过民意调查结果来了解他人的态度倾向。

在社交媒体交流空间，个体所感知到的他人的意见常常被当作共识性的公众意见，而被个体视为"公众意见"的态度与自我意见的距

---

① Katelyn Y. A. McKenna and John A. Bargh, "Coming Out in the Age of the Internet: Identity 'Demarginalization' Through Virtual Group Participation", *Journal of Personality and Social Psychology*, Vol. 75, No. 3, 1998, pp. 681−694; Suzanne Brunsting and Tom Postmes, "Social Movement Participation in the Digital Age", *Small Group Research*, Vol. 33, No. 5, 2002, pp. 525−554; R. Kelly Garrett, "Protest in an Information Society: A Review of Literature on Social Movements and New ICTs", *Information, Communication & Society*, Vol. 9, No. 2, 2006, pp. 202−224; Magdalena Wojcieszak, " 'Don't Talk To Me' : Effects of Ideologically Homogeneous Online Groups and Politically Dissimilar Offline Ties on Extremism", *New Media & Society*, Vol. 12, No. 4, 2010, pp. 637−655; Magdalena Wojcieszak, "False Consensus Goes Online: Impact of Ideologically Homogeneous Groups on False Consensus", *Public Opinion Quarterly*, Vol. 72, No. 4, 2008, pp. 781−791; Magdalena Wojcieszak and Vincent Price, "What Underlies the False Consensus Effect? How Personal Opinion and Disagreement Affect Perception of Public Opinion", *International Journal of Public Opinion Research*, Vol. 21, No. 1, 2009, pp. 25−46.

② Yariv Tsfati, Natalie Jomini Stroud and Adi Chotiner, "Exposure to Ideological News and Perceived Opinion Climate: Testing the Media Effects Component of Spiral-of-Silence in a Fragmented Media Landscape", *The International Journal of Press/Politics*, Vol. 19, No. 1, 2014, pp. 3−23; Carroll J. Glynn and Michael E. Huge, "Speaking in Spirals: An Updated Meta-Analysis of the Spiral of Silence", in Wolfgang Donsbach, Charles T. Salmon and Yariv Tsfati, eds., *The Spiral of Silence: New Perspectives on Communication and Public Opinion*, New York, NY: Routledge, 2014, pp. 65−72; Shira Dvir-Gvirsman, R. Kelly Garrett and Yariv Tsfati, "Why Do Partisan Audience Participate? Perceived Public Opinion as the Mediating Mechanism", *Communication Research*, Vol. 45, No. 1, 2018, pp. 112−136.

离，就成为影响个体决定是否和如何表达自己的意见及参与论坛公共讨论的重要因素。有研究发现，个体发帖的意愿同其观点与论坛所表达的其他观点的一致性水平相关。① 个体对自我态度与他人意见是否吻合所做的评估，在很大程度上可被视为一种"自我审查"，个体以此避免自己的意见受到负面关注（negative attention），或因自己的意见与"共识"不同而被孤立。有关社交媒体的大量研究发现，线下环境中普遍存在的"沉默的螺旋"效应也可在网络沟通环境中得到验证。② 当然，也有研究对此持保留态度。③

不仅如此，网络虚拟的公共空间并未如人们所想象的那样成为人们更有意愿自由表达的替代空间环境。2014 年，皮尤研究中心围绕 2013 年斯诺登（Edward Snowden）事件对 1801 名成年人所做的调查发现，人们宁可与他人当面讨论（86%）这一事件，也不愿在社交媒体（如脸书和推特）上进行相关讨论（42%）；而不愿与人当面讨论这一事件的人（14%）当中，也只有 0.3% 的人选择在社交媒体上讨论；无论是当面讨论还是在社交媒体上进行讨论，人们也只有在认为他人会同意其观点时才愿意分享自己的观点；脸书和推特用户并不太愿意在许多面对面的环境中分享其观点，特别是当他们并没有感觉到

---

① Elmie Nekmat and William J. Gonzenbach, "Multiple Opinion Climates in Online Forums", *Journalism & Mass Communication Quarterly*, Vol. 90, No. 4, 2013, pp. 736-756.

② Xudong Liu and Shahira Fahmy, "Exploring the Spiral of Silence in the Virtual World: Individuals Willingness to Express Personal Opinions in Online versus Offline Settings", *Journal of Media and Communication Studies*, Vol. 3, No. 2, 2011, pp. 45-57; German Neubaum and Nicole C. Krämer, "Monitoring the Opinion of the Crowd: Psychological Mechanisms Underlying Public Opinion Perceptions on Social Media", *Media Psychology*, Vol. 20, No. 3, 2017, pp. 502-531; Andrew F. Hayes, "Exploring the Forms of Self-Censorship: On the Spiral of Silence and the Use of Opinion Expression Avoidance Strategies", *Journal of Communication*, Vol. 57, No. 4, 2007, pp. 785-802.

③ Anne Schulz and Patrick Roessler, "The Spiral of Silence and the Internet: Selection of Online Content and the Perception of the Public Opinion Climate in Computer-Mediated Communication Environments", *International Journal of Public Opinion Research*, Vol. 24, No. 3, 2012, pp. 346-367.

他们的脸书朋友圈和推特粉丝赞同他们的观点时。①

(三) 新的框架设定

就信息内容而言，传统媒体与新媒体（特别是社交媒体）在信息内容的传播方面常常呈现不同的框架，进而导致具有明显差异的信息传播。2011年1月，埃及发生政治动荡，许多媒体都对此进行了大量报道，但使用的框架则极为不同。半官方的报纸将事件描述为"对国家的阴谋"，并对其经济影响发出了预警，认为其他人应对这一混乱承担责任。许多社交媒体则以所谓"人情味"（human interest，或人性化）作为框架来报道事件。在这一框架下，正在发生的事件就被描述为"争取自由和社会正义的革命"。一些独立报纸则综合了这些不同框架。②从埃及的这段经历可以看出，在政治危机时期，新媒体对民众具有强大的感召力，因而对于塑造民意具有非常重要的作用。

当人类面临恐怖、灾难和政治丑闻等非常态公共事件时，试图通过大量的信息交换以降低不确定性并努力寻求对现实状况的理解，是人们常见的选择。新媒体，特别是社交媒体，因其具有传统媒体所不具备的沟通即时性和交互性，而成为处于高度不确定状态中的人们的重要选择。2013年2月，朝鲜在新一届国家领导人刚刚上任不久就进行了核试验。面对这种状况，韩国社会出现了意识形态的严重分裂：强硬的保守派主张军事对抗，直到朝鲜遵守联合国安理会决议；阳光派（进步派）则主张合作外交以最大限度降低朝鲜的武装威胁。面对这种巨大的不确定性，社交媒体上的各种传闻（流言）大量出现。这些传闻较少关注官方反应，即并非针对紧张局势的政策层面的反应，而更多关注体现各种意识形态的不同情绪间的张力，并以幽默、猜测

---

① Keith N. Hampton, Lee Rainie, Weixu Lu, et al., "Social Media and the 'Spiral of Silence'", a research report of the Pew Research Center, August 26, 2014. https://www.pewresearch.org/internet/2014/08/26/social-media-and-the-spiral-of-silence/，2017年10月20日访问。

② Naila Hamdy and Ehab H. Gomaa, "Framing the Egyptian Uprising in Arabic Language Newspapers and Social Media", *Journal of Communication*, Vol. 62, No. 2, 2012, pp. 195-211.

或许愿的方式进行回应。不同于网络闲聊，这些传闻是处于危机时期的韩国民众对政治事件的重要反应，也成为某种"即时舆论"/"临时舆论"（improvised public opinion），而这类公众则可被视为"流言公众"（rumor publics）。①

快速和海量的信息传播是新媒体时代的重要特征，但新媒体（特别是社交媒体）并不一定是人们获取信息的最重要途径。前述皮尤研究中心所做的同一调查就涉及这方面的内容。研究者在问及受访者斯诺登事件相关信息的来源时发现，社交媒体并不是大部分美国人的重要新闻信息源；相反，脸书和推特是受访者最少提到的新闻信息源，分别只有15%和3%的受访者提到他们是从脸书和推特获得部分新闻信息的。研究发现，在有关斯诺登事件的问题上，人们对社交媒体的使用并没有增加其信息获取渠道。②在某种程度上，这种状况可能与人们对新媒体（特别是社交媒体）发布和传播信息的信任水平不及对传统媒体的信任水平有关。

社交媒体为政治家提供了面对公众的更新式和更直接的讲坛，而社交媒体对政治的最大影响与其说是政治家在讲什么，还不如说是他们听到了什么。③在这种意义上，社交媒体是政治家获取民众反应的重要信息来源。同时，社交媒体还是研究者挖掘民意数据的重要依据，社交媒体因而也成为传统民意调查等方法之外的一个新的数据采集工具。④通过网络媒体和社交媒体进行意见挖掘（opinion mining）则被

---

① K. Hazel Kwon, C. Chris Bang, Michael Egnoto, et al., "Social Media Rumors as Improvised Public Opinion: Semantic Network Analyses of Twitter Discourses during Korean Saber Rattling 2013", *Asian Journal of Communication*, Vol. 26, No. 3, 2016, pp. 201–222.

② Keith N. Hampton, Lee Rainie, Weixu Lu, et al., "Social Media and the 'Spiral of Silence'", a research report of the Pew Research Center, August 26, 2014. https://www.pewresearch.org/internet/2014/08/26/social-media-and-the-spiral-of-silence/，2017年10月20日访问。

③ Shoshana Weissmann, "How Social Media Gives Public Opinion Wings", *Washington Times*, September 12, 2016. https://www.washingtontimes.com/news/2016/sep/12/how-social-media-gives-public-opinion-wings/，2017年10月20日访问。

④ Joe Murphy, Michael W. Link, Jennifer Hunter Childs, et al., "Social Media in Public Opinion Research", *Public Opinion Quarterly*, Vol. 78, No. 4, 2014, pp. 788–794.

称为"社交媒体情绪分析"(social media sentiment analysis, SMSA)。[①]

尽管社交媒体用户并不反映真实的选民情况,但媒体报道仍将网络情绪作为可用于竞选报道的舆论反应指标。这种做法似乎已经成为新的新闻报道专业惯例,即记者们希望通过社交媒体来反映舆论。有关2010年英国大选的分析表明,政治新闻记者已将社交媒体的声音等同于民意。[②] 可以说,新闻记者、竞选活动以及社交媒体公司之间的混合信息流塑造了民意。

小 结

民意是以个体为基础的整体民众在诸多领域及政策议题上的态度的一种笼统表达。传统上,从政治社会化的视角寻找民意来源一直是民意研究领域的一个重要内容或主题。其中,代表着不同民意来源的家庭、学校及世代与生命周期,还反映了早期社会化阶段情感变量与信息变量对个体态度与观念塑造的不同影响。民意的形成也总是与大众传媒的塑造联系在一起。在很大程度上可以说,有关民意来源的研究和政治社会化研究分享了诸多共同的研究主题和内容。

在民意的形成过程中,情感变量与信息变量在持续产生影响,其影响在生命周期的不同阶段也在不断变化。在家庭主导的阶段,情感变量往往比信息变量具有更为直接和明显的效应。其后,随着儿童个体的成长,家庭的影响趋于弱化,而民意形成中信息变量相对于情感

[①] Jeremy Prichard, Paul Watters, Tony Krone, et al., "Social Media Sentiment Analysis: A New Empirical Tool for Assessing Public Opinion on Crime", *Current Issues in Criminal Justice*, Vol. 27, No. 2, 2015, pp. 217-236.

[②] Nick Anstead and Ben O'Loughlin, "Social Media Analysis and Public Opinion: The 2010 UK General Election", *Journal of Computer-Mediated Communication*, Vol. 20, No. 2, 2015, pp. 204-220; Shannon C. McGregor, "Social Media as Public Opinion: How Journalists Use Social Media to Represent Public Opinion", *Journalism*, Vol. 20, No. 8, 2019, pp. 1070-1086.

变量的重要性似乎也在发生变化。但是，态度本身就是情感与认知的一个混合物，民意形成中情感变量与信息变量的作用常常并不容易清晰地区分开来。

不仅如此，不同个体相同或相似的政治态度和民意源自哪里，这个问题本身也时常令人困惑。由于促使人们形成相同或接近的观点的因素要远多于导致人们产生不同观点的因素，要解释人们为什么会形成相同或相似的政治态度就尤其困难。其中，源自家庭的儿童期政治社会化的持续性影响、生命周期效应和世代效应等都可提供部分解释，但也仅可提供部分解释。在人们形成相似或相同的政治态度与意见的过程中，随着家庭影响的式微，似乎情感变量的重要性也在下降，而事实上，家庭以外的其他社会关系也构成重要的情感网络，如同学、有着共同人生经历的同代人或特定群体等，这些亦成为塑造民意的重要情感变量。

在政治态度和民意的不同来源中，当父母的意见与老师和朋友的意见一致时，对儿童的影响会比较大，这种代际影响也因态度环境的同质性而更为明显。但常见的情形是，人们生活于充斥着相互冲突的政治态度的世界，这种冲突似乎也削弱了所有信息来源的效应。

伴随个体的成长，其政治态度表现出不太稳定的特点，而事实上，其父母一代的政治态度也不是一成不变的。不仅如此，大众传媒和沟通手段的变化也使得家庭的影响逐渐弱化。观念与态度在个体层面微弱的代际传递，以及不同国家、不同时期代际的明显差异都表明，早期政治社会化对于塑造政治态度和意见的作用可能常常会被高估，而不同亚群体（如基于性别、社会阶层、民族/种族的群体）中个体的生活经历、宗教信仰以及媒体的影响等，则在有关民意来源的研究中日益受到关注。这种变化也反映了民意研究的一个重要变化趋势。

在政治态度和民意的不同来源中，媒体的作用无疑是重要的，其中新媒体尤其值得关注。但是，由于其交互性特点，新媒体特别是社交媒体与人们的政治态度之间不可能是一种单向的影响。这同样反映了民意研究领域一个新的变化趋势。

在得到较多研究的政治社会化一般机构或媒介之外，政治事件对社会化的影响也已成为政治社会化研究和民意研究的重要主题。① 其中，一些波及全世界的重要事件，如美国的"9·11"事件、席卷全球的金融危机，以及仍在肆虐的新冠肺炎疫情等，都已成为观察和研究民意产生及变化的重要时间节点。

民意是什么、是谁的意见、民意的分布和来源等诸多问题，不仅是民意研究领域的重要问题，也集中反映了政治心理学的资源性的一面。特别是，民意的意义或民意的用途等问题，对政治秩序的维护至关重要。民意及相关问题突显了政治心理学的资源价值，也在较为普遍的意义上对社会流行情绪具有重要甚至直接的影响。

---

① 如戴维·O. 希尔斯和尼古拉斯·A. 瓦伦蒂诺就政治事件对社会化的影响所做的研究。David O. Sears and Nicholas A. Valentino, "Politics Matters: Political Events as Catalysts for Preadult Socialization", *American Political Science Review*, Vol. 91, No. 1, 1997, pp. 45–65.

第八章 情 绪

情绪是一种重要的人类心理现象。在人的一生中,情绪无处不在,人类生活就是充满了各种情绪的生活;或者可以说,情绪就是我们生活的一部分。情绪存在于人们的身体中,也常常出现于人们心理生活的前沿。它虽然不像病痛或其他感官知觉那样直接和明确,但却是与人们有关的有价值信息的重要源泉,是启动政治行动的重要驱动力。政治的世界不可避免是一个充满情绪的世界。

第一节 心理学和社会科学研究中的情绪

人们对于情绪陌生而又熟悉。一方面,人们对情绪知之甚少——不仅是普通人,也包括科学家;另一方面,人们对情绪又极为熟悉,不需要任何专业训练,几乎每一个人都能够识别一种情绪并知晓它意味着什么。[1]情绪往往以很快的速度形成,人们的意识无法参与其中。情绪自身的这些特性使人们不可能完全了解情绪影响我们的方式。但是,很长时间以来,人们一直在努力找寻和确定引起情绪变化的因素,以理解和解释特定的情绪反应,并试图调整处于某种特定情绪状态中的行为方式。

---

[1] 参见 Tracy J. Mayne and George A. Bonanno, eds., *Emotions: Current Issues and Future Directions*, New York, NY: Guilford Press, 2001;〔美〕保罗·艾克曼:《情绪的解析》,杨旭译,南海出版公司2008年版,第4页。

一、心理学研究中的情绪

情绪从 19 世纪后半期开始成为科学探索的焦点,而在此之前的很长时间里,它只是医生、哲学家、诗人和教士的专属领域。在心理学研究中,情绪是一个颇有特色的心理现象和研究领域。由于情绪本身有着明显和独特的主观性,从早期的古代哲学时期到 19 世纪末,心理学对情绪的关注和研究非常有限,甚至有学者认为情绪在心理学研究中被高度边缘化了。尽管如此,仍有一些研究者在情绪研究领域完成了重要的基础性工作。达尔文于 1872 年出版了《人类与动物的情绪表达》(The Expression of the Emotions in Man and Animals)一书,在人类的情绪表达与动物性之间找到了连接点——显示态度和意愿的表情。在达尔文看来,情绪是与生俱来的源于生理存在的原始状态。情绪与本能相关,情绪反应是对生存至关重要的反应,也是对危险和威胁的反应。[1] 1884 年,威廉·詹姆斯(William James)提出了"情绪是什么"(What is an emotion?)的著名问题。他坚持生理反应是情绪体验的基础,并由此开创了情绪生理学。[2] 詹姆斯的研究其后更是引发许多学者涉足情绪这一未开垦的研究领域。弗洛伊德也是情绪研究的重要先驱。他在 1916 年出版的《精神分析导论》中提出,情绪是内驱力心理能量的释放,是一种欲表露的、源于本能的心理能量的释放过程。[3]

第二次世界大战后,随着西方发达国家经济的恢复和迅速增长,现代社会各种病症也日益显现。其中一个重要的表现是,在社会生活的不同领域以及不同的人群中,人们的情绪异常反应日益突出。情绪反应异常的增加和集中爆发,似乎为关注和研究情绪这一正常的心理

---

[1] Charles Darwin, *The Expression of the Emotions in Man and Animals*, New York, NY: Cambridge University Press, 2009.

[2] William James, "What Is an Emotion?", *Mind*, Vol. 9, No. 34, 1884, pp. 188–205.

[3] 〔奥〕西格蒙德·弗洛伊德:《精神分析导论》,张艳华译,清华大学出版社 2016 年版。

现象提供了重要的社会契机。在某种程度上可以说，正是情绪的这种异常表现促发了人们对司空见惯的情绪现象的关注。但是，与围绕心理学领域其他心理现象的研究相比，情绪研究仍相对滞后和缓慢，在多年之后才被列入行为科学研究的范畴。尽管如此，20 世纪 60 年代后，情绪研究还是取得了重要的进展，并继威廉·詹姆斯情绪生理学所带来的情绪研究的第一次突破之后，出现了又一次飞跃。这一时期的情绪研究尽管理论派别林立，但在有关情绪的认识方面（如情绪的性质）仍取得了重要共识。进入 80 年代后，伴随西方哲学由唯智主义转向对情绪的重视，心理学领域对情绪的关注和研究也大大加强了。近年来，神经科学的发展为情绪研究提供了新的动力，情绪成为科学心理学研究中的一个"热点话题"。①

二、社会科学研究中的情绪

伴随心理学领域对情绪研究的重视，情绪也已成为政治心理学研究中的"热点议题"。② 在此之前很长时间的社会学研究中，情绪只是一种"虚无缥缈的"存在，它潜藏于社会学思想和实践的阴影中，或是被驱逐到其边缘。社会科学研究对情绪的忽略，主要源于将身体与思想（body from mind）、自然与文化（nature from culture）、理性与情绪（reason from emotion）、公共的与私人的（public from private）等问题和领域区分并对立起来的思维传统。其中，情绪被看作私人的、"非理性的"内在感觉，在历史上人们甚至将情绪与女性"危险的欲望"和"歇斯底里的身体"联系在一起。因此，自柏拉图以来占主导地位的观点似乎是，情绪需要被稳定的（男性）理性之手"驯

---

① 参见孟昭兰主编：《情绪心理学》，北京大学出版社 2005 年版，"前言"；Dylan Evans, *Emotion: The Science of Sentiment*, Oxford: Oxford University Press, 2001, p. xiii；Dylan Evans, *Emotion: A Very Short Introduction*, New York, NY: Oxford University Press, 2003, "Preface"。

② Paul Nesbitt-Larking, Catarina Kinnvall, Tereza Capelos, et al., eds., *The Palgrave Handbook of Global Political Psychology*, London: Palgrave Macmillan, 2014, Part IV "Hot Issues"。

服"、"利用"或"驱逐出去"。直到今天,情绪在很大程度上仍被看作客观科学思维及寻求"客观性"、"真理"和"智慧"的对立面。①

尽管如此,人们在一些经典社会学著作中仍然可以找到含蓄的情绪主题。其中,卡尔·马克思、埃米尔·涂尔干和马克斯·韦伯是较多涉及情绪主题的研究者。马克思所讨论的情绪建立在既有的社会、历史和物质条件基础上。这些条件从生产的资本主义方式出发,导向了异化和疏离感,他在有关阶级冲突的分析中揭示了不满和愤怒在其中的影响。涂尔干则强调了固化为神圣的和渎神的仪式的人类情感与情绪的集体性和道德性本质,并分析了社会"团结"感情的社会结构基础。马克斯·韦伯解释了焦虑的"资本主义精神"与非凡人物的魅力,还对被误认为"理性"的东西提出了疑问。②

20世纪80年代以来,最早在美国出现了一个专注研究情绪与社会的学者圈,一个被称作"情绪社会学"(sociology of emotions)的研究领域也呼之欲出。③与此同时,这一领域一些具有里程碑意义的教材和著作在较短时间内相继问世。④在社会学研究视野中,情绪具有深刻的社会性,不仅有建构意义(meaning-making)的功能,还具有创

---

① Simon J. Williams and Gillian Bendelow, "Emotions in Social Life: Mapping the Sociological Terrain", in Gillian Bendelow and Simon J. Williams, eds., *Emotions in Social Life: Critical Themes and Contemporary Issues*, New York, NY: Routledge, 1998, p. xv.

② 参见 Randall Collins, "Emotions as a Key to Restructuring Social Theory", paper to be presented to the Australian National University, 1997; Arlie Russell Hochschild, "The Sociology of Emotion as a Way of Seeing", in Gillian Bendelow and Simon J. Williams, eds., *Emotions in Social Life: Critical Themes and Contemporary Issues*, New York, NY: Routledge, 1998, p. 3。

③ 也有学者认为情绪社会学的发端应在更早的1975年。参见 Theodore D. Kemper, "Social Relations and Emotions: A Structural Approach", in Theodore D. Kemper, ed., *Research Agendas in the Sociology of Emotions*, Albany, NY: State University of New York Press, 1990, pp. 207-237。

④ 譬如, Arlie Russell Hochschild, *The Managed Heart: The Commercialization of Human Feeling*, Berkeley, CA: University of California Press, 1983; Arlie Russell Hochschild, *The Second Shift: Working Parents and the Revolution at Home*, London: Piatkus, 1989; Norman K. Denzin, *On Understanding Emotion*, San Francisco, CA: Jossey-Bass, 1984; David D. Franks and E. Doyle McCarthy, eds., *The Sociology of Emotions: Original Essays and Research Papers*, Greenwich, CT: JAI Press, 1989; Theodore D. Kemper, ed., *Research Agendas in the Sociology of Emotions*, Albany, NY: State University of New York Press, 1990。

造制度（institution-making）的功能。[1] 其分析效用则在于，情绪提供了"个人麻烦"与更为广泛的"公共"问题之间失落的环节，使研究者可以超越微观层面、主观层面和个体层面而对社会进行分析。对情绪与社会间关系的这种认识，与安东尼·吉登斯（Anthony Giddens）的相关表述相契合，即社会结构可被看作它所要加以组织的反映情绪的实践和身体技巧的媒介和结果。[2] 在这种意义上，"情绪时代"（the time for emotions）[3] 已然来临。

与过去四十多年情绪社会学的发展相比，政治学和政治社会学领域的情绪研究还很不成熟，更没有出现诸如"情绪政治社会学"之类的术语。尽管政治理论在传统上非常依赖心理分析的视角，但在情绪方面，政治学研究仍逊色于社会学研究。这种状况在很大程度上源于几个方面的原因。其一，长期以来，情绪一直与浪漫的和乌托邦的概念相联系，似乎与现代公共领域没有多大关系，因而被从政治分析中抽离了。其二，"利益"概念自18世纪中叶以来就是政治行动的主导解释因素，情绪及相关概念在政治分析中被高度边缘化。其三，最近几十年来理性选择范式大行其道，而情绪要么被看作非理性因素，要么被认为并不会对理性思考产生什么影响。即使是在作为理性选择竞争范式的政治文化范式中，情绪也没有得到很好的研究。[4] 尽管如此，情绪在政治中的重要性以及某些特定情绪在政治中的作用已经受到关注并逐渐被认识。

---

[1] Margot L. Lyon and Jack M. Barbalet, "Society's Body: Emotion and 'Somatization' of Social Theory", in Thomas J. Csordas, ed., *Embodiment and Experience: The Existential Ground of Culture and Self*, Cambridge: Cambridge University Press, 1994, pp. 48–66.

[2] Anthony Giddens, *The Constitution of Society: Outline of the Theory of Structuration*, Cambridge: Polity Press, 1984.

[3] Simon J. Williams and Gillian Bendelow, "Emotions in Social Life: Mapping the Sociological Terrain", in Gillian Bendelow and Simon J. Williams, eds., *Emotions in Social Life: Critical Themes and Contemporary Issues*, New York, NY: Routledge, 1998, p. xix.

[4] 参见 Nicolas Demertzis, "Emotions and Populism", in Simon Clarke, Paul Hoggett and Simon Thompson, eds., *Emotions, Politics and Society*, New York, NY: Palgrave Macmillan, 2006, p. 104。

近年来，一些学者在对社会与政治运动、权力关系以及制度的分析中开始触及对情绪的探讨，将情绪及相关概念带到了政治研究中。[①]与此同时，人们生活于其中的政治社会已日益为激情和焦虑所主导，大众文化日渐情绪化，人们的情绪化生活，以及被认为比政治或生态危机更具威胁的破坏性情绪，在世界范围内持续蔓延——人们已然生活在一个"情绪时代"的现实，使政治分析再也不能无视情绪及其影响了。

第二节　社会生活中的情绪

作为人类生活的一部分，情绪始终参与并塑造着人们的精神世界和社会世界，而社会生活也始终是情绪产生及情绪结果的重要背景。

一、情绪及其社会表征

"Emotion"一词的本义是活动、搅动、骚动或扰动。后来，这个词被用于描述个体精神状态的激烈扰动。[②]情绪代表着感情性反应的过程。对情绪的一种更为宽泛的理解是，情绪是发生于生理和认知层面的对事物、人或情境的短暂适应性反应。因此，短暂而具体是情绪

[①] Jeff Goodwin, James M. Jasper and Francesca Polletta, eds., *Passionate Politics: Emotions and Social Movements*, Chicago, IL: University of Chicago Press, 2001; Mary Holmes, "Feeling Beyond Rules: Politicizing the Sociology of Emotion and Anger in Feminist Politics", *European Journal of Social Theory*, Vol. 7, No. 2, 2004, pp. 209—227; David Ost, "Politics as the Mobilization of Anger: Emotions in Movements and in Power", *European Journal of Social Theory*, Vol. 7, No. 2, 2004, pp. 229—244; George E. Marcus, *The Sentimental Citizen: Emotion in Democratic Politics*, University Park, PA: Pennsylvania State University Press, 2002; Mabel Berezin, "Secure States: Towards a Political Sociology of Emotion", *The Sociological Review*, Vol. 50, No. S2, 2002, pp. 33—52.

[②] 孟昭兰:《人类情绪》，上海人民出版社1989年版，第13—14页。

的一般特征,即情绪持续的时间非常短,并且人们常常可以识别出情绪产生的原因。

与其一般特征相比,情绪体验的互动、关系特征则是情绪社会性的重要表征。情绪持续的时间虽然短,但在即时性的社会互动中起着促进并保持适应性机能的作用,即增加人际情感交流,引发人际情感共鸣(包括移情),从而使某种关系状态得以维系。譬如,情绪对友谊关系的建立和维持至关重要。经济学家罗伯特·弗兰克(Robert H. Frank)提出这样的假设:爱情有助于承诺关系长期维系,因而恋爱具有非常重要的促进和谐关系的社会功能。尴尬则被认为是体现情绪社会功能的典型类型:当人们违反了社会契约,尴尬就是因这种行为而产生的悔过信号,以求获得他人的宽恕和谅解。[1]情绪所具有的这种积极的社会功能,常常被看作情绪的理性。这种认识与将情绪和理性对立起来的传统观点明显不同。对于情绪的这种不同于传统的理解,为将情绪引入严肃的政治学研究开辟了重要的认识空间。

二、情绪与心境

在心理学以及其他相关学科的研究中,情绪(emotion)和心境(mood)是两个常见概念,也是两个常被联系在一起的概念,但许多研究者仍对这两个概念做了特别区分。总体上,情绪与心境的不同之处可以从三个方面加以考察和认识。首先,情绪与心境在持续时间和强度方面存在差异。心境往往比情绪持续时间长,而情绪持续时间短暂却调动了身体的巨大能量,因而具有更大的强度。与此相关,情绪有明确的起止时间,而心境则是逐渐产生的,很难说出它何时产生、何时结束,又在何时达到顶点。其次,情绪有明显的原因和参照物,而心境则往往没有可识别的诱因。这种差异还可能导致对行为

---

[1] Robert H. Frank, *Passions within Reason: The Strategic Role of the Emotions*, New York, NY: W. W. Norton & Company, 1988; 参见〔美〕托马斯·吉洛维奇、达彻尔·凯尔特纳、理查德·尼斯比特:《吉洛维奇社会心理学》,周晓虹、秦晨等译,中国人民大学出版社2009年版,第12章。

结果的不同影响：情绪常常会导向特定的行为（如钱包被偷后所产生的气愤极易激发修正这种不当行为的短期行为），而心境并不会产生可能导向某种行为的压力。最后，情绪和心境有不同的信息价值（information value）。情绪可以提供有关环境以及环境对我们提出的要求方面的信息，而心境所提供的信息则与我们的内在状态有关，即我们有哪些资源可用于应对外部环境的威胁和挑战。[1]

在上述差异之外，情绪和心境这两个概念还存在一些共同点。譬如，情绪和心境都是情感要素，可通过面部表情或其他身体语言、语音语调等来表现，情绪和心境还会因不同的生理反应而引起身体上的变化。

在心理学中，情绪或心境之所以产生，以及情绪或心境对认知和行为产生影响的机制（包括身体基础及其变化），是其研究的重点。因此，强调情绪与心境的区别不仅是可以理解的，甚至往往是非常必要的。尽管如此，这种区别似乎仅在理论层面得到了较好的坚持。在社会学和政治学研究中，这两个概念的混用仍然比较常见。或许，情绪与心境本来就不是泾渭分明的。譬如，有学者就认为，所有持续时间超过其最初刺激的心情都具有心境的效应（骄傲即是一例），它主要通过增加或减少人们的信心而成为影响人们做出决定和采取行动的过滤器。[2]

三、情绪素养与情绪智力：情绪的社会意义

随着与情绪有关的心理学研究的开展，以及情绪社会学的出现，对情绪的学术和职业关注在持续增加。1983 年，美国社会学家阿莉·霍赫希尔德（Arlie Hochschild）提出了情绪劳动（emotional

---

[1] 参见 Randy J. Larsen, "Toward a Science of Mood Regulation", *Psychological Inquiry*, Vol. 11, No. 3, 2000, pp. 129-141。有关情绪与心境的这些差异，有学者持不同看法。参见 William N. Morris, "Some Thoughts about Mood and Its Regulation", *Psychological Inquiry*, Vol. 11, No. 3, 2000, pp. 200-202。

[2] 参见 James M. Jasper, "Emotions and the Microfoundations of Politics: Rethinking Ends and Means", in Simon Clarke, Paul Hogget and Simon Thompson, eds., *Emotions, Politics and Society*, New York, NY: Palgrave Macmillan, 2006, pp. 17-18。

labor)的概念，以表示在工作中对社会所要求的特定情绪的展示和表达。① 这一经典研究是对航班乘务员及其在与乘客打交道时必须展示的微笑和其他类型的情绪活动的研究。其后研究者提出的有关情绪劳动的若干界定，尽管仍然存在一些概念上的模糊性，但在潜在假设上存在共同点，即情绪劳动涉及情绪的管理，从而使之与组织或职业的规则相一致，而不管它是否与个人内在情感相矛盾。② 情绪劳动在过去常被看作餐厅工作人员、收银员、护士、秘书等特定职业的特点，但现在已不仅是特定职业群体的角色要求，也是许多不同职业类型共同的人际关系工作要求。③ 在政治学研究中，这一概念可被用于分析政治沟通中的政治领导人和公众人物的角色要求。

1995年，戈尔曼（Daniel Goleman）在《情绪智力：为什么比智商更重要》(*Emotional Intelligence: Why It Can Matter More Than IQ*)一书中提出了情绪智力（emotional intelligence）的概念，并特别强调了与情绪相关的五种能力，即自我觉察情绪的能力（知道情绪反应的缘由、路径，从而及时觉察自己的情绪）、妥善管理情绪的能力（包括有能力排解自己的负面情绪，进行自我安慰，摆脱焦虑、沮丧等负面情绪的侵扰）、自我激励能力（包括拥有对情绪的自制力，诸如延迟性满足，压抑冲动，能够自我激励，积极热情地投入工作与生活等）、识别他人情绪的能力（如对他人的欲望与需求的敏感度和共情能力），以及与此相关的人际关系技巧（即调控与他人互动时的情绪反应的技巧）。④

---

① Arlie Russell Hochschild, *The Managed Heart: The Commercialization of Human Feeling*, Berkeley, CA: University of California Press, 1983.

② Alicia A. Grandey, "Emotion Regulation in the Workplace: A New Way to Conceptualize Emotion Labor", *Journal of Occupational Health Psychology*, Vol. 5, No. 1, 2000, pp. 95–110.

③ James M. Diefendorff and Erin M. Richard, "Antecedents and Consequences of Emotional Display Rule Perceptions", *Journal of Applied Psychology*, Vol. 88, No. 2, 2003, pp. 284–294.

④ Daniel Goleman, *Emotional Intelligence: Why It Can Matter More Than IQ*, New York, NY: Bantam Books, 1995. 有学者认为，戈尔曼将人格因素、动机特点等非智力因素都纳入情绪智力，使这个概念变得"含糊、浅俗"，为不少心理学家所诟病。参见孔维民：《情感心理学新论》，吉林人民出版社2002年版，第39页。

情绪素养（emotional literacy）是一个与情绪智力近似的概念，常与情绪智力并用或交叉使用。事实上，情绪智力的概念就是在情绪素养这一概念的基础上提出的。情绪素养被认为是发展情绪智力的第一步，是一种认识、理解和恰当表达我们的（自我）情绪的能力，也包括读懂他人情绪的能力，因而是一种基本生活技能。具备情绪素养可以极大地改进人们的生活，使人们获得幸福与平和。情绪素养已日益成为教育的一个重要环节和内容，并影响和改变着教育。在欧美的一些学校教育中，情绪素养教育已成为课程设置的一部分，并被看作学校教育的一个重要目标。与此相关的另一个重要概念是情绪学习（emotional learning）。经由心理动力学传统得以理论化的情绪学习概念，指人们（包括儿童和成人）获得有效适应社会生活的基本技能的过程。这些技能对于人们有效且符合道德伦理地把握自我、处理各种社会关系并应对工作至关重要。

与情绪相关的这些概念产生于情绪研究的不断推进，同时也在很大程度上进一步深化了人们对于情绪的理解和研究，并为政治学研究中的情绪相关分析提供了有意义但尚未得到充分关注的重要视角。

第三节　政治分析中的情绪维度

作为人性中不可否认也无法回避的部分，情绪与政治如影随形。政治不可能摆脱情绪，甚至常常需要情绪的参与和介入。因此，情绪是理解政治态度、理解政治本身的关键，也日益被赋予不容忽视的政治意义，成为政治分析的重要维度。

一、情绪与理性

将情绪与理性区分并对立起来，是启蒙运动以来一种流行的思考倾向或思维模式，似乎已成为一种被广泛接受的认识，以及分析和理解诸多方面问题的一个常见维度。因此，情绪和理性的融合与平衡，在理论上容易加以描述或阐释，在现实中却难以实现。于是，现实社会中似乎就存在这样一个似是而非的矛盾现象：一方面，正式政治似乎是一种没有感情的政治（dis-passionate politics）；另一方面，公众总是"情绪化的"（emotional），公民文化也正在经历一个情绪化的过程。①"理性是而且也应当只是情感的奴隶，而且除了服务和服从情感以外，理性绝不能自称有任何其他的职责。"②大卫·休谟（David Hume，1711—1776）的这句话早已成为有关理性与激情的讨论中被广泛引用的一句名言。这一表述虽然强调情绪的重要性，却不足以改变人们长期以来形成的对于情绪与理性间关系的一般认识。在将情绪与理性对立起来的观念氛围中，有关情绪与政治的讨论主要表现为政治学领域对情绪及其影响所进行的哲学思考。在这些讨论中，情绪、情感、情感道德等不同概念的关系已经在很大程度上被模糊了。

实际上，在启蒙运动结束前，"sentiment"（感情、情绪）一词曾普遍使用，后因其衍生词"sentimental"（伤感的、感情用事的）所包含的消极含义而陷入了困境。在此之前，"sentiment"与今天使用的"emotion"几乎是同义语。启蒙时代的哲学家如大卫·休谟、亚当·斯密等为情绪所着迷。在他们看来，情绪与理性并非不可调和的敌人，理性的也是情绪的。③休谟有关情感、道德与政治间关系的讨论已经成为相关研究的经典，直至今天对于人们的思考仍具有示范和启发意义。在约翰·罗尔斯（John Bordley Rawls，1921—2002）和尤

---

① 参见 Barry Richards, *Emotional Governance: Politics, Media and Terror*, New York, NY: Palgrave Macmillan, 2007, p. 30。

② 〔英〕大卫·休谟：《人性论》，石碧球译，中国社会科学出版社2009年版，第293页。

③ Dylan Evans, *Emotion: A Very Short Introduction*, New York, NY: Oxford University Press, 2003, "Preface".

尔根·哈贝马斯（Jürgen Habermas, 1929— ）的研究中，也可以找到情绪的踪影。其中，激情与正义是其研究的重要主题。近年来，借助神经科学的研究成果，这一领域更是取得了重要的进展，在很大程度上将情绪这一人们熟悉而始终不可能摆脱的心理现象带回到对现实政治的分析中，并强调情绪对理性、对政治的影响。

今天，人们日益接受这样一种观点，即民主政治不可能仅仅是一个平静的协商空间，它同时也是一个感性的空间。在民主政治中，情绪对于理性的政治协商和政治判断至关重要，是理性发挥作用的一个前提条件，而排斥激情的努力则会削弱理性思考的能力。试图将情绪驱逐出公共生活的努力不仅注定会失败，最终还将使民主失去重生与变革的重要源泉。在这种意义上，情绪沟通与情绪唤醒被认为是政治的命脉。①

有关情绪的伦理学研究认为，情绪有助于人们获得对身处其中的环境的充分理解，因而对于美德的培养至关重要。在更为基础的意义上，许多情况下，情绪不仅是获得充分理解的一个表征，对于获得充分理解本身也是必不可少的。②在公共政治生活中，情绪的积极参与似乎可以使政治摆脱僵化、生硬的统治-服从关系模式，使人们能够依靠其理性推理和协商能力进行自主思考；同时，由情绪和情感参与而获得的理解，有助于使政治协商的过程成为一个培育公民同理心和互惠观念的过程，更在和谐的情感沟通中形成有益于维持政治秩序的共同的情感和道德关切。

"当我们付出感情时，我们的思想也会改变。"③情绪、情感在现实政治中具有积极影响在国家和国际层面都得到了证明。在国内层面，

---

① George E. Marcus, *The Sentimental Citizen: Emotion in Democratic Politics*, University Park, PA: Pennsylvania State University Press, 2002, pp. 7, 148, book back cover review.

② Charles Starkey, "Emotion and Full Understanding", *Ethic Theory and Moral Practice*, Vol. 11, No. 4, 2008, pp. 425-454.

③ Sharon R. Krause, *Civil Passion: Moral Sentiment and Democratic Deliberation*, Princeton, NJ: Princeton University Press, 2008, p. 200.

美国的历史发展进程表明,情感的和谐沟通扩大了道德情感的普遍立场,对这个国家社会公正相关事务的公共协商产生了强有力的影响。在中国近年的社会治理实践中,情绪、情感因素的参与对于提升民众同理心进而改进社会治理的积极影响的实例大量存在。实际上,中国共产党的"群众路线"在很大程度上即已蕴含对情绪价值的重视和运用。在国际层面,二战后人权观念的影响力持续提升,这也验证了道德情感扩展所产生的积极作用。

二、情绪的社会价值

在现代社会,人们日益善于表达和释放情绪,而多元化的个体情绪和某种程度上泛滥的集体情绪则使现代社会不断获得"情绪社会"的特征。发现和善用情绪的价值,是政治心理学社会取向的一个重要表现,也有助于实现政治心理学的资源价值。

情绪首先是一个感情性反应的过程,是对事物、人或情境的短暂的适应性反应,而情绪体验的互动特征与关系特征则是情绪社会性的重要表征。具体而言,不同情绪特别是消极情绪,即使不能令人产生愉悦感,也能在短时间内通过即时的社会互动促成个体或群体的社会适应。这是对个体和群体而言都极为重要的情绪的**适应价值**。

情绪是与人们日常生活有关的有价值信息的重要源泉,也是政治行为的重要驱动力。不同社会情绪折射出现代社会不同的精神现象,是特定社会与政治现实在人们意识中的投射,其中蕴含了不容忽视的丰富的信息资源,因而具有重要的**信息价值**。关注和审视各种复杂的社会情绪,有助于人们发现尚未被充分重视与认识的社会问题,深入理解极其复杂的社会现象,拓展政治审议空间,探索和发现应对社会问题的可行方案。

情绪不是理性,却是运用理性的一个前提条件。政治协商过程中的情绪参与,在一定程度上可为新的可能性创造条件,将情绪驱逐出公共生活领域会使政治失去变革的重要源泉。在政治协商中,回应了人们情绪需要的协商结果更容易为人们所接受，也有助于人们产生将协商结果付诸实施的责任感，而情绪的**沟通价值**在这一过程中也将实现。

发现和善用情绪的积极价值，是在政治心理学与学科社会责任之间开辟的一个重要通道。发现和运用社会情绪的积极价值非常重要，一些国家的历史已证明其现实可能性。

三、社会情绪管理

在现代社会，情绪已成为具有政治意义的重要情感，并使政治日益表现为某种情绪政治（politics of emotion）。情绪管理（emotional governance/emotional regulation）是政府和其他非政府公共权威在各种社会交往模式中对社会情绪进行的管理，虽然也包括情绪的自我管理，但集体意义上的情绪管理基本上是一个自上而下的过程。情绪管理意味着对公众情绪的一种关注和尊重，并具有通过激发公民的政治认同、强化其亲社会的（prosocial）情绪冲动，从而创造更具包容性和凝聚力的国民文化的潜力。

在较为宽泛的意义上，一个社会通常在三个层次上进行情绪管理。日常生活以及与其密切相关的文化过程，是社会情绪管理的第一个层次，也是最为基础的层次。社会的情绪管理离不开情绪的自我管理，甚至可以说，情绪的自我管理是社会情绪管理的重要基础，而人们习以为常并视为日常生活重要组成部分的工作、交往和休闲方式，可被看作最基本的社会情绪管理资源。在人们熟悉的社会环境和生活方式下，人们的紧张情绪（如焦虑）、愤怒或其他不良情绪都可能得到不同程度的释放或克制。有观点认为，后工业社会充斥大众娱乐与消费的世界就蕴藏情绪自我管理的丰厚资源；其中，社会流行的以消费为基础的大众文化更是为情绪的自我管理提供了强有力的支持。[①]

[①] Barry Richards, *Emotional Governance: Politics, Media and Terror*, New York, NY: Palgrave Macmillan, 2007, p. 2.

有些矛盾的是，后现代社会中以消费和享乐为特征的大众文化，一方面似乎可以为情绪管理提供支持，另一方面则可能（或已经在事实上）强化了敏感、多疑、脆弱等公众心理特质。人们日益关注自我、关心自我的情绪和心理需要，甚至变得任性、矫情乃至有些无病呻吟，使社会文化逐渐演化为一种治疗（型）文化（therapy culture/therapeutic culture）[1]，进而催生了需要给予民众照顾和抚慰并使其自我感觉良好的治疗（型）国家（therapeutic state）。这种日益情绪化的大众文化无疑难以为情绪的自我管理提供有益的帮助和支持。在这种意义上，被认为本身即情绪管理丰厚资源的大众日常生活和社会文化，似乎不仅正在丧失其社会情绪管理意义上的功能，甚至常常成为各种不良社会情绪的助燃剂，或者就是其根源。

因此，有效的集体层面的情绪管理似乎很难单纯依靠日常生活和大众文化，还需要被置于宪法、法律和其他管理制度等相关制度结构和公共沟通过程中。这也是情绪管理的第二个层次。一个社会的主导制度（包括宪法、法律和其他相关制度）及其所确立的社会基本准则和行为规范，对于公民的情绪塑造、表达和管理具有重要影响。[2]一方面，制度和法律规范可以为社会情绪的塑造和表达提供一个基本框架和规则。一般而言，一个国家基本法律和制度的设计已经在很大程度上将国民的一般心理特质考虑在内，即会尊重基本人性与人类情感，并在由不同层级体系目标所确立的大背景下，涵养和培育有利于体系目标和社会整体利益的情感、情绪。文化与狭义的制度之间的关系可部分解释制度和法律规范对于情绪塑造的意义。

另一方面，制度维度上的努力还有助于确立管理和协调相互冲突

---

[1] 参见 Frank Furedi, *Therapy Culture: Cultivating Vulnerability in an Uncertain Age*, London: Routledge, 2003。

[2] 格伦·斯沃格（Glenn Swogger）对美国宪法起源的评论是不多见的有关这方面问题的关注和思考。他认为，美国宪法体现了宪法制定者心理上的成熟和圆融（sophistication）。他们意识到了人性中消极和自私的一面，也意识到了约束领导者自恋的必要，主张宪法应体现"乐观主义与悲观主义之间张力的平衡"。Glenn Swogger, Jr., "The Psychodynamic Assumptions of the U.S. Constitution", *Journal of Applied Psychoanalytic Studies*, Vol. 3, No. 4, 2001, pp. 353–380.

的利益的有效方式。一般而言,情绪有明显的原因和参照物,有可识别的诱因。在社会生活中,通过特定制度所确立的规则来管理和协调相互冲突的利益,就可能减少不良社会情绪产生的诱因,或者使不良社会情绪化于无形。在急剧变化的社会中,人们的情绪复杂多变,在很大程度上与社会利益多元而相关利益协调制度滞后有关。由制度所体现的利益分配和协调原则主要基于社会价值共识,或者可能逐步成为社会价值共识的重要组成部分,不仅对于社会利益的协调具有积极意义,也使人们学会和习惯于在这些价值共识的框架内理解和认识自我利益,调整对自我利益的看法和判断,使有利于共同体的道德情感浸润和滋养人们的情绪,进而实现社会情绪的自我控制。在这种意义上,可以理解的是,在缺少道德共识和价值共识的社会中,人们的情绪也往往难以把握和管理。

情绪管理的第三个层次是公共领域的沟通,与人们身边的各种政治或其他信息的内容和形式联系在一起。由于大众沟通构成了人们日常生活中主要的政治与社会生活经验,这一层次的情绪管理实际上与第一层次的情绪管理相关。所不同的是,第一个层次的情绪管理涉及直接的人际互动以及个人的物质和感官体验,而第三个层次的情绪管理则主要指,人们通过广播电视、印刷媒体等传统媒体和/或网络等新媒体而产生的象征性沟通的共享经验。公共领域的沟通信息不管是经过深思熟虑的或是粗糙轻率的,都表现出相对于第一层次情绪管理中的大众文化较为易变的特性。很大程度上,媒体即被认为是情绪化的(emotional)。[1] 在人们的政治生活中,政治沟通是与情绪管理密切相关的沟通范畴,也是实现公民情绪管理的重要领域。有关媒体与民意的关系即与此相关。

---

[1] Barry Richards, *Emotional Governance: Politics, Media and Terror*, New York, NY: Palgrave Macmillan, 2007, p. 4.

第四节　情绪的类型分析

将情绪进行类型划分并分析不同类型情绪与政治之间的关系，是理解人类情绪及其与政治间关系的重要方式。保罗·艾克曼（Paul Ekman）所识别的"基本情绪"（basic emotions），以及罗伯特·普拉切克（Robert Plutchik）所说的"情绪之轮"（wheel of emotions）[①]等，都是对情绪进行类型分析的重要努力。由于情绪在生理、认知、行为、社会及文化体系等维度上有不同的表现，不同领域的研究者都致力于在各自领域进行概念建构、界定、测量以及相应的功能分析。对情绪进行类型分析至今仍是心理学研究的一个重要课题，而政治心理学领域的情绪研究则更关注不同类型情绪的可能影响及结果。

一、情绪的一般类型

神经科学研究领域所取得的进展为探索情绪机制提供了重要的基础。在神经科学研究中，依据不同情绪在脑部的大致定位，可将情绪划分为不同类别或水平。其中，一级水平的情绪即反射性感情反应，是指在突然发生的情境刺激下直接产生的情绪反应，如惊吓反射、气味厌恶、疼痛、体内平衡失调（如饥渴）、对美味的愉悦感等。这类情绪有着相对简单的神经环路，其产生不必经过思维加工，但是也可以与高级的认知过程相联系。譬如，如果惊奇、厌恶或轻蔑等自发的情绪反应被附加上社会意义，就会转化为具有社会意义的惊奇、厌恶或轻蔑。二级水平的情绪，即基本情绪，是情绪的主要形式，产生于脑中间部位神经环路的加工过程。在哺乳类生物中产生的诸如恐惧、

---

① Paul Ekman, "All Emotions Are Basic", in Paul Ekman and Richard J. Davidson, eds., *The Nature of Emotion: Fundamental Questions*, New York, NY: Oxford University Press, 1994, pp. 15–19; Robert Plutchik, "A General Psychoevolutionary Theory of Emotion", in Robert Plutchik and Henry Kellerman, eds., *Theories of Emotion*, New York, NY: Academic Press, 1980, pp. 3–33.

愤怒、感兴趣和愉快等情绪就属于这种类型的情绪。这类情绪发生的部位是建立人类情绪与认知之间的联系并实现人的情绪的社会化的关键机制。三级水平的情绪是一种高级情感，其发生机制定位在进化晚期扩展的前脑。羞耻、内疚、羡慕、忌妒和同情等情感是与高级认知过程相联系而形成的情绪类型。

当代心理学一般将情绪首先划分为**基本情绪**和**复合情绪**。快乐、痛苦与悲伤、愤怒、恐惧是常见的基本情绪类型，也是理解人的社会化过程中形成的爱与依恋、焦虑、敌意和自我意识等复合情绪的基础。与基本情绪不同的是，复合情绪要接受社会标准的检验。

由于基本情绪的分类忽视了对情绪有影响的基本意识条件，有研究者倾向于使用"**一般性情绪**"的概念，并将其理解为，情绪的意义重在意识条件或其他相关条件，情绪的性质应由自身的反应性和相关意识条件及其他有关条件的综合来决定。一般性情绪主要包括两种类型。一种是其发生与人的感官反应和人的兴趣要求乃至人的广泛利益相联系的，一般可以用痛苦和快乐来界定的情绪。这类情绪是相当广泛的一种情绪，也被称作一般性苦乐情绪或利益情绪。另一种一般性情绪与自我价值意识紧密联系，由自我价值的直接肯定和否定所引起，一般用荣誉和羞耻等概念来界定。有关集体和国家的荣辱感，以及对他人的价值评价性情绪，属于这类情绪的延伸形式。这类情绪也被称作价值性情绪或荣辱情绪。**特化性情绪**是与一般性情绪相对的一种情绪类型，强调情绪受特定的外部条件和内在因素的制约。大多数特化性情绪以人的一般性情绪为基础，其发生、发展不仅依赖有关的外部条件和意识，还依赖与外部条件和意识相联系的特定的、内在的一般性情绪。爱与依恋、恐惧、愤怒、憎恨等是重要的特化性情绪。[1]

---

[1] 参见卢红：《重建情绪与人格心理学》，暨南大学出版社2008年版，第五章、第六章。

二、个体情绪与集体情绪

在心理学家看来，情绪"属于"个体，是内在于个人的。对于一个人的情绪如何成为其他人的情绪，即"内在的"东西如何变成"外在的"东西（如"我的愤怒是怎样变成我们的愤怒的"）这一问题，心理学家一般通过投射同一性（projective identification）来加以解释。①情绪所具有的社会和文化实践的属性可以解释社会某些群体可能共有的一些情绪体验，但某些群体所拥有的情绪结构却不能化约为其个体成员的具体情绪特征。在这种意义上，个体情绪（individual emotion）如何成为集体情绪（collective emotion），或集体情绪如何影响群体中的个体成员，就成为研究者关注的重要问题。

古斯塔夫·勒庞提出的情绪传染（感染）（contagion）的观点被认为是情绪流行的最初模式，特别是情绪由外而内的运动模式，即人群或大众的情绪成为其中个体成员的情绪。在此基础上，莎拉·艾哈迈德（Sara Ahmed）提出了"情感经济"（affective economies）的概念。在这一概念模型中，情感、情绪的传播被比作货物流通。②其后，威尔弗雷德·比昂（Wilfred R. Bion）提出的容纳模型（model of containment）认为，当一种情感过于强烈而个体 X 无法容纳时就会溢出。譬如，亲密朋友之间常常会倾诉委屈、悲伤等。③

针对情绪的传播和流行，心理分析学家罗伯特·辛舍尔伍德（Robert D. Hinshelwood）在 20 世纪 80 年代后期提出了"情感网络"（affective network）的概念。传统心理分析用投射同一性解释了 X 将

---

① 这一问题是政治学领域情绪研究方法论争论的一个重要方面。参见 Simon Clarke, Paul Hoggett and Simon Thompson, "Moving Forward in Study of Emotions: Some Conclusions", in Simon Clarke, Paul Hogget and Simon Thompson, eds., *Emotions, Politics and Society*, New York, NY: Palgrave Macmillan, 2006, pp. 162-175。

② Sara Ahmed, *The Cultural Politics of Emotion*, Edinburgh: Edinburgh University Press, 2004.

③ Wilfred R. Bion, *Learning from Experience*, London: Tavistock, 1962.

其情绪状态传递给 Y，从而使 Y 感觉到自己也具有了与 X 一样的情绪和情感状态的过程。在此基础上，辛舍尔伍德结合自己对于群体和机构的观察，认为 Y 同样可能将其从 X 那里获得的情绪传给第三个人，并继续传播下去。"情感网络"就是对这一过程的一个概括和描述。他同时认为，情绪的这一传播过程也是人们希望摆脱某种情绪的过程。①

个体情绪与集体情绪之间有着复杂的关系。有研究发现，人们对于公平相关问题的反应大多是与他人进行比较。② 由于人们所面对的归因模糊性（attributional ambiguity），在评估单一事件时这种社会确认（social validation）就尤为重要。譬如，参与集体行动的常见动机就产生于人们对重要他人的反应及对这些反应的重要性的评估；同样地，当人们感受到对其群体立场的广泛支持时，其对外群体的愤怒就更有可能产生。③ 依据社会认同理论和自我分类理论，个体情绪与集体情绪的关系还在于，当人们按照共有的群体成员身份界定自我时，群体内的相似性与群体间的差异性会得到增强。在这种情况下，人们可能不会将自己看作独特的和不同的个体，而是某一特定群体的典型代表。譬如，当一位女性认为其不愉快的个人经历源于性别歧视时，她相信这样的事情也会发生在其他女性身上。④ 于是，这种得到社会

---

① Robert D. Hinshelwood, " A 'Dual Materialism' ", *Free Associations*, No. 4, 1986, pp. 36-50; Robert D. Hinshelwood, "Social Possession of Identity", in Barry Richards, ed., *Crises of the Self: Further Essays on Psychoanalysis and Politics*, London: Free Association Books, 1989.

② Robert J. Bies and Thomas M. Tripp, "Beyond Trust: 'Getting Even' and the Need for Revenge", in Roderick M. Kramer and Tom R. Tyler, eds., *Trust in Organizations: Frontiers of Theory and Research*, Thousand Oaks, CA: Sage, 1996, pp. 246-260.

③ Bert Klandermans, *The Social Psychology of Protest*, Cambridge, MA: Blackwell Publishers, 1997; Diane M. Mackie, Thierry Devos and Eliot R. Smith, "Intergroup Emotions: Explaining Offensive Action Tendencies in an Intergroup Context", *Journal of Personality and Social Psychology*, Vol. 79, No. 4, 2000, pp. 602-616.

④ Mindi D. Foster, "Positive and Negative Responses to Personal Discrimination: Does Coping Make a Difference?", *Journal of Social Psychology*, Vol. 140, No. 1, 2000, pp. 93-106.

支持的个体情绪会进一步加强并转化为集体情绪。常被用来解释集体行动的相对剥夺感，实际上就是个体情绪转化为以群体为基础的情绪的一个结果，尽管这种相对劣势感可能表现为失望、沮丧、怨恨或愤慨（indignation）等不同情绪。①

个体情绪与集体情绪的关系还可能受到情绪趋同的影响。为获得适应性，处于特定关系中的人们对于同样的事件会产生相似的情绪反应。因此，具有亲密关系的不同个体随着时间的推移，其情绪反应可能变得越来越相似，从而经历一个可称之为"情绪趋同"（emotional convergence）的过程。大量研究表明，对共同经历的事件表现出相似的情绪反应对人们是有益的。

情绪的相似性可以协调不同个体的注意力、思想和行为，因而有助于不同个体像一个集体一样对机会和威胁做出反应，而相似的情绪可能导向的集体行动会比个体的独自行动更有效。②譬如，共同的愤怒可能会增加使公正问题得到解决的机会，共同的悲伤可能会增加使损失得到弥补的机会，而共同的敬畏则增加了使领导者和集体原则得到尊重的机会。③就如情绪可以调节个体的认知与行为过程一样，具

---

① 参见 Heather J. Smith and Thomas Kessler, "Group-Based Emotions and Intergroup Behavior: The Case of Relative Deprivation", in Larissa Z. Tiedens and Colin Wayne Leach, eds., *The Social Life of Emotion*, New York, NY: Cambridge University Press, 2004, pp. 292-313。

② Elaine Hatfield, John T. Cacioppo and Richard L. Rapson, *Emotional Contagion*, New York, NY: Cambridge University Press, 1994; Dacher Keltner and Ann M. Kring, "Emotion, Social Function, and Psychopathology", *Review of General Psychology*, Vol. 2, No. 3, 1998, pp. 320-342; Donald T. Campbell, "On the Conflicts between Biological and Social Evolution and between Psychology and Moral Tradition", *The American Psychologist*, Vol. 30, No. 12, 1975, pp. 1103-1126; Leon Festinger, "Architecture and Group Membership", *Journal of Social Issues*, Vol. 7, No. 1-2, 1951, pp. 152-163.

③ Dacher Keltner and Jonathan Haidt, "Social Functions of Emotions", in Tracy J. Mayne and George A. Bonanno, eds., *Emotions: Current Issues and Future Directions*, New York, NY: Guilford Press, 2001, pp. 192-213.

有相似性的情绪可以调节不同个体的认知与行为过程。①

体验过相似情绪的人更容易站在他人的角度看问题,也更可能准确感知他人的感受、意图和动机。②因此,有着相似情绪的人能更好地理解对方,也能更好地预见他人的行为,从而导向更具合作性和有益的社会互动。

情绪的相似性可提升群体凝聚力和团结,而情绪差异则会增加不适和人际冲突的可能性。③因此,经历相似情绪的个体相处时会感觉更亲近和舒适。譬如,一项有关焦虑和归属感的著名研究发现,焦虑的参与者更愿意跟其他焦虑的人相处。④具有相似情绪的人往往推

---

① Randall Collins, "Stratification, Emotional Energy, and the Transient Emotions", in Theodore D. Kemper, ed., *Research Agendas in the Sociology of Emotions*, Albany, NY: State University of New York Press, 1990, pp. 27−57; Elaine Hatfield, John T. Cacioppo and Richard L. Rapson, *Emotional Contagion*, New York, NY: Cambridge University Press, 1994; Dacher Keltner and Jonathan Haidt, "Social Functions of Emotions", in Tracy J. Mayne and George A. Bonanno, eds., *Emotions: Current Issues and Future Directions*, New York, NY: Guilford Press, 2001.

② Elaine Hatfield, John T. Cacioppo and Richard L. Rapson, *Emotional Contagion*, New York, NY: Cambridge University Press, 1994; Dacher Keltner and Ann M. Kring, "Emotion, Social Function, and Psychopathology", *Review of General Psychology*, Vol. 2, No. 3, 1998, pp. 320−342; Robert W. Levenson and Anna M. Ruef, "Empathy: A Physiological Substrate", *Journal of Personality and Social Psychology*, Vol. 63, No. 2, 1992, pp. 234−246; Stephanie D. Preston and Frans B. M. de Waal, "Empathy: Its Ultimate and Proximate Bases", *The Behavioral and Brain Sciences*, Vol. 25, No.1, 2002, pp. 1−20.

③ Sigal G. Barsade, Andrew J. Ward, Jean D. F. Turner, et al., "To Your Heart's Content: A Model of Affective Diversity in Top Management Teams", *Administrative Science Quarterly*, Vol. 45, No. 4, 2000, pp. 802−836; Paul A. Bell, "Affective State, Attraction, and Affiliation: Misery Loves Happy Company, Too", *Personality and Social Psychology Bulletin*, Vol. 4, No. 4, 1978, pp. 616−619; Kenneth D. Locke and Leonard M. Horowitz, "Satisfaction in Interpersonal Interactions as a Function of Similarity in Level of Dysphoria", *Journal of Personality and Social Psychology*, Vol. 58, No. 5, 1990, pp. 823−831.

④ Stanley Schachter, "Deviation, Rejection, and Communication", *Journal of Abnormal and Social Psychology*, Vol. 46, No. 2, 1951, pp. 190−207.

测自己跟他人拥有共同的立场,也觉得会得到他人的理解。①

情绪的趋同可发生于不同的层面或情形。在个体层面,处于亲密关系中的个体的情绪常常受到其与他人关系的强烈影响,甚至很大程度上就来源于他人。值得注意的是,个体层面的情绪趋同更多发生于低权力者(people with low power)之间。这种现象反映了现实生活中低权力者的情绪生活图景。已有研究发现,低权力者情绪多变,他们的情绪会因适应不同情境中的不同个体而发生变化,并会发展出类似关系模式或情绪规律的特定知识来引导其在不同关系情境中的情绪反应。②

相似性吸引(similarity-attraction)假设认为,人们会因态度与价值观、人格特征、身体特质、社会经济地位及认知风格等方面的类似而相互吸引。情绪的相似性有利于特定关系状态的产生和维持。譬如,情绪相似的恋人一般不太可能分手,宿舍室友会因相似的情绪而在毕业后继续保持友谊。③ 除此之外,人们也可能为表现出与自己类似情绪的他人所吸引。在竞争性环境中,人们因更信任与自己情绪相似的人而倾向于同他们结盟。当然,这种影响也可能使人们习得他人不健康的情绪模式,因而并非总是积极的。这种情形就如父母如果情

---

① Elaine Hatfield, John T. Cacioppo and Richard L. Rapson, *Emotional Contagion*, New York, NY: Cambridge University Press, 1993; Kenneth D. Locke and Leonard M. Horowitz, "Satisfaction in Interpersonal Interactions as a Function of Similarity in Level of Dysphoria", *Journal of Personality and Social Psychology*, Vol. 58, No. 5, 1990, pp. 823-831.

② Larissa Z. Tiedens, Phoebe C. Ellsworth and Batja Mesquita, "Sentimental Stereotypes: Emotional Expectations for High- and Low-Status Group Members", *Personality and Social Psychology Bulletin*, Vol. 26, No. 5, 2000, pp. 560-575; Cameron Anderson and Dacher Keltner, "The Emotional Convergence Hypothesis: Implications for Individuals, Relationships, and Cultures", in Larissa Z. Tiedens and Colin Wayne Leach, eds., *The Social Life of Emotions*, New York, NY: Cambridge University Press, 2004, pp. 144-163.

③ Ellen Berscheid and Elaine Hatfield Walster, *Interpersonal Attraction*, 2nd ed., Reading, MA: Addison-Wesley, 1978.

绪抑郁的话，子女常常也会变得抑郁。①

情绪的趋同也存在于家庭、俱乐部或工作群体等较大的社会群体中。一个群体的情绪趋同模式与其层级结构联系在一起。研究表明，在所有社会群体中都存在层级。其中，注意力倾向于"向上"，而影响则倾向于"向下"。②也就是说，处于较低层级的人会更关注处于较高层级的人，因而也会更多地受到后者的影响。不仅如此，拥有较少权力的人更有动力维持其与有权力的他人的关系。这种状况表明，群体内领导者比一般成员更具影响力。领导者对其下属的情绪可产生即时的和强有力的影响。③群体中情绪的转移和传播有助于社会的共同认知以及规范、价值观和态度的形成。情绪相似性还可使成员更具凝聚力和协调性，使成员更有使命感与工作动力，从而促进群体有效实现其集体目标。

当人们自认为是特定群体的成员时，个体情绪常常会变成群体情绪。以群体为基础的评估塑造着以群体为基础的情绪，以及作为结果的集体行为。在政治学和社会学等相关研究领域，由于个体情绪对于社会和政治的意义，以及对于我们理解社会与政治现象的意义，远不及群体情绪，群体情绪吸引了更多的关注。

---

① Tiffany Field, Brian T. Healy, Sheri Goldstein, et al., "Behavior-State Matching and Synchrony in Mother-Infant Interactions of Nondepressed versus Depressed Dyads", *Developmental Psychology*, Vol. 26, No. 1, 1990, pp. 7−14; Cameron Anderson and Dacher Keltner, "The Emotional Convergence Hypothesis: Implications for Individuals, Relationships, and Cultures", in Larissa Z. Tiedens and Colin Wayne Leach, eds., *The Social Life of Emotions*, New York, NY: Cambridge University Press, 2004, pp. 144−163.

② Susan T. Fiske, "Controlling Other People: The Impact of Power on Stereotyping", *The American Psychologist*, Vol. 48, No. 6, 1993, pp. 621−628; John R. P. French and Bertram Raven, "The Bases of Social Power", in Dorwin Cartwright, ed., *Studies in Social Power*, Ann Arbor, MI: University of Michigan, 1959, pp. 150−165.

③ Elaine Hatfield, John T. Cacioppo and Richard L. Rapson, *Emotional Contagion*, New York, NY: Cambridge University Press, 1993; Cameron Anderson and Dacher Keltner, "The Emotional Convergence Hypothesis: Implications for Individuals, Relationships, and Cultures", in Larissa Z. Tiedens and Colin Wayne Leach, eds., *The Social Life of Emotions*, New York, NY: Cambridge University Press, 2004, pp. 144−163.

情绪并不仅仅是个体的内在体验，还往往与社会环境联系在一起。今天，集体情绪在国际关系领域特别是民族（种族）间冲突和战争中的影响，也日益受到关注。作为认同和共同体的重要部分[①]，情绪对于集体政治态度和政治思维模式具有塑造作用。在很大程度上可以说，如果不考虑与战争和战争创伤有关的情绪，国际关系中的民族（种族）之间的冲突和战争何以发生就不能得到充分解释，而治疗战争创伤则将变成无穷无尽的惩罚和报复。因此，"集体情绪政治"（politics of collective emotion）已成为国际关系领域的重要研究主题。[②]

三、积极情绪与消极情绪

在复杂和富于变化的不同情绪中，有些情绪与人类的道德生活关系密切，这些情绪可被划分为积极情绪（positive emotion）和消极情绪（negative emotion）。积极情绪和消极情绪是笼统的类型划分。虽然一些消极情绪（如愤怒）所具有的积极意义已为人们所关注，并在一定程度上否定了对情绪所做的这种类型划分，而且积极情绪与消极情绪的区分也被认为对于政治分析并不恰当[③]，但将情绪划分为积极情绪和消极情绪仍是一种常见的情绪类型分析法。一般而言，积极情绪会吸引人们趋近情绪对象，而消极情绪则使人们远离情绪对象。

---

① Thomas Scheff, "Emotions and Identity: A Theory of Ethnic Nationalism", in Craig Calhoun, ed., *Social Theory and the Politics of Identity*, Cambridge, MA: Blackwell, 1994, pp. 277–303; Mabel Berezin, "Emotions and Political Identity: Mobilizing Affection for the Polity", in Jeff Goodwin, James M. Jasper and Francesca Polletta, eds., *Passionate Politics: Emotions and Social Movements*, Chicago, IL: University of Chicago Press, 2001, pp. 83–98.

② Emma Hutchison and Roland Bleiker, "Grief and the Transformation of Emotions after War", in Linda Åhäll and Thomas Gregory, eds., *Emotions, Politics, and War*, New York, NY: Routledge, 2015, pp. 195–221.

③ Nicolas Demertzis, "Political Emotions", in Paul Nesbitt-Larking, Catarina Kinnvall, Tereza Capelos, et al., eds., *The Palgrave Handbook of Global Political Psychology*, London: Palgrave Macmillan, 2014, pp. 223–241.

无论是在学术研究中，还是在人们的日常生活中，对消极情绪的关注远胜于积极情绪。主要原因在于，相对于消极情绪，积极情绪数量少且更为分散。这种状况可以由情绪的进化论观点得到解释，即"自然选择只在包含危险或机会的情形下塑造情绪。消极情绪比积极情绪多，是因为危险的种类比机会的种类多"[1]。喜悦（joy）、感兴趣（interest）、满足（contentment）和爱（love）是四种表现明显的积极情绪。此外，心理学的研究传统也导致人们更重视消极情绪。一方面，由于心理学对心理问题及相关治疗的传统关注，消极情绪得到了更多的研究；另一方面，情绪理论家创造了一般意义上的情绪模式，并以此探索那些引人注意的消极情绪（如恐惧和愤怒）。[2]

　　积极情绪，如爱（love）、信任（trust）和感激（gratitude）等等，对于调节人际关系具有重要的作用。其中，爱及与之相关的钦佩（admiration）、敬畏（awe）常见于与地位较高者的关系，包括受人爱戴的政治领袖或宗教领袖，但并不必然与个人魅力型领袖有关；信任与社会网络和契约有关，近年来在有关社会资本及其形成的研究中得到了大量讨论；希望（hope）、乐观主义（optimism）、喜悦（joy）、幸福（happiness）和热情（enthusiasm）等，是一组可谓最难以理解和不可捉摸的积极情绪。

　　其中，乐观主义被认为基于某种目的论，即历史终归是处于运动中的。为抵制早期共产主义运动中的极端乐观主义冲动，意大利马克思主义者葛兰西（Antonio Gramsci）认为，乐观主义唯一的现实基础来自"理智上的悲观主义"（pessimism of the intellect）[3]，也就是面对与我们所希望的不同的世界的能力。然而，有证据表明，积

---

[1] Randolph M. Nesse, "Evolutionary Explanations of Emotions", *Human Nature*, Vol. 1, No. 3, 1990, pp. 261–289.

[2] 参见 Barbara L. Fredrickson and Christine Branigan, "Positive Emotions", in Tracy J. Mayne and George A. Bonanno, eds., *Emotions: Current Issues and Future Directions*, New York, NY: Guilford Press, 2001, pp. 124–132.

[3] 〔意〕安东尼奥·葛兰西：《狱中札记》，曹雷雨、姜丽、张跣译，河南大学出版社2014年版。

极的幻象（positive illusions）对于促进人的健康和幸福可产生重要影响，想象而非错觉（imagination, as opposed to delusion）在个人和文化的发展中具有建设性作用。① 积极的幻象某种程度上与近年来人们所关注的幸福相关。乐观主义具有传染性，但当最初的乐观主义被放大到不可实现的程度时，这种"积极的幻象"就会变成"消极的错觉"（negative delusion）。②

仇恨（hatred）、嫉妒（envy）、坏心眼（spite）、恶意（malice）和厌恶（loathing）等是最为强烈的消极情绪。在公共生活中，这些有毒情感（toxic feelings）与怨恨（ressentiment/resentment）现象联系在一起。种族主义、民族主义和福利沙文主义（welfare chauvinism，即针对那些享受教育和卫生等公共服务的非国民的敌意）等，可能就是怨恨情绪得以表达的途径。与积极情绪相对应，也有一些消极情绪难以捉摸，如悲观主义（pessimism）、玩世不恭（cynicism）与绝望（despair）等。一些研究认为，玩世不恭是一种组织化的文化现象；近年的研究则表明，政治的现代化以及新政治和媒体精英的出现，使得人们与民主过程和制度日益严重脱离，进而导致普遍的玩世不恭。③

---

① C. R. Snyder, "Reality Negotiation: From Excuses to Hope and Beyond", *Journal of Social and Clinical Psychology*, Vol. 8, No. 2, 1989, pp. 130-157; Donald D. Winnicott, *Playing and Reality*, New York, NY: Routledge, 2005.

② Paul Hoggett and Simon Thompson, "Introduction", in Paul Hoggett and Simon Thompson, eds., *Politics and the Emotions: The Affective Turn in Contemporary Political Studies*, New York, NY: Continuum International Publishing Group, 2012, pp. 1-19.

③ Peter Sloterdijk, "Cynicism–The Twilight of False Consciousness", trans. by Michael Eldred and Leslie A. Adelson, *New German Critique*, Vol. 33, No. 33, Modernity and Postmodernity, 1984, pp. 190-206; Peter Sloterdijk, *Critique of Cynical Reason*, trans. by Michael Eldred, Minneapolis, MN: University of Minnesota Press, 1987; Paul Hoggett and Simon Thompson, "Introduction", in Paul Hoggett and Simon Thompson, eds., *Politics and the Emotions: The Affective Turn in Contemporary Political Studies*, New York, NY: Continuum International Publishing Group, pp. 1-19.

情绪体验受到规范、价值和文化的影响。在这种意义上,情绪是社会地建构起来的,其中一些情绪比另外一些情绪更多地由社会建构而成。在不同情绪中,与政治有关的情绪相比其他情绪处于社会建构的一端。① 与此相关,还有一种情绪分类观点,是将不同情绪按照从生理的一端(more physiological end)到文化的一端(more cultural end)依次分为:欲望(如沉迷、疲劳、饥饿)、反射情绪(如愤怒、恐惧、喜悦、悲伤、厌恶、惊讶和满足)、情感(爱、恨、信任、尊重)、心境和道德情绪(如同情、骄傲、羞耻、嫉妒,以及更具复杂形式的恐惧、愤怒等)。② 实际上,人们常常使用同一个术语来表示很不一样的情绪,因而并非所有情绪都能被严格而整齐地归类。同时,又有一些情绪因持续时间较长而具有心境效应(如骄傲)。

对情绪进行类型分析至今仍是心理学研究中的一个重要课题。一般而言,恐惧、愤怒、喜悦和悲伤是人类的基本情绪,而其他情绪则是在情绪发展过程中系统地分化而成的更为复杂的情绪形式。③

积极情绪可能使人们感觉良好,提升其主观生命体验,拓展其关注视野和思维模式,同时培育人们的身体、智力与社会资源。积极情绪的重要潜能还表现为,长期的积极情绪体验有助于应付和减缓消极情绪状态,有利于追求重要目标,维系社会纽带,从而在个人和社会意义上产生积极影响。尽管如此,与心理学研究传统一样,政治学与政治心理学研究也主要集中于一些消极情绪,如焦虑、怨恨/嫉妒、

---

① 参见 Jeff Goodwin, James M. Jasper and Francesca Polletta, eds., *Passionate Politics: Emotions and Social Movements*, Chicago, IL: University of Chicago Press, 2001。

② 参见 James M. Jasper, "Emotion and the Microfoundations of Politics: Rethinking Ends and Means", in Simon Clarke, Paul Hoggett and Simon Thompson, eds., *Emotions, Politics and Society*, New York, NY: Palgrave Macmillan, 2006, pp. 16–18。

③ Alexandra Zinck and Albert Newen, "Classifying Emotion: A Developmental Account", *Synthese*, Vol. 161, No. 1, 2008, pp. 1–25.

憎恨、愤怒等。① 值得一提的是，近年来政治学研究对于这些不同情绪或心境的关注，往往与社会普遍流行的特定意识形态以及政治文化的变化等联系在一起，从而在很大程度上使这些似乎难以解释的意识形态和观念的流行变得容易理解了。②

第五节 若干重要情绪

虽然政治学和政治心理学领域对情绪的关注主要集中于消极情绪，但并非所有消极情绪都导向消极的结果。譬如，有关焦虑的研究发现，焦虑这一消极情绪具有正面效应。③ 这是政治心理学中有关情绪的一个有趣发现。在同情、愤怒、嫉妒、焦虑和怨恨等颇为常见和容易识别的社会情绪中，焦虑和怨恨是较为普遍并得到较多关注的两种重要的社会情绪。

一、焦虑

焦虑（anxiety）是现代社会最普遍的情绪反应和社会心理状态，是现代性情感结构的内在组成部分。在早期研究者（如弗洛伊德）看来，焦虑是单一的基本情绪，而现代许多学者认为焦虑是由紧张、

---

① 近年来科学研究及大众媒体对积极情绪的关注急剧增加，而积极情绪也被视为诸多好结果的原因。但也有研究认为，对积极情绪的这种研究热忽略了这类情绪的其他可能性，特别是其具有适应不良方面的问题，或可称为积极情绪的"阴暗面"（dark side）。参见 June Gruber and Judith Tedlie Moskowitz, eds., *Positive Emotion: Integrating the Light Sides and Dark Sides*, New York, NY: Oxford University Press, 2014。

② 例如对盛行的民族主义的解释。参见 Jonathan Heaney, "Emotions and Nationalism: A Reappraisal", in Nicolas Demertzis, ed., *Emotions in Politics: The Affect Dimension in Political Tension*, London: Palgrave Macmillan, 2013, pp. 243–263。

③ George E. Marcus, *The Sentimental Citizen: Emotion in Democratic Politics*, University Park, PA: Pennsylvania State University Press, 2002.

焦急、忧虑、恐惧组成的情绪状态。美国精神医学学会（American Psychiatric Association，APA）将焦虑定义为"由烦躁不安或身体症状所伴随的，对未来危险和不幸的忧虑预期"[①]。焦虑已经日益被看作一种当人处于负性情境时的消极适应现象，也包括在面对危险和威胁时个体对应对能力的强烈预期。对焦虑的这种认识有助于理解现代社会普遍的焦虑现象及其产生的原因。

（一）现代社会与焦虑

埃里希·弗洛姆（Erich Fromm，1900—1980）将现代人所处的时代称为"焦虑的时代"，焦虑也内在于乌尔里希·贝克（Ulrich Beck，1944—2015）所说的"风险社会"。[②]尽管在恶性焦虑（distress）之外，还有良性焦虑（eustress，也称积极压力），但焦虑仍是人们大多数时候极力避免的一种情绪。焦虑情绪的产生有着复杂的原因。个人经济状况、国家整体经济状况与福利状况是影响人们心态的重要因素，而某些个别事件、言论或观点，都会改变人们作为个体或整体的心理状况，使人们变得焦虑。譬如，"9·11"之后，人们对于各种潜在风险的恐惧使焦虑情绪迅速增加和蔓延。又如，1962年美国海洋生物学家雷切尔·卡森（Rachel Carson，1907—1964）《寂静的春天》（*Silent Spring*）一书的出版，影响了后来人们对于环境的认识，并使人们因此对生态危机产生了焦虑，进而推动了持续至今的全球环境运动。如此等等。

选择性注意既是焦虑产生的一种重要内在机制，也在很大程度上使焦虑情绪具有自我强化的效应，即人们因注意偏向而选择性地接收

[①] 参见 Arne Öhman, Anders Flykt and Daniel Lundqvist, "Unconscious Emotion: Evolutionary Perspective, Psychophysiological Data, and Neuropsychological Mechanism", in Richard D. Lane and Lynn Nadel, eds., *Cognitive Neuroscience of Emotion*, New York, NY: Oxford University Press, 2000, pp. 269—327。

[②] 〔美〕E. 弗洛姆:《健全的社会》，孙恺祥译，王馨钵校，贵州人民出版社1994年版，第163页；Ulrich Beck, *Risk Society: Towards a New Modernity*, London: Sage, 1992。

环境中的不同信息，可能会使焦虑情绪进一步强化。有研究者提出，焦虑与一种自主加工的偏向相联系，它将注意力吸引到环境中的威胁线索上，以利于获得威胁性信息。也有实验发现，高焦虑性格者的注意偏向于发现威胁信息，这种注意偏向对紧张事件的预期提高了焦虑水平。[①] 在一般意义上，焦虑是一种不受欢迎的负性情绪，但这种情绪却被证明在现实政治中具有重要作用。

（二）焦虑的影响

焦虑可以唤醒人们的学习意识，刺激即时学习，并使人们逐渐减少对已经学到的东西的依赖。倾向连续性、依赖习惯而进行判断是人们常见的思考模式，焦虑则动摇了人们对习惯的依赖，并在一定程度上促使人们展现出理性思考的能力。利用一种消极情绪去对抗另一种消极情绪尽管看起来似乎很奇怪，但焦虑所具有的抑制习惯、唤醒智力机能的功能，为人们提供了防止与习惯性反应相联系的长期危险的策略途径，从而保护人们免受一再出现的威胁的影响。

焦虑最重要的结果可能还在于它对政治判断的作用。人们在焦虑时会作出不同的判断。在选举政治中，焦虑是理性和现实政治依赖的重要情绪。一项对1980年到1996年美国总统选举所做的研究发现，现任者引发的焦虑极大地改变了人们如何决定为哪一位候选人投票。[②] 具有不同政党倾向的选民，其情绪反应都是针对在位总统的，而不是挑战者。这一模型有助于解释为什么现任者拥有胜选连任的真实优势。[③] 在1980年到1996年间，没有焦虑感的选民在选举时一般选择他们最喜欢的候选人，或按照其源于党派的习惯性反应挑选候选人。这

---

① 孟昭兰主编：《情绪心理学》，北京大学出版社2005年版，第192页。

② George E. Marcus, W. Russell Neuman and Michael MacKuen, *Affective Intelligence and Political Judgment*, Chicago, IL: University of Chicago Press, 2000.

③ 不仅如此，候选人一旦赢得选举，新当选官员还可从那些为其竞争者投票的选民中获得支持。Benjamin Ginsberg, *The Captive Public: How Mass Opinion Promotes State Power*, New York, NY: Basic Books, 1986.

一发现与过去四五十年间对主要选举的研究可以相互证实。习惯主导了这一时间段的每一次美国总统选举。对于普通选民而言，要了解每一位候选人及其所属政党的一切信息（包括他们在重要议题上的立场），是一个极为沉重的负担，而焦虑则提供了是否以及何时应该了解哪些信息的有效的挑选机制。

对焦虑的选民而言，候选人在重要问题上的立场是否与自己的偏好接近是其最重要的考虑。这类选民还会更多关注候选人的真实性格。同时，相对于没有焦虑感而依据意识形态进行投票的选民，意识形态对于焦虑选民的投票判断所起的作用非常有限，而候选人在一些重要问题上的立场对于形成判断则具有显著影响。在这种意义上，焦虑的选民比平静的选民更为理性，焦虑因使人们更专注而变得更理性。[1]

谢茨施奈德（Emler E. Schattschneider）将美国政治的特征概括为，是那些希望将冲突私人化的人与希望将冲突社会化的人之间持续的战斗。[2] 其中，无论哪一方都使用焦虑和热情来组织其力量，以获得相对于对方的优势。这是情绪被用于现实政治的一个重要例证。

焦虑可使人们放弃对习惯的依赖而依据理性作出判断。在这种意义上，焦虑是对现实政治至关重要的一种情绪，而由焦虑所引发的理性思考和讨论，还具有开辟公共辩论和审议空间的作用。在作出政治判断并进行选择时，焦虑情绪有助于人们从对习惯的依赖转向对新的可替代选择的开放性思考；更多的选择带来了更大的风险，但也在不同程度上扩展了人们的公共讨论空间和选择空间。这就是常被人们忽略的情绪所具有的开辟政治发生于其中的公共空间和私人空间的能力。焦虑使得人们不再仅仅是刺激－反应的动物，也不再是没有思考习惯的动物。焦虑促使人们确立新的目标，并因应预期刺激产生新的反应。人们可以设定目

---

[1] 参见 George E. Marcus, *The Sentimental Citizen: Emotion in Democratic Politics*, University Park, PA: Pennsylvania State University Press, 2002, pp. 103–105, 116。

[2] Elmer E. Schattschneider, *The Semi-Sovereign People: A Realist's View of Democracy in America*, New York, NY: Holt, Rinehart & Winston, 1960.

标、讨论目标和追求目标,并在某些时候成为政治动物。①

过去很长时间里,焦虑的这些作用之所以被忽视,主要原因在于情绪明显不符合有关思维、思想的最佳条件的常规假设:没有情绪,或被描述为平静或宁静(tranquility),也就是哲学家和梵学家所建议的宁静状态。焦虑作为一种较为普遍的情绪,其积极效应是通过使人变得更理性而实现的。因某种情绪而更理性,这看起来是一个非常矛盾的现象,但也是一个非常有趣和值得关注的现象。

在上述可能的积极影响之外,焦虑情绪的负面影响同样不容忽视,主要表现为焦虑对个体和作为整体的社会普遍心态,特别是对主观幸福感(subjective well-being,SWB)的影响。相对于焦虑的积极影响,其消极影响则更为人们所熟知。

二、怨恨

怨恨是一种重要的人类心理和情感,在东西方古代思想家的著述中都可以找到有关怨恨或嫉妒的论述,而现代社会理论家对怨恨心理和现象的关注则源于现代性问题。与人类的其他大多数情感或感受不同,怨恨在哲学和社会科学研究中得到了较为充分的分析。这在很大程度上是由于怨恨被认为是现代社会的一种重要的精神现象,或者说是与现代性问题联系在一起的。"后现代政治是普遍怨恨的政治(a politics of generalized *ressentiment*)。"现代社会和资本主义的不确定性使个人产生了普遍的无力感,身份政治(identity politics)和伦理主义(ethicism)不过是其常见的社会表现形式,也是对社会现实的仓促而被动的反应。②

---

① 参见 George E. Marcus, *The Sentimental Citizen: Emotion in Democratic Politics*, University Park, PA: Pennsylvania State University Press, 2002, p. 148。

② 参见 Wendy Brown, *State of Injury: Power and Freedom in Late Modernity*, Princeton, NJ: Princeton University Press, 1995, pp. 21–76; William E. Connolly, *Identity/Difference: Democratic Negotiations of Political Paradox*, Ithaca, NY: Cornell University Press, 1991, pp. 22–23, 207。

（一）怨恨是一种怎样的情绪？

怨恨一词源自法语词"*ressentiment*"。在其所著《论道德的谱系》(*On the Genealogy of Morality*, 1887) 一书中，尼采 (Friedrich Wilhelm Nietzsche, 1844—1900) 提出了"怨恨"假说，从而将"怨恨"这一法语词引入了德语，并使这个概念成为一个专门术语。相比英语单词"resentment"（愤恨）或"rancor"（憎恨），"*ressentiment*"的含义要微妙得多。① 因此，今天即使是英语世界的学者也习惯于保留法语原词以保全其微妙的含义。

在《论道德的谱系》一书中，尼采通过怨恨假说抨击了基督教道德观及其价值体系，视之为一种奴隶道德，一种以怨恨为动机的道德。"奴隶在道德上进行反抗伊始，怨恨本身变得富有创造性并娩出价值：这种怨恨发自一些人，他们不能通过采取行动作出直接的反应，而只能以一种想象中的报复得到补偿。……这是向外界而不是向自身方向寻求价值——就是一种怨恨：奴隶道德的形成总是先需要一个对立的外部环境，从物理学的角度讲，它需要外界刺激才能出场，这种行动从本质上说是对外界的反应。"② 在尼采看来，怨恨是不能作出直接行动反应的人作为补偿而采取的"想象的报复"(imaginary revenge)。

马克斯·舍勒 (Max Scheler, 1874—1928) 的怨恨论承接尼采的怨恨命题。舍勒对怨恨这一心理现象的关注和讨论主要集中于社会问题领域，并将之与现代性问题联系在一起。在现代社会的诸多缺陷、弱点和价值错觉中，舍勒对"怨恨"现象给予了特别的关注。他对"怨恨"的研究主要体现于他在1912年发表的一篇题为《怨恨与道德价值平等》("Das Ressentiment und Moralisches Werturteil") 的论文中。1915年，他又扩充了这篇论文的篇幅，并以《道德建构中的怨

---

① 参见〔美〕曼弗雷德·S.弗林斯：《舍勒的心灵》，张志平、张任之译，上海三联书店2006年版，第144页。

② 〔德〕尼采：《论道德的谱系》，周红译，生活·读书·新知三联书店1992年版，第21页。

恨》("Das Ressentiment im Aufbau der Moralen")为题再次发表。与尼采把怨恨追溯到基督教不同,在舍勒看来,怨恨是一种有明确的前因后果的心灵自我毒害。这种自我毒害涉及一种持久的心态,它是因强抑某种情感波动和情绪激动,使其不得发泄而产生的情感;这种"强抑"的隐忍力通过系统训练而养成。……这种自我毒害的后果是导致某些持久的情态,形成确定样式的价值错觉及与之相应的价值判断。①

在尼采、舍勒等人对怨恨的理解中,怨恨是存在于某些人心中的一种冥顽不化的情绪,它根源于人们潜意识的情感体验层次上被隐藏起来的那些不可救药的无能。人们或许存在的强烈的怨恨感和憎恨感就产生于各种各样的无能感和软弱感。报复、不怀好意、嫉妒、敌视等是导致怨恨的一些特殊的初始形式。此外,在英语单词中没有与之对应的德语词"Scheelsucht"(眼红)和"Schadenfreude"(幸灾乐祸)所表达的情绪,也可能导致怨恨。真正的怨恨无法获得情感上的满足,而是表现为因和他人进行比较而感受到的持久的愤怒和痛苦。②

(二)怨恨的产生及其表现

怨恨总是形成于存在比较的社会中。在个人与他人的比较最少的地方,嫉妒和羡慕也就不大可能出现。在几乎没有社会差别的社会中,无论是个体还是群体,都不太可能产生怨恨;或者,当个体或群体甘愿接受其生来就有的社会地位时,他们往往也不会对确定或不确定的对象产生嫉妒和怨恨。然而,对人类而言,有些不幸和具有嘲讽意味的是,现代人在政治、社会、道德等方面都力求平等,追求平等、弥平差异的倾向本身就隐藏着怨恨,而永远无法实现绝对平等的现实则使人们将追求内含怨恨心态的平等主义作为一项永恒的事业。

---

① 〔德〕马克斯·舍勒:《价值的颠覆》,罗悌伦、林克、曹卫东译,生活·读书·新知三联书店1997年版,第7页。
② 参见〔美〕曼弗雷德·S.弗林斯:《舍勒的心灵》,张志平、张任之译,上海三联书店2006年版,第145—150页。

现代社会充满了竞争以及主动或被动的比较，从而提供了滋生嫉妒和怨恨的重要社会基质；反过来，这种嫉妒和怨恨又进一步强化了竞争。在现代社会，怨恨心理形成和积聚的重要社会根源，在于急剧的社会变化以及随之而来的社会结构（如阶层结构、职业群体等）的重要变化。具体而言，社会变革带来的利益分化和一些社会群体的利益相对剥夺感是怨恨产生和积聚的重要社会机制。怨恨产生于社会性生存比较：我本来**应该像你那样**风光，却**没有能够**如你那样得意，于是形成一种生存性的紧张情态。① 舍勒就讨论了某些职业类型产生怨恨心态的独特社会学因素：在现代社会的变迁中，手工业者、小市民、下层官员等职业者感到自己失去了本来属于自己的东西，因而在他们中间就容易形成怨恨心态。

怨恨本来主要是一种个体情绪体验，但在社会化场景中的表现和结果却常常是社会性的；也就是说，由怨恨情绪所驱动的行为常常是群体性的。"共同的仇恨可以凝聚最异质的成分。"相对于爱和同情等积极情绪，怨恨更容易使本来毫不相关的个体联系起来。在现代社会，怨恨日益表现为一种群体情绪或通过群体性行动表达出来的社会心理，而群众运动所具有的疗伤奇效也经由让个体融入群体，进而将失意的个体从深切的无能感中拯救出来的过程而实现。

怨恨还是一种跨越国界的情绪表达。譬如，西方国家长期以来所实施的针对以色列和巴勒斯坦的特定政策，使得阿拉伯地区民众产生了强烈的怨恨，并使中东与西方国家之间有关世界的认识鸿沟难以弥合，更引发了这一地区长期的抗议浪潮。② 在由亨廷顿所界定和讨论的不同文明的冲突中，同样可以发现怨恨的影响。③ 在冷战后的世界，怨恨在种族（民族）冲突中也找到了有效的甚至是充满正当性的表达途径。

---

① 参见刘小枫：《现代性社会理论绪论——现代性与中国》，上海三联书店1998年版，第363—365页。

② 参见 Mohamed El-Doufani, "Resentment Grows", *World Today*, Vol. 58, No. 5, 2002, pp. 8–10.

③ 〔美〕塞缪尔·亨廷顿：《文明的冲突与世界秩序的重建》，周琪、刘绯、张立平、王圆译，新华出版社2002年版。

怨恨作为人类的一种劣质情绪，已经弥漫于各类人群中，而不仅限于传统讨论中常见的劣势（弱势）人群。在美国政治中，即使是在民权运动之后的美国政治中，利用多数人对少数族裔下层民众的怨恨赢得选举早已成为重要的选举策略，共和党竞选团队被认为尤其擅长使用这一策略。"政治的全部秘诀就是知道谁恨谁。"（The whole secret of politics is knowing who hates who.）① 民权运动已经过去了半个世纪，但美国政治中白人针对少数族裔的怨恨一直存在，这种种族怨恨（racial resentment）常常通过反对议题广泛的种族政策表现出来，并在不同人群中有着不同的观念基础。相关研究发现，在自由派中，种族怨恨体现了种族偏见的政治影响，而保守派中的种族怨恨则更具意识形态色彩。②

（三）理解怨恨的两种路径

怨恨这一概念虽然早就出现于许多哲学家、社会学家和心理学家的著作中，但研究者对其定义却没有基本共识。以尼采和舍勒为代表的研究者将怨恨理解为遵循一般的酸葡萄逻辑（the logic of La Fontaine's fox）的弱者的情感，这也被称为对怨恨的一种尼采式理解（Nietzschean approach）。在一些相关研究中，有的学者使用了"resentment"一词而不是"*ressentiment*"。虽然"resentment"一词不能完全涵盖"*ressentiment*"的全部含义，特别是其中的微妙含义，但"resentment"却反映了怨恨这一概念不太受到关注甚至常常被忽视的一个理解维度，即怨恨这种情绪也包括对现实社会存在的不公平和不公正状况的情绪上的反对。与尼采式理解相对应，对于怨恨的

---

① David Jacobs and Daniel Tope, "The Politics of Resentment in the Post-Civil Rights Era: Minority Threat, Homicide, and Ideological Voting in Congress", *American Journal of Sociology*, Vol. 112, No. 5, 2007, pp. 1458–1494.

② Stanley Feldman and Leonie Huddy, "Racial Resentment and White Opposition to Race-Conscious Programs: Principles or Prejudice？", *American Journal of Political Science*, Vol. 49, No. 1, 2005, pp. 168–183.

这种理解也被称作非尼采式理解（non-Nietzschean approach），在英语写作中一般使用"resentment"一词。① 在一些英语作者的写作中，"*ressentiment*"与"resentment"也会出现混用的情形。在这种意义上，有关怨恨的尼采式理解对于怨恨产生原因的分析就可能是不完整的。

在政治哲学研究领域，罗尔斯对怨恨的理解代表了典型的非尼采式理解。在《正义论》中，他将怨恨界定为一种道德情感（moral sentiment），一种人们在受到不正当对待时产生的情感。② 在社会学领域，澳大利亚社会学家杰克·巴伯雷特（Jack Barbalet）将怨恨同广泛的社会与政治现象（如阶层之间和阶层内的对立、社会不平等及公民身份等）联系在一起。在他看来，在以纵向和横向阶层流动为特征的社会中，怨恨（resentment）的确是一种非常重要的情感。这种情绪既取决于各个社会的特定社会结构，也决定了不同阶级（阶层）之间斗争的强度。③

无论是在有关怨恨的尼采式理解还是非尼采式理解中，怨恨都是一种令人烦恼和不悦的情绪，也都基于对不公正的切身体验。不同的是，尼采式理解反映了对于怨恨的消极情感，而非尼采式理解则传达出对于怨恨的积极态度。正是这一差异使人们对怨恨这一情绪的理解和认识出现了鸿沟。与这种消极情绪相应，"resentment"被尼采和舍勒界定为"*ressentiment*"。④ 可以说，对于怨恨的尼采式理解有助于认识和解释怨恨的产生，特别是源于平等意识并已成为人性一部分的深刻心理原因；对于怨恨的非尼采式理解则可能为社会摆脱怨恨的困扰

---

① 参见 Nicolas Demertzis, "Emotions and Populism", in Simon Clarke, Paul Hogget and Simon Thompson, eds., *Emotions, Politics and Society*, New York, NY: Palgrave Macmillan, 2006, pp. 103—122。

② 参见〔美〕约翰·罗尔斯：《正义论》，何怀宏、何包钢、廖申白译，中国社会科学出版社 1988 年版，第八章。

③ 参见 Jack Barbalet, *Emotion, Social Theory and Social Structure: A Macrosociological Approach*, Cambridge: Cambridge University Press, 1998, pp. 68, 71。

④ 参见 Nicolas Demertzis, "Emotions and Populism", in Simon Clarke, Paul Hogget and Simon Thompson, eds., *Emotions, Politics and Society*, New York, NY: Palgrave Macmillan, 2006, p. 110。

提供具有建设性的思考方向。

怨恨作为一种重要的社会情绪，是社会结构及其诸多影响的一个重要后果，对于更为广泛的社会情绪氛围、社会运动、政治认同以及正式政治制度和政治过程也可产生不同的影响。爱德华·西尔斯（Edward Shils）曾通过怨恨情绪视角解释20世纪50年代早期的美国政治图景：伴随盛行的麦卡锡主义，亢奋的爱国主义（hyperpatriotism）、对外国人的憎恨（xenophobia）、孤立主义和原教旨主义（fundamentalism）充斥于不同人群，而对革命的恐惧及民粹主义也在蔓延。①

有关第二次世界大战后希腊政治发展过程中小资产阶级较广泛存在的怨恨的分析，也非常清晰地呈现了社会怨恨情绪的重要影响。希腊学者的相关研究表明，战后希腊小资产阶级虽然获得了明显的经济成功，但在独裁时期却不能获得政治上的认可，不仅无法成为他们自认为是其组成部分的"上层"阶级的成员，在政治上更被边缘化了。基于他们的这种长期创痛体验，怨恨成为小资产阶级的一种重要情绪，并在后威权时期为希腊民粹主义的产生创造了条件。随着希腊的政治改革和民主化，怨恨逐渐被其他情绪所替代，最终促进了集体认同以及政治制度与民主进程的巩固。②

很大程度上，怨恨日益被视为创造认同、道德结构以及价值体系的一种重要力量。今天，怨恨又裹挟着势不可当、难以驯服的民粹主义而成为引发社会冲突的常见催化剂。怨恨像一个挥之不去的情绪幽灵盘桓于世界各个角落，与怨恨相关的话题也已成为一个世界性的话题。

---

① 参见 Edward A. Shils, *The Torment of Secrecy: The Background and Consequences of American Security Policies*, Glencoe, IL: Free Press, 1956。

② Nicolas Demertzis, "Emotions and Populism", in Simon Clarke, Paul Hogget and Simon Thompson, eds., *Emotions, Politics and Society*, New York, NY: Palgrave Macmillan, 2006, pp. 103-122。

三、其他重要情绪

在人类的情绪生活中，不同情绪既可能有明确的特征和表现，又常常表现出富于变化且难以判断和分辨的一面。人类情绪的不确定和难以捉摸，不仅使心理学中的情绪研究相对于其他领域进展较为缓慢，更使有关不同情绪与各种社会意识、社会现象间关系的认识常常存在不同程度的差异甚至冲突。在与政治密切相关的情绪中，除了焦虑和怨恨外，得到较多关注和研究的还有嫉妒、仇恨、愤怒和同情等。

（一）嫉妒

嫉妒（envy）[1]是人们在日常生活中经常体验的一种情绪，也是容易在他人身上看到，却很难发现和承认自己也有的一种情绪，并常被用于描述导致破坏性后果的情绪、情感。

精神分析是今天理解人类情绪生活的主导范式，但早在精神分析产生之前，"envy"就被认为是一个问题，并得到了广泛的讨论。[2]尽

---

[1] 在有关"envy"和"jealousy"的早期研究中，学者们并没有对这两个概念进行有意识的区分，两个概念的混用比较常见。20世纪80年代以来，心理学研究对"envy"的关注和研究增多，使其日渐成为情绪研究的一个独立主题，"envy"与"jealousy"的关系尤其是二者的差异也受到了重视和强调。在国内研究者有关这两个概念或两种情绪间关系的讨论中，"envy"一般被理解为妒忌，"jealousy"则与嫉妒对应，而嫉妒也被认为内含妒忌的意思。在中文语境中，嫉妒与妒忌则是两个含义非常接近的概念，学者们在使用时并不刻意加以区分，在一些翻译作品中"envy"一般都译为嫉妒。在一些权威的英汉词典中，对这两个词的中文翻译也不同于心理学研究者中常见的一般理解。因此，尽管英文语境中"envy"与"jealousy"的区分日益受到重视，但由于这一概念在中文语境中的使用习惯和传统，在一般心理学研究之外，对妒忌与嫉妒进行刻意区分所导致的混乱可能比混用这两个概念所产生的问题更为严重。为避免出现这样的情况，这里仍沿袭中文相关概念的使用习惯，使用了在普通心理学研究者看来可能存在问题的"嫉妒"概念。参见吴宝沛、张雷：《妒忌：一种带有敌意的社会情绪》，《心理科学进展》2012年第9期；夏冰丽、朱丽娟、郑航月：《西方妒忌研究介绍（综述）》，《中国心理卫生杂志》2008年第7期；曹蓉、王晓钧：《社会心理学嫉妒研究评析》，《西北大学学报（哲学社会科学版）》2007年第5期。

[2] 参见 Kate Barrows, *Envy*, Duxford: Icon Books, 2002, "Introduction"。

管如此，直到 1957 年，也就是《嫉妒与感激》（*Envy and Gratitude: A Study of Unconscious Forces*）一书出版之前，心理分析学家对嫉妒的关注还非常少。在这本书中，梅兰妮·克莱因（Melanie Klein）提出了这样的假设，即嫉妒是最原始、最基本的情绪：是自我毁灭的本能及死亡驱动的表达、投射和偏斜（deflection），是对生活本能的攻击，是对美好客体的肆意破坏，以及对生命（life）本身的否定。[1] 克莱因对嫉妒的这种理解不仅不同于此前的流行观点，甚至被认为动摇了心理分析界，还使人们联想到尼采的怨恨。尽管克莱因有关嫉妒的假设一经提出便引发了激烈的争论，并被认为极端、悲观并主要聚焦于人性中进攻性和破坏性的一面，但对于理解社会生活中的嫉妒心理和情绪仍具有重要意义。

种族主义（racism）是一种重要的社会现象或意识形态，有学者尝试从嫉妒这一情绪的角度，特别是从克莱因所理解的嫉妒的意义上，解释种族主义的产生。当人们感到他人拥有从自己手上偷去的诸如工作机会、文化和生活方式等好东西时，就会产生非常强烈的情绪，于是通过种族清洗来净化自我，即让自己摆脱嫉妒的不适状态。处于嫉妒中的种族主义者试图摧毁他们无法拥有的好东西，他们不能欣赏文化多样性就是嫉妒的一种表现。将嫉妒与种族主义联系起来，还涉及心理动力学和政治经济学的相关思考，而要理解情绪的个人表达，个人的社会经济地位则非常重要。[2]

公共政策制定中也可见到嫉妒的影子，特别是决策者在制定一些显然可增进公共利益的政策时迟疑不决，常常就是由于担心那些可能因此而利益受损的人的嫉妒。许多国家的住房政策即为例证。[3] 在这

---

[1] Melanie Klein, *Envy and Gratitude: A Study of Unconscious Sources*, New York, NY: Basic Books, 1957.

[2] Simon Clarke, "Envy and *Ressentiment*", in Simon Clarke, Paul Hogget and Simon Thompson, eds., *Emotions, Politics and Society*, New York, NY: Palgrave Macmillan, 2006, pp. 70–83.

[3] Helmut Schoeck, *Envy: A Theory of Social Behaviour*, New York, NY: Harcourt, Brace & World, 1969, p. 235.

种意义上，福利经济学家需要越来越多地面对嫉妒问题并公开讨论这一问题就非常容易理解了。

如在其他领域的研究一样，对嫉妒的理解也不存在共识。不同于克莱因有关嫉妒的认识，也有研究者认为嫉妒主要与自我保护有关，有时还会与羡慕或其他接近的情感、情绪相混淆。①

今天常见的一个现象是，在西方国家，由政治议程和所谓恐惧政治（politics of fear）动员起来的焦虑，使人们类似嫉妒的破坏性冲动指向了其他人群，从而使西方与其他地区对立起来，又进而使恐惧政治日益主导西方的公共生活。②

尽管敌意是嫉妒的常见成分，但善意嫉妒所包含的自我改进动机，以及与此相关的努力学习的积极意图，则使嫉妒也可能产生容易被忽视的积极效应。在社会意义上，这种积极效应表现为帮助人们更好地适应社会，并以善意来抑制内含敌意的嫉妒。③

（二）愤怒

愤怒（anger）被认为在政治中具有核心作用，甚至被看作基本的政治情绪（essential political emotion），是对感知到的不公正的一种反应。④正是由于愤怒这一人类基本情绪在政治生活中的意义，2004年《欧洲社会理论杂志》（*European Journal of Social Theory*）曾经出版

---

① J. Sabini and M. Silver, "Envy", in Rom Harré, ed., *The Social Construction of Emotions*, Oxford: Blackwell, 1986, pp. 167−183.

② 参见〔英〕弗兰克·富里迪：《恐惧的政治》，方军、吕静莲译，江苏人民出版社2007年版。

③ 参见 Niels Van De Ven, Marcel Zeelenberg and Rik Pieters, "Leveling Up and Down: The Experiences of Benign and Malicious Envy", *Emotion*, Vol. 9, No. 3, 2009, pp. 419−429; Niels Van De Ven, Marcel Zeelenberg and Rik Pieters, "Why Envy Outperforms Admiration", *Personality and Social Psychology Bulletin*, Vol. 37, No. 6, 2011, pp. 784−795; 吴宝沛、张雷：《妒忌：一种带有敌意的社会情绪》，《心理科学进展》2012年第9期。

④ Peter Lyman, "The Politics of Anger: On Silence, Ressentiment and Political Speech", *Socialist Review*, Vol. 11, No. 3, 1981, pp. 55−74.

专辑讨论政治生活中的愤怒。

愤怒被视为一种对政治极为重要的情绪，其政治意义在于可以刺激政治行动和政治冲突并为此提供持续的动力，而理解愤怒还有助于探索人们所想象的政治的人格化。同时，愤怒常常被描述为一种既威胁社会秩序又可能促成建设性政治对话的激动情绪。愤怒作为一种不可避免的政治情绪，人们往往通过暴力、权威、道德义愤和关心的形式予以驯服并使之服务于主流秩序，因而并非与秩序相对立。在现代社会，主要表现为技术理性的秩序就植根于中产阶层专家的愤怒，这种情绪传达了他们对于社会地位和权力的诉求。当然，只有以同理心去聆听弱势者的声音时，政治对话才有可能出现。①

从社会与政治冲突的视角来看，愤怒是可以被动员的一种重要情绪，目的就是克服和消除人们所感知到的不公正。因此，在社会与政治动员以及争取实现社会公正的意义上，关注人们的愤怒有助于解释人们卷入集体行动以争取社会公正的心理机制。譬如，在争取政治承认的过程中，像愤怒这样的消极情绪就是一种重要的动力。在这一方面，美国的民权运动是一个非常经典的事例。德国批判理论传统的重要代表阿克塞尔·霍耐特（Axel Honneth），其有关政治承认的讨论就涉及愤怒（或受伤的情感）与政治承认之间的关系。②阿克塞尔·霍耐特对于寻求政治承认过程中愤怒的作用的研究，其观点虽然不乏批评者，但却在很大程度上促使人们重视并严肃对待愤怒这种消极情绪，特别是愤怒在社会与政治冲突中的作用，从而在政治心理学领域产生了广泛影响。

愤怒作为一种情绪还可改变人们的信念，促进本不存在的信念

---

① Mary Holmes, "The Importance of Being Angry: Anger in Political Life", *European Journal of Social Theory*, Vol. 7, No. 2, 2004, pp. 123-132; Peter Lyman, "The Domestication of Anger: The Use and Abuse of Anger in Politics", *European Journal of Social Theory*, Vol. 7, No. 2, 2004, pp. 133-147.

② Axel Honneth, *The Struggle for Recognition: The Moral Grammar of Social Conflict*, Cambridge, MA: MIT Press, 1996.

的产生，或者是转变已有的信念；同时，愤怒还可改变信念的强度。①尽管愤怒在一些人看来本来就具有道德合法性，但仍不能低估愤怒泛滥的消极影响。②

愤怒有时也被看作一种政治心理状态。在1992年的国际政治心理学会大会上，时任学会主席詹姆斯·戴维·巴伯在其致辞中就将美国人的政治心理描述为愤怒，包括对华盛顿的愤怒，而处于愤怒中的人有两个反应，要么冷漠，要么行动——通过投票选出可以解决问题的人。③

（三）同情

同情（compassion）是得到研究者关注的情绪类型中不多见的一种积极情绪，或至少是非消极情绪。同情是一种重要的道德情感，对于人们一般认识中的具有进步意义的政治斗争和社会运动非常重要。在这种意义上，同情是福利主义政治（politics of welfarism）的重要心理基础。在政府和非政府组织以及个人对社会困难群体、对穷人的帮助中，可以发现不同程度的同情动机。同情是一种具有政治色彩的美德，现实政治中诸如平等、人道主义等都与同情有关，但人们对其在政治环境中的运用和滥用则所知甚少。④

同情在不同的社会情境中有不同的含义。在美国，同情承载着有关特权伦理（the ethics of privilege）的持续争论，并一直伴随着国家的历史。历史上这一争论主要围绕国家的民主承诺及其阶层、种族等

---

① Nico H. Frijda, Antony S. R. Manstead and Sacha Bem, eds., *Emotions and Beliefs: How Feelings Influence Thoughts*, Cambridge: Cambridge University Press, 2000, p. 45.

② 参见 Swati Parashar, "Anger, War and Feminist Storytelling", in Linda Åhäll and Thomas Gregory, eds., *Emotions, Politics, and War*, New York, NY: Routledge, 2015, pp. 71-85。

③ James David Barber, "Today's Relevance of Psychological Politics", *Political Psychology*, Vol. 14, No. 3, 1993, pp. 529-535.

④ 参见 Michael Ure and Mervyn Frost, eds., *The Politics of Compassion*, Abingdon, Oxon: Routledge, 2014; Erica Bornstein and Peter Redfield, *Forces of Compassion: Humanitarianism between Ethics and Politic*, Santa Fe, NM: School for Advanced Research Press, 2011。

方面的问题,而今天这一争论受到对于福利国家的大众记忆的影响,并集中于法律、公民及经济方面的不平等。① 在全球治理中,一个国家在应对诸多现实问题(如难民危机、国家间不平等问题)时的政策反应,还被视为国家在人权、平等及公正等方面承诺的试金石。因此,同情的政治(politics of compassion)就成为处理全球治理中各种急迫问题的重要政策选项。②

在诸多情绪类型中,同情也被认为是一种具有多种色彩的情绪,一种需要谨慎对待的情绪。没有人可以垄断同情。作为一种情绪的同情可能存在于任何人群,并产生不同的结果。不仅如此,同情的情感沉溺(sentimentalization of compassion)还会侵蚀人们的理性,对公共政治产生威胁。汉娜·阿伦特(Hannah Arendt, 1906—1975)在其晚年的经典著作《论革命》(On Revolution, 1963)中,就谈到了罗伯斯庇尔对巴黎贫困民众的同情摧毁了他的理性思考能力。革命领袖面对人民无边无际的苦难而在内心累积了难以控制的情绪,"同情的激情"则使"道德恐怖主义"成为一个似乎有些顺理成章的选择以及很自然的结果。③ 汉娜·阿伦特对同情的这种理解也体现于她在《论革命》出版不久后发表的《艾希曼在耶路撒冷》(Eichmann in Jerusalem, 1963)。阿伦特在这本书中提出的观点出人意料,也引发了激烈的争论。④

---

① Lauren Berlant, "Introduction: Compassion (and Withholding)", in Lauren Berlant, ed., *Compassion: The Culture and Politics of an Emotion*, New York, NY: Routledge, 2004, pp. 1–13.

② 参见 Halleli Pinson, Madeleine Arnot and Mano Candappa, *Education, Asylum and the "Non-Citizen" Child: The Politics of Compassion and Belonging*, London: Palgrave Macmillan, 2010; Kevin Clements, "The Politics of Compassion in a World of Ruthless Power", *Juniata Voices*, Vol. 16, 2016, pp. 134–153。

③ 参见 Hannah Arendt, *On Revolution*, New York, NY: Penguin Books, 1990, "The Social Question", pp. 89–91。

④ Hannah Arendt, *Eichmann in Jerusalem: A Report on the Banality of Evil*, New York, NY: Viking Press, 1963; Deborah Nelson, "Suffering and Thinking: The Scandal of Tone in *Eichmann in Jerusalem*", in Lauren Berlant, ed., *Compassion: The Culture and Politics of an Emotion*, New York, NY: Routledge, 2004, pp. 219–244.

由于人类苦难的压倒性特征可以潜在地摧毁人们的思考能力，人们在面对现实时既要感同身受，又要与之保持积极的距离。只有明智的同情（intelligent compassion）才能使人们感到痛苦，并对不公正进行批判性思考，从而将关爱伦理与正义伦理融合在一起。①

小　结

在适当的时间表达适当的情绪，是美德的基本组成部分。这是亚里士多德在《尼各马可伦理学》中论及的一个重要观点。②自古希腊以来，在很长时间里，情绪曾经是政治学研究的核心，但后来却遁入了政治学研究的阴影，在行为主义革命以来政治分析的主导范式和理论中更是难以找到情绪的影子。

在经历了"认知革命"带来的间歇之后，情绪又回到了对现实政治的分析中，情绪对理性、对政治的影响受到了前所未有的关注。但是，主要受社会心理学影响的政治心理学在情绪研究方面也面临诸多新的问题或挑战。譬如，社会心理学中的情绪反应模式并不能直接运用于对政治领域中情绪反应的描述，常被使用的积极情绪与消极情绪维度在捕捉政治领域的情绪体验方面也被认为是不充分的。③

近年来，政治学和政治心理学研究中，对情绪问题的更多关注和研究主要集中于两个方面或两个路径。其一是考察某种特定情绪在现实政治中的影响，包括对流行观念和意识形态的影响；其二是在比较抽象的层面讨论情绪及情绪管理对于现实政治（如公共沟通和民主协

---

① 参见 Paul Hoggett, "Pity, Compassion, Solidarity", in Simon Clarke, Paul Hogget and Simon Thompson, eds., *Emotions, Politics and Society*, New York, NY: Palgrave Macmillan, 2006, pp. 145-161。
② 参见[古希腊]亚里士多德:《尼各马可伦理学》，廖申白译注，商务印书馆2003年版。
③ 参见 George E. Marcus, Michael MacKuen, Jennifer Wolak, et al., "The Measure and Mismeasure of Emotion", in David P. Redlawsk, ed., *Feeling Politics: Emotion in Political Information Processing*, New York, NY: Palgrave Macmillan, 2006, pp. 31-45。

商）的意义。这些研究实际上还回答了关注情绪对于现实政治和政治学研究有什么重要性的问题。

在这个"情绪时代"和"情绪社会",由社会情绪主导政府日程似乎在某种程度上已经成为一个日益明显的趋势。由于情绪具有深刻的社会性,以及在"个人麻烦"与"公共"问题之间建立联系的重要功能,对集体层面或集合意义上的社会情绪的关注和管理已经成为社会管理的一个崭新维度和重要内容,而公共沟通(特别是政治沟通)则是实现有效社会情绪管理的重要途径。

公共沟通本身是一个涉及多元主体的过程。在公共沟通中实现社会情绪的管理具有多方面的含义,也赋予公共沟通中的多元主体以不同的使命。其中,政府作为重要的公共权威,在公共沟通中的作用是其他沟通主体无法企及的。同时,作为重要决策者和情绪工作者的政府,尤其需要重视情绪的信息价值和沟通价值,从社会情绪中敏锐捕捉社会现实问题,因应现实问题制定具有针对性的政策,并努力在知悉公众情绪的基础上与情绪化的公众进行沟通,在赋予政治沟通必要的情感色彩的过程中弥补沟通中的"情绪赤字"(emotional deficit)[①],帮助人们摆脱对政治的厌倦和不满情绪,以创造一个开放、舒适和有节制的情绪公共空间。

人们在日常生活中所接收到的不同信息在很大程度上影响着人们的情绪,也影响着人们看待和认识他人与世界的方式和态度。今天,公共沟通空间充斥各种负面信息,使人们很难获得安全、舒适的情绪生活。从世界舆论结构和舆论的影响来看,负面新闻的数量仍在迅速增长,其影响也在不断扩大。特别是,新闻报道和新闻分析以及其他媒体信息,正日益表现出情绪唤起(如焦虑唤起)而不是情绪抑制的潜质和特征,在很大程度上加剧了人们的不安全感,从根本上背离了

[①] Barry Richards, "The Emotional Deficit in Political Communication", *Political Communication*, Vol. 21, No. 3, 2004, pp. 339−352.

新闻界（媒体）作为"社会抑制基质"[①]的基本属性。作为重要的情绪工作者和公众舆论的重要塑造者，新闻界（媒体）面对不完美的社会虽不需要过滤或隐匿负面消息，但应向公众呈现平衡的报道和一个真实的社会图景，并在新闻报道中传递积极的人文价值与社会价值，帮助人们在充满不确定性的现代社会中获得安宁的情绪生活。在高度情绪化的现代社会，为政治创造一个使个人或情绪因素服从于理性审视与检讨的公共空间，媒体的作用至关重要。

在公共沟通中，无论是作为个体还是群体，普通公众也在日益成为影响舆论的重要力量，而不受自我责任感约束的意见表达则会使社会不良情绪更加泛滥。作为情绪主体，社会大众不是新闻和其他各种信息的被动消费者，放弃新闻消费的主动权而任由负面信息充斥公共舆论空间，将助推不良情绪毒化公共沟通空间。因此，社会情绪的有效管理最终仍需要社会大众的理性与克制。

在现实政治中，可以支持真正的公共沟通与公正协商的包容而敏感的道德情感的培育，更要求人们与他人以及我们这个时代急迫的政治问题进行有感情的接触。国家治理过程中的情绪管理首先是一个情绪教育的过程，是人们积累情绪素养并学会恰当地运用和克制自我情绪的过程，是形成日益具有包容性和敏感性的道德情感机能的过程，因而也是现代国家获得和积累重要的政治资源和社会资本的过程。

---

① Barry Richards, *Emotional Governance: Politics, Media and Terror*, New York, NY: Palgrave Macmillan, 2007, p. 63.

第九章　政治宽容

政治宽容常被视为公众意见（民意）研究的重要内容，也是更为宽泛的态度研究的重要组成部分。伴随全球范围内的人口流动，尤其是人口大规模跨境流动的增强，个体与群体层面在文化、宗教以及更多维度上的多样性也在不断增加，从而使多元社会对于宽容的需求也在持续上升。宽容与政治宽容的问题由此日益引发人们的关注，相关主题的讨论空间也由规范研究领域越来越多地扩展至实证研究领域。

第一节　宽容与政治宽容

政治宽容是构成自由民主社会诸多特征的最重要的价值之一，也被认为是民主社会的重要心理基础和一种关键美德，政治理论家则将宽容视为民主社会的核心特征。因此，宽容常常是在民主理论特别是自由民主理论的背景下被加以理解的，包容存在分歧的不同信念和实践已经成为公民权和民主的一个关键条件。

传统上，宽容通常被理解为面对有异议的群体或行为时的克制[1]，其概念可以通过不同方式加以界定，如对差异的珍视和赞美，

---

[1] Andrew Jason Cohen, "What Tolerance Is", *Ethics*, Vol. 115, No. 1, 2004, pp. 68—95.

没有偏见，容忍自己不赞同或存有偏见的事物等。① 宽容概念的产生源于缓和宗教冲突有害的且常常是暴力的影响的努力。在现实政治生活中，人们往往会面对不同于己见的政治信念和观点并以不同方式对这些观点作出反应，可能会思考这些新的观点并决定是否接受它们，也可能拒绝考虑这些不同于己的想法。政治宽容就是作为一种与意识形态或政治上不同于己的观点相处的方式得到发展的。它意味着人们有意愿"允许自己所反对的观点或利益的表达"；换句话说，即一个人无须喜欢或支持其对手及其观点，但至少应该容忍其对手及其观点。②

政治宽容通常被理解为"容忍"被认为存在差异的、持不同意见的或不受欢迎的群体、行动或信仰，或可简单理解为一个人具有容忍其所反对的观点或利益的表达的意愿。③政治宽容还被视为不嫉妒他人的权利和他们的生活方式。这一界定包括对存在争议的行动、惯例以及个体不赞同或存有偏见的群体信仰的容忍。④

政治宽容意味着容忍不受欢迎的观点。这是有关政治宽容的一个

---

① Julie Robinson, Rivka Witenberg and Ann Sanson, "The Socialization of Tolerance", in Martha Augoustinos and Katherine J. Reynolds, eds., *Understanding Prejudice, Racism and Social Conflict*, London: Sage, 2001, pp. 73-88.

② John L. Sullivan, James Pierson and George E. Marcus, "An Alternative Conceptualization of Political Tolerance: Illusory Increases 1950s-1970s", *American Political Science Review*, Vol. 73, No. 3, 1979, pp. 781-794; John L. Sullivan and John E. Transue, "The Psychological Underpinnings of Democracy: A Selective Review of Research on Political Tolerance, Interpersonal Trust, and Social Capital", *Annual Review of Psychology*, Vol. 50, No. 1, 1999, pp. 625-650.

③ Jeffery J. Mondak and Jon Hurwitz, "Values, Acts, and Actors: Distinguishing Generic and Discriminatory Intolerance", *Political Behavior*, Vol. 20, No. 4, 1998, pp. 313-339; Thomas C. Wilson, "Urbanism and Tolerance: A Test of Some Hypotheses Drawn from Wirth and Stouffer", *American Sociological Review*, Vol. 50, No. 1, 1985, pp. 117-123.

④ Jolanda van der Noll, Edwin Poppe and Maykel Verkuyten, "Political Tolerance and Prejudice: Differential Reactions Toward Muslims in the Netherlands", *Basic and Applied Social Psychology*, Vol. 32, No. 1, 2010, pp. 46-56; Maike Gieling, Jochem Thijs and Maykel Verkuyten, "Dutch Adolescents' Tolerance of Muslim Immigrants: The Role of Assimilation Ideology, Intergroup Contact, and National Identification", *Journal of Applied Social Psychology*, Vol. 44, No. 3, 2014, pp. 155-165.

非常简化的界定，而事实上政治宽容的界定在理论和实践层面却存在很大差异。在理论层面，政治宽容可能意味着包括对极端观念在内的各种不同观念的保护，而实践中人们往往对有些并不具有危害性的观念也难以容忍。相关研究发现，即使进入 21 世纪，在美国仍有 48% 的民众反对无神论者享有公开集会的权利。[1]有关波兰的研究也发现了类似的结果。[2]在相关社会科学研究中，社会心理学家常常是在对社会群体的消极态度的意义上研究宽容（如偏见研究），而政治宽容的缺乏则被认为对开放的民主社会是有害的，也不利于新观点的产生。[3]

宽容不仅意味着民主社会中为不受欢迎的群体赋权，也包括克制对其采取不利行动的冲动，从而代表着不同群体之间的一种最基本的积极关系。[4]伴随社会的日益多元化，社会构成的异质性在持续增加，观念、行为等方面的差异也在增多。由此，宽容的价值日益凸显，宽容问题也愈益成为多元社会的重要议题，而不宽容现象的大量存在则不仅需要将宽容相关问题置于实证研究领域加以理解，也使相关问题成为重要而亟须积极应对的政策与制度议题。

---

[1] James L. Gibson, "Political Intolerance in the United States", 2005. Unpublished paper, Washington University in St Louis. 转引自 James L. Gibson, "Political Intolerance in the Context of Democratic Theory", in Robert E. Goodin, ed., *The Oxford Handbook of Political Science*, Oxford: Oxford University Press, 2011。

[2] Vyacheslav Karpov, "Religiosity and Political Tolerance in Poland", *Sociology of Religion*, Vol. 60, No. 4, 1999, pp. 387-402.

[3] John L. Sullivan, James Piereson and George E. Marcus, "An Alternative Conceptualization of Political Tolerance: Illusory Increases 1950s-1970s", *American Political Science Review*, Vol. 73, No. 3, 1979, pp. 781-794; James L. Gibson, "Enigmas of Intolerance: Fifty Years after Stouffer's Communism, Conformity, and Civil Liberties", *Perspectives on Politics*, Vol. 4, No. 1, 2006, pp. 21-34.

[4] W. Paul Vogt, *Tolerance and Education: Learning to Live with Diversity and Difference*, Thousand Oaks, CA: Sage, 1997; John L. Sullivan and John E. Transue, "The Psychological Underpinnings of Democracy: A Selective Review of Research on Political Tolerance, Interpersonal Trust, and Social Capital", *Annual Review of Psychology*, Vol. 50, No. 1, 1999, pp. 625-650.

第二节　初入实证研究领域的政治宽容

在多元社会中，宽容所涉及的权利、自由等价值常常与公共秩序和安全等价值相冲突，在很大程度上导致现实政治中不宽容现象大量存在，从而使充斥于民主理论的逻辑推论和基于直觉的诸多观点遭遇越来越多的挑战。20 世纪 50 年代起，有关政治宽容的实证研究陆续出现，其中有些还被视为态度研究的重要组成部分。

一、塞缪尔·斯托弗与政治宽容实证研究

对宽容的实证研究始于社会学领域，而美国社会则成为早期相关研究的重要场景。

1955 年，美国社会学家塞缪尔·斯托弗的《共产主义、一致性与公民自由》(Communism, Conformity, and Civil Liberties: A Cross-Section of the Nation Speaks Its Mind) 一书出版。这是最早的有关（不）宽容的实证研究。1954 年，斯托弗开展了两项样本量超过 2400 份的大规模全国性调查，试图测量美国人对于共产主义者及其他左翼群体（如社会主义者、无神论者及其同道）的公民自由（civil liberties）的态度。调查发现，绝大多数美国人并不支持他所研究的这些左翼群体的公民自由，认为共产主义者不应被允许公开讲话，不应被允许在高中或大学教书，甚至不应被允许在商店当店员。他们甚至认为共产主义者的公民身份应被取消，共产主义者写的书应从公共图书馆中清除出去，政府应有权监听个人电话通话，以获取针对共产主义者的证据，而被证实身份的共产主义者则应该被关进监狱。[①] 尽管斯托弗本来想要研究的是对"不一致"(nonconformity) 的容忍度，但研究结果却主要集中于对共产主义者的（不）宽容程度，而非较宽泛意义上的宽容。

---

① Samuel A. Stouffer, *Communism, Conformity, and Civil Liberties: A Cross-Section of the Nation Speaks Its Mind*, New Brunswick, NJ: Transactions Publishers, 1992, Ch. 2.

就态度的目标群体而言,斯托弗的研究还发现,美国民众对社会主义者、无神论者的态度与对共产主义者的态度相比虽然有所缓和,但大多数受访者仍表现出明显的不宽容。当然,这一结果需要在美国麦卡锡时代的社会背景下加以理解。斯托弗认为,人们所感受到的来自左翼群体的威胁,是造成对这些群体的不容忍态度的重要原因,这些威胁以及由此而来的恐惧和焦虑影响了大多数公民的态度与信念。这一研究也发现,在其所调查的样本人群中,相对于普通公民,社区领袖对社会主义者、无神论者、共产主义者等左翼群体表现出较为支持的态度。

尽管其大规模调查得出了令人感到悲观的实证研究结果,斯托弗仍乐观地认为,美国社会对这些群体的不容忍会随着时间的推移而减弱,特别是强大的社会、经济和技术力量将以缓慢和不被察觉的方式促进宽容,而受教育水平的不断提升以及权威主义的育儿方式的式微也将促使人们独立思考和尊重不同于己的他人观点。同时,不断增加的人口跨地域流动,以及强大的传媒所提供的可引发同感的替代性经验(vicarious experiences)等,也可产生类似的影响。[1]

斯托弗的这项具有里程碑意义的研究,似乎对民主理论的基本假设提出了质疑。其一,由调查结果看,大多数公民具有运用双重标准的意愿,即大多数公民被赋予言论自由和充分参与政治等方面的权利,但左翼群体的权利却受到限制。这一结果削弱了有关美国公民已经将民主的游戏规则充分内化的假设。其二,在麦卡锡时代进行的这一调查表明,尽管存在公民不宽容的重要缺陷,美国的民主制度却依然得以维系。有关如何运用民主规则或游戏规则的公民共识被认为是民主制度的前提,调查结果则对这一假设提出了疑问。[2]

---

[1] Samuel A. Stouffer, *Communism, Conformity, and Civil Liberties: A Cross-Section of the Nation Speaks Its Mind*, New Brunswick, NJ: Transactions Publishers, 1992, p. 236.

[2] John L. Sullivan and John E. Transue, "The Psychological Underpinnings of Democracy: A Selective Review of Research on Political Tolerance, Interpersonal Trust, and Social Capital", *Annual Review of Psychology*, Vol. 50, No. 1, 1999, pp. 625-650.

二、基于美国社会的早期宽容实证研究

作为与民主相关的一个命题,"关于基本原则的共识对民主至关重要"早已被广泛接受,尽管从未得到严谨的表述。在斯托弗的研究发表后不久,美国佛罗里达州立大学的詹姆斯·普洛斯罗(James W. Prothro)与查尔斯·格里戈(Charles M. Grigg),对密歇根州的安娜堡(Ann Arbor, Michigan)和佛罗里达州的特拉哈西(Tallahassee, Florida)这两个被称为学术性社区的非典型社区,进行了地方性样本调查。[①] 居住在这两个社区的人大多是受教育水平较高的公民。在他们的调查中,受访者被问及是否同意民主的若干普遍原则,如多数人统治和少数人权利等。调查发现,支持这些民主原则的共识的确存在,但当这些普遍原则被运用于具体的争议性案例时,共识却消失了。调查同时发现,有关民主原则运用的更高水平的共识存在于受教育程度较高和比较富有的公民之中。

1964年,赫伯特·麦克洛斯基(Herbert McClosky)的研究也得出了类似的结论。在这项针对美国全国性政党活动积极分子(政党全国大会的参加者)和普通公众中的政党支持者的研究中,麦克洛斯基比较了政治上有影响的人与普通公民对抽象原则及这些原则运用于具体场景的支持水平(程度)。研究发现,相对于普通公民,政党活动积极分子对于言论自由、少数人权利等民主规则有着较高水平的共识,他们不仅表现出对于民主规则和原则的较高水平的支持,在将这些原则运用于特定情形时也比普通公民表现得更为一致,而对于将民主原则运用于特定情形的态度考验着公民对这些原则的承诺。因此,他得出了这样的结论:"很大一部分选民并未能掌握美国政治体系赖以存在的某些基本思想和原则。"[②]

---

① James W. Prothro and Charles M. Grigg, "Fundamental Principles of Democracy: Bases of Agreement and Disagreement", *The Journal of Politics*, Vol. 22, No. 2, 1960, pp. 276–294.

② Herbert McClosky, "Consensus and Ideology in American Politics", *American Political Science Review*, Vol. 58, No. 2, 1964, pp. 361–382.

有关宽容的这些早期研究的一个共同发现是，美国社会存在对目标群体的高水平的不宽容，以及对将公民自由扩展至目标群体的不情愿。这项研究还隐约发现，宽容水平在不同人群中存在差异。这一令人沮丧的发现提示了其后宽容相关研究的两个实证研究路径：其一是考察美国社会宽容水平的历时变化，其二则是关注宽容的影响因素。

20世纪70年代中期，有研究者开始关注美国民众的宽容水平自50年代到70年代的变化。詹姆斯·戴维斯运用美国全国民意调查中心（National Opinion Research Center）70年代初收集的数据，试图检验斯托弗对于"随着受教育水平的提高和人口平均年龄的下降，社会的宽容水平将会提高"的预测。戴维斯的研究发现，从1954年到70年代初，社会宽容水平提高了22%。其中，4%的提高源于更高的受教育水平，5%的提高是由于群组替换，13%的提高则是由于所有群组和受教育群体的宽容水平的提升。因此，这一变化反映了宽容的政治原则逐渐强化的总趋势。[①]

1973年，克莱德·纳恩（Clyde Z. Nunn）等学者实施了一项美国全国性调查，以测量公民宽容水平的变化。[②]他们在调查问卷中列出了与斯托弗问卷相同的问题，因而可以精确测量民众对共产主义者、无神论者和社会主义者的宽容水平的历时变化。在斯托弗的研究中，依据宽容的整体指标，1954年有31%的民众可以被归为"宽容的"（tolerant），到1973年这一比例上升至55%。因此，他们得出结论认为，在美国社会中，对公民自由最为支持的公民已经成为社会的大多数，而且不是"沉默的大多数"。[③]

在戴维斯和纳恩的研究之间，戴维·劳伦斯（David Lawrence）于1976年也利用美国全国民意调查中心70年代初的数据进行了相关

[①] James A. Davis, "Communism, Conformity, Cohorts, and Categories: American Tolerance in 1954 and 1972–73", *American Journal of Sociology*, Vol. 81, No. 3, 1975, pp. 491–513.

[②] Clyde Z. Nunn, Harry J. Crockett, Jr. and J. Allen Williams, Jr., *Tolerance for Nonconformity*, San Francisco, CA: Jossey-Bass, 1978.

[③] Ibid., p. 12.

研究。^① 不同于有关宽容的早期研究，劳伦斯的研究表明，70 年代比早期研究所揭示的 50 年代的状况表现出较高的宽容水平。总体上，多数公民能够容忍一般的抗议行动，除非是封锁政府大楼之类的抗议行动，在对抽象原则的评价及其具体运用上也存在相当程度的一致性，尽管这种一致性因所涉及的具体问题不同而不同。

这些研究表明，从 20 世纪 50 年代到 70 年代，美国社会宽容水平在提高。这种变化一方面是由于 50 年代冷战的社会氛围已经为更加有利于公民权利和宽容的社会氛围所取代，另一方面则是受到了更高的受教育水平、老龄化和群组替换等的影响。实际上，在 50 年代的社会氛围中，共产主义者、社会主义者可能被视为不宽容的主要目标群体，但到了 70 年代，不宽容的主要目标群体已经发生了重要变化，而不同个体的不宽容对象也往往并不相同。此外，60 年代的美国更是经历了一个偏见和不宽容的目标/对象增加的过程。从 50 年代到 70 年代，美国社会政治冲突的维度日益复杂，共产主义者、社会主义者等人群已不再是社会不宽容的主要目标/对象，取而代之的是女权主义者、民权活动家、越南战争反对者以及各种激进分子。这种变化在一定程度上可以解释 70 年代美国社会宽容水平上升的事实，而仍以 50 年代斯托弗调查中的问题去评估 70 年代美国社会的宽容水平，则肯定会导致对实际宽容水平的高估。这一看似积极的变化被视为一种"虚幻的提高"^②。

尽管 20 世纪 70 年代关注美国社会宽容水平变化的研究存在测量和评价方面的问题，但其中很多研究已涉及可能影响宽容态度的因素，并因超越了对美国社会的关注而使宽容成为政治心理学研究中的重要问题领域。有关政治宽容的根源（影响因素）、政治宽容的变化

---

① David G. Lawrence, "Procedural Norms and Tolerance: A Reassessment", *American Political Science Review*, Vol. 70, No. 1, 1976, pp. 80–100.

② John L. Sullivan, James Piereson and George E. Marcus, "An Alternative Conceptualization of Political Tolerance: Illusory Increases 1950s–1970s", *American Political Science Review*, Vol. 73, No. 3, 1979, pp. 781–794.

等方面问题的更具普遍意义的研究,不仅已成为政治宽容研究的重要方向,还提示了决策者和普通公民提升宽容水平的可能路径。

第三节 为什么一些人比另一些人更宽容?

对个体层面不宽容的病因学(etiology of intolerance)探索,是大多数宽容研究的主题。其中,确定宽容/不宽容的预测因子最为常见。1955年斯托弗有关宽容的著名研究,以及其后数十年有关宽容的经验研究,其共同特点是依靠简单的相关性来建立(不)宽容与一些独立变量(如受教育水平、年龄、性别、人格等)之间的关系,而这些变量则成为人们理解和分析政治(不)宽容的重要维度。对人口统计变量与社会、心理及政治等不同维度上诸多变量的探讨,也有助于理解为什么同一社会中不同个体的宽容水平存在差异,即为什么一些人比另一些人更(不)宽容。

一、人口统计变量与社会维度上的其他变量及相关解释

将若干人口统计变量(如受教育水平、年龄、宗教、性别,以及居住在城市或农村等)作为影响宽容的自变量,并探究这些变量与宽容的相关性,是经验层面的宽容研究的常见路径。

教育被认为可增强人们对不同观念和人的理解,因而成为得到了最多讨论的影响变量(因素),或是其他变量影响宽容水平的中介变量。在斯托弗1955年所做的最早的宽容实证研究中,教育就被认为具有提升社会宽容水平的重要作用。[①] 将教育作为政治宽容的重要影

---

① Samuel A. Stouffer, *Communism, Conformity, and Civil Liberties: A Cross-Section of the Nation Speaks Its Mind*, New Brunswick, NJ: Transactions Publishers, 1992.

响因素，实际上涉及有关宽容形成的一种认知解释，即通过接受教育，人们会认识到，观点的自由交流是必要的，与他人不同也并不必然是坏的和危险的。因此，教育在增加人们的信息量和接受具有威胁性的信息的意愿方面具有积极影响。① 有关教育与种族偏见之间关系的研究得出了大体一致的结论，即受教育较少的人表现出更多的偏见。② 教育与偏见之间的这种关系，很大程度上也可看作教育对宽容的积极影响的一种表现。

教育与对少数族裔的偏见态度的关系非常复杂。有研究发现，在美国民权运动高潮时期，较高的受教育程度可促成较高水平的对种族融合的抽象支持，但却不存在对将这些抽象原则运用于现实的较为迅速的支持。就具有较高受教育水平的白人而言，他们在抽象观念（指标）方面表现得较为宽容，但这些抽象观念（指标）运用于现实环境时却未必能迅速获得支持。③ 由于教育对偏见的复杂影响，有关个体特征与偏见表达之间关系的既有研究发现，还需要进行新的解释。④

20 世纪 50 年代到 70 年代的诸多研究发现，**年龄**与宽容的关系受

---

① John L. Sullivan, George E. Marcus, Stanley Feldman, et al., "The Sources of Political Tolerance: A Multivariate Analysis", *American Political Science Review*, Vol. 75, No. 1, 1981, pp. 92−106.

② 譬如，Minako K. Maykovich, "Correlates of Racial Prejudice", *Journal of Personality and Social Psychology*, Vol. 32, No. 6, 1975, pp. 1014−1020; Herbert H. Hyman, Charles R. Wright and John S. Reed, *The Enduring Effects of Education*, Chicago, IL: University of Chicago Press, 1975; Charles E. Case, Andrew M. Greeley and Stephan Fuchs, "Social Determinants of Racial Prejudice", *Sociological Perspectives*, Vol. 32, No. 4, 1989, pp. 469−483。

③ Mary R. Jackman, "General and Applied Tolerance: Does Education Increase Commitment to Racial Integration?", *American Journal of Political Science*, Vol. 22, No. 2, 1978, pp. 302−324; Mary R. Jackman and Michael J. Muha, "Education and Intergroup Attitudes, Moral Enlightenment, Superficial Democratic Commitment, or Ideological Refinement?", *American Sociological Review*, Vol. 49, No. 6, 1984, pp. 751−769.

④ Lincoln Quillian, "Prejudice as a Response to Perceived Group Threat: Population Composition and Anti-Immigrant and Racial Prejudice in Europe", *American Sociological Review*, Vol. 60, No. 4, 1995, pp. 586−611.

到教育的强烈影响。① 总体上,由于较年轻的受访者一般接受了更多的教育,并且经历了比其长辈更为自由和开明的政治气候(如美国20世纪60年代年轻一代所经历的民权运动),年轻一代比年长者更具有宽容倾向。但是,如果剔除了教育的影响,年龄对政治宽容仍具有守恒效应(a conservative effect)。② 其中,代际差异的影响似乎并未区别出来。

但是,年龄与宽容的关系同样非常复杂。一项基于1972—2004年25次美国综合社会调查(General Social Survey, GSS)的研究发现,人们的态度并没有随年龄的增长而变得更加保守,而是变得更加宽容了,尤其在60岁后更是出现了令人惊讶的变化。③ 其后相关研究则认为,当时段效应(time period effects)和代际等变量得到控制时,宽容水平会随年龄增长而下降。之所以会得出宽容水平随年龄增长而上升的结论,是因为时段效应和代际更替的影响,而非在中年阶段发生了态度改变。④

宗教可能导致政治不宽容似乎是政治学领域一个不言自明的假设,围绕这一假设也出现了大量研究。其中,一些研究揭示了宗教与宽容的关系,甚至具体指出了不同宗教的影响差异。在1973年一项

---

① Samuel A. Stouffer, *Communism, Conformity, and Civil Liberties: A Cross-Section of the Nation Speaks Its Mind*, New Brunswick, NJ: Transactions Publishers, 1992; Clyde Z. Nunn, Harry J. Crockett and J. Allen Williams, *Tolerance for Nonconformity*, San Francisco, CA: Jossey-Bass, 1978; Stephen J. Cutler and Robert L. Kaufman, "Cohort Changes in Political Attitudes: Tolerance of Ideological Nonconformity", *Public Opinion Quarterly*, Vol. 39, No. 1, 1975, pp. 69−81.

② John L. Sullivan, George E. Marcus, Stanley Feldman, et al., "The Sources of Political Tolerance: A Multivariate Analysis", *American Political Science Review*, Vol. 75, No. 1, 1981, pp. 92−106.

③ Nicholas L. Danigelis, Melissa Hardy and Stephen J. Cutler, "Population Aging, Intracohort Aging, and Sociopolitical Attitudes", *American Sociological Review*, Vol. 72, No. 5, 2007, pp. 812−830.

④ Jean M. Twenge, Nathan T. Carter and W. Keith Campbell, "Time Period, Generational, and Age Differences in Tolerance for Controversial Beliefs and Lifestyles in the United States, 1972−2012", *Social Forces*, Vol. 94, No. 1, 2015, pp. 379−399.

基于美国全国性调查的研究中,克莱德·纳恩等学者依据纳恩量表（Nunn's scale）对不同宗教信仰人群的宽容水平进行了测量,结果发现88%的犹太人、87%的非宗教信仰者（non-religious people）、59%的天主教徒及46%的新教徒可被界定为"较为宽容"（more tolerant）。也就是说,在不同宗教信仰者和非宗教信仰者中,犹太人和非宗教信仰者最为宽容,其次是天主教徒和新教徒。[1]

多年后,泰德·杰伦（Ted G. Jelen）于1988年对美国印第安纳州一个名为绿堡（Greencastle, Indiana）的小城中的15座教堂进行了调查。结果显示,在社区不同教堂做礼拜的基督教徒的宗教信仰与不宽容之间存在联系。基于对基督教右翼的支持来源的集中观察和分析,研究发现,对基督教右翼的支持是由对文化少数群体（黑人、同性恋者、世俗的人文主义者和女权主义者）、自由派和宗教少数群体（天主教徒和犹太人）的消极情感所驱动的。然而,进一步的分析似乎又削弱了这一联系,即只有那些对宗教和文化上的外群体（如女权主义者、同性恋者、黑人、犹太人和天主教徒等）持有消极观点的人,才会最频繁地将宗教带入政治领域。宗教右翼在将文化与社会问题（如堕胎、校园祈祷等）政治化方面存在共识,宗教信仰的政治动员正是产生于对文化与宗教上的外群体的负面评价。[2]

近年的研究则发现,已有研究中常见的宗教信仰与政治宽容之间的直接负相关关系并不显著。[3] 在美国,除了早期的基督教团体之外,走上政治舞台的宗教团体越来越多,因而不同宗教团体自然的政治成熟（natural political maturation）可解释这一变化。在这种意义上,不同时期相关研究所依赖的经验数据,使研究者得出了有关宗教信仰与政治宽容间关系的不同理解。

---

[1] Clyde Z. Nunn, Harry J. Crockett and J. Allen Williams, *Tolerance for Nonconformity*, San Francisco, CA: Jossey-Bass, 1978.

[2] Ted G. Jelen, *The Political Mobilization of Religious Beliefs*, New York, NY: Praeger, 1991.

[3] Marie A. Eisenstein, "Rethinking the Relationship between Religion and Political Tolerance in the U.S.", *Political Behavior*, Vol. 28, No. 4, 2006, pp. 327–348.

教育、年龄和宗教等不同变量与宽容之间的关系，实际上受到宽容水平测量方式的影响。也就是说，传统上所使用的测量方法的内容偏差（content-bias），可能导致有关宽容与诸多变量间的相关关系的误导性结论。对美国民众的一些调查发现，具有某些特征的受访者更倾向于选择右翼作为不宽容的目标，这些特征包括受过更好的教育、较为年轻、信仰犹太教或没有宗教信仰、城市居民、居住在东部等；而具有其他特征的人，如未受教育者、较为年长的一代、天主教徒或新教徒、农村居民、生活在南部或中西部等，则更可能选择左翼作为不宽容的目标。① 因此，向哪些人提出哪些问题，影响着对宽容水平的测量，以及对不同社会变量与宽容之间关系的评估与判断。

考虑到问题的内容偏差对于社会变量与政治宽容间关系的影响，如果在研究中对问题的内容加以控制，此前被认为强相关的性别、地区、种族等变量与政治宽容的相关性则不复存在。教育、宗教信仰、年龄等变量对政治宽容只具有很小的间接影响，社会地位通过影响人格和政治意识形态对政治宽容产生了较大的间接影响。② 于是，在其他维度特别是心理维度上探寻影响政治宽容的变量就成为一个合乎逻辑的思考方向。

二、影响政治宽容的人格变量

在与政治宽容相关的变量中，除了教育、年龄、宗教等人口统计变量及社会维度的其他变量之外，心理维度的变量对于理解政治宽容

---

① John L. Sullivan, George E. Marcus, Stanley Feldman, et al., "The Sources of Political Tolerance: A Multivariate Analysis", *American Political Science Review*, Vol. 75, No. 1, 1981, pp. 92–106; John L. Sullivan, James Piereson, and George E. Marcus, *Political Tolerance and American Democracy*, Chicago, IL: University of Chicago Press, 1982.

② John L. Sullivan, George E. Marcus, Stanley Feldman, et al., "The Sources of Political Tolerance: A Multivariate Analysis", *American Political Science Review*, Vol. 75, No. 1, 1981, pp. 92–106.

也极为重要。其中，人格被视为理解政治宽容的关键心理变量。①

对人格与宽容间关系的理解，常常与对人格的界定联系在一起。珍妮·克努森依据马斯洛的人格概念，即人格依赖于从最基本的需要（如生理与安全需要）到较为复杂的需要（如归属、自尊及自我实现的需要）等的满足，构建了一个一端为"关心自我"（concern with self），另一端为"关心自我与环境的关系"（concern with self in relation to one's environment）的连续谱系。自我中心取向的人将大部分精力用于满足个人的基本需要，很少关注诸如宽容之类的抽象观念，因而也不太可能产生同理心。因此，在这一连续谱系中，处于"关心自我"一端的个体的行为往往指向直接且具体的目标的实现，而处在另一端的个体则会从更为广泛的角度思考自己与他人及社会环境的关系。②

政治心理学中的权威人格研究传统也表明，**权威人格**与政治宽容间可能存在紧密的关系。权威人格结构是内在于个体的诸多特质的集合，包括权威主义服从（authoritarian submission）、对外群体的攻击（aggression toward outgroups）、刻板思维（stereotyped thinking）及其他类似特征。其中，权威主义服从意味着遵从权威和号令下级；对外群体的攻击是将潜在的敌意导向弱势的替罪羊；刻板思维则是对模糊状态的不容忍，即在非黑即白的典型意义上进行思考。这些特征也意味着对他人的不信任，并可能导向对社会普遍原则的不接受或对其他目标群体的不宽容。③

---

① 人格与民主之间的关系更是得到了较为集中和充分的讨论。民主人格概念是民主理论的一个不可或缺的假设，即对民主价值的支持为民主国家的一个重要组成部分。参见〔美〕加布里埃尔·A. 阿尔蒙德、西德尼·维巴：《公民文化——五个国家的政治态度和民主制》，徐湘林等译，东方出版社 2008 年版；Robert Dahl, *On Democracy*, New Haven: Yale University Press, 1998; Harry Eckstein, *A Theory of Stable Democracy*, Princeton, NJ: Princeton University Press, 1961。

② Jeanne N. Knutson, *The Human Basis of the Polity: A Psychological Study of Political Men*, Chicago, IL: Aldine-Atherton, 1972.

③ Nevitt Sanford, "Authoritarian Personality in Contemporary Perspective", in Jeanne N. Knutson, ed., *Handbook of Political Psychology*, San Francisco, CA: Jossey-Bass, 1973, pp. 139−170.

在具体的人格特质与政治宽容的关系中，**教条主义**和**自尊**（self-esteem）是得到较多讨论的两种人格特质。米尔顿·罗克奇（Milton Rokeach）最早提出了考察教条主义与政治宽容间关系的框架。教条主义指思维的僵化，具体表现为对不同于己见的想法或观念不愿加以考虑。教条主义也是宽容判断中最常见的个人特征。[①] 教条思维作用于个体如何塑造对外群体的认知，可能对民主学习（democratic learning）产生影响。具有教条思维的人往往把政治竞争界定为道德上的"好人"与"坏人"之间的竞争，因而外群体的人看起来特别危险。这种认知框架可能使得人们在政治生活中学习宽容价值的机会，变成确立"自己不喜欢的群体不配拥有民主权利"的信念的时机，结果导致了政治不宽容。

作为人格的一种特征概念化，**自尊**在许多研究中被认为是与政治宽容具有紧密且稳定的联系的心理变量。[②] 自尊指的是人们的自我态度（self-attitudes），可被理解为个人（无）价值感 [personal (un)worthiness]。保罗·斯奈德曼（Paul M. Sniderman）认为，低自尊（low self-esteem）对社会学习具有干扰作用，因而会导向不宽容。在他看来，一个社会尽管可能存在宽容的社会规范，但相当一部分社会公众却因为不具有理解抽象理论的能力而不学习或不遵守这些规范。低自尊者会"排斥民主政治的规范，这并非由于他们具有这样做的动机，而是因为其消极的自我态度阻碍了他们学习这些价值观"。[③] 低水平自尊不仅会使个人的社会学习受到干扰，还会抑制其学习诸如宽容

[①] Milton Rokeach, *The Open and Closed Mind: Investigations into the Nature of Belief Systems and Personality Systems*, New York, NY: Basic Books, 1960.

[②] Sheldon S. Zalkind, Edward A. Gaugler and Ronald M. Schwartz, "Civil Liberties, Attitudes and Personality Measures: Some Exploratory Research", *Journal of Social Issues*, Vol. 31, No. 2, 1975, pp. 77-91; Gail L. Zellman and David O. Sears, "Childhood Origins of Tolerance for Dissent", *Journal of Social Issues*, Vol. 27, No. 2, 1971, pp. 109-136.

[③] Paul M. Sniderman, *Personality and Democratic Politics*, Berkeley, CA: University of California Press, 1975, p. 178.

之类的规范和理念的动机。①

随着"大五"人格特质框架被引入人格与政治宽容间关系的分析，人格对宽容的影响得到了更为具体的考察。相关研究发现，在经验开放性、亲和性、尽责性、外向性和情绪稳定性等五个方面的人格特质维度上，在经验开放性指标上得分高的人总是渴望变化、社会互动以及新奇的事物，因而更容易受到与刻板印象相悖的信息的影响，更倾向于支持社会意义上的自由价值。在对待不同文化和外来移民的态度方面，在这一指标上得分高的个体对不同文化可能更有兴趣，可更好地适应由不断增加的人口移入带来的社会变化与价值观的多样性，也更倾向于对有着不同背景的人抱持支持性态度。思想开放意味着对新思想和意见的普遍接受，哪怕这些观念是对立的或是由其并不喜欢的群体如移民提出的。因此，思想开放的个体不太可能因异常观点而愤怒或恐惧，而更可能允许搅扰或冒犯他们的观点得到自由表达。② 因此，具有经验开放性人格特质的人总体上也更倾向于宽容。

个性随和的人一般被认为更信任他人，更具有风险规避倾向，喜欢交际并追求利他主义目标。他们总体上对他人表现出关爱和友善倾向，因而增加了与移民接触的可能性。由于他们的风险规避倾向，纵使他们不喜欢多样性和社会变化，他们也不会挑战新观点和多样性。随和意味着对诸如政治权利等既有规范的认知觉知（cognitive

---

① Paul M. Sniderman, *Personality and Democratic Politics*, Berkeley, CA: University of California Press, 1975.

② Robert R. McCrae and Paul T. Costa, Jr., "The Five-Factor Theory of Personality", in Oliver P. John, Richard W. Robins and Lawrence A. Pervin, eds., *Handbook of Personality: Theory and Research*, 3rd ed., New York, NY: The Guilford Press, 2008; Francis J. Flynn, "Having an Open Mind: The Impact of Openness to Experience on Interracial Attitudes and Impression Formation", *Journal of Personality and Social Psychology*, Vol. 88, No. 5, 2005, pp. 816–826; Alan S. Gerber, Gregory A. Huber, David Doherty, et al., "The Big Five Personality Traits in the Political Arena", *Annual Review of Political Science*, Vol. 14, No. 1, 2011, pp. 265–287; Herbert McClosky and Alida Brill, *Dimensions of Tolerance: What Americans Believe about Civil Liberties*, New York, NY: Russell Sage Foundation, 1983.

awareness)。① 在他们看来，那些新观点是流行的社会与政治规范的不可避免的副产品，在任何情况下都应该得到支持，尽管他们对表达不受欢迎的观点的群体抱有消极情感。②

尽责的人往往青睐秩序、可靠性、努力工作和责任感，一般也更珍视一致性、传统与美德。具有这种人格特质的人往往表现出意识形态上的保守主义和教条主义。③ 高度尽责的人倾向于维持与传统价值观紧密相关的现有社会秩序，对可能威胁现存秩序的移民持反对态度，也不太愿意将政治权利扩展至他们讨厌的群体。与此同时，由于高度尽责的人会吸收现有的社会规范并会以任何方式保护这些规范，所以他们也可能更乐意将政治权利扩展至他们并不喜欢的群体。④ 因此，尽责性会影响坚持民主规范的可能性以及与这些民主价值保持一致的动机。

相对于经验开放性、随和性与尽责性，有关外向性和情绪稳定性与政治宽容之间关系的经验证据并不多。其中，有研究表明在外向性方面得分高的人往往在社会上占主导地位并支持社会等级制度，因而倾向于不宽容。⑤ 然而，也有研究认为，外向性与政治宽容之间的关系并不明确：一方面，他们认为社会孤立的和内向的个体因倾向于

---

① Jeffrey J. Mondak, *Personality and the Foundations of Political Behavior*, Cambridge: Cambridge University Press, 2010; Aina Gallego and Sergi Pardos-Prado, "The Big Five Personality Traits and Attitudes toward Immigrants", *Journal of Ethnic and Migration Studies*, Vol. 40, No. 1, 2014, pp. 79-99.

② Herbert McClosky and Alida Brill, *Dimensions of Tolerance: What Americans Believe about Civil Liberties*, New York, NY: Russell Sage Foundation, 1983, p. 337.

③ Theodore W. Adorno, Else Frenkel-Brunswick, Daniel J. Levinson, et al., *The Authoritarian Personality*, New York, NY: Harper, 1950; John T. Jost, Christopher M. Federico and Jaime L. Napier, "Political Ideology: Its Structure, Functions, and Elective Affinities", *Annual Review of Psychology*, Vol. 60, No. 1, 2009, pp. 307-337.

④ Markus Freitag and Carolin Rapp, "The Personal Foundations of Political Tolerance towards Immigrants", *Journal of Ethnic and Migration Studies*, Vol. 41, No. 3, 2015, pp. 351-373.

⑤ Harald Schoen and Siegfried Schumann, "Personality Traits, Partisan Attitudes, and Voting Behavior. Evidence from Germany", *Political Psychology*, Vol. 28, No. 4, 2007, pp. 471-498.

权威主义和教条而更可能是一个政治不宽容的人①；另一方面，他们又认为外向的人对表达自己的态度更为热切，更可能积极地表达其观点。由于不宽容代表了具有较高表达效用的较强的态度，不宽容的人一般有着较高的表达热情，可能导致不宽容态度的流行和泛滥。②通过限制反感群体的政治权利，外向的人强化了其观点和社会地位。因此，有着高水平外向特质的人既可能较为宽容，也可能较不宽容。

情绪稳定性这一人格特质常常是通过其相反特质即情绪不稳定或神经质（neuroticism）得到界定和研究的。情绪不稳定的人往往焦虑、紧张、急躁，并具有趋向消极情绪的一般倾向。③神经质的人会将他们不喜欢的群体视为具有潜在威胁的人群，出于焦虑以及对丧失社会地位的恐惧，他们一般不太可能支持将权利扩展至他们不喜欢的群体。这种行为体现了一种保护个人免受潜在威胁影响的机制。

近年来，随着国际移民的大量增加，对移民人口的态度和宽容问题日益突出。相关研究发现，随和而内向的个性可减少流行的反移民态度，因而较为随和而内向的人不太可能产生反移民情绪。④由于在反移民态度概念界定及测量方面存在差异，不同研究得出的结论并不一致。⑤譬如，在许多研究者看来，经验开放性是解释人们种族偏见

---

① Bob Altemeyer, *The Authoritarian Specter*, Cambridge, MA: Harvard University Press, 1996.

② John L. Sullivan, James Piereson and George E. Marcus, *Political Tolerance and American Democracy*, Chicago, IL: University of Chicago Press, 1982.

③ Robert R. McCrae and Paul T. Costa, Jr., "The Five-Factor Theory of Personality", in Oliver P. John, Richard W. Robins and Lawrence A. Pervin, eds., *Handbook of Personality: Theory and Research*, 3rd ed., New York, NY: Guilford Press, 2008.

④ Gordon Hodson, Sarah M. Hogg and Cara C. MacInnis, "The Role of 'Dark Personalities' (Narcissism, Machiavellianism, Psychopathy), Big Five Personality Factors, and Ideology in Explaining Prejudice", *Journal of Research in Personality*, Vol. 43, No. 4, 2009, pp. 686-690.

⑤ Bo Ekehammar and Nazar Akrami, "Personality and Prejudice: From Big Five Personality Factors to Facets", *Journal of Personality*, Vol. 75, No. 5, 2007, pp. 899-926; Francis J. Flynn, "Having an Open Mind: The Impact of Openness to Experience on Interracial Attitudes and Impression Formation", *Journal of Personality and Social Psychology*, Vol. 88, No. 5, 2005, pp. 816-826; Chris G. Sibley and John Duckitt, "Personality and Prejudice: A Meta-Analysis and Theoretical Review", *Personality and Social Psychology Review*, Vol. 12, No. 3, 2008, pp. 248-279.

和反移民态度差异的重要影响因素,因而被视为对移民的消极态度的关键预测因子,而有的研究则没有发现这方面的证据;又如,外向性特质在一些研究中并未受到重视,而在其他研究中则被认为可能导向针对移民的不宽容。

尽管如此,人格与宽容的关系总体上是稳定和明确的。人格变量对宽容的影响要么如克努森的研究所展示的,即在人格的情感方面对政治宽容具有较强的直接影响,要么是在人格作用于社会学习的意义上,人格通过提升社会学习和对民主的一般规范的支持而对宽容产生强大的间接影响。斯奈德曼的研究就展示了后一种影响。

在人格之外,心理维度的其他变量也与宽容相关。心理安全（psychological security）会导向较少防御性的世界观[1],因而具有心理安全感的个体对民主规范更为支持。与这一观点相一致,更早的研究发现具有信任感的个体（trusting individuals）也较为宽容。[2]

心理因素对政治（不）宽容的影响还可能因国家不同而表现出不同程度的差异。近年有关匈牙利的一项研究发现,心理变量只是政治宽容的很弱的预测因子。在匈牙利,心理因素对于确定政治（不）宽容的目标群体具有较强的影响,而社会和人口变量对不宽容的程度则具有较强的影响。这一研究还表明,不同群体的不宽容也并不是与同样的社会与心理解释变量联系在一起的。[3] 也就是说,对于不同群体而言,影响其不宽容的因素可能是不一样的。

---

[1] Joshua Hart, Phillip R. Shaver and Jamie L. Goldenberg, "Attachment, Self-Esteem, Worldviews, and Terror Management: Evidence for a Tripartite Security System", *Journal of Personality and Social Psychology*, Vol. 88, No. 6, 2005, pp. 999-1013.

[2] John L. Sullivan, George E. Marcus, Stanley Feldman, et al., "The Sources of Political Tolerance: A Multivariate Analysis", *American Political Science Review*, Vol. 75, No. 1, 1981, pp. 92-106;〔美〕加布里埃尔·A. 阿尔蒙德、西德尼·维巴：《公民文化——五个国家的政治态度和民主制》,徐湘林等译,东方出版社 2008 年版。

[3] Bojan Todosijević and Zsolt Enyedi, "Socio-Demographic and Psychological Determinants of Political (In)tolerance: Hungary at the Dawn of the 21st Century", *Psihološka Istraživanja*, Vol. 18, No. 1, 2015, pp. 23-46.

三、价值观变量（维度上）的解释

政治宽容是与特定价值观相联系的一种态度，而价值观被认为对宽容具有重要和显著的影响。① 自由派与保守派的区别有时被用来解释不同程度的政治宽容。"宽容"一词与"自由主义"一词有时交叉使用，因而对宽容规范的接受也被认为代表着一种自由主义立场，而对宽容的排斥或较为谨慎的接受则被视为一种保守的或"不自由的"立场（a conservative or "illiberal" position）。② "保守的"或是"自由的"包括经济层面和政治社会层面的不同含义，前者涉及财富分配，后者关乎文化的一致性或不一致。一般情况下，与宽容相关的讨论在政治社会维度（非经济维度）展开，即是否接纳文化的不一致是衡量宽容水平的重要标尺。

人格特质会使人们预期它与宽容存在某种关系，而意识形态认同又与人格特质联系在一起。具体而言，宽容是与对民主原则的支持、观念开放等心理倾向联系在一起的。③

虽然已有的政治宽容研究可能因其固有的左翼偏向而高估了意识形态的作用，但某些特定的意识形态倾向的确会对宽容水平产生影响。有研究认为，对某些特定保守主义价值观的支持往往预示着，具有相关人格特征的人不太可能参与政治讨论，不太可能适应社会变化，也不太可能将普遍原则推及陌生人。④ 有研究进一步指

---

① Marie A. Eisenstein, "Rethinking the Relationship between Religion and Political Tolerance in the U.S.", *Political Behavior*, Vol. 28, No. 4, 2006, pp. 327−348.

② Seymour Martin Lipset and Earl Raab, *The Politics of Unreason: Right-Wing Extremism in America, 1790-1970*, New York, NY: Harper & Row, 1970.

③ 参见 John L. Sullivan, James Piereson and George E. Marcus, *Political Tolerance and American Democracy*, Chicago, IL: University of Chicago Press, 1982; Friedrich Funke, "The Dimensionality of Right-Wing Authoritarianism: Lessons from the Dilemma between Theory and Measurement", *Political Psychology*, Vol. 26, No. 2, 2005, pp. 195−218。

④ Herbert McClosky, Paul J. Hoffmann and Rosemary O'Hara, "Issue Conflict and Consensus among Party Leaders and Followers", *American Political Science Review*, Vol. 54, No. 2, 1960, pp. 406−427.

出，处于左翼立场的人比处于右翼立场的人更能包容处于意识形态另一端的人群。其中，意识形态的影响机制可表述为，对民主的普遍原则的支持，一部分是对宽容相对于其他价值的重要性进行政治意识形态计算的结果，另一部分则源于个体开放、灵活的个性以及有安全感。① 在这种意义上，意识形态对是否尊重宽容的普遍原则具有强烈影响。

但是，在尊重民主原则与宽容之间仍然存在距离；也就是说，对抽象原则的支持与对特定的宽容情境的支持并不是一回事。有研究发现，对普遍原则的支持与对普遍原则在具体情形中的运用具有相当程度的一致性，大多数人实际上在最困难的情形下也遵循了宽容的普遍原则。② 尽管如此，抽象的信念与实际行为并非总是一一对应。在实际情形中，不同价值相互竞争，人们需要在不同价值之间作出权衡与妥协。因此，对普遍原则的支持与宽容之间的这种关系，实际上应该表述为，对民主原则的支持水平越高，人们越有意愿在实践中运用这些原则。③

政治宽容不仅受到公民自由等民主原则或民主价值观的影响，也受到平等、公共秩序和安全等其他价值的影响。特定价值是否会引导人们的实际判断，不仅取决于人们赋予它的重要性，还在于使这一价值变得更为显著的情境线索。因此，某项价值与宽容的关系强度受制于这一价值在特定情境中的显著性。政治人物、精英或媒体可能通过

---

① John L. Sullivan, George E. Marcus, Stanley Feldman, et al., "The Sources of Political Tolerance: A Multivariate Analysis", *American Political Science Review*, Vol. 75, No. 1, 1981, pp. 92–106.

② David G. Lawrence, "Procedural Norms and Tolerance: A Reassessment", *American Political Science Review*, Vol. 70, No. 1, 1976, pp. 80–100.

③ John L. Sullivan, George E. Marcus, Stanley Feldman, et al., "The Sources of Political Tolerance: A Multivariate Analysis", *American Political Science Review*, Vol. 75, No. 1, 1981, pp. 92–106.

触发和强调处于危险中的价值来影响舆论（民意）。①其结果不仅影响着人们对不同价值的理解和阐释，也影响着人们对其他群体（尤其是极端群体）及其利益表达的态度。有关是否容忍政治极端群体的辩论就包含相互竞争的基本价值观之间的冲突。②

有关荷兰两个极端群体（右翼群体和激进宗教群体）的一项研究表明，是否容忍这两个群体举行公开演讲和集会，实际上涉及言论自由和公共秩序两项基本价值的竞争。研究实验发现，在实验参与者中，认为言论自由价值更为重要的人更可能容忍右翼群体的政治行动；尽管在一般情况下，个人安全及安全的社会等价值对宽容判断并没有显著的重要影响，但这些价值对有关激进宗教群体的宽容判断则具有明显作用。认为个人安全及安全的社会更为重要的人不太情愿容忍激进宗教群体举行集会和公开演说，但其对右翼群体的宽容则不受影响。③可见，人们对极端群体是否宽容，很大程度上受到特定价值及其情境显著性的影响。

荷兰社会对极端群体的不同态度，特别是对激进宗教群体较低的宽容度，与荷兰社会认为此类群体是社会安全的威胁这一认知有关。④从荷兰的案例可以看出，意识形态和价值观与宽容之间的关系还可能受到其他变量（如威胁感知）的影响。

---

① Thomas E. Nelson, Rosalee A. Clawson and Zoe M. Oxley, "Media Framing of a Civil Liberties Conflict and Its Effect on Tolerance", *American Political Science Review*, Vol. 91, No. 3, 1997, pp. 567-583; Claudia Zilli Ramírez and Maykel Verkuyten, "Values, Media Framing, and Political Tolerance for Extremist Groups", *Journal of Applied Social Psychology*, Vol. 41, No. 7, 2011, pp. 1583-1602.

② Philip E. Tetlock, "A Value Pluralism Model of Ideological Reasoning", *Journal of Personality and Social Psychology*, Vol. 50, No. 4, 1986, pp. 819-827.

③ Claudia Zilli Ramírez and Maykel Verkuyten, "Values, Media Framing, and Political Tolerance for Extremist Groups", *Journal of Applied Social Psychology*, Vol. 41, No. 7, 2011, pp. 1583-1602.

④ Jolanda van der Noll, Edwin Poppe and Maykel Verkuyten, "Political Tolerance and Prejudice: Differential Reactions toward Muslims in the Netherlands", *Basic and Applied Social Psychology*, Vol. 32, No. 1, 2010, pp. 46-56.

第四节　人们在什么情况下或什么时候更（不）宽容？

相对于人格和意识形态等较为稳定的因素，其他因素对宽容水平的影响则常常会随时间而发生变化。其中，人们对不同目标群体的选择很大程度上影响着社会整体的宽容（不宽容）水平，就如左翼群体在 20 世纪 50 年代的美国是不宽容的主要目标群体，随后女权主义者、民权活动家、越南战争反对者及各种激进分子成为六七十年代社会不宽容的主要目标。这种变化被认为是美国社会中政治宽容水平变动的重要原因。此外，社会中人们所感知到的威胁，与此相关的群体冲突，以及不同时期的情绪等，也塑造着社会的整体宽容（不宽容）水平。这种变化和差异实际上反映了人们在是否将共同认可的普遍原则运用于不同具体情形的意愿水平的差异。

一、感知到的威胁与不确定性

在影响宽容（不宽容）水平的诸多心理因素中，人格一般被认为是稳定的影响因素；此外，对威胁的感知也是相关研究中常被提及的重要心理变量，尽管这一变量的影响常因意识形态、群体认同等方面的差异而并不稳定。在与宽容（不宽容）相关的这些变量中，不同于人格特质或意识形态，感知到的威胁（perceived threat）是一个外生变量，某种程度上并不仅仅是或只部分是人们的心理不安全感在其不喜欢的政治群体上的投射。

（一）威胁感知与感知到的威胁

在几乎所有相关研究中，威胁感知（threat perceptions）都被认为是不宽容的最强预测因子，即群体正在受到威胁的感觉是预测不宽容的最强预测因子。[1] 相对于对个人幸福的直接威胁，即自我中心的

---

[1] James L. Gibson, "Political Intolerance in the Context of Democratic Theory", in Robert E. Goodin, ed., *The Oxford Handbook of Political Science*, Oxford: Oxford University Press, 2011.

威胁感知（egocentric threat perceptions），人们感知到的对群体或社会的威胁，即社会取向的威胁感知（sociotropic threat perceptions），更可能导致不宽容。① 一般情况下，那些可感知到来自不同群体和观念的较大威胁的地方往往会成为不宽容泛滥之所，尽管威胁感知对不宽容的作用过程非常复杂且不明确，这种威胁与不宽容之间的对应关系甚至根本就不存在。②

不宽容是人们对与自己感知到的威胁有关的群体的一种常见反应。斯托弗1955年所做的有关宽容的著名研究表明，个体的不宽容水平与其感知到的由异见群体带来的威胁直接相关。③ 其间的关系表现为，人们对异见群体的不宽容产生于人们对特定威胁的感知，即异见群体威胁到了宪法秩序或者他们认为重要的价值观。这种作用机制也可被视为意识形态影响宽容的一种表现。这一机制可具体表述为，意识形态影响个体更重视哪些价值观，也使得持不同价值观的群体往往成为个体宽容（不宽容）的目标群体，或在他们看来至少是最不受欢迎的群体（the least-liked group）。20世纪50年代美国社会对左翼群体的不宽容，很大程度上就是由于左翼群体被认为对当时的主流意识形态构成了威胁。尽管有时感知到异见群体威胁的许多人仍会容忍这些群体，但过去几十年里政治学领域对政治宽容的研究一再表明，

---

① 参见 James L. Gibson and Amanda Gouws, *Overcoming Intolerance in South Africa: Experiments in Democratic Persuasion*, New York, NY: Cambridge University Press, 2003; Darren W. Davis and Brian D. Silver, "Civil Liberties vs. Security: Public Opinion in the Context of the Terrorist Attacks on America", *American Journal of Political Science*, Vol. 48, No. 1, 2004, pp. 28-46。

② James L. Gibson, "Political Intolerance in the Context of Democratic Theory", in Robert E. Goodin, ed., *The Oxford Handbook of Political Science*, Oxford: Oxford University Press, 2011; Michal Shamir and Tammy Sagiv-Schifter, "Conflict, Identity, and Tolerance: Israel in the Al-Aqsa Intifada", *Political Psychology*, Vol. 27, No. 4, 2006, pp. 569-595.

③ Samuel A. Stouffer, *Communism, Conformity, and Civil Liberties: A Cross-Section of the Nation Speaks Its Mind*, New Brunswick, NJ: Transactions Publishers, 1992, Ch. 8.

感知到的威胁可导致较大的不宽容。[1] 总体上，感受到威胁的人对这种威胁的来源可能会变得不宽容是一个常见的现象，但有时许多人仍会容忍这些群体，同时还会捍卫其程序要求。

在许多重要的宽容（不宽容）相关研究中，测量最不受欢迎群体的方法（the least-liked group method）是常用的宽容测量方法。一般而言，随着最不受欢迎的群体带来的威胁不断增加，社会的不宽容水平也在上升。[2]

在导致不宽容的诸多心理因素中，人格一般被认为是稳定的影响因素。因此，人们便预期在人格及相关心理特质与威胁感知之间存在某种关联，或威胁感知是由人格塑造的。尽管可以佐证人格与威胁感知间关系的证据非常有限，但仍有一些研究发现了心理特质与外部环境因素的互动效应，如权威人格与环境压力感知可造成不宽容[3]，以及南非民众对失控的犯罪率的焦虑导致他们迅速上升的威胁感知[4]，等等。对极端群体的政治不宽容在很大程度上可最好地反映感知到的威胁对宽容的影响。

---

[1] John L. Sullivan, George E. Marcus, Stanley Feldman, et al., "The Sources of Political Tolerance: A Multivariate Analysis", *American Political Science Review*, Vol. 75, No. 1, 1981, pp. 92-106; John L. Sullivan, James Pierson and George E. Marcus, *Political Tolerance and American Democracy*, Chicago, IL: University of Chicago Press, 1982; George E. Marcus, John L. Sullivan, Elizabeth Theiss-Morse, et al., *With Malice toward Some: How People Make Civil Liberties Judgments*, New York, NY: Cambridge University Press, 1995.

[2] John L. Sullivan, James Pierson, and George E. Marcus, *Political Tolerance and American Democracy*, Chicago, IL: University of Chicago Press, 1982; George E. Marcus, John L. Sullivan, Elizabeth Theiss-Morse, et al., *With Malice toward Some: How People Make Civil Liberties Judgments*, New York, NY: Cambridge University Press, 1995.

[3] Stanley Feldman, "Enforcing Social Conformity: A Theory of Authoritarianism", *Political Psychology*, Vol. 24, No. 1, 2003, pp. 41-74; Stanley Feldman and Karen Stenner, "Perceived Threat and Authoritarianism", *Political Psychology*, Vol. 18, No. 4, 1997, pp. 741-770.

[4] Leonie Huddy, Stanley Feldman, Charles Taber, et al., "Threat, Anxiety, and Support of Antiterrorism Policies", *American Journal of Political Science*, Vol. 49, No. 3, 2005, pp. 593-608.

（二）不确定性与不确定感

与人们的威胁感知类似，不确定性也被视为导致不宽容的重要变量。相关研究普遍认为，人们面对不确定性时也会产生与面对威胁时相类似的反应。不确定的感觉表明信息匮乏或个体面对当前信息缺少信心——无论有关环境还是自我，这种不确定感（sense of uncertainty）往往产生于无法准确预测未来结果。因此，不确定性是人们希望减少的一种令人厌恶的状态。[①]

为此，人们有时会采取一种保守和防御的姿态以减少不确定感。其中，避免可诱发不确定感的信息和减少不确定信息的来源，就是一种常见的应对方式。近年来大量研究表明，对不确定性的这种反应往往使得人们对先验的态度、价值观、道德信念及社会认同等更有信心、更加执着，进而导致政治宽容水平的下降。[②] 不确定性管理模型（Uncertainty Management Model）、意义维持模型（Meaning Maintenance Model）以及反应式动机模型（Reactive Approach Motivation Model）等，则是针对这一现象的不同解释模型。[③]

其中，意义维持模型认为，人们都有对意义的需要，也因将外部世界与自我联结在一起而成为意义创造者，形成自我与外部世界间预

[①] Steven J. Heine, Travis Proulx and Kathleen D. Vohs, "The Meaning Maintenance Model: On the Coherence of Social Motivations", *Personality and Social Psychology Review*, Vol. 10, No. 2, 2006, pp. 88-110; M. A. Hogg, "Uncertainty-Identity Theory", in Mark P. Zanna, ed., *Advances in Experimental Social Psychology*, Vol. 39, San Diego, CA: Academic Press, 2007, pp. 69-126.

[②] Michael A. Hogg and Barbara-A. Mullin, "Joining Groups to Reduce Uncertainty: Subjective Uncertainty Reduction and Group Identification", in Dominic Abrams and Michael A. Hogg, eds., *Social Identity and Social Cognition*, Malden, MA: Blackwell, 1999, pp. 249-279; Ian McGregor, Kyle Nash, Nikki Mann, et al., "Anxious Uncertainty and Reactive Approach Motivation (RAM)", *Journal of Personality and Social Psychology*, Vol. 99, No. 1, 2010, pp. 133-147.

[③] E. Allan Lind and Kees van den Bos, "When Fairness Works: Toward a General Theory of Uncertainty Management", *Research in Organizational Behavior*, Vol. 24, 2002, pp. 181-223; Steven J. Heine, Travis Proulx and Kathleen D. Vohs, "The Meaning Maintenance Model: On the Coherence of Social Motivations", *Personality and Social Psychology Review*, Vol. 10, No. 2, 2006, pp. 88-110; Ian McGregor, Kyle Nash, Nikki Mann, et al., "Anxious Uncertainty and Reactive Approach Motivation (RAM)", *Journal of Personality and Social Psychology*, Vol. 99, No. 1, 2010, pp. 133-147.

期关系的心理表征（mental representations of expected relations），因而具有通过这种预期关系心理表征的棱镜来感知事件的需要，而这一棱镜也帮助人们组织起对世界的感知。当人们的意义感（sense of meaning）受到威胁时，他们会重新确认可替代的表征以获得意义。这一过程被称为流动补偿（fluid compensation）过程。人们对不确定性威胁的反应与对诸如自尊威胁（self-esteem threats）、人际排斥（interpersonal rejection）等心理威胁的反应非常相似，这表明一些心理动机是产生和维持意义感的单一冲动的表现。[1]

对不确定性与宽容之间关系的探讨往往与感知到的威胁联系在一起。将不确定性视为一种令人厌恶的状态，实际上是把不确定性与具有威胁性等同起来。当人们面对这种不确定性时，往往会采取防御姿态，对先验信念表现得更自信、更执着，对持不同意见者则更具攻击性。[2] 不同于将不确定性与威胁联系在一起的研究，其他研究则认为，尽管威胁具有不确定性，但将不确定性与威胁联系在一起却限制了人们对此类情感状态及其影响的理解。威胁表明了潜在的危害并且总是消极的，而不确定性则依具体情况既可能是消极的也可能是积极的。譬如，社会心理学相关研究也发现，个人的不确定性（即有关自我的不确定性）比信息的不确定性（informational uncertainty）（即缺乏有关形势的信息）更具有威胁性。[3]

因此，尽管威胁感知和不确定性发出了相似的信号，却需要在不

---

[1] Steven J. Heine, Travis Proulx and Kathleen D. Vohs, "The Meaning Maintenance Model: On the Coherence of Social Motivations", *Personality and Social Psychology Review*, Vol. 10, No. 2, 2006, pp. 88–110.

[2] Howard Lavine, Milton Lodge and Kate Freitas, "Threat, Authoritarianism, and Selective Exposure to Information", *Political Psychology*, Vol. 26, No. 2, 2005, pp. 219–244; Ya Hui Michelle See and Richard E. Petty, "Effects of Mortality Salience on Evaluation of Ingroup and Outgroup Sources: The Impact of Pro-Versus Counterattitudinal Positions", *Personality and Social Psychology Bulletin*, Vol. 32, No. 3, 2006, pp. 405–416.

[3] Ian McGregor, Mike S. Prentice and Kyle A. Nash, "Personal Uncertainty Management by Reactive Approach Motivation", *Psychological Inquiry*, Vol. 20, No. 4, 2009, pp. 225–229.

同的概念范畴中加以理解，并可对宽容产生不同方向的影响。与感知到的威胁不同的是，不确定性还可能具有提升政治宽容的作用。产生不确定性的一个潜在原因是，现有知识与理解社会环境和预测未来结果的不匹配，即人们无法凭借现有知识理解社会环境并对未来做出预测，因而信息探索就成为最具适应性的策略。① 为此，人们会探寻和思考新信息以提升其预测能力，而对不确定性的这种探索性反应非常可能导向政治宽容的增加。情感智力理论（theory of affective intelligence）则将这一机制进一步表述为，不确定性增加了人们的焦虑，从而使人们有更大意愿在政治议题上作出妥协。② 此外，不确定性还使人们放弃有动机推理过程（motivated reasoning processes）以获得更为平衡的信息。③

不确定性对宽容的影响与特定的情境有关。面对不确定性，当人们感到安全时更可能会探索并收集新信息，而当人们感觉受到威胁时则会作出防御和保守的反应。因此，不确定性并不总是与威胁联系在一起并产生相似的结果。不确定性有时被视为挑战而非威胁④，因而会导向探索新信息的行为及适应性认知发展；当人们面对不确定性且并未感受到威胁时，不确定性可能会提升其进行协商和作出妥协的意愿。⑤

---

① Jordan B. Peterson and Joseph L. Flanders, "Complexity Management Theory: Motivation for Ideological Rigidity and Social Conflict", *Cortex*, Vol. 38, No. 3, 2002, pp. 429-458.

② M. MacKuen, G. E. Marcus, W. R. Neuman, et al., "The Third Way: The Theory of Affective Intelligence and American Democracy", in W. Russell Neuman, George E. Marcus, Ann N. Crigler, et al., eds., *The Affect Effect: Dynamics of Emotion in Political Thinking and Behavior*, Chicago, IL: University of Chicago Press, 2007, pp. 124-151.

③ David P. Redlawsk, Andrew J. W. Civettini and Karen M. Emmerson, "The Affective Tipping Point: Do Motivated Reasoners Ever 'Get It'?", *Political Psychology*, Vol. 31, No. 4, 2010, pp. 563-593.

④ Joe Tomaka, Jim Blascovich, Robert M. Kelsey, et al., "Subjective, Physiological, and Behavioral Effects of Threat and Challenge Appraisal", *Journal of Personality and Social Psychology*, Vol. 65, No. 2, 1993, pp. 248-260.

⑤ Michael MacKuen, Jennifer Wolak, Luke Keele, et al., "Civic Engagements: Resolute Partisanship or Reflective Deliberation", *American Journal of Political Science*, Vol. 54, No. 2, 2010, pp. 440-458.

因此，将威胁与不确定性进行区分还有助于更好地认识情绪在政治中的作用。

尽管不确定性并非总是与感知到的威胁联系在一起，但威胁感知却是不确定性与宽容间关系的重要中间变量。不确定性与政治宽容的关系有时会受到感知到的威胁的影响，而不确定性对政治宽容产生影响的方向则并不确定，可使人们变得较为宽容或较不宽容。因此，宽容相关研究文献中存在着"不确定性悖论"（the uncertainty paradox）——不确定性已被证明既可能使人们变得更为思想开放并增加信息搜索，又可能使人们变得心胸狭窄和不宽容。[1]

二、群体认同与群体接触

群体间宽容（intergroup toleration）是政治宽容的重要表现形式。尽管对外群体的态度一直是社会心理学研究的重要主题，但通常集中于对民族或种族的刻板印象、评价与情感[2]，对外群体及其成员的具体行为和做法的宽容或不宽容则较少关注。伴随各国人口结构日益多元化，群体间关系变得日趋重要和敏感，群体维度上影响宽容的变量因此尤其值得注意。

（一）群体认同与群体依恋

对个体特征与宽容间关系的关注某种程度上可能导致对宽容（不宽容）在群体维度上的原因的忽略。冲突和威胁是不宽容的原因，这已经在很多研究中得到了证明，尽管其影响过程还有待进一步明确。在一个冲突社会中，政治不宽容可能是"内群体关爱"压力（"ingroup love" pressure）的表现，或可能是由威胁所驱动的"外群

---

[1] Ingrid Johnsen Haas and William A. Cunningham, "The Uncertainty Paradox: Perceived Threat Moderates the Effect of Uncertainty on Political Tolerance", *Political Psychology*, Vol. 35, No. 2, 2014, pp. 291–302.

[2] 参见 Rupert Brown, *Prejudice: Its Social Psychology*, 2nd ed., Oxford: Wiley-Blackwell, 2010。

体反感"("outgroup hate")的结果。与此相关,不宽容产生的内在过程似乎可以表述为:冲突可提升内群体关爱、促进群体内部团结、增强群体凝聚力、收紧群体间边界,进而产生减少群体异议即趋向一致性的压力,而政治或社会不宽容则可能是这一群体内部过程的一个直接结果。然而,内群体偏好与对外群体的消极倾向之间并不总是强关系或稳定的关系。①

威胁感知,尤其是一个群体正在受到威胁的感觉,是不宽容的最强预测因子,社会取向的威胁感知则是最具影响力的威胁类型。这意味着社会认同可能在这一过程中发挥重要作用。在这种意义上,群体间关系对于塑造社会整体宽容水平具有重要和直接的影响。

各种群体(如种族、民族等)冲突影响和界定着漫长的人类历史,而群体认同(group identity)则被视为造成这些不同冲突的共同因素。群体敌意的根源可能是强烈的群体认同,以及由此产生的诸多态度、价值观与行为。特别是,感觉自己是群体一部分的原始冲动,还与相信"他人"与己不同且往往具有威胁性的更为根本的倾向联系在一起。社会认同理论认为,强烈的内群体同情(ingroup sympathies)往往导致同样强烈的外群体厌恶(outgroup antipathies),进而助长不宽容和冲突,这些群体间仇恨在某些情况下(而不是在所有情况下)会导致群体间战争。社会认同理论实际上提供了一种有关微观过程的解释,即个体的群体依恋(group attachments)是如何与一些致命性态度和行为联系在一起的。这已成为有关群体间冲突的一种传统解释。②

---

① Michal Shamir and Tammy Sagiv-Schifter, "Conflict, Identity, and Tolerance: Israel in the Al-Aqsa Intifada", *Political Psychology*, Vol. 27, No. 4, 2006, pp. 569-595.

② 参见 Henri Tajfel, *Human Groups and Social Categories: Studies in Social Psychology*, New York, NY: Cambridge University Press, 1981; John C. Turner and Katherine J. Reynolds, "The Social Identity Perspective in Intergroup Relations: Theories, Themes, and Controversies", in Rupert Brown and Samuel L. Gaertner, eds., *Blackwell Handbook of Social Psychology: Intergroup Processes*, Malden, MA: Blackwell, 2003。

社会认同理论似乎提示人们,群体间冲突的根源可能在于不同程度上被政治化的群体认同。一个国家内部主体民族对移民的排斥反应,特别是对移民少数族裔的愤怒和怨恨,常常被置于群体认同或民族认同的框架下加以理解。有关荷兰的一项实验研究表明,荷兰民众对民族认同的思考超过了对经济利益的关切,因而产生了对移民的排斥反应。① 在真实背景下的类似研究,也得出了相似的结论。以色列犹太人与阿拉伯人的关系是非常典型的群体间关系。有学者选取阿克萨起义(the Al-Aqsa Intifada)这一真实背景,考察了以色列犹太人的群体认同与他们对阿拉伯人的宽容水平之间的关联。研究发现,犹太人的内群体认同显著降低了他们对阿拉伯人的宽容。具体而言,相比于左翼和世俗犹太人,右翼和较为正统的犹太教徒对阿拉伯人的容忍度较低。②

相关研究还表明,群体认同或情感寄托预示了对其他群体的偏见。其中,不同的群体认同使群体成员对其他群体有着不同的态度。一方面,典型的"美化本群体或对本群体有着积极态度"的种族中心模式,是与对其他群体的不宽容联系在一起的;另一方面,建立在一个群体的自信感和安全感基础上的群体倾向,使得群体成员对其他群体可能会产生宽容和接受的态度。因此,一般而言,具有安全感的群体很少表现出群体间的偏见,而感到不安全的群体对其他群体则具有明显的歧视。而且,这种自认为不安全和受到威胁的群体不仅会仇视其他群体,还会不惜牺牲群体中个体的自主性与自律来强调和要求整个群体的凝聚与团结。相反,在具有安全感的群体中,成员彼此认同与团结,则可能表现出对本群体和其他群体的宽松的、宽容的和自由

---

① Paul M. Sniderman, Louk Hagendoorn and Markus Prior, "Predisposing Factors and Situational Triggers: Exclusionary Reactions to Immigrant Minorities", *American Political Science Review*, Vol. 98, No. 1, 2004, pp. 35−49.

② Michal Shamir and Tammy Sagiv-Schifter, "Conflict, Identity, and Tolerance: Israel in the Al-Aqsa Intifada", *Political Psychology*, Vol. 27, No. 4, 2006, pp. 569−595.

的取向。① 这方面的内容常常在群体心理学领域得到研究。

南非是一个有着悠久的族群冲突历史的国家,这一特征使得南非人乐于接受群体特性并赋予族群特性重要意义。在南非,政治冲突往往与族群相关并常常表现为零和竞争,不同族群也不存在相互尊重和宽容的历史经验。于是,人们很容易将南非视为内群体认同有害进而产生不宽容的典型案例。但是,对南非的相关研究发现,人们认同其所属的"部落"并不意味着他们一定会对他人持有负面看法,或支持对其政治对手的压制;无论对于黑人多数还是白人少数,群体内认同都没有在很大程度上引发外群体不宽容,即南非强烈的内群体认同既未产生政治不宽容,也没有导致种族间的不宽容。因此,群体认同在南非并不是不宽容的一个有用的预测因素。② 有关这一发现的一个可能解释是,强烈的内群体认同并未阻止国家认同的发展,"彩虹之国"南非使人们在分享国家认同的同时依然保留其不同的族群情感,而国家认同则中和了群体依恋的不宽容后果。在这种意义上,这种双重认同可视为促进有益于少数(族群)群体和多数族群(群体)共存的积极群体间态度的一种策略。

但是,国家认同本身并不必然减少不宽容,并可能与种族间不宽容及政治不宽容共存。因此,还需要探索群体认同导致不宽容的条件。有关南非这一"最佳"案例的分析表明,与不宽容相关的族群动

---

① 参见 J. Turner and R. Brown, "Social Status, Cognitive Alternatives and Intergroup Relations", in Henri Tajfel, ed., *Differentiation between Social Groups: Studies in the Social Psychology of Intergroup Relations*, London: Academic Press, 1978, pp. 201-234; S. Moscovici and G. Paicheler, "Social Comparison and Social Recognition: Two Complimentary Processes of Identification", in Henri Tajfel, ed., *Differentiation between Social Groups: Studies in the Social Psychology of Intergroup Relations*, London: Academic Press, 1978, pp. 251-268; J. W. Berry, "Multicultural Policy in Canada: A Social Psychological Analysis", *Canadian Journal of Behavioural Science*, Vol. 16, No. 4, 1984, pp. 353-370; Bob Altemeyer, *Enemies of Freedom: Understanding Right-Wing Authoritarianism*, San Francisco, CA: Jossey-Bass, 1988; Bob Altemeyer, *The Authoritarian Specter*, Cambridge, MA: Harvard University Press, 1996。

② James L. Gibson, "Do Strong Group Identities Fuel Intolerance? Evidence from the South African Case", *Political Psychology*, Vol. 27, No. 5, 2006, pp. 665-705.

员的前提条件是，身份认同被强有力地运用于族群斗争，而且人们将政治视为零和游戏式的族群斗争。研究发现，在满足这些条件的大约占南非一半人口的人群中，族群依恋导致了族群间的不宽容（而非政治不宽容）。尽管如此，南非的案例仍可视为切断群体内同情与群体外反感间联系的样本，同时还提示人们，在现实政治中，群体依恋理论或许太过简单而无法提供太多预测或分析效用，导致群体间不宽容的因素还应在群体依恋之外找寻。[①]

可以看出，群体认同这一变量对于宽容（不宽容）只有微弱影响。一个可能的原因是，在南非特定的环境下，很多地方的居民只是由单一种族构成，而且黑人和白人之间存在巨大的社会阶层鸿沟，从而使群体间接触主要取决于机会，也许还有社会阶层。不宽容的影响因素并非群体依恋，而主要是外在的环境变量，或许正是这些变量抵消了群体依恋的作用。20世纪90年代中期南非民主化以来，黑人的经济地位上升，白人的经济地位停滞或相对下降，而黑人群体中人际不平等的增加使得群体维度的政治重要性也下降了。与此同时，阶层、宗教、意识形态、性别、年龄等逐渐成为影响人际关系的重要因素，而对于人们如何看待彼此、看待其他群体和世界，群体的重要性则大大下降了。

（二）群体间接触与外群体偏见

人们的心理倾向于对陌生人或多或少抱持怀疑态度，对可能构成威胁的情境和群体则保持敏感。[②] 于是，群体间接触与群体间偏见的关系，特别是群体间接触是否具有减少群体间偏见的潜力的问题，过

[①] Thomas F. Pettigrew, "Intergroup Contact Theory", *Annual Review of Psychology*, Vol. 49, No. 1, 1998, pp. 65-85; Matthew J. Hornsey and Michael A. Hogg, "Assimilation and Diversity: An Integrative Model of Subgroup Relations", *Personality and Social Psychology Review*, Vol. 4, No. 2, 2000, pp. 143-156; James L. Gibson, "Do Strong Group Identities Fuel Intolerance? Evidence from the South African Case", *Political Psychology*, Vol. 27, No. 5, 2006, pp. 665-705.

[②] 参见 Paul M. Sniderman, *Personality and Democratic Politics*, Berkeley, CA: University of California Press, 1975。

去几十年里一直是研究者关注和思考的焦点问题。但是，关于二者的关系却始终存在诸多不同甚至相互冲突的结论。譬如，一些较早的研究认为，平等条件下不同种族的接触只会孕育"怀疑、恐惧、怨恨、骚乱，有时甚至是公开的冲突"；另有研究则发现，种族间的接触经历可能促成"相互理解与尊重"，而"相互隔绝则使偏见和冲突像疾病一样蔓延"。① 基于当时已有的群体间关系研究，美国社会学家小罗宾·威廉姆斯（Robin Williams, Jr.）完成了《群体间紧张关系的缓和》（*The Reduction of Intergroup Tensions*, 1947）一书，最早提出了有关群体间接触的理论表述。他在研究中特别指出，当两个群体拥有相似地位、利益和任务，同时条件有利于形成个人化的和亲密的群体间接触时，群体间接触可以最大限度地减少偏见。② 这一命题吸引其后许多研究者对其进行严格的经验验证。

美国的公共住房项目所提供的准实验环境为观察群体间接触对偏见的影响创造了条件，而北美社会心理学引入大规模实地调查则极大地促进了这一领域的研究。一项针对居住在美国马萨诸塞州斯普林菲尔德（Springfield, Massachusetts）、康涅狄格州哈特福特（Hartford, Connecticut）、宾夕法尼亚州费城和匹兹堡（Philadelphia and Pittsburgh, Pennsylvania）公共住房的家庭的大规模调查表明，无论是黑人还是白人，公共住宅中地位相同的种族之间的接触与较为积极的情感和种族间态度联系在一起。③

---

① Paul E. Baker, *Negro-White Adjustment*, New York, NY: Association Press, 1934, p. 120; Theodore Brameld, *Minority Problems in the Public Schools: A Study of Administrative Policies and Practices in Seven School Systems*, New York and London: Harper & Brothers, 1946, p. 245. 转引自 Thomas F. Pettigrew and Linda R. Tropp, "A Meta-Analytic Test of Intergroup Contact Theory", *Journal of Personality and Social Psychology*, Vol. 90, No. 5, 2006, pp. 751-783。

② Robin M. Williams, Jr., *The Reduction of Intergroup Tensions*, New York, NY: Social Science Research Council, 1947.

③ Daniel M. Wilner, Rosabelle Price Walkley and Stuart W. Cook, *Human Relations in Interracial Housing: A Study of the Contact Hypothesis*, Minneapolis, MN: University of Minnesota Press, 1955; Ernest Works, "The Prejudice-Interaction Hypothesis from the Point of View of the Negro Minority Group", *American Journal of Sociology*, Vol. 67, No. 1, 1961, pp. 47-52.

奥尔波特在其具有里程碑意义的《偏见的本质》（The Nature of Prejudice, 1954）一书中，提出了有关群体间接触的经典假说："可带来知识并促成相互认识的接触，可能产生有关少数群体的更为可靠的信念，因而有助于减少偏见。"[1] 在他看来，最优条件下的群体间接触可有效减少群体间偏见。这些最优条件包括平等的地位、群体间合作、共同的目标以及社会与制度权威的支持。

奥尔波特有关群体间接触的经典假说启发了这一领域的更多研究。其中，有的研究得出了群体间接触可减少偏见的结论[2]，有的研究则得出了混合的结论，特别是强调了接触的条件、环境以及产生影响的层次等。譬如，有的研究注意到不利条件下的接触可能增加偏见和群体间冲突[3]；有的研究虽然承认群体间接触具有减少偏见的潜力，但却强调群体间接触与偏见之间联系的复杂性，包括接触环境的特征、所要研究的群体以及所涉及的个体等，都会对增强或抑制接触的效果产生影响[4]；还有的研究则认为，群体间接触往往在个体分析层面可减少偏见，但在群体层面则不具有这样的影响，因而接触能够抑制个人偏见而非群体冲突[5]。

---

[1] Gordon W. Allport, *The Nature of Prejudice*, Reading, MA: Addison-Wesley, 1954, p. 255.

[2] 参见 Jay W. Jackson, "Contact Theory of Intergroup Hostility: A Review and Evaluation of the Theoretical and Empirical Literature", *International Journal of Group Tensions*, Vol. 23, No. 1, 1993, pp. 43−65; Martin Patchen, *Diversity and Unity: Relations between Racial and Ethnic Groups*, Chicago, IL: Nelson-Hall, 1999; Jens Peter Frølund Thomsen, "How Does Intergroup Contact Generate Ethnic Tolerance? The Contact Hypothesis in a Scandinavian Context", *Scandinavian Political Studies*, Vol. 35, No. 2, 2012, pp. 159−178。

[3] Yehuda Amir, "Contact Hypothesis in Ethnic Relations", *Psychological Bulletin*, Vol. 71, No. 5, 1969, pp. 319−342; Bradley S. Greenberg and Sherrie L. Mazingo, "Change in the Real World—Racial Issues in Mass Media Institutions", in Phyllis A. Katz, ed., *Towards the Elimination of Racism*, New York, NY: Pergamon Press, 1976.

[4] Thomas F. Pettigrew, "Intergroup Contact Theory", *Annual Review of Psychology*, Vol. 49, No. 1, 1998, pp. 65−85; Martin Patchen, *Diversity and Unity: Relations between Racial and Ethnic Groups*, Chicago, IL: Nelson-Hall, 1999.

[5] Hugh D. Forbes, *Ethnic Conflict: Commerce, Culture, and the Contact Hypothesis*, New Haven, CT: Yale University Press, 1997.

于是，奥尔波特接触假说中的"条件"似乎成为群体间接触能否产生积极影响的关键。但是，有研究发现，奥尔波特的条件并非使接触产生积极影响的必要条件，而是有助于促进接触产生积极结果的条件。不仅如此，这一研究还发现，最初主要关注种族和民族接触的接触理论还可推广至其他群体，即种族和民族之外的其他群体之间的接触也可产生减少偏见的积极效果。①

　　扩展奥尔波特的群体接触理论，对于理解多元社会中处于不同地位的群体之间的关系具有重要意义。在多元社会中，群体差异性的基础不仅是多样的，还常常表现为多数群体和少数群体。不同群体的接触可产生"熟人潜力"（acquaintance potential）②和"友谊潜力"（friendship potential）③，减少群体间焦虑感和外群体威胁感④，丰富人们对于世界的看法，使人们看待世界时更少使用群体中心标准而更多使用多元标准进行判断，进而对少数群体产生积极态度并导向较高水平的宽容。⑤学校教室似乎为不同群体的接触提供了最佳空间。有关荷兰在校学生的研究表明，群体间接触与多数群体对穆斯林行为方式的较高水平的接受联系在一起，多数群体学生同外群体同学的接触与其对同化政策的支持存在负相关关系，这种接触增进了

---

① Thomas F. Pettigrew and Linda R. Tropp, "A Meta-Analytic Test of Intergroup Contact Theory", *Journal of Personality and Social Psychology*, Vol. 90, No. 5, 2006, pp. 751–783.

② Stuart W. Cook, "Interpersonal and Attitudinal Outcomes in Cooperating Interracial Groups", *Journal of Research and Development in Education*, Vol. 12, No. 1, 1978, pp. 97–113.

③ Thomas F. Pettigrew, "Generalized Intergroup Contact Effects on Prejudice", *Personality and Social Psychology Bulletin*, Vol. 23, No. 2, 1997, pp. 173–185.

④ Jens Binder, Hanna Zagefka, Rupert Brown, et al., "Does Contact Reduce Prejudice or Does Prejudice Reduce Contact? A Longitudinal Test of the Contact Hypothesis amongst Majority and Minority Groups in Three European Countries", *Journal of Personality and Social Psychology*, Vol. 96, No. 4, 2009, pp. 843–856.

⑤ Thomas F. Pettigrew and Linda R. Tropp, "A Meta-Analytic Test of Intergroup Contact Theory", *Journal of Personality and Social Psychology*, Vol. 90, No. 5, 2006, pp. 751–783; Hermann Swart, Miles Hewstone, Oliver Christ, et al., "Affective Mediators of Intergroup Contact: A Three-Wave Longitudinal Study in South Africa", *Journal of Personality and Social Psychology*, Vol. 101, No. 6, 2011, pp. 1221–1238.

政治宽容。①

事实上，群体间接触对减少偏见、促进政治宽容的影响往往要比以上表述复杂得多，在多数群体与少数群体之间尤其可能发挥不尽相同的作用。有关德国、比利时和英国三国在校学生的一项历时研究发现，多数群体成员的接触效应（接触促成偏见的减少）强于少数群体；对于少数群体而言，这一效应实际上可能非常微弱。②

群体间接触与政治宽容之间关系的复杂性还在于，接触效应与偏见效应同时存在：接触减少偏见，但偏见会导致接触减少。群体间焦虑（intergroup anxiety）以及对社会距离的渴望（desire for social distance）都会对接触效应产生影响。③ 不仅如此，群体间接触并非都是正面的经历，而负面的接触经历则会提升人们的焦虑感和威胁感，从而阻碍对于外群体的积极倾向的发展。④ 在这种意义上，减少焦虑感和威胁感就意味着通过接触减少偏见的重要变化。

在奥尔波特接触假说所提出的四个最优条件中，群体间友谊似乎

---

① Maike Gieling, Jochem Thijs and Maykel Verkuyten, "Dutch Adolescents' Tolerance of Muslim Immigrants: The Role of Assimilation Ideology, Intergroup Contact, and National Identification", *Journal of Applied Social Psychology*, Vol. 44, No. 3, 2014, pp. 155−165.

② Jens Binder, Hanna Zagefka, Rupert Brown, et al., "Does Contact Reduce Prejudice or Does Prejudice Reduce Contact? A Longitudinal Test of the Contact Hypothesis amongst Majority and Minority Groups in Three European Countries", *Journal of Personality and Social Psychology*, Vol. 96, No. 4, 2009, pp. 843−856; Cara C. MacInnis and Elizabeth Page-Gould, "How Can Intergroup Interaction Be Bad If Intergroup Contact Is Good? Exploring and Reconciling an Apparent Paradox in the Science of Intergroup Relations", *Perspectives on Psychological Science*, Vol. 10, No. 3, 2015, pp. 307−327.

③ Jens Binder, Hanna Zagefka, Rupert Brown, et al., "Does Contact Reduce Prejudice or Does Prejudice Reduce Contact? A Longitudinal Test of the Contact Hypothesis amongst Majority and Minority Groups in Three European Countries", *Journal of Personality and Social Psychology*, Vol. 96, No. 4, 2009, pp. 843−856.

④ Linda R. Tropp, "The Psychological Impact of Prejudice: Implications for Intergroup Contact", *Group Processes and Intergroup Relations*, Vol. 6, No. 2, 2003, pp. 131−149; E. Ashby Plant, "Responses to Interracial Interactions Over Time", *Personality and Social Psychology Bulletin*, Vol. 30, No. 11, 2004, pp. 1458−1471.

可满足其中某些条件，因而友谊与偏见之间存在负相关关系。[1] 对于群体间友谊与偏见之间的关系，有研究认为友谊对偏见的正向影响大于偏见对友谊的影响，也有研究发现两个方向的影响同样强烈。[2] 由于偏见很可能导致群体间接触的减少，对群体间友谊与偏见之间因果关系方向的评估就成为一个比较困难的问题。但是，当把具体情境（如接触是不是自愿的）考虑在内时，因果关系的方向就变得比较清晰了。

第五节 如何变得宽容？

在多元社会中，较高的宽容水平是不同观念、不同群体和谐相处的重要前提，而现代社会的不确定性和高风险特征又常常使对外部环境压力（如犯罪和社会动荡等）极为敏感的政治宽容（不宽容）水平处于不断变化中。宽容（特别是政治宽容）被视为民主社会尤其是多元社会的重要心理基础，如何培育宽容的心理、改变不宽容的心理、提升政治宽容水平，则成为多元社会的现实问题。尽管有关政治宽容水平历时变化的直接研究非常有限，微观层面上对这种变化的分析尤为少见，但通过哪些方式影响或改变宽容水平，以及经由这些不同途

---

[1] 参见 Shana Levin, Colette van Laar and Jim Sidanius, "The Effects of Ingroup and Outgroup Friendships on Ethnic Attitudes in College: A Longitudinal Study", *Group Processes & Intergroup Relations*, Vol. 6, No. 1, 2003, pp. 76–92; Miles Hewstone, Ed Cairns, Alberto Voci, et al., "Intergroup Contact, Forgiveness, and Experience of 'the Troubles' in Northern Ireland", *Journal of Social Issues*, Vol. 62, No. 1, 2006, pp. 99–120。

[2] 前一种情形如赫尔曼·斯沃特等学者对南非的相关研究，Hermann Swart, Oliver Christ, Miles Hewstone, et al., "Affective Mediators of Intergroup Contact: A Three-Wave Longitudinal Study in South Africa", *Journal of Personality and Social Psychology*, Vol. 101, No. 6, 2011, pp. 1221–1238；后一种情形可见于托马斯·佩蒂格鲁对荷兰的案例研究，Thomas F. Pettigrew, "Generalized Intergroup Contact Effects on Prejudice", *Personality and Social Psychology Bulletin*, Vol. 23, No. 2, 1997, pp. 173–185。

径影响宽容水平的结果,仍得到了较为集中的关注和研究。

一、教育与政治学习

宽容意味着学会与不喜欢的事物共存,从而与他人更好地相处。[①] 作为影响宽容水平的重要中介变量,教育常被视为提升宽容水平或改变不宽容状况的重要途径。在政治学领域,公民教育很早就是一个重要的研究议题,其中许多研究暗示或明确提出将宽容作为可通过教育培养的一项重要价值。[②] 在有关宽容的早期实证研究中,教育被作为解释宽容(不宽容)及其变化的重要变量而得到了较多的关注。因此,通过教育(特别是公民教育)和培训项目培育个体的宽容心理,并在整体意义上影响和改变宽容水平,一直是得到较多关注的一个维度。

但是,已有研究表明,教育对宽容的效应却是混合的。教育对宽容的作用有时不尽人意[③],其中的原因可能在于,很大程度上,人们很早就形成了对外来观念和威胁性观念的基本倾向,尽管环境条件可能改变或加剧这样的倾向,人们的核心态度和价值观仍很难被动摇。

教育对宽容的影响涉及学习理论(learning theory)。与宽容相关的学习机制包括中小学与大学的相关教育(学习)、在其他社会化机构(特别是志愿团体)的活动,以及直接的政治参与经历。学校与其

---

① W. Paul Vogt, *Tolerance and Education: Learning to Live with Diversity and Difference*, Thousand Oaks, CA: Sage, 1997, p. 1.

② 〔美〕约翰·杜威:《民主与教育》,薛绚译,译林出版社2012年版;Norman H. Nie, Jane Junn and Kenneth Stehlik-Barry, *Education and Democratic Citizenship in America*, Chicago, IL: University of Chicago Press, 1996; Eugene Borgida, Christopher M. Federico and John L. Sullivan, eds., *The Political Psychology of Democratic Citizenship*, New York, NY: Oxford University Press, 2009。

③ 参见Patricia Avery, *Tolerance for Diversity of Beliefs: A Secondary Curriculum Unit*, Boulder, CO: Social Science Education Consortium, 1993; Steven E. Finkel and Howard R. Ernst, "Civic Education in Post-Apartheid South Africa: Alternative Paths to the Development of Knowledge and Democratic Values", *Political Psychology*, Vol. 26, No. 3, 2005, pp. 333-364。

他社会化机构不仅是与有着不同观点和种族特性的人相遇的重要场所，它们也以不同方式对有着不同生活经历并表现出不同宽容水平的人产生影响。相关研究表明，学校教育对宽容的影响既可能是直接的，也可能是间接的。前者如课程教学所带来的具体指导和一般认知发展，后者如校园的群体间接触和学校教育所培养的学生人格成长。① 基于多国数据的比较研究也表明，教育常常与大众传媒、人际接触等对民主制度的影响联系在一起，其中教育被证明对于政治宽容具有人们一般所预期的积极作用。② 此外，高等教育对宽容的积极影响可能是这一研究领域中最具共识的发现。③

教育以及与之相关的政治学习（社会化），对于宽容（不宽容）的影响还因不同国家以及不同的个人人格特质而存在很大差异。个体乃至整个群体（年龄群组）成长过程中的政治（民主）经历对不同群体及个体的影响，在有关西欧国家与东欧国家的比较研究中得到了印证，即东欧国家可能更不易将尊重个人权利等民主价值信念转化为尊重他人个人权利的实践。④ 不同的心理倾向影响着个体对社会刺激的反应，因而政治学习与宽容程度的关系还受到个体人格特质（如是否对不同观念持开放心态）的影响，政治参与所带来的积极效应也会受到心理上的教条主义特质的限制，而长期来看，教条主义者倾向于形

---

① 参见 W. Paul Vogt, *Tolerance and Education: Learning to Live with Diversity and Difference*, Thousand Oaks, CA: Sage, 1997。

② Peffley Mark and Robert Rohrschneider, "Democratization and Political Tolerance in Seventeen Countries: A Multi-Level Model of Democratic Learning", *Political Research Quarterly*, Vol. 56, No. 3, 2003, pp. 243-257.

③ Mary R. Jackman and Michael J. Muha, "Education and Intergroup Attitudes: Moral Enlightenment, Superficial Democratic Commitment, or Ideological Refinement?", *American Sociological Review*, Vol. 49, No. 6, 1984, pp. 751-769; Per Adman, "Learning Political Tolerance: An Empirical Investigation of Causes of Tolerance in Sweden", *Surveyjournalen*, Vol. 3, No. 1, 2017, pp. 2-16.

④ Sandra Marquart-Pyatt and Pamela Paxton, "In Principle and in Practice: Learning Political Tolerance in Eastern and Western Europe", *Political Behavior*, Vol. 29, No. 1, 2007, pp. 89-113.

成不宽容态度。①

不同的教育制度也可能对宽容产生不同影响。全国统一管理的学校体系被认为能够最有效地防止不同学校的隔绝，并维护不同学校的共同价值观。②具体而言，一个教育体系越是统一，特别是在课程方面具有统一的决策结构，不同民族（种族）和不同社会群体之间的宽容态度的差异就越小。有着最小分化程度的教育制度，可以通过提高最不宽容的社会群体及民族（种族）群体的宽容水平而促进整体宽容水平的提升。这一结论也提示决策者应考虑延长学生的共同受教育期限，或加强对课程设置相关事务的管理。③

尽管教育与政治学习对于宽容的影响复杂且不确定，但教育与政治学习对促进宽容的作用仍常被提及。伴随全球化过程中不同文化交流的日益增强，跨文化经历也愈益成为人们政治社会化和政治学习的重要部分。跨文化敏感度发展模型（Developmental Model of Intercultural Sensitivity, DMIS）可为教育和政治学习有助于促进政治宽容的观点提供重要支持。

在不同文化背景下，人们一般会经历两个过程，即种族中心主义和种族相对主义（ethnorelativism）。第一个过程包括否认或拒绝（denial，即对文化差异缺乏兴趣也没有接触，常见的表现就是眼界狭隘）、辩护（defense，即个体开始关注其他文化，但认为自己所属的文化优越于其他文化）和最小化（minimization，即个体倾向于缩小或否定差异而只寻找不同文化的相似性，试图通过强调文化相

---

① Robert A. Hinckley, "Personality and Political Tolerance", *Comparative Political Studies*, Vol. 43, No. 2, 2010, pp. 188−207.

② Stephen Macedo and Patrick J. Wolf, "Introduction: School Choice, Civic Values, and Problems of Policy Comparison", in Patrick J. Wolf, Stephen Macedo, David J. Ferrero, et al., eds., *Educating Citizens: International Perspectives on Civic Values and School Choice*, Washington, DC: Brookings Institution Press, 2004, pp. 1−27.

③ Jan Germen Janmaat and Nathalie Mons, "Promoting Ethnic Tolerance and Patriotism: The Role of Education System Characteristics", *Comparative Education Review*, Vol. 55, No. 1, 2011, pp. 56−81.

似性使差异性隐没，以维持其世界观的中心地位）等三个不同阶段。第二个过程则包括接受（acceptance）、适应（adaptation）与整合（integration）等三个阶段。在这一过程中，人们认识到了文化差异以及其他文化表现在其文化背景中的价值，人们的认知结构与行为结构开始发生变化，从而形成多重视角并用"新"的眼光看世界，甚至可能有意识地改变自己的价值观与行为，进而可以出入不同的文化世界。① 特定的课程和教学内容对宽容的影响，也可由跨文化敏感度发展模型得到解释。② 跨文化敏感度发展模型还为不同群体间接触对宽容（不宽容）的影响提供了文化意义上的解释。

偏见导致不宽容，而偏见的形式也在不断变化。尽管教育可在一定程度上减少与不宽容相关的传统形式的偏见（如公开的种族主义），进而促进宽容，但不断出现的新的偏见（形式更为微妙的偏见，如象征性种族主义、群体间焦虑等）则需要寻求群体接触等替代策略。③

---

① 参见 Milton J. Bennett, "A Developmental Approach to Training for Intercultural Sensitivity", *International Journal of Intercultural Relations*, Vol. 10, No. 2, 1986, pp. 179–196; Milton J. Bennett, "Towards Ethnorelativism: A Developmental Model of Intercultural Sensitivity", in R. Michael Paige, ed., *Education for the Intercultural Experience*, Yarmouth, ME: Intercultural Press, 1993。

② 一些特定课程被认为具有扩展学习者的跨文化视野并提升其跨文化敏感度的重要功能，如大学政治学专业中比较政治学课程的学习就被认为具有提升跨文化敏感度和政治宽容的作用。D. Christopher Brooks, "Learning Tolerance: The Impact of Comparative Politics Courses on Levels of Cultural Sensitivity", *Journal of Political Science Education*, Vol. 1, No. 2, 2005, pp. 221–232; D. Christopher Brooks, "Learning Tolerance Revisited: A Quasi-Experimental Replication", *Journal of Political Science Education*, Vol. 4, No. 3, 2008, pp. 286–297.

③ 参见 Donald P. Green and Janelle S. Wong, "Tolerance and the Contact Hypothesis: A Field Experiment", in Eugene Borgida, Christopher M. Federico and John L. Sullivan, eds., *The Political Psychology of Democratic Citizenship*, New York, NY: Oxford University Press, 2009, pp. 228–246; John F. Dovidio and Samuel L. Gaertner, "Reducing Prejudice: Combating Intergroup Biases", *Current Directions in Psychological Science*, Vol. 8, No. 4, 1999, pp. 101–105。

二、情绪与积极思考

在影响宽容（不宽容）的诸多心理因素中，情绪是人格特质之外的重要心理变量。与对于情绪的一般研究类似，有关情绪与宽容（不宽容）的研究仍是更多关注消极情绪的影响。

政治宽容一般指愿意将公民权利扩展到所有社会成员的一种态度；也就是说，允许政治上与自己不同的人享有政治自由。但是，权利和自由等价值还可能与其他价值产生冲突，如言论自由、集会自由与公共秩序的冲突。重要的公民权利的行使可能是相互冲突的零和活动。[1]任何社会都需要必要的社会秩序，因而不同价值之间的平衡就至关重要。在异质社会中，一个群体行使权利对另一个群体而言有时是代价高昂的。美国言论自由权利的发展历史就生动地呈现了这一权利行使的高度冲突的背景，有时甚至是暴力的背景。对暴力的厌恶和恐惧会使人们不愿意让有着不同文化和宗教信仰的群体或种族获得平等的公民权利和自由，也不愿意不同于自己观点的言论得到自由表达。因此，恐惧使人们在政治上变得不宽容，并成为影响宽容的一种重要情绪。

宽容常被理解为是对现代价值观的一种承诺。一般情况下，人们很容易坚持其对现代价值观的长期承诺，但当某些情况（如恐怖袭击）出现时，人们的注意力会转向当前环境而非对公民权利的支持，人们的判断也受情感而非理性地发展起来的权利信念的驱动。[2]具体而言，恐惧和感知到的威胁导致人们表现出更高程度的民族（种族）中心主义，对外群体作出更痛苦的反应，在政治上则变得较不宽容。可见，宽容水平的提升需要减少群体间的负面情绪；或者说，减少群

---

[1] James L. Gibson and Richard D. Bingham, "On the Conceptualization and Measurement of Political Tolerance", *American Political Science Review*, Vol. 76, No. 3, 1982, pp. 603-620.

[2] George E. Marcus, John L. Sullivan, Elizabeth Theiss-Morse, et al., *With Malice toward Some: How People Make Civil Liberties Judgments*, New York, NY: Cambridge University Press, 1995.

体间的负面情绪可对宽容水平的提高产生积极影响。①

事实上,威胁情形下的政治宽容状况比人们的一般理解或预期更为复杂。特别是,恐惧并不必然导致政治宽容水平的下降,有时甚至会因恐怖袭击等极端事件的发生而使人们对现代价值观的承诺得以强化。恐惧主要与内群体增强联系在一起,因而会导致更重视内群体(如强化共同信念并增强内群体凝聚力)而非对抗外群体。不仅如此,恐惧还可能使人们通过对价值主张作出反应,进而对政治宽容产生积极的影响——那些将恐惧转化为对价值观的再肯定的人在政治上会更为宽容。恐惧通过个人的威胁感知对政治宽容产生影响,一般会对政治宽容具有较强的消极影响,而愤怒对宽容的影响则表现出不同的过程,即一般是通过道德义愤和外群体贬损(outgroup derogation)而对宽容产生影响。

情绪可对宽容产生影响,但方向依然是混合的。对社会群体的不同情绪反应就带来了个人政治宽容的复杂变化。一项实验研究考察了偶然的恐惧和快乐情绪与宽容态度和情感的关系。在这项实验中,219 名 16—21 岁的青少年被诱导分别感到快乐、恐惧和没有情绪变化,然后报告其对年轻的穆斯林寻求庇护者的宽容态度和情感。结果表明,快乐组的参与者比恐惧组和控制组的参与者对寻求庇护的年轻人表现出更为宽容的态度。② 另一项针对 85 名大学本科生的实验研究则发现,无论是积极情绪还是消极情绪,都可能对宽容产生积极影响。研究发现,体验过悲伤的被试倾向于通过将自己定位于较为宽容和接纳的政治观点,从而进行自我控制和对不良情绪进行过度补偿;经历了快乐的被试则倾向于保持快乐的情绪状态,同时也比控制组被

---

① Stanley Feldman and Karen Stenner, "Perceived Threat and Authoritarianism", *Political Psychology*, Vol. 18, No. 4, 1997, pp. 741-770; Eran Halperin, "Emotion, Emotion Regulation, and Conflict Resolution", *Emotion Review*, Vol. 6, No. 1, 2014, pp. 68-76.

② Harriet R. Tenenbaum, Tereza Capelos, Jessica Lorimer, et al., "Positive Thinking Elevates Tolerance: Experimental Effects of Happiness on Adolescents' Attitudes toward Asylum Seekers", *Clinical Child Psychology and Psychiatry*, Vol. 23, No. 2, 2018, pp. 346-357.

试更为宽容。① 前一项研究表明,改善总体情绪状态和积极的思考是提高对寻求庇护的年轻人的宽容态度的一种有效方式;而后一项实验则表明了一般意义上情绪对宽容的影响。

不仅如此,不同情绪(如恐惧和愤怒)与宽容的关系还会受到偏见的影响。有研究发现,相对于被诱导对目标感到愤怒的公民,被诱导对目标感到恐惧的有偏见的公民对穆斯林个体的宽容水平会下降。②

宽容是人们面对不同目标所采取的一种并不轻松的在认知上有较高要求的立场。因此,有关宽容的传统观点认为宽容需要协商(deliberation)。在不存在协商的情况下,对威胁刺激作出反应的情绪基础可能导致不宽容的产生;但是如果人们花时间进行协商,则可以在通常很容易计算的不宽容可能带来的好处之外认识到不宽容的代价,从而很快意识到"坏念头必须被抑制"。当然,这一过程并不简单,尤其是被抑制的坏念头因其被抑制而可能变得更具吸引力。因此,"清醒的再思考实验"(sober second thought experiment)被看作改变不宽容的重要方式。③

教育、群体间接触以及情绪的管理和控制,是与宽容或不宽容的改变相关的几个重要变量或思考维度。宽容(不宽容)发生或不发生变化,远比人们预期的或相关实验研究表明的更为复杂和难以预测。不仅如此,大量研究发现,宽容与不宽容具有不同的韧性,宽容比不宽容更容易发生改变,即宽容的人在被说服后改变其宽容立场往往要

---

① Todd G. Shields, Ellen D. Riggle and Alan L. Ellis, "Mood and Tolerance: Self-Regulation in Political Judgments", *The Journal of Psychology*, Vol. 128, No. 3, 1994, pp. 357–359.

② Tereza Capelos and Dunya Van Troost, "Reason, Passion, and Islam: The Impact of Emotionality and Values on Political Tolerance", in Christopher Flood, Stephen Hutchings, Galina Miazhevich, et al., eds., *Political and Cultural Representations of Muslims*, Boston, MA: BRILL, 2012, pp. 75–95.

③ 参见 James L. Gibson, "A Sober Second Thought: An Experiment in Persuading Russians to Tolerate", *American Journal of Political Science*, Vol. 42, No. 3, 1998, pp. 819–850; James L. Gibson, "Political Intolerance in the Context of Democratic Theory", in Robert E. Goodin, ed., *The Oxford Handbook of Political Science*, Oxford: Oxford University Press, 2011。

比不宽容的人被说服而改变其不宽容立场更容易。这一发现在针对俄罗斯人、南非人和美国人的不同研究中都得到了证实。①

小　结

政治宽容虽然被视为一种态度，是民意的一部分，但其本身并不是一种态度，而是一种假设的结构，用以描述在价值冲突的情况下就不同价值进行选择的优先次序。② 当人们要平衡对个人及社会安全的预期与对宽容和个人权利的需要时，就必须在自由和安全之间进行权衡。这种权衡会受到其他因素（如对政府的信任程度、外部威胁等）的影响，并随时间的变化而变化。因此，宽容水平也处于持续变化过程中。

"宽容使差异成为可能，差异则使宽容变得必要。"③ 在一个日益多元化的社会中，不同人群之间的政治宽容对于个体生活和公共生活至关重要，宽容和政治宽容的资源价值尤其突显。但是，人们对政治宽容的认知和理解仍然存在诸多局限。如果公民不能容忍其所不赞同的观点，就会影响人们感受到的社会政治体系普遍的政治自由感，抑制

---

① 譬如，有关俄罗斯人的一项研究发现，研究者提供了宽容的三项理由后，74.1%的人并未改变其不宽容的态度，同时只有44.8%的人在了解了不宽容的观点后坚持其宽容立场。参见 James L. Gibson, "A Sober Second Thought: An Experiment in Persuading Russians to Tolerate", *American Journal of Political Science*, Vol. 42, No. 3, 1998, pp. 819-850。有关南非人和美国人的相关研究，参见 James L. Gibson and Amanda Gouws, *Overcoming Intolerance in South Africa: Experiments in Democratic Persuasion*, New York, NY: Cambridge University Press, 2003; James L. Gibson, "The Paradoxes of Political Tolerance in Processes of Democratization", *Politikon*, Vol. 23, No. 2, 1996, pp. 5-21。

② James L. Gibson and Richard D. Bingham, "On the Conceptualization and Measurement of Political Tolerance", *American Political Science Review*, Vol. 76, No. 3, 1982, pp. 603-620.

③ Michael Walzer, *On Toleration*, New Haven, CT: Yale University Press, 1997, p. xii.

人们进行讨论的意愿,进而对公共政策产生影响。[1]

一般而言,政治并非人们日常生活的重要组成部分,也并不总是处在日常生活或日常交流的前沿。因此,人们在与具有不同政治观点的人交往时,往往很容易忽略政治观点维度上的差异;或当人们意识到这种差异时,友谊已经建立起来了,而人们之间的密切接触有益于产生较大的政治宽容。在现实生活中,人们对于与自己有着共同价值观的人常常会更有亲切感,也更为亲近,会与其有更多的沟通,而只有较弱的、不太亲密的人际关系才会暴露不同的价值观。紧密的关系有其优点,如信任就与观点的同质性联系在一起[2],而这种社会网络中的高水平信任往往以减少接触不同观点的机会作为代价。因此,很大程度上,社会交往网络的政治同质性强化了政治不宽容。[3]但在多元社会,除了密切的社会交往之外,各种弱联系大量存在,而大量存在的弱联系通常意味着各种不同的甚至是相互冲突的观点。在异质性日益增强的多元社会,宽容和政治宽容成为越来越重要,也越来越难以获得的态度和美德。这种情形也可视为另一种宽容悖论。[4]

在政治心理学领域,有关政治宽容的研究不仅常常与抽象层面的

---

[1] 宽容(不宽容)与公共政策制定之间的关系非常复杂。有些矛盾的是,有着宽容民意的国家更可能通过压制性的立法(如美国越战时期)。其中的原因是,宽容往往带来抗议的蔓延,进而导致政府压制性的反应。James L. Gibson, "The Policy Consequences of Political Intolerance: Political Repression during the Vietnam War Era", *The Journal of Politics*, Vol. 51, No. 1, 1989, pp. 13–35.

[2] Mark Baldassare, "Trust in Local Government", *Social Science Quarterly*, Vol. 66, No. 3, 1985, pp. 704–712.

[3] Diana C. Mutz, "Cross-Cutting Social Networks: Testing Democratic Theory in Practice", *American Political Science Review*, Vol. 96, No. 1, 2002, pp. 111–126.

[4] 宽容悖论(paradox of tolerance)是由哲学家卡尔·波普尔(Karl Popper, 1902—1994)最早在《开放社会及其敌人》中提出的一个问题。"为维持一个宽容的社会,社会必须不容忍不宽容。"("In order to maintain a tolerant society, the society must be intolerant of intolerance.")这是有关宽容悖论的一个经典表述。在波普尔看来,不受限制的宽容必然导致宽容的消失。如果无条件地容忍不宽容者,如果没有对不宽容者攻击宽容社会做好准备,那么宽容者连同他们的宽容都将被摧毁。参见 Karl Popper, *The Open Society and Its Enemies*, Princeton, NJ: Princeton University Press, 2013, Ch. 7, note 4, p. 581.

讨论相联系，还与现实场景中哪些人（群体）可以被接纳、哪些言论和行为可以被接受等问题联系在一起。现实社会中，一些国家的立法和相关制度使得基于种族、肤色或性别的不宽容和排斥成为不合法的意见（观点）或行为，有些国家还通过了限制仇恨言论的立法等，但仍有诸多现实因素及公众心理和认知等方面的因素影响着公众作出政治宽容或不宽容的判断。

由于不同群体与暴力或侵害他人权利自由的行为方式有着不同的联系，那些尊重民主权利的群体往往与较高的宽容水平联系在一起，尽管群体成员可能并不喜欢其他群体。因此，这些方向的研究还将修正传统上依靠对"最不受欢迎的"群体的态度测量来评估宽容的方法。总体上，哪些因素重要，为什么和什么时候重要，以及哪些类型的言论可以被接受等，既可能在一定程度上表明政治宽容的限度，也提示了政治宽容（不宽容）研究的重要方向。[1]

多样性已日益成为不同社会的重要社会现实，多样性也意味着群体间接触的机会、文化学习以及认知适应，从而导向较少的刻板印象和对外群体的较高水平的接受。[2] 与此同时，多元社会中的人们面临着非常棘手的问题：是否容忍极端群体？尽管情境和环境信息对于人们的判断具有重要影响，但人们具有可直接作用于宽容并对信息作出反应的强烈倾向和价值观。因此，人们应坚守宽容的底线，同时对信息保持关注和谨慎态度。

---

[1] Michael Petersen, Rune Slothuus, Rune Stubager, et al., "Freedom for All? The Strength and Limits of Political Tolerance", *British Journal of Political Science*, Vol. 41, No. 3, 2011, pp. 581–597; Allison Harell, "The Limits of Tolerance in Diverse Societies: Hate Speech and Political Tolerance Norms Among Youth", *Canadian Journal of Political Science*, Vol. 43, No. 2, 2010, pp. 407–432.

[2] Richard J. Crisp and Rhiannon N. Turner, "Cognitive Adaptation to the Experience of Social and Cultural Diversity", *Psychological Bulletin*, Vol. 137, No. 2, 2011, pp. 242–266.

第十章　政治信任

一定程度的政治信任被认为对于一个美好社会至关重要。伴随政府职能的不断扩张，公民与政府的互动也在持续增强，公民与政府之间的关系因之变得日益复杂、微妙和敏感。其中，作为公民与政府间关系的重要表征，公民对政府及政治体系的评价，特别是公民对政府及政治体系的信任，得到了越来越多的关注和研究。政治信任不仅是政治行为研究的重要议题，在过去几十年中也已成为政治学研究的重要问题领域，甚至成为一个重要的跨学科研究领域。尽管如此，政治信任的心理（学）本质并未发生改变。

第一节　政治信任：从现实问题到研究议题

作为一个概念，或一种结构，政治信任指人们对其政府或制度的信心（confidence）。对政治信任相关问题的关注可以回溯到20世纪50年代人格研究中的左－右意识形态研究。在其后几十年间，因在美国和其他发达国家所观察到的政治信任衰落的趋势，政治信任成为政治学、社会学、经济学等诸多学科的一个重要议题。

1962年，美国政治学家、普林斯顿大学教授唐纳德·斯托克斯（Donald E. Stokes）在其研究中引入了一系列新问题，旨在调查美国民众对联邦政府的基本评价取向，而判断标准则部分涉及伦理问题，即公职人员的诚实及其他道德品质，同时包括公职人员其他方面的品质,如政府官员的能力和效率及其政策是否正确等。①斯托克斯在其研究中运用这些数据,即对政府持有利评价还是不利评价,对受访者进行了分类。在后来的美国全国选举研究(National Election Studies, NES)中这些问题被称为政府信任问题,尽管政府信任或政治信任的概念从未出现在其分析中。

在20世纪60年代,美国社会学家日益关注社会疏离(alienation)现象,相关研究进一步激发了政治学领域有关政治信任的学术兴趣。其中,戴维·伊斯顿将政治支持区分为普遍支持(diffuse support,如对体系或政权的支持)与特定支持(specific support,如对在位者或某项制度、特定机构的支持等),对后来的研究产生了持续的影响;而在威廉·加姆森(William A. Gamson)的研究中,政治信任作为一个组织概念,是其政治动员理论和能动主义理论的核心。②

20世纪60年代以来,美国公众中政治犬儒主义的急剧增加引发了有关政治信任重要性的持续讨论。美国全国调查数据表明,对联邦政府的支持在1964年到1970年间出现了实质性的下降。70年代以来,美国社会虽然在不同时期曾出现政治信任水平回升的迹象,但总体上政治信任水平持续下降,从而促发了政治学领域政治信任研究的大量出现。

除美国之外,其他西方国家也经历了政治信任水平的复杂变化。由于战后很长时间里欧洲相关调查数据的缺失,特别是欧洲拥有完整时间序列数据的时间要短于美国,有关欧洲国家政治信任的研究也晚于对美国的研究。尽管如此,欧洲各国政治信任水平的明显变化仍引起了人们的警觉,相关研究也大量出现。整体上,欧洲政治信任水平的变化不同于美国,欧洲不同国家之间也存在很大差异。肯尼

---

① Donald E. Stokes, "Popular Evaluations of Government: An Empirical Assessment", in Harlan Cleveland and Harold D. Lasswell, eds., *Ethics and Bigness: Scientific, Academic, Religious, Political, and Military*, New York, NY: Harper & Brothers, 1962, pp. 61–72.

② David Easton, *A Systems Analysis of Political Life*, New York, NY: Wiley, 1965; William A. Gamson, *Power and Discontent*, Homewood, IL: Dorsey, 1968.

思·纽顿（Kenneth Newton）和皮帕·诺里斯（Pippa Norris）的研究发现，20 世纪 80 年代，15 个欧洲国家中有 10 个国家经历了民众对议会信心的下降，而在几乎所有国家，对公共机构的信心都下降了。其他研究也有类似的发现。① 因此，有观点认为，与其说许多国家的政治信任水平在过去几十年中持续下降，可能还不如将政治信任水平的这种变化描述为"无规律的波动"更准确。②

很大程度上，正是 20 世纪 60 年代以来美国社会中政治信任水平所发生的明显变化，使得政治信任相关研究自此成为政治学研究中的重要问题领域。③ 信任水平下降所导致的对信任及社会信任、政治信任关注水平的上升，实际上暗含了"政治信任至关重要"的一般认识和流行观点，而信任水平的下降或不信任水平的上升通常被看作一种令人担忧的消极现象。

在过去的几十年中，政治信任相关研究所涉及的国家和地区也越来越广泛。由此，政治信任相关研究还形成了基于调查的研究及历史与比较案例研究等不同分支。其中，以调查为基础的研究一般集中于分析个体层面政治信任判断形成的原因和结果，而历史与比较案例研究则往往关注宏观层面政治信任产生的原因、结果以及精英之间的信任。

20 世纪 90 年代以来，伴随社会资本概念再次引发学术界的研究热情及相关研究的大量出现，信任、社会信任、政治信任及社会资本更是在很长时间里成为政治学及其他学科的热点问题领域，不断积累

---

① Kenneth Newton and Pippa Norris, "Confidence in Public Institutions: Faith, Culture, or Performance?", in Susan J. Pharr and Robert D. Putnam, eds., *Disaffected Democracies: What's Troubling the Trilateral Countries?*, Princeton, NJ: Princeton University Press, 2000, pp. 52-73; H.-D. Klingemann, "Mapping Political Support in the 1990s", in Pippa Norris, ed., *Critical Citizens: Global Support for Democratic Governance*, New York, NY: Oxford University Press, 1999, pp. 31-56.

② 参见 Pippa Norris, *Democratic Deficit: Critical Citizens Revisited*, New York, NY: Cambridge University Press, 2011, pp. 24-31。

③ Margaret Levi and Laura Stoker, "Political Trust and Trustworthiness", *Annual Review of Political Science*, Vol. 3, No. 1, 2000, pp. 475-507; Luke Keele, "Social Capital and the Dynamics of Trust in Government", *American Journal of Political Science*, Vol. 51, No. 2, 2007, pp. 241-254.

的经验资料则为政治信任研究提供了坚实的基础。然而,这些跨学科研究在某种程度上很容易使人们忽略政治信任的心理(学)本质。

第二节 政治信任的概念与特征

信任是社会科学诸多学科的重要概念,同时也是一个广受争议的概念,而政治信任概念界定的不明确则在一定程度上与这一问题领域研究的迅速增加形成了明显反差。不仅如此,其他相关概念(如社会信任、社会资本等)的广泛使用,也使对政治信任进行界定成为一项更为复杂的工作。政治信任研究很大程度上因政治不信任现象的流行而出现,因此往往与政治不信任现象相关研究联系在一起。与此相关,对政治信任概念的界定也常常与政治不信任以及犬儒主义的界定联系在一起。在政治学研究中,政治信任有时还与公众信任(public trust)混用。

一、界定政治信任

政治信任在概念层面和经验层面与许多社会态度及行为形式紧密联系在一起,因而极为复杂和难以界定。[1] 将政治信任理解并界定为"对政府的基本评价取向"[2] 或"公民对政治体系的主观感受"[3] 等,

---

[1] Kenneth Newton, "Social and Political Trust", in Russell J. Dalton, Hans-Dieter Klingemann and Pippa Norris, eds., *The Oxford Handbook of Political Behavior*, Oxford: Oxford University Press, 2007, pp. 342-361.

[2] Donald E. Stokes, "Popular Evaluations of Government: An Empirical Assessment", in Harlan Cleveland and Harold D. Lasswell, eds., *Ethics and Bigness: Scientific, Academic, Religious, Political, and Military*, New York, NY: Harper & Brothers, 1962, pp. 61-72.

[3] Jack Citrin and Christopher Muste, "Trust in Government", in John P. Robinson, Phillip R. Shaver and Lawrence S. Wrightsman, eds., *Measures of Political Attitudes*, San Diego, CA: Academic Press, 1999, pp. 465-530.

虽然宽泛，却明确揭示了政治信任的心理（学）本质。在较为狭窄的意义上，政治信任则被理解为"对于政府按照人们有关政府应如何运行的规范预期而运作的信念"①。此外，对政府绩效包括特定政策的评价有时也被视为政治信任的一部分，尽管政府绩效常被认为是政治信任的来源或基础。

在阿瑟·米勒（Arthur H. Miller）看来，政治精英一方面"生产"（produce）政策，另一方面又因民众对政策的满意（或不满意）而得到信任（或犬儒主义的反应）。政治精英与民众之间这种交换（exchange）的累积性结果就像企业的资产负债表。具体而言，政策偏好与政策感知不一致的人就是对政策不满意的人，这种感知到的不一致程度越高，则越不可能信任政府。②有关政治信任的这种理解，可抽象地概括为"对期望与现实之间的一致性程度的感知"。在米勒与其合作者后来的研究中，政治信任被进一步界定为"有关体系即使在没有持续监督的情况下也具有回应性且做正确的事的一种总体判断"，反映了"对于政治权威和机构是否按照公众期望运作的评价"。③政治信任基于对未来行为的期望，虽然同对过往行为的评价有关，但又与之不同，是通过调查中有关绩效、效率和满意度等方面的问题来进行评估的。从评价内容或标准来看，政治信任包括能力和道德两个方面。

政治信任是一个多维度概念。皮帕·诺里斯将政治信任理解为对"民主政府的支持"，并区分了政治信任的五个维度，即对政治共同体（民族国家）的信任、对政权原则的信任、对政权绩效的信任、对机构的信任，以及对政治领导者的信任。在这些不同维度上，对

---

① Arthur H. Miller, "Rejoinder to 'Comment' by Jack Citrin: Political Discontent or Ritualism?", *American Political Science Review*, Vol. 68, No. 3, 1974, pp. 989–1001.

② Arthur Miller, "Political Issues and Trust in Government: 1964–1970", *American Political Science Review*, Vol. 68, No. 3, 1974, pp. 951–972.

③ Arthur H. Miller and Ola Listhaug, "Political Parties and Confidence in Government: A Comparison of Norway, Sweden and the United States", *British Journal of Political Science*, Vol. 20, No. 3, 1990, pp. 357–386.

机构的信任与对政治领导者的信任在过去几十年经历了最为明显的衰落。① 更多相关研究也发现，对个体而言，其对政治行为者（如公职人员、地方官员及政党领导人）与政治机构的信任水平可能是不同的，对不同层级的机构或不同职能部门的信任水平也可能是不一样的。②

尽管研究者对政治信任常常有不同的理解和界定，但其间仍存在某些基本共识。首先，**信任是一个关系**（relational）**概念**，政治信任只存在于由信任者（信任关系主体）和被信任者（信任关系客体）构成的特定关系中。在这一关系结构中，作为被信任者的个体、群体或机构（即现实政治中的政治家/政治人物、政府、立法机关、政党等）可能对信任者造成伤害或背叛信任者，从而使信任者具有某种脆弱性。信任就意味着对这种脆弱性的接受，即接受"因赋予他们自由裁量权而可能产生的潜在恶意所造成的脆弱性"③。于是，当被信任者滥用权力时，人们就变得不信任了。因此，关系性是政治信任的重要特性。

与此同时，**信任又很少是无条件的**。④ 特定的条件（如是处于和平时期还是战时，特定地域或职能领域等）会影响人们对领导者及政府

---

① Pippa Norris, ed., *Critical Citizens: Global Support for Democratic Governance*, New York, NY: Oxford University Press, 1999, pp. 31-56; Pippa Norris, *Democratic Deficit: Critical Citizens Revisited*, Cambridge: Cambridge University Press, 2011.

② Richard L. Cole, John Kincaid and Alejandro Rodriguez, "Public Opinion on Federalism and Federal Political Culture in Canada, Mexico, and the United States, 2004", *Publius*, Vol. 34, No. 3, 2004, pp. 201-221; Marc J. Hetherington and Jason A. Husser, "How Trust Matters: The Changing Political Relevance of Political Trust", *American Journal of Political Science*, Vol. 56, No. 2, 2012, pp. 312-325; 张厚安、蒙桂兰：《完善村民委员会的民主选举制度 推进农村政治稳定与发展——湖北省广水市村民委员会换届选举调查》，《社会主义研究》1993年第4期；Lianjiang Li and Kevin J. O'Brien, "Villagers and Popular Resistance in Contemporary China", *Modern China*, Vol. 22, No. 1, 1996, pp. 28-61。

③ Mark E. Warren, "Introduction", in Mark E. Warren, ed., *Democracy and Trust*, Cambridge: Cambridge University Press, 1999, pp. 1-21.

④ Margaret Levi and Laura Stoker, "Political Trust and Trustworthiness", *Annual Review of Political Science*, Vol. 3, No. 1, 2000, pp. 475-507.

的评价，进而影响政治信任状况。在这种意义上，条件性是政治信任的另一个重要特性。

政治信任还是一个程度概念。作为一种判断，政治信任可以在二分法框架内加以理解，即政治信任或是政治不信任（political distrust）；也可在程度意义上加以理解，即不同程度的政治信任或政治不信任。无论在哪一种意义上理解政治信任，政治信任与政治不信任处在同一信任维度上相对的两端——"信任维度是从高度信任到高度不信任"[1]。因此，有关政治信任的研究有时也表现为对政治不信任的研究。

从有关政治信任的各种界定可以看出，政治信任不仅指对个体政治家/政治人物、政府或机构的评价，也指对整个政治环境的普遍信念。在政治信任与政治不信任之间，往往还存在一种虽不完全信任但也未完全丧失信任的半信半疑、将信将疑的状态，政治怀疑（political mistrust）即反映了人们对特定对象的某种怀疑态度或怀疑主义情绪。政治怀疑不同于政治不信任：前者只是质疑他人的可信度，后者则确信他人是不可信的。

持有政治怀疑态度的人往往更容易受到有关政治人物不当行为指控的影响，从而导致政治犬儒主义（political cynicism）的进一步增强。[2] 政治犬儒主义有时被认为是一种普遍的不信任，是与政治信任相对的一个概念[3]，但它实际上具有比政治不信任更为复杂的内涵。政治犬儒主义产生于政治怀疑，除了具有政治不信任的症候之外，

---

[1] Arthur Miller, "Political Issues and Trust in Government: 1964−1970", *American Political Science Review*, Vol. 68, No. 3, 1974, pp. 951−972.

[2] Logan Dancey, "The Consequences of Political Cynicism: How Cynicism Shapes Citizens' Reactions to Political Scandals", *Political Behavior*, Vol. 34, No. 3, 2012, pp. 411−423.

[3] Jan Šerek and Petr Macek, "Antecedents of Political Trust in Adolescence: Cognitive Abilities and Perceptions of Parents", *Journal of Applied Developmental Psychology*, Vol. 35, No. 4, 2014, pp. 284−293.

还常常表现出政治疏离（political alienation）、政治不满（political disaffection）等特征。①

二、政治信任与社会信任

信任是一个有趣而重要却较晚才得到广泛研究的社会现象。伴随有关信任研究兴趣的持续上升，对相关现象群（如社会资本、社会信任、尊重、信心、社会凝聚力等）的研究兴趣也在过去几十年中迅速上升。在概念层面，有关人际信任的认知概念将信任界定为：人们对于其他人会以有益于、有利于或至少不会有损于其利益的方式采取行动的假设、信念和期望。② 在缺乏人际接触的情况下，这种假设、信念和期望可扩展至整个社会范畴。③ 人们对政治信任的理解便源于有关人际信任的这种认知概念。

在现实层面，政治信任以及与政治信任相关的其他问题（如政治不信任）进入政治学研究领域，很大程度上是由于西方社会中政治信任水平的下降，特别是最早被关注到的美国社会中政治信任水平的下降，以及研究者对社会信任（社会资本）衰落的深切忧虑。于是，社会信任与政治信任之间的关系就成为研究者关注的重要问题，研究发现两者之间的关系非常复杂，并不总是如人们所想象的社会信任可导向政治信任或有利于政治信任。

---

① 在美国全国选举研究的调查中，许多与信任相关的问题都在政治疏离、政治不满等概念标签下得到考察。参见 Jack Citrin and Christopher Muste, "Trust in Government", in John P. Robinson, Phillip R. Shaver and Lawrence S. Wrightsman, eds., *Measures of Political Attitudes*, San Diego, CA: Academic Press, 1993, pp. 465-530。

② Roderick M. Kramer and Peter J. Carnevale, "Trust and Intergroup Negotiation", in Rupert Brown and Samuel L. Gaertner, eds., *Blackwell Handbook of Social Psychology: Intergroup Processes*, Malden, MA: Blackwell, 2003, pp. 431-450.

③ Claus Offe, "How Can We Trust Our Fellow Citizens?", in Mark Warren, ed, *Democracy and Trust*, Cambridge: Cambridge University Press, 1999, pp. 42-87.

社会信任是一种普遍的人际信任。在罗伯特·帕特南（Robert D. Putnam）的社会资本概念中，社会信任是社会资本的重要组成部分，其研究也提示在社会资本（社会信任）与政治信任之间存在正相关关系。① 其后，有关社会信任的研究常常是在社会资本这一大概念下展开的。社会资本理论认为，社会信任与政治信任密切相关，从而又与民主社会的健康和稳定联系在一起。这一观点似乎也成为政治信任相关研究的共同假设。

事实上，社会信任与政治信任的关系远比社会资本理论所提示的更为繁杂。社会信任有着复杂的内涵和表现形式。特殊社会信任（particular social trust）和普遍社会信任（general social trust）是两种不同的社会信任形式。其中，特殊社会信任基于对他人的了解及与他人经常且密切的接触，同特定的人或人群有关，无论是认识的人还是内群体的其他人。特殊社会信任就如拉塞尔·哈丁（Russell Hardin）所言，"要让我相信你，我得对你有相当的了解"②。普遍社会信任以较为抽象和不加选择的方式扩展了特殊社会信任，因而具有包容性。普遍社会信任是这样一种信念，即大多数人都是可以信任的，尽管你并不认识他们，他们在社会意义上与你也并不相似。③

不同形式的社会信任与政治信任之间存在不同的关联。现代社会虽然是陌生人社会，但并不缺乏厚信任（thick trust）或特殊信任。特殊社会信任基于传统熟人社会，或以较为有限的社会网络为基础，被认为对于现代社会无足轻重，再加上其排他性特征可能产生破坏性影响，因而在早期相关研究中基本上被忽略了。个体层面的普遍社会信任则因其影响甚微在早期研究中也不受重视。伴随调查方法的改进和

---

① Robert D. Putnam, *Making Democracy Work: Civic Traditions in Modern Italy*, Princeton, NJ: Princeton University Press, 1993.

② Russell Hardin, "The Public Trust", in Susan J. Pharr and Robert D. Putnam, eds., *Disaffected Democracies: What's Troubling the Trilateral Countries?*, Princeton, NJ: Princeton University Press, 2000, pp. 31–51.

③ Eric M. Uslaner, "Producing and Consuming Trust", *Political Science Quarterly*, Vol. 115, No. 4, 2000, pp. 569–590.

相关数据的完善，特殊社会信任、普遍社会信任与政治信任之间的关系得到了新的审视。一些新近研究发现，在特殊社会信任、普遍社会信任以及政治信任之间存在复杂的关系。其中，特殊社会信任虽然被认为是有害的，或者在现代民主中并不重要，但与其他形式的信任有很强的正相关关系。同时，这种关系又是不对称的，特殊社会信任似乎是普遍社会信任的一个必要而非充分的原因。两种形式的社会信任与政治信任的关系则表现为，它们对于政治信任似乎是必要的，但又不是政治信任的充分条件。①

从社会信任的不同层次看，社会层面和个体层面的社会信任可对政治信任产生不同的影响。在社会层面或集体意义上，斯蒂芬·奈克（Stephen Knack）有关美国州政府质量的研究表明，社会信任作为一种普遍意义的互惠，往往与较好的州政府绩效联系在一起；卢克·基尔（Luke Keele）有关美国政府信任的一项时间序列研究也得出了类似的结论。在1970年至2000年间，社会资本（社会信任）的衰落是除政治绩效之外导致政治信任水平下降的最重要原因。因此，如果没有社会资本的复兴，政治不信任在美国将盘桓不去。② 可以说，在社会层面和集体意义上，社会信任与政治信任之间存在较强的正相关关系。换句话说，社会信任有利于政治信任。

但是，对个体层面的社会信任的研究呈现了社会信任与政治信任间关系的复杂情形。马克斯·卡塞（Max Kaase）对西欧国家的研究表明，人际信任与政治信任之间只存在微弱的关系。肯尼思·纽顿基于世界价值观调查数据的研究发现，在人际信任与对政府的信任之间不存在强有力的关联。因此，他得出结论认为，社会信任与政治信任

---

① Ken Newton and Sonja Zmerli, "Three Forms of Trust and Their Association", *European Political Science Review*, Vol. 3, No. 2, 2011, pp. 169–200.

② Stephen Knack, "Social Capital and the Quality of Government: Evidence from the States", *American Journal of Political Science*, Vol. 46, No. 4, 2002, pp. 772–785; Luke Keele, "Social Capital and the Dynamics of Trust in Government", *American Journal of Political Science*, Vol. 51, No. 2, 2007, pp. 241–254.

之间的关系微弱且不一致，同时缺乏具有说服力的证据支持政治信任水平下降是由社会资本的衰落造成的这一观点。[1] 有关政治不信任的一项研究发现，在社会信任与政治不信任之间存在双向负相关关系（bi-directional negative relationship），即社会信任使得政治不信任减少，而政治不信任则导致对他人的信任出现螺旋式下降。更重要的是，这种相关关系在美国和欧洲国家都得到了验证。[2] 总体而言，可以佐证社会资本（社会信任）对政治信任具有积极影响的证据较为疲弱，社会信任对政治信任的影响也比人们一般想象的远为复杂。

通过创造和维持一个支持平等的包容性社会，社会信任被视为集体行动和民主的条件。与此同时，社会信任，特别是特殊社会信任，又可使特定群体产生某种凝聚力，从而导致内群体偏袒和不平等的复制，具有潜在的排他性特征。[3] 社会信任这两方面的潜在特性，很大程度上决定了其与政治信任的复杂关系。社会信任与政治信任之间关系的复杂性还表现在，当特定情境变量被考虑在内时，社会信任对政治信任的影响将更难以确定。有关瑞士的一项研究表明，社会信任水平较高的州（canton）不太可能参与抗议活动，因而也意味着较高水平的政治信任。但是，研究发现，一旦将文化与社会多样性考虑在内，在文化与社会多元化程度较低的州，社会信任可能与某种受限形式的团结以及不平等的复制联系在一起，因而潜在地代表着现代社会

---

[1] Max Kaase, "Interpersonal Trust, Political Trust and Non-Institutionalised Political Participation in Western Europe", *West European Politics*, Vol. 22, No. 3, 1999, pp. 1-21; Kenneth Newton, "Social and Political Trust", in Pippa Norris, ed., *Critical Citizens: Global Support for Democratic Governance*, New York, NY: Oxford University Press, 1999, pp. 169-187.

[2] Peggy Schyns and Christel Koop, "Political Distrust and Social Capital in Europe and the USA", *Social Indicators Research*, Vol. 96, No. 1, 2010, pp. 145-167.

[3] Eric M. Uslaner, "Trust as a Moral Value", in Dario Castiglione, Jan W. Van Deth and Guglielmo Wolleb, eds., *The Handbook of Social Capital*, New York, NY: Oxford University Press, 2008, pp. 101-121; Alejandro Portes and Erik Vickstrom, "Diversity, Social Capital, and Cohesion", *Annual Review of Sociology*, Vol. 37, No. 1, 2011, pp. 461-479.

的一种风险而非资源。①

第三节　政治信任的个体差异：若干变量分析

尽管信任与民主的关系仍是一个争论中的话题，但政治信任对于政治制度稳定、社会与政治秩序的维护以及推动变革至关重要。因此，政治信任水平的下降被普遍认为是一个令人不安的变化，而对于正在经历经济、社会与政治急速变革的大多数国家而言，如何培育人们对生活于其中的社会及其制度的信任就成为一个日益重要的问题。这一涉及政治信任影响因素的问题，不仅在标准的政治行为模型中得到了讨论，也早已超出了心理学信任模型而被置于更为宏观的框架内加以思考。

一、社会背景变量

在态度相关研究中，社会背景变量（social background variables）常被视为影响态度的重要因素。作为一种支持性态度，政治信任是否受社会背景变量的影响，是一个较早就已得到关注和研究的问题。其中，年龄、性别、受教育程度、收入水平、种族（民族）等是相关研究经常涉及的社会背景变量。

不同于人们的一般预期，早期研究发现，社会背景变量与政治信任间的关系并不稳定，甚至还存在矛盾和混乱。譬如，有研究认为社

---

① Stephanie Glaeser, "The Irony of Social Trust: Individual-Level and Contextual-Level Links with Protest Intention and Radical Right Support in Switzerland", *Journal of Community & Applied Social Psychology*, Vol. 26, No. 2, 2016, pp. 110-124.

会地位与政治信任有关①，也有研究认为二者之间最多只存在微弱的关联②。尽管如此，社会背景变量与政治信任的关系仍得到了大量的研究。

美国密歇根大学调查研究中心与政治研究中心在20世纪六七十年代完成了极有影响的系列选举研究，基于这些研究的分析则发现，社会背景变量与政治信任之间既不存在强关联，也不存在一致的关联。譬如，研究发现，在1964年，黑人比白人更容易信任他人，年收入低于5 000美元的人比超过15 000美元的人更信任他人，体力劳动者比商人更信任他人。但是，在1970年和1972年，这种相关关系出现了逆转。实际上，在1964年到1972年之间，所有社会群体在政治上都变得愤世嫉俗了，而美国社会结构的变化并不能解释这一时期政治信任水平的下降。③ 就不同种族的政治信任水平差异而言，1968年以来，总体上黑人比白人对政府更少信任④，这与1964年的情形相比已经发生了很大变化。有研究者使用"政治现实模型"（political reality model）⑤ 来解释这种差异。在美国，黑人认为政府对白人的需

---

① Robert E. Agger, Marshall N. Goldstein and Stanley A. Pearl, "Political Cynicism: Measurement and Meaning", *The Journal of Politics*, Vol. 23, No. 3, 1961, pp. 477–506; Herbert McClosky, "Consensus and Ideology in American Politics", *American Political Science Review*, Vol. 58, No. 2, 1964, pp. 361–382.

② Donald E. Stokes, "Popular Evaluations of Government: An Empirical Assessment", in Harlan Cleveland and Harold D. Lasswell, eds., *Ethics and Bigness: Scientific, Academic, Religious, Political, and Military*, New York, NY: Harper & Brothers, 1962, pp. 61–72; Edgar Litt, "Political Cynicism and Political Futility", *The Journal of Politics*, Vol. 25, No. 2, 1963, pp. 312–323.

③ Jack Citrin, "Comment: The Political Relevance of Trust in Government", *American Political Science Review*, Vol. 68, No. 3, 1974, pp. 973–988.

④ Arthur Miller, "Political Issues and Trust in Government: 1964–1970", *American Political Science Review*, 1974, Vol. 68, No. 3, pp. 951–972; Vesla M. Weaver and Amy E. Lerman, "Political Consequences of the Carceral State", *American Political Science Review*, Vol. 104, No. 4, 2010, pp. 817–833.

⑤ Paul R. Abramson, *Political Attitudes in America: Formation and Change*, San Francisco, CA: W. H. Freeman, 1983.

求表现出更大的回应性，因而对政府较少信任。①

其后更多研究发现，美国政治信任水平在不同人群之间并无实质性的变化和差异。譬如，在 2008 年，男性与女性的政治信任水平几乎相当，不同收入水平人群的政治信任水平大体接近，不同年龄和受教育程度人群的政治信任水平差异也没有那么大。不同人群政治信任水平的差异主要表现于，35—54 岁年龄组的人相比其他年龄组的人政治信任水平稍低，接受正式教育年限较短的人比受教育年限较长的人政治信任水平低。②

在美国，种族被认为是信任最重要的影响因素。③ 在种族维度上，根据 2008 年的调查数据，不同种族在政治信任水平上具有差异，但其间的差异并不大。其中，黑人与白人的政治信任水平大体相当，而西班牙裔人群则表现出较高的政治信任水平。相对于黑人和白人，西班牙裔人口大多是后来者，他们初来乍到，对政府往往有着较为积极

---

① 但是，"政治现实模型"也并非总能得到经验证据的支持。1984 年的一组数据表明，1976 年以来，美国新奥尔良市有一位黑人市长和一个黑人政府，从而使得新奥尔良黑人的政治信任水平高于全国黑人整体政治信任水平，而新奥尔良白人的政治信任水平则与全国整体水平相当。较为晚近的另一项涉及超过 100 个城市的研究则发现，有一位黑人市长以及市议会中有较多黑人代表这一事实并未提升黑人对当地政府的信任水平，而在警察部门拥有较高比例黑人则使黑人对警察部门更为信任。伴随美国产生了首位黑人总统，皮尤调查发现 2010 年美国黑人的政治信任水平超过了白人。可以说，黑人的政治信任水平受到了国家政治环境的影响。参见 Susan E. Howell and Deborah Fagan, "Race and Trust in Government: Testing the Political Reality Model", *Public Opinion Quarterly*, Vol. 52, No. 3, 1988, pp. 343–350; Melissa Marschall and Paru R. Shah, "The Attitudinal Effects of Minority Incorporation: Examining the Racial Dimensions of Trust in Urban America", *Urban Affairs Review*, Vol. 42, No. 5, 2007, pp. 629–658; The Pew Research Center for the People and the Press, "Distrust, Discontent, Anger and Partisan Rancor", Washington, DC, April 8, 2010, https://www.pewresearch.org/wp-content/uploads/sites/4/legacy-pdf/606.pdf，2019 年 12 月 19 日访问。

② Rosalee A. Clawson and Zoe M. Oxley, *Public Opinion: Democratic Ideals, Democratic Practice*, 2nd ed., Thousand Oaks, CA: Sage/CQ Press, 2013, p. 314.

③ Sandra Susan Smith, "Race and Trust", *Annual Review of Sociology*, Vol. 36, No. 1, 2010, pp. 453–475.

的态度，政治信任平均水平因而也高于白人和黑人。① 基于同样的原因，在西班牙裔人口中，第一代移民也比在美国出生的同一族裔人群表现出更高的政治信任水平。②

在年龄维度或代际维度上，跨国比较研究发现，较为年轻的人群与政治的关系不同于年长者，并且更具批判性，进而表现出较低水平的政治信任。③ 但是，这一结果很大程度上反映了政治信任的代际差异，并不能够佐证年龄是影响政治信任的变量或是政治信任的来源。

有关英国民众政治信任的一项研究，对出生于1958年的样本人口（样本总数为8804人）进行了分析，考察其家庭社会经济背景、11岁时的儿童期智力（childhood intelligence）、教育及职业成就与33岁时的社会态度之间的可能关系。结果发现，社会背景、认知能力、教育和本人社会地位影响着人们的社会感知。具体而言，无论是男性还是女性，拥有较高学历和职业地位的人倾向支持民主政治制度；从社会经济背景来看，来自劣势家庭的人相对于出身优势家庭的人表现出更少的政治信任，而在自由社会态度（liberal social attitudes）方面与那些出身优越的人没有太大区别。④ 可见，不同的社会背景变量（如年龄、性别、受教育水平等）对政治信任的影响是混合的，如将社会经济背景整合为一个变量时，这一变量似乎又可作为政治信任的预测

---

① Rosalee A. Clawson and Zoe M. Oxley, *Public Opinion: Democratic Ideals, Democratic Practice*, 2nd ed., Thousand Oaks, CA: Sage/CQ Press, 2013, p. 314.

② Marisa A. Abrajano and R. Michael Alvarez, "Assessing the Causes and Effects of Political Trust among U.S. Latinos", *American Politics Research*, Vol. 38, No.1, 2010, pp. 110−141.

③ Ronald Inglehart and Christian Welzel, *Modernization, Cultural Change, and Democracy: The Human Development Sequence*, New York, NY: Cambridge University Press, 2005; Pippa Norris, ed., *Critical Citizens: Global Support for Democratic Governance*, New York, NY: Oxford University Press, 1999, pp. 31−56; Pippa Norris, *Democratic Deficit: Critical Citizens Revisited*, New York, NY: Cambridge University Press, 2011; Tom Chevalier, "Political Trust, Young People and Institutions in Europe. A Multilevel Analysis", *International Journal of Social Welfare*, Vol. 28, No. 4, 2019, pp. 418−430.

④ Ingrid Schoon, Helen Cheng, Catharine R. Gale, et al., "Social Status, Cognitive Ability, and Educational Attainment as Predictors of Liberal Social Attitudes and Political Trust", *Intelligence*, Vol. 38, No. 1, 2010, pp. 144−150.

因子。

因此，有观点认为，信任是"社会赢家"的特权。[1]这种观点突显了教育以及与之相关的社会经济地位对信任的影响，同时也提示了认知能力对政治信任的影响。接受过较高水平教育的人不仅理解支配符号秩序和社会互动的文化规范，其较高的社会地位通常也使其更有能力抵抗信任与被信任关系中可能存在的欺骗和背叛的影响，从而更可能表达对同胞和政治体系的信任。[2]

有关政治信任的这种解释很早就被认为是"简单和似是而非的"，因为处于优势社会地位的人拥有可以带来社会回报和荣誉的职位与技能，而处在劣势地位的人所能获得的则相对较少，因而对同胞或政府都缺少信任。因此，似乎可以说，教育、职业和收入等社会经济指标与政治信任之间几乎没有关系。如果说这些因素对政治信任有影响，那么这种影响也是间接的。有关美国民众的研究发现，就社会背景而言，对政治信任具有较大影响的因素的确存在，即出生于南方还是北方——这是一个可影响个体层面政治信任的重要因素。具体来说，出生在北方的人更容易对政府抱持一种"世俗的"玩世不恭的态度，这种影响可以理解为文化适应（acculturation）过程的一个自然结果[3]，也是不同政治环境影响政治信任的结果。

相关研究总是在特定背景下进行的，某种特定政治环境也会对研究结果产生影响。特别是，在一些特定政治环境中，政治不信任可能会成为一种社区规范，成为一个城市日常生活中政治文化适应过程的一部分。20世纪60年代，对美国波士顿及其邻近城市布鲁克莱恩（Brookline）所做的一项针对中产阶层的比较研究发现，在波士顿，

---

[1] Kenneth Newton, "Social Capital and Democracy", *American Behavioral Scientist*, Vol. 40, No. 5, 1997, pp. 575–586.

[2] Ibid.; Marc Hooghe, "Social Capital and Diversity Generalized Trust, Social Cohesion and Regimes of Diversity", *Canadian Journal of Political Science*, Vol. 40, No. 3, 2007, pp. 709–732.

[3] Joel D. Aberbach and Jack L. Walker, "Political Trust and Racial Ideology", *American Political Science Review*, Vol. 64, No. 4, 1970, pp. 1199–1219.

公众政治信任感与政治效能感之间并没有什么关系，而在布鲁克莱恩，公众政治信任感与政治效能感之间存在强关联。可能的解释是，波士顿的城市腐败早已臭名昭著，生活于这个城市的人们一方面对政客的行为充满怀疑，另一方面又相信他们会关注选民的诉求；布鲁克莱恩则是一个有着清廉政府的城市，人们不信任政府是因为他们认为政府不会对其要求作出回应。因此，在波士顿，政治环境是影响政治信任水平的主导因素，而布鲁克莱恩民众的政治信任则需要通过人格变量予以解释。[1]可以说，社会背景变量与政治信任水平之间不一致的（有时甚至是混乱的）联系，很大程度上与政治信任相关研究的政治环境有关。

已有经验研究很少能够支持人口统计变量影响政治信任的假设，其中主要原因是，人口统计变量在很多情况下并不与政治议题或冲突联系在一起，而只有在相关变量与群体间冲突存在关联时才对政治信任产生影响。[2]这也是政治信任的条件性的一种表现。

政治信任是一个关系概念。信任还是不信任，既与信任主体有关，也受到信任对象/客体的影响。社会背景变量基本上是与信任主体相关的变量，大多可以理解为政治信任的个人变量（personal variables）。这些个人变量与政治信任水平间不稳定的关联提示研究者，探究政治信任影响因素还应考察与信任对象/客体相关的变量，即政治变量。在"政治现实模型"中，政治变量即被看作个人变量与政治信任间关系的中间变量。

---

[1] Edgar Litt, "Political Cynicism and Political Futility", *The Journal of Politics*, Vol. 25, No. 2, 1963, pp. 312–323.

[2] Ola Listhaug, "The Dynamics of Trust in Politicians", in Hans-Dieter Klingemann and Dieter Fuchs, eds., *Citizens and the State*, New York, NY: Oxford University Press, 1995, pp. 261–297; Ola Listhaug and Tor Georg Jakobsen, "Foundations of Political Trust", in Eric M. Uslaner, ed., *The Oxford Handbook of Social and Political Trust*, Oxford: Oxford University Press, 2018, pp. 559–577.

二、政治变量

社会背景变量、人格变量与政治变量一般被认为是相互独立的变量，因而关注影响政治信任的政治因素，被认为背离了聚焦于社会背景变量及人格因素的传统理论视角。① 其中，政治距离（political distance）、社会经济绩效、制度等是与政治信任相关的重要政治因素。政治距离可以笼统地界定为政府政治立场与民众议题立场之间的距离，而政策议题（包括相关意识形态即价值倾向）则是涉及政治距离的重要领域。社会经济绩效很大程度上可以被视为一种政策结果，而制度则影响着政策的设计和选择。可以说，政治变量实际上就是宽泛意义上的政治输出（political output），其中政策输出是最常见的政治输出。

政治信任本质上是一种态度倾向。政策输出主要通过人们的政策感知或政策预期对政治信任水平产生影响。没有政策可以使所有人都满意，或使所有人都平等受益，因此各领域的不同政策以及政策在不同方向上的变化，都可能带来政治信任水平的变化。基于美国密歇根大学调查研究中心选举研究获得的1964年、1966年、1968年及1970年美国合法选民数据，阿瑟·米勒对美国1964年以来政治不信任水平上升的现象进行了分析。1964年到1970年间，种族问题、越战问题以及其他社会议题等是美国政治中的重要议题，也是引发极化观点的议题。米勒的研究发现，关于种族议题，选民的态度特别是白人的态度呈双峰型分布。在赞成种族隔离及认为政府不应在学校和公共住房整合方面发挥作用的人群中，政治犬儒主义最为盛行；支持强制整合的人之所以对政府相关政策很快就变得不满意了，则是由于民权运动使得黑人愈益意识到在现实生活中遭遇的真实限制和歧视，使他们变得更为愤慨，并更加坚信只有改变制度才能改善"黑人状况"。关

---

① Jack Citrin, "Comment: The Political Relevance of Trust in Government", *American Political Science Review*, Vol. 68, No. 3, 1974, pp. 973-988.

于越战议题，支持战争的"鹰派"因相关政策不够强硬，其犬儒主义情绪上升；反对战争的"鸽派"则因 1964 年的反战立场以及 1970 年不断增加的不耐烦情绪，也变得玩世不恭了。在其他社会问题领域，选民的政策态度也表现出与民权运动及越战议题相关态度类似的分布状况。

米勒的分析表明，处于中间位置的选民最少愤世嫉俗，而最愤世嫉俗的人则形成了意识形态截然不同的两类——左派犬儒主义者（cynics of the left）和右派犬儒主义者（cynics of the right）。其中，前者倾向社会与政治变革，他们对政策替代方案的支持表明解决当前社会问题的出路在于改变现有制度。这种态度倾向反映了他们的信念，即是社会限制而非个人缺点导致人们特别是少数族裔无法取得社会成功。这一制度批判态度明显体现于对政府改善少数族裔的社会经济状况及帮助贫困和失业群体的行动的支持，也体现于他们对示威抗议学生的同情。不同于左派犬儒主义者，右派犬儒主义者较为倾向社会控制而非社会变革。他们偏好维持制度现状，支持采取行动维护制度秩序的权威及政策，倾向种族隔离政策，支持在越南取得完全的军事胜利。对个人（而非制度）在获得社会地位方面的作用的强调，似乎是其根深蒂固的"新教伦理"的明证。因此，针对 20 世纪 60 年代中后期美国社会的突出问题，他们反对旨在提升少数族裔社会经济地位的政府努力，支持使用警察力量来对付示威者。[①] 不同的政策偏好对不同人群的政治信任水平产生了重要影响。

由米勒的研究可以看出，个人的意识形态倾向与政策偏好影响着其对政府行为的评价，而选民在不同议题上的立场与政治信任有着复杂的关系。有些矛盾的是，为迎合尽可能多的选民，美国政府在 20 世纪 60 年代中后期采取了某种程度的温和政策，结果却导致选民撤回了对政府的支持。因此，集合意义上政治信任水平的下降源于对不

---

① Arthur H. Miller, "Political Issues and Trust in Government: 1964–1970", *American Political Science Review*, Vol. 68, No. 3, 1974, pp. 951–972.

成功的温和政策的不满。① 在这种意义上，温和政策在争取选民支持方面的不成功，实际上还是选民意识形态倾向影响政治信任的一个结果。从选民角度看，政治信任水平的下降可以理解为，选民在影响政策输出方面的努力未能获得成功，以及他们因此而感到制度缺少回应性的结果。由民众不同政策态度造成的政治信任水平差异，在很大程度上是其意识形态的一种明确表达。60年代美国白人中对于肯定性行动政策的不同态度，以及由此导致的政治信任水平差异，一方面表明意识形态可以对政治信任产生影响，另一方面则削弱了种族与政治信任之间的联系。

有关政策偏好与政治信任间关系的跨国研究也得出了类似的结论。一项有关挪威、瑞典与美国的政治信任比较研究，聚焦三国在长达四分之一世纪的时间（20世纪60年代到90年代）里在外交及种族关系领域实施的政策，对民众政策偏好与政治信任之间的关系进行了比较分析。② 研究发现，尽管这三个国家在国家规模、社会结构、政治制度、参与国际事务的水平等方面存在不同程度的差异，但在民众政策偏好与政治信任之间都存在相似的关联；所不同的是，这种关联的表现形式并不相同。总体上，在挪威和瑞典，民众政策偏好与政治信任之间的关系呈现某种线性特征，而这一关系在美国则表现得较为复杂。挪威和瑞典都是国家规模较小且同质性较强的社会，在二战后的大部分时间里都由社会民主党执政，其政治制度表现出明显的法团主义特征，因而共识管理而非冲突解决是其政府的主要任务。在这种政治与社会环境中，政府政策倾向与民众信任之间的关系更可能是一种线性关系，即倾向自由政策的人往往也支持政府和制度。

---

① Arthur H. Miller, "Political Issues and Trust in Government: 1964–1970", *American Political Science Review*, Vol. 68, No. 3, 1974, pp. 951–972; Jack Citrin, "Comment: The Political Relevance of Trust in Government", *American Political Science Review*, Vol. 68, No. 3, 1974, pp. 973–988.

② Arthur H. Miller and Ola Listhaug, "Policy Preferences and Political Distrust: A Comparison of Norway, Sweden and the United States", *Scandinavian Political Studies*, Vol. 21, No. 2, 1998, pp. 161–187.

不同于挪威和瑞典，美国长期存在的深刻的社会分裂、权力制衡、基础深厚的两大政党以及大量多元利益集团，使得通过中间倾向的政策来管理冲突成为一种必要。矛盾的是，社会是高度分裂甚至是极化的，政策则是中间主义的，民众有关议题极化领域的政策偏好与现实政策之间常常存在明显距离，进而导致较高水平的政策不满（policy dissatisfaction）和政治疏离。

在一些研究中，政治信任的影响因素是通过政治疏离得到解释的。阿尔蒙德和维巴通过区分输入与输出疏离（input and output alienation），解释了政策不满与政治疏离之间的关系。在他们看来，"输入"疏离是个体感知到的在影响政府机构或政府决策输入方面的无能，"输出"疏离则是人们感知到政策并未对其偏好作出回应。[①] 在这里，政策不满与政治疏离几乎被当作同义词，因而政策偏好似乎不能被当作政治疏离的一个独立原因（原因变量）。

但是，公众政策偏好与政治信任之间的关系并非在所有研究中都可得到证明和支持。譬如，一些有关政治疏离的研究认为，公共政策对于制度支持根本没有什么影响。戴维·伊斯顿指出，对政策结果的不赞成虽然可能会削弱公众对在任者的特定支持，但并不会影响对政权的普遍支持。[②]

政策是公众与公职人员、政府及制度之间关系的重要纽带，对公众政策偏好与政治信任间关系的不同解读，实际上揭示了政治变量影响政治信任的诸多复杂因素及可能机制。一种解释从个体利益的角度出发，认为民众可能感受到特定政策使一些人获益，而使另一些人受

[①] 〔美〕加布里埃尔·A.阿尔蒙德、西德尼·维巴：《公民文化——五个国家的政治态度和民主制》，徐湘林等译，东方出版社2008年版。

[②] Tom R. Tyler, Kenneth A. Rasinski and Kathleen M. McGraw, "The Influence of Perceived Injustice on the Endorsement of Political Leaders", *Journal of Applied Social Psychology*, Vol. 15, No. 8, 1985, pp. 700–725; Jack Citrin and Donald P. Green, "Presidential Leadership and the Resurgence of Trust in Government", *British Journal of Political Science*, Vol. 16, No. 4, 1986, pp. 431–453; David Easton, *A Systems Analysis of Political Life*, New York, NY: Wiley, 1965.

损。① 有的则主张，政策结果未必对个体产生直接影响并使其感到政策不受欢迎。② 如果个体感知到一系列政府决定是不公平的，便会相信政治游戏规则和制度的决策途径存在固有偏见，因而是无法作出公平决策的。另一种解释则认为，政策偏好与政治信任之间的联系产生于这样一种信念，即政府是无能的，因而是无效的。③ 依据这一观点似乎可以推出，政府不能制定可以有效解决问题的政策，因而是不可信的。

研究发现，意识形态距离也对政治信任产生影响。一般认为，左右两翼获得的政治信任不及中间位置的意识形态。④ 体现于政策偏好的意识形态距离对政治信任的影响，在米勒有关20世纪60年代中后期美国社会政治信任状况的研究中即已得到充分讨论。一般而言，不信任产生于其政策偏好距离政策决定和政党纲领最远的那些公民。在米勒的研究中，由于政府政策的中间温和立场，具有强烈自由主义观点和强烈保守主义观点的公民都认为自己的政策诉求并未得到回应，因而成为最不信任政府的人。⑤ 在90年代的美国社会，选民的意识形态和政策偏好没有发生实质性变化，而政党则趋向极端，中间选民的利益诉求逐渐被排除在政策议程之外，因而这部分选民变得不太信任政

---

① James S. House and William M. Mason, "Political Alienation in America, 1952—1968", *American Sociological Review*, Vol. 40, No. 2, 1975, pp. 123—147.

② Kenneth A. Rasinski, "What's Fair Is Fair — Or Is It?: Value Differences Underlying Public Views About Social Justice", *Journal of Personality and Social Psychology*, Vol. 53, No. 1, 1987, pp. 201—211.

③ James L. Sundquist, "The Crisis of Competence in Our National Government", *Political Science Quarterly*, Vol. 95, No. 2, 1980, pp. 183—208.

④ Ola Listhaug and Tor Georg Jakobsen, "Foundations of Political Trust", in Eric M. Uslaner, ed., *The Oxford Handbook of Social and Political Trust*, Oxford: Oxford University Press, 2018, pp. 559—577.

⑤ Arthur Miller, "Political Issues and Trust in Government: 1964—1970", *American Political Science Review*, Vol. 68, No. 3, 1974, pp. 951—972.

府了。① 今天的美国社会，无论是政党还是普通选民都变得较为极端，政治信任状况也在发生变化。

相对于政策议题的多变，意识形态维度上的政治距离似乎较为稳定。意识形态对于政治信任的影响也体现于民众对执政党的支持。如果执政党是一个左翼政党，拥有这一意识形态立场的民众的政治信任水平就会提升；相应地，如果政府由右翼政党组成，意识形态与之接近的选民的政治信任水平则会比较高。② 在选举政治中，那些投票支持了最终获胜政党的选民要比支持了败选政党的选民更支持制度，即产生所谓"赢家－输家差距"（winner-loser gap）。总体上，选举失败对于政治信任会产生负面影响，而这种影响在新兴民主国家和转型国家表现得更为明显。③ 因此，政治信任状况会随选举结果和政党轮换而发生变化。

就具体意识形态而言，即在自由主义与保守主义之间，传统上人们认为保守派因信奉"管得最少的政府是最好的政府"而比自由派更容易产生政治疏离。但是，相关经验研究的结论并不一致，在不同国家也有不同的表现。基于挪威、瑞典和美国的比较研究发现，挪威和瑞典的保守派往往表现出较高水平的政治疏离，而美国的左派则在诸如女权主义、环境保护等"新政治"之外的议题上都比右派表现出更高水平的疏离。可以说，就意识形态与政治信任间关系而言，政府行动而非意识形态才是真正的自变量，意识形态只是影响公民如何感知和评价政府行动的中间变量，本身并不是政治信任（不信任）的原因。当一个政府在一段时间内实施体现特定意识形态倾向的政策时，

---

① David C. King, "The Polarization of American Parties and Mistrust of Government", in Joseph S. Nye, Jr., Philip D. Zelikow and David C. King, eds., *Why People Don't Trust Government*, Cambridge, MA: Harvard University Press, 1997.

② Ola Listhaug, "The Dynamics of Trust in Politicians", in Hans-Dieter Klingemann and Dieter Fuchs, eds., *Citizens and the State*, New York, NY: Oxford University Press, 1995, pp. 261–297.

③ Christopher J. Anderson, André Blais, Shaun Bowler, et al., *Losers' Consent: Elections and Democratic Legitimacy*, Oxford: Oxford University Press, 2005.

它同时也面临不认可其政策倾向的那部分公众变得政治疏离的风险。①因此，如果政府政策不能满足民众期待，无论民众有着怎样的意识形态倾向，其政治信任都会受到侵蚀。

三、过程变量：政治环境中的媒体与信息

作为一种关系结构，政治信任不仅与作为个体或群体的信任者有关，与作为被信任者的个体、群体或机构有关，还受到信任者与被信任者间信息沟通与互动过程的影响，而政治过程中的媒体作用则成为影响政治信任水平及其变化的一个常见解释。

（一）电视不适症与媒体不适症

伴随 20 世纪 60 年代美国社会信任水平的持续下降，新闻媒体对政治信任的影响自 70 年代起就一直是相关研究议程上的重要问题。1976年，美国学者迈克尔·罗宾逊（Michael J. Robinson）创造了"电视不适症"（videomalaise）一词，用以表达人们对电视新闻的依赖导致政治不信任及普遍意义上的政治无效感。在他看来，电视新闻受众的反常规模和结构与人们所感知到的网络的可信度，以及电视新闻的阐释性、负面性及反制度特征等，共同导致了政治不信任和较为普遍的政治无效感。②

新闻媒体把政治描述为一种游戏或竞赛，其中的策略似乎比实质性问题更重要。这种报道方式使民众感到厌烦，进而产生了广泛的政治犬儒主义。于是，在后来的政治传播学研究中，"媒体不适症"（media malaise）成为非常流行且备受争议的一个概念。其中，电视

---

① Arthur H. Miller and Ola Listhaug, "Ideology and Political Alienation", *Scandinavian Political Studies*, Vol. 16, No. 2, 1993, pp. 167−192.

② Michael J. Robinson, "Public Affairs Television and the Growth of Political Malaise: The Case of 'The Selling of the Pentagon'", *American Political Science Review*, Vol. 70, No. 2, 1976, pp. 409−432.

仍是最重要的媒体不适症的来源,也是得到了最多关注和研究的媒体形式。

无论是电视不适症还是媒体不适症,都揭示了媒体对政治信任的消极影响,而其作为有关媒体政治影响的一种观点,也遭遇了来自其他理论和观点的竞争与挑战。

(二) 媒体不适症理论与动员理论

尽管"媒体不适症"已成为比"电视不适症"更常被使用的概念,但"媒体不适症"研究的焦点仍是电视的政治影响。早在"电视不适症""媒体不适症"等概念出现之前,关于电视的影响就已形成截然不同的两派观点:一派认为,"民主标准正在退化,电视通过将其报道内容琐碎化和个人化而加速了这一衰落过程";另一派则期待伴随不断提升的物质和文化水准,生活质量也得以提高,并倾向把电视看作政治教育的(至少是潜在的)有力工具。[①] 其中,前一种观点基本表达了媒体不适症理论的主要内容,而后一种观点则被概括为"动员理论"(mobilization theory)。

媒体不适症理论与动员理论基本上代表着有关媒体政治影响的相反观点。媒体不适症理论认为,高水平的媒体(特别是新闻媒体)接触与低水平动员即高水平政治不适联系在一起。因此,媒体接触对政治信任具有消极影响。不同于媒体不适症理论,动员理论则认为,高水平的新闻媒体接触,特别是高水平的电视新闻接触,可使人们获得更多政治信息,对政治有更好的理解,其主观政治效能感也由此得到提升,从而有助于政治动员。

不断增加的获取海量政治信息的途径,无论在认知上还是在行为上都有助于动员公民。英格尔哈特认为,不断上升的认知动员水平是现代政治的显著特征,并与西方民众中较高的政治参与水平、较多的

---

① Jay G. Blumler, "The Political Effects of Television", in James D. Halloran, ed., *The Effects of Television*, London: Panther, 1970, pp. 70–104.

政治讨论、较丰富的政治信息、不断提高的政治意识以及较为成熟的意识形态技巧结合在一起。[1] 二战后至20世纪90年代的几十年间，电视迅速普及，拉塞尔·达尔顿（Russell J. Dalton）对这一时期美国、英国、法国及德国的研究表明，公民在政治兴趣、政治讨论及意识形态成熟方面都有缓慢而稳定的发展。[2] 这些似乎都可作为支持动员理论的重要证据。

总体上，媒体不适症研究与动员研究之间很少发生直接争论，甚至很少相互承认对方的存在[3]，但是两种理论观点都得出了较高水平的普遍概括以及有关"媒体效应"的宽泛表述。与此同时，支持不同观点的证据都在不断增加。因此，或许只有在指明媒体的具体类型及媒体产生影响的特定条件和过程时，两种不同观点才可能和解。

（三）媒体报道的内容、媒体形式及其不同影响

尽管自20世纪70年代以来，媒体对政治（不）信任的影响已经受到越来越多的关注，但有关媒体影响政治（不）信任的机制与方向则存在不同观点（如媒体不适症理论与动员理论）。

1. 媒体报道内容

虽然研究者对政治信任概念的界定并无共识，但有关美国政治信任的研究基本上都将1964年看作政治信任水平下降趋势的开始，而大众媒体尤其是新闻媒体对政府的负面报道则被视为一个非常普遍的解释。相关研究特别是有关媒体报道的内容分析表明，对政治人物或机构的负面描述充斥媒体报道，1960年至1992年间发行的新闻杂志对总统候选人的负面评价更是越来越多。竞选公共职位的候选人常常受到报纸、新闻杂志、有线电视新闻及电台政治谈话节目的批评，就

---

[1] 参见 Ronald J. Inglehart, *Culture Shift in Advanced Industrial Society*, Princeton, NJ: Princeton University Press, 1990, pp. 335-370。

[2] Russell J. Dalton, *Citizen Politics in Western Democracies*, 2nd ed., Chatham, NJ: Chatham House, 1996, pp. 26-27。

[3] Kenneth Newton, "Mass Media Effects: Mobilization or Media Malaise?", *British Journal of Political Science*, Vol. 29, No. 4, 1999, pp. 577-599.

连国会也不能幸免。① 在政治新闻报道之外，娱乐节目有关政治过程的悲观观点也塑造了人们对政府的犬儒主义态度。②

其中，媒体呈现政治新闻的特定框架对政治信任水平的影响也受到研究者的关注。基于面板数据与媒体内容数据或实验的结合，对不同国家所做的一些研究表明，将政治视为一种策略游戏的框架导致了政治不信任。在这种策略游戏框架中，媒体实际上将政治人物看作追求私利（而非公共利益）的行动者。受媒体相关报道和分析的影响，媒体受众倾向于在这种框架中理解政治行动者及其行为，并对政治行动者变得不那么信任了。③ 有关政治的这种策略框架阐释在许多国家的政治新闻中都非常流行，在选举期间更是大受欢迎。④

2. 不同媒体形式的影响

在过去的几十年间，媒体环境和媒体消费模式都有很大改变，媒体受众也经历了由低选择媒体环境（low-choice media environment）到高选择媒体环境（high-choice media environment）的重要变化。在高选择媒体环境中，媒体日益碎片化，新闻媒体使用的动力也发生了

---

① Thomas E. Patterson, *Out of Order*, New York, NY: Vintage Books, 1994; Arthur H. Miller, Edie N. Goldenberg and Lutz Erbring, "Type-Set Politics: Impact of Newspapers on Public Confidence", *American Political Science Review*, Vol. 73, No. 1, 1979, pp. 67–84; Patricia Moy and Dietram A. Scheufele, "Media Effects on Political and Social Trust", *Journalism & Mass Communication Quarterly*, Vol. 77, No. 4, 2000, pp. 744–759.

② S. Robert Lichter, Linda S. Lichter and Stanley Rothman, *Prime Time: How TV Portrays American Culture*, Washington, DC: Regnery Publishing Inc., 1994; Lawrence K. Grossman, *The Electronic Republic: Reshaping Democracy in the Information Age*, New York, NY: Viking, 1995.

③ Joseph N. Cappella and Kathleen Hall Jamieson, *Spiral of Cynicism: The Press and the Public Good*, New York, NY: Oxford University Press, 1997; Claes de Vreese, "The Effects of Strategic News on Political Cynicism, Issue Evaluations, and Policy Support: A Two-Wave Experiment", *Mass Communication and Society*, Vol. 7, No. 2, 2004, pp. 191–214; Adam Shehata, "Game Frames, Issue Frames, and Mobilization: Disentangling the Effects of Frame Exposure and Motivated News Attention on Political Cynicism and Engagement", *International Journal of Public Opinion Research*, Vol. 26, No. 2, 2014, pp. 157–177.

④ Toril Aalberg, Jesper Strömbäck and Claes H. de Vreese, "The Framing of Politics as Strategy and Game: A Review of Concepts, Operationalizations and Key Findings", *Journalism*, Vol. 13, No. 2, 2012, pp. 162–178.

根本变化。① 因此，基于传统媒体环境确立的有关媒体效应以及媒体使用与政治信任间关系的经验命题，都需要在新的媒体环境及媒体消费模式下加以思考和检验。

尽管大多数研究都将政治信任的衰落与媒体使用联系起来，甚至直接将政治不信任与媒体使用挂钩，但媒体使用对政治信任的影响不仅因媒体类型而不同，在不同国家和不同时期的表现也不尽相同。

媒体报道内容，特别是报道内容的负面性，并非媒体使用影响政治信任的唯一机制或表现。相关研究发现，媒体使用与政治信任之间的关系并非同一方向，其间的影响机制也极为复杂。有研究表明，印刷媒体的使用可增加人们的政治专门知识，因而可催生较高水平的政治信任。② 另外一些研究则认为，电视新闻收视率与政治信任度之间的负相关关系部分源于电视新闻所传达的信息质量，结果使电视观众认为政府活动超出了他们的理解范围，从而减少了政治信任。③ 还有研究则提出，电视新闻节目使用的情境框架引导公众将问题的责任归于个人而非体系（制度）④，这可能使观众产生体系（制度）并未作出回应的感觉，进而保持较低水平的政治信任。

那么，究竟是媒体报道的内容及质量还是媒体形式对政治信任水平的影响更大，仍是一个存在争议的问题。有关政治教育与政治知识的跨国比较研究发现，全国性新闻媒体的质量对于公民获得政治信

---

① Bruce A. Williams and Michael X. Delli Carpini, *After Broadcast News: Media Regimes, Democracy, and the New Information Environment*, New York, NY: Cambridge University Press, 2011; Markus Prior, *Post-Broadcast Democracy: How Media Choice Increases Inequality in Political Involvement and Polarizes Elections*, New York, NY: Cambridge University Press, 2007.

② Patricia Moy and Michael Pfau, *With Malice toward All?: The Media and Public Confidence in Democratic Institutions*, Westport, CT: Praeger, 2000.

③ Shanto Iyengar, *Is Anyone Responsible?*, Chicago, IL: University of Chicago Press, 1991; Michael J. Robinson, "Public Affairs Television and the Growth of Political Malaise: The Case of 'The Selling of the Pentagon'", *American Political Science Review*, Vol. 70, No. 2, 1976, pp. 409–432.

④ Shanto Iyengar, *Is Anyone Responsible?*, Chicago, IL: University of Chicago Press, 1991.

息具有重要影响。① 皮帕·诺里斯的研究也指出，收看电视新闻与较高水平的政治知识、参与和主观效能感联系在一起。② 这些研究表明，相对于媒体的形式，媒体的内容更为重要：无论是电子媒体还是印刷媒体，严肃而有深度的新闻能够教育和动员公民，而肤浅和煽情的报道则可能使人感到不适。

实际上，关于媒体是否会影响政治信任，不同研究得出的结论也并不一致。有关媒体使用与政治信任间关系的研究，大多认为媒体应该为不断下降的信任水平负责。但是，基于1996年美国全国选举数据的一项研究发现，媒体使用并不会改变**政治信任**，而只会使**社会信任**受到影响。不仅如此，不同媒体类型的影响并不相同，如读报和收看电视娱乐节目可以提升社会信任水平，而收看电视新闻则削弱信任。由于社会信任与政治效能感、政治参与和政治信任相关，媒体对社会信任的影响最终意味着媒体对关键政治态度和行为的影响。③

（四）媒体是否影响政治信任？

媒体使用与政治信任之间的复杂关系还不止于此。使用不同方法或数据的研究也揭示了媒体使用与政治信任之间的不同关系及其表现或症候。基于实验或面板数据并结合媒体内容分析的研究表明，媒体可能导致政治不信任，而基于调查数据的研究，则得出了混合性的或媒体使用与较高水平的政治信任联系在一起的结论。④

---

① Michael A. Dimock and Samuel L. Popkin, "Political Knowledge in a Comparative Perspective", in Shanto Iyengar and Richard Reeves, eds, *Do the Media Govern?*, Thousand Oaks, CA: Sage, 1997, pp. 217–224.

② Pippa Norris, "Does Television Erode Social Capital? A Reply to Putnam", *PS: Political Science & Politics*, Vol. 29, No. 3, 1996, pp. 474–480.

③ Patricia Moy and Dietram A. Scheufele, "Media Effects on Political and Social Trust", *Journalism & Mass Communication Quarterly*, Vol. 77, No. 4, 2000, pp. 744–759.

④ Jesper Strömbäck, Monika Djerf-Pierre and Adam Shehata, "A Question of Time? A Longitudinal Analysis of the Relationship between News Media Consumption and Political Trust", *International Journal of Press/Politics*, Vol. 21, No. 1, 2016, pp. 88–110.

肯尼思·纽顿基于1996年英国社会态度调查（British Social Attitudes Survey）的研究认为，在人们的媒体不适与收看一般电视节目之间只有微弱或零星证据，在阅读大报与较高水平的政治知识之间存在较强的关联，而阅读小报对于政治不适或政治动员都只具有非常微弱的影响。[1] 皮帕·诺里斯对欧洲国家的相关研究发现，对不同新闻媒体的使用要么与对政治机构或行动者的更多信任联系在一起，要么则根本没有什么值得关注的影响。其中有关1997年英国选举的专题研究表明，随着选举日的临近，无论是最关注新闻的人群还是最不关注新闻的人群，他们的政治信任水平都在提升。基于这些发现，皮帕·诺里斯提出了"良性循环"（virtuous circle）的观点，即"对竞选活动的关注与政治信任感相互强化，进而产生了良性循环"[2]。

基于调查数据的更近一些的研究也得出了类似的结论，即认为使用新闻媒体对于政治信任没有影响或只有微弱的影响，特别是在控制了政治兴趣或教育等变量后。[3] 还有一些研究则更进一步指出，媒体使用在有些条件下会抑制政治信任，在有些条件下则会促进政治信任。[4] 也就是说，新闻媒体使用与政治信任间的关系因环境不同而不同，媒体不适症与动员理论（及良性循环）这两个不同视角之间的冲突常常被夸大了。

媒体对政治信任水平的影响还因国家不同而表现出明显差异。多项研究发现，基于英国数据得出的结论不同于以美国数据为基础得出的结论；特别是，英国数据并不支持在媒体使用与媒体不适症或社会资本衰落之间存在强关联的结论。其中，有研究者以不同媒体形式的

---

[1] Kenneth Newton, "Mass Media Effects: Mobilization or Media Malaise?", *British Journal of Political Science*, Vol. 29, No. 4, 1999, pp. 577−599.

[2] Pippa Norris, *A Virtuous Circle: Political Communications in Postindustrial Societies*, New York, NY: Cambridge University Press, 2000, p. 251.

[3] Erik Albaek, Arjen Van Dalen, Nael Jebril and Claes H. de Vreese, *Political Journalism in Comparative Perspective*, New York, NY: Cambridge University Press, 2014.

[4] James M. Avery, "Videomalaise or Virtuous Circle? The Influence of the News Media on Political Trust", *International Journal of Press/Politics*, Vol. 14, No. 4, 2009, pp. 410−433.

影响，以及两国媒体的不同特点及其现实作用，对这些差异进行了解释。具体而言，政治信任水平受媒体影响的状况在大报读者与其他人之间、电视新闻观众与其他人之间存在很大差异。英国拥有《泰晤士报》《每日电讯报》《卫报》《金融时报》等多份高质量的全国性日报，而美国人则在不同程度上更依赖地方报纸。①

此外，还有研究者对媒体使用与政治信任间关系在时间维度上的变化进行了专门研究。一项基于1986年到2013年瑞典抽样人口数据的时间序列分析发现，时间因素对于媒体使用与政治信任间关系似乎并不重要。但在有些情况下，如收看公共服务电视节目，这种关系会随时间的推移而减弱，从而表明时间是重要的影响因素。在另外一些情况下，譬如在选举年，新闻媒体使用与政治信任之间相比于非选举年则呈现较强的关系。当然，新闻媒体使用与政治信任之间的关系并未随时间呈现线性特征。②

新闻报道所涉及的不同政策领域也会对民众的态度产生不同影响。譬如，在欧盟内部，特定的移民政策在有着不同意识形态倾向的民众中就产生了对于欧盟政治信任的不同影响。其中，难民相关报道的增多降低了右翼民众对欧盟的政治信任水平，而左翼民众对欧盟的政治信任则没有明显变化。③在美国，人们往往依据政府应对再分配和种族问题的能力对政府进行评价。但值得注意的是，"9·11"事件使媒体增加了对外交事务的关注，从而导致国防和外交成为民众关心的重要政策议题。基于1980年至2004年媒体内容分析获得的数据，研究者发现，媒体关注的波动对民众在国防和种族政策的偏好方

---

① Kenneth Newton, "Mass Media Effects: Mobilization or Media Malaise?", *British Journal of Political Science*, Vol. 29, No. 4, 1999, pp. 577−599.

② Jesper Strömbäck, Monika Djerf-Pierre and Adam Shehata, "A Question of Time? A Longitudinal Analysis of the Relationship between News Media Consumption and Political Trust", *International Journal of Press/Politics*, Vol. 21, No. 1, 2016, pp. 88−110.

③ Anna Brosius, Erika J. van Elsas and Claes H. de Vreese, "How Media Shape Political Trust: News Coverage of Immigration and Its Effects on Trust in the European Union", *European Union Politics*, Vol. 20, No. 3, 2019, pp. 447−467.

面具有明显的信任效应。[1]

另一项基于欧洲 32 个国家的比较研究发现，对媒体的信任与政治信任之间存在正相关关系，但这种关系也因国家不同而变化。其中，在媒体自主性与新闻专业性较强的国家，媒体信任与政治信任之间的关系较弱。总体上，在约束较少和较为专业化的媒体环境中，公众感知受到媒体报道内容影响的机会更多。[2] 可见，媒体（制度）环境对于媒体与政治信任间关系的影响也较为直接和明确。

媒体影响政治信任水平的条件性，提示研究者对媒体与政治信任间关系需要进行更加深入和细致的分析，也意味着跨国比较研究和获得更具普遍性的一般结论还需要更多扎实的基础工作。

第四节 政治信任的宏观基础

政治信任问题不仅引发研究者在微观层面对其原因进行探讨，即在个体层面寻找政治信任的影响因素，还被置于宏观制度、机构与政策背景中加以讨论。特定制度、机构与政策是影响政治信任的重要环境变量，可被视为政治信任的宏观基础。

一、制度与机构

作为一种具有关系特征的心理结构，政治信任的对象复杂而多元。其中，制度不仅是政治信任的重要客体，也在很大程度上塑造着民众的政治信任。伴随制度在社会科学研究中重新受到关注，制度效

---

[1] Marc J. Hetherington and Jason A. Husser, "How Trust Matters: The Changing Political Relevance of Political Trust", *American Journal of Political Science*, Vol. 56, No. 2, 2012, pp. 312-325.

[2] Gal Ariely, "Trusting the Press and Political Trust: A Conditional Relationship", *Journal of Elections, Public Opinion and Parties*, Vol. 25, No. 3, 2015, pp. 351-367.

应在政治信任经验分析模型中也变得越来越重要了。制度理论认为，政治信任基于理性并受到个体对制度的绩效评价的影响。[1] 在制度与政治信任的研究中，特定机构与政治信任的关系常常被视为制度与政治信任间关系的组成部分。

政治信任被认为是民主制度和民主社会的重要心理基础，对不同（类型）民主国家政治信任的比较研究则成为考察制度与政治信任间关系的重要路径。其中，选举制度作为连接民众偏好与政策制定者的重要媒介，也成为相关研究的核心，而责任性（accountability）与代表性（representation）则被视为制度评价的关键指标。在复杂的民主制度体系中，人们对于民主制度是否满意主要取决于其对民主制度代表功能的感知，其次则是民主制度的问责功能。因此，选举制度及代表制与政治信任之间的关系常常成为制度与政治信任相关研究的焦点。

阿伦·利普哈特（Arend Lijphart）界定了两种民主模式，也就是多数民主（majoritarian democracies）与共识民主（consensual democracies）。其研究发现，生活于共识民主制度中的人比生活于多数民主制度中的人对民主制度的运作更为满意，其中的原因主要在于政治信任与人们对比例代表制选举结果的公平感有关——比例代表制可以将尽可能多的人的意愿纳入政府与政策过程。[2] 不同于利普哈特的研究结论，另有研究指出，比例代表制与对民主的满意度并无关联；或者说，生活于共识民主制度中的公民对民主制度并没有更满意。不仅如此，比例代表制似乎与对民主责任性的积极感知相关，而在实际上与代表性无关，并与对民主的低评价联系在一起。很大程度上，制度与政治信任的关系实际上是制度绩效与政治信任的关系，政治信任或不信任可以理解为公民对制度绩效的理性反应。

---

[1] Marc J. Hetherington, "The Political Relevance of Political Trust", *American Political Science Review*, Vol. 92, No. 4, 1998, pp. 791−808.

[2] 〔美〕阿伦·利普哈特：《民主的模式：36个国家的政府形式和政府绩效（第二版）》，陈崎译，上海人民出版社2017年版。

比例代表制与政治信任的关系在不同研究中呈现了复杂的结果。一项基于欧洲社会调查（European Social Survey, 2006—2009）的 23 国研究表明，比例代表制与非比例代表制都可能与高水平政治信任联系在一起。① 另一项基于世界价值观调查（1995—2005）的研究则发现，在比例代表制与政治信任之间存在线性关系，在实行比例代表制的国家，选民在个体层面对议会表现出更高水平的信任。②

有关瑞士直接民主制与政治信任间关系的研究也揭示了代表制与政治信任之间复杂的相关关系。有研究认为，直接民主制可提升人们有关监督和影响政治当局的感知并促使政治当局负责任地履职，从而导致信任水平的提高。③ 还有研究将个体人格特质也纳入分析框架，不同人格特质在一定程度上使直接民主与政治信任之间的关系发生了变化。一项基于瑞士 26 州数据的研究发现，随和性人格改变了直接民主制对瑞士州政府的信任状况的影响。有着高水平随和性人格的人往往将直接民主理解为政治与社会冲突的信号，因而会对州政府不太信任。④ 可以看出，个性特征在一定程度上塑造了制度（环境）对政治信任的影响，使这种影响在个体层面表现出多样化的特点。

有关不同类型民主国家的研究发现，传统民主国家积累已久的普遍支持有助于人们容忍其所反对的制度结果；而在新兴民主国家，人们对于新制度往往有着较高的期待。很大程度上，这种差异可以解释不同类型民主国家的政治支持水平及政治信任水平的差异。

在政治信任相关研究中，人们往往将较为笼统的制度信任转化为

---

① Sofie Marien, "The Effect of Electoral Outcomes on Political Trust: A Multi-Level Analysis of 23 Countries", *Electoral Studies*, Vol. 30, No. 4, 2011, pp. 712−726.

② Kris Dunn, "Voice and Trust in Parliamentary Representation", *Electoral Studies*, Vol. 31, No. 2, 2012, pp. 393−405.

③ Paul C. Bauer and Matthias Fatke, "Direct Democracy and Political Trust: Enhancing Trust, Initiating Distrust−or Both？", *Swiss Political Science Review*, Vol. 20, No. 1, 2014, pp. 49−69.

④ Markus Freitag and Kathrin Ackermann, "Direct Democracy and Institutional Trust: Relationships and Differences Across Personality Traits", *Political Psychology*, Vol. 37, No. 5, 2016, pp. 707−723.

更为具体的机构信任而加以评价。机构信任是现代政治的重要基础，也是日益复杂的政府职能有效履行的前提。但是，"信任一个机构"，无论是作为一种理念，还是仅作为一个信任判断，都并不简单。在克劳斯·奥菲（Claus Offe）看来，信任一个机构的理念是对拥有特定职位的个人的信任的一种简化表述，而职位则是由构成这一机构的规则定义的。[1]人始终是信任判断的对象；有所不同的只是作为判断对象的人是匿名的和变化的，人们依据机构的特征对个体进行信任判断，或是依据所接触到的机构中的重要角色对机构作出判断。

有关机构信任，传统的地理单元即国家层级的机构仍是人们关注的焦点，而超国家层级和次国家层级的制度也引发了越来越多的研究。在新的全球治理和国家治理结构中，超国家机构和次国家机构都是重要的工作层级。超国家层级的政治常常表现出明显的精英政治的特征。与此相关的常见情形是，普通民众一般只关心以民族国家为核心的传统政治，对超国家层级的政治关注甚少，特别是超国家政治中的巨量信息，以及过于复杂的政策选项，使得普通民众难以把握。这些都可能导致政治信任水平的下降。

在超国家层级，联合国（UN）和欧洲联盟（EU）是得到最多研究的超国家机构。有关联合国、欧洲议会及欧洲诸国议会的研究发现，或许是由于联合国代表着一种理想，尽管它也面临诸多问题，但在三个机构中人们对联合国的信任水平最高。在欧洲议会与国家议会之间，因国家议会是各国重要的政治机构并关乎各国重要政治议题的决策，人们更信任国家议会。[2]欧洲民众中流行的欧洲怀疑论，很大程度上可能是由国家政治和欧盟政治之间的冲突所驱动的。

在新的治理结构中，次国家层级的机构（包括地区及地方层级政

---

[1] Claus Offe, "How Can We Trust Our Fellow Citizens?", in Mark E. Warren, ed., *Democracy and Trust*, Cambridge: Cambridge University Press, 1999, pp. 42–87.

[2] Ola Listhaug and Tor Georg Jakobsen, "Foundations of Political Trust", in Eric M. Uslaner, ed., *The Oxford Handbook of Social and Political Trust*, Oxford: Oxford University Press, 2018, pp. 559–577.

治机构）的作用日益突显，对这些机构以及这些机构中公共职位角色的评价，特别是对其廉洁、公平以及能力的评价，都成为影响政治信任的重要因素。对挪威地方社区的一项研究表明，居住在小型社区的人对政治官员如何使用纳税人的钱更有信心，因而也更信任地方官员。[1]有关丹麦、荷兰、挪威与英国的比较研究也发现，人们对地方层级官员的信任水平高于国家层级的官员。这种状况还被理解为地域规模产生的影响，即生活于小城市的人往往比大城市居民对地方政府更为满意，对市政府的满意使市民对民选官员的能力、廉洁和回应性产生了信心。[2]在不同地区之间，人们的信任模式表现出很大差异，而这种差异也提示了各地区特有的治理问题。

在撒哈拉以南非洲，人们对国家层级的机构具有较高水平的信任，许多人甚至表现出了某种"盲目的信任"（blind trust）。同为发展中地区的拉美国家则表现出较低的信任水平，纯粹的犬儒主义（sheer cynicism）在某种程度上甚至成为一种流行态度。非洲和拉美在政治信任模式方面虽然存在这种明显差异，但两种信任模式却被认为产生于共同的基础，即政治信任并非基于文化或认知价值，而主要取决于对经济和政治绩效的一系列评估。[3]

二、政府绩效与福利政策

在政治学和政治心理学领域的政治信任研究中，政治信任与政府

---

[1] L. Rose and P. A. Pettersen, "Confidence in Politicians and Institutions", in Hanne Marthe Narud and Toril Aalberg, eds., *Challenges to Representative Democracy: Parties, Voters and Public Opinion*, Bergen, Norway: Fagbokforlaget, 1999.

[2] Sebastianus A. H. Denters, "Size and Political Trust: Evidence from Denmark, the Netherlands, Norway and the United Kingdom", *Environment and Planning C: Government and Policy*, Vol. 20, No. 6, 2002, pp. 793−812.

[3] Robert Mattes and Alejandro Moreno, "Social and Political Trust in Developing Countries: Sub-Africa and Latin America", in Eric M. Uslaner, ed., *The Oxford Handbook of Social and Political Trust*, Oxford: Oxford University Press, 2018, pp. 357−381.

绩效的关系备受关注，其中经济绩效一直被认为是政治信任的关键决定因素。① 然而，无论在理论层面还是经验层面，经济绩效与政治信任之间的关系实际上并不明确。

（一）经济绩效

经济绩效是一个可以使用诸多客观指标（如 GDP、失业率、通货膨胀及赤字水平等）来加以评价的变量，宏观经济绩效更被认为"对于政府的整体公众支持至关重要"②。20 世纪 70 年代以来，伴随学术界对政治信任问题的持续关注，经济绩效与政治信任之间的关系得到了密集的研究。但是，相关研究所得出的结论却极为不同。有些研究认为宏观经济绩效对政治信任具有影响，而另外一些研究则指出这种影响并不存在。

有关经济绩效与政治信任间关系的并不一致的结论，也存在于对近年受金融危机影响的欧洲国家的相关研究中。譬如，一项基于欧洲社会调查（2004—2010）的欧洲 25 国研究表明，在经济受 2007—2008 年金融危机影响严重的国家，金融危机也降低了公民对政治机构的信任水平。③ 有关希腊极端经济条件对信任的影响的研究则发现，经济绩效对政治信任的影响并不大，而且其影响并未随危机的加剧而增加。④

---

① Tom W. G. van der Meer, "Economic Performance and Political Trust", in Eric M. Uslaner, ed., *The Oxford Handbook of Social and Political Trust*, Oxford: Oxford University Press, 2018, pp. 599–615.

② Arthur Miller and Ola Listhaug, "Political Performance and Institutional Trust", in Pippa Norris, ed., *Critical Citizens: Global Support for Democratic Government*, New York, NY: Oxford University Press, 1999, pp. 204–216.

③ Veronica Fagerland Kroknes, Tor Georg Jakobsen and Lisa-Marie Grønning, "Economic Performance and Political Trust: The Impact of the Financial Crisis on European Citizens", *European Societies*, Vol. 17, No. 5, 2015, pp. 700–723.

④ Antonis A. Ellinas and Iasonas Lamprianou, "Political Trust *In Extremis*", *Comparative Politics*, Vol. 46, No. 2, 2014, pp. 231–250.

在较为宽泛的意义上，经济（不）平等也是经济绩效评价的一个重要指标。在有关经济绩效与政治信任间关系的研究中，经济不平等对政治信任的影响较晚才得到关注。尽管这一领域的实证研究在不断增多，"不平等陷阱"（inequality trap）① 也被作为经济不平等对政治信任的消极影响的某种概括，但不同研究得出的结论并不一致，经济不平等与政治信任之间的关系依然不明确。有关美国城市居民政治信任的研究表明，收入不平等以及意识形态极化、种族分化、人口规模等城市层面的变量，都是影响民众政治信任的重要因素，并损害了人们对地方政府的信任。② 然而，一些跨国研究，主要是对西欧国家的研究及对拉美国家的研究，则得出了较为混合的结论。③ 与此类似，在个体层面，经济不平等与政治信任间也呈现出复杂的关系。

一项基于欧洲社会调查的 20 国研究发现，总体上，在收入不平等水平较高的国家，人们对公共机构持较为负面的态度；但是在个体层面，不平等对不同人群的影响则存在差异。其中，左派对收入不平等问题比右派更为敏感，收入不平等对政治左派的政治信任水平具有较为强烈的影响，而这种影响在右派中间并不明显。④ 基于 2008 年欧洲价值观调查（European Value Survey, EVS），一项有关 42 个欧洲国家的跨国研究发现，一旦控制了腐败这一变量，宏观经济结果与政治

---

① Eric M. Uslaner, "Corruption, the Inequality Trap and Trust in Government", in Sonja Zmerli and Marc Hooghe, eds., *Political Trust: Why Context Matters*, Colchester, England: ECPR Press, 2013, pp. 141–162.

② Wendy M. Rahn and Thomas J. Rudolph, "A Tale of Political Trust in American Cities", *Public Opinion Quarterly*, Vol. 69, No. 4, 2005, pp. 530–560.

③ Tom van der Meer and Armen Hakhverdian, "Political Trust as the Evaluation of Process and Performance: A Cross-National Study of 42 European Democracies", *Political Studies*, Vol. 65, No. 1, 2017, pp. 81–102; Sonja Zmerli and Juan Carlos Castillo, "Income Inequality, Distributive Fairness and Political Trust in Latin America", *Social Science Research*, Vol. 52, 2015, pp. 179–192.

④ Christopher J. Anderson and Matthew M. Singer, "The Sensitive Left and the Impervious Right: Multilevel Models and the Politics of Inequality, Ideology, and Legitimacy in Europe", *Comparative Political Studies*, Vol. 41, No. 4–5, 2008, pp. 564–599.

信任并不相关，腐败与宏观经济结果在受教育程度较高的人群中可产生较强的影响。①

如果将选举政治考虑在内，经济不平等与政治信任的关系则可呈现出另一种不同情形。特别是，经济不平等可能扩大赢家和输家之间的信任差距（trust gap），从而产生政治信任的赢家-输家效应（winner-loser effect），即支持获胜政党的选民比支持败选政党的选民更信任政治。②具体而言，经济不平等使得无论是穷人还是富人都更关注选举结果——败选者的支持群体会对政治更加失望，而支持了获胜者的群体则因可通过新的政策增进其利益而提高了对政治的满意度。

（二）经济绩效评价

系统输出和执政当局绩效可缓慢地增强或抑制信任情感，对系统输出和执政当局绩效的评价则可能产生或维持对执政当局的信任或不信任。③因此，政治信任似乎一直与人们对经济的主观感知和评价联系在一起，人们也习惯于把有关政治信任不同方面的判断归因于他们对政府绩效的感知。这一视角不仅契合了政治信任分析的政治满意路径（political satisfaction approach），还常常得到相关调查数据和研究的支持。过去几十年的相关研究表明，对国家经济绩效持有积极评价

---

① Tom van der Meer and Armen Hakhverdian, "Political Trust as the Evaluation of Process and Performance: A Cross-National Study of 42 European Democracies", *Political Studies*, Vol. 65, No. 1, 2017, pp. 81–102.

② Christopher J. Anderson, André Blais, Shaun Bowler, et al., *Losers' Consent: Elections and Democratic Legitimacy*, New York, NY: Oxford University Press, 2005; Sung Min Han and Eric C. C. Chang, "Economic Inequality, Winner-Loser Gap, and Satisfaction with Democracy", *Electoral Studies*, Vol. 44, 2016, pp. 85–97.

③ David Easton, "A Re-Assessment of the Concept of Political Support", *British Journal of Political Science*, Vol. 5, No. 4, 1975, pp. 435–457.

的公民往往比较信任政治。①

　　经济绩效主观评价的变动也会使政治信任水平发生变化。政治信任随消费者的经济信心而变化或滞后于消费者的经济信心变化，这已经在很多研究中得到了经验验证。② 有研究更进一步发现，在美国，消费者信心的变化可以解释政治信任的季度变化。③ 经济绩效评价对政治信任的影响在不同时期也有不同表现。譬如，当经济问题比较突出时，经济绩效评价与政治信任之间表现出更强的关联。此外，宏观经济评价的变化对政治信任不仅具有即时的短期效应，还可产生持续较长时间的影响。④

　　近年来，基于拉美、东欧、东南亚、阿拉伯地区以及撒哈拉以南非洲相关数据的研究日渐增多。这些研究表明，对国家经济绩效的主观评价与政治信任之间存在强关联。一项有关日本、韩国、蒙古、柬埔寨、越南和马来西亚等国的跨国研究则发现，对国家经济的主观评

---

① Virginia A. Chanley, Thomas J. Rudolph and Wendy M. Rahn, "The Origins and Consequences of Public Trust in Government: A Time Series Analysis", *Public Opinion Quarterly*, Vol. 64, No. 3, 2000, pp. 239−256; Jack Citrin and Donald Philip Green, "Presidential Leadership and the Resurgence of Trust in Government", *British Journal of Political Science*, Vol. 16, No. 4, 1986, pp. 431−453; Antonis A. Ellinas and Iasonas Lamprianou, "Political Trust *In Extremis*", *Comparative Politics*, Vol. 46, No. 2, 2014, pp. 231−250; Allan Kornberg and Harold D. Clarke, *Citizens and Community: Political Support in a Representative Democracy*, Cambridge: Cambridge University Press, 1992.

② Virginia A. Chanley, Thomas J. Rudolph and Wendy M. Rahn, "The Origins and Consequences of Public Trust in Government: A Time Series Analysis", *Public Opinion Quarterly*, Vol. 64, No. 3, 2000, pp. 239−256; Russell J. Dalton, *Democratic Challenges, Democratic Choices: The Erosion of Political Support in Advanced Industrial Democracies*, Oxford: Oxford University Press, 2004; Marc J. Hetherington, "The Political Relevance of Political Trust", *American Political Science Review*, Vol. 92, No. 4, 1998, pp. 791−808.

③ Luke Keele, "Social Capital and the Dynamics of Trust in Government", *American Journal of Political Science*, Vol. 51, No. 2, 2007, pp. 241−254.

④ Marc J. Hetherington and Thomas J. Rudolph, "Priming, Performance, and the Dynamics of Political Trust", *The Journal of Politics*, Vol. 70, No. 2, 2008, pp. 498−512.

价在这些国家中都是影响政治信任的最重要的决定因素之一。[1] 但是，这种强相关性并不意味着经济绩效与政治信任之间存在因果关系，甚至不代表经济绩效与政治信任直接相关。

在经济绩效与政治信任之间，人们的预期是一个重要的中间变量。在20世纪70年代米勒对"政治信任"的界定中，政治信任即被理解为满足预期的程度。预期为人们设定了与实际经济绩效进行比较的基准，而政府未能满足人们的预期则被认为是政治信任水平不断下降的根源。[2] 人们的预期在很大程度上是其价值观的一个结果，即价值观影响着人们对政府该做什么以及该做到何种程度的预期，从而在一定程度上使预期获得重要的规范意义，人们以此为标准对政府绩效进行评价。不同的预期及价值观使不同个体对经济绩效有不同的敏感度，进而在不同程度上对其政治信任水平产生影响。[3] 那么，降低民众预期是否可以提升政治信任水平，则成为一个值得研究的问题。近年有关英国公民的一项研究发现，预期对于公民政治信任的塑造作用不及人们对政府绩效的感知，因而决策者应通过改进绩效而非降低民众预期来提升民众的政治信任水平。[4]

理论上，宏观经济绩效以及对宏观经济绩效的评价，既可能是政治信任的原因，也可能是其结果。在绩效与信任的关系中，民众对宏

---

[1] Chong-Min Park, "Political Trust in the Asia-Pacific Region", in Sonja Zmerli and Tom W. G. van der Meer, eds., *Handbook on Political Trust*, Cheltenham, England: Edward Elgar, 2017, pp. 488−508.

[2] Arthur Miller and Ola Listhaug, "Political Performance and Institutional Trust", in Pippa Norris, ed., *Critical Citizens: Global Support for Democratic Government*, New York, NY: Oxford University Press, 1999, pp. 204−216.

[3] Marc J. Hetherington and Thomas J. Rudolph, "Priming, Performance, and the Dynamics of Political Trust", *The Journal of Politics*, Vol. 70, No. 2, 2008, pp. 498−512; Christopher J. Anderson and Matthew M. Singer, "The Sensitive Left and the Impervious Right: Multilevel Models and the Politics of Inequality, Ideology, and Legitimacy in Europe", *Comparative Political Studies*, Vol. 41, No. 4−5, 2008, pp. 564−599.

[4] Ben Seyd, "How Do Citizens Evaluate Public Officials? The Role of Performance and Expectations on Political Trust", *Political Studies*, Vol. 63, No. S1, 2015, pp. 73−90.

观经济的主观感知和评价似乎"基于经济现实"①，而实际上这些感知不仅受到其价值观的影响，也常常基于人们在日常生活中接收到的有关经济绩效的各种嘈杂信号，以及人们所属的不同社会群体的经济状况的变化②。人们对诸如个体、家庭乃至国家等不同主体经济状况的评价，都可对政治信任产生影响。其中，有关国家经济的社会取向的评价（sociotropic evaluations），比有关个人或家庭收入的自我取向的评价（egotropic evaluations）对政治信任有着更大的影响。③ 而在一些较早的研究中，个人的经济状况对其政治偏好的形成具有更大的影响。④ 就个体（家庭）或群体的影响而言，有研究进一步发现，由于人们更可能从群体角度思考政治偏好，人们在群体层面的经济评价，特别是基于群体比较（如其所属的社会阶层是否经历了类似的经济状况变动）的经济评价，对其政治判断具有重要影响。⑤ 这些研究提示了经济评价与政治信任的复杂关系，以及经济绩效评价影响政治信任的复杂机制。

---

① Raymond M. Duch and Randolph T. Stevenson, *The Economic Vote: How Political and Economic Institutions Condition Election Results*, New York, NY: Cambridge University Press, 2008, p. 160.

② Stephen Ansolabehere, Marc Meredith and Erik Snowberg, "Mecro-Economic Voting: Local Information and Micro-Perceptions of the Macro-Economy", *Economics and Politics*, Vol. 26, No. 3, 2014, pp. 380—410.

③ Donald R. Kinder and D. Roderick Kiewiet, "Sociotropic Politics: The American Case", *British Journal of Political Science*, Vol. 11, No. 2, 1981, pp. 129—161; Tom W. G. van der Meer, "Economic Performance and Political Trust", in Eric M. Uslaner, ed., *The Oxford Handbook of Social and Political Trust*, Oxford: Oxford University Press, 2018, pp. 599—615.

④ Angus Campbell, Philip E. Converse, Warren E. Miller, et al., *The American Voter*, New York, NY: John Wiley & Sons, 1960, p. 205; Philip E. Converse, "Public Opinion and Voting Behavior", in Fred I. Greenstein and Nelson W. Polsby, eds., *Handbook of Political Science*, Vol. Ⅵ, Reading, MA: Addison-Wesley, 1975.

⑤ Diana C. Mutz and Jeffery J. Mondak, "Dimensions of Sociotropic Behavior: Group-Based Judgments of Fairness and Well-Being", *American Journal of Political Science*, Vol. 41, No. 1, 1997, pp. 284—308.

(三) 福利政策绩效与福利国家经历

一般认为，作为一种心理现象，政治信任在不同程度上与人们的现实生活状况尤其是福利状况相关。因此，人们对福利制度及政策的满意度也可被视为政治信任的替代性评价指标。特别是，由于各国公民日益依赖国家在公共服务领域的各种项目或计划，福利政策及绩效对政治信任的影响也值得关注。有关公共政策制定与民意间关系的研究发现，民意不仅受到当前社会或经济状况的影响，还受到人们与既有政府机构和项目/计划的接触经历的影响。[1] 福利制度及政策相关经历对民意的作用，不仅提示福利制度及政策对政治信任存在影响，也表明相关讨论仍然需要被置于自我取向的政治（egotropic politics）与社会取向的政治（sociotropic politics）的思考框架中。

相对于经济领域，人们在福利领域往往表现得更具政治性，对个人利益和社会公正的关切也更为强烈；同时，因缺少经济领域中较为明确的评价指标（如失业率、预算赤字、通货膨胀水平等），福利领域相关问题获得了更为明显的主观特征，或者变成了主观评价问题。福利国家相关宏观理论中一个含蓄却本质的假设是，人们在进行政治选择时会将自己的个人福利考虑在内。相关态度研究则认为，人们在形成有关福利国家及其制度与政策的意见时，还会关注分配正义和程序正义。因此，与福利相关的具体制度与政策设计不仅决定了人们的实际利益，也影响着人们对福利政策的规范性态度（normative attitudes）。也就是说，特定的制度安排一方面影响着人们的实际福利状况，另一方面还会对人们的公平与道德合宜性感知（perceptions of fairness and moral appropriateness）发挥作用。[2]

---

[1] Lawrence R. Jacobs, *The Health of Nations: Public Opinion and the Making of American and British Health Policy*, Ithaca, NY: Cornell University Press, 1993; Theda Skocpol, "From Social Security to Health Security? Opinion and Rhetoric in U.S. Social Policy Making", *PS: Political Science & Politics*, Vol. 27, No. 1, 1994, pp. 21–25.

[2] Steffen Mau, "The Personal and the Political: How Personal Welfare State Experiences Affect Political Trust and Ideology"（Book Review）, *Journal of European Social Policy*, Vol. 16, No. 2, 2006, p. 203.

尽管人们政治偏好的形成主要是依据作为整体的国家经济而非个人的特殊经历，但人们在福利领域中的特殊关切似乎使个体经历也成为影响政治评价的重要因素。在福利领域，人们的感知和评价更多受到实际福利政策经历而不是媒体逻辑和媒体信息的影响。在个体经验与集体经验中，尽管人们更倾向于以个体经验作为政治信息源，但人们在思考福利时对于分配正义与程序正义的考虑又使集体层面的福利经验至关重要。具体而言，大多数公民不仅会考量个人利益，还会思考获得个人利益的程序是否公正，而个体所经历的"分配正义"与政治信任间可能具有更强的相关性。基于瑞典的相关研究进一步表明，个人的福利国家经历（welfare state experiences）对政治信任具有实质性的重要影响，其中集体层面的这种经历比个人经历具有更大的作用。[1]

福利政策设计往往关乎个体公民与政府机构及官僚的权力关系。因此，特定的福利政策设计所涉及的制度层面和个体层面的诸多因素，都会影响公民个体的福利政策体验，进而对信任产生正面或负面的效应。有关美国的两个福利项目——"抚养未成年子女家庭援助计划"（Aid to Families with Dependent Children, AFDC）与"社会残障保险"（Social Security Disability Insurance, SSDI）的一项研究发现，"抚养未成年子女家庭援助计划"由于较少考虑救济对象的意见和偏好，使救济对象有一种相对于国家处于劣势地位的感觉，进而使救济对象对政府回应性作出负面评价，对公共机构和政治制度形成消极态度。"社会残障保险"项目则产生了不同的影响。[2]

国家整体福利水平及其变化也影响着人们的政治信任。有关欧洲国家的比较研究发现，2008年金融危机以来，在改进国民福利方面

---

[1] Staffan Kumlin, *The Personal and the Political: How Personal Welfare State Experiences Affect Political Trust and Ideology*, New York, NY: Palgrave Macmillan, 2004.

[2] Joe Soss, "Lessons of Welfare: Policy Design, Political Learning, and Political Action", *American Political Science Review*, Vol. 93, No. 2, 1999, pp. 363-380.

努力程度较低的国家，政治信任更容易受到经济衰退的影响。① 福利国家在过去几十年中已经发生了明显的变化，二战后早期福利扩张的"黄金时代"正让位于一个"永久紧缩"的时代（era of permanent austerity）②，在许多国家出现并加剧的收入不平等现象已部分地突显了福利国家再分配能力的不足。这些国家公民的福利国家经历与政治信任之间的关系也将经历一个不断变化的过程。

小 结

20世纪70年代以来，在政治心理学乃至更为广泛的政治学研究中，政治信任已经从一个"美国现象"或"美国问题"逐渐成为一个具有普遍意义的学术议题。但是，政治信任相关研究却远未获得具有普遍意义的结论，有关政治信任的几乎所有维度的研究结论都是混合的和不一致的。不仅如此，有些奇怪的是，作为政治信任研究重要前提的基本问题，即"政治信任是否重要"，仍是一个尚处于讨论中的复杂问题。③

在20世纪70年代初阿瑟·米勒与杰克·希特林（Jack Citrin）的争论中，米勒忧虑的问题是，长期的政治信任水平下降可能导致公民要求民主政治制度的急剧变革；希特林则认为，美国全国选举研究数

---

① Atle Haugsgjerd, "Political Distrust amidst the Great Recession: The Mitigating Effect of Welfare State Effort", *Comparative European Politics*, Vol. 16, No. 4, 2018, pp. 620−648.

② Paul Pierson, ed., *The New Politics of the Welfare State*, New York, NY: Oxford University Press, 2001.

③ Stephanie Glaeser, "The Irony of Social Trust: Individual-Level and Contextual-Level Links with Protest Intention and Radical Right Support in Switzerland", *Journal of Community & Applied Social Psychology*, Vol. 26, No. 2, 2016, pp.110−124; Marc J. Hetherington, "The Political Relevance of Political Trust", *American Political Science Review*, Vol. 92, No. 4, 1998, pp. 791−808; Marc J. Hetherington and Jason A. Husser, "How Trust Matters: The Changing Political Relevance of Political Trust", *American Journal of Political Science*, Vol. 56, No. 2, 2012, pp. 312−325.

据所提供的主要是民众对现任政治领导者的评价,而非对政治制度的评价。① 其后,美国政治虽没有出现米勒所忧虑的严重后果,但也并不意味着政治信任水平下降或民众犬儒主义的态度不会产生什么影响。越来越多的研究认为,较低的政治信任水平导致对执政者政治绩效的糟糕评价和对政府机构更少的支持,从而营造了一个使政治领导者面临更多挑战和难以获得成功的政治环境。② 在政策层面,政治信任水平的下降在一定程度上压缩了公共政策的选择空间,导致保守的公共政策日渐增多。就美国而言,20世纪60年代以来,伴随政治信任水平的变化,联邦政府在福利、食物券、对外援助以及促进种族平等方面的政策选择都受到了影响,从而削弱了政府在促进社会公平方面的政策能力。③

政治信任在某种程度上介于评价的工具标准和道德标准之间,或两者兼而有之。④ 作为一种普遍的政治态度,政治信任产生于对决策者和政治机构绩效的反复而具体的实际体验,从而也是政治体系的一种资源或资产。这种资源或资产有助于决策者和机构有效运作并作出具有约束力的决策,将各种资源用于确定的社会目标,同时确保公民

---

① Arthur Miller, "Political Issues and Trust in Government: 1964–1970", *American Political Science Review*, Vol. 68, No. 3, 1974, pp. 951–972; Arthur H. Miller, "Rejoinder to 'Comment' by Jack Citrin: Political Discontent or Ritualism?", *American Political Science Review*, Vol. 68, No. 3, 1974, pp. 989–1001; Jack Citrin, "Comment: The Political Relevance of Trust in Government", *American Political Science Review*, Vol. 68, No. 3, 1974, pp. 973–988.

② Marc J. Hetherington, "The Political Relevance of Political Trust", *American Political Science Review*, Vol. 92, No. 4, 1998, pp. 791–808; M. Stephen Weatherford, "How Does Government Performance Influence Political Support?", *Political Behavior*, Vol. 9, No. 1, 1987, pp. 5–28; Virginia A. Chanley, Thomas J. Rudolph and Wendy M. Rahn, "The Origins and Consequences of Public Trust in Government: A Time Series Analysis", *Public Opinion Quarterly*, Vol. 64, No. 3, 2000, pp. 239–256.

③ 参见 Marc J. Hetherington, *Why Trust Matters: Declining Political Trust and the Demise of American Liberalism*, Princeton, NJ: Princeton University Press, 2005。

④ Bernhard Wessels, "Political Culture, Political Satisfaction and the Rollback of Democracy", *Global Policy*, Vol. 6, No. S1, 2015, pp. 93–105.

不受胁迫的自愿服从。① 但是，将公众对政府的信任视为政府可以利用的"资源"，可能会助长这样一种信念或倾向，即忽视或否定犬儒主义的积极意义，以及对政治权威的动机和能力的绝对信任。因此，尽管对政治领导者、政府和制度的信任意味着个人赋予国家的合法性程度，政治信任也并非多多益善。政治信任的缺失导致民众的麻木、冷漠或不服从，而盲目的信任则可能导致权力的滥用。

现代化进程被认为会导致政治信任水平的下降，尤其是在受教育程度较高的公民中，这一假设被称为"积极效应假说"（positive effects hypothesis）；而全球化进程则降低了受教育程度较低的公民的政治信任，这是"消极效应假说"（negative effects hypothesis）。② 这两种不同的假说实际上已经提示了政治信任的不同影响，特别是在社会发展的不同时期（阶段）政治信任（或不信任）的不同价值和意义。因此，处于信任与不信任之间的怀疑主义似乎是一个理性起点，对政府如何行动的谨慎而没有偏见的监督至关重要。③ 于是，怎样的政治信任水平是理性的，以及如何使公众的政治信任水平达到相应程度，也应成为政治信任研究领域的重要议题。

政治信任的性质和来源并不明确，是当代学术界在这一研究领域所面临的重要障碍。④ 政治信任是一种态度结构，针对政治信任的研究一直在努力识别这一结构的主要驱动因素，而相关研究结论的不一

---

① Virginia A. Chanley, Thomas J. Rudolph and Wendy M. Rahn, "The Origins and Consequences of Public Trust in Government: A Time Series Analysis", *Public Opinion Quarterly*, Vol. 64, No. 3, 2000, pp. 239-256; Joachim Åström, Magnus E. Jonsson and Martin Karlsson, "Democratic Innovations: Reinforcing or Changing Perceptions of Trust?", *International Journal of Public Administration*, Vol. 40, No. 7, 2017, pp. 575-587.

② Russell J. Dalton, "The Social Transformation of Trust in Government", *International Review of Sociology*, Vol. 15, No. 1, 2005, pp. 133-154.

③ Jack Citrin and Laura Stoker, "Political Trust in a Cynical Age", *Annual Review of Political Science*, Vol. 21, No. 1, 2018, pp. 49-70.

④ Joseph A. Hamm, Corwin Smidt and Roger C. Mayer, "Understanding the Psychological Nature and Mechanisms of Political Trust", *PLOS ONE*, Vol. 14, No. 5, 2019, p. e0215835.

致却常常使这种努力受挫。在实践层面，作为一种社会取向的态度，信任通常也是一种习得行为。因此，在政治领导者以及政府机构努力提升诸多方面的绩效之外，教育内容方面的调整和改进或许也是一个值得尝试的努力方向。

第十一章 国际关系中的政治心理学

长期以来，政治心理学的相关课程或研究大多并不涉及国际关系，而有关国际关系的课程或研究也很少提及政治心理学。但在过去的二十多年中，将（政治）心理分析运用于国际关系的研究日渐增多。[①] 在很大程度上，国际关系研究似乎正进入"微观基础时刻"（the microfoundational moment）[②]。这种变化或许还意味着（政治）心理分析在国际关系研究领域日益受到关注的重要趋向。

第一节 国际关系中的理性与心理

国际关系领域中理性与心理之间的关系，是一个古老的话题。很长时间以来，人们在现实层面对理性的乐观期待使得心理的作用常常被低估，某种程度上也在学术研究中抑制了心理（学）分析在相关研究领域的运用。

[①] 有学者对1996年至2015年发表在9份重要国际关系期刊（*Conflict Management and Peace Science, European Journal of International Relations, International Organization, International Security, International Studies Quarterly, Journal of Conflict Resolution, Journal of Peace Research, Security Studies*, and *World Politics*）的论文进行了统计分析，发现在这二十年间，国际关系领域对微观研究的兴趣明显增加。参见 Joshua D. Kertzer, "Microfoundations in International Relations", *Conflict Management and Peace Science*, Vol. 34, No. 1, 2017, pp. 81–97。

[②] John Gerring, "The Mechanistic Worldview: Thinking Inside the Box", *British Journal of Political Science*, Vol. 38, No. 1, 2008, pp. 161–179; Joshua D. Kertzer, "Microfoundations in International Relations", *Conflict Management and Peace Science*, Vol. 34, No. 1, 2017, pp. 81–97.

一、国际关系研究中的理性传统

18世纪以来,理性(reason)在国际关系中的作用就一直是一个处于争议中的问题,而理性对现实世界的影响则更为复杂。伴随现代国家的出现和日渐增多,适当的国家行动范围以及权力平衡的形成等,都表明了人类理性的重要影响。19世纪,工业资本主义的发展更是为人类社会带来了克服激情的希望,现代政治经济学的出现也强化了人们对于个人利益计算可促成有益的社会结果的信念。但是,即使在这样的时代氛围中,国际政治也只是部分地受到理性力量的影响。20世纪,伴随现代心理学对人类统一和理性的自我形象的削弱,对于理性的质疑进一步加深了。

在现实政治领域,民主政治以及与之相伴的精英主义的、以国家为中心的理性并未带来人们所期待的确定性及未来。20世纪30年代国家间合作的失败、两次世界大战的杀戮,动摇了人们的理性信念,并使人们对运用人类理性理解国际竞争以及抑制意识形态和民族主义激情产生了悲观看法。尽管如此,人们仍乐观期待理性规划和制度设计在第二次世界大战后的世界秩序重建中发挥作用。然而,随着冷战的开始和持续,人们对集体理性可以战胜意识形态力量的乐观期望终于幻灭。其中,相对于国际关系领域的美国学者而言,欧洲学者对于理性的看法更是悲观得多。

在过去三百多年间,理性虽然在现实层面对国际关系和世界秩序似乎并未产生人们所预期的乐观影响,但在理论和学术层面仍然主导着国际关系领域的研究。这一状况与人们有关心理及心理分析价值的一般性认识和传统理解相一致。

这种认识在经济学家中极为流行。安东尼·唐斯在其影响甚广的经典著作《民主的经济理论》(*An Economic Theory of Democracy*,1957)中指出,政治学家的首要任务是研究"理性的政治行为(rational political behavior),而不是心理(学)或政治行为的心理(学)(not psychology or the psychology of political behavior) "。① 约翰·海萨尼（John C. Harsanyi）则将关注潜在于人类行为的心理机制看作分析非理性行为的最后手段。② 即便如此，对非理性行为的理解仍被认为不能离开对理性行为的理解。也就是说，只有在理性基础上，心理（学）分析才是有用的。③

很长时间以来，无论对于强调理性作用的理性选择理论家，还是对于以心理现象本身作为研究对象的政治心理学家而言，心理学被认为只是解释对理性的偏离（only deviation from rationality），也就是所谓偏离理性的不正常现象。于是，在很大程度上，"心理学只解释错误，因而理性解释应避免心理学"，似乎已经成为一种研究传统或戒律。

在政治心理学家看来，心理学主要研究导致错误判断的心理，即解释对理性的偏离。譬如，国际关系领域里由认知偏差导致的削弱政策的错误感知（misperception），情绪和认知如何可能破坏理性威慑，以及系统认知偏差使决策者作出鲁莽的孤注一掷的决策，等等。④

"认知偏差和情绪只会导致错误及错误决策。"这是国际关系领域的研究者中广泛存在的一种认识，也在很大程度上扭曲了这一学科领域对于理性与心理间关系的理解。这种理解主要表现为三个相互联系的流行认识：其一，认为心理只能解释错误（或对理性的偏离）的观点，导致人们认为理性必须摆脱心理；其二，心理只能解释错误

---

① Anthony Downs, *An Economic Theory of Democracy*, New York, NY: Harper & Row, 1957, pp. 9–10.

② John C. Harsanyi, "Advances in Understanding Rational Behavior", in Jon Elster, ed., *Rational Choice*, New York, NY: New York University Press, 1986, pp. 89–117.

③ Sidney Verba, "Assumptions of Rationality and Non-Rationality in Models of the International System", *World Politics*, Vol. 14, No. 1, 1961, pp. 93–117; Miles Kahler, "Rationality in International Relations", *International Organization*, Vol. 52, No. 4, 1998, pp. 919–941.

④ 参见 Robert Jervis, *Perception and Misperception in International Politics*, Princeton, NJ: Princeton University Press, 1976; Richard Ned Lebow, *Between Peace and War: The Nature of International Crisis*, Baltimore, MD: Johns Hopkins University Press, 1981; Rose McDermott, *Risk-Taking in International Politics: Prospect Theory in American Foreign Policy*, Ann Arbor, MI: University of Michigan Press, 1998。

的认识，使得国际关系问题研究者坚信心理学解释需要理性的基线（rational baselines）；其三，心理学只能解释错误的认识，还让研究者确信心理学无法解释正确的判断。[①]

国际关系研究中有关理性与心理间关系的这种认识甚至是信念，一方面与经济学家对于心理（现象）所表现出的"积极无兴趣"（aggressive uncuriosity）[②]有关，也与政治心理学家对准确判断及相关决策缺乏兴趣而只关注错误决策的现实状况不无关系。结果就是，心理学与国际关系的结合迟缓而有限。

二、理性模型与非理性模型

很大程度上，国际体系中的所有行动都可归结为个体（个人）的行动，特别是对一国外交政策制定具有影响的个体的行动。于是，有关国际关系的各种理论假设中，围绕个体行动者行动与动机的研究形成了理性路径和非理性路径，或称为理性模型和非理性模型。在理性模型中，行动者的决策基于冷静和清醒的手段-目的计算；非理性模型则假定，当个体面对国际事件（如敌对国家的威胁等）的选择情境时，往往依据所谓非逻辑压力或影响（non-logical pressure or influence）作出反应，这种压力或影响与具体事件或问题相关。非逻辑影响可能是作用于决策者但决策者并未意识到的任何影响，而当决策者意识到这种影响时则不会认为它是合理的。其中，前者已经提示了心理的重要性，如人格变量对国际关系领域相关态度和行为的影响；后者则涉及个体的价值体系。总体上，外交政策精英比普通公众会更多地抑制这种非逻辑压力的影响。

一般而言，国际关系领域的决策虽然也会偏离理性，但仍比其他

[①] Jonathan Mercer, "Rationality and Psychology in International Politics", *International Organization*, Vol. 59, No. 1, 2005, pp. 77-106.

[②] Matthew Rabin, "Psychology and Economics", *Journal of Economic Literature*, Vol. 36, No. 1, 1998, pp. 11-46.

领域更趋近理性，因而理性模型在国际关系领域的运用也比在其他领域更为常见。尽管如此，人类能力的局限性使得理性模型无法成为描述决策的充分模型，数量众多的变量、不充分的信息、决策方法的局限等，都使决策者很难按照"正确的"方式决策。即使是拥有高度信息水平和理性价值承诺的外交政策精英，也难以摆脱这种限制。

于是，对理性的偏离就是常见的现象。在理性模型中，决策者要寻求特定价值的最大化，就必须对自己的价值有明确的意识并按照其重要性排序。然而，现实往往是，对于价值的这种自我意识非常少见——原因不仅在于不同价值可能相互冲突，还在于个体并没有独立于环境的以及可与其他价值选项相比较和参照的明确价值偏好。在决策过程中，个体的偏好还会发生变化。国际关系领域的决策往往是集体决策，如果说在个体意义上无法回避上述难题的话，集体决策要面对的问题只会更加复杂，手段-目的计算也更加困难。

国际关系中的决策与国内决策一样并非孤立的过程，与既有政策保持一致的内在压力或要求也制约着政策的选择。因此，真实的决策常常只能是某种"渐进"政策，介于维持现状与对现状的有限改进之间，以持守过去的政策承诺以及维护组织和国家的普遍利益。

决策涉及的价值越是被广泛接受，决策就越可能趋近理性模型。国际关系中的"维护国家利益"（maintaining the national interest），不仅是让体系获得凝聚力的共同语言，还可整合和超越特定形式的具体要求，使政策为普遍利益服务。但值得注意的是，"维护国家利益"常常表现为承载着情绪的口号，要么包含很多不同目标，要么不过是空洞而难以操作化的抽象概念。[1]

如果说理性模型是一种理想模型的话，其重要价值在于可促进对理性偏离的系统思考。[2] 理性模型往往建立在理性假设基础上，心

---

[1] Sidney Verba, "Assumptions of Rationality and Non-Rationality in Models of the International System", *World Politics*, Vol. 14, No. 1, 1961, pp. 93-117.

[2] Ibid.

理也能够解释准确的判断。譬如，心理经济学家运用损失规避（loss aversion）和心理账户（mental accounting）来预防由效用理论所导致的错误；神经科学家运用情绪解释理性行为；政治心理学家运用归因理论来解释声誉的形成（reputation formation）；等等。[1] 可以看出，与人们有关心理分析的成见不同，情绪和认知对理性行为也可能产生积极影响。

尽管仅仅依据个人的态度和行为不可能获得对于国际关系的充分理解，但在国际体系中，个人在不同决策或事件中所发挥的影响很大程度上决定了心理因素在其中的作用。

第二节 心理（学）分析进入国际关系研究

国际关系研究对心理因素的普遍忽视，一定程度上制约了这一领域研究的发展。特别是，国际关系研究经常为宏大的往往也没有什么结果的范式争论所充斥。在这一学科并不算很长的历史中，学科因理想主义与现实主义、现实主义与自由主义及更为晚近的新现实主义和新自由主义等不同理论和范式的分歧而分裂。[2] 这些不同理论和范式主要在宏观层面展开分析，而宏观层面的分析并不能为这些理论本身提供充分解释，对于理解国际关系的历史与现实也是不全面的。

一、国际关系领域的心理维度：人格与精神分析

国际关系研究对理性因素的强调以及对宏观层面分析的倚重，似

---

[1] Jonathan Mercer, "Rationality and Psychology in International Politics", *International Organization*, Vol. 59, No. 1, 2005, pp. 77–106.

[2] David A. Lake and Robert Powell, eds., *Strategic Choice and International Relations*, Princeton, NJ: Princeton University Press, 1999, p. 1.

乎没有为心理维度的分析留下什么空间。尽管如此，人格心理学家和社会心理学家（而非政治学家）自 20 世纪 30 年代就开始从心理维度探讨外交政策和国际关系。当时正是第一次世界大战之后，接着又发生了第二次世界大战，相关研究关注的重点自然在战争和战争防范；随着态度研究方兴未艾，研究更进一步聚焦于对战争、民族主义和侵略的态度。其后，受弗洛伊德战争源于侵略本能这一观点的影响，将精神分析运用于战争研究的兴趣日益增加。[①] 此外，在 40 年代和 50 年代，一些基于一般学习理论的研究，以及关注紧张局势的根源及其缓和的可能途径的研究，也出现了。[②] 当然，其时仍有许多学者坚持认为，心理学或人类学并没有什么证据可以为"战争的根源在于人性，因而无法避免"的观点提供支持。

心理分析和社会学习的视角主要聚焦于什么使战争成为可能以及什么可以解释战争倾向等问题，而非与社会科学或政策制定更为相关的问题，如战争最可能发生的条件或过程等。因此，这些研究并未对政治学产生什么影响，政治学家对战争的研究仍主要关注战争的军事、技术、经济和政治维度。这些有关战争与和平的社会心理学文献并未产生太大影响的原因还在于，它们通常将有关个人行为的假设外推至国际层面，而并不太关注导致战争的特定机制或能够影响战争与和平的认知和选择的具体政治与国际环境。这一时期的心理学和外交政策研究仍未超越其局限性。[③] 可以理解，从分析个体心理而非国

---

① 参见爱因斯坦与弗洛伊德鲜为人知的有关暴力、和平与人性的通信，Albert Einstein and Sigmund Freud, *Why War?: The Correspondence between Albert Einstein and Sigmund Freud*, Paris: International Institute of Intellectual Cooperation, 1932 (Chicago, IL: Chicago Institute for Psychoanalysis, 1978)。

② 如 Mark A. May, *A Social Psychology of War and Peace*, New Haven, CT: Yale University Press, 1943; Otto Klineberg, *Tensions Affecting International Understanding*, New York, NY: Social Science Research Council, 1950; Hadley Cantril, ed., *Tensions that Cause Wars*, Urbana, IL: University of Illinois Press, 1950。

③ 参见 Jack S. Levy, "Political Psychology and Foreign Policy", in David O. Sears, Leonie Huddy and Robert Jervis, eds., *Oxford Handbook of Political Psychology*, Oxford: Oxford University Press, 2003, pp. 256-257。

家间关系出发对战争原因与和平条件所进行的概念化尝试都是有问题的。①

20世纪50年代和60年代，社会心理学家将更多注意力放在对外交政策态度及其与社会、人口和人格等变量的相关关系的考察上，这些研究也对政治学领域的相关研究产生了影响。②其后，有关民族主义心理和国家意识形态心理的研究更为广泛，围绕其他国家的形象和刻板印象的跨国研究也开始出现。③总体上，这些研究主要集中于大众层面，很少关注处于变化中的公众情绪转化为外交政策行动的机制。④

这一时期的人格研究也对政治学领域的国际关系研究产生了影响，还使得相关研究的重心转到了精英特别是"大人物"身上。这种变化主要表现为政治学家和历史学家进行的心理传记或心理史研究。虽然人格研究和心理传记路径自20世纪70年代开始式微，但研究者日益关注人格与外交政策的一般模型，并致力于趋向简约且可得到经验检验的理论。

---

① Herbert C. Kelman, "Social-Psychological Approaches to the Study of International Relations: Definition of Scope", in Herbert C. Kelman, ed., *International Behavior: A Social-Psychological Analysis*, New York, NY: Holt, Rinehart and Winston, 1965, p. 5.

② 加布里埃尔·A.阿尔蒙德于1950年出版了他的第一部重要著作《美国人民与外交政策》。在这项研究中，阿尔蒙德将社会心理学有关态度的发现引入其对美国外交政策不断变化的"情绪"（mood）研究。他尝试从民意的摇摆变化来解释外交政策，既受当时以心理诠释政治的学术时尚的影响，又提出了诸如"情绪"之类的概念，从而避免使用含糊的"民族性"或"国民性格"（national character）概念。这部著作被视为这一时期国际关系领域人格心理学分析和社会心理学分析影响政治学研究的一个结果。Gabriel A. Almond, *The American People and Foreign Policies*, New York, NY: Harcourt, Brace, 1950.

③ Donald T. Campbell and Robert A. Levine, "A Proposal for Cooperative Cross-Cultural Research on Ethnocentrism", *Journal of Conflict Resolution*, Vol. 5, No. 1, 1961, pp. 82-108.

④ 参见Joseph de Rivera, *The Psychological Dimension of Foreign Policy*, Columbus, OH: Charles E. Merrill, 1968; Herbert C. Kelman, "Social-Psychological Approaches to the Study of International Relations: Definition of Scope", in Herbert C. Kelman, ed., *International Behavior: A Social-Psychological Analysis*, New York, NY: Holt, Rinehart and Winston, 1965, pp. 3-39。

二、决策研究方法

20世纪60年代，社会心理学领域还出现了对个体（精英和大众）感知及选择与外交政策间关系的研究，但大多基于实验室的实验设计，甚少关注其结果可否运用于真实世界，因而对国际关系中的决策研究并未产生什么影响。但是，实验室研究对决策情境的忽略，却促使研究者对现实情境中的外交政策制定给予更多关注。实际上，在更早的50年代中期，诸多研究所表现出的主要集中于理性、单一、非政治和结果导向等方面因素的倾向，在学术界引起的不满日益增多。于是，一些研究者开始另辟蹊径。

理查德·施耐德（Richard Snyder）及其同事认为，国家是国际政治中的主要行动者，但要理解国家行为，必须聚焦于在制定外交政策时发挥关键作用的个体以及形成这些决策的思考与政治过程。他们于1954年出版了《国际政治的决策研究方法》（Decision-Making as An Approach to the Study of International Politics），这是国际关系领域最早的系统的决策研究，也被认为开创了决策研究方法（decision-making approach）。其后出版的《外交政策制定》（Foreign Policy Decision-Making, 1962），被认为在国际关系研究中最早引入了个体对于塑造外交政策具有重要作用的观念。[1]

决策研究方法聚焦于政治精英及其有关国家利益的观念和"对于情境的界定"，政治精英进行决策的环境，以及决策过程中沟通和信息的作用。其后，得到改进的决策研究方法还强调不同行动者以及政府内部不同利益主体之间的讨价还价，并由此得出结论，外交政策既受到关键决策者一致赞同的目标的驱动，也受到由政策带来的内部

---

[1] Richard C. Snyder, H. W. Bruck and Burton M. Sapin, *Decision-Making as an Approach to the Study of International Politics*, Princeton, NJ: Princeton University, 1954; Richard C. Snyder, H. W. Bruck and Burton M. Sapin, eds., *Foreign Policy Decision-Making: An Approach to the Study of International Politics*, New York, NY: Free Press, 1962; David P. Houghton, *Political Psychology: Situations, Individuals, and Cases*, New York, NY: Routledge, 2009, p. 220.

利益角力的影响。① 这些被称为"第一波"决策研究方法。在"第一波"决策研究中，心理因素在外交政策制定过程中的实际作用得到了强调。②

但是，"第一波"决策研究方法对于心理因素在外交政策过程中的作用却缺少进行理论化的努力。研究者虽然强调政治领导人对于世界的认识的重要性，但仅把这些认识当作外生变量，很少解释这些认识之所以产生的特定社会、思想和心理过程，从而使得心理分析的潜力在早期的决策研究中难以充分实现。

1971年，格雷厄姆·艾利森（Graham T. Allison）在其有关古巴导弹危机的著名研究中，提出了外交政策的组织过程模型（organizational process model）和政府政治模型（governmental politics model）。这一研究被认为是"第二波"决策研究方法的开端。组织过程模型涉及执行预先计划的规范或标准操作程序的组织，因而基于个人信念差异的有偏见的信息处理，以及人格或其他个体层面的特质等心理变量对行为的影响，在这一模型中似乎没有什么空间。政府政治模型则基于不同官僚机构首脑的利益最大化思考，每个官僚行动者的偏好主要由个体的组织角色决定，这些偏好通过官僚的讨价还价得以聚合。实际上，组织过程模型和政府政治模型往往是结合在一起的。③

外交政策分析范式对心理变量的忽略，促使一些研究者开始了将政治心理置于相关研究的中心地位的努力。其中一项有影响的研究，是罗伯塔·沃尔施泰特（Roberta Wohlstetter）基于明确的信息处理

---

① Richard E. Neustadt, *Presidential Power: The Politics of Leadership*, New York, NY: Wiley, 1960; Samuel P. Huntington, *The Common Defense: Strategic Programs in National Politics*, New York, NY: Columbia University Press, 1961; Warner R. Schilling, Paul Y. Hammond and Glenn H. Snyder, *Strategy, Politics, and Defense Budgets*, New York, NY: Columbia University Press, 1962.

② Robert J. Art, "Bureaucratic Politics and American Foreign Policy: A Critique", *Policy Sciences*, Vol. 4, No. 4, 1973, pp. 467–490.

③ Graham T. Allison, *Essence of Decision: Explaining the Cuban Missile Crisis*, Boston, MA: Little, Brown and Company, 1971.

框架对珍珠港事件中美国情报失误的分析。在沃尔施泰特看来，问题的关键不是信息太少，而是情报部门未能区分信号（signals）与原始事实的背景"噪音"（noise），以及不同官僚部门之间的信息隔绝。①这项研究对其后有关威胁感知和错误感知的研究产生了重要而持久的影响。②

关注政治领袖的"操作码"（operational codes）是国际关系中心理学分析的另一重要路径。"操作码"研究方法的最早探索始于内森·莱特斯（Nathan Leites）在20世纪50年代早期对苏联的研究。亚历山大·乔治（Alexander L. George）其后重新阐述了这一概念并将其简化，即删除了莱特斯研究中作为重点的心理分析成分，而聚焦于操作码的认知维度，进而按照认知革命和当代社会科学的分析标准进行研究。他认为，个体的信念是相互依存和一致的，并且是围绕"主导信念"（master beliefs）分层次地组织起来的。信念系统之锚包括有关政治和冲突的本质的哲学信念（philosophical beliefs），以及有关促进个人利益的不同策略有效性的工具信念（instrumental beliefs）。敌人的形象是操作码信念系统极为重要的组成部分。③后来，有研究基于亚历山大·乔治改进的"操作码"概念，对诸如杜勒斯（John Foster Dulles）、基辛格（Henry Kissinger）等美国政治领导者进行了

---

① Roberta Wohlstetter, *Pearl Harbor: Warning and Decision*, Stanford, CA: Stanford University Press, 1962.

② 这本书的重要发现及其对现代情报分析的启示，在2013年出版的另一本书中得到了回响。这本书基于沃尔施泰特的假设和相关分析，认为从背景"噪音"中识别情报"信号"的机制既不统一，也不完全是理性的或随机的，而是受到了特定分析部门的文化和认同的影响。譬如，美国中央情报局（CIA）就被认为是一个由共识驱动的组织，因而存在社会与机构的压力，其中每个成员很难成为与他人不同的分析者（an analytical outlier）。Milo Jones and Philippe Silberzahn, *Constructing Cassandra: Reframing Intelligence Failure at the CIA, 1947-2001*, Stanford, CA: Stanford University Press, 2013.

③ 参见 Nathan Leites, *The Operational Code of the Politburo*, New York, NY: McGraw-Hill, 1951; Nathan Leites, *A Study of Bolshevism*, Glencoe, IL: Free Press, 1953; Alexander L. George, "The 'Operational Code': A Neglected Approach to the Study of Political Leaders and Decision-Making", *International Studies Quarterly*, Vol. 13, No. 2, 1969, pp. 190-222。

研究。① 尽管"操作码"分析方法的运用仍限于国际关系领域的少数研究者，但近年将这一方法运用于政治领导者分析的研究仍在不断出现。②

20世纪60年代中期，柏林危机和古巴导弹危机的发生，使危机决策（crisis decision-making）成为研究者日益感兴趣的研究主题，而由高风险、短时间决策以及与严重的国际危机相联系的意外导致的压力更为研究者所关注。有关国际冲突与一体化的斯坦福项目（Stanford Project on International Conflict and Integration，也被称为1914项目）就是一项有影响的危机决策研究。不同于以往的研究，这项研究将刺激–反应模型运用于国际政治，又对外交文件进行形式内容分析（formal content analyses），以检验决策者的感知以及感知与现实之间的不一致。③ 此外，还有一些研究集中于详细而具体的危机决策历史案例分析。④

这些研究认为政治领导者系统地错误感知了其对手的能力和意图，但未能说明导致错误感知的机制、错误感知最可能发生的条件、最可能受到影响的个体，以及错误感知对外交政策选择和国际后果的真实影响等。这些有待回答的问题也成为其后相关研究的重要方向。

---

① Ole Holsti, "The 'Operational Code' Approach to the Study of Political Leaders: John Foster Dulles' Philosophical and Instrumental Beliefs", *Canadian Journal of Political Science*, Vol. 3, No. 1, 1970, pp. 123–157; Stephen G. Walker, "The Interface between Beliefs and Behavior: Henry Kissinger's Operational Code and the Vietnam War", *Journal of Conflict Resolution*, Vol. 21, No. 1, 1977, pp. 129–168.

② 譬如，Özgür Özdamar and Sercan Canbolat, "Understanding New Middle Eastern Leadership: An Operational Code Approach", *Political Research Quarterly*, Vol. 71, No. 1, 2018, pp. 19–31; Stephen Benedict Dyson and Matthew J. Parent, "The Operational Code Approach to Profiling Political Leaders: Understanding Vladimir Putin", *Intelligence and National Security*, Vol. 33, No. 1, 2018, pp. 84–100。

③ Ole R. Holsti, *Crisis, Escalation, War*, Montreal, CA: McGill-Queens University Press, 1972.

④ 譬如，仅1980年就有两部有关以色列政策制定问题的有影响的著作出版。Michael Brecher and Benjamin Geist, *Decisions in Crisis: Israel, 1967 and 1973*, Berkeley, CA: University of California Press, 1980; Janice Gross Stein and Raymond Tanter, *Rational Decision-Making: Israel's Security Choices, 1967*, Columbus, OH: Ohio State University Press, 1980。

第三节 错误感知与外交政策分析中的认知范式

国际关系研究中的心理分析业已产生大量重要的早期研究成果，但心理学对国际关系中决策模型的直接影响仍"被认为是有限的"。20世纪70年代中期，伴随罗伯特·杰维斯《国际政治中的感知与错误感知》(*Perceptions and Misperceptions in International Politics*, 1976) 一书的出版，外交政策分析中的一个重要变化出现了，即认知范式的系统发展。罗伯特·杰维斯因此被认为是"在说服国际关系学者将心理学见解引入国际关系研究方面做出最多努力"的研究者，并激发了研究者对心理（学）在外交政策和国际关系中的作用的普遍兴趣，进而将心理（学）带到了国际关系研究的中央舞台。这一变化标志着国际关系领域外交政策分析的系统"认知范式"（a systematic "cognitive paradigm" of foreign policy analysis）的开端[1]，而杰维斯的研究至今仍是外交政策与国际政治中有关错误感知作用的最具影响的研究。

一、感知与错误感知

在国际关系领域这一开创性的研究中，罗伯特·杰维斯主要依据认知一致性理论（cognitive consistency theory）将领导者及其特征作为分析的重点，由此启动或加快了国际关系领域有关威胁感知等重要问题的研究。

一般而言，人们具有以与现有信念相一致的方式解读证据的倾向，从而容易忽视与信念不一致的信息。在杰维斯看来，"如果一个政治人物已形成有关另一个国家的特定印象，在他面对大量与此不符

---

[1] David P. Houghton, *Political Psychology: Situations, Individuals, and Cases*, New York, NY: Routledge, 2009, p. 220; Jack S. Levy, "Political Psychology and Foreign Policy", in David Sears, Leonie Huddy and Robert Jervis, eds., *Oxford Handbook of Political Psychology*, Oxford: Oxford University Press, 2003, pp. 260–261.

的信息时也会坚持其观点"。不仅如此,"领导者有关他国局势和特征与本国外交政策意图之间关系的一般期待和规则,也影响着他们对他人的印象"。按照这样的逻辑,相比民主国家,一个由独裁者掌权的国家更可能被视为具有侵略性。①

对威胁的感知和错误感知可能有不同的形式,也产生于不同的根源,如组织结构和过程、不同的组织和社会层级的文化与意识形态、小群体以及个人的认知与情感等,都是塑造不同感知的影响因素。杰维斯在其研究中以大量历史事例作为经验案例,结合社会心理学的重要理论和实验证据,系统分析了先验信念(prior beliefs)对行动者感知的影响。他认为,先验预期(prior expectations)对于我们"看到"什么具有非常重要的作用。杰维斯提到的一个经典案例是,第二次世界大战期间,英国战机误炸了本国的战舰"谢菲尔德号",原因是他们以为所面对的就是他们正在寻找的德国军舰"俾斯麦号",尽管这两艘军舰外观并不相似,且英国空军对本国军舰也非常熟悉。正是强烈的预期导致了灾难性的错误感知。这种思维还可以解释战争期间友军之间的交火。类比推理(analogical reasoning)和从过去事件中"过度学习"(overlearn)也可能导致错误感知。②

面对复杂而不确定的世界,类比推理是一种重要的认知捷径。因此,依赖"以往的教训"(lessons of the past)和特殊的历史类推法(particular historical analogies)作出有关当前形势的判断,是非常普遍的做法。但是,向历史学习并不是一个简单的问题。这一问题首先涉及从哪些历史案例中学习。有数不清的历史事件可供个体从中学习,但人们更可能关注具有重要影响的、对个体或其社会发挥了直接作用的、近期发生的、最先观察到的以及发生于人的生命形成期

---

① Robert Jervis, *Perception and Misperception in International Politics*, Princeton, NJ: Princeton University Press, 1976, p.146.

② 参见 Robert Jervis, *Perception and Misperception in International Politics*, Princeton, NJ: Princeton University Press, 1976; David P. Houghton, *Political Psychology: Situations, Individuals, and Cases*, New York, NY: Routledge, 2009, p. 221。

的事件。也就是说，人们所获得的可能性判断，一般是由熟悉、显著且容易想到的事件塑造的。① 这种依据"可得性"（availability）而非科学抽样得出的判断往往具有误导性，也是产生错误感知的重要原因。②

与向历史学习相关的第二个问题，是学习的过程以及这些教训对后续政策倾向和决策的影响等。由于人们对历史上发生了**什么**的关注多于**为什么**发生，而对历史相似性出现的情境、情境对结果的影响以及情境与现状有什么差异等问题不够敏感，也过于简单化，从而使学习过程肤浅而笼统。"结果就是教训被运用于非常广泛的不同情形中，而缺乏细致认真的工作以明确具体案例在重要维度上是否相似。"③ 不仅如此，决策者个体的信念也可能同时塑造其对于历史相似性的选择和解读，以及对当前问题的偏好。④

错误感知难以界定、识别和测量。在杰维斯的研究中，错误感知被作为一种结果，或是作为一个过程。作为结果的错误感知是指感知与现实之间的不一致，而作为过程的错误感知则与偏离了信息处理理性模型的决策过程联系在一起。事实上，确定一个行动者的意图非常困难，而要判断一个行动者的意图是否被其对手正确感知则更加困难。因此，"准确性"（accuracy）就成为一个有问题的概念。相应地，在研究中，对感知准确性的关注也转向了对有着不同背景、决策和利益的不同行动者的感知差异的关注。当感知的差异具有重要影响时，

---

① 参见 Robert Jervis, *Perception and Misperception in International Politics*, Princeton, NJ: Princeton University Press, 1976; Amos Tversky and Daniel Kahneman, "Judgment under Uncertainty: Heuristics and Biases", *Science*, New Series, Vol. 185, No. 4157, 1974, pp. 1124−1131。

② 参见 Jack S. Levy, "Political Psychology and Foreign Policy", in David Sears, Leonie Huddy and Robert Jervis, eds., *Oxford Handbook of Political Psychology*, Oxford: Oxford University Press, 2003, p. 267。

③ Robert Jervis, *Perception and Misperception in International Politics*, Princeton, NJ: Princeton University Press, 1976, p. 228.

④ 参见 Jack S. Levy, "Political Psychology and Foreign Policy", in David Sears, Leonie Huddy and Robert Jervis, eds., *Oxford Handbook of Political Psychology*, Oxford: Oxford University Press, 2003, pp. 267−268。

哪些感知最准确就变得不重要了。①

在常被提及的诸多历史案例中，错误感知似乎往往与不好的结果联系在一起。这也被看作错误感知与国际冲突相关研究中的一个方法论问题：研究者常常更关注战争、情报失误或其他不好的结果，进而尝试找出导致这些结果的错误感知与决策病理，却忽视了出现非战争结果的情形。实际上，错误感知不仅会导致战争，还可能促成和平结果。譬如，过高估计对手的能力就可能使一个国家抑制其战争冲动，从而避免战争。尽管长期来看，对对手的过高估计又可能刺激这个国家加强军备，导致军备竞赛和冲突升级，进而增加战争的可能性。因此，有关错误感知的研究既需要关注常见的具有"消极"后果的案例，也不能遗漏有着"积极"后果的案例。②

对对手和第三方的能力及意图的错误感知，被认为是国际关系中错误感知最重要的形式。区别不同形式的错误感知及其导致战争或是和平决策的因果影响路径，对于理解错误感知的多重结果极为重要。同时，究竟是错误感知导致了这样的结果，还是有其他更多变量在起作用，也是一个需要回答的问题。

二、冷认知与热认知

冷认知（cold cognition）与热认知（hot cognition）是两种不同的信息处理模式。这两种模式的区别源于各种情绪认知理论。相关理论认为，情绪反应是经由对来自环境的信息的认知处理过程产生的。其中，冷认知是指在有意识或无意识状态下并未对情绪反应产生

---

① 参见 Robert Jervis, *Perception and Misperception in International Politics*, Princeton, NJ: Princeton University Press, 1976; Jack S. Levy, "Political Psychology and Foreign Policy", in David Sears, Leonie Huddy and Robert Jervis, eds., *Oxford Handbook of Political Psychology*, Oxford: Oxford University Press, 2003, p. 262, note 20。

② Robert Jervis, "War and Misperception", *Journal of Interdisciplinary History*, Vol. 18, No. 4, 1988, pp. 675–700.

直接影响的信息处理过程。这种认知过程也被视为"认知科学的冷血传统"(cold blooded tradition of cognitive science)。对于关注情感的社会心理学家而言,实证心理学(positivistic psychology)因太"冷"而不能承载全部动机因素。热认知的观点于1963年由罗伯特·P.阿贝尔森(Robert P. Abelson)最早提出,并在20世纪60年代中后期和70年代早期被作为某种不同于传统认知观点的人性化的反论述(humanizing counterstatement)而流行。[①]

冷认知是独立于情感的(emotion-independent)认知信息处理过程,而热认知则是负载了情感(emotion-laden)的信息处理过程。[②] 尽管冷认知与热认知之间的争论在很多心理学范式中并没有得到解决,但冷认知决策更可能涉及逻辑和批判性分析,热认知则是一种具有情绪色彩的认知。[③] 受心理学认知革命的影响,国际关系研究中的政治心理学分析也强调对信息处理的研究,尤其是冷认知对决策的影响。[④] 在有关外交决策的早期研究(包括对错误感知的研究)中,情感因素并没有得到充分关注。

理查德·N. 勒博(Richard N. Lebow)在1981年出版的《和平与战争之间:国际危机的性质》(Between Peace and War: The Nature of International Crisis)一书中,对时间跨度长达七十年的近30个危机案例进行了分析。其中既有由危机演变成战争的情形,也有看似可能爆发的战争最终得以避免的案例。基于政治学家的理论驱动与历史学家

[①] Robert P. Abelson, "Computer Simulation of 'Hot Cognitions' ", in Silvan S. Tomkins and Samuel Messick, eds., *Computer Simulation and Personality: Frontier of Psychological Theory*, New York, NY: Wiley, 1963, pp. 277–302; Alice G. Brand, "Hot Cognition: Emotions and Writing Behavior", *Journal of Advanced Composition*, Vol. 6, 1985, pp. 5–15.

[②] Jonathan P. Roiser and Barbara J. Sahakian, "Hot and Cold Cognition in Depression", *CNS Spectrums*, Vol. 18, No. 3, 2013, pp. 139–149.

[③] 参见 Ziva Kunda, "The Case for Motivated Reasoning", *Psychological Bulletin*, Vol. 108, No. 3, 1990, pp. 480–498; Alice G. Brand, "Hot Cognition: Emotions and Writing Behavior", *Journal of Advanced Composition*, Vol. 6, 1985, pp. 5–15。

[④] George A. Miller, "The Cognitive Revolution: A Historical Perspective", *Trends in Cognitive Sciences*, Vol. 7, No. 3, 2003, pp. 141–144.

对细节的敏感，勒博对不同案例进行了类型分析，并强调抑制政策学习的认知与动机因素的作用，将"热认知"作为理解错误感知产生及危机处理的重要影响因素。

在勒博有关危机类型的经典分析中，敌意/敌对的正当化（justification of hostility）是一种并不多见的危机类型。这种危机产生于领导者作出战争决定之后，是为战争提供事先理由的一种危机。1939年的波兰就曾陷入这一类型的危机。衍生性危机（spinoff crisis）是第二种危机类型。在衍生性危机中，双方都不希望真正对立，更不希望由此产生战争，但发动者受其所感知到的国家安全威胁的驱使而将国家置于与第三方冲突的过程中。1898—1899年的美国和西班牙是这种危机的典型案例。相对于前两种危机，边缘政策（brinkmanship，也称外交冒险政策）是最为常见的一种危机类型。边缘政策产生于这样一种情形：一个国家在追求某些特定目标时，明知道它正在挑战另一个国家的重要目标，但仍发起行动并预期能够迫使对方后退，结果危机产生了。错误感知是不同类型危机之所以产生的重要原因，而领导者的情感需要以及其他行动者的动机在其中发挥了重要作用，热认知或情感因素，如一厢情愿的想法、内疚、耻辱感和焦虑等，对于错误感知的产生具有与冷认知同样的甚至是更大的影响。成功的危机管理则是在危机产生之前即已确立的文化、组织和个人行为模式的一个函数。①

由于国际关系研究中的政治心理学深受认知革命的影响，这一领域的大部分工作聚焦于损害决策的认知局限，其中包括大量出现的将前景理论运用于分析国际关系诸多实际问题的有关直观推断和偏见的研究。尽管这一传统路径上的研究仍在继续，不同于传统研究的对情感的关注则越来越多，出现了从冷认知到热认知的认知范式转变，而决策范围则涉及种族冲突、核扩散决策，以及更为普遍的讨价还价和外交。②

---

① Richard Ned Lebow, *Between Peace and War: The Nature of International Crisis*, Baltimore, MD: Johns Hopkins University Press, 1981, p. 335.

② Joshua D. Kertzer and Dustin Tingley, "Political Psychology in International Relations: Beyond the Paradigms", *Annual Review of Political Science*, Vol. 21, No. 1, 2018, pp. 319–339.

三、信念与认知偏见

认知研究对国际关系领域的心理（学）研究产生了非常明显的影响，与认知相关的"偏见"则成为理解国际关系领域诸多现象的重要概念。

在极其复杂、不一致且不断变化的世界里，人们在寻求利益最大化的过程中始终难以摆脱这样一种困境：其处理外界信息的能力是有限的，其充分满足理性要求的能力也是有限的。这就是菲利普·泰特洛克所说的世界政治中的"认知研究项目"（cognitive research program）的基本前提。[①] 为使复杂而不确定的世界变得简单而有秩序，从而也更容易理解，认知捷径（cognitive shortcuts）或启发法（heuristics）就成为人们趋近和认知复杂世界的重要方式。这一"认知经济模型"（cognitive economy model）在许多情境中都能够为人们提供认知世界的简化方式，同时也成为谬误和偏见的重要来源——尽管人们努力依理性而行动，但毕竟是在其对现实进行了简化处理和主观呈现的背景之下。这也是赫伯特·西蒙（Herbert A. Simon）所说的有界理性（bounded rationality）的经典原则。[②] 在这种情况下产生的偏见没有受到情感或动机考虑的影响，是"冷认知"的结果，因而也被视为"无动机偏见"（unmotivated biases）。[③]

很大程度上可以说，人们对于世界的认识无可避免地充斥着各种认知偏见（cognitive biases）。但是，偏见对于判断和决策的影响则表现出各不相同的形式。其中，个体的先验信念系统（prior belief system）对其观察和信息解读所产生的影响就是最基本的无动机偏见。

[①] Philip E. Tetlock, "Social Psychology and World Politics", in Daniel Gilbert, Susan T. Fiske and Gardner Lindzey, eds., *Handbook of Social Psychology*, 4th ed., New York, NY: McGraw-Hill, 1998, pp. 868−912.

[②] Herbert A. Simon, *Models of Man*, New York, NY: Wiley, 1957.

[③] 参见 Jack S. Levy, "Political Psychology and Foreign Policy", in David Sears, Leonie Huddy and Robert Jervis, eds., *Oxford Handbook of Political Psychology*, Oxford: Oxford University Press, 2003, pp. 263−264。

信念通过简化现实并使现实变得容易理解，从而塑造一套使新信息得以处理的认知倾向；特别是，人们具有在其先验信念基础上看到他们期待看到的东西的强烈倾向。于是，信念基础与信息处理之间的关系就往往表现为，相对于与其信念冲突的信息，人们更易于接受与其信念一致的信息。对信息的这种"选择性注意"（selective attention），不仅影响着人们的观察和对信息的处理，还使其信念更为持久。与此相关，还会出现一种"过度的和过早的认知闭合"（excessive and premature cognitive closure）趋势——人们并不寻求充分收集和掌握与手头问题相关的信息，而是一旦获得足以支持其已有观点的信息便会中止信息的收集。不管信息处理方式如何，信息处理过程主要是由理论驱动而非信息数据驱动的。①

在这一认知过程中，"选择性注意"是信念发挥信息筛选作用的一个重要结果。信念对于信息的接收和处理至关重要，而信念的维系或变化则成为一个与学习的理性模型相关的问题。在贝叶斯模型（Bayesian model）中，不管人们的先验信念如何，不同信念能够迅速聚集以回应新信息。现实是，个体对其信念的更新要比理性的贝叶斯模型所预测的慢得多，而最初的判断则因变化缓慢而被当作信念的观念之锚（conceptual anchor）；与此相关，信念的调整过程是低效率的，不同的出发点往往导致不同的结果。这便是"锚定与调整"启发法（"anchoring and adjustment" heuristic），而由此产生的认知偏见在外交政策和国际关系中具有重要意义。②

如果决策者认为对手本质上是敌对的，关于对手的这种"固有的邪恶信念模型"很难由行动者通过证据加以否定，并可导致丧失解决

---

① 参见 Robert Jervis, *Perception and Misperception in International Politics*, Princeton, NJ: Princeton University Press, 1976, pp. 187–191; Jack S. Levy, "Political Psychology and Foreign Policy", in David Sears, Leonie Huddy and Robert Jervis, eds., *Oxford Handbook of Political Psychology*, Oxford: Oxford University Press, 2003, pp. 264–265。

② Amos Tversky and Daniel Kahneman, "Judgment under Uncertainty: Heuristics and Biases", *Science*, Vol. 185, No. 4157, 1974, pp. 1124–1131.

冲突的机会①；与此相反，认为对手仁慈的错误信念则会使决策者对即将到来的军事进攻的信号失去敏感②。譬如，1973年以色列情报部门出现失误的主要原因就是，以色列领导人确信，除非埃及能够对以色列进行全面的空中打击以压制以色列的空军，否则埃及不会发动战争。以色列领导人的这一信念，导致他们未能就埃及和叙利亚在前线前所未有的军事部署及其他证据作出准确评估。③

信念具有不易改变的韧性，但并非不会改变。在不一致的信息足够强大和明显、决策者具有自我批判的思维风格等情况下，个体也会调整和改变其信念。信念如若发生改变，一般遵循最小阻力的认知一致性原则（cognitive consistency principle）④。受这一原则影响，当其信念系统与其所观察到的世界不一致的情形反复出现时，人们会首先改变其有关实现特定目标的最佳方式的策略信念（tactical beliefs）；其次，只有在其战术性方案不成功时，才会改变其战略性假设和倾向，而只有在反复的策略失败之后，才会重新考虑其基本目标。基本信念的变化在心理上是非常困难的，只有在政权发生变化或出现重要人事变动时才可能发生。⑤

---

① Philip E. Tetlock, "Social Psychology and World Politics", in Daniel Gilbert, Susan T. Fiske and Gardner Lindzey, eds., *Handbook of Social Psychology*, 4th ed., New York, NY: McGraw-Hill, 1998, pp. 868—912.

② Jack S. Levy, "Political Psychology and Foreign Policy", in David Sears, Leonie Huddy and Robert Jervis, eds., *Oxford Handbook of Political Psychology*, Oxford: Oxford University Press, 2003, p. 265.

③ Avi Shlaim, "Failures in National Intelligence Estimates: The Case of the Yom Kippur War", *World Politics*, Vol. 28, No. 3, 1976, pp. 348—380.

④ W. J. McGuire, "Attitudes and Attitude Change", in Gardner Lindzey and Elliot Aronson, eds., *Handbook of Social Psychology*, Vol. 2, 3rd ed., New York, NY: Random house, 1985, pp. 233—346; Philip E. Tetlock, "Social Psychology and World Politics", in Daniel Gilbert, Susan T. Fiske and Gardner Lindzey, eds., *Handbook of Social Psychology*, 4th ed., New York, NY: McGraw-Hill, 1998, p. 880.

⑤ Philip E. Tetlock, "Learning in U.S. and Soviet Foreign Policy", in George W. Breslauer and Philip E. Tetlock, eds., *Learning in U.S. and Soviet Foreign Policy*, Boulder, CO: Westview Press, 1991, pp. 27—31.

四、无动机偏见与有动机偏见

个体的先验信念系统对其观察和解读信息的影响,被视为最基本的无动机偏见,也揭示了这种认知偏见的重要特性,即没有受到情感或动机因素的影响,是"冷认知"的结果,并可导向基于期望的感知。无动机偏见产生于人们在认识世界的过程中对认知捷径的运用,因而无处不在,也较早得到了研究。① 20 世纪 90 年代以来,研究者对有动机偏见和情感产生了浓厚的研究兴趣,对有动机偏见的关注日益增多。

不同于无动机偏见,有动机偏见(motivated biases)集中于个体的心理需要、恐惧、愧疚和欲望,并最有可能在涉及高风险的决策及其可能影响重要价值或关键价值权衡的后续行动中表现出来,可以理解为个体以维持其良好的情绪状态和避免恐惧、羞耻、负罪感或压力为目的的心理需要。② 由有动机偏见导致的判断,常常是对政治利益或不被承认的心理需要,以及服务于那些利益和需要的政策的合理化,其结果则是产生基于需要、欲望或利益的感知,并最可能出现于极为重要的决策中。③

"想要的结果被认为更可能出现,而不想要的结果则被认为不太可能出现。"这是典型的"基于主观愿望的思考"(wishful thinking),也是有动机偏见所衍生的一个重要命题。杰克·施耐德(Jack L. Snyder)通过研究第一次世界大战中的进攻性军事学说,发现军事组

---

① Jack S. Levy, "Political Psychology and Foreign Policy", in David Sears, Leonie Huddy and Robert Jervis, eds., *Oxford Handbook of Political Psychology*, Oxford: Oxford University Press, 2003, p. 268.

② Irving L. Janis and Leon Mann, *Decision Making: A Psychological Analysis of Conflict, Choice, and Commitment*, New York, NY: Free Press, 1977; Richard Ned Lebow, *Between Peace and War: The Nature of International Crisis*, Baltimore, MD: Johns Hopkins University Press, 1981.

③ Robert Jervis, "Perceiving and Coping with Threat", in Robert Jervis, Richard Ned Lebow and Janice Gross Stein, eds., *Psychology and Deterrence*, Baltimore, MD: Johns Hopkins University Press, 1985, pp. 13–33.

织具有不顾客观环境而"将必要看作可能"的倾向。① 如果一个策略对于有价值的或被赋予高价值的目标的实现是必要的,基于主观愿望的思考往往会使人们夸大这个策略成功的概率。勒博的研究也认为,政治领导者的国内政治利益及由此产生的有动机偏见,存在导致决策者夸大进攻性外交或军事政策成功的可能性。②

基于主观愿望的思考可导向对特定策略的偏好,继而影响了对敌方意图和能力的判断。譬如,由于20世纪30年代英国首相张伯伦推行绥靖政策,英国对德国实力的评估也在上升,即倾向于提高对德国实力的评价;但当英国人意识到威胁的严重性并开始备战时,他们对德国实力的评估则开始下降,即降低对德国实力的评价。③ 由此可见,基于主观愿望的思考有时还使威胁感知成为将已有政策合理化的依据,而不是为决策提供信息或塑造政策。

政策动机偏见是有动机偏见的一种重要类型或表现。有着不同利益的行动者具有不同的政策动机偏见。勒博提出了"第三方标准"(third party criterion),即通过对有着不同政策偏好和不同有动机偏见的行动者进行比较研究,以检验这些偏见的存在。典型案例是第一次世界大战中,德国的有动机偏见导致其对英国意图的错误感知:德国领导人希望(hope)英国不要介入战争,这使他们预期(expect)英国不会介入。但其错误感知的有动机偏见解读又被法国和俄国的有动机偏见即预期英国会介入的事实所削弱,结果是德国对英国将如何反应的判断也变得非常不确定了。④

---

① Jack L. Snyder, *The Ideology of the Offensive: Military Decision-Making and the Disasters of 1914*, Ithaca, NY: Cornell University Press, 1984.

② Richard Ned Lebow, *Between Peace and War: The Nature of International Crisis*, Baltimore, MD: Johns Hopkins University Press, 1981.

③ J. G. Stein, "Building Politics into Psychology: The Misperception of Threat", *Political Psychology*, Vol. 9, No. 2, 1988, pp. 245-271.

④ 参见 Jack S. Levy, "Political Psychology and Foreign Policy", in David Sears, Leonie Huddy and Robert Jervis, eds., *Oxford Handbook of Political Psychology*, Oxford: Oxford University Press, 2003, p. 269。

尽管无动机偏见与有动机偏见存在诸多方面的差异，但二者可产生同样的判断与决策病状，并可能相互强化，其对行为的影响在经验层面也难以区分开来。①

第四节 前景理论与风险决策

由于越来越多的证据表明个体行动事实上系统地偏离了预期效用理论（expected utility theory），前景理论（prospect theory，又称展望理论）作为风险条件下的一个替代选择理论被运用于外交政策和国际关系分析。②1979年，丹尼尔·卡尼曼（Daniel Kahneman）与阿莫斯·特沃斯基（Amos Tversky）在合作研究中提出了前景理论。③前景理论被视为对预期效用理论的批判，是有关在风险条件下进行决策的一个描述性模型。由于这一研究对现代经济学有关人类理性的普遍假设的挑战及其对于理解人们决策行为的重要意义，丹尼尔·卡尼曼获得了2002年诺贝尔经济学奖。

一、风险决策中的信息编辑与信息评估

在丹尼尔·卡尼曼与阿莫斯·特沃斯基的这一研究中，他们将风

---

① 参见 Jack S. Levy, "Political Psychology and Foreign Policy", in David Sears, Leonie Huddy and Robert Jervis, eds., *Oxford Handbook of Political Psychology*, Oxford: Oxford University Press, 2003, p. 264。

② Jack S. Levy, "Prospect Theory, Rational Choice, and International Relations", *International Studies Quarterly*, Vol. 41, No. 1, 1997, pp. 87–112; James W. Davis, *Threats and Promises: The Pursuit of International Influence*, Baltimore, MD: Johns Hopkins University Press, 2000.

③ Daniel Kahneman and Amos Tversky, "Prospect Theory: An Analysis of Decision under Risk", *Econometrica*, Vol. 47, No. 2, 1979, pp. 263–291. 从论文注明的研究资助来源看，这项研究的部分资助来自美国国防部并接受海军研究办公室的指导（monitored by Office of Naval Research under Contract N00014–78–C–0100）。

险条件下的决策过程分为两个阶段：编辑阶段（editing phase）和评估阶段（evaluation phase）。在编辑阶段，决策受到局势或不同选项呈现的顺序和方式的影响。这一效应被称为框架效应。这种呈现或者遗漏特定选项或者引入其他选项，从而可能改变最终的决策。在另一项研究中，丹尼尔·卡尼曼与阿莫斯·特沃斯基要求其实验被试（美国斯坦福大学和加拿大英属哥伦比亚大学学生）就下述问题及应对方案作出选择。

问题 1 假定美国正在准备应对一种罕见的亚洲疾病，这种疾病可能会使 600 人丧命。有两个抗击这种疾病的不同方案即 A 和 B，其结果也不同：如果方案 A 被采纳，那么 200 人的生命会得到挽救；如果方案 B 被采纳，600 人的生命得到挽救的概率是 1/3，没有人得到挽救的概率是 2/3。

结果，选择 A 的比例为 72%，而选择 B 的比例是 28%。

问题 2 面对同样的情形，两个选项被分别表述为：如果方案 C 被采纳，将会有 400 人失去生命；如果采纳方案 D，没有人会失去生命的概率是 1/3，而 600 人都将失去生命的概率是 2/3。

结果是 22% 的被试选择 C，78% 的被试选择了 D。

研究表明，当两个选项按照不同方案可以拯救的生命数量予以呈现时，多数被试选择风险规避选项（确定的）；而按照死亡人数呈现时，多数被试的选择是具有风险的选项。可见，无论是以被挽救的生命数量还是失去的生命数量来表述问题，最后的结果都被改变了。[1] 现实政治中，当政治领导者意识到为外交政策提供辩论框架对于其所追求的事业的重要性时，他们往往也会就相关议题和话题进行新的表述。[2]

---

[1] Amos Tversky and Daniel Kahneman, "The Framing of Decisions and the Psychology of Choice", *Science*, Vol. 211, No. 4481, 1981, pp. 453–458.

[2] Rose McDermott, *Political Psychology in International Relations*, Ann Arbor, MI: University of Michigan Press, 2009, p. 70.

前景理论的第二阶段即评估阶段有两个重要概念，也是两个关键的函数，即价值函数（value function，也称值函数）和权重函数（weighting function）。价值函数代表着以现状作为参照点对所得和所失的评估；权重函数则说明人们对小概率事件给予太多主观权重，而中等或大概率事件在决策中则未被给予充分重视。因此，小概率使人们面对收益时选择承担风险，而面对损失时则规避风险，与价值曲线效应正好相反。权重函数将主观概率评估的预期效用概念转化为在描述上更为准确的心理学术语。有关在风险条件下进行决策的这一见解已被运用于国际关系的诸多情形，以解释对外政策制定，如罗斯福在慕尼黑危机中的行为、苏伊士运河危机，以及伊朗人质事件等。[①]

二、风险决策中的确定性效应与现状偏好

风险前景展示了不同于效用理论的一般影响。特别是，相对于具有确定性的结果，人们往往会低估只具有可能性的结果。这种倾向可称为"确定性效应"（certainty effects），它可导向人们在确定的收益和损失之间进行选择时的风险规避。此外，人们往往放弃考虑中的所有前景的共同成分（共同点），而关注不同点，这就是所谓的"孤立效应"（isolation effects）。这一效应导致人们在面对以不同形式呈现的同一选择时表现出不同的偏好。[②] 譬如，在对医学治疗作出决定时，人们对90%的存活率和10%的死亡率的反应是不同的，尽管两者逻

[①] 参见 Barbara Farnham, *Roosevelt and the Munich Crisis: A Study of Political Decision-Making*, Princeton, NJ: Princeton University Press, 1997; Rose McDermott, *Risk Taking in International Politics: Prospect Theory in American Foreign Policy*, Ann Arbor, MI: University of Michigan Press, 1998。

[②] Daniel Kahneman and Amos Tversky, "Prospect Theory: An Analysis of Decision under Risk", *Econometrica*, Vol. 47, No. 2, 1979, pp. 263–291.

辑上是等价的。① 这一结果与前述丹尼尔·卡尼曼与阿莫斯·特沃斯基的经典研究结论相一致。

在这一替代选择理论中，价值被赋予所得和所失而非最终资产，概率也被决策权重所取代。不同于预期效用理论依据净资产或财富水平对价值进行界定，前景理论认为人们对资产变化的敏感程度甚于净资产水平。根据前景理论，人们依靠参照点（a reference point）来"建构"（frame）选择的问题，而依据参照点人们对于损失的重视要大于相对收益。此外，相对于不曾拥有的东西，人们更看重自己已经拥有的东西，因而实际的损失就会比没有得到的收益更令人痛苦。与微观经济学理论相反，由于人们对损失的接受较慢，沉没成本经常影响决策者的计算和国家行为。于是，人们在所得方面倾向采取风险规避行为，而在损失方面采取风险接受行为。个体对损失的强烈规避，特别是对感知到的确定的（而非可能的）"无法弥补的"损失（"dead"losses）的规避，会诱使他们采取重大冒险行为，即使结果可能是更大的损失。②

在前景理论中，无论损失还是收益都是以对参照点的偏离来测量的，参照点的确定至关重要，但却是一个甚少受到关注的问题。一般而言，人们往往围绕现状建构选择问题。当国家围绕现状界定其参照点时，"现状偏好"（status quo bias）就产生了。从这一偏好出发，似乎可导出一系列有关外交政策和国际关系的重要命题：(1) 相对于提高国家的国际地位，领导者宁愿冒更大的风险维持其国际地位、声誉及国内政治支持以对抗潜在损失。(2) 国内公众更可能因损失而非在获益方面的失败而对其领导者进行惩罚。(3) 阻止对手获益比阻止对

---

① Daniel Kahneman and Amos Tversky, "Prospect Theory: An Analysis of Decision under Risk", *Econometrica*, Vol. 47, No. 2, 1979, pp. 263–291; Jack S. Levy, "Political Psychology and Foreign Policy", in David Sears, Leonie Huddy and Robert Jervis, eds., *Oxford Handbook of Political Psychology*, Oxford: Oxford University Press, 2003, p. 270.

② Daniel Kahneman and Amos Tversky, "Prospect Theory: An Analysis of Decision under Risk", *Econometrica*, Vol. 47, No. 2, 1979, pp. 263–291.

手弥补损失或迫使其接受损失更为容易。(4) 在遭受损失后,政治领导者往往不是调整适应新的现状,而是采取过度冒险行动以弥补其损失。在获得收益后,政治领导者则倾向重新调整其参照点并采取过度冒险行为以防止新的现状出现损失。于是,双方都可能有比预期效用理论所设想的更为冒险的行为。(5) 不同国家在分享收益时比在分担损失时更容易合作。政治领导者在分担成本时比在使其收益最大化时会更加冒险和更加努力地讨价还价。①

尽管这些由具有稳健性的个体行为推导出的假设可契合人们对于国际关系的一般理解,但仍需要在集体决策部门和国家间战略互动的基础上加以检验。

第五节　外交政策与公众意见

早期国际关系领域的心理研究主要以人格分析、操作码分析以及决策分析作为研究路径,这也意味着相关分析主要聚焦于政治领袖及政策精英。随着这一领域的心理分析开始关注价值观、意识形态及文化等因素的影响,普通公众的心理即民意也成为理解国际关系的关键。三十多年前,政治学家还在追问,在外交事务方面,领导者是否"是在盲人观众面前跳华尔兹"(Are they waltzing before a blind audience?)②,以及国际关系学者是否需要对公众进行研究等问题。但在今天,与外交政策有关的民意研究已成为国际关系研究的一部分,尽管尚未成为国际关系研究的重要领域。

---

① 参见 Jack S. Levy, "Loss Aversion, Framing Effects, and International Conflict: Perspectives from Prospect Theory", in Manus I. Midlarsky, ed., *Handbook of War Studies* II, Ann Arbor, MI: University of Michigan Press, 2000, pp. 193−221。

② John H. Aldrich, John L. Sullivan and Eugene Borgida, "Foreign Affairs and Issue Voting: Do Presidential Candidates 'Waltz Before a Blind Audience?'", *American Political Science Review*, Vol. 83, No. 1, 1989, pp. 123−141.

一、价值观与选择性亲和

在国际关系领域，价值观、意识形态及文化等因素的影响，常常体现于普通民众对特定外交政策的态度及倾向，即国际关系领域的公众意见或民意。因此，民众在外交政策方面的态度和倾向就成为理解国际关系领域价值观、意识形态及文化影响的重要维度。国际关系研究所关注的公众意见，不仅包括本国民众对外交政策的态度与倾向，还涉及与政策或相关行动有关的其他国家的公众意见。因此，有关外交政策及行动的民意研究和比较民意研究，对于国际关系研究都非常重要。公众意见研究不仅关注公众态度的一般状况，还考察其决定因素和影响。

在国际关系领域，与其他诸多领域类似，价值观、意识形态和文化都是影响和塑造公众意见的重要因素。其中，意识形态在其中发挥的作用得到了较多的讨论。意识形态是社会共有的有关社会的适当秩序以及何以获得这种秩序的信念系统。[1] 传统观点认为，普通公众对特定问题的思考不会从某种意识形态出发，对政策问题又知之甚少，因而不可能持有连贯的政策态度。[2] 因此，长期以来，普通民众的外交政策思考往往被认为随意和散乱，而不是在意识形态、党派或阶级维度上加以组织的。

但是，后来的研究认为，信息的匮乏非但没有阻碍公众态度的建构和保持连贯性，还有利于态度结构的发展及其运用。个体没有充分的资源获得信息，因而会通过较为普遍和抽象的信念来组织其对于特定外交政策的观点。研究发现，公众的确具有有助于他们获得有关特

---

[1] Robert S. Erikson and Kent L. Tedin, *American Public Opinion: Its Origins, Content, and Impact*, 6th ed., New York, NY: Longman, 2003, p. 64.

[2] Paul M. Sniderman and Philip E. Tetlock, "Interrelationship of Political Ideology and Public Opinion", in Margaret E. Hermann, ed., *Political Psychology: Contemporary Problems and Issues*, San Francisco, CA: Jossey-Bass, 1986, p. 79.

定外交政策议题的信息并锚定其意见的一般倾向。①不仅如此,可能被忽略的是,普通公众并非意识形态及相关观念的被动接受者,他们往往会被可与其心理需要和利益等产生共鸣的信念系统所吸引。②就心理层面而言,意识形态因其可在某些方面满足人们的心理需要而影响公众在国际关系相关政策和行动方面的态度与倾向。

意识形态被认为可提供一种确定感、可预见性及控制,一种安全感和保障,以及一种认同感和归属,从而满足公众在认识维度、存在维度及关系维度上的心理需要。某些意识形态似乎比其他意识形态能够更直接或更全面地服务于人们在这些方面的需要,从而对公众具有更大的吸引力。马克斯·韦伯的"选择性亲和"(Wahlverwandtschaften/elective affinity)概念可被用以描述和概括公众更倾向接受某些意识形态而非另一些意识形态的原因,即一方面是满足公众应对不确定性和威胁的心理需要,另一方面则是政治保守主义的核心哲学价值,也就是对传统和层级(或不平等)的尊重。③

总体上,选择性亲和意味着人们要满足应对不确定性和模糊性的心理需要,即减少不确定性和模糊性,以对抗威胁和焦虑并获得秩序感,实际上也就最可能接受政治保守主义的核心价值观,采取有助于维持现状的保守主义态度或解决社会问题的保守方案。这一认知过程被称为"有动机社会认知模型"(model of motivated social cognition),政治保守主义则被看作人们为适应特定认知和动机而发

---

① Jon Hurwitz and Mark Peffley, "How Are Foreign Policy Attitudes Structured? A Hierarchical Model", *American Political Science Review*, Vol. 81, No. 4, 1987, pp. 1099-1120.

② 参见 Philip E. Converse, "The Nature of Belief Systems in Mass Publics", *Critical Review*, Vol. 18, No. 1-3, 2006, pp. 1-74 (originally appeared in David E. Apter, ed., *Ideology and Discontent*, New York, NY: Free Press, 1964); John T. Jost, "Ideological Asymmetries and the Essence of Political Psychology", *Political Psychology*, Vol. 38, No. 2, 2017, pp. 167-208。

③ 参见 John T. Jost, Christopher M. Federico and Jaime L. Napier, "Political Ideology: Its Structure, Functions, and Elective Affinities", *Annual Review of Psychology*, Vol. 60, No. 1, 2009, pp. 307-337; John T. Jost, "Ideological Asymmetries and the Essence of Political Psychology", *Political Psychology*, Vol. 38, No. 2, 2017, pp. 167-208。

展出来的一套信念系统。① 保守主义的核心价值观强调对变化的抵制和为不平等辩护，并为随环境和倾向而变化的需要所激励，以应对不确定性和威胁。②

不确定性和威胁可放大人们对安全的渴望以及对变化的抵触，而对变化的更强的抵触则与较高水平的政治保守主义联系在一起。③ 相关研究表明，对一个社会具有威胁性的事件发生后，常会伴随趋向政治上更为保守的意识形态的转变，以及政治上保守政策的出台和保守的政治人物的上升。譬如，2001年美国"9·11"事件发生时接近世界贸易中心的人，在此后表现出较为明显的政治保守主义。④ 又如，在2004年西班牙马德里火车站爆炸事件发生之后，相关研究的被试较之前表现出更明显的权威主义和保守倾向。⑤ 相应地，在美国，有研究发现，时任总统布什的支持率在2001年到2004年政府发布恐怖威胁警告后达到峰值。⑥

意识形态动机（ideological motivation）强调某种程度的社会系统

---

① 参见 John T. Jost, Jack Glaser, Arie W. Kruglanski, et al., "Political Conservatism as Motivated Social Cognition", *Psychological Bulletin*, Vol. 129, No. 3, 2003, pp. 339–375; Miriam Matthews, Shana Levin and Jim Sidanius, "A Longitudinal Test of the Model of Political Conservatism as Motivated Social Cognition", *Political Psychology*, Vol. 30, No. 6, 2009, pp. 921–936。

② John T. Jost, Jack Glaser, Arie W. Kruglanski, et al., "Political Conservatism as Motivated Social Cognition", *Psychological Bulletin*, Vol. 129, No. 3, 2003, pp. 339–375。

③ Glenn D. Wilson, ed., *The Psychology of Conservatism*, New York, NY: Academic Press, 1973; Pamela Johnston Conover and Stanley Feldman, "The Origins and Meaning of Liberal/Conservative Self-Identifications", *American Journal of Political Science*, Vol. 25, No. 4, 1981, pp. 617–645.

④ George A. Bonanno and John T. Jost, "Conservative Shift among High-Exposure Survivors of the September 11 Terrorist Attacks", *Basic and Applied Social Psychology*, Vol. 28, No. 4, 2006, pp. 311–323.

⑤ Agustin Echebarria-Echabe and Emilia Fernández-Guede, "Effects of Terrorism on Attitudes and Ideological Orientation", *European Journal of Social Psychology*, Vol. 36, No. 2, 2006, pp. 259–265.

⑥ Robb Willer, "The Effects of Government-Issued Terror Warnings on Presidential Approval Ratings", *Current Research in Social Psychology*, Vol. 10, No. 1, 2004, pp. 1–12.

维持对于个体安全感的重要性，并主要以社会支配倾向（social dominance orientation, SDO）和制度正当性辩护（system justification）作为指标。① 一项以大学生作为被试的历时研究表明，在大学第一年结束时有着较高威胁感知水平的学生，在其大学第二年、第三年结束时会表现出较高水平的社会控制倾向并更可能为制度正当性辩护，而这种意识形态动机在其大学第四年结束时又与政治上更为保守的态度联系在一起。②

威胁和不确定性可导致政治保守主义倾向的上升，而政治保守主义则使民众更容易接受和支持承诺维持现状并可带来安全感的具有保守倾向的外交政策。于是，夸大威胁或虚构威胁就可能成为一些政治领袖塑造政策环境的有效手段。

二、外交政策意见模型

1943 年，沃尔特·李普曼出版了《美国外交政策：共和国之盾》（*U. S. Foreign Policy: Shield of the Republic*）一书。在这本书中，李普曼指出，由于美国在 19 世纪处于英国海军力量的保护之下，已经忘记了外交政策的本质，即国家承诺（政策目标）与国家实力之间的平衡。这也是一切真正的外交政策的共同本质。其目标与国家实力平衡的外交政策可获得国内的支持，而超出国家实力的外交政策则会引发深刻的政治纷争。四十多年后，塞缪尔·亨廷顿对美国独立以来不同时期的外交政策进行了分析和评价，指出政策承诺超出国家实力的情

---

① Jim Sidanius and Felicia Pratto, *Social Dominance: An Intergroup Theory of Social Hierarchy and Oppression*, New York, NY: Cambridge University Press, 1999; John T. Jost and Mahzarin R. Banaji, "The Role of Stereotyping in System-Justification and the Production of False Consciousness", *British Journal of Social Psychology*, Vol. 33, No. 1, 1994, pp. 1–27.

② Miriam Matthews, Shana Levin and Jim Sidanius, "A Longitudinal Test of the Model of Political Conservatism as Motivated Social and Cognition", *Political Psychology*, Vol. 30, No. 6, 2009, pp. 921–936.

形即"李普曼差距"(Lippmann Gap),在历史上与现实政治中并不少见,也绝非美国独有,而应对这一问题则存在多种途径。①

尽管李普曼和亨廷顿对于政策承诺与国家实力间关系有着不同的认识,但其有关外交政策本质的理解代表着一种理性决策观念。在现实政治中,由于外交政策与国内政治之间的复杂关系,公众有关外交政策的意见和态度在很大程度上会影响决策者对于不同政策或策略的评价与选择。其中,军事竞争和战争作为重要的甚至极端的外交政策往往成为公众关注最多的领域,因而也成为国际关系领域公众意见研究较为集中的一个领域。

公众的意识形态常常表现为若干核心信念。其中,种族中心主义和战争杀戮的正当性(morality of killing in warfare)常被用以解释特定的公众外交政策态度。种族中心主义一般被理解为认为自己的国家比其他所有国家更优越的信念,与对一个国家的情感倾向有关。对于美国人而言,如果他真的相信美国优越于其他所有国家,这一信念会支撑他对于政府该怎样做以追求国家利益或保护国家使其免受威胁的立场。当然,某种程度上种族中心主义还会助长自我中心或狭隘的世界观,从而导致外交政策的收缩和孤立倾向。

公众对于战争杀戮正当性的信念,实际上可以理解为公众对于军事解决方案"正确性"(rightness)的价值观,很大程度上影响着公众对于政府战争相关政策的态度。由于诸多类型的国家介入本质上具有军事化倾向,公众对于"战争是错误的"的强烈意识可能导致其支持针对敌对国家的较为克制的政策。

有关美国公众外交政策态度的研究发现,种族中心主义、战争的正当性等核心价值对于好战(militarism)、孤立主义(isolationism)以及冷战时期的反共产主义(anticommunism)等外交政策立场具有

---

① Walter Lippmann, *U. S. Foreign Policy: Shield of the Republic*, Boston, MA: Little, Brown and Company, 1943; Samuel P. Huntington, "Coping with the Lippmann Gap", *Foreign Affairs*, Vol. 66, No. 3, 1987, pp. 453–477.

结构和组织作用,从而也成为影响一系列相关政策的决定性因素,如国防支出、美国军队的海外介入、国际贸易、核武器以及冷战时期的美苏关系等。① 影响民众具体政策偏好的一般性态度在外交政策领域尤为明显。

一般而言,维持现状最符合人们对于确定性的心理需要,而作出发动战争或进行战争准备的决策,则会对民众有关秩序和确定性的偏好构成挑战。因此,政治领导者如何引导和塑造民众的政策意见就变得极为重要。政治领袖常常使用善与恶的修辞来动员民众对此类政策的支持,而将对手妖魔化则是常见的解释。将对手妖魔化可使对手看起来更危险,从而更容易说服民众支持针对对手的敌视政策。美国布什政府提出的"邪恶轴心"(Axis of Evil)比喻意在表明,"9·11"事件与萨达姆·侯赛因有关,为了世界的安全,必须打败萨达姆·侯赛因。"邪恶"暗示着一种非理性的好战(an irrational belligerence),因而可以证明吓阻策略是无效的。布什政府由此成功地赢得了国内对其出兵伊拉克的支持。这一过程与近年来政治学家中流行的外交政策意见模型(model of foreign policy opinion)相吻合,即公众的审慎或理性,抑或其对精英劝服(persuasion)的敏感性,在其中发挥了重要的作用。② 在这一模型中,公众的道德情感被忽略了。这一状况与外交政策意见相关研究传统有关。

有关外交政策意见的研究大多集中于某些特定信念和价值观(如民族主义、爱国主义、国际主义等)对政策意见的影响,而较为抽象的价值观、信念和意识形态等因素则被认为并未产生什么实质作用,甚至公众的政治成熟也并不必然系统地提升这些抽象原则对其政策偏

---

① 参见 Jon Hurwitz and Mark Peffley, "How Are Foreign Policy Attitudes Structured? A Hierarchical Model", *American Political Science Review*, Vol. 81, No. 4, 1987, pp. 1099–1120。

② 参见 Peter Liberman, "An Eye for an Eye: Public Support for War Against Evildoers", *International Organization*, Vol. 60, No. 3, 2006, pp. 687–722。

好的影响。① 尽管如此，研究者也发现，一些核心价值观影响着人们在特定议题上的立场。② 其中，道德价值观与民众有关战争的态度的关系尤其值得关注。譬如，权威主义和社会支配倾向被认为对美国发动战争具有支持性影响。有关美国对伊拉克发动战争前夕美国民众政策态度的研究发现，权威主义强化了人们对于伊拉克威胁的感知，社会支配则减轻了人们对战争造成的人员伤亡的担忧，由此增强了人们对相关政策的支持。于是，人们盲目的爱国主义得以强化，对战争后果的忧虑受到抑制，也更确信伊拉克威胁美国的安全。③

有研究者将人们对死刑的态度作为有关战争态度的替代变量，对道德价值观与相关政策态度之间的关系进行了探讨。在过去几十年中，有关美国民众对死刑态度的大量研究发现，作为个体，美国民众在这一问题上的态度是稳定而强烈的，并与有关惩罚和生命神圣不可侵犯的道德价值观紧密联系在一起。道德理性主导着人们对于死刑的看法，无论是支持者还是反对者，都受到强烈的道德情感的驱使。道德情感通过有动机偏见和"连带效应"(carryover effect) 影响着人们的态度。其中，有动机偏见使人们往往只看到希望看到的东西，而当对某个违反者的道德义愤提升了对其他不相干的个体的惩罚（如谴

---

① 有大量研究涉及这方面的讨论。譬如，Stanley Feldman, "Structure and Consistency in Public Opinion: The Role of Core Benefits and Values", *American Journal of Political Science*, Vol. 32, No. 2, 1988, pp. 416–440; Paul Goren, "Political Sophistication and Policy Reasoning: A Reconsideration", *American Journal of Political Science*, Vol. 48, No. 3, 2004, pp. 462–478; Ole R. Holsti, *Public Opinion and American Foreign Policy*, Ann Arbor, MI: University of Michigan Press, 2004。

② Paul R. Brewer, Kimberly Gross, Sean Aday, et al., "International Trust and Public Opinion about World Affairs", *American Journal of Political Science*, Vol. 48, No. 1, 2004, pp. 93–109; Donald R. Kinder, "Belief Systems after Converse", in Michael B. MacKuen and George Rabinowitz, eds., *Electoral Democracy*, Ann Arbor, MI: University of Michigan Press, 2003.

③ Bob Altemeyer, "The Other 'Authoritarian Personality'", *Advances in Experimental Social Psychology*, Vol. 30, No. C, 1998, pp. 47–92; Sam G. Mcfarland, "On the Eve of War: Authoritarianism, Social Dominance, and American Students' Attitudes Toward Attacking Iraq", *Personality and Social Psychology Bulletin*, Vol. 31, No. 3, 2005, pp. 360–367.

责、不信任和偏见等）时，连带效应就出现了。①

但是，不同于社会生活中的死刑议题，公众的审慎、民族主义以及对外交事务的习惯性不关注（habitual inattention），都制约着道德对民众外交政策态度的影响。公众对于使用武力追求国家利益所表现出的审慎是显而易见的，特别是当成本有限而成功的前景可期时。②但是，由于国际政治和战争的复杂性，战争的物质收益并不确定，特别是对于普通公众而言。1991年和2003年美国出兵伊拉克就是这种情形。对美国而言，当时的伊拉克并不那么容易被打败但也没有那么困难，因而出兵伊拉克很难说是非理性的，但其收益也是不确定的。对公众个人而言，当特定情形下的策略刺激微弱或不确定时，个体倾向可能会发挥最大影响；当特定政策的物质后果很多且确定时，个体倾向的影响则最小。③

民族认同或其他社会认同对于道德情感具有抑制作用。④譬如，当

---

① Jennifer L. Hochschild, "Where You Stand Depends on What You See: Connections Among Values, Perceptions of Fact, and Political Prescriptions", in James H. Kuklinski, ed., *Citizens and Politics: Perspectives from Political Psychology*, New York, NY: Cambridge University Press, 2001, pp. 313–340; Julie H. Goldberg, Jennifer S. Lerner and Philip E. Tetlock, "Rage and Reason: The Psychology of the Intuitive Prosecutor", *European Journal of Social Psychology*, Vol. 29, No. 5–6, 1999, pp. 781–795.

② Richard K. Herrmann, Philip E. Tetlock and Penny S. Visser, "Mass Public Decisions to Go to War: A Cognitive-Interactionist Framework", *American Political Science Review*, Vol. 93, No. 3, 1999, pp. 553–573; Richard C. Eichenberg, "Victory Has Many Friends: US Public Opinion and the Use of Military Force, 1981–2005", *International Security*, Vol. 30, No. 1, 2005, pp.140–177; Christopher Gelpi, Peter D. Feaver and Jason Reifler, "Casualty Sensitivity and the War in Iraq", *International Security*, Vol. 30, No. 3, 2006, pp. 7–46.

③ Richard K. Herrmann and Vaughn P. Shannon, "Defending International Norms: The Role of Obligation, Material Interest, and Perception in Decision Making", *International Organization*, Vol. 55, No. 3, 2001, pp. 621–654.

④ Michele G. Alexander, Shana Levin and P. J. Henry, "Image Theory, Social Identity, and Social Dominance: Structural Characteristics and Individual Motives Underlying International Images", *Political Psychology*, Vol. 26, No. 1, 2005, pp. 27–45.

受害者与自己有诸多相似之处时，愤怒和不愉快会被放大。① 但是，民族主义也削弱了对外国人利益的关切，而与外国领导者或外国人的差异则强化了针对他们的惩罚性反应。在美国，杀死白人的黑人被判死刑的概率是杀死黑人的白人被判死刑的概率的 6 倍。② 反对亚洲人的刻板印象和偏见也使得美国人在珍珠港事件后排外情绪高涨，到二战结束时美国人中有 13% 想要"杀死所有日本人"，33% 希望摧毁作为政治实体的日本，23% 认为应该"在日本有机会投降之前"投下"更多"原子弹。③ 可以看出，民族主义也制约着道德价值观在外交事务中的影响。

民众对外交事务的习惯性不关注也抑制了道德价值观在外交事务中的作用，而媒体报道和框架效应则可能抵消这方面的影响。把外国受害者描述为同类，而把敌对者视为异类，并运用臭名昭著的为恶者的类比或人们熟悉的犯罪如欺凌、抢劫等，则有助于克服可能的民族主义冷漠（nationalistic indifference）。在过去的二三十年中，波斯湾局势是美国新闻报道跟进最为密集的新闻内容。这种情形不仅可以让政治领导人非常容易地接近广大受众，并且使得在战争的成本－收益不确定时，国际冲突也可像国内冲突一样被置于绝对的善与恶的框架之中。④

政策制定过程的日益透明使得公众意见对决策的影响也在逐渐增加。外交政策的制定不仅要考虑本国公众的意见，外交政策目标国的公众意见也成为制定国家外交政策需要权衡的重要因素。欧盟扩大进

---

① Ernestine H. Gordijn, Daniël Wigboldus and Vincent Yzerbyt, "Emotional Consequences of Categorizing Victims of Negative Outgroup Behavior as Ingroup or Outgroup", *Group Processes and Intergroup Relations*, Vol. 4, No. 4, 2001, pp. 317–326.

② David C. Baldus and George Woodworth, "Race Discrimination in the Administration of the Death Penalty: An Overview of the Empirical Evidence with Special Emphasis on the Post-1990 Research", *Criminal Law Bulletin*, Vol. 39, No. 2, 2003, pp. 194–226.

③ 参见 John W. Dower, *War Without Mercy: Race and Power in the Pacific War*, New York, NY: Pantheon Books, 1986, pp. 54–55。

④ Peter Liberman, "An Eye for an Eye: Public Support for War Against Evildoers", *International Organization*, Vol. 60, No. 3, 2006, pp. 687–722.

程中针对土耳其入盟申请的决策过程，提供了有关公众意见（包括欧盟成员国的公众意见和土耳其的公众意见）影响政策制定的极好案例。①

小　结

尽管受制于国际关系研究领域的理性传统，又伴随着过去数十年现实主义、自由主义和建构主义的激烈竞争，心理分析仍日渐融入国际关系研究领域，成为这一领域的重要组成部分。其中一个重要原因是，主要在制度或体系层面展开竞争的现实主义、自由主义和建构主义等范式，并不能为国际关系研究领域的诸多重要现象提供充分解释，从而在某种程度上为心理（学）分析留下了重要空间。②

在现实层面，国际的无政府状态以及人们对安全问题的深切忧虑都使得决策者对威胁高度敏感，甚至可能是过度感知（overperceive）。③ 对感知和错误感知的关注，开启了外交政策分析中系统的"认知范式"研究，进一步整合了心理学与国际关系研究，从而为国际关系研究领域和政治心理学研究领域带来了重要的变化。

今天的国际关系研究似乎处于"微观基础时刻"，尽管政治心理分析的价值并不限于微观层面。由于其数据驱动的性质，政治心理学

---

① 参见 Elif Erisen, "An Introduction to Political Psychology for International Relations Scholars", *Perceptions*, Vol. 17, No. 3, 2012, pp. 9−28。

② 尽管国际关系领域的学者可能认为其理论模型很少或根本不依赖有关个体或群体行为的心理模型，但其理论事实上已经隐含他们可能并未意识到的心理学假设。如现实主义者认为国家是权力或安全最大化者，对自由主义者或新自由制度主义者而言，国家是财富和效用最大化者，而对建构主义者而言，人性本身就是一种社会建构。参见 James M. Goldgeier and Philip E. Tetlock, "Psychology and International Relations Theory", *Annual Review of Political Science*, Vol. 17, No. 4, 2001, pp. 67−92。

③ 参见 Robert Jervis, *Perception and Misperception in International Politics*, new ed., Princeton, NJ: Princeton University Press, 2017, "Preface to the Second Edition"。

还有助于增强国际关系研究的科学性。① 在国际关系研究趋向科学化的过程中,外交政策分析被置于学科整体发展的重要位置。很大程度上,正是外交政策分析使得这一学科确立了趋向科学化研究的术语和方法。② 因此,外交政策分析也是政治心理学在国际关系领域得到最多运用的领域。

很长时间以来,在经历了由领袖研究主导的早期发展阶段后,政治心理学研究已经转向关注公众态度及行为的重要路径,即关注普通公众如何参与政治,尤其是普通公众的政治态度和政治行为(如投票行为),在研究方法上则依赖调查和实验。这种状况使得国际关系领域的相关主题往往难以引起政治心理学研究者的关注,因为这部分内容似乎在探究公众对与他们没有太大关系的事情的态度及相关行为。③ 于是,心理分析在国际关系研究中的运用和发展,很大程度上又将政治领袖和决策者带回了政治心理学的分析视野。因此,在国际关系领域,公众意见虽已成为影响外交政策制定的重要因素,但政治领袖和决策者依然是研究的核心。其中,精英与普通公众在政治认知方面的相似性与差异性仍然是一个值得研究的问题。④

作为政治学的一个分支,国际关系研究已经日益发展成为政治学

---

① Elif Erisen, "An Introduction to Political Psychology for International Relations Scholars", *Perceptions*, Vol. 17, No. 3, 2012, pp. 9—28.

② Eric Singer and Valerie Hudson, "Conclusion: Political Psychology/Foreign Policy, the Cognitive Revolution, and International Relations", in Eric Singer and Valerie Hudson, eds., *Political Psychology and Foreign Policy*, Boulder, CO: Westview Press, 1992, pp. 247—248.

③ 参见 Robert Jervis, *How Statesmen Think: The Psychology of International Politics*, Princeton, NJ: Princeton University Press, 2017, p. 2; Robert Jervis, *Perception and Misperception in International Politics*, new ed., Princeton, NJ: Princeton University Press, 2017, "Preface to the Second Edition"。

④ 近年已出现许多相关研究,如 Philip E. Tetlock, *Expert Political Judgment: How Good Is It? How Can We Know?*, Princeton, NJ: Princeton University Press, 2005; Emilie M. Hafner-Burton, D. Alex Hughes and David G. Victor, "The Cognitive Revolution and the Political Psychology of Elite", *Perspectives on Politics*, Vol. 11, No. 2, 2013, pp. 368—386; Jonathan Renshon, "Losing Face and Sinking Costs: Experimental Evidence on the Judgment of Political and Military Leaders", *International Organization*, Vol. 69, No. 3, 2015, pp. 659—695。

诸多分支学科中一个地位独特的领域，而这一领域的诸多议题似乎又因距离普通公众过于遥远而难以为公众理解和普遍关注，因而国际关系中的政治心理研究似乎正发展为一个独立的研究领域。可以说，很大程度上就如国际关系与其母学科政治学之间的关系，国际关系中的政治心理研究虽然仍是政治心理学的组成部分，但却因其特有的议题、概念、假设及理论等而表现出明显的独立性，甚至常常并不被视为政治心理学的一部分。可能也是由于这方面的原因，政治心理学常常有意无意地忽略国际关系中的政治心理研究。伴随国际关系和外部因素对一国政治的影响以及国家间互动的日渐增强，这种忽略变得越来越不现实了，而政治心理学的资源意义在国际关系领域也将日益为人们所重视。

第十二章　政治心理学在非西方世界的发展

无论是在其"前学科"时期还是发展为一门独立学科之后，政治心理学领域的研究者主要为欧美学者，他们所关注的人群也基本集中于美国和欧洲国家，从而使得政治心理学看起来似乎是这样一个学科：这一学科的研究者主要来自欧美国家，他们是这一学科的重要开拓者，也主导着学科发展的总体方向。欧美学者的研究几乎就是政治心理学学科的全部[①]，而其他地区的研究以及有关其他地区人群的研究则似乎在这个学科中隐身了。于是，地域维度上的不平衡是政治心理学明显的学科发展特征，也是学科未来发展的突出问题。关注欧美以外地区和国家民众的政治心理及相关研究，对于发展一个更具普遍性的政治心理学学科至为重要。

第一节　拉丁美洲的政治心理学

20世纪80年代以前，在拉丁美洲，尽管存在很多有关心理与政治之间关系的研究，政治心理学被认为"基本上是一片空白"，不仅与发展较为成熟的社会心理学形成明显对比，甚至不被认为是学术领

[①] 政治心理学领域的已有研究大多是欧美学者对美国或欧洲国家不同人群的考察，也有一些基于发展中国家和地区人群的探讨。总体上，相对于欧美学者的研究，其他地区学者的研究要少得多。不仅如此，不同于欧美学者的政治心理学研究，其他地区的研究常常被加上地区性限定。如 Political Psychology in Latin America, Political Psychology: The Latin American Perspective, Political Psychology in Japan，等等。

域和应用社会科学领域的重要组成部分。① 政治心理学在拉丁美洲的发展主要发生在 80 年代之后，而具有鲜明地区特征的研究议题则是这一地区政治心理学的重要特征。在拉丁美洲，政治心理相关研究还常常与有关民主化的讨论联系在一起。

一、政治心理学在拉丁美洲的产生

拉丁美洲政治心理学的产生和演进，很大程度上受到这一地区心理学发展的影响。拉丁美洲的心理学始于 1946 年在智利举办的面向心理学家的培训项目，1947 年哥伦比亚也举办了心理学培训。其后，拉丁美洲多个国家相继开展了心理学培训项目。由此开始，这一地区便活跃着许多心理学研究者、拥有很多活跃的研究中心、针对本科生和研究生等不同层次学生的大学培训项目，相关专业刊物也开始出现。在拉丁美洲，心理学从诞生之初就对社会产生了重要的影响。但是，在这一地区心理学发展的大部分历史中，拉丁美洲心理学与国际主流心理学相隔绝，研究者甚少参与国际心理学大会（International Congresses of Psychology, ICP）或者其他国际会议，因此这一地区的心理学发展很少为人们所了解。②

拉丁美洲心理学的产生和发展与这一地区的政治有着重要的关联。拉丁美洲地区在摆脱殖民统治后经历了重要的社会变迁和政治不稳定，因而社会动荡基本上是这个地区不同国家的共同经历。在这个

---

① Maritza Montero, "Political Psychology in Latin America", in Margaret G. Hermann, ed., *Political Psychology: Contemporary Problems and Issues*, San Francisco, CA: Jossey-Bass, 1986, p. 414.

② 参见 Rubén Ardila, ed., *Psychology in Latin America: Current Status, Challenges and Perspectives*, Cham, Switzerland: Springer, 2018。实际上，与拉丁美洲心理学的发展很少为人们所了解这一状况类似，拉丁美洲的政治心理学研究也甚少为人所知，其中有诸多方面的原因。一般认为，拉丁美洲的政治环境是其政治心理学研究落后的主要原因；同时，可发表社会科学相关研究成果的出版物较少，也是一个比较普遍的问题。此外，相关研究成果发表所使用的语言主要为西班牙语和葡萄牙语，直接影响了读者面，同样是一个重要的原因。

动荡的地区,政治被认为是男女老幼和不同社会阶层的人所钟爱的"运动"(sport)。于是,这个地区的人都很把政治当回事,对政治问题的兴趣也非常强烈。在人们对政治的浓厚兴趣和特别关注中,心理学的作用是显而易见的,政治心理学相关因素在这个大陆非常重要且存在于人们的日常生活中:政治社会化塑造人们应对其生活中所遭遇的重要问题的方式,就连追随某个政党也可能是出于心理原因。[①] 很大程度上,社会需要是政治心理学在这一地区产生的重要动力。

心理学在拉丁美洲人日常生活中之所以能够产生重要影响,一些心理学家和行为学家的作用不可忽视。其中,精神分析学以及弗洛伊德的相关政治观点更是受到人们的关注。在拉丁美洲,尽管作为一个学科的精神分析学并没有得到充分发展,但弗洛伊德有关政治、社会与历史问题的观点早已成为这一地区心理文化的重要组成部分,一些思想家甚至认为精神分析应超越治疗范畴而运用于对宏观社会现象的理解。

20世纪60年代以来,由于古巴革命的影响,许多知识分子群体包括心理学家和其他行为科学家认为,在当时的社会环境下,基于马克思和列宁观点的参照系被认为是最适于理解拉丁美洲的框架。因此,马克思主义成为拉丁美洲政治心理学的重要源泉。政治心理学作为一门学科在70年代正式产生,同时也出现了各种各样的思想体系。

相对于政治心理学在欧美国家的发展,政治心理学在拉丁美洲的发展不仅迟缓,在地区内部也并不平衡。其中,墨西哥、智利、委内瑞拉、波多黎各、哥斯达黎加和哥伦比亚等国的政治心理学发展较快,巴西、阿根廷、萨尔瓦多和其他国家也出现了一些重要的政治心理学研究。在拉美地区,委内瑞拉中央大学(Central University of Venezuela)的玛丽查·蒙特罗(Maritza Montero)是最杰出的学

[①] Rubén Ardila, "Political Psychology: The Latin American Perspective", *Political Psychology*, Vol. 17, No. 2, 1996, pp. 339–351.

者，其研究在本地区及国际政治心理学界都产生了重要的影响。拉美政治心理学中的诸多议题都源于玛丽查·蒙特罗的研究，就是其学术影响力的最好证明。玛丽查·蒙特罗还曾与他人合作主编了一期作为政治心理学专刊的《拉丁美洲心理学杂志》(*Revista Latinoamericana de Psicologia,* Vol. 25, No. 1, 1993)。

在拉丁美洲，暴力、贫困、失业、环境恶化、社会冲突、民族（国家）认同、依附、民族主义等问题有着复杂的内涵与心理根源，也具有明显的政治特征。于是，政治心理学作为对这些社会需要的回应在 20 世纪 70 年代产生了。这些问题不仅是促使政治心理学产生的重要社会动力，也界定了拉丁美洲政治心理学的主要研究议题。[①] 政治心理学并未在这些问题更为突出的 60 年代出现，很大程度上可以理解为学科回应滞后于现实需要的结果。自此，政治心理学在拉丁美洲逐渐发展为一个系统的学科。

政治心理学在拉丁美洲的产生源于社会需要；但作为一个新学科，政治心理学在这一地区似乎只存在于心理学学者中间或更为广泛的学术圈。尽管如此，拉美政治心理学产生于社会需要的历史与现实，使其在这一地区根基牢固并得以迅速发展。

二、传统议题和研究领域

拉丁美洲虽是一个充满多样性和异质性的地区，但这一地区不同国家仍面临诸多共同的问题与挑战。其中许多问题因涉及资源分配和政府决策而具有明显的政治意义，并吸引了心理学家、政治学家、社会学家、经济学家以及人类学家等来自不同学科的关注。值得注意的是，由于这些问题具有重要的行为启示，心理学家的贡献往往是决定

[①] Rubén Ardila, "Political Psychology: The Latin American Perspective", *Political Psychology,* Vol. 17, No. 2, 1996, pp. 339-351.

性的。其中，政治心理学研究的贡献尤为明显。[①]

在 20 世纪 80 年代之前，拉丁美洲地区政治心理学研究主要集中于若干重要主题。其中，民族认同与民族性、政治社会化、政治参与以及心理的政治作用等是最引人关注的议题。

（一）民族认同与民族性

社会认同在拉丁美洲本来就是一个非常复杂的问题。拉丁美洲地区生活着不同的种族和文化群体，很长时间以来这一地区早已形成各国共享的一种新的文化——不同文化的混合体（mixture），尽管在不同国家之间以及同一国家内部还存在诸多差异。

生活在美洲大陆的人们似乎应该有共同的身份认同，但南美和加勒比地区在地理上却被赋予不同的名称，如西班牙美洲（Spanish-America）、伊比利亚美洲（Ibero-America）和印第安美洲（Indo-America）等。这些不同名称使得居住于这片土地上的人们的认同非常复杂，而最终只有拉丁美洲（Latin America）这一名称流行开来。与此相对，盎格鲁美洲（Anglo-America）（包括美国和加拿大）则被称作北美洲。

无论是地理上与北美（特别是美国）的区隔还是经济发展水平的差异，都使拉美人产生了一种持续至今的对美国既羡慕又排斥的复杂情感，以及文化上的"自卑情结"（inferiority complex）。这种情感既影响着拉美人对本地区发展进程的理解，也塑造着拉美的民族性。

拉丁美洲国家从 18 世纪末开启了摆脱殖民统治、实现国家独立的进程，也拉开了谋求国家发展的序幕。为解释这一地区的经济不发

[①] 有研究者梳理和分析了 1956 年到 1990 年间拉丁美洲的社会心理学研究，发现社会心理学领域发表研究成果数量最多的分支领域是政治心理学，占社会心理学研究的 20.70%。这里，政治心理学被视作社会心理学的一个分支。M. Montero and A. Blanco, "La pasicologia social en el ambito iberoamericano" (Social Psychology in the Iberoamerican Context), Congreso Iberoamericano de Psicologia. Libro de Ponencias (pp. 162–179), Madrid: Colegio Oficial de Psicólogos de Espana. 转引自 Rubén Ardila, "Political Psychology: The Latin American Perspective", *Political Psychology*, Vol. 17, No. 2, 1996, pp. 339–351。

达并寻求解决方案，阿根廷、墨西哥、智利等国的知识分子发展了有关"民族性"(national character)理论。这一以欧洲文明为导向的观念很大程度上是悲观的和种族主义的。在19世纪和20世纪，人们对于本地区的不发达虽然提出了不同的解释，但自我评价却都是消极的。19世纪，拉美的实证主义哲学家认为这一地区的不发达是土著先人和黑人造成的，因此增加欧洲人口移入被视为一种解决方案。到20世纪，西班牙及其中世纪制度被认为是这一地区不发达的原因——阻碍思想自由的宗教，以及科学与技术文化的匮乏。在很大程度上，这一地区的精英影响着拉美人的民族性，而在他者眼中则形成了关于拉美人的似乎有些矛盾的刻板印象。

拉美人是殷勤好客的个体，他们慷慨、勇敢、体面、谦虚、单纯，但有时或许又有些傲慢自大。总体上，拉美人有高度的荣誉感，是感性的个人主义者。与此同时，拉美人又是懒惰的和宿命论的，他们相信巫术、星象和命运，大胆但却鲁莽。他们表现出低效率、同情、浪漫和消极的气质，不能保持持续的现代化努力，他们的计划总是停留在口头，同时缺乏创新。很大程度上，拉美人的这种形象与其依附心理和自卑感联系在一起，尽管这种依附心理和自卑感是有着相同背景的人们的共同心理特征，并非拉美人所独有。[①]

（二）民族主义

拉丁美洲是一个白人、土著人口以及黑人共同居住的多种族世界，与伊比利亚半岛、西班牙和葡萄牙有着共同的语言、习俗、宗教及生活方式。就人口构成而言，拉丁美洲人源于两个主要的种族即西班牙人和印第安人，非洲黑人则是18世纪作为奴隶被带到这里来的。拉丁美洲各国还有着共同的历史：同为西班牙或葡萄牙的殖民地，以及摆脱殖民统治获得了独立。这一事实是拉丁美洲民族主义的基础。

---

① Rubén Ardila, "Political Psychology: The Latin American Perspective", *Political Psychology*, Vol. 17, No. 2, 1996, pp. 339−351.

在拉丁美洲，人们对民族主义保持着持久不衰的兴趣，而民族主义被认为是"围绕被强烈感受到的'血统神话'(myths of descent)、文化与语言同质性"而产生的拉丁美洲主义（Latin Americanism）。[①]

拉丁美洲民族主义研究开始于 20 世纪 50 年代中期。1956 年，G. 戴维拉（G. Dãvila）与其同事一起完成了有关墨西哥儿童眼中的美国人形象的研究。[②] 这是最早的拉丁美洲民族主义研究。尽管这一研究的主要目的是描绘人们眼中的邻国民众形象，但它无疑向人们提供了关于墨西哥人性格的信息，尤其是揭示了同样存在于其他拉丁美洲国家的一个现象——对北美人评价过高。

何塞·萨拉查（Jose M. Salazar）从 20 世纪 50 年代后期到 60 年代早期对大学生政治态度的研究，为民族主义研究注入了动力。萨拉查认为，民族主义不是种族中心主义，它具有积极的和消极的情感内涵——对民族的积极情感，以及否定民族的消极情感。他的研究发现，在委内瑞拉人中间存在着否定性自我评价，表现出相对于其他民族的明显的自卑感。总体上，拉丁美洲人的自我评价普遍较低，而对欧美人的评价则较高。

为此，研究者又对拉美人自我评价低的原因进行了深入分析。卡斯特罗·阿吉雷（Castro Aguirre）有关拉丁美洲人刻板印象的研究发现，拉美人受自卑情绪的影响，不会将积极特征赋予他们自己，而认为第一世界民众特别是美国人的心理特征优于他们。拉莫斯（G.

[①] José M. Salazar, "On the Psychological Viability of 'Latin Americanism'", *International Social Science Journal*, Vol. 35, No. 2, 1983, pp. 295–308. "血统神话"是由英国学者安东尼·史密斯创造的一个概念，指拉丁美洲人的渊源、血统、英雄时代以及衰落与再生。Anthony D. Smith, "Ethnic Identity and World Order", paper presented at the Fifth Annual Millennium Conference, London: London School of Economics, 1983.

[②] G. Dãvila and others, "Image of Americans in the Mexican Child", in *Psychological Approaches to Intergroup and International Understanding: A Symposium of the Third Interamerican Congress of Psychology*, Austin, TX: Hogg Foundation for Mental Hygiene, 1956. 转引自 Maritza Montero, "Political Psychology in Latin America", in Margaret G. Hermann, ed., *Political Psychology: Contemporary Problems and Issues*, San Francisco, CA: Jossey-Bass, 1986, pp. 414–433。

Ramos)和萨拉查的相关研究揭示了依附性与低自我评价之间的关系。玛丽查·蒙特罗从历史心理学的角度出发，回应了拉莫斯和萨拉查的发现。蒙特罗的研究还指出，许多拉美人沉湎其中的低自我评价导致了消极的民族认同。与较为常见的种族中心主义不同，广泛存在于拉美人中间的是"他族中心主义"（altercentrism）。[1]

（三）政治社会化

政治社会化是拉丁美洲政治心理学研究的又一主线。拉丁美洲的政治社会化相关研究大多是解释性和描述性的，并主要集中于对哥伦比亚、墨西哥、秘鲁、波多黎各以及委内瑞拉等国青少年和年轻的成年人的考察。这些研究表明，对大多数年轻人来说，在社会化过程中，其早期主要受家庭影响，而在青春期后期，同龄人群体的影响超过了家庭，因而在家庭习得的态度与在学校习得的态度之间会出现冲突。

一项有关哥伦比亚政治社会化的研究发现，学校里的学生同龄人群体，不管其家庭社会经济背景如何，都倾向按照较高社会阶层的模式进行再社会化（resocialization）。这一过程在那些来自劳动阶层家庭的学生中间尤其明显。他们在这一过程中习得了其来自上层社会家庭的同伴的政治模式，因而变得保守，对少数族裔较为宽容，对政治更感兴趣。然而，来自较高社会阶层的学生则较少受到其出身低社会阶层的同伴的影响。[2]

信息对于政治社会化过程具有重要的影响。蒙特罗对委内瑞拉加拉加斯所做的相关研究表明，社会经济地位与对政治信息的兴趣之间存在一定关联。其中，处于中上阶层的人比处在底层的人对于政治信

---

[1] Maritza Montero, "Political Psychology in Latin America", in Margaret G. Hermann, ed., *Political Psychology: Contemporary Problems and Issues*, San Francisco, CA: Jossey-Bass, 1986, p. 422.

[2] N. López de Rey, "Los Grupos Coetaneos y la Socialización Politica" (Age Groups and Political Socialization), *Cuadernos de Sociologia*, 7(17), 1983, pp. 2–7. 转引自 Rubén Ardila, "Political Psychology: The Latin American Perspective", *Political Psychology*, Vol. 17, No. 2, 1996, pp. 339–351.

息有着更大的兴趣，尽管更多的信息并不意味着更多的参与。对政治信息的获取还存在着性别差异。女性往往从家庭获得政治信息并易于从家庭接受政治传统。总体而言，女性在政治上比男性消极，她们在工作中较少参与政治讨论，对政治也表现出较少的兴趣。[①] 其他学者对哥伦比亚、秘鲁等国的研究也发现了类似的倾向。

在古巴，索林（M. Sorín）试图通过实验方法来考察爱国主义、民族主义和国际主义等观念在七八岁的学童中是如何得到发展的。研究表明，儿童们所理解的这些概念的范围在不断变化。譬如，儿童最早是通过国旗、国歌等国家象征来了解民族主义的，但随着研究计划的进行，经过实验训练的儿童开始将古巴的民族主义与人道主义联系在一起，如认为他们要做好准备帮助其他国家，以及不仅要热爱自己的国家，还要热爱世界上的其他国家。研究发现，能够使儿童获得与各种各样的人接触的机会的活动，对于其态度的形成具有最大的影响。索林认为，社会态度的发展应始于对儿童需要的考虑，而儿童的需要应以与社会价值观相联系的方式得到满足。与各种社会环境和各种各样的人接触的经历，有助于形成这一联系。对儿童来说，开放与自信也有益于这一过程。[②] 这项研究的重要意义还在于，这一研究是在不同于拉丁美洲其他国家的社会主义古巴进行的。在古巴，教育受到高度重视，教育的目的是培养有人道主义理想和社会主义意识形态基础，

[①] Maritza Montero, "Socialización en Jóvenes Caraqueños" (Political Socialization in Young People from Caracas), in G. Marín, ed., *La psicología social en Latinoamérica*, México: Trillas, 1975, pp. 17-25. 转引自 Maritza Montero, "Political Psychology in Latin America", in Margaret G. Hermann, ed., *Political Psychology: Contemperany Problems and Issues*, San Francisco, CA: Jossey-Bass, 1986, pp. 414-433; Rubén Ardila, "Political Psychology: The Latin American Perspective", *Political Psychology*, Vol. 17, No. 2, 1996, pp. 339-351。

[②] M. Sorín, *Humanismo, Patriotismo e Internacionalismo en Escolares Cubanos* (*Humanism, Patriotism, and Internationalism in Cuban School Children*), Habana: Editorial de Ciencias Sociales, 1985. 转引自 Maritza Montero, "Political Psychology in Latin America", in Margaret G. Hermann, ed., *Political Psychology: Contemporary Problems and Issues*, San Francisco, CA: Jossey-Bass, 1986, pp. 414-433; Rubén Ardila, "Political Psychology: The Latin American Perspective", *Political Psychology*, Vol. 17, No. 2, 1996, pp. 339-351。

同时具有爱国主义和国际主义精神的"新人"(new man)。[1]

(四)政治参与

政治参与也是拉丁美洲政治心理学研究的重要领域。蒙特罗、隆卡约罗(M. Roncayolo)和伦格尔(J. Rengel)有关1968年委内瑞拉总统选举期间加拉加斯民众选举态度的调查研究发现,尽管一些左翼政党怂恿人们放弃选举权,但普通民众对投票仍然有着强烈的兴趣。其后,蒙特罗又对加拉加斯1973年的选举进行了研究,而其样本是初次参加投票的选民。研究发现,候选人积极的形象并没有为选民提供投票的动力,而男性眼中的候选人形象比在女性眼中更为消极。林康(O. Rincon)对1978年委内瑞拉竞选活动所做的研究表明,来自美国的竞选技术和手段对委内瑞拉选举具有影响。在竞选过程中,候选人从美国引进了程序和技术,增加了大众传媒在政治过程中的运用。[2]

一些研究者还特别考察了态度与参与的关系。罗德里格斯(B. B. Rodríguez)有关职业女性政治参与影响因素的研究发现,政治上较为活跃的女性相信自己对事件具有一定的控制力。她们往往来自规模较小的家庭,对其环境充满了好奇心,将文化视作一项重要价值,有受到良好教育的父母,并在成长过程中获得了非传统的性别角色观念。这些在政治上活跃的女性所考虑的主要问题,依据其重要性可概括为四个方面:(1)经济福利;(2)家庭稳定;(3)国家在国际上受到尊重;(4)平等的权利。[3]

福特斯(J. Fortes)和瓦斯奎兹(O. Vasquez)的研究发现,在大学校园活动与社会/政治活动之间存在一定关系。在大学里活跃的个

---

[1] 参见 Rubén Ardila, "Political Psychology: The Latin American Perspective", *Political Psychology*, Vol. 17, No. 2, 1996, pp. 339-351。

[2] Maritza Montero, "Political Psychology in Latin America", in Margaret G. Hermann, ed., *Political Psychology: Contemporary Problems and Issues*, San Francisco, CA: Jossey-Bass, 1986, pp. 414-433.

[3] Ibid.

体，在社会和政治活动中同样活跃；而比较消极的学生则会认为外部环境刺激不利于其行动，因而其行动表现为受制于外部控制。弗朗科（C. Franco）研究了政治组织中社会形象、人格与参与形式之间的关系。研究表明，希望社会拥有广泛参与机会的个体，与那些希望政治权力要么下放、要么高度控制的个体相比，一般较少专制主义，较少教条主义，较少不信任，也较少是宿命论者。①

三、拉丁美洲政治心理学的独特性与普遍性

拉丁美洲的政治心理学主要源于社会需要，因此这一地区的政治心理学家讨论最多的一个重要问题是心理学在拉美政治发展中的作用。有关这一问题的一个较为流行的观点是，心理应该被理解为个人对环境获得巨大控制力的过程，心理学应该在拉丁美洲的社会变迁中发挥作用。为此，心理学家应努力使社会中的被剥夺群体学会自己帮助自己。虽然这样的学科发展取向会使心理学变得非职业化，但却有助于心理学相关知识在发展中国家的传播和扩散。对于心理学家而言，需要在考虑心理变量的同时，从与行为有关的理论和范式中吸取各种因素，进而提出社会经济发展的适当模式。②

同时，一些心理学家开始质疑经典心理学理论和政治学理论对解释拉丁美洲历史的适用性。对于拉丁美洲在世界上所处的位置、其历史以及有关这一地区发展的日益觉醒的意识，已经使人们越来越认识到这一地区的独特性，以及这一地区实现社会变迁需要适用的理论与概念。

20 世纪 60 年代和 70 年代，拉丁美洲的宏观与中观社会环境为

---

① Maritza Montero, "Political Psychology in Latin America", in Margaret G. Hermann, ed., *Political Psychology: Contemporary Problems and Issues*, San Francisco, CA: Jossey-Bass, 1986, pp. 414—433.

② Ibid.; Rubén Ardila, ed., *Psychology in Latin America: Current Status, Challenges and Perspectives*, Cham, Switzerland: Springer, 2018.

社会运动提供了适宜的土壤,随之而来的政治与经济观念(如依附理论)则促使社会科学研究中的思维模式发生了重要变化;具体而言,一种深入研究社会问题的社会学新形式开始改变这一地区的社会研究。受这种氛围的影响,政治心理学开始重新界定心理学家与其研究客体之间关系的本质,并使学科对现实问题更具回应性。就心理学研究而言,主要以个人为基础的西方(欧洲和美国)相关研究及理论无法回应拉美国家的现实社会需要,本地区心理学家开始探索可以更好回应现实社会问题的心理学模式。于是,一种关注社区并将社区成员作为解决问题的利益攸关方的心理学研究出现了。这种使心理学家更接近研究对象的参与式心理学(participatory psychology),于1975年在波多黎各被正式命名为"社群心理学"(community psychology)。几十年来,社群心理学关注社会转型、参与、权力及社群赋权等主题,致力于帮助生活于不公平处境中的人参与并改变社会,而学科本身也处于不断变化的过程中。①

拉美国家特殊的政治现实在很大程度上设定了这一地区的政治心理学研究议题。有研究从正统的马克思主义观点出发,对心理学在诸如尼加拉瓜等国家的作用进行了研究。研究认为,心理学是特定意识形态和利益的反映,因而所有心理学都是政治的,即要么是资本主义的心理学,要么是革命的心理学。心理学可以被视为一种政治的意识形态科学。②

拉丁美洲是一个有着诸多独特性的区域,其特殊的发展经历也塑造了这一地区富有特色的政治现实和极具地区特征的政治心理学研究

---

① Maritza Montero, "An Insider's Look at the Development and Current State of Community Psychology in Latin America", *Journal of Community Psychology*, Vol. 36, No. 5, 2008, pp. 661–674; Maritza Montero, "Community Psychology: A Latin American Creation", in Rubén Ardila, ed., *Psychology in Latin America: Current Status, Challenges and Perspectives*, Cham, Switzerland: Springer, 2018, pp. 195–220.

② Maritza Montero, "Political Psychology in Latin America", in Margaret G. Hermann, ed., *Political Psychology: Contemporary Problems and Issues*, San Francisco, CA: Jossey-Bass, 1986, pp. 414–433.

主题及范式。与此同时,值得注意的是,与这一地区相关的政治心理学研究日益与其他地区的政治心理学研究分享重要的研究主题,并成为日渐增多的比较研究的重要对象。不仅如此,拉美地区也越来越多地为本地区以外的学者所关注。

在拉丁美洲,民粹主义以及政治家与民众之间的恩庇-侍从关系(patron-client relationship/relations)是其政治的重要特征。在过去的几十年中,拉美政治家的政治风格及其语言和动员特征都与这一地区悠久的民粹传统有着紧密联系。凭借个人魅力和以选票换取物品这两个重要工具,传统的恩庇-侍从关系在今天以新民粹主义的形式得以持续存在和发展,但却在很大程度上使得这一地区的纵向政治信任非常脆弱。① 有研究基于1996—2008年18个拉美国家48次总统选举的相关数据,尝试对当代拉美政治中的民粹主义现象作出解释。② 研究发现,公众对政治制度的信任水平是解释民粹主义现象的重要因素,特别是当政治信任水平较低时,选民会被那些自称与既有政治秩序不相容的激进的"局外人"所吸引。因此,对政治制度的较高水平的不信任在选举中可提升选民支持民粹候选人的可能性。

一些基于拉丁美洲数据的研究也逐渐开启了与基于西方国家的命题或理论的对话与交流。有关收入不平等、分配公平与政治信任的研究过去大多集中于经济合作与发展组织(OECD)国家,已有研究一般认为宏观层面的收入不平等与政治态度和行为之间存在联系,对政治平等也具有广泛而消极的影响。但是,拉美国家收入不平等程度远甚于发达国家,有关分配公平的个人感知对政治信任的影响则极少为研究者所关注。基于2011年拉丁美洲晴雨表调查(the Latinobarometer

---

① Lucy Taylor, "Client-Ship and Citizenship in Latin America", *Bulletin of Latin American Research*, Vol. 23, No. 2, 2004, pp. 213–227; Luis Roniger, "Coronelismo, Caciquismo, and Oyabun-Kobun Bonds: Divergent Implications of Hierarchical Trust in Brazil, Mexico and Japan", *The British Journal of Sociology*, Vol. 38, No. 3, 1987, pp. 310–330.

② David Doyle, "The Legitimacy of Political Institutions: Explaining Contemporary Populism in Latin America", *Comparative Political Studies*, Vol. 44, No. 11, 2011, pp. 1447–1473.

survey 2011）数据，有关拉美收入不平等、分配公平与政治信任之间关系的研究表明，宏观层面与微观层面的不平等与政治信任都呈负相关关系，其中宏观层面的不平等程度越高，分配公平感知与政治信任之间的负相关关系就越弱，而不是越强。① 可以说，拉丁美洲的政治心理学正日益成为普遍的政治心理学研究的重要组成部分。

通过对拉丁美洲政治心理学的回顾和分析可以看出，在20世纪80年代之前，其研究和争论主要围绕两个中心：第一个中心是政治心理学的传统主题，即民族认同、民族主义、政治社会化和政治参与；第二个中心则是探索拉丁美洲政治心理学发展的路径。其中，对传统主题的讨论催生了确立理论解释参考框架的需要，而对拉丁美洲政治心理学发展路径的探讨则要求政治心理学家不能仅仅做社会政治发展的观察者或见证者，更应进行社会干预，倡导社会干预，分析社会干预。在这种意义上，后者为政治心理学提出了一个更具普遍意义的命题。

第二节 亚洲的政治心理学

亚洲丰富的文化多样性为比较政治心理学提供了令人兴奋的可能性。② 在亚洲不同国家和地区，由于其不同的历史渊源而形成了各具特色的文化，而同一地区的文化也可能存在很强的相似性或同样很强的差异性。亚洲丰富多元的文化为政治心理学奠定了独特的研究基础。然而，亚洲的这种研究潜质尤其是比较研究的潜质在过去很长时间里都未被充分发掘。

---

① Sonja Zmerli and Juan Carlos Castillo, "Income Inequality, Distributive Fairness and Political Trust in Latin America", *Social Science Research*, Vol. 52, 2015, pp. 179-192.

② Lucian W. Pye, "Political Psychology in Asia", in Margaret G. Hermann, ed., *Political Psychology: Contemporary Problems and Issues*, San Francisco, CA: Jossey-Bass, 1986, p. 467.

由于亚洲各国政治心理学研究的起点不同,不同国家学者对这一学科发生兴趣的程度存在差异,各国政治心理学学科的成长似乎在某种程度上因循各不相同的路径。在亚洲,日本与印度学者对政治心理学的兴趣最为浓厚;东南亚国家政治心理学的早期发展基本上是由西方学者主导的,并在很大程度上受到人类学研究的影响。最近二三十年来,亚洲政治心理学研究发生了值得关注的新变化。

一、日本的政治心理学

对自我与方法论着迷是日本政治心理学的突出特点。日本政治心理学家对自我的研究是以美国学者本尼迪克特的《菊花与刀》作为起点的。在这项完成于第二次世界大战期间的著名的非现场研究中,本尼迪克特认为,日本社会弥漫着将义务(obligations)与还人情(debts)联系在一起的情感。每个人幼年时无需承担责任而在成年后积累起来的义务和感恩情绪,是理解日本社会的重要门径。一定程度上,无论对于这一研究的追随者还是批评者,本尼迪克特选取日本社会的关键概念并分析其心理含义的方法论实践都是可以接受的和可取的。

这一研究既使得日本人对外国人解读日本人心理的理论着迷,也激起了同样来自日本人的防御性批评——这些"老掉牙"的观点早就不适用于现代日本人了。这本书在日本人中引起了广泛的反应,并开启了其后在很长时间里主导日本政治心理学的两大传统。第一个传统源于二战前对日本人的精神进行思考和反省的努力,可以统称为"日本人论"。第二个传统几乎与第一个传统截然相反:它强调对态度与民意的极其严谨的量化,基本没有推测的空间,也很少尝试进行解释。在某种意义上,第二个传统否定了本尼迪克特研究工作的重要意义,并认为它是不"科学"的。① 这两大传统也是日本政治心理学研

---

① Lucian W. Pye, "Political Psychology in Asia", in Margaret G. Hermann, ed., *Political Psychology: Contemporary Problems and Issues*, San Francisco, CA: Jossey-Bass, 1986, p. 468.

究的两大路径。最近二三十年来,日本的政治心理学研究似乎正在形成新的传统和新的路径。

(一) 日本人论

"日本人论"(*Nihonjinron* / theory of Japanese),笼统地说就是有关日本人的理论,也被称为日本文化论(*Nihon Bunkaron* / Japanese cultural theory)、日本社会论(*Nihon Shakairon* / theories on Japanese society)等。"日本人论"的核心内涵是,日本人是独特的,日本文化不同于其他文化,因此应依据日本文化来理解和解释日本人的行为。换句话说,"日本人论"强调的是日本人与西方人之间存在思维与行为上的差异,以及日本人行为与态度的独特性。

外国人很早就试图描述日本人的人格,而"日本人论"则可以追溯到日本人对这些研究的早期反应。帕西瓦尔·罗威尔(Percival Lowell, 1855—1916)的《远东的灵魂》(*The Soul of the Far East*, 1888)、《神秘的日本,抑或上帝的方式》(*Occult Japan, or, the Way of the Gods: An Esoteric Study of Japanese Personality and Possession*, 1894),以及拉夫卡迪奥·赫恩(Lafcadio Hearn,即小泉八云,1850—1904)的《神国日本》(*Japan: An Attempt at Interpretation*, 1904)等早期研究,促使日本知识界反思是什么使日本人成为独特而有趣的人群,但他们更常将自己描绘为有着劣等的和有缺陷的性格的人。

"日本人论"涵盖了日本社会在诸多不同维度上的刻板印象。"日本人论"认为日本社会是纵向构建的,社会关系是垂直的。这是"日本人论"有关日本社会的第一个刻板印象。具体而言,个人纵向纽带(与父母、老师、上级、老板等的关系)和横向纽带(与同事的关系)界定了所有群体、组织和公司的范围,也是个人认同的基础,而纵向纽带优先于横向纽带。日本社会人类学家中根千枝(Nakane Chie)认为,日本人希望从其纵向群体认同中,即从其小圈子、派系、专业领域和公司获得原生家庭成员给予的那种温暖和安全。中根千枝将这种社会现象概括为日本社会的纵向原则(纵式原则,vertical principle）。① 社会关系的这种优势–从属结构，常常表现为老板与雇员关系、主从关系或年长者与年轻人（senior-junior）之间的关系等。② 这种社会结构是日本社会秩序的重要基础，塑造着人们的态度与行为，也遮蔽了个体的性格、人格、职业及能力。

"娇宠"（amae）是与日本社会纵向结构相关的一个重要概念，也是理解日本人个体心理结构与日本社会结构的重要术语。"娇宠"指婴儿从慈爱的母亲那里感受到的爱，是一种被宠爱、依赖以及不愿与母亲分离的渴望。随着婴儿长大，这种心理倾向被带入社会——人们习惯于在社会关系中寻求情感支持。于是，"娇宠"转变为在社会关系中与上级和优势地位者建立起亲密的依赖关系，以及对营造可以完全信任、得到认可并亲近能够提供建议的人的舒适环境的一种渴望。在日本人的社会化过程中，对他人仁慈心的依赖受到鼓励。③ 日本精神分析学家土居健郎（Takeo Doi）认为，"娇宠"是探索日本人人格特征的关键概念，是日本社会家长式的领导与其忠诚的、有群体倾向的下属之间的心理纽带。④ 在这样的关系中，日本人宁愿在舒适的情感环境中只做消极的参与者，而不必由自己来做任何决定。其后，这一概念常被用以研究日本人的政治行为。一些社会学家如多尔（Ronald P. Dore）和傅高义（Ezra F. Vogel）等的研究，也对日语中的社会与心理概念进行了较为严谨的解释。另一方面，西方对于日本经济奇迹的好奇也引发了大量有关其管理模式的研究，而其目的则是通过对日本人行为的解释来影响美国人的管理实践。

具有群体倾向（group-oriented）并将共同利益放在首位，是"日本人论"的第二个刻板印象。对日本人而言，群体是许多社会关系的基础。人们在群体中找到自我认同，群体也将家庭与工作联系起来。

---

① 〔日〕中根千枝：《日本社会》，许真、宋峻岭译，天津人民出版社1982年版。
② Nobutaka Ike, *A Theory of Japanese Democracy*, Boulder, CO: Westview Press, 1980.
③ Frank A. Johnson, *Dependency and Japanese Socialization: Psychoanalytic and Anthropological Investigations into Amae*, New York, NY: New York University Press, 1993.
④ 〔日〕土居健郎：《日本人的心理结构》，阎小妹译，商务印书馆2006年版。

这种群体倾向塑造了公司或组织的力量，使组织单位成为日本社会组织的基础。一些学者还提出了理解日本人性格的更多关键概念。丸山真男（Maruyama Masao）认为，日本人的群体倾向与其强烈的等级秩序感相结合，产生了权威主义的政治文化。在被他称作"章鱼锅社会"（*takotsubo shakai*/octopus-pot society）的日本社会里，每个日本人在自己的锅里都是孤立的，与他人相隔绝，只有一条绳索将所有锅联系在一起。也就是说，相似的群体被安排在同一层级，而它们之间却没有交流和沟通。①

对群体的重视影响着所有的人际关系，一致性（conformity）或对群体的认同已成为社会主导价值。和谐的人际关系是"日本人论"的第三个刻板印象。其中，群体成员之间关系和谐是不同群体的共同特征，因而日本社会还是共识取向的。日本人相信，意见分歧可以通过微妙而渐进的方式得到解决。为避免观点的直接冲突，人们需要通过"腹议"（*haragei*）而不是言语交流的方式来猜测其他人在想什么。日本人与生俱来的义务感促使他们对上级履行义务，而上级则有义务展示其对下级的责任和感激。

对一致性和共识的强调，以及复杂的上下级关系，也体现于"禀议制"（*ringisei*）这一制度化的官僚决策程序。辻清明（Kiyoaki Tsuji）的日本官僚制研究对日本传统的行政管理决策体系作了极好的分析。这种决策模式鼓励下属一定程度的创新，同时也保护了上级的自尊。在这一体系中，每一项决策都从最下层的计划开始，然后逐级向上传递。这样，当这项计划到达最上层时，它实际上已代表了整个组织的共识，领导者的批准几乎就是必然的。②尽管这样的决策过程是低效的和责任分散的，但由于在决策过程中每个人都对相关情况有所了解并有机会表达意见，政策执行过程一般会得到所有成员的支持与合作。

---

① Masao Maruyama, *Thought and Behavior in Modern Japanese Politics*, New York, NY: Oxford University Press, 1963.

② 〔日〕辻清明：《日本官僚制研究》，王仲涛译，商务印书馆2010年版，前篇"四 日本的决策过程"。

在日本，能够创造共识而非仅仅拥有决策能力或权威，被认为是一个好的领导者的标志。"和谐"（harmony）的概念常被用以解释政治领导者的行为模式。"和谐"强调群体动力（group dynamics）及共识决策的重要性，而排斥个人魅力型领袖。因此，日本的领导人（如首相）都是高效的管理者，他们通过广泛征询所有成员的意见，为情绪冲突降温，从而维持共同目标。"和谐意识"（wa ishiki/harmony consciousness）的重要性也体现于政党领袖与支持他的选民之间的关系。当然，由于领导人的个性及其在特定问题上的决断力，他们也会基于自己的判断和责任作出决策。①

伴随二战后特别是 20 世纪 60 年代中期以来日本经济的迅速发展，对于向日本人学习如何在产业发展方面更加卓有成效，西方人表现出了强烈兴趣。与此同时，日本人对其民族性格的自我评价也发生了显著变化。在此之前，日本人传统的自卑情结一直根深蒂固，因而沉湎于世界上大部分人都在与其对抗的幻象中。② 傅高义出版于 1979 年的畅销书《日本第一》（Japan as Number One）就反映了日本人这一急剧的情绪变化。同时，日本学者开始意识到，日本人饱受非议的人格特性和性格特点到后来却变成了值得肯定和学习的可贵品质。

"日本人论"强调日本是一个有着共同价值观的高度整合和不可分割的社会，似乎可以概括和解释日本社会的流行态度及心理倾向。但是，"日本人论"在很大程度上并不是一个有着方法论、实证检验及意识形态基础的社会理论，它所概括的诸多现象（如"娇宠"）被

---

① John C. Campbell, *Contemporary Japanese Budget Politics*, Berkeley, CA: University of California Press, 1977. 转引自 Ofer Feldman, "Political Psychology in Japan", *Political Psychology*, Vol. 11, No. 4, 1990, pp. 787–804。

② 日本人的这种受迫害感在 20 世纪 70 年代早期非常流行的《日本人与犹太人》（*The Japanese and the Jews*）一书中得到了生动的说明。这本书令人印象深刻的主题是，日本人与犹太人这两个民族实际上有着共同的传统和共同的命运。参见 Lucian W. Pye, "Political Psychology in Asia", in Margaret G. Hermann, ed., *Political Psychology: Contemporary Problems and Issues*, San Francisco, CA: Jossey-Bass, 1986, p. 471。

认为也存在于其他社会，而非日本社会所独有。① 实际上，对"日本人论"的批评从 20 世纪 50 年代后期就开始了。其中，对"群体模式""共识模式"以及日本社会和谐形象等概念或解释的过分依赖，被批评为不过是理解日本社会的一种图省事的方式——因为在日本社会与政治中，不同群体之间同样存在冲突。

于是，一些研究修正了只强调日本文化的和谐与一致的观点，认为日本社会由两种不同的精神组成，既包括具有温暖的群体倾向的家庭，也有存在对抗和派系竞争的村社。日本人何以可能在一个组织中与他人密切合作，而在一个较大的范围内却又是高度竞争性的（尽管其竞争性不足以摧毁村社或民族的最终统一），日本社会家庭与村社的这种双重特性可以提供一些解释。

在 20 世纪 60 年代，日本社会存在的冲突和不一致在有关环境、少数人权利等问题上表现得非常突出，政府与反对党之间的竞争也变得较为激烈。其后，各种社会运动和公民团体大量涌现，日本社会的代际分化和政治异化也出现了。这些多元性与冲突表明，日本社会并非如"日本人论"所提示的是整合的和具有凝聚力的社会，日本大众文化中存在不一致，社会成员也有着不同于他人利益的个人利益。

在某种程度上具有文化民族主义色彩的"日本人论"认为，日本的价值观是独特的，任何源于西方的社会理论都不可用来解释日本社会。虽然"日本人论"相关研究的焦点并非政治，但这些研究涉及社会态度与行为，因而对如何理解并解释政治态度与行为具有重要启示。

（二）对态度与民意的科学研究

二战后，日本出现了通过样本调查对态度和意见进行的严谨测量

---

① H. Befu, "A Theory of Social Exchange as Applied to Japan", in Y. Sugimoto and R. Mouer, eds., *Constructs for Understanding Japan*, London: Kegan Paul International, 1989, pp. 39–66. 转引自 Ofer Feldman, "Culture, Society, and the Individual: Cross-Cultural Political Psychology in Japan", *Political Psychology*, Vol. 18, No. 2（Special Issue: Culture and Cross-Cultural Dimensions of Political Psychology）, 1997, pp. 327–353。

和科学研究。日本政治心理学研究的第二个传统由此发端。

1. 国民意识调查

随着第二次世界大战结束后美军的占领，日本以极大的兴趣开始了全国调查。到20世纪80年代，若论就态度的所有方面对国民进行连续的和集中的调查，日本被认为已经超越了美国。[①]

对短时间内民众对于某一社会事件、现象或政策的意见，以及民众心理状况与宗教信仰等问题的调查，在日本通常称为"国民意识调查"或"民意调查"。基于美国的相关理论和技术，日本的国民意识调查在二战后得到了迅速发展。1945年9月，盟军司令部撤销言论统制法案，《中部日本新闻》《每日新闻》《朝日新闻》《西日本新闻》《读卖报知》等多家报纸随即开始设立专门从事国民意识调查的部门。其中，《每日新闻》以"知事公选方法——全国调查2000名男女"为标题，发布了日本将首次进行全国性国民意识调查的预告。这次调查的结果在当年11月12日公布。由此，媒体拉开了日本全国性国民意识调查的序幕。

在媒体之外，日本政府部门也在二战后不久就开始了类似的全国性调查。为及时掌握日本国民意识的变化情况，在盟军司令部民间情报教育局（CIE）授意下，日本在1945年10月设立了专门负责国民意识调查、一般政治情报收集以及新闻相关分析的舆论调查课。舆论调查课曾隶属于日本情报局、内务省地方局，后隶属总理大臣内阁审议室并更名为舆论调查班。

为提高日本国民意识调查的专业水平，第一次舆论调查协议会于1947年3月在总理大臣官邸召开。社会学界、统计学界的权威以及舆论调查相关机构的代表参加了这次会议。来自美国的专家和盟军司令部民间情报教育局官员对与会代表进行了国民意识调查方面的技术培训。这次会议对战后日本的国民意识调查产生了积极影响，极大地提

[①] Lucian W. Pye, "Political Psychology in Asia", in Margaret G. Hermann, ed., *Political Psychology: Contemporary Problems and Issues*, San Francisco, CA: Jossey-Bass, 1986, p. 471.

高了调查的可信度。① 在 20 世纪 70 年代以前，日本的国民意识调查很大程度上服务于盟军掌握日本舆情、日本政府政策制定以及市场需求等方面的现实需要，而较少服务于科学研究的目的。70 年代后期，日本民间财团、文部省等机构开始了对科学调查的支持。

迄今为止，在日本国民意识调查七十多年的历史上，由媒体主导的调查产生了广泛而久远的影响。日本三家最大的全国性报纸在常规的全国性民意测验方面投入极大。发行量最大的报纸《朝日新闻》，每年进行至少十次样本量为 3000—4000 人的调查，而《读卖新闻》和《每日新闻》每年进行大约六次类似的调查。民意研究工作，尤其是大学和研究中心的民意研究工作，更是得到了日本广播协会（NHK）的支持。不仅如此，日本广播协会开展的"日本人的意识调查"被认为在日本国民意识调查发展史上占有重要地位。

由新闻机构进行民意调查，或基于由新闻机构主导的民意调查而对国民政治心理进行研究，一个不容忽视的问题是，这种做法已培育了媒体依据民众对日常生活事件的反应来推知公众意见的传统。在某种意义上可以说，日本的报纸先是塑造了公众的意见，然后再对由其塑造的公众意见进行测量。另一个问题则是，很长时间以来，日本政治文化展现出某种独特的规则：强势者应该永远保持沉默，而只有弱势者才能主导公众讨论的轨迹。日本报纸的传统"精神"是作为某种有效的和长期的反对派，而且似乎只有处于左派立场才能保持高发行量。因此，日本媒体始终充斥着反对派的各种声音，而很少关注对政府行为的解释。新闻媒体的作用可以解释日本人政治行为的某些根源。② 近年来，这种状况似乎发生了很大变化。随着媒体生态和日本政治生态的改变，媒体与政治的关系也在发生变化。

---

① 唐永亮：《日本国民意识调查的历史、现状与意义》，《日本学刊》2012 年第 1 期。
② Lucian W. Pye, "Political Psychology in Asia", in Margaret G. Hermann, ed., *Political Psychology: Contemporary Problems and Issues*, San Francisco, CA: Jossey-Bass, 1986, p. 471; Ofer Feldman, "Political Psychology in Japan", *Political Psychology*, Vol. 11, No. 4, 1990, pp. 787–804.

2. 有关民意的学术研究

20世纪70年代之前，尽管日本的国民意识调查主要服务于非学术目的，但仍有一些学者开始了相关调查和研究。日本大学中政治心理学研究的突出成就是其方法论，尤其是对统计和数理方法的运用。与对方法的强调形成鲜明对比的是，这些研究在很大程度上仍是非理论的或与理论无关的。日本统计学家林知己夫（Chikio Hayashi）等人在20世纪50年代到70年代，每隔五年进行一次调查，并以此为基础发表《日本国民性研究》（*Japanese National Character*, 1956, 1961, 1965, 1972）。这一研究揭示了日本国民性在诸多方面的重要变化，但作者显然没有试图推导出可以与坚持"日本人论"的作家关于日本人性格的总结性结论相比拟的论断。此外，也有研究者通过访谈调查，对本尼迪克特、土居健郎等人的理论进行检验，最终却发现要得出确定的结论极为困难。

（三）日本政治心理学的第三个传统

"日本人论"提示人们，日本人的行为和态度是独特的，日本人作为一个民族或其行为所代表的文化是不可比较的。[①] 随着"日本人论"在概括日本人与日本社会方面，特别是在科学研究方法方面，遭遇越来越多的批评，有关日本的政治心理学研究日益注重将在欧美相关实证研究中得到检验的理论、方法和测量运用于对日本的分析。其中，研究者通过各种方式收集数据资料，将日本案例置于政治行为相关研究的大框架内，运用相似的方法与程序将日本与其他社会进行比较，试图寻求日本人与西方人社会行为的相似性或差异性，以发展有关政治态度的普遍理论。

于是，在日本政治心理学领域中，出现了大量有关西方社会与

---

① Ofer Feldman, "Culture, Society, and the Individual: Cross-Cultural Political Psychology in Japan", *Political Psychology*, Vol. 18, No. 2（Special Issue: Culture and Cross-Cultural Dimensions of Political Psychology）, 1997, pp. 327–353.

日本的政治态度之间相似性与差异性的比较研究。譬如，蒲岛郁夫（Kabashima Ikuo）有关日本选举行为的研究发现，相比于美国选民，日本选民有着较高水平的意识形态知觉（ideological consciousness）。其中，85%的日本选民会在保守派－改革派的维度上定位自己，超过70%的日本选民会按照这一维度认识不同政党。一项有关日本人国家认同结构（包括民族主义、爱国主义、国际主义，以及对国旗、国歌的态度，对民族遗产的承诺，对外国人和其他国家的态度等）的研究则发现，美国人与日本人的国家认同结构既存在相似性，也有不同。[1]

有研究发现，与大多数发达国家相比，日本政治文化的情感水平较低，人们对政治机构不冷不热，投票时即使对他们不支持的政党也不会有什么消极情感，因而表现出情感中性（affective neutrality）的特征。[2] 其中，日本选民作为"习惯性选民"（habitual voters）的行为特征引发了很多关注，而"习惯性选民"是传统的政治行为理论未曾预见到的一种选民类型。尽管如此，在日本与其他国家的比较研究中，对选民政治行为的兴趣仍然非常大。

习惯性选民或习惯性投票（habitual voting），反映了日本选民与其他发达国家选民之间的重要差异。相对于欧美国家的选民，日本选民较少政党认同，也表现出较低的政党忠诚度，但在投票时往往把票投给上次支持的政党。在日本选民中，每五个选民中至少有一个是按照习惯进行投票的。对这些个体而言，投票习惯取代了稳定的政党认同。[3]

与其他发达国家相比，影响日本民众参与政治的因素也有所不

---

[1] Ofer Feldman, "Culture, Society, and the Individual: Cross-Cultural Political Psychology in Japan", *Political Psychology*, Vol. 18, No. 2（Special Issue: Culture and Cross-Cultural Dimensions of Political Psychology）, 1997, pp. 327-353.

[2] Bradley M. Richardson, "Japan's Habitual Voters: Partisanship on the Emotional Periphery", *Comparative Political Studies*, Vol. 19, No. 3, 1986, pp. 356-384.

[3] Ibid.

同。在其他发达国家,政治参与往往与社会经济地位联系在一起;而在日本,经济收入与政治参与的意愿之间不存在线性关系,教育则与投票参与负相关。具体而言,国家经济状况的恶化对日本选民的影响就不同于对美国选民的影响。在美国,当经济状况变差时,选民往往不再支持现任总统;日本选民则会支持在任者,并相信这样做有助于改善经济状况。①

低水平效能感也是日本成年人政治态度的重要特征。相对于美国或英国,在日本成年人中,认为自己有能力影响国家层面或地方层面政治的人的比例都较低;而在国家政治与地方政治之间,人们在地方政治层面的效能感相对较高。②

传统上,日本的投票率介于欧洲国家与美国之间,低于欧洲国家而高于美国。在大多数日本议会投票中,合资格选民的投票率大约为70%。日本选举程序所具有的便利性被认为是投票率较高的一个原因。此外,日本人的投票行为还出于责任、社会义务及社区团结,有些群体特别是较小的非正式群体会出于一致性的考虑,动员群体成员支持由群体推荐的候选人。③ 在日本,选举优势常常建立在社区、职业、工会、学校等不同社会网络基础上,这些网络向个体提供可以影响其政治感知与行为的政治意见和投票线索,小群体对于塑造个人投票偏好具有重要影响。因此,社会网络模型(social-network model)对于解释日本人的投票行为非常有用。④ 由于群体是日本政治的重要基础,以及基于社会义务的动员参与,日本民众在地方选举中的参与

---

① Ofer Feldman, "Culture, Society, and the Individual: Cross-Cultural Political Psychology in Japan", *Political Psychology*, Vol. 18, No. 2 (Special Issue: Culture and Cross-Cultural Dimensions of Political Psychology), 1997, pp. 327-353.

② Ibid.

③ Bradley M. Richardson and Scott C. Flanagan, *Politics in Japan*, Boston, MA: Little, Brown and Company, 1984.

④ Ofer Feldman, "Political Psychology in Japan", *Political Psychology*, Vol. 11, No. 4, 1990, pp. 787-804.

水平高于在全国性选举中的投票率。① 在欧美国家，则是全国性选举比地方选举对选民更有吸引力。

随着传播途径的日益多元化，以及民众与外来价值观的接触日渐增多，社会网络在影响选民决定方面的作用也在减弱。这种变化使民众由支持自民党（LDP）转向支持反对党，进而也改变了日本政治的特征。在20世纪五六十年代，议题极化（issue polarization）是日本政治的重要特征，选民也因在特定议题上的不同立场而被划分为保守派与进步派两个阵营。到七八十年代，日本政治似乎表现出"无议题"政治（"issueless" politics）的特点，政治辩论也由政治议题转向一些暂时性的且不会造成选民分裂的共识性议题（valence issue）。② 这种变化的结果是，选民开始转变为依据在任者的执政绩效来作决定，进而导致选举结果的较大变动（如1993年选举）。

总体上，日本人的选举行为受到议题评价（选民对政治与社会议题的意见，以及对政党在这些议题上的立场的感知）、政党评价（选民对政党的了解及情感）和候选人评价的影响。一项基于1993年前后全国选举与地方选举数据的研究表明，长期的政党依恋（attachment）、政治意识形态和满意度，以及选民的社会经济背景，是间接影响投票的重要因素。随着新的政党的出现，选民对新政党候选人的评价则主要依据其个人因素。政党认同需要情感纽带，而政党形象则更多建立在缺乏强烈的积极情感影响的认知原则基础上。对多数日本选民而言，政党形象而非政党认同对其投票决定有着更大的影响。

媒体接触影响着选民对于政党及候选人的感知，也在很大程度上缩小了日本社会在年龄、性别、阶层等方面的文化差异，甚至创造了日本社会在信息与知识方面的标准化（standardization in information

---

① Ofer Feldman, "Culture, Society, and the Individual: Cross-Cultural Political Psychology in Japan", *Political Psychology*, Vol. 18, No. 2（Special Issue: Culture and Cross-Cultural Dimensions of Political Psychology）, 1997, pp. 327-353.

② Ibid.; Ofer Feldman, "Political Psychology in Japan", *Political Psychology*, Vol. 11, No. 4, 1990, pp. 787-804.

and knowledge），进而产生了社会同质化效应——90% 的日本人都认为自己属于中产阶层。但是，日本媒体在公共议程设置方面的影响有限，即使是既对政治有兴趣又经常接触媒体的选民，也较少受到媒体议题优先顺序（agenda priorities）的影响。媒体报道不仅塑造选民的认知，选民还因媒体公布的预测结果而改变所支持的候选人，或选择不投票。①

在日本政治心理学研究中，政治领导者也是一个重要的关注点。传统上，日本首相被认为通常只是被动地回应问题，在关键时刻协调广泛的政策计划或解决重要冲突，而非主动提出变革创议。因此，为数不多的对首相或其他政治家的研究，往往关注其政治动机、角色倾向以及与其态度相关的心理方面。一项有关美国、意大利与日本立法机关成员的比较研究发现，在信念体系方面，特别是在教条主义人格方面，日本国会议员介于美国国会议员和意大利议会议员之间；由于受早前政治经历的影响，他们也比其他非政治性官员表现得更为思想保守。②

在过去的几十年里，政治心理学在日本受到越来越多的关注，围绕相关议题的书籍、论文及学术会议不断增多，来自欧美的政治心理学研究也被大量译介到日本。在日本，研究者常常将其研究发现与西方学者的研究成果进行比较，或者以此展示日本人的行为和态度模式的与众不同，或者分析检验日本在多大程度上与西方"模式"接近或不同。因此，这些研究在某种程度上可产生重要的"回流效应"，促使基于西方国家经验的模型或理论在西方国家接受进一步验证，以及通过重新提炼术语、调整研究的概念基础并运用不同研究方法，对一

---

① Ofer Feldman, "Culture, Society, and the Individual: Cross-Cultural Political Psychology in Japan", *Political Psychology*, Vol. 18, No. 2（Special Issue: Culture and Cross-Cultural Dimensions of Political Psychology）, 1997, pp. 327–353; Ofer Feldman, "Political Psychology in Japan", *Political Psychology*, Vol. 11, No. 4, 1990, pp. 787–804.

② Ofer Feldman, "Culture, Society, and the Individual: Cross-Cultural Political Psychology in Japan", *Political Psychology*, Vol. 18, No. 2（Special Issue: Culture and Cross-Cultural Dimensions of Political Psychology）, 1997, pp. 327–353.

般假设的效度和信度进行检验。

二、印度的政治心理学

作为一个系统学科的心理学在印度的产生可归因于印度的殖民统治者。1905年，布罗金德拉·纳特·西尔爵士（Sir Brojendra Nath Seal）将心理学引入了加尔各答大学（Calcutta University）哲学系。1916年（亦说1915年），加尔各答大学成立了独立的心理学系，这也是印度的第一个心理学系。其后，印度第二个心理学系和第三个心理学系分别于1924年和1946年在迈索尔大学（Mysore University）和巴特那大学（Patna University）成立。与此相关，心理学的科学本质较早就在印度被认识到了。1923年，印度科学大会协会（Indian Science Congress Association, ISCA）设立了独立的心理学分会；1924年，印度心理学会（Indian Psychological Association）成立，第一份心理学期刊《印度心理学杂志》（*Indian Journal of Psychology*）随即出版。1947年印度独立后，心理学学科获得了更大发展。在心理学的科学本质之外，印度心理学的社会取向则使其与社会心理学、政治心理学共享很多研究议题，也在很大程度上拥有共同的学科历史，并面临相似的学科相关问题。

（一）印度政治心理学的两个研究路径

印度思想传统中的多种力量对社会生活与行为相关研究具有重要影响。印度社会心理学源于宗教、各种社会政治论述、通俗叙事、常识观念以及改革运动，这些传统资源提供了可以发展为社会心理学概念与原则的重要观念和见解。在心理学进入印度后不久，社会心理学在20世纪20年代就出现了。1928年，印度著名社会学家慕克吉（R. K. Mukherjee）与在哈佛大学接受过系统训练的实验心理学家森古普塔（N. N. Sengupta）共同出版了印度的第一本社会心理学教材——《社会心理学概论》（*Introduction to Social Psychology*）。由于他们具有不同的专业背景，他们的合作使得印度社会心理学从一开始就被认为本质上是跨学科的。①

有印度心理学家认为，心理学在印度应区分为"在印度的心理学"（Psychology in India）和"印度心理学"（Indian Psychology），有时印度心理学也是"本土心理学"（indigenous psychology）。② 社会心理学与政治心理学在印度的发展，很大程度上也呈现了类似的两条路径，或称为两个传统。第一条路径是将西方的概念和理论直接应用于亚洲人群，第二条路径则使用有关人性和精神疾病的传统印度概念。其中，第一条路径隐含这样的假设，即工业化世界和第三世界的人都属于人类的一部分，而人类心理是存在普遍性的；第二条路径则认为印度文化与西方文化截然不同，因而要运用不同的理论来研究这个次大陆的精神与情绪状态。

但是，如果仅仅依据印度政治心理学的两条路径所隐含的前提假设，就得出两个不同传统意味着西方人与印度人之间存在巨大分裂的结论，则大错特错。事实上，将西方心理学概念运用于印度人性格分析的传统，最早始于欧洲人和西化的印度知识分子。那些西化的印度知识分子为使其研究更为"科学"，尝试在超越印度文献和印度教相关分析的背景下来解释印度人性格，并为此付出了持久不懈的努力。因此，对印度人人格的比较系统的分析，从一开始就不同于吉卜林（Rudyard Kipling）、泰戈尔（Rabindranath Tagore）和纳拉扬（Rasipuram K. Narayan）等作家所体现的传统。然而，印度人的政治行为所蕴含的情绪，如由圣雄甘地倡导的非暴力不合作运动所强化的某些情绪，却是单纯依靠西方术语无法理解的，因而必须运用传统的印度理论，在印度传统观念与理论背景中予以解释。暴力在印度社会与政治生活中非常普遍，但非暴力的理想仍很受欢迎，解释非暴力的

---

① Janak Pandey and Purnima Singh, "Social Psychology in India: Social Roots and Development", *International Journal of Psychology*, Vol. 40, No. 4, 2005, pp. 239–253.

② K. Ramakrishna Rao and Anand C. Paranjpe, *Psychology in the Indian Tradition*, New Delhi: Springer India, 2016, pp. 3–5.

教义在一定程度上被看作是在扮演圣人的角色。

与亚洲的其他文化相比，印度文化特别是印度人的性格得到了外国学者和印度学者较为集中的研究。在外国人中，先是英国人，尔后是其他西方人，对印度人的性格非常着迷，但有时又厌恶其对印度人性格的这种感知。印度人自身则几乎像日本人一样沉湎于自我剖析，同时似乎比日本人更有可能进行直言不讳的自我批判。

印度的政治行为研究基本上建立在访谈的基础上，一方面因袭了人类学、心理学和临床心理学的方法，另一方面则注重对政治领袖的生物学研究和传记研究。① 虽然因在宗教、语言、种姓、阶级、城市与农村等诸多方面存在广泛差异，印度代表着极端的文化异质性，但对印度文化与人格进行研究的各种思路最终却强调了特定的共同主题。其原因首先是，印度儿童的社会化模式随种姓与阶级差异的变化很小；其次，印度教的观点和关于人性以及人的生命周期的传统观念启发了几乎所有印度人的思考。②

印度人的社会化进程和印度教教义似乎结合在一起，共同导致印度政治文化中将特定计划理想化和对政策执行重要性的低估。在印度政治中，对政治庇护者的考虑往往优先于政策关切。迈伦·韦纳（Myron Weiner）记录了印度政治中的这一事实。尼赫鲁坚持其理想化的计划，却缺乏开展务实实验的意识，他的女儿英迪拉·甘地则将精力放在通过庇护性决策来争取和维持人们的好感上，自始至终都未将公共政策看作解决根本问题的现实选择。③ 印度政治中庇护者的中心

---

① 美国著名精神分析学家埃里克·H. 埃里克森（Erik H. Erikson）在1969年圣雄甘地诞辰100周年之际出版了《甘地的真理——激进的非暴力起源》(*Gandhi's Truth: On the Origins of Militant Nonviolence*)一书。这一研究是心理史学和心理传记分析的经典，也是外国人考察印度人心理特别是圣人（*homo religiosus*）的经典。Erik H. Erikson, *Gandhi's Truth on the Origins of Militant Nonviolence*, New York, NY: Norton, 1969.

② Lucian W. Pye, "Political Psychology in Asia", in Margaret G. Hermann, ed., *Political Psychology*: *Contemporary Problems and Issues*, San Francisco, CA: Jossey-Bass, 1986, pp. 476–477.

③ Myron Weiner, *Party Building in a New Nation: The Indian National Congress*, Chicago, IL: University of Chicago Press, 1967.

地位，反映了依附在印度人政治心理中的重要性。追随"古鲁"（guru，印度教的宗师或领袖）在政治中成为保护权势人物的需要，而后者可以用安全来回报其忠诚。庇护政治而非政策政治（politics of policy）非常契合印度人的一个重要人格特点：为赢得上级的好感和尊重，印度人会倾尽心力。

印度文化与日本文化中的依附情感存在深刻的差异。对印度人而言，这种依附情感是一种竞争性驱动力，或至少是忽略他人的立场而只关注如何获得其上级的支持。因此，印度人的这种依附情感对于群体团结感往往具有很强的腐蚀作用。具体而言，一个组织一旦获得安全，每个人便开始各行其是。与此不同，日本人的依附情感强调集体认同的一致性以及对忠诚与奉献的强烈需要。

在印度，关系的纽带本身就是目的，可以将人们从需要证明自己的行动能力的恐惧中解脱出来。印度人的行动能力是与其对自己能力的焦虑、对性能力的不信任、对禁欲承诺的尊重等联系在一起的。阿希斯·南迪（Ashis Nandy）认为，印度人对妇女有强烈的敌对情绪，因此，尽管他们敬仰母性，却有着妇女自焚殉夫的习俗。在南迪看来，正是诸如此类的考虑使印度政治成为强调自我重新界定（self-redefinition）、自我肯定（self-affirmation）和自主性（autonomy）的政治。[①] 其中，人们行动不是为了实现宏观的政策目标或贯彻和检验政策目标，而是寻求增加有助于解决其庸常问题的种种接触和联系。

由此可见，印度人的依附心理是维系印度政治体系的凝聚力之源。构成印度多样性的种姓、宗教和语言等次级共同体由其各自的依附体系来维系，而这些次级群体则再由一个庇护体系联系在一起。其中的规则因各个次级群体所共有的依附心理而能得到深刻理解。[②] 在

[①] Ashis Nandy, *At the Edge of Psychology: Essays in Politics and Culture*, New York, NY: Oxford University Press, 1980.

[②] Lucian W. Pye, "Political Psychology in Asia", in Margaret G. Hermann, ed., *Political Psychology: Contemporary Problems and Issues*, San Francisco, CA: Jossey-Bass, 1986, pp. 476–477.

这些研究中，西方概念与传统理论的融合是其重要特征。

（二）问题导向与学科本土化

在过去近一百年时间里，尽管印度社会心理学的学科性质以及研究主题和研究方法都发生了重要变化，但是不同研究互不关联以及复制西方研究的风气仍是这一学科的重要现实①，学科研究表现出"无计划"（unplanned）②的特征。伴随社会心理学在印度的发展，人们开始质疑西方心理学概念和方法是否适用于对印度现实的理解，进而提出了学科及学科研究本土化的问题。

在社会心理学研究中，要超越西方理论体系，实现"观念独立"（swaraj of ideas），需要创造性的研究方法和本土思维。学术界对实证实验方法兴趣的衰退、跨文化研究领域所取得的进展，以及困扰印度的社会问题的本质等，都刺激了印度社会心理学本土化趋向对问题导向的研究的需求，即研究的概念、问题、假设、方法和检验应产生于行为在其中得到观察的文化背景，充分代表这一文化背景，并反射于这一文化背景。③

在获得独立后的印度，建设一个发达的现代国家成为国家领袖与决策者头脑中的首要目标，发展也成为一个流行词。在这种时代精神（zeitgeist）与地域精神（ortgeist）的强烈影响下，社会心理学学科也开始关注发展相关议题。于是，社会心理学研究逐渐形成了若干重要问题领域，如态度，偏见与群际关系，社会动机与发展，社会影响过

---

① Janak Pandey and Purnima Singh, "Social Psychology in India: Social Roots and Development", *International Journal of Psychology*, Vol. 40, No. 4, 2005, pp. 239-253.

② A. K. Dalal, "Psychology in India: A Historical Introduction", in G. Misra and A. K. Mohanty, eds., *Perspectives on Indigenous Psychology*, New Delhi: Concept, 2002, pp. 79-108. 转引自 Janak Pandey and Purnima Singh, "Social Psychology in India: Social Roots and Development", *International Journal of Psychology*, Vol. 40, No. 4, 2005, pp. 239-253。

③ John G. Adair, Biranchi N. Puhan and Neharika Vohra, "Indigenization of Psychology: Empirical Assessment of Progress in Indian Research", *International Journal of Psychology*, Vol. 28, No. 2, 1993, pp. 149-169.

程，贫穷、剥夺与社会公正，环境与行为，健康信念与行为，社会价值观与发展，等等。社会心理学与政治心理学共享了诸多研究主题，也折射出印度政治心理学研究的基本状况。

在印度独立前，阿迪纳拉亚尼亚（S. P. Adinarayaniah）于1941年在《英国心理学杂志》（*British Journal of Psychology*）上发表了有关态度与偏见的研究；1953年，在一项由联合国教科文组织资助的有关1947年印巴分治时印度教徒与穆斯林族群骚乱的研究基础上，加德纳·墨菲（Gardner Murphy）出版了《在人们心中》（*In the Minds of Men: The Study of Human Behavior and Social Tensions in India*）一书。其后，在整个20世纪60年代，大多数社会心理学研究都针对各群体有关社会、政治、文化、经济及国际关系等问题的态度进行了调查，其中许多研究运用了流行的态度测量技术如瑟斯通量表来考察社会刻板印象和偏见。然而，当时的社会心理学研究并未显示出相对于其他学科的优势。①

在族群关系之外，印度独特的种姓制度也影响着印度的社会关系，种姓认同更在社会生活中获得了一些新的功能。因此，基于种姓的认同、自我感知、种姓间关系以及与种姓相关的紧张等就成为社会心理学的重要研究主题。1960年，一项有关印度六个种姓群体的研究发现，低种姓群体的自我感知较为负面；二十多年后，有关表列种姓（Scheduled Castes, SCs）②的研究则发现，低种姓群体确实贬低了自己

---

① Janak Pandey and Purnima Singh, "Social Psychology in India: Social Roots and Development", *International Journal of Psychology*, Vol. 40, No. 4, 2005, pp. 239-253.

② 在印度历史上，被作为"不可接触者"（the untouchables）的等外种姓或"贱民"长期处于社会底层，也是经济社会意义上最为脆弱的群体。1935年英国殖民当局通过《印度政府法案》（The Government of India Act of 1935）将等外种姓单独列出并称之为"表列种姓"，最早赋予"不可接触的种姓"（untouchable castes）某些优惠代表权，以此作为分而治之的殖民策略的一部分。印度独立后，在1950年《印度宪法》第341条及附录文件《表列种姓法令》（Scheduled Caste Order 1950）中对表列种姓的范围、列入与移除的程序等予以明确规定。1950年以来，表列种姓的名单不断变化并通过总统法令予以确定。截至2017年，表列种姓列表中的种姓数量已接近1300个。参见"List of Scheduled Castes", http://socialjustice.nic.in/UserView/index?mid=76750，2021年8月4日访问。

所属的群体。低种姓群体中存在的这一根深蒂固的认同危机，被称为"情感综合征危机"(affective syndrome crisis)。① 有关种姓与宗教偏见的研究被认为是社会心理学作出重要学科贡献的领域。

贫困、剥夺以及各种形式的不平等是印度社会的残酷现实。在较早的社会心理学研究中，贫困只是被当作社会经济地位和种姓的一个变量，经济学家最早从 20 世纪 70 年代开始关注贫困问题。到 80 年代，贫困和福利政治伴随政府消除贫困的执政目标而成为重要的政策议题。在政府资金的支持下，许多项目围绕贫困以及与之相关的社会心理、发展和教育过程展开研究。有关贫困的大多数研究都表明，贫困对于认知和动机具有有害的影响。与贫困相关的公正问题在 80 年代开始受到关注，其中社会化以及公正原则偏好对认知与道德评价的影响也得到了研究。②

传统社会与现代民主政治的结合，既是印度政治与社会的重要现实，也是其作为发展中国家的重要特征。印度社会庇护关系所反映出的民众依附心理，在民众与政府之间的关系中则体现为对政府作为帮助和服务提供者的强烈期待。印度学者拉基尼·柯达里(Rajni Kothari)将这种心理和情感称为"政府感受性"(government mindedness)或"政府化"(governmentalization)。这种植根于传统社会的心理和情感非但没有削弱印度的民主制度，还使印度民众对政府绩效和政治领导人的能力高度关注并表现出强烈的态度倾向，因而在某种程度上令印度民众获得了对于民主政治至关重要的批判性思维，甚至成

---

① R. Rath and N. C. Sircar, "Intercaste Relationships as Reflected in the Study of Attitudes and Opinion of Six Hindu Caste Groups", *Journal of Social Psychology*, Vol. 51, No. 1, 1960, pp. 3-25; Abdul Khan, "Affective Syndrome Crisis in a Scheduled Caste: A Fresh Look", *Indian Journal of Social Research*, Vol. 27, No. 4, 1986, pp. 355-361; A. Majeed and E. S. K. Ghosh, "Affective Syndrome Crises in Scheduled Castes", *Social Change*, Vol. 19, No. 3, 1989, pp. 90-94.

② Janak Pandey and Purnima Singh, "Social Psychology in India: Social Roots and Development", *International Journal of Psychology*, Vol. 40, No. 4, 2005, pp. 239-253.

为具有批判精神的政治参与者。①

民族认同与国家认同在印度独立前就是这一地区的突出问题，至今依然存在。近年有研究基于认同理论中的自我分类与社会认同框架，对印度教民族主义运动如何通过嵌入重要的历史叙事来界定印度教民族性（Hindu nationhood）进行了分析。研究认为，印度教民族主义运动的出现和上升，正是由于对过去事件的选择性叙述，以及将其作为具有凝聚力的动员因素加以运用。这一逻辑还有助于人们进一步理解今天世界各地右翼运动上升的现象。② 实际上，在印度多元语言、宗教与文化的背景下，社会认同的形成本身就是一个非常复杂的问题。作为一种特殊的集体参与形式，宗教活动对社会认同的塑造和影响也得到了研究。③

印度政治心理学的发展受到了西方学者尤其是美国学者的巨大推动。在过去近一百年里，印度政治心理学研究有很多是国际合作项目，而较早的合作常常只是西方理论在印度背景中的检验。这种合作意味着西方的主导地位，因而很大程度上并不被印度学术界所认可和接受。进入20世纪80年代，印度学术界对印度文化的研究越来越表现出一种防守的姿态。这种变化可以理解为印度政治心理学本土化的一个重要表现，也反映了印度政治心理学的独特性，即其核心原则一方面植根于印度本土实践，另一方面来源于印度传统思想。

伴随印度政治心理学研究领域的不断扩展，研究主题也日益偏重其现实意义，学科研究的应用取向非常明显。但是，由于研究者往往

---

① Rajni Kothari, *Politics in India*, Boston, MA: Little, Brown and Company, 1970, pp. 284–288; Richard Sisson, "Culture and Democratization in India", in Larry Diamond, ed., *Political Culture and Democracy in Developing Countries*, Boulder, CO: Lynne Rienner Publishers, Inc., 1994, pp. 29–58.

② Sammyh S. Khan, Ted Svensson, Yashpal A. Jogdand, et al., "Lessons from the Past for the Future: The Definition and Mobilisation of Hindu Nationhood by the Hindu Nationalist Movement", *Journal of Social and Political Psychology*, Vol. 5, No. 2, 2017, pp. 477–511.

③ Sammyh S. Khan, Nick Hopkins, Stephen Reicher, et al., "How Collective Participation Impacts Social Identity: A Longitudinal Study from India", *Political Psychology*, Vol. 37, No. 3, 2016, pp. 309–325.

强调微观（个体）层面变量，而很少关注具有宏观影响的微观变量及有助于全面理解社会的体系变量与宏观变量，政治心理学在政策制定中的作用仍然微乎其微。① 某种程度上，这种状况可能损害印度政治心理学弥足珍贵的问题导向的研究抱负。

印度心理学有其鲜明的特征，即它与特定的人性观念相关，有自己的元理论基础，并涉及一套研究和改变人类行为的较为广泛的方法。② 这一特点也在一定程度上体现于印度政治心理学领域，使这一领域的研究不仅不能无视印度社会的客观问题，也离不开本土经验、观念和理论，同时需要与西方政治心理学概念及理论实现对话和结合。

三、东南亚的政治心理学

东南亚国家和地区的文化极具多样性，但这一地区人群仍分享了诸多共同的生活经历与心理特征。这些共同生活经历与心理特征在政治心理学研究领域则表现为若干重要的共同主题，并塑造了学科研究的基本轮廓及发展趋向。

（一）恩庇-侍从关系

虽然东南亚的文化极具多样性，但依附心理仍是其共同的心理现象，并以不同的形式在其文化中表现出来。作为社会结构基本特征的恩庇-侍从关系，是这种心理特征在这一地区的一个普遍的表现形式。

---

① Janak Pandey and Purnima Singh, "Social Psychology in India: Social Roots and Development", *International Journal of Psychology*, Vol. 40, No. 4, 2005, pp. 239-253; K. Ramakrishna Rao and Anand C. Paranjpe, *Psychology in the Indian Tradition*, New Delhi: Springer India, 2016; R. C. Tripathi and Yoganand Sinha, eds., *Psychology, Development and Social Policy in India*, New Delhi: Springer, 2014.

② K. Ramakrishna Rao and Anand C. Paranjpe, *Psychology in the Indian Tradition*, New Delhi: Springer India, 2016, p. 5.

在印度尼西亚，恩庇－侍从关系更像是"父亲"（bapak/father）与"子女"（anak buah/children）之间的关系。这一关系充满了父爱的情感和子女孝顺的情感。其中，"父亲"要为"子女"承担起各种各样的责任，"子女"因之对"父亲"负有无法计算的道德义务。在恩庇－侍从关系的印度尼西亚版本中，重点是在"父亲"，他要提出建议和实践指导，还要提供保护和物质帮助。另一方面，"子女"则因不计代价和冒险为其"父亲"所做的奉献和牺牲而产生很强的自豪感。这些在心理上得到加强的建议者－被建议者的纽带已成为印度尼西亚政治生活中的基本关系，对于政党和各种集团的形成具有比意识形态或宗教更为重要的作用。①

在泰国，类似的恩庇－侍从关系强调的是优势者的抚育权，即优势者通过展示善意与同情（metta），可以激发劣势者克服其无助感的主动意识和能力意识。在泰国文化中，优势者得到了心理上的某种保护，以免于来自劣势者的过多要求。因此，劣势者在获得能力意识的同时应当做到谦卑和自我约束。可以说，泰国恩庇－侍从关系的核心是，劣势者一方的意愿和敬畏与优势者一方的同情和使人不可接近的威严之间的平衡的一种混合。②

缅甸是一个松散地构建起来的社会。在这样一个社会中，恩庇－侍从关系不仅造成了权力的分层，也导致了由不同圈子组成的分散的集团。在缅甸社会的精英阶层中，并不存在权力的金字塔，而是存在由只关心本集团而尽可能忽视其他集团的有影响的人物组成的数量众多

---

① Karl D. Jackson, *Traditional Authority, Islam, and Rebellion: A Study of Indonesian Political Behavior*, Berkeley, CA: University of California Press, 1980; Lucian W. Pye, "Political Psychology in Asia", in Margaret G. Hermann, ed., *Political Psychology: Contemporary Problems and Issues*, San Francisco, CA: Jossey-Bass, 1986, p. 477.

② Herbert J. Rubin, "Will and Awe: Illustrations of Thai Villagers' Dependency Upon Officials", *Journal of Asian Studies*, Vol. 32, No. 3, 1973, pp. 425–444; Lucian W. Pye, "Political Psychology in Asia", in Margaret G. Hermann, ed., *Political Psychology: Contemporary Problems and Issues*, San Francisco, CA: Jossey-Bass, 1986, p. 478.

的半自治集团。由于每个集团的人都不信任局外人,因而很难建立有效的全国范围的机构或制度,一些精英所面临的危机也并不会自动转化为所有人的危机。①

(二)道德经济学与理性农民理论之争

有关越南恩庇-侍从关系的分析,引发了具有重要的心理学启示的两种理论的竞争。詹姆斯·G. 斯科特(James G. Scott)认为,在西方的影响即"世界经济体系"打破东南亚的乡村生活之前,农民生活在统一的共同体中,互相帮助,有需要的人也可得到比较富裕的人的照顾。农民希望避免对风险与收益进行"庸俗的"计算,因而发展出了一种"生存伦理"(subsistence ethic),即保护弱者免于灾难。斯科特称之为"道德经济学"或"道义经济学"(moral economy)。西方"资本主义"因引入一种竞争性的和实利主义的经济而破坏了和谐的"道德经济",从而也摧毁了各个乡村共同体恩庇-侍从关系的精髓。②

与之竞争的另一种理论是波普金(Samuel L. Popkin)提出的"理性农民"(rational peasant)理论,或者是波普金所说的不同于道德经济学路径(moral economy approach)的政治经济学路径(political economy approach)。③在波普金看来,斯科特并没有提出证据以证明越南乡村生活是极其和谐的,因而斯科特的观点基本上是一种感性的认识。波普金对越南社会的分析回溯到了前殖民时期,提出大量证据佐证其观点。他认为,无论在历史上还是现在(即 20 世纪 70 年代),越南农民都是依据使自身利益最大化的理性计算来行动的,可以被视

---

① L. Hanks, "Entourage and Circle in Burma", *Bennington Review*, Summer 1968. 转引自 Lucian W. Pye, "Political Psychology in Asia", in Margaret G. Hermann, ed., *Political Psychology: Contemporary Problems and Issues*, San Francisco, CA: Jossey-Bass, 1986, p. 478。

② 参见〔美〕詹姆斯·C. 斯科特:《农民的道义经济学:东南亚的反叛与生存》,程立显、刘建等译,译林出版社 2001 年版。

③ Samuel L. Popkin, *The Rational Peasant: The Political Economy of Rural Society in Vietnam*, Berkeley, CA: University of California Press, 1979.

为理性的问题解决者（a rational problem-solver）。因此，恩庇－侍从关系代表着经过精确计算和被理性理解的互惠交易，而不是以道德义务作为其基础，尽管它是以伦理和道德语言包装起来的。

"道德经济学"派与"理性农民"派之间的争论对政治心理学研究至关重要。这一争论所关注的问题，实际上是这一地区恩庇－侍从关系形成的原因，即究竟是理性计算、情感寄托和道德判断诸因素中哪些因素的混合决定了这一地区各种形式的依附症候群。在这两派理论观点中，一派观点关注传统伦理准则，另一派观点则强调功利的算计和理性选择。对于这一争论的局外人而言，似乎很容易对这两派的观点加以综合，并在研究特定国家时增加更多的分析维度。

从这些不同研究中可以看出，精英与民众的政治生活是围绕情感和作为依附心理基础的互惠计算建立起来的。不仅如此，社会变迁没有使东南亚地区的人们导向较为自主或较多的非个人角色关系；相反，由变化带来的不确定性似乎促使人们不断寻求新的依附关系。① 这一地区的不同国家有着不同的意识形态，在意识形态背后真正起作用的实际上是各个社会中牢固的人际关系网络，而这种网络只有在其真正的心理维度上才能得到充分的理解。

东南亚国家大多有过较长的作为殖民地的历史。在摆脱殖民统治的过程中，以及其后很长的一段时间里，反殖民主义情绪与作为这种情绪的最高点的民族主义，是东南亚政治动员研究的主要焦点。

（三）政治变迁与本土心理学

20 世纪 90 年代以来，东南亚地区的政治心理学研究经历了至少两个方面的重要变化。一方面，与政治变迁（转型）相关的问题成为政治心理学研究的重要议题，并常常与这一地区的一些传统议题结合在一起。其中，恩庇－侍从关系和庇护主义（clientelism）对从国家到

---

① Lucian W. Pye, "Political Psychology in Asia", in Margaret G. Hermann, ed., *Political Psychology: Contemporary Problems and Issues*, San Francisco, CA: Jossey-Bass, 1986, p. 479.

地方的不同层级选举的影响，就是一个常见的研究主题。在印度尼西亚、菲律宾、马来西亚等国家，传统的庇护关系根深蒂固，并未随国家政治环境的急剧变化而消失，而是在新的政治制度环境中形成复杂的社会网络，以为庇护者提供政治支持；在新的政治制度环境中，恩庇-侍从关系还表现出值得关注的两面性，即存在被庇护者与庇护者在权力关系上的讨价还价。① 这一地区选举中的选票买卖问题也成为政治心理学研究的重要议题。② 还有研究就东南亚国家非暴力民主转型的政治心理学进行了专门分析。③

另一方面，这一地区政治心理学研究者的变革努力，使本土心理学成为这一时期学科发展的一个重要方向。1992 年，菲律宾大学（University of the Philippines）的心理学教授比尔希略·恩里克斯（Virgilio G. Enriquez）出版了《从殖民到解放：菲律宾心理学》（*From Colonial to Liberation Psychology: The Philippine Experience*）一书，基于对菲律宾心理学发展背景的分析，提出将菲律宾语和菲律宾术语运用于菲律宾的心理学，强调在本土文化背景中理解菲律宾人的心理和思想，倡导发展菲律宾心理学（*Sikolohiyang Pilipino*）。④

---

① Haryanto, "Adaptation and Continuities in Clientelism in a Fishing Community in Takalar, South Sulawesi", *Contemporary Southeast Asia*, Vol. 39, No. 3, 2017, pp. 511–531; Chuan Yean Soon, "Hidden Transcripts from 'Below' in Rural Politics of the Philippines: Interpreting the Janus-Facedness of Patron-Client Ties and Tulong (Help)", *Southeast Asian Studies*, Vol. 1, No. 2, 2012, pp. 273–299.

② George Towar Ikbal Tawakkal, Wisnu Suhardono, Andrew D. Garner, et al., "Consistency and Vote Buying: Income, Education, and Attitudes about Vote Buying in Indonesia", *Journal of East Asian Studies*, Vol. 17, No. 3, 2017, pp. 313–329; George Towar Ikbal Tawakkal and Andrew D. Garner, "Unopposed but Not Uncontested: Brokers and 'Vote Buying' in the 2017 Pati District Election", *Contemporary Southeast Asia*, Vol. 39, No. 3, 2017, pp. 491–510.

③ Cristina Jayme Montiel, "Political Psychology of Nonviolent Democratic Transitions in Southeast Asia", *Journal of Social Issues*, Vol. 62, No. 1, 2006, pp. 173–190.

④ Uichol Kim, Kuo-Shu Yang and Kwang-Kuo Hwang, eds., *Indigenous and Cultural Psychology: Understanding People in Context*, New York, NY: Springer, 2006.

在本土文化背景下发展心理学，不仅在菲律宾成为民族运动（national movement），还在东南亚和世界其他地区引发了广泛的回应。在心理学相关学科领域，本土心理学也被视为应用心理学、社会心理学、文化心理学以及跨文化心理学的一个新兴领域。[①] 强调在本土文化中理解国民政治心理、分析国民政治行为，是过去二十多年东南亚国家和地区政治心理学发展的一个富有地域性的特征。

四、尚未获得独立学科地位的亚洲政治心理学

很大程度上，亚洲国家和地区的政治心理学与社会心理学并未实现明确的分离，而社会心理学在这一地区的发展本来也相对滞后。1995 年，亚洲社会心理学会（Asian Association of Social Psychology, AASP）成立，由该学会主办的《亚洲社会心理学杂志》（*Asian Journal of Social Psychology*）于 1998 年创刊。巧合的是，亚洲社会心理学会这一区域学术组织成立的时间，与本土心理学作为一种学术潮流出现在东南亚地区的时间大体一致。过去二十多年来对本土文化与社会背景的强调，某种程度上使得亚洲地区政治心理学与社会心理学的联系更加紧密。

由于亚洲文明对其他地区研究者的巨大吸引力，以及本土学术研究的长期滞后，亚洲国家和地区（如日本、印度、东南亚国家等）政治心理学的早期研究大多由欧美学者主导。伴随本土专业研究者的增加，这种状况已经发生了明显的变化。这种变化的结果，则似乎常常体现为欧美政治心理学话语的运用与对亚洲地区本土文化特征的强调的奇妙组合。

[①] Uichol Kim, Kuo-Shu Yang and Kwang-Kuo Hwang, eds., *Indigenous and Cultural Psychology: Understanding People in Context*, New York, NY: Springer, 2006; Kuang-Hui Yeh, *Asian Indigenous Psychologies in the Global Context*, Cham, Switzerland: Springer International Publishing, 2019.

第三节　非洲的政治心理学

在非洲，政治心理学远未形成一个独立的学科领域，一些重要议题常常是在心理学研究中得到讨论的。19世纪晚期，心理学作为一种民族科学（ethnoscience）来到非洲，并一直被作为前殖民者、外来学者以及南非白人心理学家的专属领地。相较于对非洲现实问题的兴趣，这一领域的研究者更关心理论问题。对于大多数非洲人而言，他们要么一生中从未听过"心理学"这一术语，要么根本不理解心理学到底意味着什么。到20世纪80年代，非洲仅有20个心理学系，而受过欧美心理学传统训练的黑人心理学家则往往被当作将殖民压迫合理化的堡垒；90年代中期，对东非和南非12个国家的调查发现，心理学家的研究取向仍然是西方的而不是非洲的，心理学研究根本没有关注非洲的重要社会问题。[①] 很大程度上，非洲心理学处于一种被边缘化或者不被认真对待的状况。这种状况直到20世纪的最后十年才开始有所改变。

一、"非洲心理学"的神话与现实

在非洲，心理学并不是一个从本地土壤自然生长出来的学科，而是作为一个现成的知识体系被带到这片大陆的。心理学的核心要素（成分），即"人是独立的"这一现代观点，与"人是与社群共存的"这一在非洲普遍流行的观点格格不入。因此，从一开始，非洲心理学就被置于与本土宇宙观相冲突的意识形态框架中。[②] 在殖民霸权的

[①] Wahbie Long, "Essence or Experience? A New Direction for African Psychology", *Theory & Psychology*, Vol. 27, No. 3, 2017, pp. 293–312.

[②] A. Bame Nsamenang and Andy Dawes, "Developmental Psychology as Political Psychology in Sub-Saharan Africa: The Challenge of Africanisation", *Applied Psychology*, Vol. 47, No. 1, 1998, pp. 73–87.

支持下,非洲"现代主义"的心理学研究与本土背景几乎没有什么关联,很大程度上不过是西方心理学在非洲的"克隆"。

伴随非洲国家的独立,特别是最近二三十年来许多非洲国家的民主转型,有关心理学在非洲社会发展中的积极作用的问题开始为人们所关注。许多研究关切涉及改变心理学的欧洲中心主导现象,突显了非洲"现代主义"心理学研究与非洲人、非洲社会现实之间的张力,而有关"对非洲而言适当的心理学"(appropriate psychologies for Africa)的讨论则面临重重困难。其中,有心理学家坚持倡导,在对特定国家的发展进行研究时,运用主流心理学理论而不考虑当地具体情况。这种观点也被认为是西方种族中心的;在反对者看来,现代主义心理学在理论和方法上都不可避免是西方种族中心的,因为它内嵌于有关个体本质的特定欧洲文化信仰,而欧洲中心主义更是内在于驱动心理学研究的方法论哲学。"西方心理学思想一旦被当作人类心理学本质,将是非常危险的。"因此,"非洲心理学必须从欧美世界观中解放出来,而不是与其保持一致"。[1]

于是,是否可以发展非洲甚至非洲某个地区或国家的本土心理学,就成为非洲的心理学家经常面对的问题,而不同学者的反应则大相径庭。围绕"'非洲本土的心理学'是否可能"这一问题,非洲的心理学家似乎形成了两个不同阵营。其中一种流行观点认为,根本不存在本质上属于非洲的心理学,而只可能是研究非洲问题的心理学;另一种观点则认为,只有发展非洲人自己的理论和认识论,才能真正了解非洲人,以及什么对非洲人是有意义的,本土心理学将增进对本地现象的理解。因此,非洲的心理学所面临的不仅是"非洲心理学"(an African psychology)是否可能的问题,还需要面对在研究者中间

---

[1] A. Bame Nsamenang and Andy Dawes, "Developmental Psychology as Political Psychology in Sub-Saharan Africa: The Challenge of Africanisation", *Applied Psychology*, Vol. 47, No. 1, 1998, pp. 73−87.

早已形成的与此相关的学科争论议题。[1]

关于非洲本土心理学的可能性的辩论，主要发生在心理学家中间和哲学家中间。在辩论中，一种观点认为，"非洲心理学"是一个神话，因为没有任何知识领域是某一地理区域及其人民所独有的；与之相对的另一种观点则坚信，"非洲心理学"是一个明显的事实，因为大量的心理学文献即源于非洲背景并与非洲问题有关。

非洲的心理学应是"非洲的"还是"欧洲的"这种二分框架，蕴含着对学科发展方向的某种程度的情绪化反应。由于欧洲在美洲的殖民扩张以及大西洋奴隶贸易，非洲很早就成为欧洲殖民扩张的一部分，而欧洲在19世纪更是开始了对非洲的大规模殖民。这种殖民扩张不仅是资本主义扩张的一部分，还伴随着种族主义、文化主导以及欧洲的自我膨胀。长期的殖民统治侵蚀了非洲当地的社会纽带、本土信仰、价值观、认同及本地知识。心理学被带到非洲，往往也被认为是欧洲殖民侵略的一种策略。因此，在获得独立后，非洲国家对心理学学科发展取向的"非洲的"这一限定语的强调，很大程度上还意味着心理学的非殖民化（to decolonize psychological science）[2]。当然，心理学的非殖民化并不必然意味着一套独特的非洲认识论和心理学理论。

1952年，心理分析理论家弗朗茨·法农（Frantz Fanon）出版了《黑皮肤，白面具》（*Black Skin, White Masks*）一书，运用精神医学概念对非洲种族与殖民压迫等现象进行了分析。这一研究不仅早已成为非洲的心理学研究经典，也使精神分析获得了"不可磨灭的非洲维度"[3]。弗朗茨·法农以及后来一些心理学家的研究，很大程度上提

---

[1] Ian Moll, "African Psychology: Myth and Reality", *South African Journal of Psychology*, Vol. 32, No. 1, 2002, pp. 9–16.

[2] Hussein A. Bulhan, "Stages of Colonialism in Africa: From Occupation of Land to Occupation of Being", *Journal of Social and Political Psychology*, Vol. 3, No. 1, 2015, pp. 239–256.

[3] Ian Moll, "African Psychology: Myth and Reality", *South African Journal of Psychology*, Vol. 32, No. 1, 2002, pp. 9–16.

示了非洲心理学发展的方向,即通过将非洲问题置于世界心理学的前沿,一方面可以扩展对于非洲人的认识,另一方面也有助于超越欧美心理学的狭隘观点,使非洲心理学成为围绕人类共同思想遗产进行自由和严谨讨论的领域。

在这种意义上,非洲心理学似乎可以界定为:"将非洲和非洲人置于学科中心,同时向更宽广的世界开放并与之对话的心理学。"[①] 尽管如此,"什么是非洲心理学"仍困扰着那些关注本土问题的非洲心理学家,而对这一问题的不同理解和思考,则使以非洲(人)为中心的心理学不可能在单一的和静态的观念中得到发展。很大程度上,非洲心理学本来就是一个具有明显异质性的学科领域,包括存在于非洲的非洲心理学(African psychology as psychology *in* Africa),关注形而上问题并具有精神倾向的文化的非洲心理学(cultural African psychology),关注形而下的政治问题的批判的非洲心理学(critical African psychology),以及心理学的非洲研究(psychological African Studies)等。[②] 基于多重视角的非洲的心理学不应被认为是非洲大陆所特有的,而应被看作关注非洲问题的普遍心理学。其中,对非洲现实政治问题的关切使非洲政治心理学成为非洲心理学的重要组成部分。

二、非洲的(政治)心理学研究及与非洲问题相关的政治心理学

"非洲心理学是关于**什么**的心理学?"(What is African psychology the psychology of?),在非洲心理学研究者中仍然是一个没有共识的问题,而对这个问题的不同理解则使非洲心理学呈现不同的研究范畴,譬如是以文化问题组织这一学科,还是使学科聚焦于对现实问题

---

① Kopano Ratele, *The World Looks Like This from Here: Thoughts on African Psychology*, Johannesburg: Wits University Press, 2019, p. 2.

② Kopano Ratele, "Four (African) Psychologies", *Theory & Psychology*, Vol. 27, No. 3, 2017, pp. 313–327.

的研究,等等。其中,以文化问题组织非洲心理学学科,实际上是强调这一学科的"非洲性"(Africanity)及其认识论基础。但是,由此而来的学科研究对象无所不包的特征又使这个学科似乎成为一个"并不可行的项目"。因此,非洲人生活中常见的不平等、暴力等问题,以及过去二三十年来非洲民主转型过程中出现的问题,就成为真正的非洲心理学应关注和研究的主题。对非洲现实问题的这一关切被认为不仅符合弗朗茨·法农在其经典研究中所提示的研究路径,还是非洲(政治)心理学强调其社会回应性的一个表现和结果。①

很长时间以来,非洲一直主要是一个外部影响的接受者,也因总是必须适应外部要求而形成了一种混合的文化环境。心理学学科的"非洲化"(Africanization),在对文化较为敏感的发展心理学领域得到了直接的反映。特别是,改变欧洲主导、与外部知识积极对话,进而构建理解非洲大陆儿童心理发展并改善非洲儿童生活环境的发展心理学,在很大程度上就被视为一种"政治心理学"。②

非洲心理学的"非洲化"很大程度上表现为对非洲本土问题的关切,或主要是通过关注本土问题实现的。从1999年开始,一个由非洲人领导的无党派的泛非研究网络"非洲晴雨表"(Afrobarometer),开始对三十多个非洲国家在民主、治理、经济与社会等方面的公众态度开展定期调查。迄今为止,已完成了六轮调查,受访者超过20万人。③"非洲晴雨表"定期收集和发布有关非洲人在重要政治与经济问题上的态度和情感方面的高质量数据,已成为非洲统计数据的重要组成部分和政治心理学研究的宝贵资源。

---

① Augustine Nwoye, "What is African Psychology the Psychology of?", *Theory & Psychology*, Vol. 25, No. 1, 2015, pp. 96−116; Wahbie Long, "Essence or Experience? A New Direction for African Psychology", *Theory & Psychology*, Vol. 27, No. 3, 2017, pp. 293−312.

② A. Bame Nsamenang and Andy Dawes, "Developmental Psychology as Political Psychology in Sub-Saharan Africa: The Challenge of Africanisation", *Applied Psychology*, Vol. 47, No. 1, 1998, pp. 73−87.

③ http://www.afrobarometer.org/about,2020年5月15日访问。

在过去的二三十年中，非洲大陆所经历的经济与政治改革是这一地区政治心理学研究的重要背景和主题。一项基于非洲晴雨表第一轮调查（Afrobarometer Round 1）的跨国研究，通过对12个非洲国家（博茨瓦纳、加纳、莱索托、马拉维、马里、纳米比亚、尼日利亚、南非、坦桑尼亚、乌干达、赞比亚和津巴布韦）民众有关民主与市场改革看法的考察，揭示了一些不同于人们一般想象和预期的变化。[①]研究发现，民主在非洲得到了广泛的支持，并且是在自由民主和程序民主的意义上得到理解的；民众对民主的需求更多地取决于政治权利的实现，而不是经济绩效；大多数人有条件地支持消费品和公共服务的市场定价原则；在许多地方，职业身份正在取代种族身份；穆斯林和非穆斯林一样支持民主；民族认同感在非洲大陆几乎所有地方都很强烈。研究还发现，在受访的非洲人中，政治判断更多是基于理性的计算，而不是群体忠诚度。这一发现在很大程度上挑战了有关非洲人及其信仰的传统假设。

在非洲的经济与社会发展过程中，由于贫困问题长期存在，各国经济政策的绩效一向为人们所关注。研究者经常将经济政策失败归咎于历史、地理、政治因素以及领导人，而从非洲人的真实心理来解释经济政策的失败则是一个崭新的视角。相关研究发现，非洲国家的经济政策之所以失败，是因为没有考虑到政策目标群体的心理。也就是说，人类作为选择性动物，并不一定总是按照个人利益行事的理性的人，人们的惰性（即没有社会流动和改变现状的意愿）削弱了政府减贫政策的效果。贫困人口中常见的这种惰性以及习得性无助（learned helplessness），共同导致了非洲大陆普遍存在的"拉他／她下来"综合征（"Pull Him/Her Down" syndrome, PHD syndrome）。源于奴隶制及殖民主义时期的这种心理症候群，指特定社会或文化群体的成员阻止其他成员上升或超越自己的一种有意识或无意识的努力。

---

① Michael Bratton, Robert Mattes and E. Gyimah-Boadi, *Public Opinion, Democracy, and Market Reform in Africa*, Cambridge: Cambridge University Press, 2004.

在这种心理的驱使下,非洲人不厌其烦地破坏其他非洲人的建设性行动,使他们失败。这种破坏性心理症候群对政策实施具有消极影响,而其代际传播的特性则进一步导致贫困长期存在,使经济改革难以奏效。①

伴随非洲国家的经济与政治变革,以及非洲国家与其他地区国家的接触日益增多,非洲各国民众对外国的态度也成为非洲政治心理学研究的重要课题。有研究运用分层统计模型就非洲人对外国的态度进行了深入细致的分析。②研究发现,影响受访者对外国态度的因素各不相同,这取决于受访者考虑的是哪个国家,以及受访者所属的社会群体和阶层。譬如,对中国的积极情感,一般与那些拥有资产、属于总统所在的政党、对国内治理持肯定态度、更有政治兴趣、更值得信任、受过教育和更经常看新闻的个人有关;对美国的积极态度则存在于政治信任水平较高、受过更多教育以及关注新闻和对政府有着积极评价的人群,拥有工作和认为政府腐败的人也对美国持有积极态度;对前宗主国的积极情感也往往与信任、教育、新闻消费、对国内治理的积极评价、对政府腐败的感知、拥有职业、认同总统所属的政党以及对民主的支持等联系在一起。值得注意的是,对美国和对前宗主国的态度既与对国内治理的积极评价联系在一起,也与对政府腐败的感知相关。也就是说,对政府有着不同情感倾向的人可能对特定国家持积极态度。

非洲今天已成为政治心理学研究者关注的热点地区,非洲经济与

---

① Seth Oppong, "Psychology, Economic Policy Design, and Implementation: Contributing to the Understanding of Economic Policy Failures in Africa", *Journal of Social and Political Psychology*, Vol. 2, No. 1, 2014, pp. 183–196; Vusi Gumede, "South Africa: A Nation in Distress" (23 March 2009), https://thoughtleader.co.za/vusigumede/2009/03/23/south-africa-a-nation-in-distress/, 2020 年 5 月 15 日访问。

② Kris L. Inman, "African Attitudes Toward Foreign Countries: A Hierarchical Approach", *Social Science Information*, Vol. 55, No. 2, 2016, pp. 208–234.

政治发展过程中的诸多问题则成为重要的研究议题。① 大多数研究非洲的学者认为，尽管非洲的政治与社会已经发生了重要变化，但庇护主义仍是普通非洲人与其民选领导人之间关系的重要特征。庇护关系在非洲政治中无处不在，且因国家或地方精英相对普通民众拥有物质优势的程度差异而有所不同。总体上，较为公平的财富分配往往与较高的信任水平联系在一起。有研究发现，所有社会信任度在30%以上的撒哈拉以南非洲国家，其基尼系数都低于0.45。这种情形与拉丁美洲国家类似。② 如果在关注非洲问题的意义上界定非洲政治心理学的话，非洲以外的学者围绕非洲人对外国的态度、政治信任与民主等议题的研究，已成为最近二十多年来"非洲政治心理学"的重要组成部分，有些问题还是在非洲国家与其他地区国家的比较分析框架中得到研究的。

三、不均衡的非洲（政治）心理学

在非洲大陆，（政治）心理学的发展也极不均衡。相对于非洲其他国家，南非的（政治）心理学研究（特别是白人少数族裔的心理学研究）得到了较大的发展，专业研究者的总体规模也最大。南非的（政治）心理学研究因关注本国独特的现实问题，甚至成为非洲（政

---

① Michael Bratton and Robert Mattes, "Support for Democracy in Africa: Intrinsic or Instrumental?", *British Journal of Political Science*, Vol.31, No. 3, 2001, pp. 447–474; Katalin Buzasi, "Languages, Communication Potential and Generalized Trust in Sub-Saharan Africa: Evidence Based on the Afrobarometer Survey", *Social Science Research*, Vol. 49, 2015, pp. 141–155; Daniel Zerfu, Precious Zikhali and Innocent Kabenga, "Does Ethnicity Matter for Trust? Evidence from Africa", *Journal of African Economies*, Vol. 18, No. 1, 2009, pp. 153–175; Michael Bratton, Robert B. Mattes and Emmanuel Gyimah-Boadi, *Public Opinion, Democracy, and Market Reform in Africa*, Cambridge: Cambridge University Press, 2004.

② Robert Mattes and Alejandro Moreno, "Social and Political Trust in Developing Countries: Sub-Saharan Africa and Latin America", in Eric M. Uslaner, ed., *The Oxford Handbook of Social and Political Trust*, Oxford: Oxford University Press, 2018, pp. 357–381.

治)心理学研究的一个特殊类型。南非特殊的历史,以及南非(政治)心理学研究主要由白人学者承担的现实,使得这个国家的(政治)心理学研究似乎更容易在所谓"非洲心理学"与欧洲中心的心理学之间取得"和解",因而在寻求"非洲心理学"的过程中处于一种相对轻松的状态,而不必困扰于可能使非洲心理学陷入僵局的"非洲世界观"(African worldview)。

非洲有着独特的社会现实,也拥有独特的认识世界的参考框架。今天,无论是南非的(政治)心理学对本土问题的关注,还是整个非洲(政治)心理学不断以自身所面临的现实问题改变"感知到的和接受了的研究议程",都将给非洲这个"心理学最后的边疆"(psychology's last frontier)① 带来新的变化,尽管使心理学本土化或利用心理学来解决非洲面临的诸多问题的努力才刚刚开始,还需要加速推进。② 非洲政治心理学也正在经历类似的发展过程。

小 结

政治心理学作为一门独立学科的历史并不长,但已基本形成比较明确的学科研究范畴,而过去几十年中日益丰富的研究内容则使这一学科的研究范畴处于持续变动中。同时,政治心理学学科发展在地域维度上的不平衡,一方面提示了这一学科尚不成熟的现实,另一方面则凸显了政治心理学学科发展取向这一重要问题。

政治心理学被描述为一个"以问题为中心的领域"(problem-

---

① Saths Cooper, "South African Psychology 20 Years into Democracy", *South African Journal of Psychology*, Vol. 44, No. 3, 2014, pp. 261-266.

② A. Bame Nsamenang, "Factors Influencing the Development of Psychology in Sub-Saharan Africa", *International Journal of Psychology*, Vol. 30, No. 6, 1995, pp. 729-739.

centered field)①，其研究关切或源于贯穿历史发展过程的长期问题，或产生于特定地域的社会问题及其影响。在这种意义上，即使是在西方发达国家之间，如在北美（美国）与欧洲国家之间，政治心理学研究也并不平衡。美国在政治心理学发展方面的优势，源于其社会心理学的明显优势，而这种优势"不见得是其理论或方法'先进'，而是由于他们从自己的社会中选择研究主题，并使之成为科学探索的目标"②。在欧洲，人们对于诸多社会与政治心理问题的探索，如纳粹主义与盲从、意识形态和民族主义、社会与政治认同、价值和政治态度、集体行动、大众与精英等，已经成为构建和阐释欧洲政治的长期传统，并成为理解更为晚近的诸如"新欧洲"、政治记忆与认同、西欧与东欧的政治变迁等议题的重要基础。尽管政治心理学研究的文献已经极为丰富，但欧洲的政治关切以及欧洲社会心理学的贡献往往得不到应有的重视。这种缺失可能扭曲对于政治心理学是什么以及它在世界不同地方产生了什么实际影响的认识。③

对非西方世界社会与政治心理相关问题的更为普遍的忽视，对于政治心理学学科的发展将产生更为严重的影响。非西方世界基本上也是在经济意义上相对于西方国家而言发展较为迟缓的国家和地区。由于（政治）心理及相关学科研究对文化的敏感性，日本虽然在经济和政治意义上已被视为一个西方国家，这里仍将其作为非西方国家。在与西方世界的长期互动过程中，非西方国家和地区对主要源于西方世界的外部需求的适应塑造了其重要的社会氛围，在学术研究领域则体现为明显的学术文化移入与文化适应（academic acculturation），以及研究视野的外部化（externalization of outlook）。因此，非西方世界

---

① Cristian Tileagă, *Political Psychology: Critical Perspectives*, Cambridge: Cambridge University Press, 2013, p. 2.

② Serge Moscovici, "Society and Theory in Social Psychology", in Joachim Israel and Henri Tajfel, eds., *The Context of Social Psychology: A Critical Assessment*, London: Academic Press, 1972, pp. 17–68.

③ Cristian Tileagă, *Political Psychology: Critical Perspectives*, Cambridge: Cambridge University Press, 2013, p. 2.

政治心理学的发展不仅面临主导概念和理论与本地文化和世界观不符的问题，研究议题也常常与本地现实问题并无太多相关性。在过去的二三十年中，拉丁美洲、亚洲和非洲国家的政治心理学在发展中对这些问题的回应，即关注本土问题，强调在本国文化背景中理解国民心理与行为，已经成为心理学和政治心理学研究中具有普遍意义的学术问题，甚至是政治问题和伦理问题。

相对于政治心理学在历史维度的发展变化，理解政治心理学研究的跨国（地区）差异，不仅仅具有平衡不同国家和地区学科发展的意义，对于充分认识和利用政治心理学资源也极为重要。在全球化背景下，不同国家所面临的共同问题在不断增加，而不同国家特别是处于经济、政治与社会发展不同阶段的国家所面临的特殊问题却并未因此而减少。不同国家的民众在其现实政治生活中会遇到不同的问题，从而获得极具差异性的心理体验，政治心理学所蕴含的资源价值也会有不同的表现。因此，关注不同国家和地区的政治心理与流行社会情绪对于学科整体发展的意义不言而喻，也将为不同国家和地区创造并积累宝贵的社会与政治资源。

从政治心理学的学科属性来看，政治心理学既是一门基础学科，又是一门应用学科，具有极强的特殊性和针对性，即以某一地域及特定人群作为其研究对象，而相关命题、结论及解释的适用范围也存在明确的地域性。这一学科特性在很大程度上决定了政治心理学的另一个重要学科特征，即具有明显的地区特征或国家特征。在这种意义上，心理学方法虽然已经成为政治学研究中经常使用的研究方法，但它对于政治学学科整体发展所起的作用，却远没有政治心理学研究者所预期的那么大。其中一个原因是，作为政治学的一门分支学科，政治心理学对于政治学发展的积极意义还没有被广泛认识；另一个重要的原因则是，政治心理学在研究取向上缺乏普遍性。

心理是一种重要的文化现象，甚至是重要的政治现象，而完整和发展充分的政治心理学应将不同文化、社会与政治制度背景下的人群及其政治心理纳入研究范畴，从而逐步超越地域性，日益获得对一门成熟学科而言至关重要的普遍性。非西方国家和地区学者的政治心理学研究,以及西方研究者基于非西方国家和地区人群的研究,都已开始产生重要的回流效应,促使研究者对已有概念与理论进行严谨的反思和修正,推动学科趋向具有普遍意义的发展。

政治心理学不同领域的研究有着不同的主导研究方法,也因之而出现了各式政治心理学(political psychologies)。[①] 政治心理学在非西方世界的发展,无论是西方学者基于这些地区及人群的研究,还是这些地区本土学者的研究,都有助于推动主要以欧美社会为基础的政治心理学(political psychology),转变为体现地域维度、时间维度乃至方法维度的多样性和差异性的政治心理学(political psychologies)。伴随政治心理学日渐超越欧洲和北美的边界,政治心理学家通过发展理解政治行为的富有创造性的新方法及改变学科面貌的研究技术,不断探索整合性的研究路径,将推动政治心理学发展成为具有普遍性的政治心理学(political psychology)。

---

① Elif Erisen, "An Introduction to Political Psychology for International Relations Scholars", *Perceptions*, Vol. 17, No. 3, 2012, pp. 9—28.

结语　不确定时代的心理秩序与学科的未来

作为一种基本精神现象，心理在人类生活的各个领域随处可见，而政治心理因其所蕴含的政治意义或可能造成的政治性后果更是将人类心理与政治行为联系起来。在学科及学术意义上，作为一门独立的学科，政治心理学的发展基点是心理学与政治学的结合，是对人类普遍心理与政治间关系的一种理解和思考；在现实层面，当政治心理学被用于认识和理解政治社会并指导社会实践时，政治心理学就不仅仅是一门学科，还是一种极其宝贵的资源。

一、科学取向与社会取向

政治心理学常被认为用科学的衣裳装扮起来，却试图隐藏其社会责任那一面。[1] 事实上，在政治心理学学科发展过程中，其科学取向和社会取向之间始终存在明显张力。将政治心理学视为一门学科和一种资源，实际上是对于政治心理学在两个不同维度上的理解：一是将其理解为对一系列特定主题的经验的和累积性的学科探索与研究，即一个特定的知识领域；一是将其视为一种能动的资源，可在政治心理学研究与其他学科研究之间、与社会实践之间，以及心理过程与社会行动之间，创造有意义的联系。其中，在后一维度上，即作为一种资源的政治心理学，使得这一学科成为连接心理学与政治社会的结合点。

---

[1] Adela Garzón Pérez, "Political Psychology as Discipline and Resource", *Political Psychology*, Vol. 22, No. 2 (Special Issue: Psychology as Politics), 2001, pp. 347–356.

科学心理学是政治心理学的发展基础，但在寻求和确立学科身份的过程中，政治心理学在很大程度上却与科学心理学渐行渐远。这不仅表现于两个学科在研究对象和研究重心方面的差异，还在于价值倾向（价值中立）方面的不同学科要求。一般认为，在科学心理学领域，价值中立似乎并不会引发太多问题，而在政治心理学领域，就如在其他社会科学领域一样，价值倾向的问题却极为复杂。① 这是一个与研究者相关的重要问题，不时会引发不同观点及争论，甚至在一定程度上导致了学科定位的混乱。②

社会科学研究中的价值祛除与科学化联系在一起，并被当作使社会科学研究科学化的重要路径或其组成部分。在社会科学研究中是否可能实现价值祛除，很大程度上与研究者的自我定位有关。政治心理学以政治生活中的各种心理现象作为研究对象，或通过心理学视角分析政治现象，研究者不可能绝缘于政治。在研究方法方面，尽管科学路径（scientific approaches）的政治心理学研究大量使用定量研究方法和其他科学心理学的研究手段，但作为常见的重要研究方法的访谈和问卷调查，在问题及答案的设计方面都会受到研究者道德与政治假

---

① 实际上，科学研究与价值之间的关系并非人们通常想象的那么简单。科学社会学（sociology of science）创立者、美国社会学家罗伯特·默顿，于1938年出版了《十七世纪英格兰的科学、技术与社会》(*Science, Technology and Society in Seventeenth-Century England*) 一书，提出17世纪现代科学的发展受到了宗教以及其时经济与军事需要的影响。具体而言，科学家从事科学事业很大程度上受到了清教伦理和功利价值的影响，经济与军事方面的需要则决定了科学研究兴趣的焦点。在他看来，科学选择从来不只是科学选择。这一观点即人们熟知的"默顿命题"（Merton thesis）。马斯洛在《动机与人格》一书的"前言"中也指出："传统的不涉及价值的科学，或者不如说是那种想得到一种不涉及价值的科学的徒劳努力，已经受到了日益坚决的拒绝。"参见〔美〕罗伯特·金·默顿：《十七世纪英格兰的科学、技术与社会》，范岱年、吴忠、蒋效东译，商务印书馆2009年版；〔美〕马斯洛：《动机与人格》，许金声、程朝翔译，华夏出版社1987年版，第21页。

② 参见 Philip E. Tetlock, "How Politicized Is Political Psychology and Is There Anything We Should Do about It?", *Political Psychology*, Vol. 15, No. 3, 1994, pp. 567–577; Philip E. Tetlock, "Political Psychology or Politicized Psychology: Is the Road to Scientific Hell Paved with Good Moral Intentions?", *Political Psychology*, Vol. 15, No. 3, 1994, pp. 509–529; David O. Sears, "Ideological Bias in Political Psychology: The View from Scientific Hell", *Political Psychology*, Vol. 15, No. 3, 1994, pp. 547–556.

设的影响。这是政治心理学研究者普遍面临的问题。与此同时，人文主义路径（humanistic approaches）的政治心理学研究倚重人类学、历史学等学科的理论与方法，实现价值祛除就更为困难。

政治心理学研究者的自我定位也可对学科发展取向产生影响。政治心理学学科的社会使命常常与学科研究者的社会使命联系在一起，甚至相混淆。于是，研究者以怎样的角色定位展开特定领域或问题的研究，即是作为一个政治心理学家（科学家），还是作为一个社会变革的倡导者，不同的角色理解和定位决定了不同的研究目标和研究取向。科学家的研究目标是探求事实或真相，而社会变革的倡导者则以推进自己所持守的价值为目标。在政治心理学研究中，研究者的这两个角色有时并不容易区分，有些研究者更是自我赋予社会干预的使命，从而模糊了作为研究者与社会变革倡导者之间的界限。因此，政治心理学研究需要区分事实判断与价值主张，而研究者则需要某种程度的政治自我克制。

政治心理学产生于现实的社会与政治需要，这一事实本身即已提示了其作为资源的重要维度，而在应对现实问题的同时避免学术的政治化，则是学科发展面临的重要问题。对政治心理学研究政治化的忧虑与学科的社会关切联系在一起。现代社会中个人生活和社会生活日益政治化，这种变化可能意味着学科的一些古老概念日渐过时甚至已经成为不合时宜的"老古董"，从而使摒弃对科学权威的盲目崇拜、强调知识扩散和知识的民主化成为一种重要趋势，并在很大程度上使政治心理学作为一种资源的维度日益为人们所关注和重视。当然，这种变化也在整体上将政治心理学置于被政治化的巨大风险之中。

二、中国政治心理学学科发展趋向

很长时间以来，由于中国本土学者对政治心理学研究的兴趣普遍不大，这一领域少有本土研究者涉足。有关中国人政治心理的研究很大程度上由西方学者主导，并且始终不能摆脱中国政治现实以及中国与西方关系的影响。在这些研究中，传统中国人的心理（国民性、国民性格等）是常见的研究主题。这类研究有时也被纳入文化研究或政治文化研究的范畴。

心理学是理解政治的重要工具，但政治心理学分析不仅源于普遍的规律或心理学概念，还基于生活和社会实践。在这种意义上，急剧变革中的中国社会可为政治心理学的发展提供理想的现实土壤。

改革开放四十多年来，中国社会发生了急剧而复杂的变化。如何理解这些变化，是作为一门学科的政治心理学面临的重要挑战。一向敏感的西方学者对处于改革进程中的中国人的政治心理进行了一些富有启发性的研究；同时，中国学者在这一领域逐渐开始了有意识的探索努力。

政治心理学也被界定为一条"双行道"（two-way street），一方面是心理过程对政治行为的影响，另一方面则是特定政治体系对社会成员思想、情感和动机的影响。[1] 其中，相对于心理过程对政治行为的影响，政治心理学领域已有研究似乎忽略了对后一方面的关注。改革开放以来中国社会所发生的深刻变化，对政治心理学提出了诸多层面的现实要求，在一定程度上也有助于平衡这两个方面的研究。在宏观层面，社会与政治变迁过程中各种社会关系的变化与调整、各种制度的确立和完善，都需要跳出仅从制度和社会本身进行思考的习惯性思维，而将人——无论是作为个体还是作为群体的人——纳入对制度和社会的研究。其中，对群体心理的关注是理解中国社会面临的诸多现实问题的关键，并有可能从中获得积极应对现实社会与政治问题的有效方案。

通过理论和实证研究对"真实"世界作出解释，深度检验社会与政治生活，在个体层面的理论与方法论框架中理解人们的政治行为，是政治心理学的一个传统。在这种意义上，最近四十多年来中国社会

---

[1] William F. Stone and Paul E. Schaffner, *The Psychology of Politics*, 2nd ed., New York, NY: Springer-Verlag, 1988, p. 30.

的急剧变化也在微观层面为政治心理学注入了重要的动力。

改革开放以来中国社会所发生的重要变化，为政治心理学提供了研究社会与政治心理，甚至介入和影响社会的重要契机。在经历了急剧变迁的中国社会，人们的心态异常复杂，人们的心理尤其是政治心理与国家和社会发展诸多目标之间的关系变得日益微妙。可以预见，中国社会仍将在多个维度上延续既已展开的变革进程，而理解中国民众在这一变革进程中的心理与期望，获得可贵的"自知之明"，对于确立稳定和明确的体系价值，实现有效的政治沟通和社会治理，保障民众顺畅和积极的政治参与，进而实现繁荣与秩序这一核心发展目标，都具有重要的意义。因此，将政治心理学看作一种资源，而不仅仅拘泥于作为一门学科的"纯学术"探讨，同样应是中国政治心理学学科形成与发展的一个重要趋势和方向。

就政治心理学而言，相对于将其作为一门纯粹的科学学科而忽视其社会取向的倾向，因强调其社会取向而将政治心理学政治化或许是更大的和更值得注意的问题。这不仅是与中国政治心理学发展直接相关的学科定位问题，对于尚处在形成过程中的中国政治心理学而言，实际上还可理解为影响学科健康发展的学科基因的识别与确认过程。

三、一种社会美学

政治被视为检验心理现象的终极实验室，人们也习惯性地认为政治心理学的任务就是解释政治行为的各种表现和复杂性，而往往忽视了在理解和处理现实世界社会问题上政治心理学所具有的重要潜力。事实上，政治心理学问题驱动的传统或其以问题为中心的特征，已经提示了政治心理学在理解和处理现实世界社会与政治问题方面的重要功能。

在诸多相关界定或描述中，政治心理学被视为"以问题为中心的领域"。贯穿人类漫长历史的老问题，或是特定地方的特定社会问题与困惑，在一定程度上塑造着不同时期的社会流行情绪与态度，也设定了不同时期政治心理学的核心议题。譬如，在欧洲，群体心理研究正产生于 19 世纪末 20 世纪初社会急剧动荡的一段时期，而最近几十年来有关民族认同、国家认同与欧洲认同的研究则始终伴随着欧洲的一体化进程；在美国，种族、总统选举等现实政治议题一直是美国政治心理学研究的常见主题，民意研究似乎更已发展为一个独立的研究领域。不同时期的现实问题及相关研究，不仅是政治心理学的重要传统，也在现实层面影响和塑造着人们在不同时期的期望、态度与行为。

在非经验研究领域，政治心理学为理解政治学领域诸多传统议题提供了新的理论视角和方法论工具，其常用的心理学实验方法更是成为重要的研究方法。譬如，社会科学研究中常见的假设性社会范式（hypothetical society paradigm），使研究者不得不面对这样一个悖论：如果想知道我们是如何理解自己所处的社会世界的，我们就必须进入想象的社会世界。因此，政治哲学家在发展特定概念的规范表述时，经常会使用思想实验的方法。约翰·罗尔斯的"无知之幕"（Veil of ignorance）假设及其正义研究，就是思想实验研究的经典。政治哲学研究所带来的社会流行观念的变化，很大程度上也会影响人们对于重要社会与政治议题的评价与态度，进而影响和塑造一定时期的政治环境（特别是政策环境）。

国家与社会的关系，政府与民众的关系，以及精英与大众的关系等，是人们感受政治和理解政治的重要维度，也是经济、社会与政治领域诸多现实问题的焦点或核心。与此相关，今天世界各国面临的一个急迫问题是：政府如何帮助人们获取更多心理安全，同时使其成为更具人道精神、同理心和责任心的公民？政治心理学研究被认为可使人们趋近这一问题的答案。[①] 当人们通过政治心理学尝试理解人性与政治过程的互动关系时，人们的行为往往也会发生改变，而公民则可能在这一过程中培养出符合时代要求的人道精神、同理心和责任心。

---

① Robert E. Lane, "Rescuing Political Science from Itself", in David O. Sears, Leonie Huddy and Robert Jervis, eds., *Oxford Handbook of Political Psychology*, New York, NY: Oxford University Press, 2003, pp. 755–793.

现代政治充斥着各种矛盾和悖论。人类的公共生活空间随现代政治的发展日益扩大，而自我却变得日益私人化，人们开始以一种从未有过的方式审视自己的内心。① 这种变化意味着从心理学视角认识和理解政治现象比从前更为必要和适宜了。

政治心理学研究在很大程度上意味着对社会的政治性反思和改进。这一领域的研究者为了社会的未来进行思考和讨论，探索如何促进人的权利的实现和增进人类幸福，并由此获得关乎人类未来的认识与理念。社会与其知识创造的过程是不可分割的，而社会在某种程度上就是由知识模式构建的；或者说，知识创造本身就是一种社会生活模式。政治心理学在今天已经逐渐发展成为在各种不同知识领域之间以及围绕特定社会问题而在公众与知识共同体之间发挥作用的一个关联过程，同时也是一个不断发展的由基于信息的公众意见、得到普遍尊重的社会价值以及重要行动者组成的网络。

政治心理学研究可以提升人们对于广泛的社会问题的敏感度和关注度，从而有助于创造一个更加美好的社会。在这种意义上，政治心理学还可被视为一种社会美学（social aesthetics）②。

四、不确定时代的心理秩序与政治秩序

发现自然界的普遍秩序以及支配这一秩序的力量，是科学的重要功能。门捷列夫提出的元素周期表，就被认为发现了这种"秩序的支配"（reign of order）。心理学家、政治心理学家对不同国家和地区、不同文化背景下的个体及群体的研究，某种程度上也是探寻影响人们

---

① 参见〔英〕彼得·沃森：《20世纪思想史：从弗洛伊德到互联网》，张凤、杨阳译，译林出版社2019年版，"导言：思想规律进化论"。
② Pablo Fernandez Christlieb, "Political Psychology as Social Aesthetics", *Political Psychology*, Vol. 22, No. 2, 2001, pp. 357–366.

心理秩序的"个人变量"的过程。① 生活于不同文化背景、不同国家和地区的人有着不同的心理结构与心理秩序，而人格、态度等则可被视为理解不同文化与社会背景中特定个体或群体心理秩序的重要变量。

在由个体及群体组成的政治世界中，政治秩序本质上也是一种关系秩序——个体（群体）与环境的关系，特定个体（群体）与其他个体（群体）的关系，等等。其中，心理秩序是由诸多关系形成的关系集的基础，因而也是政治秩序的基础；某种程度上，政治秩序还可以理解为心理秩序的外在表达或心理秩序的制度化。现实政治的几乎每一个方面都受到人们如何思考、如何感受的影响，因此，政治学几乎所有问题都可在政治心理学视角下得到分析。② 在这种意义上，也就很容易理解为什么说所有政治都是心理的，尽管并非所有心理都与政治相关。

社会契约论为国家的产生提供了一种主导性解释。道格拉斯·诺思（Douglass C. North）有关经济史的研究则进一步提示人们，契约论或可解释为什么国家能够潜在地提供一个节约利用资源的框架。③ 在这种意义上，契约已不再是广受争议的抽象虚构，而成为特定经济体系中不同行为者有效互动的重要的协调与支持性机制。伴随更为广泛的社会与政治关系被视为某种交换关系的认识日益为人们所接受，特定背景下的社会与政治过程也可在契约维度上得到解释，并受到特定契约关系和原则的影响。

---

① W. Mischel, "The Interaction of Person and Situation", in E. Magnusson and N. S. Endler, eds., *Personality at the Crossroads*, Hillsdale, NJ: Erlbaum, 1977, pp. 333–352; Walter J. Lonner, "The Continuing Challenge of Discovering Psychological 'Order' across Cultures", in Fons J. R. van de Vijver, Athanasios Chasiotis and Seger M. Breugelmans, eds., *Fundamental Questions in Cross-Cultural Psychologyr*, New York, NY: Cambridge University Press, 2011, pp. 64–94.

② Deborah J. Schildkraut, "All Politics Is Psychological: A Review of Political Psychology Syllabi", *Perspectives on Politics*, Vol. 2, No. 4, 2004, pp. 807–819.

③ 〔美〕道格拉斯·C.诺思：《经济史上的结构和变革》，厉以平译，商务印书馆1992年版，第23页。

心理契约（psychological contract）是组织学理论和组织心理学研究领域的一个重要概念。商业组织中的心理契约意味着雇主与雇员对于双方如何履行各自职责的预期，是一种不成文的协议和非正式义务。心理契约也可被视作更为普遍的社会契约的基础。无论是心理契约还是社会契约，都基于交易逻辑（transaction logic），都以沟通理念为基础，因而也都具有重要的社会性（sociality）特征。① 由此，在很大程度上甚至可以说，社会契约本身就是一种心理契约。对绝大多数人而言，国家（祖国）是最重要的政治实体，也是重要的心理实体。其中，不同行为者之间的心理契约基于特定心理秩序，同时也塑造着心理秩序并对政治秩序（特别是制度秩序）产生影响。事实上，人性对政治制度的恰当设计的影响很早就已为人们所关注。②

在由共识与冲突共同构成的政治世界里，政治秩序的维系离不开共识，而现代社会却日趋多元并带来不断增加的冲突风险。冲突增多在很大程度上意味着不确定性，不确定性则进一步提高了冲突的可能性。不确定性正日益成为这个时代和这个世界的界定性特征，与此同时，与诸多时代关键议题相关的悖论又大量存在，从而使得个体或群体的心理秩序不可避免地总是处于持续的和日益频繁的调整与重构过程中。最近几十年来，"反政治"（anti-politics）似乎已经成为一种时代流行情绪，同时诸多传统的非政治议题则被高度政治化。在这个充斥着不确定性和悖论的时代，维系共同体的心理契约正经历严重危机，政治秩序尤其是人们习以为常的制度秩序也备受质疑和挑战。

政治心理学从一开始就是一个问题导向的学科，应对社会与政治危机则是这一学科的重要使命。人类又一次处在了关键的变革时代，

---

① Yvon Pesqueux, "Social Contract and Psychological Contract: A Comparison", *Society and Business Review*, Vol. 7, No. 1, 2012, pp. 14–33.

② 《联邦党人文集》第五十五篇写道，就如人类有某种程度的劣根性，从而需要有某种程度的慎重和不信任，人性中同样有可以为某种尊重和信任辩护的其他品质。"共和政体要比任何其他政体更加以这些品质的存在为先决条件。"〔美〕汉密尔顿、杰伊、麦迪逊：《联邦党人文集》，程逢如、在汉、舒逊译，商务印书馆1980年版，第286页。

政治心理学因其生物学基础（特别是脑科学和心理学基础）而可被视为政治学重要的学科锚点，甚至可被当作社会科学其他学科的学科锚点。层出不穷的新问题不断界定着作为一门学科的政治心理学，而诸多新问题则促使这一学科不断自我更新，并在学科自我更新过程中实现其应对现实问题的重要潜力。

主要参考文献

中文部分

曹蓉、王晓钧：《社会心理学嫉妒研究评析》，《西北大学学报（哲学社会科学版）》2007 年第 5 期。

陈仲庚、张雨新编著：《人格心理学》，辽宁人民出版社 1986 年版。

成伯清：《怨恨与承认：一种社会学的探索》，《江苏行政学院学报》2009 年第 5 期。

郭永玉、贺金波主编：《人格心理学》，高等教育出版社 2011 年版。

胡伟、王行宇：《公众意见概念：对五种观点的阐释》，《南京社会科学》2009 年第 7 期。

孔维民：《情感心理学新论》，吉林人民出版社 2002 年版。

李琼、刘力：《低地位群体的外群体偏好》，《心理科学进展》2011 年第 7 期。

刘小枫：《现代性社会理论绪论——现代性与中国》，上海三联书店 1998 年版。

卢红：《重建情绪与人格心理学》，暨南大学出版社 2008 年版。

马向阳、徐富明、吴修良、潘靖、李甜：《说服效应的理论模型、影响因素与应对策略》，《心理科学进展》2012 年第 5 期。

孟昭兰：《人类情绪》，上海人民出版社 1989 年版。

孟昭兰主编：《情绪心理学》，北京大学出版社 2005 年版。

沙莲香：《社会心理学》，中国人民大学出版社 1987 年版。

唐永亮：《日本国民意识调查的历史、现状与意义》，《日本学刊》2012 年第 1 期。

王丽萍：《人格与政治：政治心理学核心关系分析》，《北京大学学报》2002 年第 2 期。

王丽萍：《政治心理学中的态度研究》，《北京大学学报》2006 年第 1 期。

王丽萍：《情绪与政治：理解政治生活中的情绪》，《清华大学学报》2014年第2期。

吴宝沛、张雷：《妒忌：一种带有敌意的社会情绪》，《心理科学进展》2012年第9期。

夏冰丽、朱丽娟、郑航月：《西方妒忌研究介绍（综述）》，《中国心理卫生杂志》2008年第7期。

萧延中：《在明澈"冰山"之下的幽暗底层——写在〈心理传记学译丛〉即将出版的时候》，《中国图书评论》2010年第6期。

尹继武、刘训练主编：《政治心理学》，高等教育出版社2011年版。

周晓虹：《现代社会心理学：多维视野中的社会行为研究》，上海人民出版社1997年版。

〔奥〕阿尔弗雷德·阿德勒：《理解人性》，陈太胜、陈文颖译，国际文化出版公司2000年版。

〔美〕加布里埃尔·A. 阿尔蒙德、西德尼·维巴：《公民文化——五个国家的政治态度和民主制》，徐湘林等译，东方出版社2008年版。

〔美〕保罗·艾克曼：《情绪的解析》，杨旭译，南海出版公司2008年版。

〔美〕罗伯特·A. 巴隆、尼拉·R. 布兰斯科姆、唐·R. 伯恩：《社会心理学（原书第12版）》，邹智敏、张玉玲等译，侯玉波审校，机械工业出版社2011年版。

〔英〕戴雪：《公共舆论的力量：19世纪英国的法律与公共舆论》，戴鹏飞译，上海人民出版社2014年版。

〔美〕曼弗雷德·S. 弗林斯：《舍勒的心灵》，张志平、张任之译，上海三联书店2006年版。

〔奥〕弗洛伊德：《群体心理学与自我的分析》，张敦福译，载《论文明》，国际文化出版公司2000年版。

〔英〕弗兰克·富里迪：《恐惧的政治》，方军、吕静莲译，江苏人民出版社2007年版。

〔美〕弗雷德·I. 格林斯坦：《总统风格——从罗斯福到奥巴马》，李永成译，中国人民大学出版社2013年版。

〔美〕格林斯坦、波尔斯比主编：《政治学手册精选》上册，竺乾威等译，商务印书馆1996年版。

〔美〕汉密尔顿、杰伊、麦迪逊：《联邦党人文集》，程逢如、在汉、舒逊译，商务印书馆 1980 年版。

〔美〕赫根汉：《人格心理学导论》，何瑾、冯增俊译，海南人民出版社 1986 年版。

〔美〕A. R. 吉尔根：《当代美国心理学》，刘力等译，社会科学文献出版社 1992 年版。

〔美〕托马斯·吉洛维奇、达彻尔·凯尔特纳、理查德·尼斯比特：《吉洛维奇社会心理学》，周晓虹、秦晨等译，中国人民大学出版社 2009 年版。

〔美〕哈罗德·D. 拉斯韦尔：《政治学：谁得到什么？何时和如何得到？》，杨昌裕译，商务印书馆 1992 年版。

〔加〕兰伯斯：《社会心理学》，魏明庠等译，地质出版社 1990 年版。

〔法〕古斯塔夫·勒庞：《革命心理学》，佟德志、刘训练译，吉林人民出版社 2004 年版。

〔法〕古斯塔夫·勒庞：《乌合之众：大众心理研究》，冯克利译，中央编译出版社 2004 年版。

〔美〕沃尔特·李普曼：《公众舆论》，阎克文、江红译，上海人民出版社 2006 年版。

〔美〕利普塞特：《政治人：政治的社会基础》，刘钢敏、聂蓉译，商务印书馆 1993 年版。

〔美〕克里斯·马修斯：《硬球：政治是这样玩的》，林猛、吴群芳译，新华出版社 2003 年版。

〔英〕威廉·麦独孤：《社会心理学导论》，俞国良等译，浙江教育出版社 1997 年版。

〔法〕塞奇·莫斯科维奇：《群氓的时代》，许列民、薛丹云、李继红译，江苏人民出版社 2003 年版。

〔美〕G. 墨菲、J. 柯瓦奇：《近代心理学历史导引》，林方、王景和译，商务印书馆 1982 年版。

〔德〕尼采：《论道德的谱系》，周红译，生活·读书·新知三联书店 1992 年版。

〔美〕凯斯·R. 桑斯坦：《极端的人群：群体行为的心理学》，尹宏毅、郭彬彬译，新华出版社 2010 年版。

〔德〕马克斯·舍勒：《价值的颠覆》，罗悌伦、林克、曹卫东译，生活·读书·新知三联书店 1997 年版。

〔美〕尼尔·J. 斯梅尔塞：《社会科学的比较方法》，王宏周、张平平译，社会科学文献出版社 1992 年版。

〔美〕查尔斯·B. 斯特罗齐尔、丹尼尔·奥弗主编：《领袖——一项心理史学研究》，梁卿、贾宇琰、夏金彪译，中央编译出版社 2013 年版。

〔美〕威廉·F. 斯通：《政治心理学》，胡杰译，黑龙江人民出版社 1987 年版。

〔美〕泰勒、佩普劳、希尔斯：《社会心理学（第十版）》，谢晓非、谢冬梅、张怡玲、郭铁元等译，北京大学出版社 2004 年版。

〔日〕土居健郎：《日本人的心理结构》，阎小妹译，商务印书馆 2006 年版。

〔英〕格雷厄姆·沃勒斯：《政治中的人性》，朱曾汶译，商务印书馆 1995 年版。

〔古希腊〕亚里士多德：《尼各马可伦理学》，廖申白译注，商务印书馆 2003 年版。

〔日〕中根千枝：《日本社会》，许真、宋峻岭译，天津人民出版社 1982 年版。

英文部分

Aberbach, Joel D., and Jack L. Walker, "Political Trust and Racial Ideology", *American Political Science Review*, Vol. 64, No. 4, 1970, pp. 1199–1219.

Abrajano, Marisa A., and R. Michael Alvarez, "Assessing the Causes and Effects of Political Trust among U.S. Latinos", *American Politics Research*, Vol. 38, No. 1, 2010, pp. 110–141.

Adorno, Theodore W., Else Frenkel-Brunswick, Daniel J. Levinson,et al., *The Authoritarian Personality*, New York, NY: Harper, 1950.

Åhäll, Linda, and Thomas Gregory, eds., *Emotions, Politics, and War*, New York, NY: Routledge, 2015.

Ahmed, Sara, *The Cultural Politics of Emotion*, Edinburgh: Edinburgh University Press, 2004.

Albarracin, Dolores, Blair T. Johnson and Mark P. Zanna, eds., *The Handbook of Attitudes*, New York, NY: Psychology Press, 2014.

Aldrich, John H., John L. Sullivan and Eugene Borgida, "Foreign Affairs and Issue Voting: Do Presidential Candidates 'Waltz Before a Blind Audience?' ", *American Political Science Review*, Vol. 83, No. 1, 1989, pp. 123–141.

Alexander, Michele G., Shana Levin and P. J. Henry, "Image Theory, Social

Identity, and Social Dominance: Structural Characteristics and Individual Motives Underlying International Images", *Political Psychology*, Vol. 26, No. 1, 2005, pp. 27−45.

Alford, C. Fred, *Group Psychology and Political Theory*, New Haven, CT: Yale University Press, 1994.

Alford, John R., and John R. Hibbing, "The Origin of Politics: An Evolutionary Theory of Political Behavior", *Perspectives on Politics*, Vol. 2, No. 4, 2004, pp. 707−723.

Alford, John R., Carolyn L. Funk and John R. Hibbing, "Are Political Orientations Genetically Transmitted?", *American Political Science Review*, Vol. 99, No. 2, 2005, 153−167.

Altemeyer, Bob, *The Authoritarian Specter*, Cambridge, MA: Harvard University Press, 1996.

Anderson, Christopher J., and Matthew M. Singer, "The Sensitive Left and the Impervious Right: Multilevel Models and the Politics of Inequality, Ideology, and Legitimacy in Europe", *Comparative Political Studies*, Vol. 41, No. 4−5, 2008, pp. 564−599.

Apter, David E., ed., *Ideology and Discontent*, New York, NY: Free Press, 1964.

Ardila, Rubén, ed., *Psychology in Latin America: Current Status, Challenges and Perspectives*, Cham, Switzerland: Springer, 2018.

Ardila, Rubén, "Political Psychology: The Latin American Perspective", *Political Psychology*, Vol. 17, No. 2, 1996, pp. 339−351.

Ariely, Gal, "Trusting the Press and Political Trust: A Conditional Relationship", *Journal of Elections, Public Opinion and Parties*, Vol. 25, No. 3, 2015, pp. 351−367.

Art, Robert J., "Bureaucratic Politics and American Foreign Policy: A Critique", *Policy Sciences*, Vol. 4, No. 4, 1973, pp. 467−490.

Baldassare, Mark, "Trust in Local Government", *Social Science Quarterly*, Vol. 66, No. 3, 1985, pp. 704−712.

Barbalet, Jack, *Emotion, Social Theory and Social Structure: A Macrosociological Approach*, Cambridge: Cambridge University Press, 1998.

Barbalet, Jack, ed., *Emotions and Sociology*, Oxford: Blackwell, 2002.

Barber, James David, *The Law Makers: Recruitment and Adaptation to Legislative Life*, New Haven, CT: Yale University Press, 1965.

Barber, James David, "Today's Relevance of Psychological Politics", *Political*

Psychology, Vol. 14, No. 3, 1993, pp. 529—535.

Barber, James David, *The Presidential Character: Predicting Performance in the White House*, 5th ed., New York, NY: Routledge, 2020.

Bardes, Barbara A., and Robert W. Oldendick, *Public Opinion: Measuring the American Mind*, 4th ed., Lanham, MD: Rowman & Littlefield, 2012.

Bawn, Kathleen, "Constructing 'US': Ideology, Coalition Politics and False Consciousness", *American Journal of Political Science*, Vol. 43, No. 2, 1999, pp. 303—334.

Beck, Paul Allen, and M. Kent Jennings, "Parents as 'Middlepersons' in Political Socialization", *The Journal of Politics*, Vol. 37, No. 1, 1975, pp. 83—107.

Beebe, Steven A., and John T. Masterson, *Communicating in Small Groups: Principles and Practices*, 8th ed., Boston, MA: Pearson Education, 2006.

Béland, Daniel, and André Lecours, "Federalism, Nationalism, and Social Policy Decentralisation in Canada and Belgium", *Regional and Federal Studies*, Vol. 17, No. 4, 2007, pp. 405—419.

Bell, Edward, Julie Aitken Schermer and Philip A. Vernon, "The Origins of Political Attitudes and Behaviours: An Analysis Using Twins", *Canadian Journal of Political Science*, Vol. 42, No. 4, 2009, pp. 855—879.

Bendelow, Gillian, and Simon J. Williams, eds., *Emotions in Social Life: Critical Themes and Contemporary Issues*, New York, NY: Routledge, 1998.

Bennett, Scott Edward, *Applying Public Opinion in Governance: The Uses and Future of Public Opinion in Managing Government*, Cham, Switzerland: Palgrave Macmillan, 2017.

Berezin, Mabel, "Secure States: Towards a Political Sociology of Emotion", *The Sociological Review*, Vol. 50, No. S2, 2002, pp. 33—52.

Berinsky, Adam J., ed., *New Directions in Public Opinion*, 2nd ed., New York, NY: Routledge, 2016.

Berlant, Lauren, ed., *Compassion: The Culture and Politics of an Emotion*, New York, NY: Routledge, 2004.

Binder, Jens, Hanna Zagefka, Rupert Brown, et al., "Does Contact Reduce Prejudice or Does Prejudice Reduce Contact? A Longitudinal Test of the Contact Hypothesis amongst Majority and Minority Groups in Three European Countries", *Journal of Personality and Social Psychology*, Vol. 96, No. 4, 2009, pp. 843—856.

Bion, Wilfred R., *Experiences in Groups and Other Papers*, New York, NY: Basic Books, 1961.

Bishop, George F., *The Illusion of Public Opinion: Fact and Artifact in American Public Opinion Polls*, Lanham, MD: Rowman & Littlefield, 2005.

Borgida, Eugene, Christopher M. Federico and John L. Sullivan, eds., *The Political Psychology of Democratic Citizenship*, New York, NY: Oxford University Press, 2009.

Brand, Alice G., "Hot Cognition: Emotions and Writing Behavior", *Journal of Advanced Composition*, Vol. 6, 1985, pp. 5–15.

Bratton, Michael, Robert Mattes and E. Gyimah-Boadi, *Public Opinion, Democracy, and Market Reform in Africa*, Cambridge: Cambridge University Press, 2004.

Bratton, Michael, and Robert Mattes, "Support for Democracy in Africa: Intrinsic or Instrumental?", *British Journal of Political Science*, Vol. 31, No. 3, 2001, pp. 447–474.

Brewer, Marilynn B., "The Many Faces of Social Identity: Implications for Political Psychology", *Political Psychology*, Vol. 22, No. 1, 2001, pp. 115–125.

Brewer, Paul R., Kimberly Gross, Sean Aday, et al., "International Trust and Public Opinion about World Affairs", *American Journal of Political Science*, Vol. 48, No. 1, 2004, pp. 93–109.

Brooks, D. Christopher, "Learning Tolerance: The Impact of Comparative Politics Courses on Levels of Cultural Sensitivity", *Journal of Political Science Education*, Vol. 1, No. 2, 2005, pp. 221–232.

Brooks, D. Christopher, "Learning Tolerance Revisited: A Quasi-Experimental Replication", *Journal of Political Science Education*, Vol. 4, No. 3, 2008, pp. 286–297.

Brosius, Anna, Erika J. van Elsas and Claes H. de Vreese, "How Media Shape Political Trust: News Coverage of Immigration and Its Effects on Trust in the European Union", *European Union Politics*, Vol. 20, No. 3, 2019, pp. 447–467.

Brown, Rupert, *Prejudice: Its Social Psychology*, 2nd ed., Oxford: Wiley-Blackwell, 2010.

Brown, Rupert, and Samuel L. Gaertner, eds., *Blackwell Handbook of Social Psychology: Intergroup Processes*, Malden, MA: Blackwell, 2003.

Bulhan, Hussein A., "Stages of Colonialism in Africa: From Occupation of Land to Occupation of Being", *Journal of Social and Political Psychology*, Vol. 3, No. 1, 2015, pp. 239–256.

Burns, James MacGregor, *Leadership*, New York, NY: Harper & Row, 1978.

Buzasi, Katalin, "Languages, Communication Potential and Generalized Trust in Sub-Saharan Africa: Evidence Based on the Afrobarometer Survey", *Social Science Research*, Vol. 49, 2015, pp. 141−155.

Campbell, Angus, Philip E. Converse, Warren E. Miller, et al., *The American Voter*, New York, NY: John Wiley & Sons, 1960.

Campbell, David E., "Voice in the Classroom: How an Open Classroom Climate Foster Political Engagement among Adolescents", *Political Behavior*, Vol. 30, No. 4, 2008, pp. 437−454.

Caprara, Gian Vittorio, Shalom Schwartz, Cristina Capanna, et al., "Personality and Politics: Values, Traits, and Political Choice", *Political Psychology*, Vol. 27, No. 1, 2006, pp. 1−28.

Carney, Dana R., John T. Jost, Samuel D. Gosling, et al., "The Secret Lives of Liberals and Conservatives: Personality Profiles, Interaction Styles, and the Things They Leave Behind", *Political Psychology*, Vol. 29, No. 6, 2008, pp. 807−840.

Case, Charles E., Andrew M. Greeley and Stephan Fuchs, "Social Determinants of Racial Prejudice", *Sociological Perspectives*, Vol. 32, No. 4, 1989, pp. 469−483.

Castiglione, Dario, Jan W. Van Deth and Guglielmo Wolleb, eds., *The Handbook of Social Capital*, New York, NY: Oxford University Press, 2008.

Chanley, Virginia A., Thomas J. Rudolph and Wendy M. Rahn, "The Origins and Consequences of Public Trust in Government: A Time Series Analysis", *Public Opinion Quarterly*, Vol. 64, No. 3, 2000, pp. 239−256.

Chevalier, Tom, "Political Trust, Young People and Institutions in Europe. A Multilevel Analysis", *International Journal of Social Welfare*, Vol. 28, No. 4, 2019, pp. 418−430.

Chong, Dennis, and Dukhong Kim, "The Experiences and Effects of Economic Status among Racial and Ethnic Minorities", *American Political Science Review*, Vol. 100, No. 3, 2006, pp. 335−351.

Chong, Dennis, and James N. Druckman, "Dynamic Public Opinion: Communication Effects over Time", *American Political Science Review*, Vol. 104, No. 4, 2010, pp. 663−680.

Christlieb, Pablo Fernandez, "Political Psychology as Social Aesthetics", *Political*

Psychology, Vol. 22, No. 2, 2001, pp. 357–366.

Citrin, Jack, "Comment: The Political Relevance of Trust in Government", *American Political Science Review*, Vol. 68, No. 3, 1974, pp. 973–988.

Citrin, Jack, and Donald P. Green, "Presidential Leadership and the Resurgence of Trust in Government", *British Journal of Political Science*, Vol. 16, No. 4, 1986, pp. 431–453.

Citrin, Jack, and Laura Stoker, "Political Trust in a Cynical Age", *Annual Review of Political Science*, Vol. 21, No. 1, 2018, pp. 49–70.

Clarke, Simon, Paul Hoggett and Simon Thompson, eds., *Emotions, Politics and Society*, New York, NY: Palgrave Macmillan, 2006.

Clawson, Rosalee A., and Zoe M. Oxley, *Public Opinion: Democratic Ideals, Democratic Practice*, 2nd ed., Thousand Oaks, CA: Sage/CQ Press, 2013.

Cobb, Michael D., and James H. Kuklinski, "Changing Minds: Political Arguments and Political Persuasion", *American Journal of Political Psychology*, Vol. 41, No. 1, 1997, pp. 88–121.

Cochrane, Christopher, "Left/Right Ideology and Canadian Politics", *Canadian Journal of Political Science*, Vol. 43, No. 4, 2010, pp. 583–605.

Cohen, Andrew Jason, "What Tolerance Is", *Ethics*, Vol. 115, No. 1, 2004, pp. 68–95.

Cole, Richard L., John Kincaid and Alejandro Rodriguez, "Public Opinion on Federalism and Federal Political Culture in Canada, Mexico, and the United States, 2004", *Publius*, Vol. 34, No. 3, 2004, pp. 201–221.

Colman, Andrew M., *Oxford Dictionary of Psychology*, New York, NY: Oxford University Press, 2003.

Converse, Philip E., "The Nature of Belief Systems in Mass Publics (1964)", *Critical Review*, Vol. 18, No. 1–3, 2006, pp. 1–74. Originally appeared in David E. Apter, ed., *Ideology and Discontent*, New York, NY: Free Press, 1964.

Converse, Philip E., "Changing Conceptions of Public Opinion in the Political Process", *Public Opinion Quarterly*, Vol. 51, No. 4, 1987, pp. S12–S24.

Cooley, Charles Horton, *Human Nature and the Social Order*, London: Routledge, 2017.

Cooper, Saths, "South African Psychology 20 Years into Democracy", *South African*

Journal of Psychology, Vol. 44, No. 3, 2014, pp. 261−266.

Crespi, Irving, *Public Opinion, Polls, and Democracy*, Boulder, CO: Westview Press, 1989.

Cutler, Stephen J., and Robert L. Kaufman, "Cohort Changes in Political Attitudes: Tolerance of Ideological Nonconformity", *Public Opinion Quarterly*, Vol. 39, No. 1, 1975, pp. 69−81.

Dalton, Russell J., *Democratic Challenges, Democratic Choices: The Erosion of Political Support in Advanced Industrial Democracies*, Oxford: Oxford University Press, 2004.

Dalton, Russell J., "The Social Transformation of Trust in Government", *International Review of Sociology*, Vol. 15, No. 1, 2005, pp. 133−154.

Dalton, Russell J., *Citizen Politics: Public Opinion and Political Parties in Advanced Western Democracies*, 6th ed., Los Angeles, CA: Sage, 2014.

Dalton, Russell J., Hans-Dieter Klingemann and Pippa Norris, eds., *The Oxford Handbook of Political Behavior*, Oxford: Oxford University Press, 2007.

Demertzis, Nicolas, ed., *Emotions in Politics: The Affect Dimension in Political Tension*, London: Palgrave Macmillan, 2013.

Donsbach, Wolfgang, and Michael W. Traugott, eds., *The Sage Handbook of Public Opinion Research*, Thousand Oaks, CA: Sage, 2008.

Donsbach, Wolfgang, Charles T. Salmon and Yariv Tsfati, eds., *The Spiral of Silence: New Perspectives on Communication and Public Opinion*, New York, NY: Routledge, 2014.

Dovidio, John F., and Samuel L. Gaertner, "Reducing Prejudice: Combating Intergroup Biases", *Current Directions in Psychological Science*, Vol. 8, No. 4, 1999, pp. 101−105.

Doyle, David, "The Legitimacy of Political Institutions: Explaining Contemporary Populism in Latin America", *Comparative Political Studies*, Vol. 44, No. 11, 2011, pp. 1447−1473.

Druckman, James N., "On the Limits of Framing Effects: Who Can Frame?", *The Journal of Politics*, Vol. 63, No. 4, 2008, pp. 1041−1066.

Duch, Raymond M., and Randolph T. Stevenson, *The Economic Vote: How Political and Economic Institutions Condition Election Results*, New York, NY: Cambridge University

Press, 2008.

Duckitt, John, "Authoritarianism and Group Identification: A New View of an Old Construct", *Political Psychology*, Vol. 10, No. 1, 1989, pp. 63–84.

Easton, David, "A Re-Assessment of the Concept of Political Support", *British Journal of Political Science*, Vol. 5, No. 4, 1975, pp. 435–457.

Eisenstein, Marie A., "Rethinking the Relationship between Religion and Political Tolerance in the U.S.", *Political Behavior*, Vol. 28, No. 4, 2006, pp. 327–348.

Ekehammar, Bo, and Nazar Akrami, "Personality and Prejudice: From Big Five Personality Factors to Facets", *Journal of Personality*, Vol. 75, No. 5, 2007, pp. 899–926.

Ekman, Paul, and Richard J. Davidson, eds., *The Nature of Emotion: Fundamental Questions*, New York, NY: Oxford University Press, 1994.

Ellinas, Antonis A., and Iasonas Lamprianou, "Political Trust *In Extremis*", *Comparative Politics*, Vol. 46, No. 2, 2014, pp. 231–250.

Erikson, Robert S., and Kent L. Tedin, *American Public Opinion: Its Origins, Content, and Impact*, 6th ed., New York, NY: Longman, 2003.

Erikson, Robert S., and Laura Stoker, "Caught in the Draft: The Effects of Vietnam Draft Lottery Status on Political Attitudes", *American Political Science Review*, Vol. 105, No. 2, 2011, p. 221–237.

Erisen, Elif, "An Introduction to Political Psychology for International Relations Scholars", *Perceptions,* Vol. 17, No. 3, 2012, pp. 9–28.

Evens, Dylan, *Emotion: The Science of Sentiment*, Oxford: Oxford University Press, 2001.

Evans, Dylan, *Emotion: A Very Short Introduction*, New York, NY: Oxford University Press, 2003.

Fabrigar, Leandre R., and Jon A. Krosnick, "Attitude Importance and the False Consensus Effect", *Personality and Social Psychology Bulletin*, Vol. 21, No. 5, 1995, pp. 468–479.

Fazio, Russell H., and Richard E. Petty, eds., *Attitudes: Their Structure, Function, and Consequences*, New York, NY: Psychology Press, 2008.

Fazio, Russell H., David M. Sanbonmatusu, Martha C. Powell, et al., "On the Automatic Activation of Attitude", *Journal of Personality and Social Psychology*, Vol. 50, No. 2, 1986, pp. 229–238.

Fazio, Russell H., Jim Blascovich and Denise M. Driscoll, "On the Functional Value of Attitudes: The Influence of Accessible Attitudes on the Ease and Quality of Decision Making", *Personality and Social Psychology Bulletin*, Vol. 18, No. 4, 1992, pp. 388–401.

Feldman, Ofer, "Political Psychology in Japan", *Political Psychology*, Vol. 11, No. 4, 1990, pp. 787–804.

Feldman, Ofer, "Culture, Society, and the Individual: Cross-Cultural Political Psychology in Japan", *Political Psychology*, Vol. 18, No. 2, 1997, pp. 327–353.

Feldman, Stanley, "Enforcing Social Conformity: A Theory of Authoritarianism", *Political Psychology*, Vol. 24, No. 1, 2003, pp. 41–74.

Feldman, Stanley, and Leonie Huddy, "Racial Resentment and White Opposition to Race-Conscious Programs: Principles or Prejudice?", *American Journal of Political Science*, Vol. 49, No. 1, 2005, pp. 168–183.

Feldman, Stanley, and Karen Stenner, "Perceived Threat and Authoritarianism", *Political Psychology*, Vol. 18, No. 4, 1997, pp. 741–770.

Feldman, Stanley, and John Zaller, "The Political Culture of Ambivalence: Ideological Response to the Welfare State", *American Journal of Political Science*, Vol. 36, No. 1, 1992, pp. 268–307.

Fishbein, Martin, and Icek Ajzen, *Belief, Attitude, Intention and Behavior: An Introduction to Theory and Research*, Reading, MA: Addison-Wesley, 1975.

Fleury, Christopher J., and Michael S. Lewis-Beck, "Anchoring the French Voter: Ideology versus Party", *The Journal of Politics*, Vol. 55, No. 4, 1993, pp. 1100–1109.

Flynn, Francis J., "Having an Open Mind: The Impact of Openness to Experience on Interracial Attitudes and Impression Formation", *Journal of Personality and Social Psychology*, Vol. 88, No. 5, 2005, pp. 816–826.

Freitag, Markus, and Carolin Rapp, "The Personal Foundations of Political Tolerance towards Immigrants", *Journal of Ethnic and Migration Studies*, Vol. 41, No. 3, 2015, pp. 351–373.

Finkel, Steven E., and Howard R. Ernst, "Civic Education in Post-Apartheid South Africa: Alternative Paths to the Development of Knowledge and Democratic Values", *Political Psychology*, Vol. 26, No. 3, 2005, pp. 333–364.

Fishbein, Martin, and Icek Ajzen, *Belief, Attitude, Intention and Behavior: An Introduction to Theory and Research*, Reading, MA: Addison-Wesley, 1975.

Fowler, James H., Laura A. Baker and Christopher T. Dawes, "Genetic Variation in Political Participation", *American Political Science Review*, Vol. 102, No. 2, 2008, pp. 233−248.

Frank, Robert H., *Passions within Reason: The Strategic Role of the Emotions*, New York, NY: W. W. Norton & Company, 1988.

Franks, David D., and E. Doyle McCarthy, eds., *The Sociology of Emotions: Original Essays and Research Papers*, Greenwich, CT: JAI Press, 1989.

Freitag, Markus, and Kathrin Ackermann, "Direct Democracy and Institutional Trust: Relationships and Differences across Personality Traits", *Political Psychology*, Vol. 37, No. 5, 2016, pp. 707−723.

Furedi, Frank, *Therapy Culture: Cultivating Vulnerability in an Uncertain Age*, London: Routledge, 2003.

Friedrich Funke, "The Dimensionality of Right-Wing Authoritarianism: Lessons from the Dilemma between Theory and Measurement", *Political Psychology*, Vol. 26, No. 2, 2005, pp. 195−218.

Galanes, Gloria J., Katherine L. Adams and John K. Brilhart, *Communicating in Groups: Applications and Skills*, 4th ed., Boston, MA: McGraw-Hill, 2000.

Gallego, Aina, and Sergi Pardos-Prado, "The Big Five Personality Traits and Attitudes Toward Immigrants", *Journal of Ethnic and Migration Studies*, Vol. 40, No. 1, 2014, pp. 79−99.

Garzón Pérez, Adela, "Political Psychology as Discipline and Resource", *Political Psychology*, Vol. 22, No. 2 (Special Issue: Psychology as Politics), 2001, pp. 347−356.

Gerber, Alan S., Gregory A. Huber, David Doherty, et al., "The Big Five Personality Traits in the Political Arena", *Annual Review of Political Science*, Vol. 14, No. 1, 2011, pp. 265−287.

Giannakakis, Andrew Erik, and Immo Fritsche, "Social Identities, Group Norms, and Threat: On the Malleability of Ingroup Bias", *Personality and Social Psychology Bulletin*, Vol. 37, No. 1, 2011, pp. 82−93.

Gibson, James L., and Richard D. Bingham, "On the Conceptualization and Measurement of Political Tolerance", *American Political Science Review*, Vol. 76, No. 3, 1982, pp. 603−620.

Gibson, James L., "The Paradoxes of Political Tolerance in Processes of Democratization",

Politikon, Vol. 23, No. 2, 1996, pp. 5—21.

Gibson, James L., "Enigmas of Intolerance: Fifty years after Stouffer's Communism, Conformity, and Civil Liberties", *Perspectives on Politics*, Vol. 4, No. 1, 2006, pp. 21—34.

Gibson, James L., "Do Strong Group Identities Fuel Intolerance? Evidence from the South African Case", *Political Psychology*, Vol. 27, No. 5, 2006, pp. 665—705.

Gieling, Maike, Jochem Thijs and Maykel Verkuyten, "Dutch Adolescents' Tolerance of Muslim Immigrants: The Role of Assimilation Ideology, Intergroup Contact, and National Identification", *Journal of Applied Social Psychology*, Vol. 44, No. 3, 2014, pp. 155—165.

Glaeser, Stephanie, "The Irony of Social Trust: Individual-Level and Contextual-Level Links with Protest Intention and Radical Right Support in Switzerland", *Journal of Community & Applied Social Psychology*, Vol. 26, No. 2, 2016, pp. 110—124.

Goldberg, Lewis R., "The Development of Markers for the Big-Five Factor Structure", *Psychological Assessment*, Vol. 4, No. 1, 1992, pp. 26—42.

Goldgeier, James M., and Philip E. Tetlock, "Psychology and International Relations Theory", *Annual Review of Political Science*, Vol. 17, No. 4, 2001, pp. 67—92.

Gosling, Samuel D., Peter J. Rentfrow and William B. Swann, Jr., "A Very Brief Measure of the Big-Five Personality Domains", *Journal of Research in Personality*, Vol. 37, No. 6, 2003, pp. 504—528.

Graber, Doris, Denis McQuail and Pippa Norris, eds., *The Politics of News: The News of Politics*, Washington, DC: CQ Press, 1998.

Greenberg, Edward S., "Black Children and the Political System", *Public Opinion Quarterly*, Vol. 34, No. 3, 1970, pp. 333—345.

Greenstein, Fred I., "The Benevolent Leader: Children's Images of Political Authority", *American Political Science Review*, Vol. 54, No. 4, 1960, pp. 934—943.

Greenstein, Fred I., *Children and Politics*, New Haven, CT: Yale University Press, 1965.

Greenstein, Fred I., "Personality and Politics: Problems of Evidence, Inference, and Conceptualization", *American Behavioral Scientist*, Vol. 11, No. 2, 1967, pp. 38—53.

Greenstein, Fred I., *Personality and Politics: Problems of Evidence, Inference, and Conceptualization*, Princeton, NJ: Princeton University Press, 1987.

Greenstein, Fred I., "Can Personality and Politics Be Studied Systematically?",

Political Psychology, Vol. 13, No. 1, 1992, pp. 105—128.

Greenstein, Fred I., *The Presidential Difference: Leadership Style from FDR to Barack Obama*, 3rd ed., Princeton, NJ: Princeton University Press, 2009.

Greenstein, Fred I., and Nelson W. Polsby, eds., *Handbook of Political Science*, Vol. VI, Reading, MA: Addison-Wesley, 1975.

Haas, Ingrid Johnsen, and William A. Cunningham, "The Uncertainty Paradox: Perceived Threat Moderates the Effect of Uncertainty on Political Tolerance", *Political Psychology*, Vol. 35, No, 2, 2014, pp. 291—302.

Hatemi, Peter K., Carolyn L. Funk, Sarah E. Medland, et al., "Genetic and Environmental Transmission of Political Attitudes Over a Life Time", *The Journal of Politics*, Vol. 71, No. 3, 2009, pp. 1141—1156.

Haugsgjerd, Atle, "Political Distrust amidst the Great Recession: The Mitigating Effect of Welfare State Effort", *Comparative European Politics*, Vol. 16, No. 4, 2018, pp. 620—648.

Hayes, Andrew F., "Exploring the Forms of Self-Censorship: On the Spiral of Silence and the Use of Opinion Expression Avoidance Strategies", *Journal of Communication*, Vol. 57, No. 4, 2007, pp. 785—802.

Herbst, Susan, *Reading Public Opinion: How Political Actors View the Democratic Process*, Chicago, IL: University of Chicago Press, 1998.

Herbst, Susan, "Classical Democracy, Polls, and Public Opinion: Theoretical Frameworks for Studying the Development of Public Sentiment", *Communication Theory*, Vol. 1, No. 3, 1991, pp. 225—238.

Hermann, Margaret G., ed., *Political Psychology: Contemporary Problems and Issues*, San Francisco, CA: Jossey-Bass, 1986.

Herrmann, Richard K., Philip E. Tetlock and Penny S. Visser, "Mass Public Decisions to Go to War: A Cognitive-Interactionist Framework", *American Political Science Review*, Vol. 93, No. 3, 1999, pp. 553—573.

Hess, Robert D., and David Easton, "The Child's Changing Image of the President", *Public Opinion Quarterly*, Vol. 24, No. 4, 1960, pp. 632—644.

Hetherington, Marc J., "The Political Relevance of Political Trust", *American Political Science Review*, Vol. 92, No. 4, 1998, pp. 791—808.

Hetherington, Marc J., and Jason A. Husser, "How Trust Matters: The Changing

Political Relevance of Political Trust", *American Journal of Political Science*, Vol. 56, No. 2, 2012, pp. 312−325.

Hetherington, Marc J., and Thomas J. Rudolph, "Priming, Performance, and the Dynamics of Political Trust", *The Journal of Politics*, Vol. 70, No. 2, 2008, pp. 498−512.

Hochschild, Arlie Russell, *The Managed Heart: The Commercialization of Human Feeling*, Berkeley, CA: University of California Press, 1983.

Hodgson, Robert, and John Maloney, "Bandwagon Effects in British Elections, 1885−1910", *Public Choice*, Vol. 157, No. 1−2, 2013, pp. 73−90.

Hoffmann, Stanley, "On the Political Psychology of Peace and War: A Critique and an Agenda", *Political Psychology*, Vol. 7, No. 1, 1986, pp. 1−21.

Hoggett, Paul, and Simon Thompson, eds., *Politics and the Emotions: The Affective Turn in Contemporary Political Studies*, New York, NY: Continuum International Publishing Group, 2012.

Holmes, Mary, "Feeling Beyond Rules: Politicizing the Sociology of Emotion and Anger in Feminist Politics", *European Journal of Social Theory*, Vol. 7, No. 2, 2004, pp. 209−227.

Holmes, Mary, "The Importance of Being Angry: Anger in Political Life", *European Journal of Social Theory*, Vol. 7, No. 2, 2004, pp. 123−132.

Holsti, Ole R., *Public Opinion and American Foreign Policy*, Ann Arbor, MI: University of Michigan Press, 2004.

Holt, Robert R., "Bridging the Rift in Political Psychology: An Open Letter to Stanley Hoffmann", *Political Psychology*, Vol. 7, No. 2, 1986, pp. 235−244.

Holtz-Bacha, Christina, and Jesper Strömbäck, eds., *Opinion Polls and the Media: Reflecting and Shaping Public Opinion*, New York, NY: Palgrave Macmillan, 2012.

Hooghe, Marc, "Social Capital and Diversity Generalized Trust, Social Cohesion and Regimes of Diversity", *Canadian Journal of Political Science*, Vol. 40, No. 3, 2007, pp. 709−732.

Hornsey, Matthew J., and Michael A. Hogg, "Assimilation and Diversity: An Integrative Model of Subgroup Relations", *Personality and Social Psychology Review*, Vol. 4, No. 2, 2000, pp. 143−156.

Houghton, David P., *Political Psychology: Situations, Individuals, and Cases*, New York, NY: Routledge, 2009.

Howell, Susan E., and Deborah Fagan, "Race and Trust in Government: Testing the Political Reality Model", *Public Opinion Quarterly*, Vol. 52, No. 3, 1988, pp. 343—350.

Huckfeldt, Robert, and John Sprague, "Discussant Effects on Vote Choice: Intimacy, Structure, and Interdependence", *The Journal of Politics*, Vol. 53, No. 1, 1991, pp. 122—158.

Huddy, Leonie, Stanley Feldman, Charles Taber, et al., "Threat, Anxiety, and Support of Antiterrorism Policies", *American Journal of Political Science*, Vol. 49, No. 3, 2005, pp. 593—608.

Hurwitz, Jon, and Mark Peffley, "How Are Foreign Policy Attitudes Structured? A Hierarchical Model", *American Political Science Review*, Vol. 81, No. 4, 1987, pp. 1099—1120.

Hyman, Herbert H., John S. Reed and Charles R. Wright, *The Enduring Effects of Education*, Chicago, IL: University of Chicago Press, 1975.

Inglehart, Ronald, *Culture Shift in Advanced Industrial Society*, Princeton, NJ: Princeton University Press, 1990.

Inglehart, Ronald, and Christian Welzel, *Modernization, Cultural Change, and Democracy: The Human Development Sequence*, New York, NY: Cambridge University Press, 2005.

Inman, Kris L., "African Attitudes toward Foreign Countries: A Hierarchical Approach", *Social Science Information*, Vol. 55, No. 2, 2016, pp. 208—234.

Israel, Joachim, and Henri Tajfel, eds., *The Context of Social Psychology: A Critical Assessment*, London: Academic Press, 1972.

Iyengar, Shanto, and Donald R. Kinder, *News that Matters: Television and American Opinion*, Chicago, IL: University of Chicago Press, 1987.

Iyengar, Shanto, Mark D. Peters and Donald R. Kinder, "Experimental Demonstrations of the 'Not-So-Minimal' Consequences of Television News Programs", *American Political Science Review*, Vol. 76, No. 4, 1982, pp. 848—858.

Iyengar, Shanto, and Richard Reeves, eds, *Do the Media Govern?*, Thousand Oaks, CA: Sage, 1997.

Iyengar, Shanto, and Williams J. McGuire, eds., *Explorations in Political Psychology*, Durham, NC: Duke University Press, 1993.

Jackman, Mary R., "General and Applied Tolerance: Does Education Increase

Commitment to Racial Integration?", *American Journal of Political Science*, Vol. 22, No. 2, 1978, pp. 302–324.

Jackson, Jay W., "Contact Theory of Intergroup Hostility: A Review and Evaluation of the Theoretical and Empirical Literature", *International Journal of Group Tensions*, Vol. 23, No. 1, 1993, pp. 43–65.

Janis, Irving L., *Groupthink: Psychological Studies of Policy Decisions and Fiascoes*, 2nd ed., Boston, MA: Houghton Mifflin, 1982.

Janis, Irving L., and Leon Mann, *Decision Making: A Psychological Analysis of Conflict, Choice, and Commitment*, New York, NY: Free Press, 1977.

Jennings, M. Kent, and Richard G. Niemi, "The Transmission of Political Values from Parent to Child", *American Political Science Review*, Vol. 62, No. 1, 1968, pp. 169–184.

Jennings, M. Kent, and Richard G. Niemi, "Continuity and Change in Political Orientations: A Longitudinal Study of Two Generations", *American Political Science Review*, Vol. 69, No. 4, 1975, pp. 1316–1335.

Jennings, M. Kent, and Richard G. Niemi, *Generations and Politics: A Panel Study of Young Adults and Their Parents*, Princeton, NJ: Princeton University Press, 1981.

Jennings, M. Kent, Laura Stoker and Jake Bowers, "Politics across Generations: Family Transmission Reexamined", *The Journal of Politics*, Vol. 71, No. 3, 2009, pp. 782–799.

Jervis, Robert, "War and Misperception", *Journal of Interdisciplinary History*, Vol. 18, No. 4, 1988, pp. 675–700.

Jervis, Robert, "Political Psychology: Some Challenges and Opportunities", *Political Psychology*, Vol. 10, No. 3, 1989, pp. 481–493.

Jervis, Robert, *How Statesmen Think: The Psychology of International Politics*, Princeton, NJ: Princeton University Press, 2017.

Jervis, Robert, *Perception and Misperception in International Politics*, new ed., Princeton, NJ: Princeton University Press, 2017.

John, Oliver P., Richard W. Robins and Lawrence A. Pervin, eds., *Handbook of Personality: Theory and Research*, 3rd ed., New York, NY: Guilford Press, 2008.

Jost, John T., "Ideological Asymmetries and the Essence of Political Psychology", *Political Psychology*, Vol. 38, No. 2, 2017, pp. 167–208.

Jost, John T., Brian A. Nosek and Samuel D. Gosling, "Ideology: Its Resurgence in Social, Personality, and Political Psychology", *Perspectives on Psychological Science*, Vol. 3, No. 2, 2008, pp. 126–136.

Jost, John T., Christopher M. Federico and Jaime L. Napier, "Political Ideology: Its Structure, Functions, and Elective Affinities", *Annual Review of Psychology*, Vol. 60, No. 1, 2009, pp. 307–337.

Jost, John T., Jack Glaser, Arie W. Kruglanski, et al., "Political Conservatism as Motivated Social Cognition", *Psychological Bulletin*, Vol. 129, No. 3, 2003, pp. 339–375.

Jost, John T., and Mahzarin R. Banaji, "The Role of Stereotyping in System-Justification and the Production of False Consciousness", *British Journal of Social Psychology*, Vol. 33, No. 1, 1994, pp. 1–27.

Kaase, Max, "Interpersonal Trust, Political Trust and Non-Institutionalised Political Participation in Western Europe", *West European Politics*, Vol. 22, No. 3, 1999, pp. 1–21.

Katz, Daniel, "The Functional Approach to the Study of Attitudes", *Public Opinion Quarterly*, Vol. 24, No. 2, 1960, pp. 163–204.

Keele, Luke, "Social Capital and the Dynamics of Trust in Government", *American Journal of Political Science*, Vol. 51, No. 2, 2007, pp. 241–254.

Kertzer, Joshua D., "Microfoundations in International Relations", *Conflict Management and Peace Science*, Vol. 34, No. 1, 2017, pp. 81–97.

Kertzer, Joshua D., and Dustin Tingley, "Political Psychology in International Relations: Beyond the Paradigms", *Annual Review of Political Science*, Vol. 21, No. 1, 2018, pp. 319–339.

Khan, Sammyh S., Nick Hopkins, Stephen Reicher, et al., "How Collective Participation Impacts Social Identity: A Longitudinal Study from India", *Political Psychology*, Vol. 37, No. 3, 2016, pp. 309–325.

Knutson, Jeanne N., ed., *Handbook of Political Psychology*, San Francisco, CA: Jossey-Bass, 1973.

Koopman, Cheryl, "Political Psychology as a Lens for Viewing Traumatic Events", *Political Psychology*, Vol. 18, No. 4, 1997, pp. 831–847.

Kraus, Stephen J., "Attitudes and the Prediction of Behavior: A Meta-Analysis of the Empirical Literature", *Personality and Social Psychology Bulletin*, Vol. 21, No. 1,

1995, pp. 58—75.

Krause, Sharon R., *Civil Passion: Moral Sentiment and Democratic Deliberation*, Princeton, NJ: Princeton University Press, 2008.

Kressel, Neil J., ed., *Political Psychology: Classic and Contemporary Readings*, New York, NY: Paragon House Publishers, 1993.

Kroknes, Veronica Fagerland, Tor Georg Jakobsen and Lisa-Marie Grønning, "Economic Performance and Political Trust: The Impact of the Financial Crisis on European Citizens", *European Societies*, Vol. 17, No. 5, 2015, pp. 700—723.

Krosnick, Jon A., "Government Policy and Citizen Passion: A Study of Issue Publics in Contemporary America", *Political Behavior*, Vol. 12, No. 1, 1990, pp. 59—92.

Krosnick, Jon A., David S. Boninger, Yao C. Chuang, "Attitude Strength: One Construct or Many Related Constructs?", *Journal of Personality and Social Psychology*, Vol. 65, No. 6, 1993, pp. 1132–1151.

Krosnick, Jon A., I-Chant A. Chiang and Tobias H. Stark, eds., *Political Psychology: New Explorations*, New York, NY: Routledge, 2017.

Krueger, Joachim, and Russell W. Clement, "The Truly False Consensus Effect: An Ineradicable and Egocentric Bias in Social Perception", *Journal of Personality and Social Psychology*, Vol. 67, No. 4, 1994, pp. 596—610.

Kuklinski, James H., ed., *Thinking about Political Psychology*, New York, NY: Cambridge University Press, 2009.

Kumlin, Staffan, *The Personal and the Political: How Personal Welfare State Experiences Affect Political Trust and Ideology*, New York, NY: Palgrave Macmillan, 2004.

Lane, Robert E., *Political Life: Why People Get Involved in Politics*, Glencoe, IL: Free Press, 1959.

Lane, Robert E., *Political Thinking and Consciousness: The Private Life of the Political Mind*, Chicago, IL: Markham Publishing Co., 1969.

Lau, Richard R., and Caroline Heldman, "Self-Interest, Symbolic Attitudes, and Support for Public Policy: A Multilevel Analysis", *Political Psychology*, Vol. 30, No. 4, 2009, pp. 513—537.

Lavine, Howard, Milton Lodge and Kate Freitas, "Threat, Authoritarianism, and Selective Exposure to Information", *Political Psychology*, Vol. 26, No. 2, 2005, pp. 219—244.

Lebow, Richard Ned, *Between Peace and War: The Nature of International Crisis*, Baltimore, MD: Johns Hopkins University Press, 1981.

Levi, Margaret, and Laura Stoker, "Political Trust and Trustworthiness", *Annual Review of Political Science*, Vol. 3, No. 1, 2000, pp. 475−507.

Levin, Shana, Colette van Laar and Jim Sidanius, "The Effects of Ingroup and Outgroup Friendships on Ethnic Attitudes in College: A longitudinal Study", *Group Processes & Intergroup Relations*, Vol. 6, No. 1, 2003, pp. 76−92.

Levy, Jack S., "Prospect Theory, Rational Choice, and International Relations", *International Studies Quarterly*, Vol. 41, No. 1, 1997, pp. 87−112.

Liberman, Peter, "An Eye for an Eye: Public Support for War against Evildoers", *International Organization*, Vol. 60, No. 3, 2006, pp. 687−722.

Limage, Leslie J., ed., *Democratizing Education and Educating Democratic Citizens: International and Historical Perspectives*, New York, NY: Routledge Falmer, 2001.

Lindzey, Gardner, and Elliot Aronson, eds., *Handbook of Social Psychology*, Vol. 2 (Special Fields and Applications), 3rd ed., New York, NY: Random House, 1985.

Lipset, Seymour M., and Earl Raab, *The Politics of Unreason: Right-Wing Extremism in America, 1790-1970*, New York, NY: Harper & Row, 1970.

Long, Wahbie, "Essence or Experience? A New Direction for African Psychology", *Theory & Psychology*, Vol. 27, No. 3, 2017, pp. 293−312.

Lyman, Peter, "The Domestication of Anger: The Use and Abuse of Anger in Politics", *European Journal of Social Theory*, 2004, Vol. 7, No. 2, pp. 133−147.

MacKuen, Michael, George E. Marcus, W. Russell Neuman, et al., "The Third Way: The Theory of Affective Intelligence and American Democracy", in W. Russell Neuman, George E. Marcus, Ann N. Crigler, et al., eds., *The Affect Effect: Dynamics of Emotion in Political Thinking and Behavior*, Chicago, IL: University of Chicago Press, 2007, pp. 124−151.

MacKuen, Michael, Jennifer Wolak, Luke Keele, et al., "Civic Engagements: Resolute Partisanship or Reflective Deliberation", *American Journal of Political Science*, Vol. 54, No. 2, 2010, pp. 440−458.

Marcus, George E., *The Sentimental Citizen: Emotion in Democratic Politics*, University Park, PA: Pennsylvania State University Press, 2002.

Marcus, George E., Elizabeth Theiss-Morse, John L. Sullivan, et al., *With Malice Toward Some: How People Make Civil Liberties Judgments*, New York, NY: Cambridge

University Press, 1995.

Marien, Sofie, "The Effect of Electoral Outcomes on Political Trust: A Multi-Level Analysis of 23 Countries", *Electoral Studies*, Vol. 30, No. 4, 2011, pp. 712−726.

Marquette, Heather, and Dale Mineshima, "Civic Education in the United States: Lessons for the UK", *Parliamentary Affairs*, Vol. 55, No. 3, 2002, pp. 539−555.

Marquart-Pyatt, Sandra, and Pamela Paxton, "In Principle and in Practice: Learning Political Tolerance in Eastern and Western Europe", *Political Behavior*, Vol. 29, No. 1, 2007, pp. 89−113.

Martin, John Levi, "*The Authoritarian Personality*, 50 Years Later: What Lessons Are There for Political Psychology?", *Political Psychology*, Vol. 22, No. 1, 2001, pp. 1−26.

Masuoka, Natalie, "Political Attitudes and Ideologies of Multiracial Americans", *Political Research Quarterly*, Vol. 61, No. 2, 2008, pp. 253−267.

Mayne, Tracy J., and George A. Bonanno, eds., *Emotions: Current Issues and Future Directions*, New York, NY: Guilford Press, 2001.

McAllister, Ian, and Donley T. Studlar, "Bandwagon, Underdog, or Projection? Opinion Polls and Electoral Choice in Britain, 1979−1987", *The Journal of Politics*, Vol. 53, No. 3, 1991, pp. 720−741.

McClelland, J. S., *The Crowd and the Mob: From Plato to Canetti*, London and New York: Routledge, 2010.

McClosky, Herbert, "Consensus and Ideology in American Politics", *American Political Science Review*, Vol. 58, No. 2, 1964, pp. 361−382.

McClosky, Herbert, and Alida Brill, *Dimensions of Tolerance: What Americans Believe about Civil Liberties*, New York, NY: Russell Sage Foundation, 1983.

McConnell, Allen R., Jill M. Leibold and Steven J. Sherman, "Within-Target Illusory Correlations and the Formation of Context-Dependent Attitudes", *Journal of Personality and Social Psychology*, Vol. 73, No. 4, 1997, pp. 675−686.

McDermott, Rose, *Political Psychology in International Relations*, Ann Arbor, MI: University of Michigan Press, 2009.

McKenna, Katelyn Y. A., and John A. Bargh, "Coming Out in the Age of the Internet: Identity 'Demarginalization' Through Virtual Group Participation", *Journal of Personality and Social Psychology*, Vol. 75, No. 3, 1998, pp. 681−694.

Mercer, Jonathan, "Rationality and Psychology in International Politics", *International Organization*, Vol. 59, No. 1, 2005, pp. 77–106.

Miller, Arthur, "Political Issues and Trust in Government: 1964–1970", *American Political Science Review*, Vol. 68, No. 3, 1974, pp. 951–972.

Miller, Arthur H., "Rejoinder to 'Comment' by Jack Citrin: Political Discontent or Ritualism?", *American Political Science Review*, Vol. 68, No. 3, 1974, pp. 989–1001.

Miller, Arthur H., Edie N. Goldenberg and Lutz Erbring, "Type-Set Politics: Impact of Newspapers on Public Confidence", *American Political Science Review*, Vol. 73, No. 1, 1979, pp. 67–84.

Miller, Arthur H., and Ola Listhaug, "Ideology and Political Alienation", *Scandinavian Political Studies*, Vol. 16, No. 2, 1993, pp. 167–192.

Miller, Arthur H., and Ola Listhaug, "Policy Preferences and Political Distrust: A Comparison of Norway, Sweden and the United States", *Scandinavian Political Studies*, Vol. 21, No. 2, 1998, pp. 161–187.

Matthews, Miriam, Shana Levin and Jim Sidanius, "A Longitudinal Test of the Model of Political Conservatism as Motivated Social Cognition", *Political Psychology*, Vol. 30, No. 6, 2009, pp. 921–936.

Moll, Ian, "African Psychology: Myth and Reality", *South African Journal of Psychology*, Vol. 32, No. 1, 2002, pp. 9–16.

Mondak, Jeffrey J., *Personality and the Foundations of Political Behavior*, Cambridge: Cambridge University Press, 2010.

Monroe, Kristen Renwick, ed., *Political Psychology*, Mahwah, NJ: Lawrence Erlbaum Associates Publishers, 2002.

Monroe, Kristen Renwick, William Chiu, Adam Martin, et al., "What Is Political Psychology", *Perspectives on Politics*, Vol. 7, No. 4, 2009, pp. 859–882.

Montero, Maritza, "An Insider's Look at the Development and Current State of Community Psychology in Latin America", *Journal of Community Psychology*, Vol. 36, No. 5, 2008, pp. 661–674.

Moscovici, Serge, and Marisa Zavalloni, "The Group as a Polarizer of Attitudes", *Journal of Personality and Social Psychology*, Vol. 12, No. 2, 1969, pp. 125–135.

Moy, Patricia, David Domke and Keith Stamm, "The Spiral of Silence and Public Opinion on Affirmative Action", *Journalism & Mass Communication Quarterly*, Vol. 78,

No. 1, 2001, pp. 7−25.

Moy, Patricia, and Dietram A. Scheufele, "Media Effects on Political and Social Trust", *Journalism & Mass Communication Quarterly*, Vol. 77, No. 4, 2000, pp. 744−759.

Moy, Patricia, and Michael Pfau, *With Malice toward All?: The Media and Public Confidence in Democratic Institutions*, Westport, CT: Praeger, 2000.

Murphy, Joe, Michael W. Link, Jennifer Hunter Childs, et al., "Social Media in Public Opinion Research", *Public Opinion Quarterly*, Vol. 78, No. 4, 2014, pp. 788−794.

Mutz, Diana C., "Cross-Cutting Social Networks: Testing Democratic Theory in Practice", *American Political Science Review*, Vol. 96, No. 1, 2002, pp. 111−126.

Mutz, Diana C., and Jeffery J. Mondak, "Dimensions of Sociotropic Behavior: Group-Based Judgments of Fairness and Well-Being", *American Journal of Political Science*, Vol. 41, No. 1, 1997, pp. 284−308.

Mutz, Diana C., Paul M. Sniderman and Richard A. Brody, eds., *Political Persuasion and Attitude Change*, Ann Arbor, MI: University of Michigan Press. 1996.

Nelson, Thomas, E., Rosalee A. Clawson and Zoe M. Oxley, "Media Framing of a Civil Liberties Conflict and Its Effect on Tolerance", *American Political Science Review*, Vol. 91, No. 3, 1997, pp. 567−583.

Nesbitt-Larking, Paul W., Catarina Kinnvall and Tereza Capelos, eds., *The Palgrave Handbook of Global Political Psychology*, London: Palgrave Macmillan, 2014.

Nesse, Randolph M., "Evolutionary Explanations of Emotions", *Human Nature*, Vol. 1, No. 3, 1990, pp. 261−289.

Neubaum, German, and Nicole C. Krämer, "Monitoring the Opinion of the Crowd: Psychological Mechanisms Underlying Public Opinion Perceptions on Social Media", *Media Psychology*, Vol. 20, No. 3, 2017, pp. 502−531.

Newton, Ken, and Sonja Zmerli, "Three Forms of Trust and Their Association", *European Political Science Review*, Vol. 3, No. 2, 2011, pp. 169−200.

Newton, Kenneth, "Mass Media Effects: Mobilization or Media Malaise?", *British Journal of Political Science*, Vol. 29, No. 4, 1999, pp. 577−599.

Nie, Norman H., Jane Junn and Kenneth Stehlik-Barry, *Education and Democratic Citizenship in America*, Chicago, IL: University of Chicago Press, 1996.

Noelle-Neumann, Elisabeth, "The Spiral of Silence: A Theory of Public Opinion", *Journal of Communication*, Vol. 24, No. 2, 1974, pp. 43−51.

Noelle-Neumann, Elisabeth, *The Spiral of Silence: Public Opinion, Our Social Skin*, Chicago, IL: University of Chicago Press, 1984/1993.

Nolan, James, *The Therapeutic State: Justifying Government at Century's End*, New York, NY: New York University Press, 1998.

Noll, Jolanda van der, Edwin Poppe and Maykel Verkuyten, "Political Tolerance and Prejudice: Differential Reactions toward Muslims in the Netherlands", *Basic and Applied Social Psychology*, Vol. 32, No. 1, 2010, pp. 46−56.

Norrander, Barbara, and Clyde Wilcox, eds., *Understanding Public Opinion*, Washington, DC: CQ Press, 1997.

Norris, Pippa, "Does Television Erode Social Capital? A Reply to Putnam", *PS: Political Science and Politics*, Vol. 29, No. 3, 1996, pp. 474−480.

Norris, Pippa, ed., *Critical Citizens: Global Support for Democratic Governance*, New York, NY: Oxford University Press, 1999.

Nsamenang, A. Bame, "Factors Influencing the Development of Psychology in Sub-Saharan Africa", *International Journal of Psychology*, Vol. 30, No. 6, 1995, pp. 729−739.

Nunn, Clyde Z., Harry J. Crockett, Jr. and J. Allen Williams, Jr., *Tolerance for Nonconformity*, San Francisco, CA: Jossey-Bass, 1978.

Nwoye, Augustine, "What is African Psychology the Psychology of?", *Theory & Psychology*, Vol. 25, No. 1, 2015, pp. 96−116.

Nye, Joseph S., Jr., Philip D. Zelikow and David C. King, eds., *Why People Don't Trust Government*, Cambridge, MA: Harvard University Press, 1997.

Oppong, Seth, "Psychology, Economic Policy Design, and Implementation: Contributing to the Understanding of Economic Policy Failures in Africa", *Journal of Social and Political Psychology*, Vol. 2, No. 1, 2014, pp. 183−196.

Ostrom, Thomas M., "The Relationship between the Affective, Behavioral and Cognitive Components of Attitude", *Journal of Experimental Social Psychology*, Vol. 5, No. 1, 1969, pp. 12−30.

Pandey, Janak, and Purnima Singh, "Social Psychology in India: Social Roots and Development", *International Journal of Psychology*, Vol. 40, No. 4, 2005, pp. 239−253.

Peffley, Mark, and Robert Rohrschneider, "Democratization and Political Tolerance in Seventeen Countries: A Multi-Level Model of Democratic Learning", *Political Research Quarterly*, Vol. 56, No. 3, 2003, pp. 243−257.

Perloff, Richard M., *The Dynamics of Persuasion: Communication and Attitudes in the 21st Century*, 4th ed., New York, NY: Routledge, 2010.

Petersen, Michael, Rune Slothuus, Rune Stubager, et al., "Freedom for All? The Strength and Limits of Political Tolerance", *British Journal of Political Science*, Vol. 41, No. 3, 2011, pp. 581−597.

Pettigrew, Thomas F., "Generalized Intergroup Contact Effects on Prejudice", *Personality and Social Psychology Bulletin*, Vol. 23, No. 2, 1997, pp. 173−185.

Pettigrew, Thomas F., "Intergroup Contact Theory", *Annual Review of Psychology*, Vol. 49, No. 1, 1998, pp. 65−85.

Pettigrew, Thomas F., and Linda R. Tropp, "A Meta-Analytic Test of Intergroup Contact Theory", *Journal of Personality and Social Psychology*, Vol. 90, No. 5, 2006, pp. 751−783.

Petty, Richard E., Duane T. Wegener and Leandre R. Fabrigar, "Attitudes and Attitude Change", *Annual Review of Psychology*, Vol. 48, No. 1, 1997, pp. 609−647.

Petty, Richard E., and Jon A. Krosnick, eds., *Attitude Strength: Antecedents and Consequences*, Hillsdale, NJ: Lawrence Erlbaum Associates, 1995.

Pick, Daniel, "Freud's 'Group Psychology' and the History of the Crowd", *History Workshop Journal*, No. 40, 1995, pp. 39−61.

Preston, Stephanie D., and Frans B. M. de Waal, "Empathy: Its Ultimate and Proximate Bases", *The Behavioral and Brain Sciences*, Vol. 25, No. 1, 2002, pp. 1−20.

Price, Vincent, *Public Opinion*, Newbury Park, CA: Sage, 1992.

Quillian, Lincoln, "Prejudice as a Response to Perceived Group Threat: Population Composition and Anti-Immigrant and Racial Prejudice in Europe", *American Sociological Review*, Vol. 60, No. 4, 1995, pp. 586−611.

Rabin, Matthew, "Psychology and Economics", *Journal of Economic Literature*, Vol. 36, No, 1, 1998, pp. 11−46.

Rahn, Wendy M., Brian Kroeger and Cynthia M. Kite, "A Framework for the Study of Public Mood", *Political Psychology*, Vol. 17, No. 1, 1996, pp. 29−58.

Rahn, Wendy M., and Thomas J. Rudolph, "A Tale of Political Trust in American Cities", *Public Opinion Quarterly*, Vol. 69, No. 4, 2005, pp. 530−560.

Rao, K. Ramakrishna, and Anand C. Paranjpe, *Psychology in the Indian Tradition*, New Delhi: Springer India, 2016.

Ratele, Kopano, "Four (African) Psychologies", *Theory & Psychology*, Vol. 27, No. 3, 2017, pp. 313-327.

Redlawsk, David P., ed., *Feeling Politics: Emotion in Political Information Processing*, New York, NY: Palgrave Macmillan, 2006.

Renshon, Stanley A., ed., *Handbook of Political Socialization*, New York, NY: Free Press, 1977.

Renshon, Stanley A., and John Duckitt, eds., *Political Psychology: Cultural and Crosscultural Foundation*, London: Macmillan, 2000.

Reynolds, Katherine J., John C. Turner and S. Alexander Haslam, "When Are We Better Than Them and They Worse Than Us? A Closer Look at Social Discrimination in Positive and Negative Domains", *Journal of Personality and Social Psychology*, Vol. 78, No. 1, 2000, pp. 64-80.

Richardson, Bradley M., "Japan's Habitual Voters: Partisanship on the Emotional Periphery", *Comparative Political Studies*, Vol. 19, No. 3, 1986, pp. 356-384.

Robinson, John P., Phillip R. Shaver and Lawrence S. Wrightsman, eds., *Measures of Political Attitudes*, San Diego, CA: Academic Press, 1999.

Roccas, Sonia, Lilach Sagiv, Shalom H. Schwartz, et al., "The Big Five Personality Factors and Personal Values", *Personality and Social Psychology Bulletin*, Vol. 28, No. 6, 2002, pp. 789-801.

Roese, Neal J., and James M. Olson, "Attitude Importance as a Function of Repeated Attitude Expression", *Journal of Experimental Social Psychology*, Vol. 30, No. 1, 1994, pp. 39-51.

Roiser, Jonathan P., and Barbara J. Sahakian, "Hot and Cold Cognition in Depression", *CNS Spectrums*, Vol. 18, No. 3, 2013, pp. 139-149.

Salazar, José M., "On the Psychological Viability of 'Latin Americanism'", *International Social Science Journal*, Vol. 35, No. 2, 1983, pp. 295-308.

Sanna, Lawrence J., and Craig D. Parks, "Group Research Trends in Social and Organizational Psychology: Whatever Happened to Intragroup Research?", *Psychological Science*, Vol. 8, No. 4, 1997, pp. 261-267.

Schildkraut, Deborah J., "All Politics is Psychological: A Review of Political Psychology Syllabi", *Perspectives on Politics*, Vol. 2, No. 4, 2004, pp. 807-819.

Schyns, Peggy, and Christel Koop, "Political Distrust and Social Capital in Europe and the USA", *Social Indicators Research*, Vol. 96, No. 1, 2010, pp. 145−167.

Sears, David O., "The Political Character of Adolescence: The Influence of Families and Schools" (Book Review), *The School Review*, Vol. 84, No. 4, 1976, pp. 638−641.

Sears, David O., "Ideological Bias in Political Psychology: The View from Scientific Hell", *Political Psychology*, Vol. 15, No. 3, 1994, pp. 547−556.

Sears, David O., and Carolyn L. Funk, "The Role of Self-Interest in Social and Political Attitudes", *Advances in Experimental Social Psychology*, Vol. 24, No. 1, 1991, pp. 1−91.

Sears, David O., Colette Van Laar, Mary Carrillo, et al., "Is It Really Racism?: The Origins of White Americans' Opposition to Race-Targeted Policies", *Public Opinion Quarterly*, Vol. 61, No. 1, Special Issue on Race, 1997, pp. 16−53.

Sears, David O., Leonie Huddy and Robert Jervis, eds., *Oxford Handbook of Political Psychology*, New York, NY: Oxford University Press, 2003.

Sears, David O., and Nicholas A. Valentino, "Politics Matters: Political Events as Catalysts for Preadult Socialization", *American Political Science Review*, Vol. 91, No. 1, 1997, pp. 45−65.

Sears, David O., Richard R. Lau, Tom R. Tyler, et al., "Self-Interest vs. Symbolic Politics in Policy Attitudes and Presidential Voting", *American Political Science Review*, Vol. 74, No. 3, 1980, pp. 670−684.

Seyd, Ben, "How Do Citizens Evaluate Public Officials? The Role of Performance and Expectations on Political Trust", *Political Studies*, Vol. 63, No. 1, 2015, pp. 73−90.

Shehata, Adam, "Game Frames, Issue Frames, and Mobilization: Disentangling the Effects of Frame Exposure and Motivated News Attention on Political Cynicism and Engagement", *International Journal of Public Opinion Research*, Vol. 26, No. 2, 2014, pp. 157−177.

Sibley, Chris G., and John Duckitt, "Personality and Prejudice: A Meta-Analysis and Theoretical Review", *Personality and Social Psychology Review*, Vol. 12, No. 3, 2008, pp. 248−279.

Simon, Herbert A., "Human Nature in Politics: The Dialogue of Psychology with Political Science", *American Political Science Review*, Vol. 79, No. 2, 1985, pp. 293−304.

Skocpol, Theda, "From Social Security to Health Security? Opinion and Rhetoric in U.S. Social Policy Making", *PS: Political Science & Politics*, Vol. 27, No. 1, 1994, pp. 21−25.

Smith, Kevin B., Douglas R. Oxley, Matthew V. Hibbing, et al., "Linking Genetics and Political Attitudes: Reconceptualizing Political Ideology", *Political Psychology*, Vol. 32, No. 3, 2011, pp. 369−397.

Smith, M. Brewster, "A Map for the Analysis of Personality and Politics", *Journal of Social Issues*, Vol. 24, No. 3, 1968, pp. 15−28.

Smith, Sandra Susan, "Race and Trust", *Annual Review of Sociology*, Vol. 36, No. 1, 2010, pp. 453−475.

Sniderman, Paul M., *Personality and Democratic Politics*, Berkeley, CA: University of California Press, 1975.

Sniderman, Paul M., and Edward G. Carmines, *Reaching Beyond Race*, Cambridge, MA: Harvard University Press, 1997.

Sniderman, Paul M., Louk Hagendoorn and Markus Prior, "Predisposing Factors and Situational Triggers: Exclusionary Reactions to Immigrant Minorities", *American Political Science Review*, Vol. 98, No. 1, 2004, pp. 35−49.

Soroka, Stuart N., and Christopher Wlezien, *Degrees of Democracy: Politics, Public Opinion, and Policy*, New York, NY: Cambridge University Press, 2010.

Soss, Joe, "Lessons of Welfare: Policy Design, Political Learning, and Political Action", *American Political Science Review*, Vol. 93, No. 2, 1999, pp. 363−380.

Feldman, Stanley, "Structure and Consistency in Public Opinion: The Role of Core Benefits and Values", *American Journal of Political Science*, Vol. 32, No. 2, 1988, pp. 416−440.

Stein, J. G., "Building Politics into Psychology: The Misperception of Threat", *Political Psychology*, Vol. 9, No. 2, 1988, pp. 245−271.

Stoker, Laura, "Reflections on the Study of Generations in Politics", *The Forum: A Journal of Applied Research in Contemporary Politics*, Vol. 12, No. 3, 2014, pp. 377−396.

Stone, William F., *The Psychology of Politics*, New York, NY: Free Press, 1974.

Stone, William F., and Paul E. Schaffner, *The Psychology of Politics*, 2nd ed., New York, NY: Springer-Verlag, 1988.

Stouffer, Samuel A., *Communism, Conformity, and Civil Liberties: A Cross-Section of the Nation Speaks Its Mind*, New Brunswick, NJ: Transactions Publishers, 1992.

Sullivan, John L., George E. Marcus, Stanley Feldman, et al., "The Sources of

Political Tolerance: A Multivariate Analysis", *American Political Science Review*, Vol. 75, No. 1, 1981, pp. 92−106.

Sullivan, John L., James Pierson and George E. Marcus, "An Alternative Conceptualization of Political Tolerance: Illusory Increases 1950s-1970s", *American Political Science Review*, Vol. 73, No. 3, 1979, pp. 781−794.

Sullivan, John L., and John E. Transue, "The Psychological Underpinnings of Democracy: A Selective Review of Research on Political Tolerance, Interpersonal Trust, and Social Capital", *Annual Review of Psychology*, Vol. 50, No. 1, 1999, pp. 625−650.

Swart, Hermann, Miles Hewstone, Oliver Christ, et al., "Affective Mediators of Intergroup Contact: A Three-Wave Longitudinal Study in South Africa", *Journal of Personality and Social Psychology*, Vol. 101, No. 6, 2011, pp. 1221−1238.

Swogger Jr., Glenn, "The Psychodynamic Assumptions of the U.S. Constitution", *Journal of Applied Psychoanalytic Studies*, Vol. 3, No. 4, 2001, pp. 353−380.

Tajfel, Henri, ed., *Differentiation between Social Groups: Studies in the Social Psychology of Intergroup Relations*, London: Academic Press, 1978.

Tetlock, Philip E., "A Value Pluralism Model of Ideological Reasoning", *Journal of Personality and Social Psychology*, Vol. 50, No. 4, 1986, pp. 819−827.

Tetlock, Philip E., "How Politicized Is Political Psychology and Is There Anything We Should Do about It?", *Political Psychology*, Vol. 15, No. 3, 1994, pp. 567−577.

Tetlock, Philip E., "Political Psychology or Politicized Psychology: Is the Road to Scientific Hell Paved with Good Moral Intentions?", *Political Psychology*, Vol. 15, No.3, 1994, pp. 509−529.

Tiedens, Larissa Z., and Colin Wayne Leach, eds., *The Social Life of Emotion*, New York, NY: Cambridge University Press, 2004.

Tileagă, Cristian, *Political Psychology: Critical Perspectives*, Cambridge: Cambridge University Press, 2013.

Tripathi, R. C., and Yoganand Sinha, eds., *Psychology, Development and Social Policy in India*, New Delhi: Springer, 2014.

Turner, John C., Michael A. Hogg, Penelope J. Oakes, et al., *Rediscovering the Social Group: A Self-Categorization Theory*, New York, NY: Basil Blackwell, 1987.

Uslaner, Eric M., "Producing and Consuming Trust", *Political Science Quarterly*, Vol. 115, No. 4, 2000, pp. 569−590.

Uslaner, Eric M., ed., *The Oxford Handbook of Social and Political Trust*, Oxford: Oxford University Press, 2018.

Van der Meer, Tom, and Armen Hakhverdian, "Political Trust as the Evaluation of Process and Performance: A Cross-National Study of 42 European Democracies", *Political Studies*, Vol. 65, No. 1, 2017, pp. 81–102.

Van Ginneken, Jaap, "The Killing of the Father: The Background of Freud's Group Psychology", *Political Psychology*, Vol. 5, No. 3, 1984, pp. 391–414.

Verba, Sidney, "The Citizen as Respondent: Sample Surveys and American Democracy", *American Political Science Review*, Vol. 90, No. 1, 1996, pp. 1–7.

Verba, Sidney, Nancy Burns and Kay Lehman Schlozman, "Knowing and Caring about Politics: Gender and Political Engagement", *The Journal of Politics*, Vol. 59, No. 4, 1997, pp. 1051–1072.

Vogt, W. Paul, *Tolerance and Education: Learning to Live with Diversity and Difference*, Thousand Oaks, CA: Sage, 1997.

Weatherford, M. Stephen, "How Does Government Performance Influence Political Support?", *Political Behavior*, Vol. 9, No. 1, 1987, pp. 5–28.

Weaver, David H., Maxwell E. McCombs and Charles Spellman, "Watergate and the Media: A Case Study of Agenda-Setting", *American Politics Research*, Vol. 3, No. 4, 1975, pp. 458–472.

Weeden, Jason, and Robert Kurzban, "Interest Is Often a Major Determinant of Issue Attitudes", *Political Psychology*, Vol.38, No. S1, 2017, pp. 67–90.

Wilcox, Clyde, Lee Sigelman and Elizabeth Cook, "Some Like It Hot: Individual Differences in Responses to Group Feeling Thermometers", *Public Opinion Quarterly*, Vol. 53, No. 2, 1989, pp. 246–257.

Wilson, Francis Graham, *A Theory of Public Opinion*, New Brunswick, NJ: Transaction Publishers, 2013.

Wilson, Thomas C., "Urbanism and Tolerance: A Test of Some Hypotheses Drawn from Wirth and Stouffer", *American Sociological Review*, Vol. 50, No. 1, 1985, pp. 117–123.

Wojcieszak, Magdalena E., "False Consensus Goes Online: Impact of Ideologically Homogeneous Groups on False Consensus", *Public Opinion Quarterly*, Vol. 72, No. 4, 2008, pp. 781–791.

Wojcieszak, Magdalena E., "'Don't Talk To Me': Effects of Ideologically Homogeneous Online Groups and Politically Dissimilar Offline Ties on Extremism", *New Media & Society*, Vol. 12, No.4, 2010, pp. 637−655.

Wojcieszak, Magdalena E., "On Strong Attitudes and Group Deliberation: Relationships, Structure, Changes, and Effects", *Political Psychology*, Vol. 33, No. 2, 2012, pp. 225−242.

Wojcieszak, Magdalena E., and Vincent Price, "What Underlies the False Consensus Effect? How Personal Opinion and Disagreement Affect Perception of Public Opinion", *International Journal of Public Opinion Research*, Vol. 21, No.1, 2009, pp. 25−46.

Woshinsky, Oliver H., *Explaining Politics: Culture, Institutions, and Political Behavior*, New York and London: Routledge, 2008.

Zaller, John R., *The Nature and Origins of Mass Opinion*, New York, NY: Cambridge University Press, 1992.

Zmerli, Sonja, and Juan Carlos Castillo, "Income Inequality, Distributive Fairness and Political Trust in Latin America", *Social Science Research*, Vol. 52, 2015, pp. 179−192.

Zmerli, Sonja, and Marc Hooghe, eds., *Political Trust: Why Context Matters*, Colchester, England: ECPR Press, 2013.

Zmerli, Sonja, and Tom W.G. van der Meer, eds., *Handbook on Political Trust*, Cheltenham, England: Edward Elgar, 2017.

索 引

A

阿德勒，阿尔弗雷德（Alfred Adler） 021–022, 025

阿多诺，西奥多（Theodor W. Adorno） 010, 032, 057, 071–074, 081, 088, 167

阿尔蒙德，加布里埃尔（Gabriel Almond） 038, 061, 167, 200–201, 357, 412, 447

埃里克森，埃里克（Erik H. Erikson） 006, 029, 039, 041, 059, 062, 089, 096–097, 098, 099, 117, 509

奥尔波特，戈登（Gordon W. Allport） 053–054, 062–063, 125, 161, 162, 165, 167, 253, 378–381

B

巴伯，詹姆斯·戴维（James David Barber） 004, 006, 090, 099–100, 101, 102–106, 107, 109, 112, 117, 339

巴甫洛夫，伊万·彼得罗维奇（Ivan Petrovich Pavlov） 026

巴斯蒂安，阿道夫（Adolf Bastian） 001

本土心理学 508, 518–520, 522–523

庇护主义 518–519, 528

禀议制（*ringisei*） 497

不确定感 369–372

不确定性悖论 372

布鲁默，赫伯特（Herbert Blumer） 224–226

C

参与式心理学 491

操作码 450–451, 467

策略信念 460

查恩伍德勋爵（Lord Charnwood） 041, 095

沉默的螺旋 154, 230–236, 290

初级群体 / 首属群体 124, 125

次级群体 / 次属群体 125, 510

从众效应 230–235, 236

错误感知 442, 450, 451, 452–455, 456, 457, 462, 477

D

大人物 041, 091, 096–097, 101, 111, 210, 447

"大五"人格特质 055, 359

大众人格 070, 073, 079–082, 090

当事方公众 226

道德经济学 / 道义经济学 517–518

低选择媒体环境 418

电视不适症 415–416

动员理论 416–417, 421

多重公众 225–226

E

恩庇－侍从关系 492, 515–519

F

F 量表 072, 085

法农，弗朗茨（Frantz Fanon）523–524, 525

反类型 071, 073

非正式群体 133, 504

费斯廷格，利昂（Leon Festinger）028–029, 148–150

冯特，威廉（Wilhelm Wundt）122

否定的理性 190

弗洛姆，埃里希（Erich Fromm）022, 025, 032, 071, 077, 081, 325

弗洛伊德，西格蒙德（Sigmund Freud）006, 018, 020–025, 026, 028, 039, 059, 095–096, 098, 099, 116–117, 123–124, 126–127, 138–140, 157–158, 297, 324, 446, 482

符号分析方法 181

符号态度 169, 181

福利国家经历 434–436

福利主义政治 339

负面关注 290

G

高选择媒体环境 418–419

格林斯坦，弗雷德（Fred I. Greenstein）039–040, 060, 063, 089, 093–094, 101, 106–108, 254,

个人人格 077, 089, 139, 383

个体情绪 308, 314–316, 319, 331

工具信念 450

公平与道德合宜性感知 434

共同体意识 021, 033, 263

孤立效应 465

归因模糊性 315

规范性信念 179, 180, 182

国际政治心理学会 004, 044, 047, 339

H

哈洛，哈里（Harry Harlow）029

海曼，赫伯特（Herbert H. Hyman）039, 041, 237, 252, 253, 254

赫斯，罗伯特（Robert D. Hess）040, 253

黑暗三人格 067

后物质主义价值观 203

厚信任 400

华生，约翰（John B. Watson）026, 031, 035

环境（情境）线索 197, 364

幻影公众 224

霍夫曼，斯坦利（Stanley Hoffmann） 004

J

J 类型 071, 073

积极效应假说 438

基于主观愿望的思考 461–462

即时舆论 / 临时舆论 292

集体表象 122–123

集体情绪 308, 314–320

计划行为理论 198–199

家庭同一性 257

贾尼斯，欧文（Irving Janis） 153–155

假设性社会范式 538

娇宠（amae） 496, 498

角色图式 239

教条主义 034, 062, 065, 066–067, 090, 358, 360, 383–384, 490, 506

接触假说 379–381

杰维斯，罗伯特（Robert Jervis） 013, 452–455

津巴多，菲利普（Philip G. Zimbardo） 149–150

谨慎转移 151

精英人格 082, 090, 094–100, 101, 108–112

镜像移情 114

决策研究方法 448–451

K

康弗斯，菲利普（Philip E. Converse） 167, 225, 247–248

柯达里，拉基尼（Rajni Kothari） 513–514

可及性模型 282

克努森，珍妮（Jeanne N. Knutson） 002–003, 024–025, 042–043, 044, 061–062, 357, 362

库利，查尔斯（Charles H. Cooley） 124, 125

跨文化敏感度发展模型 384, 385

宽容悖论 390

框架效应 281–284, 464, 476

L

拉撒路，莫里茨（Moritz Lazarus） 122

拉斯韦尔，哈罗德（Harold D. Lasswell） 006, 034–036, 057, 058, 061, 066, 081, 092, 095, 108, 109

"拉他/她下来"综合征 526–527

拉扎斯菲尔德，保罗（Paul Lazarsfeld） 032–033, 037, 277–278

莱恩，罗伯特（Robert E. Lane） 037–038, 042, 047, 080–082, 092–093, 167, 237, 255

朗格，卡尔（Carl G. Lange） 160

勒博，理查德·N.（Richard N. Lebow） 456–457, 462

勒纳，丹尼尔（Daniel Lerner） 010, 033

勒庞，古斯塔夫（Gustave Le Bon）
 123-124, 126, 127, 130, 132-133,
 134-138, 139, 140, 141-142, 148-
 150, 155, 156, 157, 314

勒庞现象 134-135

冷认知 455-457, 458, 461

离群 065-066

李普曼，沃尔特（Walter Lippmann）
 167, 211, 220-221, 224, 272, 278,
 471-472

李普曼差距 471-472

理斯曼，大卫（David Riesman） 074-
 075, 080, 082

理性农民 517-518

理性行动（行为）理论 198-199

良性焦虑 325

流动补偿 370

流言公众 291-292

孪生移情 114-115

罗斯托，沃尔特（Walt W. Rostow） 010,
 033

M

马基第四量表 067-068

马基雅维利，尼科洛（Niccolò Machia-
 velli） 018, 067, 091, 108, 113

马基雅维利者 081

马基雅维利主义 062, 065, 067-068,
 090, 091, 108

马斯洛，亚伯拉罕（Abraham Maslow）
 024, 025, 042-043, 059, 062, 071,
 357, 534

麦独孤，威廉（William McDougall）
 022-023, 123-124, 138-140, 157-
 158, 161

麦克莱兰，戴维（David McClelland）
 023-024

麦奎尔，威廉（William J. McGuire）
 046-047, 088

冒险转移 151

梅里亚姆，查尔斯（Charles E. Merri-
 am） 034, 035

媒体不适症 415-417, 421-422

美国总统研究 100-108

蒙特罗，玛丽查（Maritza Montero）
 482-483, 487-488, 489

米德，乔治·赫伯特（George Herbert
 Mead） 125

米勒，阿瑟（Arthur H. Miller） 396, 409-
 411, 413, 432, 436-437

描述性信念 179

民族心理学 011, 122

民族主义冷漠 476

莫里，亨利（Henry A. Murray） 023,
 024, 025, 059

默顿，罗伯特·K.（Robert K. Merton）
 081, 157, 167, 534

慕克吉，R. K.（R. K. Mukherjee） 507-
 508

N

南迪，阿希斯（Ashis Nandy） 510

内部线索 197

内群－外群偏见 146

内群偏好 144－148

内群偏袒 146－147

尼采（Friedrich Wilhelm Nietzsche） 329－330, 332－334, 336

诺尔－诺伊曼，伊丽莎白（Elisabeth Noelle-Neumann） 154, 235－236

P

皮下注射模型 276－277

皮亚杰，让（Jean Piaget） 029

平等人格 072

Q

期望气候 104

启动效应 280, 281

启发法 192－193, 458－459

卡尼曼，丹尼尔（Daniel Kahneman） 463－467

卡普兰，亚伯拉罕（Abraham Kaplan） 035, 057

卡特尔，雷蒙德（Raymond B. Cattell） 054－055

卡特尔16种人格因素量表 054

前景理论 / 展望理论 457, 463－467

乔治，亚历山大（Alexander L. George） 047, 095, 098, 099, 450－451

情感经济 314

情感网络 294, 314－315

情感温度计 207－208

情感智力理论 371

情感中性 503

情感综合征危机 512－513

情绪管理 309－311, 341－343

情绪趋同 316－319

情绪社会学 299－300, 303－304

情绪素养 303－305, 343

情绪学习 305

情绪政治 309, 320

情绪智力 106－108, 303－305

去个性化 148－150, 152, 154

权力动机 066

权威人格 010, 022, 032, 057, 059, 066, 070－082, 084－087, 088－090, 173, 357, 368

    自我防御类型 075－076

    认知的权威主义 075－076

权威主义 065, 066, 072, 073－079, 085－087, 089, 090, 207, 348, 357, 360－361, 470, 474, 497

确定性效应 465－466

群体极化 150－152

群体间宽容 372

群体间偏见 146, 376－377, 378

群体谬误 125

群体认同 144－148, 150, 152, 201, 366, 372－376, 495－496

群体思维 152, 153–155

群体心理学 122–124, 126–129, 134–135, 138–142, 144, 155–158, 375

群体依恋 372–376

R

热认知 455–457

认知闭合 459

认知捷径 191–192, 453, 458, 461

认知经济模型 458

认知觉知 359–360

认知一致性原则 460

日本人论（Nihonjinron）494–499, 502

容纳模型 314

软新闻 275

S

S 类型 071

瑟斯通，路易斯·利昂（Louis Leon Thurstone）162, 205–206, 207, 512

社会的自我观察 231

社会凝聚力模型 187

社会取向的评价 433

社会认同过程 152

社会认同理论 146–147, 315–316, 373–374

社会支配倾向 470–471, 474

社交媒体情绪分析 292–293

社群心理学 491

生命周期效应 267–271, 294

圣人（homo religiosus）041, 096–097, 508–509

施耐德，理查德（Richard Snyder）448

施泰因塔尔，海曼（Heymann Steinthal）122

时段效应 268–269, 354

实际群体 133

实验态度研究 186–188

世代效应 267–271, 294

疏远 031, 065–066

说服性论辩 152

思想实验 538

斯金纳，B. F.（B. F. Skinner）026–027

斯奈德曼，保罗（Paul M. Sniderman）358–359, 362

斯托弗，塞缪尔（Samuel A. Stouffer）163, 211, 347–348, 349–351, 352, 367

斯托克斯，唐纳德（Donald E. Stokes）392–393

酸葡萄逻辑 332

T

他人支配型 080

他族中心主义 487

态度测量 167, 170, 176–177, 178, 205–212, 215, 391, 512

态度的结构 164, 167–173

态度的可及性 168–170, 173, 177

态度的矛盾性 170–172

态度改变 028–029, 177–193, 213, 354

态度环境 260, 294

态度强度 168–170, 183–186, 199

　　强态度 169, 183–186, 193, 213

　　弱态度 183–186

泰特洛克，菲利普（Philip E. Tetlock） 155, 458

特沃斯基，阿莫斯（Amos Tversky） 463–467

（人格的）特质模型 058–059

　　表面特质 054

　　根源特质 054

同理心 / 移情作用 021, 033, 307–308, 338, 357, 538

同情的政治 339–340

同情弱者的效应 234

统计群体 133

投射同一性 314–315

涂尔干，埃米尔（Emile Durkheim） 030–031, 122–123, 299

托马斯，威廉·I.（William I. Thomas） 031–032, 161–162

W

外交政策意见模型 471–477

外群歧视 147

威胁感知 365, 366–368, 369, 370–371, 372, 373, 387, 450, 452, 462, 471

　　自我中心的威胁感知 366–367

　　社会取向的威胁感知 367, 373

微妙效应模型 278–284

维巴，西德尼（Sidney Verba） 038, 039, 200, 211, 357, 412

沃拉斯，格雷厄姆（Graham Wallas） 010–011, 014, 017, 034–036, 051

无动机偏见 458, 461–463

无组织群体 123, 125, 131–133, 140

物质主义价值观 203

X

习得性无助 526

先验信念 370, 453, 458–459, 461

先验预期 453

显性社会化 061

现实冲突理论 147

现状偏好 465–467

相似性吸引 318–319

消极效应假说 438

谢里夫，穆扎费尔（Muzafer Sherif） 028, 231–233

心境 172, 302–303, 323, 324

心理安全 362, 538

心理传记 041, 091, 094, 095–097, 098–100, 101, 447, 509

心理契约 541

心理群体 130, 132, 135

心理史学 041, 091, 094–100, 101, 509

虚假共识感 288–289

虚假共识效应 199

选择性亲和 468–471

选择性注意 325–326, 459

学术文化移入与文化适应 530

Y

伊斯顿，戴维（David Easton）040, 167, 257, 393, 412

议程设置效应 278—280

议题公众 226

意见气候 236, 266, 289

意识形态动机 470—471

意识形态距离 413

意义维持模型 369—370

隐性社会化 061

硬球玩家 081, 112—115

硬球政治 113—115

硬新闻 275

游动效应 028, 232

有动机偏见 461—463, 474—475

有动机社会认知模型 469—470

有动机推理过程 371

有界理性 458

有组织群体 123—124, 131—132, 140

预期效用理论 463, 466—467

Z

暂时性群体 130, 133, 157—158

詹宁斯，M. 肯特（M. Kent Jennings）259—261, 262—263

章鱼锅社会（takotsubo shakai）497

哲学信念 450

（人格的）整体模型 059

政策不满 412

政策感知 396, 409

政策偏好 203—204, 229, 239, 396, 410—414, 462, 473

政策态度 200, 203—204, 410, 411, 447, 468, 472—475

政党认同 187, 206, 209, 239—241, 259—261, 270, 503, 505

政府感受性 513—514

政府化 513—514

政治怀疑 398—399

政治距离 409, 414

政治犬儒主义 259, 393, 398—399, 409, 415

政治疏离 206, 209, 399, 412—415

政治说服 177, 188—191

政治现实模型 404—405, 408

政治信念 038, 060—061, 070, 084, 085, 167, 180, 237, 273, 345

政治信任的赢家-输家效应 430

治疗（型）国家 310

治疗（型）文化 310

种族相对主义 384

种族中心主义 021, 071, 086—088, 146, 384—385, 472—473, 486, 487

主导信念 450

主观社会阶层 242

专注的公众 226, 229

准统计官能 236

自恋 067, 081, 095, 117, 310

自我防御 056—057, 060, 075—076, 166
自我分类理论 145, 147, 315
自我监督 197—198
自我利益 174—175, 228, 230, 269, 311
自我取向的评价 433
自我审查 153, 290
自我态度 290, 358

自我展示过程 152
自我支配型 080
总统政治心理学 101, 106
最小认知努力原则 191—192
最小效应模型 277—278